RIQUEZA E MISÉRIA
DO TRABALHO NO BRASIL
II

COLEÇÃO
Mundo do Trabalho
Coordenação Ricardo Antunes

ALÉM DA FÁBRICA
Marco Aurélio Santana e José Ricardo Ramalho (orgs.)

A CÂMARA ESCURA
Jesus Ranieri

O CONCEITO DE DIALÉTICA EM LUKÁCS
István Mészáros

ATUALIDADE HISTÓRICA DA OFENSIVA SOCIALISTA
István Mészáros

O CARACOL E SUA CONCHA
Ricardo Antunes

O CONTINENTE DO LABOR
Ricardo Antunes

A CRISE ESTRUTURAL DO CAPITAL
István Mészáros

CRÍTICA À RAZÃO INFORMAL
Manoel Luiz Malaguti

DA GRANDE NOITE À ALTERNATIVA
Alain Bihr

DA MISÉRIA IDEOLÓGICA À CRISE DO CAPITAL
Maria Orlanda Pinassi

A DÉCADA NEOLIBERAL E A CRISE
DOS SINDICATOS NO BRASIL
Adalberto Moreira Cardoso

A DESMEDIDA DO CAPITAL
Danièle Linhart

O DESAFIO E O FARDO DO TEMPO HISTÓRICO
István Mészáros

DO CORPORATIVISMO AO NEOLIBERALISMO
Angela Araújo (org.)

A EDUCAÇÃO PARA ALÉM DO CAPITAL
István Mészáros

O EMPREGO NA GLOBALIZAÇÃO
Marcio Pochmann

O EMPREGO NO DESENVOLVIMENTO DA NAÇÃO
Marcio Pochmann

ESTRUTURA SOCIAL E FORMAS DE CONSCIÊNCIA, 2v
István Mészáros

FILOSOFIA, IDEOLOGIA E CIÊNCIA SOCIAL
István Mészáros

FORÇAS DO TRABALHO
Beverly J. Silver

FORDISMO E TOYOTISMO
Thomas Gounet

HOMENS PARTIDOS
Marco Aurélio Santana

INFOPROLETÁRIOS
Ricardo Antunes e Ruy Braga (orgs.)

LINHAS DE MONTAGEM
Antonio Luigi Negro

A MÁQUINA AUTOMOTIVA EM SUAS PARTES
Geraldo Augusto Pinto

MAIS TRABALHO!
Sadi Dal Rosso

O MISTER DE FAZER DINHEIRO
Nise Jinkings

O MITO DA GRANDE CLASSE MÉDIA
Marcio Pochmann

A MONTANHA QUE DEVEMOS CONQUISTAR
István Mészáros

NEOLIBERALISMO, TRABALHO E SINDICATOS
Huw Beynon, José Ricardo Ramalho,
John McIlroy e Ricardo Antunes (orgs.)

NOVA DIVISÃO SEXUAL DO TRABALHO?
Helena Hirata

NOVA CLASSE MÉDIA
Marcio Pochmann

O NOVO (E PRECÁRIO) MUNDO
DO TRABALHO
Giovanni Alves

A OBRA DE SARTRE
István Mészáros

PARA ALÉM DO CAPITAL
István Mészáros

A PERDA DA RAZÃO SOCIAL DO TRABALHO
Maria da Graça Druck e Tânia Franco (orgs.)

POBREZA E EXPLORAÇÃO DO TRABALHO
NA AMÉRICA LATINA
Pierre Salama

O PODER DA IDEOLOGIA
István Mészáros

A POLÍTICA DO PRECARIADO
Ruy Braga

RETORNO À CONDIÇÃO OPERÁRIA
Stéphane Beaud e Michel Pialoux

RIQUEZA E MISÉRIA DO TRABALHO NO BRASIL, 3v
Ricardo Antunes (org.)

O ROUBO DA FALA
Adalberto Paranhos

O SÉCULO XXI
István Mészáros

SEM MAQUIAGEM
Ludmila Costhek Abílio

OS SENTIDOS DO TRABALHO
Ricardo Antunes

SHOPPING CENTER
Valquíria Padilha

A SITUAÇÃO DA CLASSE TRABALHADORA
NA INGLATERA
Friedrich Engels

A TEORIA DA ALIENAÇÃO EM MARX
István Mészáros

TERCEIRIZAÇÃO: (DES)FORDIZANDO
A FÁBRICA
Maria da Graça Druck

TRABALHO E DIALÉTICA
Jesus Ranieri

TRABALHO E SUBJETIVIDADE
Giovanni Alves

TRANSNACIONALIZAÇÃO DO CAPITAL E
FRAGMENTAÇÃO DOS TRABALHADORES
João Bernardo

RIQUEZA E MISÉRIA
DO TRABALHO NO BRASIL
II

organização
Ricardo Antunes

Adrián Sotelo Valencia • Adriano Santos • Andréia Farina de Faria • Andréia Galvão • Antonio Thomaz Junior • Aparecida Neri de Souza • Edilson José Graciolli • Elísio Estanque • Euda Kaliani G. T. Rocha • Fabiane Santana Previtali • Filipe Raslan • Frederico Lisbôa Romão • Geraldo Augusto Pinto • Graça Druck • Henrique Amorim • Isabella Jinkings • Jair Batista da Silva • Juliana Biondi Guanais • Lívia de Cássia Godoi Moraes • Marcos Acácio Neli • Pietro Basso • Sadi Dal Rosso • Sérgio Antunes de Almeida • Simone Wolff • Stela Cristina de Godoi • Vera Lucia Navarro

Copyright desta edição © Boitempo Editorial, 2013

Coordenação editorial
Ivana Jinkings

Editores-adjuntos
Bibiana Leme e João Alexandre Peschanski

Assistência editorial
Alícia Toffani e Livia Campos

Preparação
Mariana Echalar

Diagramação e capa
Antonio Kehl
sobre fotografia "Carvoeiro", de João Zinclar

Produção
Livia Campos

CIP-BRASIL. CATALOGAÇÃO NA PUBLICAÇÃO
SINDICATO NACIONAL DOS EDITORES DE LIVROS, RJ

R466

Riqueza e miséria do trabalho no Brasil II / organização Ricardo Antunes. - 1. ed. - São Paulo : Boitempo, 2013.
il. (Mundo do trabalho)

Sequência de: Riqueza e miséria do trabalho no Brasil
Inclui bibliografia
ISBN 978-85-7559-326-4

1. Sociologia do trabalho. 2. Trabalho - Pesquisa. 3. Trabalhadores - Condições sociais. 4. Trabalho - Efeito das inovações tecnológicas. 5. Relações trabalhistas. I. Antunes, Ricardo L. C. (Ricardo Luis Coltro), 1953-. II. Série.

13-00053
CDD: 306.36
CDU: 316.74:331

É vedada a reprodução de qualquer
parte deste livro sem a expressa autorização da editora.

Este livro atende às normas do acordo ortográfico em vigor desde janeiro de 2009.

1ª edição: maio de 2013; 1ª reimpressão: abril de 2015

BOITEMPO EDITORIAL
Jinkings Editores Associados Ltda.
Rua Pereira Leite, 373
05442-000 São Paulo SP
Tel./fax: (11) 3875-7250 / 3872-6869
editor@boitempoeditorial.com.br | www.boitempoeditorial.com.br
www.boitempoeditorial.wordpress.com | www.facebook.com/boitempo
www.twitter.com/editoraboitempo | www.youtube.com/imprensaboitempo

... um sapateiro, uma pessoa cuja vocação é proteger os pés, para que a cabeça não se perturbe com o contato direto com a substância das coisas...

Herman Melville, *O vigarista*

... pensou em muitas coisas, pensou que seu trabalho se tornara definitivamente inútil, que a existência de sua pessoa deixara de ter justificação suficiente...

José Saramago, *A caverna*

... não é verdade que só as grandes obras de arte sejam paridas com sofrimento e dúvida, também um simples corpo e uns simples membros de argila são capazes de resistir a entregar-se aos dedos que os modelam, aos olhos que o interrogam, à vontade que os requereu...

José Saramago, *A caverna*

O não trabalhador faz contra o trabalhador tudo que o trabalhador faz contra si mesmo, mas não faz contra si mesmo o que faz contra o trabalhador.

Karl Marx, *Manuscritos econômico-filosóficos*

Sumário

APRESENTAÇÃO 9

PARTE I: O SISTEMA GLOBAL DO CAPITAL E A
           CORROSÃO DO TRABALHO

1. A nova morfologia do trabalho e suas principais tendências 13
   Ricardo Antunes
2. Imigração na Europa 29
   Pietro Basso
3. Crise socioeconômica e intensificação do trabalho 43
   Sadi Dal Rosso
4. A precarização social do trabalho no Brasil 55
   Graça Druck
5. Cárcere e trabalho 75
   Isabella Jinkings
6. Trabalho, classe trabalhadora e proletariado 93
   Adrián Sotelo Valencia
7. O trabalho imaterial no debate contemporâneo 105
   Henrique Amorim

PARTE II: AS FORMAS DE SER DA REESTRUTURAÇÃO PRODUTIVA
           NO BRASIL E A NOVA MORFOLOGIA DO TRABALHO

PETROQUÍMICA

8. O ramo do petróleo 123
   Frederico Lisbôa Romão

METALURGIA

9. Na usinagem do capital o desmonte é do trabalho 149
   Adriano Santos
10. Gestão global e flexível 165
    Geraldo Augusto Pinto
11. As engrenagens da fábrica e os redutos de resistência
    no ABC do automóvel (1954-1964) 183
    Stela Cristina de Godoi

SETOR AERONÁUTICO
12. Privatização e reestruturação no setor aeronáutico brasileiro............197
   Lívia de Cássia Godoi Moraes

EDUCAÇÃO
13. Professores, modernização e precarização 217
   Aparecida Neri de Souza
14. A industrialização da educação na dinâmica do capitalismo contemporâneo..229
   Sérgio Antunes de Almeida e Simone Wolff

SETOR FUMAGEIRO
15. Reestruturação produtiva, relações interfirmas e trabalho no setor fumageiro no Brasil a partir da década de 1990..............247
   Andréia Farina de Faria e Fabiane Santana Previtali

HOTELARIA
16. "Camareira não pode ter dor nas costas, mas a gente tem!"..........269
   Euda Kaliani G. T. Rocha

AGRONEGÓCIO
17. Reestruturação produtiva e saúde do trabalhador na agroindústria avícola no Brasil..287
   Marcos Acácio Neli e Vera Lucia Navarro
18. "Quanto mais se corta, mais se ganha" 305
   Juliana Biondi Guanais
19. A nova face do conflito pela posse da terra no Pontal do Paranapanema (São Paulo) 325
   Antonio Thomaz Junior

PARTE III: OS SINDICATOS NA ENCRUZILHADA: AÇÃO E RESISTÊNCIA DOS TRABALHADORES
20. Trabalho e sindicalismo em Portugal....................................341
   Elísio Estanque
21. Sindicalismo e neoliberalismo 353
   Andréia Galvão
22. A adesão sindical às privatizações da CSN e da Usiminas 369
   Edilson José Graciolli
23. Ação sindical, racismo e cidadania no Brasil...........................383
   Jair Batista da Silva
24. A Flaskô entre a sobrevivência econômica e a luta política 403
   Filipe Raslan

BIBLIOGRAFIA GERAL..417

SOBRE AUTORES..445

APRESENTAÇÃO

Este livro é o segundo resultado da pesquisa coletiva intitulada "Para onde vai o mundo do trabalho?", projeto apoiado pelo CNPq, na modalidade de Bolsa de Produtividade em Pesquisa. Seu objetivo primeiro é apresentar alguns elementos centrais do processo de reorganização/reestruturação produtiva do capital desencadeado nas últimas décadas, bem como a forma pela qual esse processo vem afetando, metamorfoseando e transformando o mundo do trabalho no Brasil recente.

Como foi dito na apresentação do volume I, que deu início à série, pretende-se construir "um desenho consistente da realidade setorial brasileira, utilizando-se de ampla pesquisa de campo", bem como dar continuidade a um "diálogo crítico denso com a bibliografia nacional e internacional contemporânea" e, desse modo, ajudar a descortinar a processualidade que pauta tanto a organização sociotécnica do trabalho quanto suas formas de ação, resistência e confrontação.

As particularidades de cada ramo produtivo e suas conformações, assim como os *modos de ser* do trabalho, das terceirizações, das informalidades e das precarizações, são também elementos centrais deste estudo. Destacam-se ainda as análises dos organismos de representação sindical, de algumas das novas formas de organização e dos embates do trabalho.

Este livro está dividido em três partes. Na primeira, oferecemos um panorama amplo das múltiplas faces da precarização do trabalho, dialogando diretamente com traços presentes no cenário global, dadas as recentes configurações derivadas da (nova) divisão internacional do trabalho que caracteriza o capitalismo de nossos dias. Na parte II, examinamos vários ramos econômicos (petroquímico, metalúrgico, educacional, aeronáutico, hoteleiro, fumageiro e agronegócios), a fim de melhor compreender os modos diferenciados da produção no Brasil, bem como a *nova morfologia do trabalho* que vem se configurando. Na parte III, procuramos analisar as ações sindicais e de resistência presentes no cenário social, explorando algumas de suas respostas e desafios, como as cooperativas e os diferentes modos de ação sindical.

Vale reiterar, por fim, que a pesquisa se desenvolveu sempre com acento coletivo, a partir de projetos de dissertações de mestrado, teses de doutorado, pós-doutorado e monografias sob nossa orientação, realizadas no programa de Pós-Graduação em Sociologia do Instituto de Filosofia e Ciências Humanas da Unicamp.

O resultado do estudo revela a riqueza de experiências no espaço do trabalho, de modo polissêmico e multiforme. Assim, como já dissemos na apresentação do volume I, todas "as etapas da pesquisa, bem como a elaboração dos capítulos específicos, foram sempre objeto de exaustivo debate entre toda a equipe – o que certamente permitiu um enriquecimento individual e coletivo".

Acrescentamos que em breve teremos a publicação do terceiro volume de *Riqueza e miséria do trabalho no Brasil*, visto que as mais de mil páginas que compunham inicialmente um só volume obrigaram-nos a dividi-lo em dois.

A belíssima imagem *prometeica* na capa deste livro é uma modesta homenagem ao fotógrafo do trabalho João Zinclar. Conheci o João quando ele era operário, em atividades das quais participei no Sindicato dos Metalúrgicos de Campinas. Ele gostava de fotografar; era um *operário-fotógrafo*, e tenho muitas fotos que tirou. Anos depois, tornou-se um *fotógrafo-operário*, cuja sensibilidade está estampada em cada uma de suas imagens. A vida lhe foi roubada precocemente.

Ricardo Antunes

PARTE I

O SISTEMA GLOBAL DO CAPITAL E A CORROSÃO DO TRABALHO

Capítulo 1

A NOVA MORFOLOGIA DO TRABALHO E SUAS PRINCIPAIS TENDÊNCIAS
informalidade, infoproletariado, (i)materialidade e valor[1]

Ricardo Antunes

Introdução

O mundo produtivo contemporâneo, particularmente desde o amplo processo de reestruturação do capital desencadeado em escala global no início da década de 1970, vem apresentando um claro sentido multiforme, com tendências mundiais de informalização da força de trabalho e de aumento dos níveis de precarização dos trabalhadores. No outro lado do pêndulo, outras tendências em curso estariam dando sinais mais "positivos", de maior intelectualização do trabalho, em especial nos ramos dotados de maior impacto tecnológico-informacional-digital.

As consequências analíticas dessas teses díspares não são poucas. Na primeira variante, acentuam-se os elementos destrutivos em relação ao trabalho: as novas formas vigentes de valorização do valor, ao mesmo tempo que trazem embutidos novos mecanismos geradores de trabalho excedente, precarizam, informalizam e expulsam da produção uma infinitude de trabalhadores que se tornam sobrantes, descartáveis e desempregados.

Na segunda variante, a ênfase está em procurar demonstrar os "avanços" que finalmente estariam se aproximando do trabalho informatizado, dotado de um maior traço cognitivo e que, por isso, estaria se diferenciando do trabalho maquínico, parcelar e fetichizado, de matriz taylorista-fordista, que esteve presente ao longo do século XX.

É esse complexo problemático que nosso artigo pretende explorar.

---

[1] Este texto é resultado direto de nosso projeto de pesquisa, financiado pelo Conselho Nacional de Pesquisa Científica (CNPq), e foi publicado na revista *Sociologia del Trabajo*, n. 74, 2012.

Para ilustrar e dar concretude a essas formulações, vamos desenvolver os seguintes movimentos: inicialmente, indicaremos as principais manifestações ou modos de ser da informalidade (isto é, do trabalho informal) e suas conexões com a criação de valor; em seguida, exploraremos os sentidos e os significados advindos do infoproletariado e de suas conexões com o trabalho material e, desse modo, ofereceremos nossa leitura acerca dessas problemáticas presentes no universo do trabalho hoje.

Será pela análise dessas questões, tendo o caso brasileiro como suporte empírico, dialogando com outras correntes e formulações presentes no cenário global, que indicaremos algumas das principais tendências atuais no universo do trabalho.

Nossa hipótese central é de que, ao contrário da retração ou descompensação da lei do valor, o mundo contemporâneo vem assistindo a uma significativa ampliação de seus mecanismos de funcionamento, no qual o papel desempenhado pelo trabalho – ou o que denominamos *nova morfologia do trabalho* – é emblemático.

Uma análise do capitalismo atual nos obriga a compreender que as formas vigentes de valorização do valor trazem embutidos novos mecanismos geradores de trabalho excedente, ao mesmo tempo que expulsam da produção uma infinitude de trabalhadores que se tornam sobrantes, descartáveis e desempregados. E esse processo tem clara funcionalidade para o capital, uma vez que permite a ampliação do bolsão de desempregados e reduz ainda mais a remuneração da força de trabalho, em amplitude global, pela retração salarial daqueles assalariados que se encontram empregados.

Em plena eclosão da mais recente crise global, que atinge sobretudo os países do Norte, esse quadro se amplia sobremaneira e nos faz presenciar um enorme "desperdício" de força humana de trabalho, além de uma corrosão ainda maior do trabalho contratado e regulamentado, de matriz taylorista-fordista, vigente durante o século passado.

Como vivenciamos uma processualidade multitendencial, paralelamente à ampliação de grandes contingentes que se precarizam ou perdem emprego, presenciamos também a expansão de novos modos de extração do sobretrabalho, capazes de articular um maquinário altamente avançado (como as tecnologias de comunicação e informação) que invadiu o mundo das mercadorias. As atividades são dotadas de maiores "qualificações" e "competências" e fornecem mais potencialidade *intelectual* (aqui entendida em seu restrito sentido dado pelo mercado), integrando-se ao *trabalho social, complexo e combinado* que efetivamente agrega valor.

É como se todos os espaços existentes de trabalho fossem *potencialmente convertidos em geradores de mais-valor*, desde aqueles que ainda mantêm laços de formalidade e contratualidade até os que se pautam pela aberta informalidade, na franja *integrada* ao sistema, não importando se as atividades realizadas são predominantemente *manuais* ou mais acentuadamente "intelectualizadas", "dotadas de conhecimento".

Assim, nesse universo caracterizado pela *subsunção do trabalho* ao mundo maquínico (seja pela vigência da máquina-ferramenta autômata do século XX, seja pela da máquina informacional-digital dos dias atuais), o trabalho estável, herdeiro da fase taylorista-fordista, relativamente moldado pela contratação e pela regulamentação, vem sendo substituído pelos mais distintos e diversificados modos de informalidade, por exemplo: o *trabalho atípico*, os trabalhos terceirizados (com sua enorme gama e variedade), o "cooperativismo", o "empreendedorismo", o "trabalho voluntário" etc.

Essa *nova morfologia do trabalho*, ao mesmo tempo que abrange os mais distintos *modos de ser* da informalidade, vem ampliando o universo do *trabalho invisibilizado* e potencializando novos mecanismos geradores de *valor* – ainda que com *aparência* de *não valor* – a partir de novos e velhos mecanismos de intensificação (quando não de *autoexploração*) do trabalho.

Como o capital só pode se reproduzir acentuando seu sentido de desperdício, é a própria "centralidade do trabalho abstrato que produz a não centralidade do trabalho, presente na massa dos excluídos do trabalho vivo", os quais, uma vez (des)socializados e (des)individualizados pela expulsão do trabalho, "procuram desesperadamente encontrar formas de individuação e de socialização nas esferas isoladas do não trabalho (atividade de formação, de benevolência e de serviços)" (Tosel, 1995, p. 210).

Isso nos permite indicar outra hipótese que será apresentada neste artigo: menos do que a propalada perda de validade da teoria do valor, como defenderam Habermas (1989 e 1991) e Gorz (2003, 2005a, 2005b), entre tantos outros, nossa hipótese *é de que essa aparente invisibilidade do trabalho é a expressão fenomênica* que encobre *a real geração de mais-valor em praticamente todas as esferas do mundo laboral nas quais ele possa ser realizado*. Comecemos, então, pela questão da informalidade.

Um esboço para uma fenomenologia da informalidade

Uma *fenomenologia* preliminar dos *modos de ser* da informalidade no Brasil recente demonstra a ampliação acentuada de trabalhadores submetidos a sucessivos contratos temporários, sem estabilidade, sem registro em carteira, trabalhando dentro ou fora do espaço produtivo das empresas, quer em atividades mais instáveis ou temporárias, quer sob a ameaça direta do desemprego. Esboçamos a seguir algumas de suas principais manifestações.

Um *primeiro modo de ser da informalidade* está presente na figura dos *trabalhadores informais tradicionais*, "inseridos nas atividades que requerem baixa capitalização, buscando obter uma renda para consumo individual e familiar. Nessa atividade, vivem de sua força de trabalho, podendo se utilizar do auxílio de trabalho familiar ou de ajudantes temporários" (Alves e Tavares, 2006, p. 431). Nesse universo encontramos os trabalhadores menos "instáveis",

> que possuem um mínimo de conhecimento profissional e os meios de trabalho e, na grande maioria dos casos, desenvolvem suas atividades no setor de prestação de serviços, de que são exemplos as costureiras, pedreiros, jardineiros, vendedores ambulantes de artigos de consumo mais imediato como alimentos, vestuário, calçados e de consumo pessoal, camelôs [vendedores informais de rua], empregados domésticos, sapateiros e oficinas de reparos. (Alves e Tavares, 2006, p. 431)

Há também os informais mais "instáveis", recrutados temporariamente e remunerados em geral por peça ou serviço realizado. Eles executam trabalhos eventuais e contingenciais, pautados pela força física e pela baixa qualificação, como carregadores, carroceiros, trabalhadores de rua e serviços gerais. Esses trabalhadores mais "instáveis" podem até ser subempregados pelos trabalhadores informais mais "estáveis" (cf. Alves e Tavares, 2006; Lima, 1999 e 2002; Cacciamali, 2000). Nesses exemplos – de *trabalhadores informais tradicionais* – podemos incluir os "ocasionais" ou "temporários" que desenvolvem atividades informais enquanto estão desempregados e esperam uma oportunidade de retornar ao trabalho assalariado:

são trabalhadores que ora estão desempregados, ora são absorvidos pelas formas de trabalho precário, vivendo uma situação que, inicialmente, era provisória e transformou-se em permanente. Há casos que combinam o trabalho *regular* com o *ocasional*, praticando os chamados *bicos*. Nesses casos, obtém-se um baixo rendimento com essas atividades [...] [como os] vendedores de diversos produtos (limpeza, cosméticos, roupas), digitador, salgadeiras, faxineiras e confecção de artesanato nas horas de folga. (Alves e Tavares, 2006, p. 431)

Ainda nesse espectro de atividades informais tradicionais, encontram-se as pequenas oficinas de reparação e consertos, estruturadas e mantidas pela clientela do *bairro* ou por relações pessoais. Inserida na divisão social do trabalho capitalista, essa gama de trabalhadores informais contribui

para que se efetive a circulação e consumo das mercadorias produzidas pelas empresas capitalistas. A forma de inserção no trabalho informal é extremamente precária e caracteriza-se por uma renda muito baixa, além de não garantir o acesso aos direitos sociais e trabalhistas básicos, como aposentadoria, FGTS [Fundo de Garantia do Tempo de Serviço], auxílio-doença, licença-maternidade; se ficarem doentes, são forçados a parar de trabalhar, perdendo integralmente sua fonte de renda. (Alves e Tavares, 2006, p. 432)

Não há horário fixo de trabalho, e as jornadas levam frequentemente ao uso das *horas vagas* para aumentar a renda. Acrescente-se ainda o fato de que, no trabalho por conta própria, além do uso da sua própria força de trabalho, pode haver uso da de outros membros da família, com ou sem remuneração.

Um *segundo modo de ser da informalidade* remete à figura dos *trabalhadores informais assalariados sem registro*, à margem da legislação trabalhista, uma vez que perderam o estatuto de contratualidade e passaram da condição de assalariados *com* carteira assinada para a de assalariados *sem* carteira, o que os exclui das resoluções presentes nos acordos coletivos de sua categoria e os desprovê dos direitos previstos para aqueles que têm contrato formal de trabalho. A indústria têxtil, de confecções e calçados, por exemplo, têm acentuado essa tendência (cf. Alves e Tavares, 2006).

Isso se deve ao fato de a racionalidade instrumental do capital empurrar as empresas para a flexibilização do trabalho, da jornada e da remuneração, o que aumenta a responsabilização e as competências, criando e recriando novas relações e formas de trabalho que com frequência assumem feição informal. Aqui podemos encontrar:

os casos de trabalho em domicílio que se especializam por áreas de ocupação, prestando serviços às grandes empresas, que também se utilizam da subcontratação para a montagem de bens, produção de serviços, distribuição de bens através do comércio de rua ou ambulante. (Alves e Tavares, 2006, p. 432-3; ver também Cacciamali, 2000)

Muitas vezes esse modo de trabalho se realiza também em galpões, como na indústria de calçados, em que a informalidade é a norma (Alves e Tavares, 2006).

Um *terceiro modo de ser da informalidade* é praticado pelos *trabalhadores informais por conta própria*, que podem ser definidos como uma variante de *produtores simples de mercadorias*, contando com sua própria força de trabalho ou de familiares e podendo até subcontratar força de trabalho assalariada. Mas é preciso mencionar:

[essas] formas de inserção do trabalhador por conta própria na economia informal não são práticas novas, mas foram recriadas pelas empresas capitalistas como forma de possibilitar a extração do mais-valor relativo com o mais-valor* absoluto. Lembramos que há diferentes formas de inserção do trabalho informal no modo de produção capitalista e, para sua análise, devemos considerar essa grande heterogeneidade, buscando desvendar quais os vínculos existentes entre esses trabalhadores e o acúmulo de capital. (Alves e Tavares, 2006, p. 433; ver também Cacciamali, 1997)

Desse quadro, podemos perceber que:

Proliferam-se os pequenos negócios vinculados às grandes corporações, envolvendo as áreas de produção, comércio e prestação de serviços. Os pequenos proprietários informais atuam em áreas que não atraiam investimentos capitalistas de maior vulto, de modo a atender à demanda por determinados bens e serviços. Esses trabalhadores adotam essas estratégias porque seus pequenos negócios informais não têm condições de concorrer com as empresas capitalistas, são elas que definem sua forma de inserção no mercado. (Alves e Tavares, 2006, p. 433)

Uma vez que concebemos a informalidade como *ruptura com os laços formais de contratação e regulação da força de trabalho*, podemos acrescentar que, se a informalidade não é sinônimo *direto* de condição de precariedade, sua *vigência* expressa, com grande frequência e intensidade, formas de trabalho desprovidas de direitos, as quais, portanto, apresentam clara similitude com a precarização. Desse modo, a informalização da força de trabalho vem se constituindo como mecanismo central utilizado pela engenharia do capital para ampliar a *intensificação* dos ritmos e dos movimentos do trabalho e ampliar seu processo de valorização. E, ao fazê-lo, desencadeia um importante elemento propulsor da *precarização estrutural do trabalho*.

Esses diversos *modos de ser da informalidade* no Brasil, que certamente comportam traços e características similares em várias partes do globo, são emblemáticos do que aqui formulamos como hipótese: os mais distintos e diversos *modos de ser da informalidade* parecem assumir, ao contrário do que afirmam os desconstrutores da teoria do valor, um importante elemento de ampliação, de potencialização e mesmo de realização do *mais-valor*.

Se assim não é, por que, em pleno século XXI, há jornadas de trabalho de dezessete horas por dia na indústria de confecções, no centro da cidade de São Paulo, a mais importante região industrial do Brasil, por intermédio da contratação informal de trabalhadores imigrantes bolivianos ou peruanos (ou ainda de outros países latino-americanos), controlados por patrões em geral coreanos ou chineses? Podemos citar ainda o caso dos trabalhadores africanos que fazem o ensacamento e a embalagem de produtos têxteis e confecções nos bairros do Bom Retiro e do Brás (cujos produtos são exportados para o mercado africano), no mesmo centro paulistano, onde se alicerçam no trabalho extenuante e profundamente manual ou "braçal", segundo a própria denominação dos trabalhadores.

Outro exemplo pode ser encontrado no agronegócio açucareiro: embora contemple muitas vezes os laços de formalização, a burla desses direitos é constante no caso dos "boias-

---

* Adotou-se como padrão no livro o uso de "mais-valor" em vez de "mais-valia", para fazer correspondência às edições da Boitempo dos livros *Grundrisse* e *O capital*. (N. E.)

-frias", os trabalhadores rurais que cortam em média mais de dez toneladas de cana por dia em São Paulo – número que pode chegar a dezoito toneladas diárias no Nordeste – para produzir combustível extraído da cana-de-açúcar (etanol).

Mas esse desenho não é específico da sociedade brasileira. No Japão há o exemplo recente do ciber-refugiado, trabalhador jovem da periferia de Tóquio que não têm recursos para alugar quartos em pensões ou apartamentos e por isso utiliza os cibercafés durante a madrugada para repousar, dormir um pouco, navegar na internet e buscar trabalho. Esses espaços "ciber" cobram preços baixos dos trabalhadores pobres, sem habitação fixa, para que possam passar a noite na internet, em busca de novos *trabalhos contingentes*. Podemos adicionar outro exemplo mais conhecido: o de jovens operários oriundos de várias partes do país e também do exterior que migram para as cidades em busca de trabalho – os chamados decasséguis – e, sem casa ou residência fixa, dormem em cápsulas de vidro, configurando o que denominei *operários encapsulados* (Antunes, 2006).

O exemplo dos imigrantes talvez seja o mais exacerbado dessa tendência estrutural à precarização do trabalho: com o enorme incremento do *novo proletariado informal*, do subproletariado fabril e de serviços, novos postos de trabalho são preenchidos por imigrantes, como o *gastarbeiter* na Alemanha, o *lavoro nero* na Itália, o *chicano* nos Estados Unidos, o imigrante do Leste Europeu (poloneses, húngaros, romenos, albaneses etc.) na Europa ocidental, o decasségui no Japão, os latino-americanos (em particular o boliviano) e os africanos em geral no Brasil etc.

Desse modo, além das clivagens e transversalidades existentes hoje, entre os trabalhadores estáveis e precários, homens e mulheres, jovens e idosos, brancos, negros e índios, qualificados e desqualificados, empregados e desempregados, entre tantos outros exemplos que configuram a *nova morfologia do trabalho*, os imigrantes ilustram também o quadro tendencial de precarização estrutural do trabalho em escala global. Vamos indicar, de modo breve, algumas expressões desse fenômeno.

A PONTA DO *ICEBERG*: A EXPLOSÃO DOS TRABALHADORES IMIGRANTES

Um relato ilustrativo da situação dos imigrantes pode nos ajudar a perceber que eles talvez sejam a ponta mais visível do *iceberg* no que concerne à precarização das condições de trabalho no capitalismo atual. Pietro Basso, estudioso desse fenômeno na Europa, oferece um panorama dessa realidade social:

> De um continente de emigrantes e de colonos, como foi durante séculos, a Europa ocidental transformou-se numa terra de aumento contínuo de imigração proveniente dos quatro cantos do globo. Hoje, vivem em seu território 30 milhões de imigrantes. E, se aos imigrantes sem cidadania forem acrescentados os que obtiveram a cidadania de algum país europeu, chega-se a cerca de 50 milhões, ou seja, cerca de 15% de toda a população da "Europa dos 15". (Basso, 2010b*, p. 1)

Desse contingente, 22% provêm da África, 16% da Ásia – metade do Extremo Oriente, sobretudo da China, e metade do subcontinente indiano – e 15% da América

---

* O texto de Pietro Basso é o capítulo 2 deste livro. (N. E.)

Central e do Sul. O restante (de 45 a 47%) é composto de imigrantes com cidadania de países da "Europa dos 27" e por aqueles provenientes de países europeus no sentido *lato* (turcos, balcânicos, ucranianos, russos) (Basso, 2010b).

O trabalhador imigrante encontra nas indústrias, construtoras, supermercados, distribuidoras de hortifrutícolas, agricultura, hotéis, restaurantes, hospitais, empresas de limpeza etc. seus principais espaços de trabalho, recebendo salários sempre depauperados. O autor lembra que, numa distribuidora de hortifrutícolas em Milão (Itália), os trabalhadores negros descarregam caixas de frutas e verduras por 2,5 euros por hora, o equivalente ao custo de um quilo de pão de péssima qualidade. E, na zona rural do sul da Espanha e da Itália, os "salários são ainda inferiores e, muitas vezes, não são pagos".

> Muito frequentemente, esses trabalhadores recebem menos do que deveriam receber pelo contrato, dentre outras causas porque a qualificação que lhes é atribuída quase nunca corresponde a suas reais competências; isso ocorre sobretudo em pequenas empresas, que afinal são as que mais recorrem aos imigrantes. Cabem a eles, em geral, as tarefas mais duras, perigosas e insalubres; na Itália, segundo dados oficiais, os imigrantes sofrem o dobro de acidentes de trabalho em relação aos nativos. (Basso, 2010b, p. 4)

Os trabalhadores imigrantes têm, em geral, os horários mais desconfortáveis, como jornadas noturnas e de fins de semana:

> [não se trata] apenas [de] uma questão de superexploração. Na Europa, a vida dos imigrantes e de seus filhos é marcada por *discriminações*. Eles são discriminados no local de trabalho, no acesso ao trabalho, no seguro-desemprego, na aposentadoria. São discriminados no acesso à moradia, pagando aluguéis mais caros pelas casas mais deterioradas e em zonas mais degradadas. São discriminados até nas escolas (na Alemanha são poucos, pouquíssimos os filhos de imigrantes que chegam às universidades; na Itália, 42,5% dos estudantes filhos de imigrantes estão atrasados nos estudos). São discriminados na possibilidade de manter a própria família unida, em especial se forem muçulmanos, e de professar livremente a própria fé (suspeita, enquanto tal, de ter potencialidades "terroristas") (Basso, 2010b, p. 4).

Essa classe é, ao mesmo tempo, a "mais desfavorecida" e a "mais global" e, por esse motivo, compõe parte da classe trabalhadora como um todo que é "objetivamente, mais do que outras, portadora de aspirações igualitárias e antirracistas, ainda que em meio a mil contradições, oportunismos e individualismos (Basso, 2010b, p. 6).

Por mais paradoxal que pareça, Basso indica que esses trabalhador(a)s manuais constituem:

> um dos mais poderosos fatores de *transformação* da sociedade europeia para a superação das decrépitas hierarquias e fronteiras entre nações e povos [...]. [São um] sujeito coletivo portador de uma necessidade de emancipação social, porque mesmo com a "aventura" cada vez mais cara e perigosa de emigrar, eles demonstram recusar o "destino" de uma existência limitada à mera sobrevivência; e porque, uma vez aqui, não podem aceitar passivamente a condição de inferioridade jurídica, material, social e cultural que lhes é reservada. (Basso, 2010b, p. 6)

Tomando o caso italiano como referência, o autor lembra que houve avanços na ação sindical dos imigrantes: se no início os trabalhadores imigrantes buscavam os sindicatos para ações de tipo assistencial, com o passar do tempo e a consolidação de sua presença nos locais de trabalho eles participam em número cada vez maior das atividades sindicais, de forma a expressar as "necessidades próprias dos imigrantes *enquanto operários e trabalhadores*". Eles começam também a "desempenhar um papel de representação dos trabalhadores italianos (hoje em dia, há alguns milhares de representantes sindicais imigrantes)" (Basso, 2010b, p. 8; ver também Basso e Perocco, 2008; Basso, 2010a).

As diversas manifestações recentes, na Europa, de descontentamento por parte dos trabalhadores imigrantes e dos jovens sem trabalho são emblemáticas. Por seu sentido simbólico, recordamos a eclosão de movimentos de trabalhadores precarizados em Portugal, entre os quais o denominado Precários Inflexíveis. Em seu "manifesto", esse movimento afirma:

> Somos precários no emprego e na vida. Trabalhamos sem contrato ou com contratos a prazos muito curtos. Trabalho temporário, incerto e sem garantias. Somos operadores de *call center*, estagiários, desempregados, trabalhadores a recibos verdes, imigrantes, intermitentes, estudantes trabalhadores...
>
> Não entramos nas estatísticas. Apesar de sermos cada vez mais e mais precários, os governos escondem esse mundo. Vivemos de biscates e trabalhos temporários. Dificilmente podemos pagar uma renda de casa. Não temos férias, não podemos engravidar nem ficar doentes. Direito à greve, nem por sombras. Flexissegurança? O "flexi" é para nós. A "segurança" é só para os patrões. Essa "modernização" mentirosa é pensada e feita de mãos dadas entre empresários e governo. Estamos na sombra, mas não calados.
>
> Não deixaremos de lutar ao lado de quem trabalha em Portugal ou longe daqui por direitos fundamentais. Essa luta não é só de números, entre sindicatos e governos. É a luta de trabalhadores e pessoas como nós. Coisas que os "números" ignorarão sempre. Nós não cabemos nesses números.
>
> Não deixaremos esquecer as condições a que nos remetem. E com a mesma força com que nos atacam os patrões, respondemos e reinventamos a luta. Afinal, somos muito mais do que eles. Precários, sim, mas inflexíveis.

Discriminados, mas não resignados, eles são parte integrante da *classe-que-vive-do--trabalho*, exprimindo a vontade de melhorar as próprias condições de vida *por meio do trabalho*. E esse relato do quadro dos trabalhadores na Europa ocidental nos ajuda a pensar que eles sejam talvez a ponta mais visível do *iceberg*, no que concerne às condições de trabalho e sua precarização.

A DUPLA DEGRADAÇÃO: DO TRABALHO TAYLORISTA-FORDISTA AO DA EMPRESA FLEXÍVEL

As indicações feitas anteriormente mostram que entramos em uma *nova era de precarização estrutural do trabalho*, de cujos exemplos destacamos:

1) a erosão do trabalho contratado e regulamentado, dominante no século XX, e sua substituição pelas diversas formas de trabalho atípico, precarizado e "voluntário";

2) a criação de "falsas" cooperativas a fim de dilapidar ainda mais as condições de remuneração dos trabalhadores, erodir seus direitos e aumentar os níveis de exploração de sua força de trabalho;

3) o "empreendedorismo", que se configura cada vez mais como forma oculta de trabalho assalariado e multiplica as distintas formas de flexibilização de horário, salarial, funcional ou organizativa;

4) a degradação ainda mais intensa do trabalho imigrante em escala global.

É nesse quadro que os capitais globais estão exigindo o desmonte da legislação social protetora do trabalho em várias partes do mundo e ampliando a destruição dos direitos sociais que foram arduamente conquistados pela classe trabalhadora desde o início da Revolução Industrial, em especial após 1930, quando se toma o exemplo brasileiro.

Como o tempo e o espaço estão em frequente mutação, nessa fase de mundialização do capital a redução do proletariado taylorizado – sobretudo nos núcleos mais avançados da indústria – e a paralela ampliação do *trabalho intelectual* caminham em clara inter-relação com a expansão dos novos proletários. E esse processo vem ocorrendo tanto na indústria quanto na agricultura e nos serviços (e em suas áreas de intersecção, como a agroindústria, a indústria de serviços e os serviços industriais).

Do trabalho intensificado do Japão ao *trabalho contingente* nos Estados Unidos, dos imigrantes que chegam ao Ocidente avançado ao submundo do trabalho no polo asiático, das *maquiladoras* no México aos precarizados da Europa ocidental, dos trabalhadores da Nike, do Walmart e do McDonald's aos *call centers* e centros de *telemarketing*, esse amplo e crescente contingente de trabalhadores parece expressar as distintas modalidades de trabalho vivo que hoje são cada vez mais necessárias para criar valor e valorizar o sistema de capital.

Se, entretanto, presenciamos no século XX a vigência da *era da degradação do trabalho*, em suas últimas décadas e no início do XXI vivenciamos *outras modalidades e modos de ser da precarização*, próprias da fase da flexibilidade toyotizada, com traços de continuidade e descontinuidade em relação à forma taylorista-fordista.

A degradação típica do taylorismo-fordismo, que vigorou ao longo de quase todo o século XX, teve (e ainda tem) um desenho mais acentuadamente *despótico*, embora mais *regulamentado* e *contratualista*. O trabalho tinha uma conformação mais coisificada e reificada, mais maquinal; em contrapartida, era provido de direitos e regulamentação, ao menos para os polos mais qualificados.

A segunda forma de degradação do trabalho típica da empresa da *flexibilidade toyotizada é aparentemente* mais "participativa", mas os traços de reificação são ainda mais *interiorizados* (com seus mecanismos de "envolvimento", "parceria", "colaboração" e "individualização", "metas" e "competências"). Ela é responsável pela desconstrução monumental dos direitos sociais do trabalho, como indicamos anteriormente.

É por isso que o movimento pendular em que se encontra a força de trabalho vai da *perenidade* de um trabalho cada vez mais reduzido, intensificado em seus ritmos e desprovido de direitos, a uma *superfluidade* crescente, geradora de trabalhos mais precarizados e informalizados. Em outras palavras, ele vai de trabalhos mais qualificados para um contingente reduzido (como os trabalhadores das indústrias de *software* e de tecnologias de informação e comunicação) a modalidades de trabalho cada vez mais instáveis para um universo crescente de trabalhadores.

Assim, no *topo* da pirâmide social do mundo do trabalho, em sua *nova morfologia*, encontramos os trabalhos ultraqualificados que se referem ao informacional e ao cognitivo; na *base*, a informalidade, a precarização e o desemprego, todos estruturais, ampliam-se; e, no *meio*, encontramos a hibridez, o trabalho qualificado, que pode desaparecer ou erodir em decorrência das alterações temporais e espaciais que atingem as plantas produtivas ou de serviços em todas as partes do mundo.

Portanto, a informalização do trabalho, com seu desenho polimorfo, parece assumir um traço constitutivo da acumulação de capital de nossos dias, uma vez que se torna cada vez mais presente na fase da *liofilização organizativa* (cf. J. Castillo, 1996a e 1996b) ou da *flexibilidade liofilizada*, como denominamos essa modalidade de organização e controle do processo de trabalho.

Portanto, compreender seus modos de expressão e seus significados torna-se vital em nossos dias para uma melhor intelecção dos mecanismos e engrenagens que impulsionam o mundo do trabalho em direção à informalidade e do papel que essas modalidades de trabalho cumprem em relação à lei do valor e à sua valorização.

Mas há, nessa processualidade multitendencial, um novo contingente de assalariados em franca expansão. É exemplo disso o trabalho nas tecnologias de comunicação e informação (TCI), que abrange desde atividades nas empresas de *software* até os assalariados que se multiplicam nas empresas de *call center, telemarketing* etc. e são cada vez mais parte integrante e crescente da *nova morfologia do trabalho*.

Sugestivamente, Ursula Huws (2003) denominou esse novo contingente *cibertariado* – Ruy Braga e eu (2009) o denominamos *infoproletariado*. Seu estudo é central para compreendermos as interações entre os trabalhos materiais e imateriais, bem como suas conexões com as novas modalidades do valor.

Após oferecer elementos sobre os *novos modos de ser da informalidade*, vamos explorar agora quais são os contornos mais gerais do infoproletariado ou cibertariado.

O ADVENTO DO INFOPROLETARIADO

As diversas teses e formulações que defendiam o descentramento do trabalho e sua perda de relevância como elemento societal estruturante – anunciada por Gorz (1987) e desenvolvida por Offe (1989), Meda (1987) e Habermas (1991 e 1992) e fortalecida pelas mudanças no mundo da produção no último quartel do século XX – afirmavam que o trabalho vivo tornava-se cada vez mais residual como fonte criadora de valor, pois estaríamos presenciando a emergência de novos estratos sociais oriundos das atividades comunicativas, movidas pelo avanço tecnocientífico e pelo advento da "sociedade da informação" (Antunes e Braga, 2009).

Posteriormente, Castells (2007) procurou "atualizar" os termos do debate, ancorando-se em estatísticas sobretudo (mas não só) das sociedades capitalistas avançadas, como Estados Unidos e Europa. Elas possibilitariam indicar a superação do trabalho degradado, quer pelo avanço tecnocientífico, quer pela difusão de empregos qualificados com maior "autonomia no trabalho".

De certo modo, essas formulações recuperavam o argumento na linha das sociedades pós-industriais (Bell, 1977), que proclamava a superação do trabalho degradado, típico da fábrica taylorista-fordista, pela "criatividade" das atividades de serviços, associadas às tarefas de concepção e planejamento de processos produtivos, como no trabalho das chamadas tecnologias de informação e comunicação.

Mas essas teses não tinham força. Decorridas poucas décadas, inúmeras pesquisas problematizaram agudamente suas assertivas, demonstrando que o infoproletariado (ou cibertariado), ao contrário do desenho esboçado por elas, parece exprimir muito mais uma *nova condição de assalariamento* no setor de serviços, um novo segmento do *proletariado não industrial*, sujeito à exploração de seu trabalho, desprovido do controle e da gestão de seu *labor*, e que cresce de maneira exponencial desde que o capitalismo deslanchou a chamada era das mutações tecnológico-informacional-digitais. No Brasil, por exemplo, estimava-se em 2005 que o número de teleoperadores que atuavam dentro e fora dos *call centers* – centrais de teleatividades (CTAs) – seria de aproximadamente 675 mil (Global Call Center Industry Project, 2005; C. Nogueira, 2006). Em 2011, esse contingente ultrapassava a casa de 1 milhão de trabalhadores (com forte predominância do trabalho feminino), e os teleoperadores representavam uma das maiores categorias de assalariados, em franco crescimento em escala global.

Como sabemos, a privatização das telecomunicações acarretou um processo intensificado de terceirização do trabalho, comportando múltiplas formas de precarização e intensificação dos tempos e movimentos do ato laborativo. Desenvolvia-se, então, uma clara confluência entre a terceirização do trabalho e sua precarização, dentro da lógica da *mercadorização* dos serviços privatizados.

Juan Castillo (2007) observou a evolução do trabalho em fábricas de *software* e ofereceu pistas empíricas e analíticas sugestivas. Referindo-se ao trabalho de Michael Cusumano, afirmou que:

> produzir *software* não é como qualquer outro negócio, como a fabricação de muitos outros bens ou serviços. Porque, uma vez criado, fazer uma cópia custa tanto quanto fazer 1 milhão. Porque é um tipo de empresa cujo lucro sobre as vendas pode chegar a 99%. Porque é um negócio que pode mudar, sem mais, de fabricar produtos a fabricar serviços. (J. Castillo, 2007, p. 37)

E acrescenta:

> Muitos pesquisadores têm chamado a atenção para essa riqueza de figuras produtivas e de vivências e expectativas de trabalho, inclusive para suas repercussões na vida privada e na organização do tempo. Com uma ênfase especial, precisamente, nos trabalhadores de *software*, cujos postos de trabalho se movem entre "a rotina e os postos de maior nível". (J. Castillo, 2007, p. 37)

Portanto, ao contrário do que foi propugnado pelas teses da "sociedade pós-industrial" e do "trabalho criativo informacional", o *labor* no setor de *telemarketing* tem sido pautado por uma processualidade contraditória, uma vez que:

1) articula tecnologias do século XXI (tecnologias de informação e comunicação) em condições de trabalho herdeiras do século XX;

2) combina estratégias de intensa emulação dos teleoperadores, ao modo da flexibilidade toyotizada, com técnicas gerenciais tayloristas de controle do trabalho predominantemente prescrito;

3) associa o trabalho em grupo com a individualização das relações de trabalho, estimulando tanto a cooperação quanto a concorrência entre os trabalhadores, entre muitos outros elementos que conformam sua atividade (Antunes e Braga, 2009).

Mas, além das limitações das teses que não foram capazes de compreender as condições concretas presentes no trabalho do *telemarketing*, dos *call centers* e das indústrias de tecnologias de comunicação e informação, há ainda outro ponto importante. Podemos resumi-lo assim: *essas atividades, tidas como predominantemente imateriais*, têm ou não conexões com os complexos mecanismos da lei do valor hoje operantes em seu processo de valorização?

Tratar dessa questão obriga-nos a analisar criticamente os defensores da desmedida do valor-trabalho. É o que faremos no último item deste capítulo.

Trabalho, materialidade, imaterialidade e valor

André Gorz, autor responsável por uma vasta e conhecida obra, também se alinhou aos autores que defendem a "intangibilidade do valor", uma vez que, segundo ele, o trabalho de perfil predominantemente imaterial não pode mais ser mensurado de acordo com os padrões e as normas estabelecidas e vigentes nas fases anteriores (Gorz, 2005a, p. 18). Gorz afirma que, ao contrário do autômato (modalidade do trabalho na era da maquinaria de matriz taylorista-fordista),

> [os] trabalhadores pós-fordistas devem entrar no processo de produção com toda a bagagem cultural que adquiriram nos jogos, nos esportes de equipe, nas lutas e disputas, nas atividades musicais, teatrais etc. É nessas atividades fora do trabalho que são desenvolvidas sua vivacidade, sua capacidade de improvisação, de cooperação. É seu saber vernacular que a empresa pós-fordista põe para trabalhar – e explora. (Gorz, 2005a, p. 19)

Ainda segundo Gorz, o saber tornou-se *a mais importante fonte de criação de valor, uma vez que está na base da inovação, da comunicação e da auto-organização criativa e continuamente renovada*. Desse modo, o "trabalho do saber vivo *não produz nada materialmente palpável*. Ele é, sobretudo na economia da rede, o trabalho do sujeito cuja atividade é produzir a si mesmo" (Gorz, 2005a, p. 20; grifos meus). Como consequência, aflora a tese da intangibilidade do valor-trabalho:

> O conhecimento, diferentemente do trabalho social geral, é impossível de traduzir e de mensurar em unidades abstratas simples. Ele não é redutível a uma quantidade de trabalho abstrato de que ele seria o equivalente, o resultado ou o produto. Ele recobre e designa uma grande diversidade de capacidades *heterogêneas*, ou seja, *sem medida comum*, entre as quais o julgamento, a intuição, o senso estético, o nível de formação e de informação, a faculdade de aprender e de se adaptar a situações imprevistas; capacidades elas mesmas operadas por atividades heterogêneas que vão do cálculo matemático à retórica e à arte,

de convencer o interlocutor; da pesquisa tecnicocientítica à invenção de normas estéticas. (Gorz, 2005a, p. 29)

Sua defesa dessa tese, então, torna-se clara:

A heterogeneidade das atividades de trabalho ditas "cognitivas", dos produtos imateriais que elas criam e das capacidades e saberes que elas implicam, torna imensuráveis tanto o valor das forças de trabalho quanto o de seus produtos. As escalas de avaliação do trabalho se tornam um tecido de contradições. A impossibilidade de padronizar e estandardizar todos os parâmetros das prestações demandadas se traduz em vãs tentativas para quantificar sua dimensão qualitativa, e pela definição de normas de rendimento calculadas quase por segundo, que não dão conta da qualidade "comunicacional" do serviço exigido por outrem. (Gorz, 2005a, p. 29)

E, desse modo, indica sua conclusão, na mesma direção daqueles que defendem a perda de referência da teoria do valor:

A crise da medição do tempo de trabalho engendra inevitavelmente a crise da medição do valor. Quando o tempo socialmente necessário a uma produção se torna incerto, essa incerteza não pode deixar de repercutir sobre o valor de troca do que é produzido. O caráter cada vez mais qualitativo, cada vez menos mensurável do trabalho, põe em crise a pertinência das noções de "sobretrabalho" e de "sobrevalor". A crise da medição do valor põe em crise a definição da essência do valor. Ela põe em crise, por consequência, o sistema de equivalências que regula as trocas comerciais. (Gorz, 2005a, p. 29-30)

A desmedida do valor, então, torna-se dominante, levando ao enfraquecimento e à exaustão da teoria do valor. Essa tese, vale dizer, tem nítida confluência com a formulação habermasiana, uma vez que, com o avanço da *ciência*, ocorreria uma inevitável descompensação do valor que torna supérfluo o trabalho vivo. A passagem abaixo explicita a tese de modo transparente:

Com a informatização e a automação, *o trabalho deixou de ser a principal força produtiva* e os salários deixaram de ser o principal custo de produção. A composição orgânica do capital (isto é, a relação entre capital fixo e capital de giro) aumentou rapidamente. O capital se tornou o fator de produção preponderante. A remuneração, a reprodução, a inovação técnica contínua do capital fixo material requerem meios financeiros muito superiores ao custo do trabalho. Este último é com frequência inferior, atualmente, a 15% do custo total. A repartição entre capital e trabalho do "valor" produzido pelas empresas pende mais e mais fortemente em favor do primeiro. [...] Os assalariados deviam ser constrangidos a escolher entre a deterioração de suas condições de trabalho e o desemprego. (Gorz, 2005a, p. 12; grifos meus)

Se o valor não mais encontra possibilidade de *medição* e a ciência informacional termina por *substituir* o trabalho vivo, é inevitável a desmedida do valor, agora fortalecida pela tese da imaterialidade do trabalho.

Mas não são poucos os problemas presentes nessas formulações, que no espaço deste artigo podemos apenas indicar[2].

Ao contrário da proposição de André Gorz, nossa hipótese é de que sua analítica, ao converter o trabalho *imaterial* como *dominante* e mesmo *determinante* no capitalismo atual e desvinculado da geração de valor, acabou por obstar a possibilidade de compreensão das novas modalidades e formas de vigência dessa lei, modalidades essas que se encontram presentes no novo proletariado de serviços (o cibertariado ou infoproletariado), que exerce atividades de perfil acentuadamente *imateriais*, mas que é parte constitutiva da criação de valor e mais ou menos imbricado com os trabalhos *materiais*.

Assim, nossa hipótese é que a tendência crescente (mas não dominante) do trabalho imaterial expressa, na complexidade da produção contemporânea, distintas modalidades de *trabalho vivo* e, enquanto tal, partícipes em maior ou menor medida do processo de valorização do valor.

E não é demais lembrar que as formulações que hiperdimensionam o trabalho imaterial e o convertem em elemento dominante frequentemente desconsideram as tendências empíricas presentes no mundo do trabalho no Sul do planeta, onde se encontram países como China, Índia, Brasil, México, África do Sul etc., dotados de enorme contingente de força de trabalho.

No universo mais analítico é preciso acrescentar que, como ciência e trabalho mesclam-se ainda mais diretamente no mundo da produção, *a potência criadora* do trabalho vivo assume tanto a forma *ainda dominante* do trabalho *material* como a *modalidade tendencial* do trabalho *imaterial*, uma vez que a própria criação do maquinário informacional-digital avançado é resultado da interação ativa entre o saber intelectual e cognitivo do trabalho atuando com a máquina informatizada.

E, nesse movimento relacional, o trabalho humano transfere parte de seus atributos subjetivos ao novo equipamento que resultou desse processo, *objetivando atividades subjetivas* (Lojkine, 1995 e 1999). Na síntese de Marx, são "*órgãos do cérebro humano criados pela mão humana*" (Marx, 2011, p. 589), o que acaba por conferir, no capitalismo de nossos dias, novas dimensões e configurações à teoria do valor, uma vez que as respostas cognitivas do trabalho, quando suscitadas pela produção, são partes constitutivas do *trabalho social, complexo e combinado*, criador de valor.

Para usar uma conceituação de J. M. Vincent (1993), a imaterialidade tornou-se, então, expressão do *trabalho intelectual abstrato, que não leva à extinção do tempo socialmente médio de trabalho para a configuração do valor*, mas, ao contrário, *insere os crescentes coágulos de trabalho imaterial na lógica da acumulação, inserindo-os no tempo social médio de um trabalho cada vez mais complexo, assimilando-os à nova fase da produção do valor.*

À GUISA DE CONCLUSÃO

Portanto, ao contrário da propalada descompensação ou perda de validade da lei do valor, a ampliação das atividades dotadas de maior dimensão intelectual, tanto na esfera industrial mais informatizada quanto naquela compreendida pelo setor de serviços e/ou

---

[2] Em Antunes, 2002, 2006 e 2009a procuramos oferecer vários elementos críticos que aqui indicamos aos leitores.

comunicações, configura um elemento novo e importante para uma efetiva compreensão dos mecanismos do valor hoje[3].

Assim, menos do que perda de relevância da teoria do valor, estamos vivenciando a ampliação de suas formas, configurando novos mecanismos de extração do sobretrabalho, conforme os inúmeros exemplos que apresentamos no início deste artigo.

Portanto, a ampliação da produção imaterial ou "produção não material" (Marx, 1978b) no mundo atual acaba por ser mais precisamente definida como expressão da *esfera informacional da forma-mercadoria* (Vincent, 1993 e 1995), ao contrário de sua compreensão como intangível e, portanto, não geradora de valor[4].

Quando Gorz afirma que a deterioração das condições de trabalho e o desemprego seriam elementos conformadores da tese do definhamento do trabalho, talvez pudéssemos lembrar que essa tendência está presente desde a gênese do capitalismo. No Livro III de *O capital*, ao discorrer sobre a *economia no emprego* e a utilização *dos resíduos da produção*, Marx pôde indicar essa tendência de modo premonitório:

> Assim como o capital tem a tendência, no emprego direto do trabalhador vivo, de reduzi-lo a trabalho necessário e de sempre abreviar o trabalho necessário para a elaboração de um produto mediante a exploração das forças produtivas sociais do trabalho, portanto de economizar ao máximo o trabalho vivo diretamente empregado, assim ele tem também a tendência de empregar esse trabalho reduzido a sua medida necessária sob as condições mais econômicas [...]. A produção capitalista, se a consideramos isoladamente [...] é extremamente econômica com o trabalho realizado, objetivado em mercadorias. Em compensação, ela é, muito mais do que qualquer outro modo de produção, pródiga com seres humanos, com trabalho vivo, pródiga não só com carne e sangue, mas também com nervos e cérebro. [...] Já que toda a parcimônia de que aqui se fala deriva do caráter social do trabalho, então é, de fato, exatamente esse caráter imediatamente social do trabalho que gera esse desperdício de vida e saúde dos trabalhadores. (Marx, 1983, v. 3, t. 1, p. 68-9)

Portanto, se a "economia do emprego" é algo presente na própria lógica do *sistema de metabolismo social do capital* (Mészáros, 2002), a redução do trabalho vivo não significa perda de centralidade do *trabalho abstrato* na criação do valor, que há muito deixou de ser resultado de uma agregação *individual* de trabalho para se converter em *trabalho social, complexo e combinado* e que, com o avanço tecnológico-informacional-digital, não para de se *complexificar* e de se *potencializar*.

---

[3] Vale recordar que a Toyota, em sua unidade de Takaoka, estampava estes dizerem na entrada da fábrica: "Yoi kangae, yoi shina" ("Bons pensamentos significam bons produtos"). Ver Bremner e Dawson, 2003.

[4] Ver também Tosel (1995). O enorme avanço produtivo da China e da Índia, especialmente na última década, ancorado na monumental força sobrante de trabalho e na incorporação das tecnologias informacionais, é mais um argumento para recusar a tese da perda de relevo do trabalho vivo no mundo da produção de valor, o que também fragiliza os defensores da imaterialidade do trabalho como forma de *superação* ou *inadequação* ou *descompensação* da lei do valor.

Capítulo 2

IMIGRAÇÃO NA EUROPA
características e perspectivas*

Pietro Basso

A TRANSFORMAÇÃO DE UMA ERA

De um continente de emigrantes e de colonos, como foi durante séculos, a Europa ocidental transformou-se numa terra de aumento contínuo de imigração proveniente dos quatro cantos do globo. Hoje, vivem em seu território 30 milhões de imigrantes. E, se aos imigrantes com cidadania estrangeira forem acrescentados os que obtiveram a cidadania de um país europeu, chega-se a cerca de 50 milhões, ou seja, 15% de toda a população da "Europa dos 15". Países como França e Alemanha têm, respectivamente, 23% e 18% de sua população de pais ou avós imigrantes.

Dos atuais imigrantes, 22% provêm da África, 16% da Ásia, dos quais a metade do Extremo Oriente, sobretudo da China, e a outra metade do subcontinente indiano, 15% vêm da América Central e do Sul e o restante, de 45% a 47%, é composto de imigrantes com cidadania de um dos países da "Europa dos 27" e daqueles provenientes de países europeus no sentido *lato* (turcos, balcânicos, ucranianos, russos). Há uma concentração significativa de imigrantes nas áreas metropolitanas, em particular na França (40% deles vivem na zona de Paris), na Grã-Bretanha (um terço deles vive no território da "grande Londres") e de modo parecido na Espanha. Na Itália, apesar da presença de imigrantes ser observada também nas cidades pequenas, há dois lugares de concentração metropolitana: Milão e Roma.

A Itália é um símbolo da *transformação de uma era* que marca a passagem da Europa de um continente de *emigração* para um continente de *imigração*. Desde sua constituição como nação unificada em 1861, a Itália exportou para o mundo uma enorme massa de

---

* Tradução de Patricia Villen. (N. E.)

emigrantes, equivalente ao total de sua população naquele mesmo ano (de 24 milhões a 25 milhões de camponeses, trabalhadores braçais, operários e artesãos, dos quais um terço retornou mais tarde à pátria). A partir de 1973, ao contrário, transformou-se num país marcado pela imigração. O fator mais relevante não é tanto o número absoluto de imigrantes (cerca de 5 milhões de pessoas "regularmente" presentes no território nacional, às quais devem ser acrescentadas as 600 mil ou 700 mil "irregulares") ou a porcentagem de imigrantes no total da população (em torno de 7,5%, um pouco acima da média europeia), mas a *dinâmica* muito acelerada do aumento tendencial da imigração (Caritas/Migrantes, 2009).

Pela amplitude, pela grande variedade de nacionalidades que a animam, pelo grau crescente de estabilização, pela parte significativa composta por mulheres, pelo nível de auto-organização, essa imigração não tem precedentes. Embora seja apresentada no cenário público como uma fonte de perigo à Europa, a imigração, em minha opinião, pode ter um papel crucial, contribuindo para transformar as atuais relações sociais numa direção realmente igualitária, antirracista e intercultural.

As causas permanentes das imigrações para a Europa

Ainda que normalmente descrita como uma emergência transitória, a imigração para Europa não tem nada de transitória ou emergencial. Todos os fatores relacionados a sua origem são, na verdade, de natureza permanente. Esquematizo-os como se segue.

O primeiro fator é constituído das *desigualdades de desenvolvimento* existentes no mercado mundial. Desde seu surgimento, o mercado mundial funcionou como uma oficina de desigualdades, não somente entre classes, mas também entre povos e nações. O colonialismo histórico que acompanhou seu nascimento uniu e hierarquizou de maneira impiedosa os diferentes mundos que compunham o mundo, antes que o capitalismo se consolidasse. É esse fundo distante, ainda vivo e operante hoje, que explica os atuais desequilíbrios estruturais de desenvolvimento – desequilíbrios que o mesmo e atual processo de globalização, juntamente com as instituições financeiras e militares que os favorecem, reproduziu com novas formas, mas não menos graves em relação ao passado.

Em particular na América Latina e na África, o colonialismo histórico produziu uma *desacumulação originária* devastadora, devida à violenta apropriação e expropriação dos recursos naturais e produtivos e, acima de tudo, da exuberante força de trabalho nativa. Por meio da divisão internacional do trabalho que nasceu desse processo histórico, o colonialismo comercial e industrial transferiu imensas riquezas das colônias para as nações colonizadoras. O colonialismo *financeiro* (e termonuclear), que hoje é seu herdeiro e usufrutuário legítimo, está passando à cobrança da dívida dos empréstimos vencidos, que os povos colonizados não puderam evitar de contrair para tentar sair da condição de menoridade material. Desse modo, o círculo vicioso ativado na aurora do século XVI continua a se reproduzir: *mesmo por meio de terríveis guerras neocoloniais* (como na Somália, Iugoslávia, Iraque, Congo, Afeganistão...) e das não menos terríveis *crises ambientais*, aparentemente provocadas apenas por causas naturais (como o *tsunami* asiático em 2005 ou as secas africanas nos dias atuais). E essa reprodução alimenta as migrações dos países *empobrecidos* e endividados (porque dominados) para os países dominantes, que se enriqueceram à sua custa. Colonialismo e migrações internacionais para o Ocidente (a Europa), portanto, estão diretamente ligados.

Até quando as relações de tipo colonial entre o "Norte" e o "Sul" continuarem a existir, os atuais movimentos migratórios não vão cessar. Eles tendem, ao contrário, a aumentar.

Contudo, não se trata apenas da relação entre Norte e Sul, considerados em blocos, como se fossem entidades homogêneas (que, na realidade, não são) no plano territorial e social. Já houve e ainda há um Sul interno no Norte que produziu, e continua a produzir, emigrantes. Na Europa, por exemplo, depois da queda dos regimes do "socialismo real" e da recolonização que se seguiu, *o Sul começou a se espalhar em direção ao Leste*. De fato, os países que nos últimos anos geraram os maiores contingentes de emigrantes foram os países da Europa do Leste mais expostos ao Oeste, por causa da guerra, do endividamento e das políticas ultraliberais[1]: ex-Iugoslávia, Albânia, Moldávia, Romênia e Ucrânia.

O segundo fator destinado a alimentar de modo permanente as migrações para a Europa é a intensificação da penetração direta do capital transnacional na agricultura dos continentes em "desenvolvimento". Embora tenha sido superada em 2002 pelos chamados *serviços*, a agricultura ainda emprega 35% da força de trabalho total do mundo, com mais de 1 milhão de trabalhadores. Esse enorme "exército" de trabalhadores, composto sobretudo de pequenos produtores independentes, está sendo espremido por uma prensa de ferro e centenas de milhões de pessoas serão obrigadas a abandonar o campo. Como demonstrou a Canada's National Farmers Union (2005), a pressão que os produtores agrícolas estão sofrendo da parte das petrolíferas, das empresas que produzem maquinário agrícola, fertilizantes, sementes, medicamentos para plantas e animais, dos bancos e das caixas de crédito agrícola, das *megacorporations* que monopolizam a colheita e a comercialização de cereais e outros bens de produção agrícola, das empresas agroalimentares e de grande distribuição não deixa saída nem mesmo para os pequenos e médios agricultores e criadores de animais das nações mais ricas (como o Canadá), e menos ainda, como é de esperar, para os camponeses pobres ou sem-terra da Ásia, da África e da América Latina. Além disso, prevê-se um *boom* na produção de "biocombustíveis" nos próximos anos[2]!

Também porque, e neste ponto tocamos no terceiro fator permanente da imigração, em decorrência de um movimento anticolonial que ainda não se esgotou, *a expectativa de crescimento das populações do Sul do mundo* e, em particular nas últimas décadas, das mulheres dessas nações aumentou. Desde a formidável insurreição anticolonial contra a dominação francesa, espanhola e britânica dos negros no Haiti, o despertar dos "colonizados", ainda que em eventos alternados, está em ação há mais de dois séculos (James, 1984). Por mais sofrido que seja (e realmente é) deixar a própria terra e as pessoas queridas, a maioria desses emigrantes é composta de elementos mais jovens, com saúde, instrução e iniciativa, que se dispõem a emigrar, mesmo para países distantes e não acolhedores, para fugir da sina da pobreza e da marginalização imposta em sua pátria de origem – uma sina que eles não têm mais intenção de sofrer passivamente, como se fosse um decreto natural ou divino. Eles estão tão dispostos a emigrar que chegam a parecer "possuídos", como escreveu um

---

[1] Stuckler, King e McKee (2009) colocam em relação o processo de privatização das empresas públicas imposto pelos mercados internacionais aos ex-países do "socialismo real", nos anos 1990, com o aumento exponencial (de 50% para 300% no espaço de poucos anos) do desemprego e com o crescimento assustador do índice de mortalidade nesses países, sobretudo de homens em idade ativa. Houve 1 milhão, senão mais, de trabalhadores mortos: esse é o balanço trágico da onda de privatizações nos países do leste da Europa.

[2] Para verificar alguns efeitos da ação da World Trade Organization na agricultura dos países pobres, ver Wallach e Sforza (1999) e os documentos da Via Campesina.

estudioso marroquino, por uma verdadeira *obsession migratoire* [obsessão migratória]. Uma "obsessão" que exprime a aspiração por uma vida mais digna para eles mesmos e para as pessoas queridas, um desejo de libertação, uma necessidade de *emancipação social* e *nacional*, que os mais conscientes desejam realizar, como um sinal de desafio, mesmo onde reinam os velhos colonizadores.

A quarta causa do aumento contínuo do número de imigrantes na Europa é a *demanda inesgotável de força de trabalho a baixo custo e pouquíssimo (ou nenhum) direito* que provém do sistema das empresas e das famílias europeias de classe média e alta. Uma demanda de braços, mentes, corpos e corações "flexíveis", obrigados, *por necessidade*, a aceitar o inaceitável, ao menos nos primeiros e dificílimos períodos de permanência em "nossa casa".

Na base dessa demanda há um duplo processo de declínio: o declínio da Europa na competição mundial com os Estados Unidos, de um lado, e com a emergente China, de outro, e o declínio do estado de bem-estar social. As empresas e os Estados euro-ocidentais, que mergulham na competição pelo primado mundial, não podem renunciar ao grande contingente de trabalho imigrante masculino e feminino, ao passo que seu *grande concorrente* do outro lado do Atlântico utiliza de maneira cada vez mais intensa e em grande quantidade esse tipo de trabalho e os custos de produção dos novos e ascendentes colossos asiáticos, no que se refere ao trabalho vivo, são muito inferiores aos médios euro-ocidentais. Certas famílias europeias de classe média e até mesmo de proletários não podem renunciar ao trabalho dos imigrantes, tendo em vista a alta dos preços dos serviços públicos de assistência em decorrência dos cortes de gastos na área social.

Apesar disso, continua a reinar no cenário público a retórica de que a Europa não aguenta mais as "hordas bárbaras" de emigrantes, desesperadas e "criminógenas", que batem à sua porta "felizes", e exatamente por esse motivo vê-se obrigada a devolvê-los em massa às trevas de onde vieram. Mas os *fatos reais* dizem algo muito diferente: desde a metade dos anos 1980, quando a Europa assinou os acordos "anti-imigração" de Schengen, o número de imigrantes cresceu *mais* do que nos vinte anos anteriores. Com efeito, esses acordos não são "anti-imigração", mas anti-imigrantes, porque nem a Europa e muito menos a Itália estão saturadas de imigrantes. Ao contrário, eles são cobiçados em grande quantidade. *Só* que os países europeus preferem submetê-los ao jugo de uma severíssima legislação restritiva, repressiva, seletiva, para que moderem suas expectativas e "pretensões", desde o momento que partem de seu país de origem. A passagem semiobrigatória pela "clandestinidade" que a legislação e a práxis anti-imigrantes acabam por provocar funciona, portanto, como uma *escola de submissão*.

Braçais pela vida, precários pela vida

Ainda que com a consolidação dos processos migratórios criem-se uma estratificação e uma divisão de classes interna na população imigrante – como aconteceu na Europa em meados do século passado –, a grande maioria dos imigrantes na Europa é composta de trabalhadores assalariados. Assalariados de segunda ou terceira categorias, cuja vida é marcada pela superexploração e pela discriminação.

Nos anos 1980 Abdelmalek Sayad escreveu que o imigrante é um trabalhador braçal pela vida. E, de fato, cabem em geral aos trabalhadores imigrantes as tarefas braçais na indústria, na construção, nos supermercados, na distribuição de hortifrutícolas, na agricultura, na hotelaria, nos restaurantes, nos hospitais, nas empresas de limpeza etc. Cabem a eles, portanto, os salários mais baixos: apenas para citar um exemplo, na distribuição de hortifrutícolas em Milão, os trabalhadores negros descarregam caixas de frutas e verduras pelo sensacional salário de 2,5 euros por hora – preço de 1 quilo de pão de péssima qualidade. No sul da Espanha e da Itália, os salários são ainda menores e, muitas vezes, nem são pagos. Muito frequentemente, esses trabalhadores recebem menos do que deveriam receber pelo contrato, dentre outras causas porque a qualificação que lhes é atribuída quase nunca corresponde a suas reais competências; isso ocorre sobretudo em pequenas empresas, que afinal são as que mais recorrem aos imigrantes. Cabem a eles, em geral, as tarefas mais duras, perigosas e insalubres; na Itália, segundo dados oficiais, os imigrantes sofrem o dobro de acidentes de trabalho em relação aos nativos. Cabem aos imigrantes de direito (de dever...) os horários mais desconfortáveis, de turnos, noturnos e de finais de semana.

E a eles rigorosamente é reservada a delícia do trabalho de 24 horas. Refiro-me às empregadas domésticas que cuidam de idosos, a quem incumbe um trabalho ininterrupto, duro e desgastante para o físico, para os nervos e para a "alma". Uma completa dependência dos outros, uma quase completa segregação social (associal)*. A socióloga Giuliana Chiaretti tem razão em identificar nessa condição a fusão do mal do trabalho com o "mal das relações sociais": a ansiedade causada por um trabalho que pode desaparecer de um momento para outro, somada à ansiedade por uma regularização que não chega ou pode não chegar por causa da morte do assistido. E nessas ansiedades introduzem-se as doenças do corpo ("um corpo que engorda e emagrece acima do normal em poucos meses"), a saudade do próprio país e das pessoas queridas e ainda, como se tudo isso não bastasse, a desorientação e a humilhação cotidianas ("Você é uma burra, cretina, idiota!", "Chega, é sempre a mesma ladainha todas as manhãs") (Chiaretti, 2005).

Mas não é apenas uma questão de superexploração. Na Europa, a vida dos imigrantes e de seus filhos é marcada por *discriminações*. Eles são discriminados no local de trabalho, no acesso ao trabalho, no seguro-desemprego, na aposentadoria. São discriminados no acesso à moradia, pagando aluguéis mais caros pelas casas mais deterioradas e em zonas mais degradadas. São discriminados até nas escolas (na Alemanha, são poucos, pouquíssimos os filhos de imigrantes que chegam às universidades; na Itália, 42,5% dos estudantes filhos de imigrantes estão atrasados nos estudos). São discriminados na possibilidade de manter a própria família unida, em particular se forem muçulmanos, e de professar livremente a própria fé (suspeita, enquanto tal, de ter potencialidades "terroristas").

Por mais que nós europeus gostemos de apresentar nosso direito como universal, válido *erga omnes*, as populações imigrantes estão sujeitas a um direito especial, fruto de uma constituição material e de uma constituição formal, mas ambas *inferiorizam* os cidadãos estrangeiros que estão aqui, coagidos, para trabalhar. A privação do direito político não diz respeito somente, ou de modo especial, ao direito de voto, que em alguns casos é concedido unicamente no âmbito local, Essa privação inclui todos ou grande parte dos direitos ainda mais elementares que o direito de voto, como a liberdade de organização política, o direito de imprimir jornais e convocar passeatas ou manifestações etc.

---

* Na Itália, as mulheres imigrantes que cuidam de idosos e crianças são chamadas de *badante*. Elas fazem o trabalho doméstico em geral e, em muitos casos, moram na casa em que trabalham. Justamente por esse motivo, e porque elas devem estar sempre disponíveis, esse tipo de trabalho não contribui para sua sociabilidade, mas sim para seu isolamento. (N. T.)

Na Itália, a pedra angular legal desse sistema de discriminação é a lei Bossi-Fini, de 2002, que *privou* homens e mulheres imigrantes até mesmo do *direito de pedir o próprio visto temporário*. De fato, com essa lei, o *visto temporário*, documento fundamental que dá ao imigrante o direito de permanecer legalmente na Itália, *não* pode ser pedido pelo próprio imigrante; o direito, isto é, o poder de requerê-lo, cabe ao empregador, desde que se disponha a "conceder" ao imigrante um contrato de trabalho legal, que é chamado de *contrato de estadia*.

Que tipo de garantia esse contrato de estadia representa para os trabalhadores imigrantes? No contexto de um mercado de trabalho cada vez mais desregulamentado, em que se misturam trabalho por tempo determinado, liberdade cada vez maior para demitir e até mesmo o não cumprimento de contratos já assinados, essa subordinação do visto temporário ao contrato de trabalho tem apenas um significado: fragilizar ainda mais a condição do trabalhador ou da trabalhadora imigrante, expondo-os a todo tipo de chantagem para conseguir um contrato, ou a renovação desse contrato, que legitime o pedido ou a renovação do visto temporário. Nesse quadro, a demissão corre o risco de se transformar na premissa imediata da expulsão. Além disso, se levarmos em consideração o tempo médio – tempo de fato na Itália – de oito meses para obter o visto temporário, torna-se mais fácil entender por que a *precariedade*, tão comum entre os próprios trabalhadores italianos, é condição *estrutural* permanente da existência dos imigrantes.

A situação mudou *para pior* desde a época em que Sayad pesquisava: braçais pela vida, os imigrantes agora são também candidatos a ser *precários pela vida*, a ser *protótipos do trabalhador flexível*. Assim exige a função de força de trabalho a baixo custo e sem nenhum direito a que são destinados. O advento de uma crise geral da economia mundial, que se revela dia após dia cada vez mais devastadora, *acentua* essa condição de instabilidade estrutural, expõe um número considerável de trabalhadores imigrantes à perda da situação regular, provocando um verdadeiro retrocesso no acesso já tão limitado aos "direitos de cidadania". É claro que esse processo envolve também o mundo do trabalho autóctone, com o qual os trabalhadores imigrantes são colocados (involuntariamente) em concorrência.

Não se trata apenas dos efeitos perversos da Lei Bossi-Fini e da Itália. Com a Ley de Estranjeria espanhola, com as novas normas anti-imigrantes e antiexilados na Grã-Bretanha e na França, com as medidas Schily na Alemanha, com a criação da Agência Europeia de Controle de Fronteiras e de uma polícia de fronteira europeia e o surgimento dos centros de detenção administrativa de imigrantes, está em andamento uma verdadeira *generalização das políticas restritivas e punitivas* contra as populações imigrantes, que atravessa toda a Europa, sem exceção, e segue o modelo do Patriot Act dos Estados Unidos. A direção para a qual caminhamos é a de uma nova forma de trabalho condicionado, do tipo dos *coolies* [trabalhadores braçais asiáticos] ou, caso esse paralelo pareça excessivo, dos *gastarbeiter*, os trabalhadores temporariamente convidados da Alemanha nos anos 1960. Caminhamos para uma posterior redução dos direitos individuais dos imigrantes – e, além do mais, de seus direitos coletivos –, para um posterior circuito de vidas dentro do *direito diferencial*, com a criação de uma escala hierárquica *ainda mais estratificada* de imigrantes e nacionalidades presentes no solo europeu.

Eis outro aspecto a ser levado muito seriamente em consideração: o retorno da seleção *nacional e racial* de ótima memória. No cenário público europeu, há cada vez mais uma nítida distinção entre os imigrantes bons, aqueles que se deixam assimilar "docilmente", e os imigrantes perigosos, aqueles que fazem questão de defender a própria "identidade" e, portanto, a própria *dignidade*, o próprio pertencimento nacional, a própria história, a própria língua e cultura de origem; entre imigrantes altamente qualificados e imigrantes comuns; entre imigrantes legais e imigrantes "clandestinos", identificados como a nova peste social que deve ser combatida (o "mal", como os definiu certa vez o primeiro-ministro italiano, Silvio Berlusconi); entre as nacionalidades boas, normalmente as mais indefesas e desagregadas, e as nacionalidades más, em geral as mais numerosas, mais enraizadas e organizadas; entre as nacionalidades "a nós afins", as católicas e europeias, e as nacionalidades inimigas, sobretudo as árabe-islâmicas. E, por trás dessa ação sistemática de *estratificação da imigração*, há um esforço para manter dividido o mundo do trabalho assalariado imigrante, que já deu diversas provas de querer e saber como se unir, e preservá-lo afastado do trabalho autóctone.

As condições de inferioridade material e social em que vive a massa dos imigrantes e a representação simbólica de tipo inferiorizante e criminalizante de que são alvo mantêm-se e alimentam-se mutuamente. A primeira gera a segunda, e esta, legitimando-a tanto aos olhos dos autóctones quanto dos próprios imigrantes, dá força àquela para que o círculo vicioso siga seu curso. Os países de imigração, os grandes beneficiários das migrações internacionais, especializaram-se em criar todos os tipos de estereótipos racistas para as populações imigrantes: atrasados, primitivos, ignorantes, sujos, estupradores, importadores de doenças, de drogas, de criminalidade, de prostituição, degradadores de nossas cidades e de nossas vidas, corrompedores de nossas culturas e muito mais. Absolutamente nada do que se considera desprezível é poupado aos imigrantes. E o resultado dessa semeadura inesgotável de *racismo institucional* é, além do aumento do "racismo popular", a construção de um verdadeiro apartheid *moral e cultural*, no qual se procura encerrar os imigrantes e que caminha lado a lado com um apartheid *material* mais ou menos visível, porém real, do trabalho e da habitação. E com a imposição que se segue: se quiserem sair dessa condição, aceitem nossos "valores", assimilem-se a nós, amem o país que os acolhe e sua civilização.

Discriminados, mas não resignados

Quem são, na verdade, os imigrantes, seja como *seres humanos individuais*, seja como *pertencentes a nações oprimidas*, e o que exprimem? Eles são partes integrantes da "classe--que-vive-do-trabalho" (Antunes, 2009a) e exprimem a esperança e a vontade de melhorar a própria condição de vida *por meio do trabalho*. Essa classe é formada do componente *mais desfavorecido e, ao mesmo tempo, mais global*[3]; portanto é também a parte da classe trabalhadora que é *objetivamente*, mais do que as outras, portadora de aspirações igualitárias e antirracistas, ainda que em meio a mil contradições, oportunismos e individualismos.

Por mais paradoxal que pareça, esses mesmos "braçais pela vida, precários pela vida" são um dos mais poderosos fatores de *transformação* da sociedade europeia para a superação

---

[3] Saskia Sassen (2007) chama os trabalhadores imigrantes de "nova classe global dos desfavorecidos", "classe global de trabalhadores com salários de baixo custo", e considera essa classe "mais indicativa do futuro do que de um passado atrasado", tanto é que a vê como uma das "classes globais emergentes". Concordo com o que Sassen destaca, ainda que eu situe os imigrantes assalariados dentro da classe trabalhadora mundial, não como uma classe por si só. É claro que, com isso, não minimizo os elementos que diferenciam (para pior e *em todos lugares*, não só na Europa) suas condições "médias" de trabalho e vida.

das decrépitas hierarquias e fronteiras entre nações e povos que nos afligem no presente. De fato, eles são a demanda viva de livre curso à troca, ao encontro, ao entrelaçamento, à mistura geral entre povos, nações e culturas que a formação do mercado mundial tornou real em certa medida, ainda que de modo antagonista, e os poderes que controlam o funcionamento do mercado mundial gostariam de impedir sua plena realização. Nenhum fenômeno social como as migrações internacionais, nenhum "sujeito social" como os imigrantes constrangidos a ser, querendo ou não, *uma ponte entre nações e continentes*, mostra como a dimensão nacional é mais do que nunca um elemento de atraso, um freio irracional ao pleno desenvolvimento da *potencialidade* libertadora inerente à unificação do mundo, realizada pelo capitalismo[4].

As imigrações internacionais não são uma somatória banal de histórias individuais. Independentemente da plena consciência que têm de seu próprio ser social, os atuais imigrantes na Europa constituem objetivamente, repito, antes um *sujeito coletivo* que individual, enquanto "vanguarda" (em sentido literal: aqueles que andam à frente) no opulento e dominante Ocidente, de gente dos continentes "não brancos", colonizados durante séculos e em luta para sair da interminável era colonial de sua própria história. Um sujeito coletivo portador de uma necessidade de emancipação social, porque mesmo com a "aventura" cada vez mais cara e perigosa de emigrar, eles demonstram recusar o "destino" de uma existência limitada à mera sobrevivência; e porque, uma vez aqui, não podem aceitar passivamente a condição de inferioridade jurídica, material, social e cultural que lhes é reservada. E, de fato, não aceitam.

É claro que entre os imigrantes há também um hábito resignado a esse tipo de condição. E acontece até de uma parte dos imigrantes residentes na Europa há muito tempo se opor aos novos chegados e aos "clandestinos" (vistos como empecilhos), na esperança de poder defender melhor suas eventuais e mínimas "conquistas". Mas por toda parte, como no passado – por exemplo, no movimento a favor das oito horas de trabalho nos Estados Unidos[5] – e atualmente na Europa e na Itália, a parte mais viva e confiante das populações imigrantes faz ouvir sua voz numa pluralidade de lugares e por uma pluralidade de formas de expressão.

A autoatividade dos imigrantes desenvolve-se obrigatoriamente, ao menos de início, no terreno de sua condição específica, que é, como ressaltei anteriormente, uma *condição especial*, diferenciada para o pior, no mundo do trabalho e no plano dos direitos. Por exemplo, na Itália, a partir de 1989, ano das primeiras manifestações de massa contra o assassinato do trabalhador sul-africano Jerry Masslo, a autoatividade dos imigrantes assumiu essencialmente duas formas: o associativismo entre imigrantes e o vínculo com os sindicatos. Em ambos os campos – se consideramos os acontecimentos num largo período de tempo – é possível identificar um processo ascendente no que se refere aos conteúdos expressos, aos níveis de participação, à extensão territorial das iniciativas e à aproximação das diferentes nacionalidades. No início, havia uma multiplicidade de redes de apoio de

---

[4] Nesse caso, reconheço não levar em consideração o direito dos povos sem nação e sem Estado, como os palestinos ou os curdos, de realizar suas aspirações históricas. Mas tenho certeza de que mesmo essa realização só pode ocorrer no quadro de uma mudança geral e completa nas relações entre os povos e as classes sociais.

[5] Devemos lembrar também o importante papel que os operários imigrantes tiveram, especialmente de 1968 a 1973, no despertar operário e social e no sindicalismo militante na França, na Bélgica, na Alemanha e mesmo na Itália (embora no caso desta última os operários fossem imigrantes internos, provenientes do sul do país).

parentes e amigos e um associativismo de base, quase sempre mononacional ou mesmo subnacional. Depois, ora avançando, ora recuando, abriu-se o caminho de um *associativismo multinacional*, cuja expressão mais madura até agora é o Comitê de Imigrantes na Itália (Comitato Immigranti in Italia).

Ao mesmo tempo, e de modo cada vez mais rápido, a adesão dos trabalhadores imigrantes aos três sindicatos mais importantes cresceu: no fim de 2009, eles possuíam cerca de 1 milhão de imigrantes filiados (contra apenas 333.883 em 2003), confirmando ser essa, também na Itália, a primeira verdadeira organização multirracial e multinacional (porém não isenta de racismos e nacionalismos)[6]. Também nesse campo houve uma evolução da atividade dos imigrantes: num primeiro momento, eles recorreram às organizações sindicais com exigências relativas à própria condição de imigrante, normalmente pedindo ajuda apenas de tipo "assistencial", mas, com o passar dos anos e com a consolidação da presença dos imigrantes no local de trabalho, um número sempre mais relevante de trabalhadores imigrantes começou a participar como protagonistas da vida e das iniciativas dos sindicatos, apresentando as necessidades próprias dos imigrantes *enquanto operários e trabalhadores* e começando assim a desempenhar um papel de representação dos trabalhadores italianos (hoje em dia, há alguns milhares de representantes sindicais imigrantes).

Essa autoatividade das populações imigrantes, que tem também a esfera religiosa como lugar e momento importante de expressão (nas mesquitas e em alguns circuitos ligados à Igreja Católica) e está se revelando com cada vez mais força no campo literário e de produção audiovisual, contém um significado que não é nada setorial. Por mais que as instituições estatais e a mídia de massa sejam propensas a apresentar e a "constituir" o mundo da imigração como um mundo *per si*, um mundo *separado*, todos os problemas referentes aos imigrantes têm um valor geral, isto é, concernem a todo o mundo do trabalho, ou melhor, a toda a sociedade. Os *sans-papiers**, a figura mais exposta e sensível do mundo da imigração, não é outra coisa senão o protótipo do trabalhador precário e sujeito a chantagens, de modo que a contestação da condição de *sans-papiers* é, no fundo, uma contestação de todo o processo de precarização do trabalho e da existência dos trabalhadores assalariados, que abrange também, e cada vez mais, os trabalhadores autóctones. É por esse motivo que a luta pelo visto temporário a todos os imigrantes, apesar da censura da qual foi objeto, teve o mérito de ter trazido para o debate público as causas reais das migrações, os desequilíbrios próprios da relação Norte-Sul, as políticas imigratórias, as guerras que devastam os países dominados e o caráter desigual de nosso "direito igual". Esses são temas e nós cujo desenlace certamente não diz respeito somente às populações imigrantes.

Naturalmente, a grande potencialidade inerente à auto-organização dos imigrantes só podem encontrar plena expressão se houver uma autoatividade paralela e *convergente* das populações e dos trabalhadores autóctones. E aqui tocamos no ponto mais lastimável.

---

[6] A primeira pesquisa séria realizada na Itália a respeito desse tema evidencia discriminações e desigualdades de tratamento consideráveis contra os trabalhadores imigrantes não só no trabalho, mas também nas organizações sindicais, as mesmas que se afirmam solenemente contrárias a isso (Ires-CGIL, 2003). Sobre as condições de trabalho dos imigrantes, é interessante consultar a pesquisa da Fiom (2008). Sobre as múltiplas discriminações que os imigrantes sofrem, as relações de pesquisa organizadas pela Cooperação para o Desenvolvimento dos Países Emergentes (Cospe) e pelo Observatório de Viena, do Laboratório sobre Imigração e Transformações Sociais da Universidade Ca' Foscari de Veneza, são precisas e detalhadas.

* "Sem-documentos", expressão utilizada na França para denominar os imigrantes em situação irregular, sem documentos que autorizem a permanência no território francês e o desenvolvimento de atividade laboral. (N. T.)

Em primeiro lugar, porque o "velho movimento operário organizado" vive há algumas décadas, em toda a Europa, uma grande crise ideológica, política e organizacional, a ponto de não me parecer exagerado falar de uma verdadeira desagregação, à qual não correspondeu, até agora, uma verdadeira refundação sobre novas bases. Em segundo lugar, porque as relações entre imigrantes e autóctones, a começar pela relação entre trabalhadores imigrantes e trabalhadores autóctones, são ainda frágeis, difíceis e contraditórias. Isso ocorre em consequência de razões objetivas – sobretudo a concorrência entre imigrantes e autóctones no mercado de trabalho e as diferenças igualmente reais de línguas, culturas e tradições – e subjetivas, dado que o mundo do trabalho é fortemente influenciado pelos estereótipos negativos dos imigrantes. Mas os fatos levarão cada vez mais a uma alternativa muito clara: ou trabalhar pela aproximação, pelo encontro mútuo, pela cooperação em todos os campos de povos e trabalhadores dos dois polos do mundo, ou contribuir de modo ativo, ou apenas pela própria passividade, para a criminalização e segregação das populações imigrantes, para o "choque entre civilizações", que no fundo é um *choque entre os trabalhadores* das diferentes nações, do qual *toda* a humanidade trabalhadora, branca, negra ou amarela, sairia massacrada.

AS PERSPECTIVAS

Essa é uma alternativa para a qual não podemos dar as costas. Ainda mais que nas primeiras décadas do novo milênio houve um salto de qualidade, *para pior*, nas políticas imigratórias europeias (e ocidentais).

A data simbólica desse salto é inevitavelmente o 11 de Setembro de 2001. Esse marco histórico veio acompanhado do Patriot Act, de Guantánamo, do endurecimento das autoridades federais contra os cidadãos norte-americanos de origem árabe ou religião islâmica e do projeto de lei Sensenbrenner, que equipara o imigrante ilegal a um criminoso e suscitou a magnífica luta dos imigrantes que culminou no 1º de maio de 2006 (Davis e Chacón, 2006). Não podemos esquecer que, mesmo na Europa, iniciou-se desde então uma disputa entre Estados para ver quem concebia e tomava medidas legais mais severas contra as populações imigrantes *como tais*, fossem ou não árabe-islâmicas.

Nessa década, a Europa, que alguns intelectuais insistem em qualificar como ontologicamente diferente dos Estados Unidos, aquela Europa que no plano histórico foi a mãe do racismo norte-americano, não quis ficar atrás dos Estados Unidos. Já mencionamos aqui o papel da lei-buldôzer Bossi-Fini enquanto estímulo e modelo para toda a legislação europeia – que se alinhou pouco a pouco a seus preceitos; agora cabe tratar um pouco do "quinquênio negro" de 2005 a 2009, ao qual pode ser coerentemente aplicada e estendida a opinião de Slavoj Žižek sobre o ano de 2006:

> o grande evento de 2006 foi a adoção generalizada de políticas *contra* a imigração, porém com o corte do cordão umbilical que as ligava aos pequenos partidos de extrema direita. Da França à Alemanha, da Áustria à Holanda, com o novo espírito marcado por uma orgulhosa reivindicação de identidade cultural e histórica, agora os partidos mais importantes consideram aceitável enfatizar que os imigrantes *são hóspedes* e, como tais, devem se *adaptar* aos valores culturais definidos pela sociedade que os hospeda: "O país é nosso, ame-o ou vá embora".

A atual tolerância progressista para com os imigrantes, o respeito pela diversidade e a abertura a ela é colocada em contraposição ao medo obsessivo de ser incomodado. Em suma, nada contra a presença do Outro, desde que não seja invasiva, *desde que esse Outro não seja verdadeiramente um Outro*. A tolerância coincide com seu oposto. (Žižek, 2007, p. 46; grifos meus)

É exatamente assim.

Nos últimos anos, os governos e os parlamentos europeus relançaram a famosa retórica assimilacionista. E a "violência invisível" do assimilacionismo, com suas hipócritas "Cartas de valores"[7] para pôr os imigrantes à prova e com tentativas mais ou menos fracassadas de criar do alto um islã "de Estado" na França, na Grã-Bretanha, na Alemanha e na Itália. Com efeito, multiplicaram-se as formas de controle, a discricionariedade e a arbitrariedade que transformam a existência cotidiana dos imigrantes em uma série sem fim de humilhações e incertezas, e com frequência rebaixam seus poucos direitos já reconhecidos a meras expectativas, nunca sancionadas como legítimas. Tudo isso diante do "princípio sagrado" da igualdade, da equidade de tratamento e do "multiculturalismo", que está mais do que nunca prestes a desaparecer, mesmo em sua terra de eleição britânica (Kundnani, 2007).

Os últimos anos foram anos de "guerra contra os imigrantes" africanos, de fatos trágicos em Ceuta e Melilla (Migreurop, 2009), de aumento do número de imigrantes mortos (15 mil nos últimos 10 anos)[8] para chegar a uma Europa que blinda suas fronteiras sem realmente fechá-las, de acordos para construir na Líbia e em outros países do Norte da África uma série de centros de detenção para emigrantes africanos e reforçar as estruturas carcerárias e policiais, com desdobramentos dramáticos para os imigrantes (não só africanos).

Foram anos em que na França, um dos dois Estados principais da União Europeia, a "opinião pública" levou para o Palácio do Eliseu o homem político (Sarkozy) que cuspiu veneno e esbofeteou uma geração inteira de filhos de imigrantes em revolta, taxando-os de "racaille" (ralé) e justificando a repressão com a bandeira insultante da luta contra a "vandalocracia". Aquela França que, primeiro com o *contrat d'accueil et intégration* [contrato de recepção e integração] e depois com sua obrigatoriedade, sancionada em junho de 2006, aprovou no próprio ordenamento jurídico o princípio básico do *contrato de estadia italiano*, reforçando-o com elementos identitários, de modo a ter uma imigração o mais possível precária e submetida às oscilações do mercado, e ao mesmo tempo de acordo com os "valores" franceses, ou seja, com os interesses materiais e ideológicos do capitalismo francês.

Mas, na disputa mencionada anteriormente, o pouco invejável primeiro lugar cabe à Itália do último biênio – do norte ao sul, da direita à esquerda, com raras exceções – em relação a uma poderosa onda de *racismo institucional* que envolveu ativamente o governo nacional, as comunas, as regiões, o corpo policial, inclusive o municipal, e órgãos da imprensa. E traduziu-se num apelo premente à *mobilização popular* contra os elementos que são sempre indicados como as "verdadeiras" causas da insegurança social e pessoal: os *roma* [ciganos], os vendedores ambulantes, as prostitutas de rua, os pequenos traficantes

---

[7] As "Cartas de valores" são documentos que elencam alguns princípios fundamentais, jurídicos e morais, aos quais cada país europeu se declara fiel (sem ser de fato, na realidade!) e aos quais os imigrantes e suas associações devem jurar fidelidade. Um dos temas mais recorrentes nessas cartas é o respeito aos direitos das mulheres, proclamado com um propósito evidentemente anti-islâmico. Há muito, mas muito mesmo a falar sobre o real respeito dos direitos e da dignidade das mulheres na Europa de hoje, contra as representações convencionais dessas "Cartas de valores".
[8] Consultar: <fortresseurope.blogspot.com.br>.

de drogas, os mendigos e assim por diante, figuras quase sempre reconduzíveis, ao menos em parte, ao grupo mais marginalizado e maltratado da imigração. Uma mobilização organizada com frequência pelos partidos institucionais e de governo (sobretudo a Liga Norte) e que acabou por crescer e constituir um terreno fértil para um verdadeiro *pogrom* contra os trabalhadores imigrantes, em especial no sul da Itália.

Nesse quadro, aconteceu e acontece de tudo. Invocam-se expulsões e deportações em massa, até de simples manifestantes (de manifestações autorizadas) a favor da Palestina. Multiplicam-se as surras e os casos de violência física e moral contra imigrantes. Criam-se turmas separadas nas escolas para seus filhos. Introduziu-se no ordenamento jurídico o crime de imigração clandestina. Foram colocados obstáculos à reunião familiar, à inscrição das crianças nas creches, ao direito à educação dos jovens filhos de imigrantes, à celebração de casamentos entre os próprios imigrantes e entre estes e italianos. Foram fixadas regras especiais para os *call centers* utilizados por imigrantes e para o acesso a casas populares e serviços de saúde. Uma das regiões italianas excluiu os "extracomunitários" dos programas de auxílio aos pobres. Novas taxas sobre o visto temporário foram criadas ou propostas. Em vários lugares, as manifestações básicas de culto foram proibidas. As "ronde padane"* foram institucionalizadas (embora poucos tenham aderido). E a lista seria interminável, não só porque se enriquece a cada dia com novas imposições e interdições, mas porque se multiplicam os sujeitos que se sentem legitimados, formalmente ou não, a dar vida a normas e práxis que atingem os imigrantes. Como se explica esse salto de qualidade (*para pior*) das políticas imigratórias? Eu me restrinjo aqui a um simples esboço de resposta, enumerando aqueles que me parecem os principais fatores a considerar.

Há, em primeiro lugar, o número crescente, o gradual aumento do enraizamento, a maior centralidade dos imigrantes na produção de bens e serviços, a força objetiva crescente, que todas as instituições, empresas, estruturas estatais, entidades locais e outros devem levar em conta para se opor às consequências não bem aceitas desse processo, e a primeira de todas é o aumento do custo da força de trabalho imigrante, que, em virtude da crise, deve ser *diminuído*.

Estreitamente ligado a esse fato, há o que o último relatório da Caritas italiana definiu como a "crescente simbiose", a crescente "conexão" entre os italianos (os autóctones europeus) e os imigrantes: convivência cada vez mais capilar nos locais de trabalho, nas escolas, nos bairros, nas cidades pequenas, nos consultórios, nos sindicatos e no âmbito do associativismo; multiplicação de relações afetivas e casamentos entre italiano(a)s e imigrado(a)s (que são agora um em dez, mais do que o dobro dos casamentos entre imigrantes); permanência cada vez mais estável dos imigrantes, que já aceitam a perspectiva de não voltar mais para "casa"; aumento da obtenção de cidadania (cerca do dobro, se levarmos em conta somente os três últimos anos, dentro de uma legislação que continua muito restritiva); e aumento ainda mais acentuado de filhos de imigrantes nascidos no território italiano e europeu. Tudo isso está acontecendo, apesar do clima institucional hostil, das incompreensões, dos preconceitos e dos ódios que dividem autóctones e imigrantes, e está possibilitando o crescimento de uma rede molecular de contatos, amizades e solidariedades que dissolve e coloca em segundo plano as "diversidades" culturais, religiosas e de costumes

---

* As *ronde padane* são grupos de pessoas, organizados pelo partido Liga Norte, que se dedicam ao controle e à caça de imigrantes em situação irregular. (N. T.)

e exalta aquilo *que une* imigrantes e autóctones, *trabalhadores* imigrantes e *trabalhadores* autóctones. Uma proximidade perigosa para aqueles que, ao contrário, precisam encontrar um bode expiatório para a crescente insegurança laboral, pessoal e social.

Tanto a globalização neoliberal, o turbocapitalismo dos últimos trinta anos, quanto seu repentino naufrágio provocaram e estão provocando uma polarização das riquezas sociais e do poder (que, a propósito, lembra o fim dos anos 1920), abrindo as portas para uma *era* de inseguranças e sacrifícios, de trabalho condicionado e desemprego em massa. Não posso argumentar aqui, mas a superação da profunda crise em que estamos apenas entrando exige um forte desmantelamento e depreciação do trabalho, e isso *somente* é possível com base na concorrência intensificada entre os trabalhadores. Cada obstáculo, em especial se organizado, ao desdobramento da ameaçadora competição entre os trabalhadores dificultaria a saída (do mercado) da crise.

Mas a saída da crise com base na reafirmação das leis da economia capitalista comporta também uma nova subordinação do Sul ao Norte, e os fortes poderes do Ocidente sabem que os imigrantes estão aqui, de certo modo, como uma "delegação em massa" dos países em "desenvolvimento". Não será fácil obrigá-los a aceitar (os Estados Unidos já experimentaram algo desse tipo) uma espoliação posterior de seus países de origem. A presença incômoda desse "cavalo de Troia" deve ser mantida sob vigilância, exorcizada. Como? Por um lado, com políticas perspicazes de estratificação e divisão (o ideal proclamado certa vez é o "modello Marsiglia", pelo qual os imigrantes de terceira geração se encarregam, e são encarregados, de disciplinar os novos imigrantes); por outro, com a intensificação dos controles e condicionamentos e, se nada disso for suficiente, com o relançamento e a disseminação da xenofobia e do racismo em nível popular por obra dos "empresários do medo" (Hentges et al., 2003).

Enfim, a rigidez das políticas contra os imigrantes nasce também das fraquezas e dos temores dos atores institucionais que a fomentam. Não está claro, de fato, se ela conseguirá um sucesso após o outro. Ela poderia também, contraditoriamente e sem querer, despertar o "gigante adormecido"...

Capítulo 3

CRISE SOCIOECONÔMICA E INTENSIFICAÇÃO DO TRABALHO

Sadi Dal Rosso

Introdução

No segundo semestre de 2010 completam-se dois anos do estouro da crise financeira que continua a abalar o mundo até hoje. Se outras crises são conhecidas pelo ano em que começaram, como a "Crise de 1929" ou a "Grande Depressão", a atual, com a qual a sociedade está convivendo mal, será chamada de "Crise de 2008". Melhor seria chamá-la de "Crise do Neoliberalismo", visto que foi desencadeada sob a vigência e o comando das políticas neoliberais nos governos nacionais e nas instituições supranacionais.

A julgar por ações dos governos nacionais, o capitalismo ingressa num período "pós--neoliberal". O impacto da crise fez que os governos neoliberais mais ortodoxos deixassem de lado o purismo político e passassem a injetar bilhões e bilhões de dólares para preservar o sistema capitalista. É fato que o governo republicano de George W. Bush nos Estados Unidos alocou mais de 700 bilhões de dólares para manter atuantes as empresas do setor financeiro e produtivo. Seu sucessor democrata, Barack Obama, continuou com essa política de salvação das empresas, empregando ainda mais recursos públicos. Governos conservadores europeus seguiram idêntico caminho, e essa forma de agir chegou à economia japonesa em 2010. Entretanto, não é porque pôs dinheiro à disposição dos grandes grupos econômicos que o período atual será lembrado como "pós-neoliberal". A prática de salvar ou estimular o setor privado empregando recursos dos contribuintes é uma prática antiga.

A ideia de um "pós-neoliberalismo" advém da possível introdução de reformas no sistema capitalista. No grupo de países que formam o G20, elas foram barradas até o momento. Algumas medidas começaram a ser tomadas em âmbito nacional. Nos Estados Unidos, duas merecem destaque. A primeira foi a criação de um seguro saúde para trabalhadores norte-americanos que não tinham acesso ao sistema. É uma medida de corte do

Estado de bem-estar social que amplia o acesso ao sistema de saúde. Se ainda não atinge a universalização do sistema, ao menos representa um avanço e utiliza recursos do Estado, que compra o serviço do setor privado. A segunda é mais recente e diz respeito à aprovação no Congresso norte-americano de um conjunto de medidas regulatórias do sistema bancário. Essas medidas reguladoras da economia devem passar por especificações e detalhamentos, o que requererá tempo para se tornarem aplicáveis, mas representam um passo em direção a um novo regulacionismo e dois para longe do neoliberalismo. Na Europa, a taxação de setores que receberam ajuda estatal ainda não foi aprovada, pelo que se sabe. Também não se sabe exatamente que tipo de regulacionismo ou intervenção estatal caracterizará esse período "pós-neoliberal". É provável que haja mais algum regulacionismo – se os Estados nacionais tiverem força para vencer a resistência dos poderosos conglomerados econômicos. Mas a possibilidade de crise certamente não será eliminada com mais regulação. O capitalismo avança mesmo em meio a crises liberais e regulacionistas.

Se explodiu no setor financeiro, a crise expandiu-se daí para outros setores da economia real. Seu impacto foi tão violento que provocou taxas negativas de crescimento econômico durante meses e até anos em diversos países. Ultrapassar o mundo financeiro, atingir o econômico e produzir estragos no social é questão de um passo. E, com efeito, o social foi afetado em várias frentes: perdas em agências seguradoras de pensões e aposentadorias, destruição de empregos, redução de salários e moderação nas reclamações por reajustes salariais e melhores condições de trabalho, além da formação de um segmento de "*new poors*" [novos pobres], segundo um artigo do *New York Times*, composto de trabalhadores e trabalhadoras que perderam seus empregos, não conseguiram novas oportunidades e passaram a depender de ajuda pública até para comer. As manifestações sociais mais visíveis da crise são os trabalhadores que não têm mais como pagar o aluguel de suas casas e apartamentos e passaram a viver em barracas.

Este capítulo tratará dos desdobramentos da crise de 2008 no processo de trabalho e de sua intensificação. No entanto, terá como foco dimensões ainda não analisadas diretamente pela literatura. A pergunta central é: o processo de trabalho sofreu ou sofrerá mudanças a partir dos desdobramentos dessa crise financeira, econômica e social? A organização do processo de trabalho em seus componentes gerais e, em particular, no que toca à intensidade do esforço exigido pelo labor passa por mudanças? De que natureza? A justificativa principal deste trabalho, além do fato óbvio de que qualquer mudança em decorrência da crise interessa à pesquisa, é a preocupação com a produção do valor. Será que a crise está afetando as formas tradicionais de organização do trabalho e de produção do valor em uso nos locais de trabalho? A hipótese inicial é de que a crise afeta o processo de trabalho e eleva seu grau de intensidade, constituindo-se assim num mecanismo imprescindível para a recomposição do crescimento e a acumulação do valor.

Crise e trabalho na literatura

A literatura sobre a crise em economia e sociologia é muito ampla. Revisaremos aqueles autores que possam oferecer indicações sobre as questões levantadas.

Paul Krugman (2009) destaca-se entre os economistas contemporâneos por seu livro sobre a economia da depressão. Ele trava um debate com a corrente principal do

Federal Reserve e da Secretaria do Tesouro dos Estados Unidos. Segundo essa corrente do pensamento econômico no poder, a economia norte-americana teria se desenvolvido a tal ponto que crises e recessões seriam coisa do passado. Krugman estrutura sua análise e critica os economistas do governo dividindo o setor bancário e financeiro em dois sistemas: o primeiro é representado pelo sistema bancário oficial e o segundo, pelo sistema-sombra. O sistema-sombra se refere às atividades não reguladas, praticadas à margem do sistema oficial. Como não é regulado, não há controle sobre suas operações. O sistema-sombra escapa às leis bancárias vigentes. Sendo assim, como evitar ou prevenir crises? Como justificar que o sistema como um todo tenha atingido um estágio de desenvolvimento acima das crises? A crise de 2008 explica-se em grande parte pela existência desse sistema paralelo, que opera à margem ou em conjunto com o sistema oficial regulado, mas pelo qual passam bilhões ou trilhões de dólares.

Como outros autores, Krugman relaciona a crise de 2008 às crises nacionais ou regionais que a antecederam. As crises do México, da Argentina, do Brasil, do Sudeste Asiático e da Rússia são manifestações locais de uma crise maior, que explodiu finalmente no centro do império mundial, nos Estados Unidos e na Europa. Krugman faz uma análise crítica das políticas a que os governos nacionais e as agências internacionais recorreram para enfrentar essas crises. Sua explicação se baseia mais uma vez na existência de um sistema oficial e outro paralelo, não regulado. Como neo-keynesiano, supõe que, se o sistema fosse regulado, as crises seriam evitadas. A raiz da crise está no sistema bancário não regulado, que opera nas sombras do sistema regulado. Resta saber se, regulando todo o sistema, as crises serão de fato evitadas. Provêm da teoria do valor-trabalho as razões para supor que não.

A contribuição de Krugman para o entendimento do impacto da crise ocorre pela via do emprego. Seguindo a trilha de John Maynard Keynes, Krugman sustenta que cabe ao Estado intervir para estimular a demanda, criar postos de trabalho e manter o sistema financeiro em operação. Ambos chegam à questão da geração do emprego, mas não discutem as condições de trabalho em períodos de crise.

Robert Kurz (1991) analisa a crise de um ponto de vista sistêmico amplo e profundo. A crise que abalou o socialismo chega agora ao centro do capitalismo mundial. Trata-se, pois, de uma crise da modernidade em seu conjunto.

O impacto social da crise produziu milhões de desempregados, destruiu meios de produção e gerou grupos de migrantes que perambulam mundo afora à procura de trabalho. As mudanças tecnológicas promovem o desaparecimento de cada vez mais postos de trabalho, de tal modo que a mão de obra se torna redundante. Distintamente da época de Marx, quando os desempregados formavam um exército industrial de reserva, as massas desempregadas não conseguem fixar-se no mercado de trabalho. Por outro lado, aqueles trabalhadores que conseguem ocupação, encontram condições precárias de trabalho, contratos flexíveis e de curta duração. Kurz aponta a deterioração das condições de trabalho e a emergência de trabalhadores redundantes como principais características da crise na modernidade. Entretanto, não se aprofunda na elucidação da questão da organização do processo de trabalho e da intensificação do esforço no labor como consequências da crise.

O trabalho é um dos pilares da análise de István Mészáros. Para ele, o capitalismo não tem condições de oferecer solução para o problema do desemprego crônico, do direito das mulheres ou da degradação ambiental. O funcionamento do sistema exige certa taxa de desemprego. A crise atual provocou no sistema de trabalho desemprego crônico, deterioração das condições de trabalho e aumento da exploração da mão de obra. Assim como Harry Braverman (1987), que concebe a degradação das condições de trabalho como consequência da divisão do trabalho entre concepção e execução, Mészáros vê um processo crescente de precarização do trabalho contemporâneo sob o impacto da crise.

Para ele, não é apenas o capitalismo que está em crise, mas o sistema do capital. Este abrange, além do sistema capitalista, o sistema socialista de acumulação, que não conseguiu eliminar aquilo que impede a implantação da autonomia do trabalho: o capital, o Estado e o trabalho assalariado. Nesse sentido, a análise de Mészáros se aproxima da de Kurz. Se, para o primeiro, a crise é do sistema do capital, para o segundo ela é do sistema da modernidade e envolve tanto o socialismo quanto o capitalismo.

A ideia de que o capitalismo recente pode ser representado por um contínuo depressivo leva a uma concepção estrutural da crise. Isso foi sintetizado por Ricardo Antunes da seguinte maneira: "Depois de um longo período dominado pelos ciclos, o sistema do capital vem assumindo – segundo a formulação de István Mészáros – a forma de uma crise endêmica, cumulativa, crônica e permanente" (Antunes, 2009b, p. 11-2).

A principal contradição do sistema do capital é o fato de o capital se apropriar dos valores produzidos pelo emprego do trabalho alheio. A crise não é de regulação nem de modernidade; ao contrário, ela decorre da deterioração das condições de trabalho, do aumento do desemprego crônico e da intensificação da taxa de exploração do trabalho. "Sob o sistema de controle social capitalista, não pode haver outra forma de escapar de tais 'distúrbios e disfunções de curto prazo' a não ser pela intensificação das taxas específicas de exploração" (Mészáros, 2009, p. 71).

Marx (1983 e 2013) dá um tratamento sistemático à crise e ao trabalho a partir da recuperação e do aperfeiçoamento da teoria do valor. No capitalismo, capital e trabalho opõem-se. A análise marxiana da teoria do emprego apresenta a ideia de que a crise representa um mecanismo para retomar ganhos que os trabalhadores obtiveram em momentos e condições anteriores de trabalho. O estourar da crise ocorre quando o capital não consegue mais acumular valor. Ela se manifesta imediatamente pelo desemprego e pela redução de salários. Esse processo de destruição se aprofunda até que os salários chegam a um patamar tão baixo que se torna possível reorganizar a produção e o trabalho. A partir desse ponto, o capital passa a empregar trabalhadores e o exército industrial de reserva diminui. Com o tempo, o emprego aumenta, os trabalhadores conquistam direitos, obtêm ganhos salariais e melhores condições de trabalho. Então, mais uma vez, deflagra-se uma crise e o desemprego atinge o trabalho.

Esse mecanismo de aumento e diminuição do emprego não impede que a lei geral da acumulação capitalista continue a operar. A geração de miséria é contínua: hoje, há inúmeros casos de pessoas que vivem em condições mais degradantes do que aquelas em que viviam os indígenas na época da chegada do conquistador português às terras do pau-brasil.

Outro elemento importante para o entendimento das condições de trabalho é a cooperação. Reunidos em grandes unidades, os trabalhadores cooperam entre si e aumentam sua produtividade. Por isso, a cooperação é explorada pelos capitalistas para elevar o retorno obtido em uma mesma jornada. Organizar o trabalho realizado por esses trabalhadores é, portanto, controlar um mecanismo fundamental de produção de mais-valor (como o alongamento da jornada de trabalho e a inovação tecnológica). Dessa forma, organizar o processo de trabalho e a cooperação é tão importante quanto contratar o próprio trabalho, pois, conforme a cooperação entre os trabalhadores, maior ou menor será o resultado obtido no processo de trabalho. Esse argumento conduz à noção de intensidade do trabalho.

A intensidade do trabalho

Toda atividade laborativa humana, da mais simples à mais complexa, é realizada de acordo com um grau de intensidade, que requer maior ou menor dispêndio de energia e produzirá mais ou menos resultados, bens e serviços. Os modos de produção distinguem-se uns dos outros pelo controle da organização do trabalho e pelo estabelecimento de normas relativas à intensidade com que esse trabalho é realizado. Em relações de trabalho autônomas, os sujeitos que exercem a atividade também controlam as condições em que a executam. Nas relações heterônomas, esse controle é feito todo ou em parte por quem contrata o tempo de trabalho. No trabalho assalariado, a intensidade com que o trabalho é realizado decorre de uma disputa aberta ou oculta entre trabalhadores e gestores. Se os gestores desejam aumentar o ritmo da atividade, os trabalhadores empregam estratégias individuais e coletivas para reduzir seu desgaste físico, intelectual e emocional. Uma parte interessante da pesquisa sobre o sistema de trabalho são as iniciativas e os mecanismos empregados pelos gestores para elevar a capacidade de produzir resultados. As estratégias mudam através do tempo, como se pode depreender pela análise da história das escolas de administração.

A principal dificuldade para a pesquisa consiste em isolar o significado específico de "intensidade" no trabalho. O termo remete à rapidez, ao grau de concentração, à densidade, ao ritmo, à velocidade e à energia física, intelectual e emocional que o trabalhador despende na atividade. Tudo isso é afetado pelos meios tecnológicos à disposição do trabalhador em determinado momento, mas não se reduz a seu efeito. No século XIX, acreditava-se que as inovações tecnológicas introduzidas para a realização dos processos de trabalho alteravam significativamente sua intensidade, aumentando-a. Houve lutas históricas contra a introdução de inovações técnicas, como a luta dos luddistas, que acreditavam que as máquinas reduziam postos de trabalho e exigiam mais esforço.

A introdução de inovações tecnológicas eleva a produtividade do trabalho, mas pode ou não exigir mais esforço por parte do trabalhador. Importa, pois, separar conceitualmente produtividade de intensidade. Inovações tecnológicas aumentam a produtividade do trabalho, mas o grau de intensidade do esforço requerido tem a ver com a cooperação entre os trabalhadores e com o modo como o trabalho é organizado. Intensidade refere-se à organização e à gestão, e são elas que fazem que o trabalho seja executado de maneira mais eficaz e mais eficiente. Em trabalhos coletivos, a intensidade revela a condição de cooperação entre os trabalhadores.

Para isolar o grau da intensidade do trabalho é necessário considerar diversas condições. Em primeiro lugar, deve-se assumir que as condições técnicas são constantes. Em um quadro tecnológico constante, se ainda assim houver aumento de resultados e maior consumo de energia por parte dos trabalhadores, tem-se um indício de que o trabalho é mais intenso.

A duração da jornada também afeta a variação dos resultados da atividade laboral. Intensidade é fenômeno distinto de alongamento das horas de trabalho. Ao aumentar o número médio de horas trabalhadas, o gestor obtém mais valor, mas isso não quer dizer que a intensidade do labor aumentou. Para a análise da intensidade do trabalho, a duração da jornada de trabalho deve ser constante.

Do mesmo modo, o número de empregados pode variar e afetar o resultado da produção de valores, o que não representa em hipótese alguma uma intensificação. Para isolar o efeito da intensificação do labor é necessário supor constante também o número de empregados.

A identificação do grau da intensidade do trabalho supõe, por conseguinte, afastar a possibilidade de aumento da produção de valores e concentrar-se na organização do trabalho. A intensidade do trabalho é consequência da ação organizativa, da forma como é acertada a cooperação entre os trabalhadores. Se o trabalho for organizado de forma a produzir mais resultados, exercerá impactos sobre o grau de esforço físico, intelectual e emocional exigido do trabalhador, consumirá mais energia dele e produzirá mais resultados, mais valores. Elevando-se a intensidade do trabalho, aumenta-se a produção do valor. Dessa forma, isola-se um componente organizativo da teoria do valor. A intensificação do processo de trabalho resulta em mais trabalho na mesma duração de jornada, com o mesmo número de trabalhadores e o mesmo padrão tecnológico. Mais trabalho também é mais valor, assim como intensidade do trabalho significa produção de mais valor. É dessa forma que a intensidade integra a teoria do valor. As relações entre duração da jornada, produtividade e intensidade do trabalho em suas variações simultâneas ou individuais são fundamentais para o entendimento conjunto do mais-valor absoluto e relativo (Marx, 2013).

É possível conceber reorganização do trabalho sem efeito de intensificação, o que seria desejável para os trabalhadores. Em economias de acumulação, entretanto, a organização do processo de trabalho redunda sistematicamente em intensificação.

Apresentada a noção de intensidade e desvelada sua natureza, podemos avançar na discussão de como identificar em estudos concretos processos de intensificação do trabalho. A literatura internacional (Gollac e Volkoff, 1996; Fairris, 2000) identifica uma onda de intensificação do trabalho operando em escala mundial a partir dos anos 1980. Tal onda vincula-se com as formas de gestão vigentes, entre as quais, toyotismo, qualidade total, acumulação flexível e outras propostas em uso nos locais de trabalho.

As estratégias empregadas pelos estudos sobre intensidade do trabalho podem ser divididas em três grupos, sucintamente resumidas a seguir. Há pesquisadores que trabalham com a noção de esforço realizado pelo trabalhador (Green, 1999 e 2000). Essa estratégia concentra sua atenção no indivíduo e no coletivo de trabalhadores, procurando captar sinais de alteração do esforço requerido. Com isso, observa os efeitos sobre ele, mas não captura propriamente os impactos em termos de bens e serviços produzidos e, consequentemente, de mais trabalho e mais valor. A estratégia é adequada por questionar os trabalhadores se observaram aumento das exigências de esforço com o passar do tempo. Mas os gestores também podem identificar se houve ou não alteração no grau de esforço exigido. Obviamente, os pesquisadores também podem detectar o mesmo fenômeno.

Outros pesquisadores partem da noção de tarefa e carga de trabalho (Durand e Girard, 2002; Bartoli, 1980). Esse grupo se concentra menos no sujeito e mais no objeto, na tarefa, na carga de trabalho. A observação das tarefas pode ser feita por meio de relatos diretos dos trabalhadores, questionários, relatos de gestores e observação sistemática do exercício laboral no local de trabalho em momentos subsequentes, com os intervalos que se fizerem necessários.

Há ainda um terceiro grupo de pesquisadores que realiza a observação diretamente com os trabalhadores, tentando capturar indicadores de intensificação ou não do processo de trabalho (Dal Rosso, 2008). Quais são esses indicadores é uma questão aberta, que pode adequar-se às condições de trabalho pesquisadas. Alguns elementos gerais podem ser indicados: ritmo e velocidade exigidos pelas atividades, acúmulo de tarefas, polivalência ou exercício simultâneo de diversas atividades paralelas, aumento ou diminuição do esforço exigido no trabalho, cobrança de resultados por parte de chefes ou controladores dos processos de trabalho. Outros indicadores são específicos ao trabalho nos setores de atividade pesquisados e podem ser descobertos por meio de estudos exploratórios preliminares. O estudo por meio de indicadores gerais e específicos dos mecanismos de intensificação do trabalho oferece uma proposta flexível para estudo.

A síntese desses três procedimentos mostra que não existe um método único de estudo da intensificação no trabalho. Isso dá uma indicação da dificuldade da questão, mas não impede o estudo.

CRISE E INTENSIDADE

Retomemos a questão. Que efeitos poderá a crise em curso ter sobre o processo de trabalho? Autores cujas obras foram revistas anteriormente afirmam que é plausível a reorganização do processo de trabalho durante processos de crise. Outros vão além: veem uma relação necessária entre crise e processo de trabalho. A relação entre trabalho e capital é um confronto contínuo. Crises que produzem queima gigantesca de capital têm relação com a organização do processo de trabalho, seja porque a retenção dos valores nas mãos dos trabalhadores inviabiliza a acumulação, seja porque a relação entre capital real e fictício se distanciou em demasia e não permite mais sustentação. Cabe, pois, investigar mais proximamente o que acontece com a organização do processo de trabalho e, dentro dela, se há indicadores de retomada de intensificação do trabalho como maneira de tornar factível novamente processos de acumulação.

Crises socioeconômicas operam como vendavais e furacões: provocam destruições maciças, sobre cujas ruínas são construídas novas estruturas. Duas fases podem ser observadas durante os períodos de crise: de uma parte, os impactos desestruturadores; de outra, tentativas de reorganizar o trabalho. Os impactos desestruturados preparam o movimento seguinte de recomposição do trabalho. Desemprego e ameaça de desemprego operam como mecanismos inibidores de reivindicações por salário, vantagens ou direitos do trabalho. Manifestações da crise, como destruição de postos de trabalho e contenção dos salários, são de conhecimento comum e não requerem pesquisa ulterior. Já a organização do trabalho e sua intensidade são condições que não se manifestam imediatamente e requerem procedimentos com capacidade de observar, ainda que de forma inicial, amplos setores de atividade.

No início de 2010, o Grupo de Estudos e Pesquisas sobre o Trabalho (GEPT), do Departamento de Sociologia da Universidade de Brasília, realizou uma investigação exploratória em diversos setores de atividade no Distrito Federal, tentando captar impactos da crise e formas de reorganização do trabalho (Dal Rosso et al., 2010). Por iniciativa coletiva entre pesquisadores, procedeu metodologicamente por meio de uma estratégia de levantamento que visava explorar o que estava acontecendo em um grande número de setores econômicos.

Duas observações iniciais. A crise continua forte em âmbito internacional. Dois anos após espocar nos Estados Unidos, continua a fazer estragos na Grécia, em Portugal, na Espanha, na Itália, na Irlanda e em países do Leste Europeu. A economia brasileira retomou o crescimento, mas nada se sabe sobre a continuidade do processo. Quanto tempo dura uma crise? Ela está em fase desestruturante quando aprofunda impactos que se espalham em todas as direções. É um momento adequado, pois, para observar desemprego, retirada de direitos, frenagem de reivindicações e destruição de conquistas. Durante as crises, os gestores fazem novas demandas sobre o trabalho. Entre elas, podemos observar indícios de mudanças, como a intensificação do trabalho.

A segunda observação é: o Distrito Federal é um local adequado para observar efeitos da crise? Há autores que dizem que o Distrito Federal esteve imune aos principais efeitos da crise pelo fato de ser uma economia terciária em um território administrativo e o governo não demitiu nem criou desemprego. O governo, entretanto, sofreu redução de arrecadação de impostos, o que tornou muito mais difícil atender a reivindicações de segmentos de trabalhadores. Observa-se a dificuldade que setores em greve tiveram para reter seus níveis salariais e não incidir em perdas. O Distrito Federal sedia também poderosas empresas nacionais e agências de grandes empresas internacionais que operam em telefonia fixa e móvel, meios de comunicação, comércio, bancos e finanças, construção civil, prestação de serviços, entre outras atividades marcantes. Certamente, observando a crise a partir de Nova York, Londres, Paris e Tóquio, seria mais fácil perceber impactos. Entretanto, economias menores, como Irlanda, Grécia e Hungria, aparecem nas manchetes internacionais em consequência dos impactos da crise ou da reação dos habitantes a eles. Não é, pois, descabido observar efeitos da crise no Distrito Federal. Por outro lado, não se pode esperar encontrar aqui reorganizações amplas ou completas do trabalho. Indícios, não processos completos, são plausíveis de serem encontrados, espera-se.

Resultados preliminares

Transcrevemos a seguir os resultados do levantamento explorador realizado em setores econômicos do Distrito Federal com o intuito de esclarecer os impactos da crise sobre o processo e a intensificação do labor.

> A análise do impacto da crise socioeconômica no mundo do trabalho no Distrito Federal apresenta resultados distintos e complementares se o fenômeno é analisado pela ótica dos dados agregados ou examinado pela ótica microscópica qualitativa.
> A análise com os dados agregados leva à conclusão de um efeito imediato da crise sobre ocupação e desemprego. No final de 2008 e especialmente no início de 2009, o desemprego se fez sentir, tendo a taxa atingido o pico de 17,5% em abril de 2009 no Distrito Federal. Trabalhadores em condições precárias foram os mais atingidos pela crise: domésticos, assalariados sem carteira assinada e trabalhadores por conta própria. Observou-se ainda um impacto desigual de acordo com setores: a retração do emprego industrial foi substancial, ao contrário do emprego nos serviços, comércio, construção civil e administração pública [...].

Além do setor industrial, demissão de mão de obra foi observada no trabalho de campo em atividades financeiras, telefonia, *call centers* e hotelaria, particularmente em empresas que operam no mercado internacional. O trabalho de campo trouxe à tona, ainda, uma informação inédita: que a crise foi utilizada como pretexto para demissão de trabalhadores combativos e politicamente engajados.

Observamos em campo alongamento de longas jornadas laborais. No ensino a distância, foram constatadas extensões substantivas nas horas de labor de tutores e professores. O setor do comércio continua a empregar a prática de gestão pela qual a jornada se aproxima das sessenta horas semanais efetivas, bem acima dos limites previstos pela legislação vigente. A construção civil é outro setor que abusa do número de horas extras. Em ambos, construção civil e comércio, as horas extras nem sempre são corretamente remuneradas. Dilatação da jornada é um mecanismo que também foi observado nos centros de teleatendimento.

Outra consequência da crise muito difundida setorialmente e que opera conjugadamente com práticas de redução dos quadros é a intensificação do labor. Em *call centers*, um setor que praticou numerosas demissões por causa da crise, observaram-se as seguintes práticas intensificadoras do trabalho: funções que antes eram exercidas por mais trabalhadores foram acumuladas sobre os ombros de um único indivíduo; cobranças de alcance de metas e resultados avolumaram-se, apimentadas por ameaças de demissão; os teleatendentes passaram a atender um número maior de chamadas, sendo obrigados a agilizar os atendimentos. No ensino a distância, observou-se também aumento do ritmo do trabalho para dar conta do grande número de alunos a serem atendidos por um número restrito de professores e tutores, que em geral são remunerados por bolsas e não por salários. Semelhante processo de intensificação foi constatado no setor bancário e financeiro, tanto público como privado. A carga de trabalho foi majorada, sendo necessário ao empregado "otimizar as horas trabalhadas", segundo expressão corrente no setor bancário. *Call centers*, bancos e instituições do setor financeiro transformam-se nos protótipos ideais de aceleração do processo de trabalho. Nos correios, os empregados relataram intensificação do labor causada pela falta de contratações. Foram verificadas também indicações de intensificação do trabalho na educação privada.

Maneiras de intensificação do labor observadas em campo (a saber: cobrança de metas e resultados, o aumento da carga de trabalho, o acúmulo de tarefas que antes eram realizadas por várias pessoas sobre um mesmo indivíduo, elevação do ritmo das atividades) indicam insofismavelmente impactos da crise atual na organização do processo de trabalho. Ou seja, a crise demandou ainda mais trabalho daqueles que permaneceram ocupados. Do setor varejista no Distrito Federal apareceram também indícios de reorganização dos processos de trabalho, entre os quais podem ser mencionadas mudanças das regras das comissões. Antes atreladas ao número de produtos vendidos, empresas passaram a estabelecer metas para o trabalhador obter complemento salarial. O não atendimento delas é cominado por ameaças de demissão. Os centros de teleatendimento também empregam programas mais sofisticados, desenhados com a intenção de capturar a subjetividade do trabalhador. Procuram elevar sua participação na vida da empresa e fazer com que o trabalhador a sinta "como se fosse sua própria família". Esse relacionamento é típico das formas mais avançadas de organização dos processos de trabalho, que geram servidão voluntária. Foram encontrados ainda indícios de reorganização dos processos de trabalho nas grandes empresas de abastecimento urbano, supermercados e hipermercados, nos quais os trabalhadores precisam tornar-se polivalentes, doarem-se inteiramente em favor do trabalho. Para incentivá-los, empregam-se elementos motivacionais, treinamentos, promoções individualizadas, mecanismos de controle e de apoio à terceirização. Os trabalhadores são conduzidos à rendição à lógica de dominação das empresas. O conjunto de indícios sintetizados aponta para uma busca incessante de parte de empresas ou de inteiros setores de atividade por novos processos de organização do processo de trabalho que resultem em maior produtividade. Tais avanços, ditos de produtividade, não poucas vezes resultam de maior intensificação do labor, recaindo inteiramente sobre os ombros dos trabalhadores, não sendo resultado de investimentos em inovações tecnológicas.

Estratégias tradicionais de intensificação do labor durante períodos de normalidade, tal qual a remuneração por tarefa na construção civil e a comissão por vendas no comércio, desdobram-se para os períodos de crise e continuam sendo aplicadas, porquanto efetivas. A ameaça do desemprego exerce um papel disciplinador nessa luta para obter mais trabalho. Além de reduzir o nível dos salários, opera como uma espada de Dâmocles sobre a cabeça dos assalariados, interrompendo reivindicações, silenciando vozes e aumentando o ritmo do trabalho.

Tais manifestações de impactos da crise sobre o trabalho não são suficientes ainda, segundo nosso juízo, para caracterizar outro método, técnica, escola, conjunto de princípios ou proposta de organização do trabalho mais efetiva do que as já existentes. Mas revelam a insuficiência das formas empregadas até o momento e a busca por solução outra que eleve a efetividade e permita saídas da crise.

Os indícios de mudança na organização dos processos laborais demonstram a ênfase na elevação da taxa de mais-valor, vetor distinto da destruição de capitais como forma de impedir a operação da tendência de queda da taxa de lucro. As mudanças na organização dos processos de trabalho operam por meio de demissão da mão de obra e de práticas ainda mais intensificadoras do trabalho, entre as quais elevação das cargas de trabalho, acúmulo de tarefas, aumento do ritmo e da velocidade, passando pelo recurso ao alongamento da jornada, na forma das horas extras. Avanços alcançados pelos trabalhadores durante os períodos de crescimento da economia na melhoria das condições de trabalho, no aumento do emprego, na elevação dos salários, são destruídos sistematicamente ou em torno deles formam-se áreas de disputas vigorosas entre capital e trabalho nos períodos de crise. (Dal Rosso et al., 2010, p. 158-63)

Processo e intensificação do labor durante crises

Retomando as questões teóricas suscitadas no início deste capítulo. A primeira é se crises de acumulação têm reflexos sobre os processos de trabalho, reorganizando-os. Teoricamente, a hipótese mostra-se sustentável, pois, diante das quedas das taxas de lucro e de crescimento, nas quais esta última atingiu valores negativos ou de decrescimento, a reorganização do trabalho constitui uma forma eficaz de retomar a acumulação. Empiricamente, desvelaram-se tentativas iniciais de reorganizar as condições de trabalho em alguns setores da economia do Distrito Federal. Não foram obtidas evidências de um conjunto de princípios e práticas capazes e suficientes para constituir outro modelo de reorganização geral do trabalho. As práticas descritas, obtidas em períodos de crise, indicam esforços de abrir caminhos e encontrar saídas.

A segunda questão levantada refere-se ao emprego de formas de intensificação do trabalho durante os períodos de crise. As evidências colhidas em campo foram abundantes em formas diversas de intensificação do labor para as pessoas que permaneceram nos postos de trabalho. Setor bancário, telefonia, comunicação, abastecimento urbano, *call centers*, ensino a distância e mesmo o serviço público forneceram inúmeros casos. Como as empresas pouco investem em inovações tecnológicas durante períodos iniciais de crise, a elevação da produtividade é um caminho praticamente cerrado para a produção de valores. Restam duas outras fontes de valores: alongamento das horas de trabalho, cuja aplicação foi observada em alguns casos durante o trabalho de campo; e intensificação do labor, notada em muitas situações de campo no Distrito Federal. Portanto, a intensificação do trabalho desempenha um papel magno e imprescindível durante períodos de crise socioeconômica.

Capítulo 4

A PRECARIZAÇÃO SOCIAL DO TRABALHO NO BRASIL
alguns indicadores[1]

Graça Druck

INTRODUÇÃO

O objetivo deste capítulo é discutir os primeiros resultados sistematizados do projeto "A precarização social do trabalho no Brasil: uma proposta de construção de indicadores"[2], ainda em desenvolvimento, apresentando uma análise preliminar de alguns desses indicadores para a realidade do trabalho no Brasil nas últimas duas décadas.

Considera-se que a precarização do trabalho constitui um novo fenômeno no Brasil: suas principais características, modalidades e dimensões sugerem um processo de precarização social inédito nas últimas duas décadas, revelado pelas mudanças nas formas de organização/gestão do trabalho, na legislação trabalhista e social, no papel do Estado e suas políticas sociais, no novo comportamento dos sindicatos e nas novas formas de atuação de instituições públicas e de associações civis.

O caráter dessa *nova* precarização social do trabalho está sustentado na ideia de que se trata de um processo que instala – econômica, social e politicamente – uma institucionalização da flexibilização e da precarização modernas do trabalho, renovando e reconfigurando a precarização histórica e estrutural do trabalho no Brasil, agora justificada – na

---

[1] Este capítulo é resultado de uma reelaboração dos trabalhos enviados ao XIV Congresso Brasileiro de Sociologia, em julho de 2009, e ao XXVII Congresso Internacional da Associação Latino-Americana de Sociologia (Alas), realizado em Buenos Aires, em agosto e setembro de 2009. Partes da análise apresentada aqui foram publicadas em outros artigos de coautoria em periódicos nacionais. A sistematização das informações e os cálculos dos indicadores contou com a colaboração dos seguintes membros do projeto: Luiz Paulo de Oliveira, Elaine Souza, Luara Campos, Iuri Messias e Cícero Muniz.

[2] Projeto apoiado pelo CNPq e pela Capes.

visão hegemonizada pelo capital –, pela necessidade de adaptação aos novos tempos globais, marcados pela inevitabilidade e inexorabilidade de um processo mundial de precarização, também vivido a passos largos pelos países desenvolvidos.

No âmbito mais geral, associa-se à ideia de Castel (1998) de que o processo de precarização atinge, na atualidade, segmentos do emprego que haviam adquirido estabilidade, restabelecendo uma vulnerabilidade de massa que havia sido superada no período hegemonizado pelas políticas de bem-estar social e caracterizando uma dinâmica em que a precarização deixa de ser marginal e passa a ser "o coração" dessa fase do desenvolvimento capitalista nos países centrais e no mundo.

Trata-se, portanto, de uma metamorfose da precarização, que, mesmo presente desde as origens do capitalismo, assume novos contornos em consequência dos processos históricos marcados por diferentes padrões de desenvolvimento e pelas lutas e avanços dos trabalhadores. No contexto dos últimos vinte anos, a mundialização do capital sob a hegemonia do capital financeiro e as políticas neoliberais retroalimentaram-se, tornando a precarização um fenômeno central que se generaliza "por toda parte", como uma estratégia de domínio econômico, político e cultural, produto de uma vontade política e não de uma "fatalidade econômica" determinada pelo mercado (Bourdieu, 1998).

O conteúdo dessa (nova) precarização *é* dado pela condição de instabilidade, insegurança, fragmentação dos coletivos de trabalhadores e brutal concorrência entre eles. Uma precarização que atinge a todos indiscriminadamente e cujas formas de manifestação diferem em grau e intensidade, mas têm como unidade o sentido de ser ou estar precário numa condição não mais provisória, mas permanente. Configura-se uma realidade em que as formas mais tradicionais de resistência e luta degradam-se e enfraquecem, reforçando a ideia de uma inexorabilidade da "fatalidade econômica", ao mesmo tempo que surgem novos atores e proposições de enfrentamento dessa precarização social.

Na análise dos indicadores, buscamos apresentar as diferentes expressões da precarização a fim de delinear um quadro do trabalho precário enquanto processo que dá unidade tanto à classe-que-vive-do-trabalho quanto aos distintos lugares em que essa precarização se manifesta. Há um fio condutor, uma articulação e uma indissociabilidade entre as formas precárias de trabalho e emprego – expressas na (des)estruturação do mercado de trabalho e no papel do Estado e sua (des)proteção social –, as práticas de gestão e organização do trabalho e os sindicatos, todos contaminados por uma altíssima vulnerabilidade social e política.

Nessa medida, partimos do quadro mundial e latino-americano de precarização do trabalho e elegemos alguns indicadores para o caso brasileiro, como o desemprego, a informalidade, a terceirização, as precárias condições e organização do trabalho e as formas de resistência.

As fontes de dados desses indicadores são compostas, de um lado, por um conjunto de estatísticas que formam a base de dados oficiais e possibilitam a definição de indicadores quantitativos (IBGE e MTE), bem como por outros sistemas de informação já consagrados (Seade, Dieese); de outro lado, pelos estudos qualitativos realizados por pesquisadores brasileiros e classificados no banco de dados do projeto "Trabalho, flexibilização e precarização: (re)construindo conceitos à luz de estudos empíricos"[3], além dos relatórios e documentos da Organização Internacional do Trabalho (OIT).

---

[3] Projeto apoiado pelo CNPq e sob minha coordenação.

O QUADRO MUNDIAL E LATINO-AMERICANO DE PRECARIZAÇÃO SOCIAL DO TRABALHO

Em documento publicado em 2008, a OIT apresenta um panorama mundial do trabalho nas últimas duas décadas (de 1990 a 2007) e alerta para o quadro ainda frágil e precário do trabalho no mundo, marcado por "déficits de trabalho decente" e, portanto, pela situação de alta vulnerabilidade que tende a se aprofundar gravemente em decorrência da crise mundial que se iniciou em 2008.

Na síntese do relatório, destacam-se os seguintes resultados para o período: 1) houve crescimento do emprego abaixo das necessidades de incorporação no mercado de trabalho e, em 51 dos 75 países que disponibilizaram informações, houve queda da participação dos salários como parte do total da renda, em particular na América Latina e no Caribe (-13%), seguidos da Ásia e do Pacífico (-10%) e dos países avançados (-9%); 2) em dois terços dos países, houve aumento da desigualdade de renda, chegando a 70% a disparidade entre os 10% de assalariados com renda mais alta e os 10% com renda mais baixa[4]; 3) em países com mercado financeiro sem regulamentação, caso típico dos Estados Unidos, houve endividamento dos trabalhadores e de suas famílias, estimulados a investir no mercado imobiliário e de consumo, num quadro de salários estagnados; 4) houve crescimento do chamado "emprego atípico" (contratos temporários, por tempo determinado, trabalho informal, sem registro, direitos sociais e trabalhistas, com salários mais baixos e condições de trabalho mais precárias), o que, segundo o relatório, pode ter contribuído para o enfraquecimento da capacidade de negociação dos trabalhadores, especialmente os menos qualificados (OIT, 2008) – isso também foi verificado na análise, ou seja, a dificuldade dos sindicatos de se contraporem às imposições da globalização financeira, perdendo força na defesa do emprego e dos rendimentos dos trabalhadores.

Além desses indicadores, o relatório avalia que a globalização financeira, propiciada pela liberação dos fluxos de capital, não favoreceu o aumento da produtividade mundial nem o crescimento do emprego e contribuiu decisivamente para a desigualdade dos rendimentos. De acordo com a OIT:

> A globalização financeira intensificou a instabilidade econômica. Nos anos 90, as crises do sistema bancário foram dez vezes mais frequentes que as do final dos turbulentos anos 70. O custo desse aumento de instabilidade, em geral, foi pago muito mais pelos grupos de baixa renda. Experiências anteriores sugerem que a perda de empregos ocasionada pelas crises do sistema financeiro foram muito graves, com efeitos mais permanentes nos grupos mais vulneráveis. Também se pode prever que o desemprego aumente como resultado da queda dos investimentos e isso pode intensificar ainda mais as desigualdades de rendimentos. E mais: existem evidências de que a globalização financeira reforçou a tendência descendente na distribuição dos salários registrada na maioria dos países. Por outro lado, a globalização financeira teve um efeito disciplinador sobre as políticas macroeconômicas, tanto nos países desenvolvidos como nos países emergentes. (OIT, 2008, p. 2)

---

[4] Em 2007, por exemplo, os diretores executivos (CEOs) das 15 maiores empresas dos Estados Unidos receberam salários 520 vezes mais altos que os trabalhadores médios, em comparação com uma diferença de 360 vezes em 2003. Situações similares – ainda que com salários mais baixos – podem ser observadas em outros países, como Alemanha, Áustria, Holanda e África do Sul, além de Hong Kong (China) (OIT, 2008).

Ainda de acordo com a OIT, havia 179,5 milhões de desempregados no mundo em 2007, a uma taxa de desemprego de 5,7%. As primeiras estimativas para 2008 eram de 190,2 milhões de desempregados, ou seja, mais 10,7 milhões de pessoas desempregadas no mundo. Nos cenários apresentados pela OIT a partir da propagação e da mundialização da crise iniciada nos Estados Unidos, as estimativas para o ano de 2009 atingem, no pior caso, 230 milhões de desempregados no mundo, isto é, um acréscimo de quase 40 milhões de desempregados em relação ao ano de 2008.

A Agenda do Trabalho Decente, criada pela OIT em 1999, define:

O trabalho decente é um trabalho produtivo e adequadamente remunerado, exercido em condições de liberdade, equidade e segurança, sem quaisquer formas de discriminação, e capaz de garantir uma vida digna a todas as pessoas que vivem de seu trabalho [...]. Os quatro eixos centrais da Agenda do Trabalho Decente são a criação de *emprego* de qualidade para homens e mulheres, a extensão da *proteção social*, a promoção e o fortalecimento do *diálogo social* e o respeito aos princípios e *direitos fundamentais no trabalho*, expressos na Declaração dos Direitos, adotada em 1998. (OIT, 2006, p. 5; grifos meus)

Tal proposição originou-se do diagnóstico sobre o "mundo do trabalho" na América Latina nos anos 1990. Vale a pena reproduzir as conclusões da OIT:

21. No plano social e do mercado de trabalho, os resultados das reformas da década de 1990 foram bastante decepcionantes na América Latina e no Caribe. O produto por trabalhador cresceu a uma taxa muito baixa (0,21% ao ano entre 1990 e 2005) e, ao mesmo tempo, observou-se um incremento do desemprego e do emprego informal. Em alguns países (os casos mais notáveis são Argentina, Colômbia e Peru), efetuaram-se reformas que flexibilizaram a contratação e a demissão, e, em muitos casos, foram abandonados mecanismos solidários de proteção social, tanto relativos às aposentadorias e pensões como à saúde e à proteção a acidentes e enfermidades profissionais, sem que houvesse um aumento da cobertura do sistema. Produziu-se, ainda, um enfraquecimento de algumas das instituições do mundo do trabalho, em particular a negociação coletiva (em termos de cobertura e conteúdos) e dos mecanismos tradicionais de solução de conflitos, que se tornaram insuficientes e tiveram sua eficácia questionada.

22. A justificativa para esses processos era que todas essas instituições do mundo do trabalho constituíam uma forma de rigidez que devia ser eliminada para possibilitar a criação de emprego formal. No entanto, depois de uma década, a experiência de vários países mostra que, apesar dessas reformas, em lugar do aumento do emprego formal, o que se produziu foi um incremento do desemprego e da informalidade, acentuando-se ainda a precarização dos empregos, associada à insegurança das remunerações, à menor proteção social, à maior rotatividade da força de trabalho etc. *Argumentou-se que os maus resultados se deviam ao fato de as reformas não terem sido completadas, ficando na metade do caminho. No entanto, não dispomos de qualquer evidência de que uma dose maior de reformas desse tipo traria melhorias a essa situação. Pelo contrário, a experiência recente faz pensar que mais reformas talvez a piorasse ainda mais.* (OIT, 2006, p. 3; grifos meus)

Observa-se, no entanto, que, com base na mesma fonte, a OIT registra em documento mais recente (Cepal, Pnud, OIT, 2008) que as características mais gerais do mercado de trabalho para os anos 2000 na América Latina, embora apresente uma taxa média de desemprego que caiu de 11,4% em 1999 para 8% em 2007, ainda incluem a tendência e os principais problemas que caracterizam a precarização social do trabalho na região: 1) mesmo com menor crescimento da PEA, geração insuficiente de postos de trabalho; 2) crescimento da produtividade restrito a um grupo de setores produtivos, ao passo que nos demais ela estagnou ou teve baixo crescimento, indicando que parte das ocupações foi para o trabalho informal; 3) o trabalho nos serviços e no comércio (terciário) ganhou peso; 4) *o desemprego e a informalidade aumentaram, os empregos temporários e sem contrato se multiplicaram, a população ocupada sem acesso à seguridade social aumentou, as condições para a rescisão dos contratos de trabalho flexibilizaram-se, as indenizações por demissão diminuíram, houve limitação do direito de greve e os rendimentos do trabalho se deterioraram num número significativo de países* (Cepal, Pnud, OIT, 2008, p. 11; grifos meus).

Em síntese, após oito anos de criação da Agenda de Trabalho Decente, ainda se mantém um quadro de desrespeito à dignidade ou "decência" do trabalho, em que pese o esforço de algumas agências nacionais da OIT, no sentido de comprometer os governos locais com a agenda. Na realidade, a prática do trabalho decente não tem resistido à avassaladora precarização social do trabalho trazida pela mundialização e continuidade das políticas neoliberais nos anos 2000.

É parte das análises sobre a América Latina e o Caribe a ressalva de que o crescimento econômico é indispensável, porém insuficiente, já que não garante a criação de empregos de qualidade nem o aumento do número de postos de trabalho que respondam às necessidades do mercado de trabalho:

> O crescimento econômico sustentado é o principal estímulo à maior demanda por mão de obra, mas não assegura automaticamente a criação de mais e melhores empregos. Por isso, devem ser priorizadas as políticas que ajudem a conciliar as estruturas de demanda e de oferta de trabalho, assim como aquelas que apoiem setores que contribuem mais para a geração de trabalho decente. (Cepal, Pnud, OIT, 2008, p. 11)

Cabe observar ainda que, no balanço da OIT para a região entre 1990 e 2000, destaca-se que o crescimento dos gastos públicos na área social, por meio de políticas públicas de redução de pobreza, não é suficiente para responder aos "déficits do trabalho decente". Nas palavras textuais do documento:

> Não basta, contudo, elevar o volume de recursos destinados à área social. A ação do Estado, para legitimar-se, precisa levar em conta a eficácia econômica e o atendimento das necessidades da sociedade, de modo que possibilite a expansão da economia e, principalmente, do emprego. (Cepal, Pnud, OIT, 2008, p. 11)

De acordo com o documento "Trabalho decente nas Américas: uma agenda hemisférica (2006-2015)", publicado em maio de 2006, uma análise da América Latina informa que a região conta com cerca de 551 milhões habitantes, dos quais pelo menos 213 milhões (39%) são pobres. Há 239 milhões de pessoas economicamente ativas (PEA), mais de 23 milhões (10%) em desemprego aberto e em torno de 103 milhões (43%) na informalidade. Para a OIT, "pode-se dizer que hoje há um déficit de emprego formal na América Latina que atinge 126 milhões de trabalhadores, o que representa 53% da PEA. Esse déficit é mais acentuado no caso das mulheres e dos jovens" (OIT, 2009b, p. 12).

No caso dos jovens da América Latina e do Caribe, dos 106 milhões que viviam na região em 2005, 58 milhões estavam na PEA, 10 milhões (17%) estavam desempregados, 30 milhões (52%) trabalhavam na informalidade e 48 milhões estavam inativos, só estudavam, não tinham nem buscavam emprego (OIT, 2007).

O relatório "World of Work Report 2009: The Global Jobs Crisis and Beyond" (OIT, 2009a) afirma que, de outubro de 2008, quando se iniciou a crise, até fim de 2009, nos 51 países que disponibilizaram informações 20 milhões de postos de trabalho foram perdidos e 5 milhões de trabalhadores encontravam-se em situação extremamente vulnerável, ameaçados de perder o emprego (estavam em jornada de trabalho reduzida, desemprego parcial ou trabalho involuntário em tempo parcial). Além disso, estimava que 43 milhões de trabalhadores poderiam ficar fora do mercado de trabalho, em especial os pouco qualificados, os imigrantes, as pessoas mais velhas e os jovens, se não houvesse programas governamentais adequados, acompanhados de um crescimento econômico de longa duração.

Esse relatório, embora considere que a economia mundial dê sinais de recuperação e a queda do emprego seja inferior ao que foi previsto, em razão da intervenção do Estado e dos governos, alerta que a "crise do emprego está longe de ser superada" (OIT, 2009a, p. vii).

Os relatórios e documentos da OIT referentes às duas últimas décadas são exemplares não apenas pela sistematização das informações sobre o quadro mundial e latino-americano, mas também pelas análises apresentadas, que demonstram não ter ocorrido uma ruptura das tendências e dos indicadores de precarização social do trabalho, apesar de alguns movimentos conjunturais, como a retomada do crescimento econômico que a partir de 2000 chegou à maior parte dos países do mundo, com ritmos diferentes em cada região.

Isso significa que a década de 1990, marcada pela mundialização das políticas neoliberais e pela hegemonia do capital financeiro (cuja estratégia central é a flexibilização e a precarização do trabalho), não sofreu nenhuma inflexão ou ruptura no quadro mais geral do trabalho no mundo, mesmo se considerarmos resultados como a diminuição das taxas de desemprego e a redução dos níveis de pobreza em certos países da América Latina, que não chegaram a se firmar como tendências consolidadas, já que a crise mundial iniciada em 2008 lançou por terra alguns avanços localizados, evidenciando a permanência de uma profunda vulnerabilidade social.

Essa vulnerabilidade social estrutural expressa-se nas estimativas feitas pela própria OIT para o aumento do número de desempregados no mundo (mais 40 milhões somente em 2009), assim como naquelas apresentadas pela FAO para a fome, que deve atingir 1 bilhão de pessoas, um aumento em torno de 100 milhões só em 2009. Esse quadro é uma regressão aos números do início dos anos 1990: ele apresenta, vinte anos depois, os mesmos 16% de população subnutrida no mundo ("Com a crise, fome atingirá 1 bilhão de pessoas, diz a ONU", 2009), desfaz em um ano o que alguns governos obtiveram com a implementação de programas sociais destinados aos mais pobres e miseráveis ou mesmo com a retomada do crescimento das economias nos anos 2000.

A PRECARIZAÇÃO SOCIAL DO TRABALHO NO BRASIL: INDICADORES SELECIONADOS

No caso brasileiro é importante registrar que a precarização do trabalho esteve fortemente presente desde a transição do trabalho escravo para o trabalho assalariado. É reconhecido, por exemplo, o grau de informalidade do trabalho como uma das expressões da precarização, em especial nas regiões de fraco desempenho industrial, como é o caso do Norte e do Nordeste. Mas, em vários momentos, com o avanço da industrialização e do crescimento da classe operária brasileira, houve conquistas dos trabalhadores na forma de proteção social e trabalhista, como os direitos incorporados em 1944 na Consolidação das Leis do Trabalho (CLT).

Hoje, considera-se que há uma nova precarização social do trabalho no Brasil. É nova porque foi reconfigurada e ampliada, levando a uma regressão social em todas as suas dimensões. Seu caráter abrangente, generalizado e central: 1) atinge tanto as regiões mais desenvolvidas do país (por exemplo, São Paulo) quanto as regiões mais tradicionalmente marcadas pela precariedade; 2) está presente tanto nos setores mais dinâmicos e modernos do país (indústrias de ponta) quanto nas formas mais tradicionais de trabalho informal (trabalho por conta própria, autônomo etc.); 3) atinge tanto os trabalhadores mais qualificados quanto os menos qualificados. Enfim, essa precarização se estabelece e se institucionaliza como um processo social que instabiliza e cria uma permanente insegurança e volatilidade no trabalho, fragiliza os vínculos e impõe perdas dos mais variados tipos (direitos, emprego, saúde e vida) para todos os que vivem do trabalho.

É dessa perspectiva que procuramos analisar os indicadores apresentados a seguir. Trata-se de uma primeira sistematização, ainda preliminar e parcial, mas que pode ajudar a explicitar o quadro descrito acima, assim como demonstrar uma segunda tese defendida neste trabalho: a de que não houve descontinuidade ou ruptura no processo de precarização social do trabalho no Brasil do início dos anos 1990 ao momento atual.

Partimos de um conjunto de estudos mais recentes no campo da sociologia e da economia do trabalho cujo objeto é a precarização e a flexibilização do trabalho no Brasil[5]. Os estudos de casos (setoriais ou de unidades) evidenciaram as formas, o grau, a trajetória e as tendências que a globalização financeira, o neoliberalismo e a reestruturação produtiva impuseram à realidade do trabalho brasileiro nas últimas duas décadas. Também tomamos como referência uma pesquisa recente sobre a evolução da terceirização no setor industrial da região metropolitana de Salvador nas duas últimas décadas, cujos resultados mostram a continuidade e o aprofundamento do processo de precarização do trabalho, que se tornou central a partir do início dos anos 1990, generalizou-se e aprofundou-se nos dias atuais[6].

As revelações desses estudos permitiram construir uma tipologia da precarização a fim de tornar mais claras suas diferentes formas de expressão e, com base nessa classificação, construir e analisar os indicadores de precarização do trabalho e de resistência.

Conforme Druck (1999) e Franco e Druck (2007 e 2009), podemos identificar cinco grandes tipos de precarização, expressos:

---

[5] Levantamento disponível no banco de dados do projeto "Trabalho, flexibilização e precarização: (re)construindo conceitos à luz de estudos empíricos", apoiado pelo CNPq e sob minha coordenação. Disponível em: <www.flexibilizacao.ufba.br>.

[6] Para conhecer os resultados da pesquisa que realiza uma comparação entre dois períodos (1993-1994 e 2003-2004) ver Druck e Franco (2007).

1) nas formas de mercantilização da força de trabalho, que produzem um mercado de trabalho heterogêneo e marcado por uma vulnerabilidade estrutural e cuja trajetória nas duas últimas décadas reforça e reconfigura as formas precárias de inserção dos trabalhadores em relações de assalariamento, explícito ou disfarçado, em todos os setores, atividades e regiões. Nesse particular, a ausência de um emprego explicita-se não somente pela "velha" e tradicional informalidade, mas também pelas relações de trabalho em setores de ponta, como os processos de subcontratação/terceirização, recurso de cooperativas, "pejotalização", consultorias etc. Para uma parte dos trabalhadores, há perda de vínculos na condição de empregado, o que significa perda de direitos sociais e trabalhistas, numa clara demonstração de "desestabilização dos estáveis" (Castel, 1998); para outra parte, há uma condição provisória que se torna permanente, ausência de primeiro emprego e inserção precária, desprovida daqueles parcos direitos que caracterizam a modernidade capitalista;

2) na organização e nas condições de trabalho, como ritmo e intensidade do trabalho, autonomia controlada, metas inalcançáveis, pressão de tempo, extensão da jornada de trabalho, polivalência, rotatividade, multiexposição a agentes físicos, químicos, ergonômicos e organizacionais. Esses aspectos conduzem a intensificação do trabalho, ritmos acelerados (potencializados pelo patamar tecnológico da microeletrônica) e autoaceleração;

3) nas condições de segurança no trabalho, ou melhor, em sua fragilização (treinamento, informação sobre riscos, medidas preventivas coletivas etc.), e na diluição das responsabilidades entre estáveis e instáveis. Esses aspectos, amalgamados à precarização das condições de organização e condição de trabalho, implicam maior exposição a riscos e, dada a perda de estatuto dos trabalhadores, maior sujeição a condições aviltantes e (in)suportáveis, como as metas e os ritmos acelerados que levam aos "atalhos" e às manobras para aumentar a produtividade e fragilizam a segurança e a saúde no trabalho;

4) no reconhecimento, na valorização simbólica, no processo de construção da identidade individual e coletiva, tornando mais complexa a alienação/estranhamento do trabalho. A descartabilidade das pessoas, a insegurança e a desvalorização pela precarização dos vínculos aprofundam o processo de coisificação das relações humanas e levam à "banalização da injustiça social" (Dejours, 2005) e à corrosão do caráter (Sennett, 2001). Fragilizando-se o reconhecimento social e a valorização simbólica, mina-se a autoestima, a identidade individual e coletiva, a dimensão ética (Seligmann-Silva, 1995 e 2001) e a dignidade humana. A situação que mais evidencia essa fragilização é o desemprego, que se torna cada vez mais de longa duração, deixa de ser uma condição provisória e transforma-se numa situação de longo prazo ou mesmo permanente;

5) nas condições de representação e de organização sindical, configurando uma grande fragilização política dos trabalhadores. Trata-se da fragilização dos sindicatos e dos efeitos políticos da terceirização. Esta conduz à discriminação entre os próprios trabalhadores (núcleo "estável" e terceirizados) e à discriminação dos terceirizados pela empresa contratante, com espaços demarcados e áreas proibidas. A terceirização pulveriza e enfraquece os sindicatos, mantendo a representação sob ameaça pela crescente divisão das diversas categorias profissionais, cada uma com seu sindicato e atuações competitivas.

Essa tipologia, além de orientar a construção de um sistema de indicadores de precarização do trabalho, pode ser desdobrada e demonstrada por meio de cada um dos indicadores definidos e selecionados a seguir.

O DESEMPREGO: A CONDIÇÃO MAIS PRECÁRIA E VULNERÁVEL

As taxas metropolitanas de desemprego, calculadas para uma série disponível de 1998 a 2008 pela Pesquisa de Emprego e Desemprego (PED), do Dieese e Seade, indicam o alto patamar de desemprego no período: em 1998, 18,7% ou 2.975.000 pessoas; em 2003, 20,3% ou 3.777.000 pessoas; e, em 2008, 14,1% ou 2.812.000 (queda de 6,2 pontos percentuais em 5 anos).

As taxas de desocupação, medida no período de 1992 a 2007 pela Pesquisa Nacional por Amostra de Domicílio (Pnad), que cobre também regiões não metropolitanas, ainda são preocupantes: sobem de 6,2% em 1992 para 8% em 2007 entre pessoas com 16 anos ou mais, embora apresentem queda nos últimos 3 anos (9,2% em 2005, 8,4% em 2006 e 8% em 2007). Isso se explica pela conjuntura de crescimento econômico mundial, especialmente na China e nos Estados Unidos, conforme já observado pelos relatórios da OIT. Entretanto, o patamar de desemprego ainda é muito alto e a tendência que se iniciou em 1990 não se reverteu, como é o caso em São Paulo, onde o desemprego não caiu abaixo das taxas de 1990 e 1991.

As taxas de desemprego urbano medidas pela PED e pela Pesquisa Mensal de Emprego (PME), segundo metodologias diferentes, mostram as mesmas trajetórias e tendências no período, embora apresentem patamares variáveis (maior, no caso da PED). Assim, quando analisamos os níveis de desemprego nas regiões metropolitanas abrangidas pela pesquisa, observamos que, no caso de São Paulo, que disponibiliza dados desde 1990, é exatamente esse ano que apresenta a menor taxa em todo o período (até 2008), ou seja, 10,3%. A taxa mais alta é a de 2003: 19,9%, representando 1.944.000 pessoas desempregadas. O mesmo acontece para as regiões metropolitanas de Belo Horizonte (20%, ou 457.000 desempregados), Distrito Federal (22,9%, ou 257.000 desempregados), Salvador (28%, ou 468.000 desempregados), Recife (23,2%, ou 357.000 desempregados) e Porto Alegre (16,7%, ou 296.000 desempregados).

Relatório recente publicado pelo escritório da OIT no Brasil (OIT, 2009b) afirma que, no período de 1992 a 2007, houve alguns avanços significativos: declínio do trabalho infantil, crescimento do trabalho formal, aumento proporcional de idosos que recebem aposentadoria ou pensão, diminuição percentual de trabalhadores que trabalham além da jornada normal de trabalho, crescimento proporcional dos que permanecem mais tempo no emprego, aumento das taxas de sindicalização e crescimento proporcional de acordos que efetivaram aumentos reais de salários. No entanto, quando examina a evolução das taxas de desemprego, evidencia certo grau de desigualdade no mercado de trabalho em todo o período. Entre 1992 e 2007, o desemprego masculino cresceu de 5,4% para 6,1%, já o desemprego feminino subiu de 8% para 11,1%. A taxa de desemprego dos trabalhadores brancos aumentou de 5,8% para 7,3%, ao passo que a dos trabalhadores negros passou de 7,2% para 9,3%. Cabe ressaltar que o período analisado não inclui as rápidas alterações no mercado de trabalho que ocorreram a partir de outubro de 2008, em decorrência da crise mundial[7].

---

[7] Os autores justificam que a série histórica analisada encerra-se em 2007 porque não tiveram acesso aos dados da Pnad 2008, que só foram disponibilizados em setembro de 2009, depois da publicação do relatório da OIT.

Assim, quando analisamos as taxas de desemprego urbano no país, após a crise desencadeada em outubro de 2008, notamos a vulnerabilidade do emprego no Brasil e a dificuldade para superar os altos níveis de desemprego, decorrentes da forma de inserção do país na globalização. Entre outubro de 2008 e março de 2009, ou seja, em apenas 6 meses, os *desocupados* cresceram 19%, passando de 1.743.000 para 2.082.000, *igualando-se ao mesmo percentual de recuperação do desemprego em 5 anos*, quando caiu de um total 2.608.000 *desocupados* em 2003 para 2.100.000 em 2007 (PME/IBGE, 2008). A taxa de desocupação aumentou de 7,5% em outubro de 2008 para 9% em março de 2009. O setor industrial (extrativo, de transformação e outros) atingiu, em abril de 2009, 5,9% de desocupação, voltando ao patamar de 2003, ano em que a desocupação atingiu as mais altas taxas de toda a década de 2000. Na região metropolitana de São Paulo, ele salta de 7,7% para 10,5%, apresentando um crescimento de 36% de desocupados em apenas 6 meses. Esse quadro sintetiza o grau de precarização em que vive um segmento ainda muito grande de trabalhadores no Brasil.

A condição de desempregado e a ameaça permanente da perda do emprego têm se constituído numa eficiente estratégia de dominação no âmbito do trabalho. O isolamento e a perda de enraizamento, inserção, vínculos e perspectivas de identidade coletiva, decorrentes da descartabilidade, da desvalorização e da exclusão, são condições que afetam decisivamente a solidariedade de classe. Esta é minada pela brutal concorrência que é desencadeada entre os próprios trabalhadores e estimulada conscientemente pelo capital por meio da gestão do medo e da chantagem. Uma vulnerabilidade social cujos traumas ainda estão por compreender e analisar no contexto atual, especialmente entre as novas gerações, que não conseguem se inserir no mercado de trabalho (em 2007, a taxa de desocupação entre jovens de 16 a 24 anos era de 16,8%).

Diversos estudos têm demonstrado que os jovens compõem um dos segmentos mais vulneráveis ao fenômeno do desemprego, tanto nos países "desenvolvidos" quanto nos "subdesenvolvidos". De acordo com os dados publicados pela OIT (2007), os jovens representam 46% do total de desempregados na América Latina. Os jovens latino-americanos enfrentam ainda outros problemas no mercado de trabalho: 10 milhões de jovens estão desempregados, mais de 30 milhões trabalham informalmente e em condições precárias de trabalho[8] e 22 milhões não estudam nem trabalham (OIT, 2007).

Estudo recente da OIT (2009c) sobre o trabalho decente e a juventude no Brasil, com base nos dados da Pnad, aponta que os jovens de 15 a 24 anos representavam 49% do total dos desempregados no país em 2006. Havia 3,9 milhões de jovens desempregados e 11 milhões de jovens ocupados na informalidade (67,5% da PEA); além disso, 6,5 milhões (18,8%) de jovens não estudavam nem trabalhavam. Isso explicita o grau de vulnerabilidade e o déficit de "trabalho decente" para os jovens no Brasil.

Na conjuntura pós-crise mundial, a taxa de desemprego dos jovens (PME/IBGE, 2009) no Brasil aumentou de 16,8% em outubro de 2008 para 21,2% em março de 2009, superando a maior taxa de desemprego juvenil já registrada (19,6% em 2005).

---

[8] De acordo com a OIT, residem atualmente na América Latina e no Caribe cerca de 106 milhões de jovens entre 15 e 24 anos.

Os sem-emprego[9]: condição da maioria dos trabalhadores brasileiros

Os "sem-emprego", grupo constituído pelos desempregados e pelos trabalhadores informais[10], são hoje a maioria dos trabalhadores brasileiros. De acordo com a PED, que engloba 6 regiões metropolitanas, no período de 1998 a 2007 os sem-emprego chegaram a 62,9% da população economicamente ativa em 2003 e cairam para 54,4% em 2007. Esses dados refletem a queda do desemprego e o aumento do emprego formal nos últimos quatro anos do período, conforme já mencionado, mas essa recuperação foi interrompida pela crise mundial que atingiu o país.

Quando analisamos as taxas de informalidade[11] por região metropolitana, observamos um fenômeno digno de destaque: entre 2000 e 2007, houve uma inédita aproximação entre as proporções de informalidade nas regiões metropolitanas de São Paulo, maior centro industrial do país, e Salvador, onde há uma forte tradição de trabalho informal. Em 2007, as taxas de informalidade nessas duas regiões se igualaram: 41,5% em Salvador e 41,8% em São Paulo. Esse indicador confirma a nova configuração do trabalho precário que se delineia, à medida que o trabalho informal – uma das expressões da precarização – generaliza-se em todo o país, aproximando as regiões mais desenvolvidas do país às mais tradicionalmente marcadas pela precariedade.

Esse movimento pode ser explicado pelas diferentes trajetórias do mercado de trabalho em cada uma das regiões brasileiras. Em Salvador, a informalidade sempre foi maior do que em São Paulo. Com os processos de reestruturação produtiva e deslocamento industrial, o centro mais desenvolvido do país perdeu muitos empregos formais, mas ainda tinha muito espaço para o crescimento do trabalho informal. O mesmo não se pode dizer de Salvador: o espaço para a informalidade, especialmente para trabalhadores por conta própria e autônomos, esgotou-se e já não pode acolher os que estão sendo demitidos e os que estão chegando ao mercado de trabalho.

Também é importante observar que a fronteira entre o desemprego e a informalidade é muito tênue. Pesquisas qualitativas têm demonstrado o desejo dos trabalhadores informais de ter emprego com carteira assinada e, mesmo exercendo alguma atividade informal, parte deles continua procurando emprego. Isso deu origem a uma nova categoria medida pela PED: "desemprego oculto por trabalho precário".

Hoje, os atributos exigidos ou recomendados para se tornar empregável no mundo moderno são as qualidades típicas dos que vivem do trabalho informal: criatividade, dinamismo, adaptabilidade, iniciativa, desprendimento etc. No entanto, a informalidade não é alternativa para o desemprego, não só por seu caráter precário, mas também por seus limites: não há lugar para todos, nem mesmo no trabalho nas ruas[12].

---

[9] Emprestamos a denominação da dissertação de mestrado de Theo Barreto (2005).
[10] Os desempregados e os trabalhadores informais, independentemente das metodologias que estimam seu efetivo, são denominados pela Agenda de Trabalho Decente da OIT de "déficit de emprego formal".
[11] Consideram-se trabalhadores informais: assalariados sem carteira, assalariados que não sabem definir a sua condição de trabalho, autônomos, empregadores que não contribuem para a Previdência, empregadas domésticas sem carteira, trabalho familiar, dono de negócio familiar e outros.
[12] Um estudo qualitativo sobre o trabalho informal em Salvador, realizado com base nas trajetórias mais típicas dos trabalhadores informais, mostra quais são as implicações das "competências", da empregabilidade e do empreendedorismo identificados nesses trabalhadores. Ver Luiz Oliveira (2005).

A EVOLUÇÃO DA TERCEIRIZAÇÃO E OS TRABALHADORES TERCEIRIZADOS: INDICADOR DE PRECARIZAÇÃO QUANTITATIVA E QUALITATIVA DO TRABALHO

Consideramos que a terceirização (ou subcontratação) é a principal forma de flexibilização e precarização do trabalho, entendidas aqui em conformidade com Appay e Thébaud-Mony (1997), que ressaltam que, embora sejam apresentadas separadamente, a flexibilização e a precarização são um só processo, marcado pela competitividade acirrada no plano econômico. A ele corresponde um "processo multidimensional de institucionalização da instabilidade, aqui resumida como precarização social" (Appay e Thébaud-Mony, 1997, p. 8). Portanto, o processo de flexibilização e precarização expressa uma instabilidade instituída, também e centralmente, como forma de dominação social do trabalho.

Defendemos que a terceirização (ou subcontratação) é um fenômeno velho e novo. É velho porque foi utilizado desde a Revolução Industrial até o auge do fordismo e do Estado de bem-estar social, na Europa e nos Estados Unidos, sobretudo no setor industrial, na extração de carvão e nos serviços portuários; no Brasil, aparece desde os primórdios da industrialização, mas sua origem está na agricultura, que se apoiava no trabalho tipicamente sazonal (intermitente) e assim permanece até os dias atuais. É novo porque ocupa um lugar central nas novas formas de gestão e organização do trabalho, que se inspiraram no "modelo japonês" (toyotismo) e surgiram nas duas últimas décadas do século passado, no bojo da reestruturação produtiva, como resposta à crise do fordismo.

O caráter de novo fenômeno é dado pela amplitude, pela natureza e pela centralidade que a terceirização assume no contexto da flexibilização e da precarização do trabalho, neste novo momento do capitalismo mundializado ou da "acumulação flexível" (Harvey, 1992). Trata-se de um processo de metamorfose, já que a terceirização deixa de ser utilizada de maneira marginal ou periférica e torna-se prática essencial para a flexibilização da produção (Araújo, 2001), dos contratos e do emprego (Druck e Franco, 2007; Franco e Duck, 2009).

O processo é constatado pela disseminação da terceirização a todos os tipos de atividades e setores. No setor público, ela passou a ocupar lugar estratégico no âmbito da reforma do Estado, a partir dos anos 1990, com a aplicação do "paradigma gerencialista" da administração pública (Dieese, 2007a); a flexibilização/precarização deu-se por meio de programas de incentivo à aposentadoria e à demissão voluntária (para efeito de redução de pessoal), do congelamento de salários e da suspensão de concursos públicos[13]. As modalidades de terceirização mais encontradas nesse setor são: contratação de estagiários (em especial em empresas estatais e bancos públicos), cooperativas (sobretudo na área da saúde), ONGs e transferência de serviços públicos para o setor privado por intermédio de "organizações sociais". É importante registrar que essa difusão da terceirização no setor público tem sido coibida pelo Ministério Público Federal, cujas ações de fiscalização e penalização têm resultado em recuos significativos por parte das instituições ou empresas públicas denunciadas (Fleury, 2006).

No setor privado, a terceirização expandiu-se para todas as áreas. No sistema financeiro, destacam-se os bancos e os *call centers*, que congregam centenas de milhares

---

[13] As políticas de redução do emprego público e dos gastos com pessoal atendiam a recomendações do Fundo Monetário Internacional (FMI) para a realização do ajuste fiscal.

de trabalhadores ou "infoproletários" (Antunes e Braga, 2009). A evolução do emprego bancário entre 1994 e 2005 é indicativa do crescimento da terceirização no setor: enquanto o número de bancários caiu 26,47%, o de "não bancários" (terceirizados) subiu 39,54% e, em 2005, representava 32% do total dos trabalhadores de banco (Dieese, 2007a).

No setor industrial, a terceirização (ou subcontratação) ocorreu de início em atividades consideradas periféricas, como serviços de limpeza, vigilância, alimentação e outros, e propagou-se gradativamente para todas as áreas, num movimento indiscriminado, sem qualquer distinção entre "atividade-fim" e "atividade-meio". Essa classificação chegou a ser formulada no âmbito legislativo e gerou infindáveis debates na área do direito com o intuito de restringir a subcontratação. O caso exemplar é a indústria química, petroquímica e petrolífera. Um estudo sobre a indústria na região metropolitana de Salvador, onde se situa o polo petroquímico de Camaçari, constatou que, de um total de 8.204 trabalhadores (incluindo empregados permanentes, contratados por tempo determinado e terceirizados), 36,3% eram permanentes e 63,4% eram terceirizados. Das 10 empresas analisadas, 6 apresentaram um grau de terceirização ainda mais radical: de 28,5% a 35,4% dos empregados eram permanentes. A remuneração dos trabalhadores terceirizados era de 1,4 a 5 vezes menor do que a dos permanentes. No período de 1993 a 2003, verificou-se que houve uma queda de 33% no número de trabalhadores contratados diretamente nas empresas investigadas e uma difusão da terceirização (hoje, 100% das empresas terceirizam), atingindo todos os setores, inclusive aqueles considerados nucleares (Druck e Franco, 2007).

Em pesquisa nacional realizada em 2006 com trabalhadores do setor químico[14], entre as atividades mais terceirizadas, além dos chamados serviços periféricos (limpeza, vigilância, refeição), aparecem a manutenção (32,8%) e a montagem (24,6%). No que se refere às negociações, 52% dos trabalhadores terceirizados responderam que nunca haviam negociado cláusulas, 25% já haviam negociado e 5% estavam negociando (representação dos terceirizados, extensão das cláusulas sociais e econômicas aos terceirizados, fiscalização das condições de trabalho e cobrança das empresas contratadas, restrições à terceirização na atividade de produção e o fim da terceirização) (Dieese, 2007a).

No caso da indústria petrolífera, monopolizada pelo Estado, a situação é extremamente grave. Todas as pesquisas de natureza qualitativa e quantitativa demonstram um crescimento desenfreado da terceirização em atividades nucleares, como manutenção, montagem e operação. Em 2008, havia 260.474 terceirizados e 74.240 contratados diretos, uma relação de 3,5 terceirizados para cada empregado contratado (Ibase, 2008). É também nessa empresa estatal que se evidencia um dos efeitos mais perversos da terceirização: os acidentes de trabalho e, entre eles, os acidentes fatais, que atingem majoritariamente os terceirizados. Entre 1998 e 2005, a relação de acidentes fatais entre terceirizados e contratados foi de 22 para 4 em 1998 e de 13 para 0 em 2005 (Dieese, 2007a). Em 2007, 16 trabalhadores morreram em acidentes na empresa, dos quais 15 eram terceirizados (Frente Nacional dos Petroleiros, 2011).

Os estudos também revelam as novas modalidades de terceirização nos anos 2000, das quais duas merecem destaque por simbolizar e concretizar a precarização do emprego no Brasil: as cooperativas de mão de obra (ou de trabalho) e as microempresas individuais ("PJs" ou do "eu sozinho"). Duas modalidades que transferem para os trabalhadores os

---

[14] No II Congresso da Secretaria Nacional dos Químicos (SNQ), da Força Sindical.

custos da responsabilidade social, legal e econômica da atividade, embora seja realizada para as empresas contratantes.

As cooperativas de mão de obra operam nas instalações das empresas, reúnem trabalhadores na condição de associados (cooperativados) que prestam serviços a essas empresas e possuem legislação específica, que estabelece: "qualquer que seja o tipo de cooperativa, não existe vínculo empregatício entre ela e seus associados". Essa (des)regulação permite a mais completa liberdade, pois permite "adequar os trabalhadores às necessidades do mercado" por meio de horários flexíveis, pró-labore flexível e contratos flexíveis com as empresas. Ou seja, os trabalhadores sendo não assalariados, não têm direito à proteção social do Estado, já que, teoricamente, eles se "autogerem" e assim se "autoprotegem" (Druck e Franco, 2007; Borges e Druck, 2002; Piccinini, 2004).

As empresas do "eu sozinho" ou "PJs" explicitam o crescimento do assalariamento disfarçado, pois se trata de um processo de contratação de trabalhadores que são pressionados a redefinir sua personalidade jurídica, isto é, a registrar uma empresa em seu nome, assumindo todos os encargos e transformando-se assim numa empresa individual terceirizada. A motivação dessa modalidade é a mesma das cooperativas, já que a relação empregatícia é abolida, assim como os custos (econômicos, sociais e políticos) e, consequentemente, os direitos trabalhistas. O novo trabalhador-empresa passa a ser tratado de "igual para igual" (Druck e Franco, 2007).

A terceirização, para além de sua dimensão quantitativa, que já evidencia o avanço da precarização para os trabalhadores na forma de salários mais baixos, de redução de direitos e mesmo de negação da condição de emprego (quando existe recurso às cooperativas e às empresas do "eu sozinho", em que se abole a relação de assalariamento formal), tem também uma dimensão qualitativa, especialmente no lugar central que ocupa como estratégia de dominação das empresas, pois cria uma divisão entre os trabalhadores (primeira e segunda categorias) e acirra as diferenças. Em muitos casos, ela incentiva a discriminação, porque aqueles que fazem parte do quadro principal da empresa sentem-se superiores àqueles que devem se submeter a tudo ou a quaisquer condições de trabalho, "os outros", as "empreiteiras", os "subcontratados". Além disso, cria uma fragmentação, uma verdadeira pulverização da organização coletiva e sindical, já que a empresa contratante faz contrato com diferentes empresas contratadas, de diferentes setores de atividades, o que leva os trabalhadores a serem representados e/ou filiados a diferentes sindicatos[15].

Mais uma vez, as pesquisas com trabalhadores efetivos e terceirizados revelam a precarização e a vulnerabilidade causadas pela terceirização. Dentre alguns dos impactos descritos pelos trabalhadores, podemos destacar: *perda de direitos trabalhistas, aumento de acidentes, falta de alimentação e segurança adequadas, redução de benefícios, redução de salários, baixa qualificação, falta de qualidade no serviço, falta de organização no local de trabalho, redução de representação sindical* (Dieese, 2007a) Além destes, em pesquisa realizada em 2000, na Bahia[16], trabalhadores petroquímicos contratados respondiam *por que não gostariam de ser terceirizados: insegurança, não é valorizado e não tem direitos, perda de respeito, salário e autoestima, discriminação, é descartável, é um subemprego, é uma humilhação* etc.

---

[15] Ver depoimentos de dirigentes sindicais publicados em Druck e Franco (2007).
[16] "Campanha Salarial 2000", realizada pelo Sindicato dos Químicos e Petroleiros, em parceria com o Centro de Recursos Humanos da Faculdade de Filosofia e Ciências Humanas, da Universidade Federal da Bahia, em julho e agosto de 2000.

A ORGANIZAÇÃO E AS CONDIÇÕES DE TRABALHO: UM QUADRO DE REGRESSÃO SOCIAL E PRECARIZAÇÃO DA VIDA

A base de dados fornecida pelas pesquisas oficiais (IBGE e MTE), assim como aquelas já consagradas (Dieese e Seade), ainda que se baseie em metodologias mais avançadas, especialmente no âmbito do trabalho e dos rendimentos, e em cobertura mais ampla, ainda não consegue retratar as transformações que vêm ocorrendo no processo de trabalho e em suas formas de organização. Assim, não permite dimensionar com fidelidade a realidade das condições de trabalho no país[17]. Nessa medida, são os inúmeros estudos setoriais e de casos, realizados por projetos de pesquisas individuais ou coletivos, que têm revelado, invariavelmente, a precarização do trabalho nas duas últimas décadas[18].

Os poucos indicadores de natureza quantitativa que podemos elencar são: os *ocupados que trabalham mais do que a jornada legal, o tempo de permanência no trabalho principal, número de acidentes de trabalho e doenças ocupacionais*. No caso destes últimos, todos os estudos de especialistas em saúde do trabalhador mencionam as limitações dos registros de acidentes e doenças, sob responsabilidade do Ministério da Previdência Social, sobretudo por causa das subnotificações e, consequentemente, dos subregistros. Essa dificuldade tem sido sanada por estudos regionais realizados por sindicatos (por meio de seus departamentos de saúde do trabalhador) e instituições vinculadas à área, como o Centro de Estudos da Saúde do Trabalhador (Cesat), da Secretaria de Saúde da Bahia, além de pesquisas de natureza qualitativa.

Para aqueles que permanecem empregados, um dos sintomas da precarização das condições de trabalho resultante dos processos de reestruturação produtiva e da implementação das práticas toyotistas de organização nas últimas duas décadas é a *intensificação do trabalho*. Esta pode ser evidenciada pela extensão da jornada nos locais de trabalho e em domicílio (que não tem limite), pela aplicação da "polivalência", pela aceitação de atividades e horas extras sem remuneração (sobretudo entre os bancários), pela implementação da informática/microeletrônica (que aumenta substancialmente a produtividade do trabalho, além de impor um novo comportamento dos usuários em sua relação com o tempo de processamento das operações realizadas), pela inserção num "segundo" emprego (por necessidade de complementar a renda), pelo acúmulo de tarefas ou mesmo de funções, em razão do "enxugamento" de pessoal nas empresas ou até mesmo de uma doentia compulsão ao trabalho (os trabalhadores "compulsivos" são conhecidos no meio empresarial como "workaholics").

Ao lado dessa intensificação do trabalho, novas e mais sofisticadas formas de "maus-tratos" no ambiente de trabalho vão se multiplicando em todos os setores, público e privado, em indústrias modernas e de ponta, assim como no comércio e na prestação de serviços. É a gestão e a dominação pelo constrangimento ou "assédio moral", termo que surgiu oficialmente em 1999, numa lei municipal de São Paulo. As pesquisas em setores, empresas e instituições iniciaram-se em 2000, com o trabalho de Margarida Barreto (2003), que investigou 2.072 trabalhadores doentes de 97 empresas químicas e farmacêuticas de São Paulo. Destes, 42% afirmaram sofrer humilhações ("assédio moral") no trabalho. O

---

[17] Uma referência importante em termos de pesquisa nesse âmbito é a pesquisa "Conditions de travail", realizada como complemento à pesquisa "Emploi", do Institut National de la Statistique et des Études Économiques (Insee).
[18] Consultar o banco de dados disponível em: <www.flexibilizacao.ufba.br>.

estudo revelou também que 90% das mulheres e 60% dos homens pesquisados foram demitidos por motivos de doença ou acidente de trabalho. Em pesquisa mais recente da mesma autora, 33% de 4.718 trabalhadores de várias organizações admitiram ter sofrido assédio moral (Barreto, citado em Aguiar, 2008).

O ambiente atual de trabalho, de precarização como estratégia de dominação, de "gestão pelo medo", é extremamente fértil para a propagação dos "maus-tratos". Eles são incentivados por uma perversidade que contamina o ambiente, estimula condutas que levam à desqualificação, à desvalorização e à depreciação do "outro" e causa dano, sofrimento e até mesmo doenças. Esse comportamento é estimulado muitas vezes pela concorrência entre os próprios colegas, mas torna-se uma "política da empresa" (Barreto, citado em Aguiar, 2006).

Aguiar (2006) analisou processos por danos morais apresentados entre 1999 e 2003 ao Tribunal Regional do Trabalho da Bahia (28 acórdãos e uma ação civil pública) e verificou que 14 ações foram indeferidas e 14 foram aceitas. As atividades distribuíam-se da seguinte forma: serviços (41%), indústria (38%) e comércio (21%), em 7 cidades da Bahia. Os demitidos eram 41% de mulheres e 59% de homens. Os motivos de assédio foram: religião, orientação sexual, doença, representação sindical, revista de pessoal, improbidade, desobediência administrativa ou resistência à padronização, maus-tratos/ rescisão indireta e racismo.

Uma das principais conclusões das pesquisas recentes sobre o assédio moral é a evolução do adoecimento dos trabalhadores, em particular por problemas mentais. Segundo o INSS, estes motivaram 50% dos afastamentos por mais de 15 dias em 2002. Essa evolução, assim como a atuação e a denúncia de sindicatos e pesquisadores que tratam da saúde dos trabalhadores (Seligmann-Silva, 1994), deram mais visibilidade ao assédio moral no Brasil (Soboll, 2008). Uma pesquisa realizada em 2002 pela OIT, em cooperação com a OMS, o Conselho Internacional de Enfermagem e a Internacional de Serviço Público, com o objetivo de fazer um diagnóstico da "violência no trabalho" no setor da saúde (pública e privada) no Rio de Janeiro, mostrou o avanço do assédio moral. De um total de 1.569 entrevistados (médicos, enfermeiros, dentistas, psicólogos e outros profissionais da saúde), 15,4% declararam ter sofrido assédio moral no último ano (2001) (Palácios et al., 2008).

As estatísticas oficiais referentes aos acidentes de trabalho e às doenças profissionais, como dissemos anteriormente, são precárias. Entretanto, apesar de todas as limitações, há algumas indicações de tendências: no período de 1999 a 2008, o número de acidentes registrados pelo INSS quase duplicou, ou seja, um aumento de 97%[19]. No caso das doenças profissionais, houve um aumento de 55% entre 1993 e 1999 e de apenas 6% entre 2000 e 2007; em 2005, houve o maior número de doenças registradas nesse último período. Essas informações têm sido questionadas por pesquisas regionais e setoriais que demonstram a inconsistência das estatísticas.

Os estudos sobre a terceirização também têm demonstrado uma transferência de riscos e acidentes para os trabalhadores terceirizados, já que eles são obrigados a se submeter a condições inseguras (sem treinamento, sem equipamento de prevenção, sem fiscalização). E, como eles são subcontratados, os acidentes sofridos nas empresas não são contabilizados nem registrados,

---

[19] De acordo com o Aeps/Aeat-Dataprev/INSS (2009). A partir de 2007, implantou-se um sistema de registro de acidentes de trabalhadores sem carteira (informais): o número de acidentes passou de 141.108 em 2007 para 202.395 em 2008.

porque a responsabilidade é de terceiros. Isso cria um "manto de invisibilidade", que oculta os acidentes de trabalho e o adoecimento desses trabalhadores (Franco, 1997).

Para além dos números, há indicadores de natureza qualitativa que permitem esclarecer o quadro de precarização da saúde dos trabalhadores. Novas doenças relacionadas ao trabalho estão surgindo e algumas já são reconhecidas pela Previdência Social, como o *burn-out* e a LER-Dort, que está fortemente vinculada às novas tecnologias de informatização e automação e, apesar de ser antiga, tornou-se uma epidemia. Poderíamos incluir ainda, como situação extrema, a morte súbita por esgotamento físico, muito comum entre cortadores de cana-de-açúcar e conhecida no mundo como *karoshi*, porque os japoneses foram os primeiros a identificá-la (Franco, 2003).

Ainda poderíamos mencionar as mais velhas e precárias formas de trabalho, anteriores ao capitalismo ou típicas da Revolução Industrial: o trabalho escravo e o trabalho infantil. Essas práticas são frequentemente denunciadas pela OIT e têm sido objeto de fiscalização especial do Ministério do Trabalho, o que levou ao resgate de muitos trabalhadores e fez recuar os abusos no Brasil. De acordo com Abramo, Sanches e Costanzi (2008), somente em 2006 foram resgatados 3.417 trabalhadores em condição de trabalho forçado. O trabalho infantil (de crianças de 5 a 15 anos) apresenta queda desde 1998, quando representava 10%, e chegou a 6,2% em 2006, em relação ao total de crianças entre 5 e 15 anos no Brasil.

Em síntese, as condições atuais de trabalho, para os mais diferentes setores e segmentos, vêm sofrendo um processo de degradação em que a precarização se torna, em suas múltiplas faces, uma determinação fria e perversa da regressão social e de vida dos trabalhadores. Esse processo, embora seja uma tendência predominante, encontra resistências de tipos diversos, que, mesmo pontuais e localizadas, expressam recuos e fragilidades dos organismos mais tradicionais de representação dos trabalhadores, como os sindicatos, e novas formas de ação, luta e contrapoder que se opõem à precarização social do trabalho.

PRECARIZAÇÃO E RESISTÊNCIAS[20]

Além dos indicadores quantitativos mais tradicionais, como o número de sindicatos e sindicalizados, acordos, dissídios coletivos e greves, procuramos sistematizar algumas iniciativas e experiências que indicam um novo tipo de resistência e intervenção contra a precarização do trabalho.

Em primeiro lugar, defendemos que a precarização social atinge também as formas mais tradicionais de organização dos trabalhadores: os sindicatos. Inúmeros estudos de pesquisadores brasileiros apontam a crise sindical como consequência da globalização financeira, do neoliberalismo, das estratégias de flexibilização e precarização e do esgotamento do padrão fordista de desenvolvimento e organização do trabalho. De um lado, a ofensiva do capital cria um novo "regime de dominação" por meio da precarização, seja reprimindo e ameaçando os trabalhadores e suas lideranças, seja cooptando as direções sindicais para participar da implementação de políticas de flexibilização/precarização como "única via". De outro, as direções sindicais, convencidas da inexorabilidade da

---

[20] Apresentamos neste item alguns indicadores que ainda estão em construção. Nosso objetivo é apenas enunciar algumas questões que pretendemos analisar no futuro.

precarização, adaptam-se a ela e deixam de liderar e mobilizar os trabalhadores contra o capital e suas estratégias de dominação em tempos neoliberais.

No campo da informação e da estatística, um dado significativo e revelador é o número de greves nas duas últimas décadas. De acordo com o Dieese, que acompanha os movimentos grevistas no país, houve um crescimento significativo do número de greves entre 1992 e 1996 (146%). A partir de 1997, esse número diminui gradativamente. O período de 2004 a 2007 registrou o menor número de greves desde 1992: foram em média 309 greves ao ano, contra 623 greves em 1992. Em 2007, de um total de 316 greves, 51% foram do funcionalismo público e em empresas estatais[21].

Mesmo considerando as limitações das informações, sabemos pelas pesquisas, pela imprensa e pelos próprios sindicalistas como é frágil a capacidade de mobilização dos sindicatos e a tendência de substituir o sindicalismo de confronto por um sindicalismo propositivo e de negociação.

Por outro lado, um movimento que à primeira vista parece representar um crescimento da atuação sindical é o aumento do número de centrais sindicais no Brasil. De acordo com o Sistema Integrado de Relações de Trabalho (Sirt), em junho de 2009 existiam 9 centrais sindicais reconhecidas no país e 8.474 sindicatos, dos quais 6.162 urbanos e 2.312 rurais. Destes, 55,9% são filiados às centrais sindicais. Entretanto, esses dados precisariam ser analisados à luz das mudanças recentes na legislação sindical, num estudo sobre as origens e a motivação de cada uma das centrais hoje existentes.

A evolução do movimento sindical também pode ser analisada pelas taxas de sindicalização, que não se alteram de maneira significativa dos anos 1990 até 2006. Em 1992, essa taxa era de 18%, caindo para 16,9% em 1999. Nos anos 2000, era de 17,4% e chegou a 19,1% em 2006. Poderíamos dizer, com base no número de sindicalizados no país (que se manteve estável), que a crise dos sindicatos não se confirma. Na realidade, esse dados não podem ser tomados por si mesmos. É preciso examinar os sindicatos por categoria profissional, investigar a atuação das direções sindicais, o surgimento de novos sindicatos, as condições em que isso se dá, as campanhas de sindicalização e os benefícios que os sindicatos oferecem (em muitos casos, como forma de atrair novos associados). Enfim, analisar a evolução das taxas de sindicalização não nos permite avaliar o desempenho dos sindicatos no período.

A fragilização e a crise sindical não impediram que alguns sindicatos obtivessem ganhos contra o processo de precarização, sobretudo os que representam trabalhadores fortemente atingidos pela terceirização. A experiência do Sindicato dos Químicos e Petroleiros do Estado da Bahia, que criou um departamento de terceirizados para reunir e representar trabalhadores de empreiteiras e até organizar greves por melhores salários e condições de trabalho, é indicativa dessa luta. Na greve realizada na Petrobrás, em 2009, os trabalhadores terceirizados participaram ativamente na maioria dos Estados, fortalecendo o movimento e incorporando reivindicações específicas à pauta negociada com a empresa.

---

[21] Infelizmente, não existe um levantamento mais preciso que permita detalhar as categorias profissionais e os tipos de trabalhadores que entraram em greve no setor privado em períodos mais recentes. Uma consulta em *sites* de busca ("greves de terceirizados") encontrou mais de 3 mil páginas. Em um levantamento preliminar desse material, selecionando e filtrando as notícias para evitar duplicação, contamos cerca de trinta greves de terceirizados. Essa pesquisa continua, como objeto de estudo de monografia de graduação de Luara Campos, estudante do curso de Ciências Sociais da Universidade Federal da Bahia.

Poderíamos citar outros casos em todo o país, mas são exemplos ainda muito pontuais, sem força para reverter o quadro de precarização social do trabalho das duas últimas décadas.

Outras frentes de resistência surgiram nos últimos anos. O Ministério Público do Trabalho (MPT), que ganhou autonomia e independência com a Constituição de 1988, têm realizado um trabalho incansável de fiscalização e denúncia de injustiças, ilegalidades e abusos de poder nas relações de trabalho. No que diz respeito à subcontratação, conseguiu que o Estado e as empresas públicas dispensassem o uso de ONGs e cooperativas. Apoiado na (frágil) legislação, denunciou a ilegalidade desses contratos e exigiu a substituição dos trabalhadores subcontratados por funcionários concursados.

A atuação do MPT, do MTE e do Tribunal Superior do Trabalho tem sido apontada como resultado de um processo crescente de judicialização das lutas dos trabalhadores, motivado pelas próprias direções sindicais e pela incapacidade de mobilização e de enfrentamento dos sindicatos. O Dieese já começa a calcular a taxa de judicialização das negociações de trabalho coletivas no Brasil.

Não é nosso objetivo problematizar essa questão, mas pretendemos dimensioná-la em termos de indicadores. O poder público tem desempenhado um papel extremamente importante nesse âmbito, sobretudo o MPT, cuja autonomia em relação ao "governo de plantão" lhe dá poderes como a nenhuma outra instituição. Isso é patente na atuação dos procuradores: eles têm contribuído efetivamente para a denúncia e o fim de certas situações de precarização do trabalho. Mas esse tipo de intervenção só poderá avançar e se fortalecer se estiver sustentada numa ampla mobilização social e política dos trabalhadores. Por isso, eles devem retomar a palavra e a iniciativa para superar a precariedade, visando a emancipação e o restabelecimento da razão social do trabalho.

Capítulo 5

CÁRCERE E TRABALHO
gênese e atualidade em suas inter-relações[1]

Isabella Jinkings

> *Quanto mais a dominação da burguesia for ameaçada, [...] mais rapidamente o "Estado jurídico" se transforma em uma sombra material, até que a agravação extraordinária da luta de classes force a burguesia a rasgar inteiramente a máscara do Estado de direito e a revelar a essência do poder de Estado como a violência organizada de uma classe social contra as outras.*
>
> Evgeni Pachukanis

O surgimento do sistema penal, com base na pena de reclusão, remonta ao século XVIII, mas sua generalização ocorre somente no século XIX. A transformação social que ocorreu na Europa entre os séculos XV e XVIII deveu-se à expulsão dos camponeses da terra e sua inserção nas manufaturas como operários. Assim, nos séculos XVII e XVIII, concomitantemente ao desenvolvimento da manufatura, assistiu-se à substituição das penas corporais pela implantação das casas de trabalho e correção. Tais instituições tinham como objetivo incutir a disciplina fabril no interno e transformar o trabalhador rural em operário. É nesse momento que a prisão se torna a "fábrica ideal", como afirma Dario Melossi (2004).

Nosso objetivo aqui é elaborar uma análise da função que o sistema penal desempenhou nos primórdios do capitalismo e como ele se configura na atualidade. Para tanto, recuperamos o papel histórico das casas de correção, implantadas em período anterior ao

---

[1] Este artigo teve como base a tese de doutorado *Sob o domínio do medo: controle social e criminalização da miséria no neoliberalismo*, defendida em dezembro de 2007 no Instituto de Filosofia e Ciências Humanas da Universidade Estadual de Campinas. Alguns trechos foram publicados de forma preliminar na revista *Universidade e Sociedade*, n. 40, jul. 2007, com o título "O sistema penal como formador e regulador do mercado de trabalho".

estabelecimento definitivo da prisão com pena de reclusão, e sua atividade fundamental: o disciplinamento da força de trabalho. Torna-se imprescindível tal resgate histórico, se a finalidade desta pesquisa é a compreensão das atividades do sistema prisional e suas relações com a gestão da força de trabalho na atualidade. Desse modo, ficam evidenciadas suas singularidades contemporâneas e suas transformações contínuas ao longo do tempo.

Foram Georg Rusche e Otto Kirchheimer os primeiros a tentar relacionar as formas de punição adotadas em determinada sociedade com seus respectivos sistemas de produção dominantes. Eles comprovam que "todo sistema de produção tende a descobrir formas punitivas que correspondem a suas relações de produção" (Rusche e Kirchheimer, 2004, p. 20). Assim, no feudalismo, em que havia um baixo desenvolvimento produtivo, as punições corporais – e a destruição dos corpos – tinham a função de dissuadir novos atos criminosos, sem que isso afetasse o sistema econômico vigente. Com a emergência do sistema fabril e a consequente valorização do corpo humano como instrumento fundamental da produção, surge uma nova forma de punição, ideal para o sistema, que não só preserva o corpo, como também o educa para a submissão pelo trabalho: a prisão.

Em síntese, pode-se considerar que, do século XVI até o fim do século XVIII, houve uma transição entre o período anterior, marcado pela predominância das penas corporais, e o período posterior, quando a pena de reclusão se estabeleceu definitivamente a partir do início do século XIX. Nesse sentido, foi com o objetivo de manter o controle sobre a força de trabalho, ainda no século XVI, que se passou a fazer distinção entre a mendicância dos incapacitados para o trabalho e a dos ociosos, que tinham capacidade física para trabalhar. Em um período de escassez de força de trabalho, os potenciais trabalhadores que o Estado podia controlar eram os mendigos, as prostitutas, os órfãos, as viúvas e os loucos. Coagir os ociosos a realizar obras públicas por salários baixíssimos tinha o objetivo, na verdade, de obrigá-los a aceitar salários menos baixos na iniciativa privada. Contudo, foi a deterioração das condições de vida que aumentou o número de mendigos nas cidades e determinou o estabelecimento de leis para os pobres (Rusche e Kirchheimer, 2004).

Marx observa que foi a partir do fim do século XV e durante o século XVI que toda a Europa estabeleceu uma legislação draconiana contra a vagabundagem: "Os pais da atual classe trabalhadora foram inicialmente castigados por sua metamorfose, que lhes fora imposta, em vagabundos e *paupers* [pobres]" (Marx, 2013, p. 806). E cita o caso da Inglaterra, que, em 1530, implantou uma legislação que previa o encarceramento de "vagabundos saudáveis para o trabalho", com punições corporais na prisão; em caso de reincidência, metade da orelha do "vagabundo" era cortada. Em 1547, uma nova lei determinava a escravidão temporária por dois anos dos ociosos em benefício do denunciante. E, em 1572, a *old poor law* [antiga lei do pobre] da rainha Elizabeth ordenava que os mendigos saudáveis reincidentes receberiam a forca como punição. Por outro lado, a lei destinava recursos à manutenção dos pobres incapacitados e tornava obrigatório o oferecimento de trabalho aos desocupados.

A igualdade jurídica entre o trabalhador e o empregador que caracteriza o capitalismo veio acompanhada, portanto, de uma legislação que criminaliza o ocioso. Essa legislação visava transformar os camponeses expropriados de suas terras em força de trabalho proletária dócil por meio da ameaça de prisão, tortura e degredo (Naves, 2005).

Em fins do século XVI, a escassez de força de trabalho nas cidades levou os proprietários a exigir do Estado medidas drásticas em relação à pobreza. A explicação para isso é que, nesse contexto, os capitalistas eram obrigados a pagar salários maiores e fornecer boas condições de trabalho, o que minava a acumulação do capital e impedia a expansão das manufaturas e do comércio. Como consequência, o Estado começou a intervir na esfera econômica, tabelando os salários e praticando uma forte política de incentivos à indústria. Além disso, na esfera privada, os governos da França, da Inglaterra e da Alemanha estimularam de todas as formas o aumento das taxas de natalidade (Rusche e Kirchheimer, 2004).

O "Estatuto dos trabalhadores", promulgado pela Inglaterra em 1349, pode ser considerado a herança trabalhista do período do qual se fala aqui. Ele estabelecia que fosse considerado crime qualquer organização de trabalhadores e determinava um teto salarial, ao qual os trabalhadores eram obrigados a se sujeitar, sob pena de coação física (Marx, 1983 e 2013). Foi somente no início do século XIX que as leis que regulavam os salários e proibiam a organização dos trabalhadores foram finalmente abolidas.

O resultado dessas legislações não podia ser outro senão o encarceramento de pobres em "casas de correção". A primeira instituição de correção para pobres foi Bridewell, em Londres, criada em 1555. Contudo, o ápice do sistema ocorreu na Holanda, em 1596, com a Rasphuis, que foi batizada com esse nome porque a atividade principal dos internos era a raspagem do pau-brasil para a fabricação de tinta. Obviamente, buscava-se uma instituição lucrativa, e a casa de correção holandesa foi um paradigma para os outros países. Por outro lado, o capital precisava transformar o ex-produtor agrícola em operário e a criação das casas de trabalho atendia a essa necessidade.

O "público-alvo" das casas de correção eram mendigos aptos para o trabalho, ladrões, prostitutas e desempregados. Todas elas tinham um foco comum: incutir a disciplina fabril em segmentos da população avessos ao trabalho. Ao mesmo tempo, a possibilidade de lucrar com uma força de trabalho barata era um fator decisivo para a expansão desse tipo de instituição, pois elas viabilizavam uma produção a custos muito baixos. Assim, o trabalhador era obrigado a se sujeitar qualquer trabalho e em péssimas situações, sob as mais duras condições disciplinares, já que o objetivo do trabalho forçado nas casas de correção era justamente quebrar a resistência da força de trabalho e fazê-la aceitar circunstâncias que permitissem a maior extração possível de mais-valor (Melossi e Pavarini, 2006).

Até o século XVIII, portanto, as prisões, embora existissem, não eram lugares de punição, mas apenas de detenção de réus antes do julgamento ou de pessoas que não podiam pagar a fiança determinada em juízo. Nesse sentido, pode-se considerar que a casa de correção foi a primeira forma de prisão, já que tinha como função principal a formação e o disciplinamento dos trabalhadores e o controle da força de trabalho. É esse papel que as prisões assumirão posteriormente, a partir de fins do século XVIII. E é nesse momento que a reforma do direito penal chega a seu ápice e encontra terreno fértil para o discurso "humanitário", em especial por causa da necessidade econômica da época de preservar a força de trabalho.

Obra que pode ser considerada exemplar desse período é *Dos delitos e das penas*, de Cesare Beccaria, publicada em 1763. Inserida no que seria uma corrente do pensamento iluminista, dedicava-se à reforma do sistema penal, e seus seguidores, por defenderem a preservação do corpo e o fim das punições corporais, foram considerados "humanistas". Contudo, como se percebe pela contextualização histórica, as mudanças do sistema penal foram motivadas por questões antes socioeconômicas do que "humanitárias". A obra de Beccaria é a materialização da filosofia burguesa da época: ele critica as penas corporais, a tortura e a arbitrariedade do julgamento do soberano, defende o trabalho de juízes independentes e a explicitação da legislação e considera o contrato social o fundamento do Estado. Em uma breve passagem, afirma que "a privação de liberdade é considerada o resultado natural para a ofensa à propriedade, ou seja, a propriedade e a liberdade pessoal têm valor igual" (Rusche e Kirchheimer, 2004, p. 113).

Nessa época as casas de correção já se encontravam em franca decadência. Se esse tipo de instituição surgiu em um contexto de escassez de força de trabalho, a situação mudou e chegou a produzir um excedente de trabalhadores. Desde o século XVI, os camponeses migravam para as cidades por causa do cercamento das terras comunais. O ápice do êxodo rural ocorreu no início do século XIX e Eric Hobsbawm lembra que, na Grã-Bretanha, já em 1851 a população urbana ultrapassou a rural (Hobsbawm, 2003, p. 412). Aliás, no fim do século XVIII, os cercamentos de terra foram legalizados pelas chamadas "Leis de Fechamento" e criaram uma massa de trabalhadores sem terra que necessariamente deveria se tornar força de trabalho para a nascente indústria inglesa (Huberman, 1969). Simultaneamente, as máquinas a vapor começaram a ser introduzidas na indústria têxtil, o que teria um efeito catastrófico sobre os trabalhadores e causaria um forte aumento do desemprego industrial (Melossi e Pavarini, 2006).

É assim que, em razão do grande número de pobres e da ideia generalizada de que o Estado deveria lhes prestar assistência de alguma forma, os custos públicos subiram rapidamente. Na Inglaterra, por exemplo, eles passaram de 1,5 milhão de libras em 1775 para 8 milhões em 1817. A solução encontrada e incorporada em 1834 à reforma da *poor law* foi abolir a assistência aos aptos para o trabalho e interná-los em casas de trabalho, onde as condições de vida eram piores do que a situação do trabalhador mais inferior da escala social. Desse modo, o trabalhador não tinha alternativa senão aceitar qualquer salário que lhe oferecessem. Em síntese, é esse direcionamento que guia a administração carcerária até os dias de hoje: o detento deve ter condições de existência bastante inferiores ao mais pobre trabalhador livre, para que "o crime não compense".

Engels (2010) também trata das casas de trabalho e afirma que as condições de vida nesses locais eram piores do que as dos operários mais pobres e até das próprias prisões. Era comum que os internos das casas de trabalho cometessem crimes propositadamente para ir para as prisões, onde as condições de existência não eram tão ruins. Muitos eram presos também porque não podiam sair sem permissão das casas de trabalho. Por outro lado, para evitar a concorrência com a indústria privada, os internos faziam trabalhos improdutivos. O autor expõe inúmeros casos de pessoas pobres que preferiram morrer de fome a ir para as casas de trabalho.

Assim, enquanto as casas de correção se extinguiam, a punição pelo cárcere tornava-se preponderante. Na Inglaterra, por exemplo, os encarcerados passaram de 13.413 no período de 1806 a 1812 para 58.389 no período de 1827 a 1833 (Melossi e Pavarini, 2006, p. 146). O número crescente de condenações levou a um aumento da população carcerária e muitas prisões ficaram superlotadas. As prisões desse período funcionavam como verdadeiras empresas privadas para carcereiros e policiais. Como os governos destinavam poucos recursos ao sistema penitenciário, somente os presos que pudessem pagar tinham acesso a certos produtos – que, mesmo caros, eram de baixa qualidade. Os detentos que não tinham condições financeiras para pagar a carcereiros e policiais ficavam entregues à própria sorte.

Em uma conjuntura de altos índices de desemprego e criminalidade, o trabalho carcerário não encontrava mais forças de legitimação na sociedade como trabalho produtivo, que competia com a força de trabalho livre. Uma vez que era impossível obter lucro com seu trabalho, os presos foram deixados ociosos. A solução foi transformar o trabalho exclusivamente em punição, primeiro nas prisões inglesas e depois de forma generalizada. Esse tipo de trabalho deveria marcar os detentos pelo medo e pelo terror. Georg Rusche lembra que as atividades exigiam grande esforço físico e simplicidade, de modo que qualquer detento pudesse executá-las. Nesse sentido, "o moinho de roda foi visto como um sucesso, porque possibilitava um método barato e fácil de forçar os prisioneiros ao trabalho, mas também porque ele dissuadia as pessoas que poderiam ver a prisão como um lugar para seu último refúgio" (Rusche e Kirchheimer, 2004, p. 159).

O fato de que as condições carcerárias fossem tão rigorosas tinha como objetivo coibir o comportamento criminoso entre as massas depauperadas. E, afinal, são esses efeitos intimidatórios que as classes possuidoras sempre pretenderam obter do sistema carcerário. Sobre o trabalho carcerário, Michel Foucault diz:

> [seu objetivo] não é o aprendizado deste ou daquele ofício, mas o aprendizado da própria virtude do trabalho. Trabalhar sem objetivo, trabalhar por trabalhar, deveria dar aos indivíduos a forma ideal do trabalhador. Talvez uma quimera, mas que havia sido perfeitamente programada e definida pelos *quakers* na América e pelos holandeses. Posteriormente, a partir dos anos 1835-1840, tornou-se claro que não se procurava reeducar os delinquentes, torná-los virtuosos, mas sim agrupá-los num meio bem definido, rotulado, que pudesse ser uma arma com fins econômicos ou políticos. (Foucault, 2003, p. 133-4)

Nesse mesmo período histórico, mas do outro lado do Atlântico, os Estados Unidos construíram prisões que logo se tornaram modelos. A primeira foi a prisão de Walnut Street, fundada em 1790 e que seria conhecida como o modelo da Filadélfia. Essa prisão, gerida pelos *quakers*, procurava transformar o detento em trabalhador honesto pelo isolamento celular, pelo trabalho solitário na cela e pela religião; os internos não tinham contato entre si. Esse sistema diminuiu sobremaneira os custos com vigilância, mas não permitia a organização de trabalho coletivo. No sistema de isolamento total, o trabalho não precisa ser produtivo, mas deve ser um instrumento de educação e transformação dos detentos em pessoas submissas à disciplina do trabalho, seja ele realizado em fábricas ou penitenciárias.

O cárcere de confinamento solitário é a materialização do sonho benthamiano de instituição penal. Nele, o tempo tende a dilatar-se, fazendo o detento perder consciência de si, a disciplina institucional transforma-se em disciplina do corpo, a religião torna-se fundamental como instrumento de sujeição do detento e o trabalho passa a ser um prêmio que pode ser negado aos rebeldes. Um interno diz: "O trabalho me parece absolutamente necessário para sobreviver", e outro diz: "Meus pensamentos religiosos são meu maior consolo" (Melossi e Pavarini, 2006, p. 239-40). Nesse tipo de cárcere, fabricam-se sapatos e enrolam-se charutos. O sistema é um modelo das relações sociais burguesas: o isolamento do detento explicita o desejo burguês do operário não organizado, a disciplina e a falta de concorrência oferecem ao empresário uma situação ideal de disponibilidade de força de trabalho, a educação do interno visa sua sujeição à autoridade e à dependência em relação ao proprietário.

Os Estados Unidos desenvolveram então outro sistema. No início do século XIX, surge a prisão de Auburn, onde o trabalho diurno coletivo, mas silencioso, conjugava-se ao isolamento noturno. A prisão tornou-se uma máquina de moldar espíritos e gerar lucros. Esse modelo subordina mais diretamente o detento à lógica do trabalho industrial, já que ele tem acesso à maquinaria e é sujeitado à disciplina da fábrica do mesmo modo que os trabalhadores livres. Assim, o sistema silencioso escapa dos objetivos pedagógicos da prisão para tornar-se concretamente uma forma de exploração produtiva do trabalho carcerário. Todavia, Auburn ainda utilizava algumas formas de "reeducação" do confinamento solitário, já que exigia silêncio dos detentos durante o dia e isolava-os à noite.

A palavra de ordem nessa época era trabalho coletivo duro (ou forçado) para gerir os momentos coletivos. Além disso, as instituições prisionais adotaram técnicas militares: presos uniformizados, hierarquia e castigos corporais para os rebeldes (como o uso do açoite, que provoca sofrimento, mas não destrói a força de trabalho). Um ponto importante nesse sistema é que a obrigação do silêncio tem como objetivo central impedir a comunicação – logo, a organização – entre os detentos. Um diretor de uma penitenciária, ao falar de sua atividade, revela objetivos muito claros:

> Não creio na "santidade" adquirida de quem deixa o cárcere e não penso que os conselhos do capelão ou as meditações religiosas do detento possam, por si sós, "criar" um bom cristão! Ao contrário, na minha modesta opinião, um bom punhado de criminosos poderá converter-se em "bons operários", na medida em que, no cárcere, eles aprenderam uma profissão útil e adquiriram o hábito de um trabalho subordinado, constante e disciplinado. Essa é a única reforma que pretendo realizar aqui dentro e que, acredito, é a única que a sociedade pode igualmente esperar. (citado em Melossi e Pavarini, 2006, p. 254)

Embora os partidários do confinamento solitário fossem numerosos, o sistema de Auburn generalizou-se, principalmente pela possibilidade de ganho financeiro. Diversas prisões que adotaram o trabalho coletivo silencioso eram deficitárias e tornaram-se lucrativas: Auburn teve 25 dólares de lucro em 1830 e 1.800 dólares em 1831; Wethersfield teve 1.000 dólares de lucro em 1828 e quase 8.000 em 1831; Baltimore teve 11.500 dólares de lucro em 1828 e quase 20.000 em 1829 (Rusche e Kirchheimer, 2004, p.184). Contudo, o projeto foi firmemente combatido pelas organizações de trabalhadores, que consideravam que o trabalho carcerário competia com o trabalho livre. Além disso, as prisões tinham grandes dificuldades para promover uma industrialização completa do cárcere e, uma das razões disso, é que o capital necessita estar apoiado na fábula da liberdade da regulação jurídica das relações de trabalho.

Em síntese, os dois modelos carcerários predominantes na sociedade norte-americana, apesar de diferentes, têm em comum o fato de procurar destruir os laços entre os internos, seja pelo isolamento total, seja pelo trabalho silencioso diurno. Ou seja, elas destroem as relações paralelas para privilegiar as relações verticais entre superiores e inferiores, entre gestores e detentos, enfim, entre "diferentes". É assim que Melossi e Pavarini afirmam que "a história do cárcere americano, nas suas origens, é (também) a história dos modelos de emprego da população internada". Contudo, advertem que o termo "'modelo de emprego' não deve ser associado apenas à dimensão exclusivamente econômica[2], porque encerra igual-

---

[2] Há várias formas de exploração do trabalho carcerário. A primeira é o modelo estatal de exploração no qual os detentos podem fabricar manufaturados para uso interno da prisão ou trabalhar em obras públicas. Esse modelo evita a competição direta com o trabalho livre. A segunda é o modelo de transformação da penitenciária em empresa: ela produz e vende produtos no mercado e os detentos não são remunerados; contudo, como os ganhos são do Estado, que se torna competitivo porque não paga salários, as empresas privadas são fortemente contrárias a sua implantação. Outra forma de exploração do trabalho carcerário é a parceria entre o Estado e empresários privados, que pagam pelas peças produzidas. Nesse sistema, chamado "por peça", a administração da penitenciária não renuncia à organização e à gestão da prisão e dos detentos; além disso, o interno é remunerado. Mas a forma mais utilizada de emprego da força de trabalho de detentos é o sistema

mente o sentido de 'modelo de educação a um tipo particular de trabalho subordinado'" (Melossi e Pavarini, 2006, p. 198).

A partir da segunda metade do século XIX, ou mais especificamente do último quartel desse século, a Europa vive um período de prosperidade que dura até 1914. Como consequência, os salários aumentaram, a emigração começou a diminuir e a criminalidade apresentou queda acentuada (Rusche e Kirchheimer, 2004, p. 194). Numa conjuntura em que a expansão da produção industrial favorecia a absorção da força de trabalho, o encarceramento tornou-se uma opção irracional. Foi nesse momento que os novos reformadores passaram a acreditar que o combate à criminalidade deveria ser feito com políticas sociais. Além disso, o crime passou a ser visto por muitos estudiosos como um fenômeno social e, nesse sentido, somente criminosos violentos deveriam ser encarcerados. Portanto, infratores que não necessitassem de supervisão direta deveriam sofrer penas alternativas, como liberdade vigiada ou fiança.

Em sua análise, Melossi e Pavarini afirmam que o objetivo do cárcere é transformar o criminoso em proletário. Pode-se dizer que o cárcere é em si uma máquina de produzir e transformar homens: "o criminoso violento, agitado, impulsivo (sujeito real) em detido (sujeito ideal), em sujeito disciplinado, em sujeito mecânico. [...] Em outras palavras, [...] a produção de proletários a partir de presos forçados a aprender a disciplina da fábrica" (Melossi e Pavarini, 2006, p. 211). A relação entre o mercado de trabalho e o cárcere concretiza-se por meio de uma dupla função: quando a oferta de força de trabalho excede a demanda, aumentando o desemprego, a situação no cárcere agrava-se e retorna-se à situação de "destruição" da força de trabalho; por outro lado, quando ocorre uma diminuição da oferta de força de trabalho e os níveis salariais se elevam, não só as condições do cárcere melhoram, como a força de trabalho carcerária é usada para fins produtivos. De acordo com a conjuntura do sistema produtivo, a prática penitenciária oscila entre "instâncias negativas" (o cárcere destrutivo, com objetivos terroristas) e "instâncias positivas" (o cárcere "produtivo", com fins de reeducação). Em síntese, o nexo histórico entre o cárcere e a fábrica ilustra como aquele foi fundamental para "domesticar" para esta uma massa de camponeses indóceis, recém-expulsa dos campos, e produzir um setor de marginalizados úteis em situações de superexploração da força de trabalho.

Hoje, o cárcere deixou de ser um lugar de trabalho porque, na atual conjuntura de desemprego, os trabalhadores não querem mais esse tipo de competição. A esse respeito, Dario Melossi diz: "parece-me que há uma exata correspondência do ponto de vista do proletariado entre a luta pelo direito de que todos tenham trabalho e a luta contra o trabalho carcerário"[3] (Melossi e Pavarini, 2006, p. 98). E Massimo Pavarini, tomando

---

de contrato. Nesse sistema, o empresário contratante dirige e supervisiona diretamente o trabalho na penitenciária e os detentos são remunerados por jornada de trabalho. É esse último modelo que oferece mais vantagens à penitenciária: a força de trabalho é empregada com lucro, o Estado não assume riscos e ainda tem vantagens garantidas de retorno. As penitenciárias que adotam esse sistema têm um retorno de até 65% de suas despesas contra 32% das que adotam o sistema estatal de exploração. Obviamente, a exploração do trabalho do detento chega a níveis insuportáveis nesse sistema. A última forma de exploração do trabalho carcerário, mas não menos importante, é o sistema de *leasing*, no qual os detentos são "alugados" a um empresário por tempo e valores definidos. Esse sistema é o mais seguro de todos para o Estado, porque lhe garante ganhos livres de despesas. Ele foi aplicado nos estados do sul dos Estados Unidos e aumentou ainda mais o nível de exploração dos detentos (por exemplo, as punições corporais para disciplinar os rebeldes ao trabalho foram retomadas). Além disso, o *leasing* gera uma relação de "comprometimento" entre o sistema judiciário e os empresários, o que acaba por alongar as penas (Melossi e Pavarini, 2006).

3   Sobre isso, é importante lembrar que, no início do século XX, Hiller (1915) analisou as relações de competição entre o trabalho livre e o trabalho forçado dos detentos e o papel desempenhado pelo movimento sindical nessa questão.

emprestado de J. R. Commons um trecho da declaração que resultou da conferência operária de Utica, realizada em 1834: "Os operários são obrigados a pagar a manutenção dos detidos não só através dos impostos, como também através dos produtos fabricados nas prisões que são vendidos a um preço de 40% a 60% inferior aos mesmos produtos fabricados pelo trabalho livre" (Commons, citado em Melossi e Pavarini, 2006, p. 203).

Recentemente, com a formação de uma grande massa de pessoas excluídas do aparato formal do mercado de trabalho e da proteção estatal, a função educativa do cárcere parece superada. Não é mais necessário transformar o homem e produzir o trabalhador. Basta limitar essas massas a guetos controlados policialescamente para discipliná-las e manter a ordem.

Assim, a crescente substituição, a partir de meados da década de 1970, de políticas de controle, como a liberdade vigiada, a liberdade condicional e o regime semiaberto, por um regime de megaencarceramento explica-se no contexto marcado pelo fim do mito do "pleno emprego" keynesiano. Hoje, a conjuntura caracteriza-se pelo crescimento do subemprego e do desemprego, causado pela "racionalização" dos meios de produção, pela elevação dos índices de produtividade das empresas, pelo uso de menos força de trabalho e pela consequente geração de uma massa de pessoas marginalizadas, que necessitam ser "controladas". Além disso, a característica básica do novo modelo produtivo é a crescente insegurança e a degradação das condições de trabalho da população que consegue se manter empregada.

Esse contexto socioeconômico tem como correspondente um novo regime de controle, baseado no encarceramento em massa, que se materializa no crescimento contínuo, desde a metade da década de 1970 até os dias de hoje, da população encarcerada no mundo e, em especial, nos Estados Unidos.

Loïc Wacquant (2001) analisa a estrutura repressora do Estado, dirigida prioritariamente às comunidades consideradas mais "propensas" ao crime, ou seja, as populações que têm uma inserção precarizada no mercado de trabalho e encontram-se fora da cada vez mais reduzida rede de proteção estatal. O autor mostra como a rede de seguridade social criada após a Segunda Guerra, durante a vigência do Estado fordista-keynesiano, dá lugar não só ao fortalecimento do aparelho prisional estatal, mas também ao que ele chama de *social-panoptismo*. Trata-se de uma forma de vigilância sobre as "populações sensíveis" por meio da utilização do aparato de proteção social do governo, que, desse modo, concentra-se menos na proteção da pobreza e mais em seu controle.

Uma contribuição original a essa reflexão é oferecida por Alessandro De Giorgi (2006), que distingue os períodos fordista e o pós-fordista[4], segundo a orientação metodológica da

---

Ele aponta três grandes argumentos para que o trabalho dos detentos seja mais bem regulado: a competição desigual entre o trabalho dos detentos e o trabalho livre; a deterioração dos meios de vida do trabalhador livre; e o tratamento desumano dado aos detentos operários. Para o autor, foi no começo do século XIX que a competição entre o trabalho carcerário e o trabalho livre se intensificou. Nesse contexto, o papel do movimento sindical organizado foi essencial para impor limites à exploração do trabalho dos detentos. Como consequência, no começo do século XX, nos Estados Unidos, 26 estados proibiam o trabalho de condenados por sistema de contrato, pelo qual o empresário administra diretamente o trabalho na prisão (mas o sistema por peça, pelo qual o empresário paga por peça recebida, e o sistema estatal, pelo qual o detento trabalha direta e gratuitamente para o Estado, continuaram a ser empregados). Para Hiller, a luta do movimento de trabalhadores foi fundamental para que o trabalho carcerário fosse regulamentado e as condições de vida tanto dos detentos quanto dos trabalhadores livres melhorassem.

[4] O autor usa "pós-fordismo" para descrever as transformações que ocorrem nas esferas do trabalho e da produção em particular na década de 1990. Primeiro, com o esgotamento do modelo industrial fordista, quando a grande fábrica tendeu a desaparecer e rompeu-se o círculo virtuoso que ligava o salário do operário ao consumo de massa. Segundo, com a revisão das políticas keynesianas (diminuição dos gastos públicos e da intervenção pública na economia).

chamada "economia política da pena"[5]. No último período, que se inicia em 1970, os pobres, os desempregados, os mendigos e os migrantes tornaram-se as novas "classes perigosas" que devem ser individualizadas e separadas da força de trabalho. O objetivo do sistema de controle passa a ser "neutralizar a 'periculosidade' das classes perigosas através de técnicas de *prevenção do risco*, que se articulam principalmente sob as formas de vigilância, segregação urbana e contenção carcerária" (Giorgi, 2006, p. 28). Com efeito, é justamente para manter a ordem social que o Estado tenta reprimir a gigantesca massa de miseráveis criada pela reestruturação contemporânea do capital, fortalecendo ainda mais seu aparato de coerção.

Em primeiro lugar no *ranking* mundial de detentos estão os Estados Unidos, com 719 pessoas encarceradas para cada 100 mil habitantes em 2011. Em números absolutos, eles têm mais de 2,2 milhões de detentos[6] e são o país que mais encarcera no mundo. Nos últimos anos houve um crescimento assombroso dessa população carcerária: ela passou de 500 mil detentos em 1980 (taxa de 222 detentos por 100 mil habitantes) para quase 2,3 milhões em 2011. Note-se que as taxas de encarceramento oficiais divulgadas pelos Estados Unidos incluem somente os detentos julgados, ou seja, menos de 80% do total, portanto muito inferiores às utilizadas neste trabalho. Aqui, a taxa de encarceramento foi calculada com base no total da população que está de fato encarcerada: os detentos julgados e os que ainda estão à espera de julgamento.

Figura 1: Taxa de encarceramento nos EUA (1980-2008), índice por 100 mil habitantes

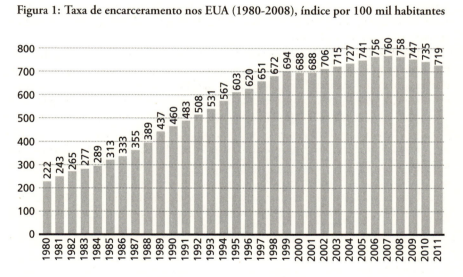

Fonte: Cálculo feito com base nos dados do Bureau of Justice Statistics Correctional Surveys, para a população carcerária e do Census Bureau, para o total da população dos EUA. Elaboração própria.

---

[5] Orientação seguida por diversos estudiosos do sistema penal que nasce em 1939, com o clássico *Punição e estrutura social*, de Georg Rusche e Otto Kirchheimer, cuja principal obra é talvez *Cárcere e fábrica*, de Dario Melossi e Massimo Pavarini, publicada em 1977. Esses estudiosos pretendiam fazer uma leitura marxista da história da pena, conjugando economia e controle social e relacionando os sistemas de punição à estrutura socioeconômica de dada sociedade.

[6] O International Centre for Prison Studies oferece um panorama bastante interessante do número de detentos e taxas de detentos por 100 mil habitantes no mundo. Disponível em: <www.prisonstudies.org/>. Acesso em 25 mar. 2013.

Considerado o total da população sob tutela penal, o cenário é ainda mais assustador: em 2011, o total de pessoas nessa condição era de quase sete milhões. Esse número pode ser ainda mais elevado, já que, a partir de 1998, as estatísticas oficiais excluem casos de beneficiários de liberdade condicional que ainda se encontram detidos[7].

Mas, afinal, quem são os presos dos Estados Unidos? A resposta tem as marcas das assimetrias e hierarquizações entre classes sociais, homens e mulheres, brancos e negros. Os dados revelam que os presos são predominantemente negros e jovens. Mais de um terço dos negros entre 18 e 29 anos está detido, à espera de julgamento, em liberdade condicional (*parole*) ou em liberdade assistida (*probation*) (Wacquant, 2001). Em 2005, segundo documento do Sentencing Project (Mauer e King, 2007), a taxa média de detentos por 100 mil habitantes era de 412 entre homens brancos, 742 entre latinos e 2.290 entre negros. Ou seja, os negros são quase 6 vezes mais encarcerados do que os brancos nos Estados Unidos e 19 vezes mais no distrito de Columbia.

Os dois gráficos a seguir mostram que negros e latinos representam cerca de 60% dos detentos norte-americanos em 2011, embora fossem pouco mais de 30% população do país naquele ano. Ressalte-se, além disso, que menos de 10% dos brancos estão abaixo da linha da pobreza, ao passo que entre negros e latinos essa porcentagem é de 27,6% e 25,3%, respectivamente em 2011. Em outras palavras, a proporção de negros abaixo da linha de pobreza é quase três vezes a dos brancos[8].

Figura 2: População dos EUA por raça/origem (jul. 2011, em %)

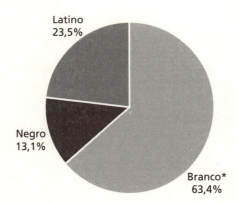

Fonte: Census Bureau, estimativa com base no censo de 2010. Elaboração própria.
* Não latino

O disciplinamento nas prisões norte-americanas inclui técnicas não só inadmissíveis, mas efetivamente criminosas. Em algumas prisões, por exemplo, o estupro é fundamental no processo de disciplinamento e os próprios guardas colocam detentos "rebeldes" ao lado

---

[7] Dados do Bureau of Justice Statistics Correctional Surveys.
[8] Dados do Census Bureau.

Figura 3: População de detentos dos EUA por raça/origem (dez. 2011, em %)

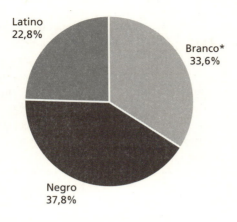

Fonte: Bureau of Justice Statistics Correctional Surveys. Elaboração própria.
* Não latino

de estupradores com o claro objetivo de controlá-los[9]. Segundo Parenti (2000), o estupro é uma estratégia de degradação do detento como pessoa, por isso é tão importante para conseguir um comportamento dócil e submisso. Ele cita um estudo cujas conclusões são assustadoras: 22% dos detentos da prisão estudada haviam sido estuprados, mas somente 29% haviam encaminhado queixa, porque para a maioria isso não resultaria em solução do problema.

Outra forma importante de disciplinamento é o controle das gangues que "organizam" atividade criminal dentro das prisões. Sua função é legitimar a repressão e o controle sobre a população prisional e manter os detentos divididos, já que as gangues se formam muitas vezes por etnia e os presos têm pressupostos extremamente racistas. De fato, os nomes das gangues (Mexican Mafia, Black Guerrilla Family, Aryan Brotherhood etc.) revelam a origem racial e étnica de seus membros e as brigas entre eles são muito comuns. A pretexto de combater essas gangues, as equipes de gestão dos presídios recorrem a informantes, investigadores especiais e punições em unidades de isolamento total (Parenti, 2000).

Todavia, o custo de encarceramento é alto: em média, 25 mil dólares por detento ao ano (Mauer, 2004). Esse custo tem justificado a introdução de diversas medidas para cortar gastos no sistema prisional. Loïc Wacquant (2002) cita quatro estratégias que os gestores prisionais estão adotando para diminuir os gastos com o encarceramento. A primeira procura reduzir a qualidade dos serviços prestados aos detentos, limitando ao máximo os programas educativos e esportivos. A segunda é adotar inovações tecnológicas para aumentar a produtividade na prisão, ou seja, empregar menos força de trabalho na vigilância e evitar

---

[9] Na Corcoran, prisão de segurança máxima da Califórnia, Wayne Robertson, o "Booty Bandit", tem a função de disciplinar detentos jovens mais rebeldes. Eddie Dilard, cujo erro foi chutar uma guarda, foi uma das vítimas do Booty Bandit: passou vários dias sendo espancado e estuprado na cela que dividia com seu algoz (Parenti, 2000).

deslocamentos para audiências com juízes ou consultas médicas. A terceira estratégia, e a que está se tornando mais popular entre os gestores prisionais, é transferir parte dos custos do internamento para os detentos e suas famílias, cobrando pelo uso do telefone, pelas refeições ou "diárias" pela "estadia" na prisão[10]. Hoje, mais de quarenta estados possuem legislação que permite cobrança de taxas aos presos. Finalmente, a quarta estratégia é explorar o trabalho simplificado e rotineiro dos detentos, mas ela é ainda pouco utilizada e afeta menos de 5% da população carcerária. Diversas empresas que prestam serviços para grandes corporações, como Microsoft ou Victoria's Secret, usam esse tipo de força de trabalho. Os detentos também costumam ser utilizados em serviços de *telemarketing* ou reserva de passagens. Usualmente, o Estado retém 80% do pagamento dos detentos na forma de impostos, indenização à vítima ou taxas judiciais; eles recebem em geral entre 65 centavos e 1,5 dólar por hora (Parenti, 2000).

Já existem *websites* para venda direta do trabalho dos detentos. O Prison Blues[11] é um deles. Seu slogan é: "Feito dentro para ser usado fora"[12]. Lá o público pode encontrar uma série de produtos, como calças jeans por menos de 30 dólares, camisetas de 12 dólares, casacos por menos de 50 dólares, além de camisas, blusas de moletom, bonés, suspensórios e até aventais de trabalho. Todas as compras podem ser realizadas no atacado e no varejo, sem incidência de taxas ou impostos.

O maior empregador carcerário, uma empresa pública federal, possui 18 mil trabalhadores e produz 150 diferentes produtos, vendidos para outras agências federais. O trabalho carcerário não é explorado de modo mais generalizado porque as empresas não encontram o ambiente ideal nas prisões: falta espaço para organizar produções maiores; a exploração do trabalho carcerário gera uma péssima publicidade; há o receio de ter de enfrentar processos judiciais; e, por fim, os guardas e a vigilância apresentam dificuldade para se adaptar à rapidez e à agilidade produtiva. A localização das prisões é outro fator importante, já que a maioria fica em áreas rurais. Contudo, Parenti afirma que, hoje, a função principal do trabalho carcerário é ideológica: ele faz a prisão parecer eficiente e útil. É a legitimação que a direita da "lei e ordem" precisa para continuar sua campanha de encarceramento, mas a esquerda também apoia o trabalho carcerário por acreditar em seu papel reabilitativo (Parenti, 2000).

Um exemplo da legitimação da exploração do trabalho carcerário é o discurso da National Correctional Industries Association. Essa instituição conta com associados nos cinquenta estados norte-americanos e apresenta-se como uma organização profissional sem fins lucrativos, que "trabalhando de dentro, obtém êxito do lado de fora" ao intermediar o trabalho dos detentos e os interesses das empresas privadas. Segundo ela, as indústrias carcerárias: economizam o dinheiro dos contribuintes, já que os detentos pagam por uma série de serviços prisionais com seu trabalho; facilitam a reinserção, pois eles adquirem "habilidades profissionais"; e contribuem para a justiça restaurativa (no terceiro trimestre

---

[10] Qualquer semelhança com o padrão de panoptismo benthamiano não é mera coincidência. A ideia de que o prisioneiro deve "pagar" com trabalho pela "hospedagem" nas casas de detenção foi explorada por Bentham já no século XVIII. Para ele, o trabalho do prisioneiro deveria receber como prêmio um tratamento melhor ou comida melhor, por exemplo (Bentham, 2000).

[11] Ver: <www.prisonblues.com/default.htm>. Acesso em 21 maio 2010.

[12] Tradução livre. No original: "Made on the inside to be worn on the outside".

de 2012, os detentos pagaram com seus salários mais de um milhão de dólares de indenização às vítimas)[13].

Finalmente, não se deve esquecer o fenômeno de privatização das prisões. Essa última estratégia é adotada desde 1983 e englobava mais de 8% da população carcerária em 2011, ou seja, quase 131 mil pessoas[14]. O discurso em defesa dessa nova forma de gestão prisional é claro: a iniciativa privada pode suprir as vagas que "escasseiam" na gestão pública de forma mais eficiente e econômica para as finanças dos governos

Essa expansão do aparato penal nos Estados Unidos foi relacionada por Giorgi (2006) às baixas taxas de desemprego do país nas décadas de 1980 e 1990. Segundo o autor, o baixo índice de desemprego teria sido resultado não somente das políticas de "flexibilização" do mercado de trabalho, ou seja, da extinção de direitos trabalhistas, mas também do encarceramento (e ocultamento nas taxas de desemprego) de parte significativa da população pobre norte-americana. A taxa de desemprego dos Estados Unidos seria pelo menos dois pontos percentuais mais alta, se incluísse a população carcerária. No caso dos negros, sobretudo, a taxa de desemprego oficial estaria subestimada em um terço.

Em síntese, nos Estados Unidos, a política criminal também afeta profundamente as tendências no nível de emprego. Como diz Giorgi, nos Estados Unidos "a gestão do desemprego e da precariedade social parece ter passado, em suma, do universo das políticas sociais para o da política criminal" (Giorgi, 2006, p. 53).

Para entender o encarceramento nos Estados Unidos de hoje, deve-se fazer uma análise mais abrangente, que resgate a função atual da prisão, isto é, o *controle da população excedente pelo terror e pelo medo*. Os efeitos intimidatórios causados pelas péssimas condições de vida nas prisões sempre existiram, contudo estavam misturados à função de formação da força de trabalho. Tal função, atualmente, foi superada. O capital não necessita mais "formar" trabalhadores por meio do sistema prisional, já que o excedente da força de trabalho tornou-se permanente e definitivo. Apesar disso, a existência da prisão permanece mais essencial do que nunca para o bom funcionamento do capitalismo. Ela segrega fisicamente e intimida os internos, visando disciplinar os que estão fora dela, mas podem se tornar uma ameaça à ordem constituída.

No Brasil, a história das prisões é recente. Até o início do século XIX, os suplícios e os castigos físicos preponderavam como forma de punição e só foram abolidos pela Constituição de 1824[15] – mas os castigos físicos aos escravos ainda eram considerados legais. Somente com o Código Penal de 1890 é que foram concretizados, também na esfera criminal, os ideais burgueses nascentes da recém-proclamada República do Brasil. Assim como na Europa, também no Brasil a repressão contra a vagabundagem foi amplamente disseminada como forma de "persuasão" das massas avessas à disciplina do trabalho. Nesse momento, não só a vadiagem constituía crime, como também as greves. Como diz Nilo

---

[13] Disponível em: <www.nationalcia.org/>. Acesso em 25 mar. 2013.
[14] Embora essa proporção tenha subido pouco ao longo dos anos, é óbvio que o número absoluto de detentos sob supervisão privada cresceu continuamente: de 90 mil em 2000 para quase 131 mil em 2011 (dados do Bureau of Justice Statistics; disponível em: <www.bjs.gov/>, acesso em 25 mar. 2013). E o mercado privado vem crescendo tanto quanto o público: somente entre 1995 e 1996, Laurindo Minhoto (2000) estima um crescimento de 40% na receita das duas maiores empresas desse setor
[15] O parágrafo XIX do Artigo 179 afirma que "ficam abolidos os açoites, a tortura, a marca de ferro quente, e todas as mais penas cruéis". O texto completo dessa constituição está disponível em: <www.planalto.gov.br/ccivil_03/Constituicao/Constitui%C3%A7ao24.htm>.

Batista (1990, p. 36), nesse período "não trabalhar é ilícito, parar de trabalhar também", ou seja, "punidos e mal pagos", como ele intitula seu livro[16].

Nilo Batista (1990, p. 125) assinala que, até esse momento, não havia uma tradição penitenciária no Brasil e, "com a República, implantavam-se ao mesmo tempo a ordem burguesa e a pena privativa de liberdade". Ele cita as formas de punição adotadas a partir de 1890: fábricas-prisões para a formação profissional de jovens infratores; adoção de penas curtas, com a obrigação de se empregar em curto período de tempo depois de libertado; colônias penais para vadios, mendigos e capoeiras. Note-se que a pena de morte foi abolida em 1890, em conformidade com a crescente valorização da força de trabalho pela sociedade burguesa. Portanto, apesar do processo histórico brasileiro ser bastante distinto do que ocorreu nos países centrais, a relação entre cárcere e fábrica é essencial para compreender a hegemonia burguesa da pena restritiva de liberdade sob o capitalismo.

A situação das prisões nesse período era calamitosa: homens, mulheres e loucos compartilhavam o mesmo ambiente; as instalações eram precárias, havia sujeira e umidade por todos os lados. Para resolver essa situação caótica, em 1911 iniciou-se a construção do que seria a "prisão-modelo" brasileira (Salla, 2006). Assim, pode-se considerar a inauguração da Penitenciária do Estado (atual Penitenciária Feminina de Santana), localizada na cidade de São Paulo, a maior referência da implantação não só do modelo do discurso reabilitativo no Brasil, mas do disciplinamento do detento como trabalhador, uma vez que a busca da reabilitação ocorria principalmente pela atividade de trabalho. Aliás, essa prisão era chamada por muitos de Instituto de Regeneração, nomenclatura que definia melhor sua função do que presídio, prisão ou penitenciária.

Inaugurada em julho de 1920, essa prisão foi considerada uma "maravilha da engenharia penitenciária" e era aberta à visitação pública. Em 1922, abrigava cerca de 1.200 detentos que haviam recebido penas de mais de um ano. O Código Penal de 1890 exigia isolamento celular total, com trabalho individual, durante os dois primeiros anos da pena. Após esse primeiro período, que pode ser considerado uma técnica de adaptação de "choque" para a submissão do preso, o regime era de trabalho coletivo diurno e silencioso e isolamento noturno. O impacto da combinação dos sistemas auburniano e filadelfiano – importados dos Estados Unidos com um século de atraso – é muito concreto quando se observa que, apenas no ano de 1928, cinco casos de suicídio foram registrados entre os presos (Pedroso, 2002).

A Penitenciária do Estado era o paradigma do disciplinamento da força de trabalho que a nascente sociedade industrial brasileira demandava. Além disso, pretendia-se modelar, de modo que era muito mais limpa e organizada que as outras prisões da época, e um jurista chegou a considerá-la a única do Brasil em condições aceitáveis[17]. Contudo, Fernando Salla (2006) aponta que violências e desmandos contra os internos eram frequentes, mas não ressoavam fora da prisão. O autor faz um estudo acurado dos prontuários dos detentos e conclui que o discurso de "prisão-modelo" da recém-inaugurada Penitenciária do Estado era um mito: mais de 20% dos prontuários estudados denunciavam transgressões de todo o

---

[16] Somente em fevereiro e março de 1928, quase oitenta pessoas foram encarceradas em São Paulo por vadiagem (Pedroso, 2002).
[17] Em 1923, Evaristo de Moraes afirmou que "somente o Estado de São Paulo possui uma penitenciária em condições satisfatórias" (citado em Salla, 2006, p. 195).

tipo contra os detentos. A penitenciária, já naquele momento, "apresentava todos os vícios e violências presentes em qualquer prisão do país ou do exterior" (Salla, 2006, p. 202).

Nesse sentido, o cenário naquela época não era muito distinto daquele que se vê hoje. As péssimas condições de vida nas prisões são ainda um forte elemento "persuasivo" para a manutenção da ordem e o disciplinamento da população pobre. Diversos relatórios de organizações de direitos humanos[18] denunciam não só a impunidade que paira sobre a violência policial, como também a falta de habitabilidade dos presídios brasileiros.

Assim como nos Estados Unidos, o crescimento da população carcerária no Brasil foi contínuo nas últimas décadas. O sistema prisional assume papel central na repressão e no controle da população miserável, já que aqui também os mais pobres são a maioria dos habitantes das prisões[19]. Como o gráfico a seguir ilustra, em dezembro de 2011 havia cerca de 515 mil presos no país (taxa de 270 detentos por 100 mil habitantes). No período analisado, as taxas anuais e os números absolutos dessa população cresceram continuamente: em 1992, havia 114 mil detentos no Brasil (74 detentos por 100 mil habitantes); em 2002, eles eram 239 mil detentos, com taxa de 136 detentos por 100 mil habitantes; e, até junho de 2012, já eram quase 550 mil detentos, com taxa de 288.

Figura 4: População carcerária do Brasil (1992/dez. 2011)

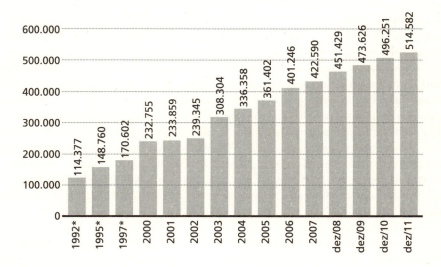

Fonte: Ministério da Justiça, Departamento Penitenciário Nacional (Depen), Instituto Brasileiro de Geografia e Estatística (IBGE) e * International Centre for Prison Studies. Elaboração própria.

---

[18] Algumas fontes fundamentais desses relatórios são Anistia Internacional, Justiça Global e Human Rights Watch.
[19] Dados divulgados pelo governo federal revelam que, por hora, 7 jovens, entre 18 e 29 anos, ingressam no sistema penal brasileiro. O estudo, que procura formas de evitar a entrada desses jovens no sistema prisional, aponta que 15% são analfabetos. Uma das ações que devem ser adotadas pelo governo para mudar esse quadro é a remissão de dois dias de pena para cada vinte horas de estudo (Scolese, 2007). Deve-se notar que a remissão de pena já é adotada para presos que trabalham, na proporção de um dia a menos de prisão para cada três dias de trabalho.

O caso de São Paulo é bastante significativo. Em junho de 2012, as prisões paulistas encerravam mais de um terço dos detentos brasileiros: dos quase 550 mil detentos do Brasil, quase 191 mil estavam em São Paulo, ou seja, 35%. É coerente com o contexto brasileiro, portanto, o crescimento da população carcerária paulista. Entre 1994 e 2011, a taxa de detentos por 100 mil habitantes quase triplicou: em 1994, ela era de 166, quando o total de detentos em São Paulo era de 55 mil, e subiu continuamente até 436, com 180 mil detentos, em junho de 2012, quase o dobro da taxa nacional. Ressalve-se que as taxas de encarceramento paulistas sempre estiveram bastante acima da média nacional.

São Paulo tem, consequentemente, uma enorme estrutura prisional. Segundo dados da Secretaria de Administração Penitenciária (SAP), existem em São Paulo 77 penitenciárias, 40 centros de detenção provisória, 22 centros de ressocialização, 13 centros de progressão penitenciária, 1 unidade de regime disciplinar diferenciado e 3 hospitais[20], totalizando 156 unidades.

Apesar de toda essa estrutura, a superlotação das prisões paulistas é um grave problema. Apesar de oferecer pouco mais de 100 mil vagas, São Paulo encarcera 180 mil presos, como já foi assinalado. Ou seja, há em média 1,8 detento para cada vaga disponível. Algumas unidades abrigam mais do que o dobro da capacidade prevista. O Centro de Detenção Provisória da Chácara Belém, que pode abrigar 768 detentos, concentra mais de 2 mil presos (Pagnan e Caramante, 2007). Apenas uma unidade prisional paulista não padece desse problema: a Penitenciária de Tremembé, que abriga detentos "especiais", como o ex-banqueiro Edemar Cid Ferreira, Edinho, filho de Pelé, ou o médico Roger Abdelmassih. Ela apresenta condições bastante superiores à média e, não por acaso, é conhecida como o "presídio de *Caras*". Lá, por exemplo, existem vagas para que todos os presos trabalhem ou estudem, a comida é melhor do que em outras unidades, há uma sala de ginástica improvisada e uma sala de leitura. Aliás, em 2006, havia 408 vagas para somente 316 detentos, ou seja, *sobravam* vagas nessa unidade prisional (Abdelmassih, 2009 e *Folha de S.Paulo*, 11/6/2006). É visível, portanto, a política de classe imposta ao sistema prisional paulista.

Ainda sobre os detentos paulistas, 73% não trabalhavam em 2012. Dos 27% que trabalhavam (pouco menos de 48 mil detentos), a maioria fazia atividades de apoio ao estabelecimento penal ou em parceria com a iniciativa privada[21]. Em todo o Brasil, havia 112 mil detentos trabalhadores, ou seja, cerca de 20% do total de detentos. Além dos valores salariais irrisórios que recebem, eles não têm direitos trabalhistas, como 13º salário, férias ou fundo de garantia.

É no próprio *website* da Fundação de Amparo ao Preso (Funap) que vemos o quanto pode receber um detento-trabalhador. No projeto Monitor Preso "participam cerca de 450 presos, que recebem ¾ do salário mínimo"; no Parque Fabril Funap a remuneração é a mesma, mas com "um elemento diferencial: a qualificação profissional"; na Daspre as detentas "além de terem o direito ao benefício da remição de pena, todas recebem bolsa no valor de ¾ do salário mínimo". Os detentos intermediados pela Funap fazem, ainda, reciclagem, manutenção e limpeza do patrimônio público e restauração florestal.

Essa situação atrai o interesse dos gestores empresariais. Em 2006, resultou no emprego de 40 mil presos em São Paulo por cerca de 200 empresas, segundo reportagem

---

[20] Disponível em: <www.sap.sp.gov.br/>. Acesso em 25 mar. 2013.
[21] Disponível em: <www.funap.sp.gov.br/>. Acesso em 25 mar. 2013..

jornalística. Dados do Sindicato dos Metalúrgicos de São Paulo revelam que o custo total do preso representa de 25% a 30% do custo integral do trabalhador. Uma das presas entrevistadas afirma que ganha 170 reais por mês, o que para ela é pouco. Ela diz que "não dá para ganhar menos do que um salário mínimo", mas como as empresas podem pagar por produtividade, medida de acordo com critérios fixados por elas mesmas, é perfeitamente possível que o salário mensal do detento seja mais baixo do que o mínimo. O contexto é tão favorável às empresas que algumas consultorias de gestão empresarial sugerem o trabalho carcerário como investimento para terceirização e "trabalho social" (F. Fernandes, 2006).

No presídio de Hortolândia 2, quase 200 presos trabalham com costura de bolas ou montagem de pregadores de roupa. Ganham por "produtividade": 5 centavos por 72 peças, de modo que o salário não ultrapassa 40 reais (*Caros Amigos*, 2006). Ou seja, a exploração do trabalho do preso é intensa, já que se aproveita das condições extremas da pena de privação de liberdade, mas ainda pode ser incluída na rubrica "responsabilidade social" nos balanços das empresas contratantes.

Contudo, apesar do salário irrisório, os detentos têm interesse no trabalho carcerário em virtude da política de remissão de pena. No Brasil, a cada três dias trabalhados, o detento obtém um dia a menos de pena. Portanto, para o detento brasileiro, muitas vezes o salário não é o fundamental em sua atividade laboral, mas sim a possibilidade de diminuir seu tempo de encarceramento.

É importante lembrar ainda que os detentos brasileiros têm o perfil característico das populações mais pobres: baixa escolaridade (cerca de 322 mil detentos, ou seja, mais da metade, não completaram o ensino fundamental), preponderância de negros (aproximadamente 292 mil detentos são negros e pardos) e pouca idade (por volta de 260 mil detentos têm até 29 anos)[22].

* * *

A análise apresentada neste trabalho buscou desvelar uma das faces do padrão contemporâneo de dominação de classe: a criminalização da miséria. Com efeito, o contexto de crescente penalização da miséria revela-se como uma nova expressão da dominação de classe no mundo social, no qual as tendências destrutivas do capitalismo aparecem em toda a sua concretude. O tratamento dispensado pelo Estado capitalista às camadas mais precarizadas da sociedade, sob o neoliberalismo, leva a uma expansão sem precedentes do aparelho coercitivo, a fim de manter a ordem social e garantir o domínio de classe. Como assinala Nilo Batista (2003), o projeto neoliberal necessita de um "poder punitivo onipresente e capilarizado", para efetivar o controle penal da população por ele marginalizada.

Nesse sentido, Alessandro de Giorgi busca compreender de que forma as estratégias atuais de controle inscrevem-se no contexto produtivo, que ele denomina pós-fordista. Se, anteriormente, o sistema penal transformava pobres em criminosos, criminosos em detentos e detentos em operários, hoje a situação mudou. Como o autor adverte, atualmente o sistema penal tem como "objetivo [...] reproduzir um proletariado que considere o salário

---

[22] Dados do Depen para o Brasil de junho de 2012.

como justa retribuição do próprio trabalho e a pena como justa medida dos seus próprios crimes" (Giorgi, 2006, p. 47). Portanto:

> o que examinamos não é outra coisa senão a progressiva centralidade alcançada pelo cárcere, isto é, pelo dispositivo disciplinar *par excellence* na gestão da nova força de trabalho e dos grupos sociais marginais, grupos que, por sua vez, se ampliam cada vez mais em consequência do aumento do desemprego, da precarização do trabalho e do empobrecimento de massa que seguiram à reestruturação do *welfare*. (Giorgi, 2006, p. 97)

De fato, a estrutura repressora do Estado neoliberal está dirigida prioritariamente para as comunidades pobres, consideradas mais "propensas" ao crime. Ou seja, o alvo da repressão são justamente as populações que têm uma inserção precarizada no mercado de trabalho e encontram-se fora da cada vez mais reduzida rede de proteção estatal.

É buscando reprimir a gigantesca massa de miseráveis criada pela reestruturação contemporânea do capital que o Estado fortalece ainda mais seu aparelho de coerção a fim de manter a ordem social. Embora o capital não necessite mais "formar" trabalhadores, já que o excedente da força de trabalho tornou-se permanente e definitivo, ainda assim as prisões têm papel imprescindível na atualidade: a *imposição da disciplina à pobreza pelo terror*. Portanto, são instrumento fundamental da dominação de classe no mundo cindido pela precarização social e pelo domínio cada vez mais intenso da mercadoria, em todas as esferas da vida em sociedade.

Em síntese, este artigo buscou desmistificar o discurso oficial que apresenta a prisão como instituição ressocializante, desnudando as condições a que a população carcerária está submetida. A falácia desse discurso revela-se igualmente pela análise das transformações capitalistas em curso e da relação do Estado e de sua estrutura jurídica com a enorme massa populacional destituída de direitos trabalhistas, que convive cotidianamente com a miséria e a pobreza. A análise dessa relação e de suas determinações históricas procurou desvelar o processo de criminalização que atinge essa massa precarizada, convertida em uma população cada vez mais significativa de detentos que tenta, nas prisões, sobreviver à truculência estatal.

Capítulo 6

TRABALHO, CLASSE TRABALHADORA E PROLETARIADO
ensaio sobre as contradições e crises do capitalismo contemporâneo*

Adrián Sotelo Valencia

INTRODUÇÃO

O presente ensaio é polêmico: pretende discutir conceitos-chave como trabalho, força de trabalho, proletariado, classe operária, trabalho produtivo e improdutivo, lei do valor, mais-valor e exploração como categorias substanciais do modo capitalista de produção, a partir de *O capital*, de Marx, e outros textos importantes dos fundadores do marxismo científico.

Paralelamente, polemiza com algumas das teses levantadas ao redor desses temas em um livro recente, de autoria de Sérgio Lessa (2007), que tem um duplo mérito: por um lado, abrir e resgatar a leitura de *O capital* e aplicar suas categorias analíticas sobre os temas e, por outro, gerar um debate urgente e necessário diante do tormentoso vendaval ideológico impulsionado pela direita e pela social-democracia, que nos últimos vinte anos vivem irradiando e impondo o chamado pensamento único do neoliberalismo e os temas da ordem capitalista por intermédio dos Estados e dos centros internacionais de poder em nossas universidades, academias e institutos de investigação.

O CAPITAL VISTO EM SUA UNICIDADE E A CATEGORIA DA TOTALIDADE

Uma particularidade na análise de *O capital* é, indubitavelmente, sua necessária unidade não somente lógica, como dialética, para compreender suas categorias, conceitos

---

* Tradução de Kleber Garcia Teixeira. (N. E.)

e leis fundamentais (valor, mais-valor, renda, preços de produção, taxa de lucro – taxa média e extraordinária – e sua tendência histórico-estrutural a declinar) e relacioná-las com o processo histórico-social do modo de produção capitalista. Em relação ao Livro I de *O capital: crítica de economia política**, Marx parte do estudo da circulação do capital nas duas primeiras seções ("Mercadoria e dinheiro" e "A transformação do dinheiro em capital"). Somente a partir da terceira seção ("A produção do mais-valor absoluto") ele entra na esfera da produção propriamente dita. Aqui começa o estudo do fundamento ontológico do ser social (o trabalho) e a análise detalhada da produção do capital, uma vez exposta a lei do valor-trabalho no modo de produção capitalista, por meio do processo de exploração do trabalho pelo capital; da produção de mais-valor (absoluto e relativo); e do processo de acumulação que, com a teoria da colonização (capítulo 25), encerra o Livro I.

Os dois livros seguintes (*O processo de circulação do capital* e *O processo global da produção capitalista*) Marx destinará à abordagem de questões particulares e complementares às expostas no Livro I. Aqui cabe esclarecer que, independentemente de Marx não ter realizado a redação definitiva desses dois últimos livros, "essa orientação metodológica não somente corresponde à fórmula geral do capital [D-M-D'], como também dá conta da transformação da produção mercantil simples em produção mercantil capitalista" (Marini, 1973, p. 84).

É assim que, enquanto na seção I, "As metamorfoses do capital", do Livro II, Marx analisa o *ciclo do capital*, que atravessa simultaneamente as esferas do capital-dinheiro, capital produtivo e capital-mercadoria (e cuja ruptura desencadeia uma crise), no Livro III ele estuda o processo *global* da produção capitalista enquanto *síntese* dialética e desenvolvida dos livros anteriores. Nesse livro, Marx vê a esfera da circulação simplesmente como processo de metamorfose das formas do valor (ocultas, fetichizadas, alienadas) e demonstra, ao mesmo tempo, que tal esfera (ou seja, o mercado) *não cria valor* nem muito menos mais-valor, portanto localiza ali as formas gerais do trabalho improdutivo e suas categorias socioeconômicas concatenadas.

Por último, devemos assentar aqui as teses de que, sendo certo que o Livro I de *O capital* é o suporte de toda a construção teórica de Marx e constitui, por assim dizer, sua argamassa, os outros dois livros, uma vez construído e terminado o edifício, servem de apoio fortificante e explicativo das categorias do primeiro (mercadoria, valor, dinheiro, mais-valor, lucro), na medida em que, em planos cada vez mais concretos da análise, Marx analisa e expressa através deles suas manifestações tal como se produzem na superfície da sociedade, isto é, na forma fetichizada e alienada como o capitalismo as constrói e reflete ideologicamente. Referindo-se aos Livros II e III, conclui Rosdolsky que "sem o tratamento dos problemas correspondentes a seu âmbito, seria impossível imaginar *O capital* como tal" (Rosdolsky, 1978, p. 50).

É assim que, por exemplo, Rosenberg nos dá a razão da necessidade de articular os três livros de *O capital* numa visão de conjunto quando escreve:

> É aqui que reside o motivo pelo qual o estudo do modo de produção capitalista, em seu aspecto concreto, também não pode se esgotar somente com a análise do processo de produção e do processo de circulação. Requer também a investigação do "movimento real", donde "os

---

* São Paulo, Boitempo, 2013. (N. E.)

capitais se contrapõem um ao outro em formas concretas". Essa investigação é o objeto do Livro III de *O capital*. Contudo, seu complemento somente pode ser alcançado sobre a base das investigações dos primeiros livros. (Rosenberg, s.d., p. 7)

Essas observações eram necessárias para esclarecer e localizar as categorias marxistas (valor, mais-valor, lucro, trabalho, classe social, modo de produção, proletariado, revolução) em sua dimensão global, científica e crítica com o fim de compreender o capitalismo contemporâneo, tanto no modo específico de produção quanto no mundo do trabalho de nossos dias.

CLASSE TRABALHADORA, PROLETARIADO E TRABALHO ASSALARIADO: QUEM PRODUZ O VALOR, O MAIS-VALOR E O CAPITAL? COMENTÁRIOS CRÍTICOS DE SÉRGIO LESSA

Sérgio Lessa (2007)[1] propõe-se realizar uma "leitura imanente" do Livro I de *O capital*, de Marx, com o fim de esclarecer três temas que considera fundamentais: a) a *questão política*, relativa ao fato de que o proletariado é e continuará a ser a classe revolucionária; b) a *questão ontológica*, isto é, se as mudanças nos processos produtivos provocaram mutações importantes na essência das classes sociais; c) e, por último, se o emprego é e continuará a ser o determinante das "identidades sociais".

As respostas que Lessa propõe a essas questões encontram respaldo em sua peculiar "leitura imanente", com a qual conclui que somente tem valor analítico o Livro I de *O capital* e, segundo ele, este deve ser o "referencial principal da leitura e interpretação de todos os outros textos" (ele se refere aos Livros II e III), pois, para ele, "a versão final saiu diretamente de seu autor" (Lessa, 2007, p. 25). Aqui cabe perguntar: acaso não foi Marx quem ideou, planejou e escreveu, de seu punho e letra, os Livros II e III de *O capital*, independentemente de que tenha sido seu amigo Friedrich Engels quem os revisou e publicou (com a confiança e a autoridade moral e teórica para fazê-lo)? Acaso Marx não elaborou, pelo menos desde os *Grundrisse**, um esquema geral de toda a sua obra que contemplava, além desses três volumes, outro relativo às teorias sobre o mais-valor (Rosdolsky, 1978)?

O autor trata de esclarecer, porém:

Foi por esse motivo que nos fixamos, nesta investigação primeira, apenas e tão somente no Livro I de *O capital*. Estamos convencidos de que, para um texto introdutório como este, fixar-se no Livro I é o procedimento mais seguro. Como nada nos manuscritos poderá ter prioridade exegética diante do Livro I, é a partir do Livro I, e jamais *contra ele*, que devemos avançar na compreensão de *O capital*. (Lessa, 2007, p. 28)

---

[1] Nesse livro, o autor propõe-se "também um segundo objetivo, mais imediatamente metodológico, que é a recuperação do significado da ortodoxia e da leitura imanente" (Lessa, 2007, p. 10). E, mais adiante, acrescenta: "Precisar as concepções de qualquer autor requer, de modo imperativo, a pesquisa exegética, isto é, que se conceda a mais rigorosa prioridade ao texto. E é como instrumento dessa cessão da prioridade ao texto, que se desenvolve, ao longo de séculos, o que hoje é denominado leitura imanente" (Lessa, 2007, p. 16-7).

* São Paulo, Boitempo, 2011.

Ou seja, a prioridade exegética radica-se no Livro I em relação aos Livros II e III, no caso de existirem "discrepâncias" entre estes e aquele. Entretanto, explica Lessa, estes últimos têm prioridade sobre todos os escritos elaborados por Marx e Engels entre o período que vai de 1857 a 1867 (Lessa, 2007, p. 25), por isso, por ele deduzimos, devem ser tratados como peças de museu[2].

Esse modo de *ler, selecionar, discriminar* determinada obra e seus conteúdos tem méritos relativos, mas também graves implicações e riscos, que podem conduzir a tergiversações e parcialidades de um pensador ou de toda uma corrente de pensamento científico. E aqui reside o verdadeiro problema e limite do método estruturalista de "leitura imanente" que geralmente se aplica ao campo da linguística e da literatura.

Se entendemos por "imanência" algo inerente à coisa, que se une inseparavelmente a sua essência, então a leitura imanente pretende realizar uma interpretação exegética fiel como método de interpretação de um texto, sem recorrer a "elementos externos", isto é, dados e fatos que podem perturbar ou alterar seus conteúdos significativos. Mas, como adverte Martín Salinas, há um risco:

> A análise imanente, ou mesmo análise que intente colocar a autonomia da obra no centro desde o qual emerge o valor, não pode realizar-se senão sobre a consciência de seu caráter processual; do contrário, o pretendido imanentismo se apegará de tal modo ao imediatismo manifesto na obra, que impossibilitará a compreensão do que esta contém como *totalidade*. Assim as contradições não serão senão o ponto de partida no qual o caráter processual da obra se desenvolve, sem apologéticas atenuações. (Salinas, s.d.; grifo meu)[3]

Uma vez escolhido o Livro I d'*O capital* como eixo da "leitura imanente", ele se reduz injustificadamente ao capítulo 5 ("O processo de trabalho e o processo de valorização"), correspondente à seção III ("A produção do mais-valor absoluto"), e ao capítulo 14 ("Mais-valor absoluto e relativo"), correspondente à seção V ("A produção do mais-valor absoluto e relativo) desse mesmo livro. Como resultado, esboçam-se as seguintes considerações:

a) O trabalho é a categoria fundadora do mundo dos homens.

b) O proletariado é o único que realiza um trabalho manual (não intelectual e não improdutivo), porque transforma a natureza e produz o mais-valor[4].

---

[2] A mesma posição tem o autor a respeito do capítulo 6 (inédito) de Marx. Ao contrário, para nós, como para outros autores, esse texto é uma ponte necessária entre os Livros I e II de *O capital*.

[3] Aqui devemos considerar a interpretação de totalidade: ou uma obra, por exemplo, *O capital*, lê-se em si mesma com base em sua gênese e estrutura próprias, ou essa leitura se realiza de acordo com o conjunto dos textos e da formação global do pensamento de seu autor. Consideramos que essa última alternativa é a mais apropriada.

[4] Ver Lessa, 2007, p. 163, 169, 171, 179, 181, 194, 211, 231, 236, 298, 312, 347 (nessa penúltima página não está claro se o autor vê como idênticos o trabalho material e o trabalho manual). É necessário esclarecer que o "proletariado" transforma a natureza, cria meios de produção e subsistência, valor e mais-valor, uma vez que: a) consegue vender sua força de trabalho ao capitalista em troca de uma remuneração (salário) e desencadeia o que Marx chama de "ciclo do capital-dinheiro" (D … mp + ft … p … M … D'); b) o patrão proporcionando os instrumentos de trabalho e as matérias-primas (que são propriedade privada do capital), ele começa a trabalhar produtivamente e desencadeia o ciclo do capital produtivo (P … m … d … P'); c) o trabalhador, que não enfrenta romanticamente a natureza como se estivesse em um paraíso terreno, tem de produzir, sob o comando do capital, meios de produção e subsistência na forma de capital-mercadoria (M … d … p … M) para que as mercadorias concorram no mercado (que também é monopolizado pelo capital). Esse é o ciclo do capital, o modo de produção capitalista, que o trabalho assalariado é obrigado a percorrer, do início ao fim, no capitalismo de carne e osso.

c) Entende-se que, para Lessa, o trabalho intelectual e imaterial, o conhecimento e seus agentes sociais têm de se colocar ao lado do trabalho improdutivo[5], ainda que produzam mais-valor, pela simples razão de que não intervêm na transformação da natureza, portanto em sua conversão em meios de produção e subsistência. Para ele, isso ocorre somente com o trabalho produtivo manual do proletário.

d) Os trabalhadores assalariados em geral (que podem ou não produzir mais-valor) não pertencem à classe proletária, no sentido que Lessa confere a esse conceito (por certo, ela vem representando cada vez mais uma minoria da força de trabalho no mundo), e vivem indiretamente da riqueza produzida pelo trabalho proletário.

e) Esses trabalhadores assalariados não proletários pertencem à "porção parasitária da sociedade".

f) Por tudo que foi dito anteriormente, o "proletariado" é a única classe revolucionária da sociedade capitalista que é capaz de superá-la.

g) A diminuição quantitativa dos "postos de trabalho" dos proletários que transformam a natureza (?) não deve ser interpretada como perda do potencial revolucionário dessa classe, porque é um equívoco pensar que, para realizar a revolução, é necessária a participação, senão da maioria, pelo menos de uma parcela significativa da população.

Esse livro aborda essas temáticas, contudo, por uma leitura de *O capital* que, a nosso juízo, é muito parcial e desdenha dos textos fundamentais dos criadores do marxismo científico. Limita-se, em suma, aos capítulos 5 e 14 do Livro I, sem abordar os Livros II e III e, é claro, o inédito capítulo 6.

UMA LEITURA PECULIAR DE *O CAPITAL*

A tese central do livro de Lessa é sumamente débil e carente de elementos de demonstração: somente o "proletariado" (que ele nunca define com precisão) cria mais-valor e "transforma a natureza", produz meios de produção e subsistência (setores I e II nos esquemas de reprodução de Marx na terceira seção do Livro II). Dessa maneira, ele confunde proletariado com trabalho assalariado, trabalho produtivo com improdutivo, e não dá uma interpretação clara, essencial, da teoria do valor-trabalho de Marx, como veremos.

A respeito disso, Marini diz que:

> restringir a classe trabalhadora aos trabalhadores assalariados que produzem a riqueza material, isto é, ao valor de uso sobre o qual repousa o conceito de valor, é perder de vista o processo global da reprodução capitalista. Como destaca repetidamente Marx, o desenvolvimento da produção mercantil capitalista não faz senão acrescentar o número de trabalhadores assalariados e, portanto, dos trabalhadores envolvidos no processo de reprodução, sem que isso pressuponha, como se pretendeu, que Marx considere uma sociedade formada exclusivamente por capitalistas e trabalhadores. Desse ponto de vista estritamente econômico, a tendência do sistema é aumentar,

---

[5] Afirma Lessa: "Portanto, não há qualquer justificativa para, a partir da expressão 'mais perto ou mais longe da manipulação do objeto do trabalho', postular-se que o trabalhador intelectual faria parte do trabalhador coletivo. Considerar o trabalhador intelectual partícipe do trabalhador coletivo é um contrassenso no próprio texto marxiano" (Lessa, 2007, p. 190-1). Portanto, se o trabalhador intelectual não está imerso no trabalhador coletivo, então é um trabalhador improdutivo, de acordo com o que se infere dessa citação.

nunca diminuir, a classe trabalhadora, isto é, aquela categoria social formada por trabalhadores pagos mediante a inversão de capital variável e cuja remuneração é sempre inferior ao valor do produto de seu trabalho. Se, por um lado, devido ao aumento da produtividade do trabalho, tende-se a reduzir a quantidade de trabalhadores ligados diretamente à produção, incrementa-se, por outro, o número dos que se empregam nas esferas da circulação e da distribuição. Trabalho produtivo e improdutivo são, pois, conceitos historicamente determinados, relativos às atividades que contribuem para valorizar ou fazer rentável o capital. (Marini, s.d.)

Essa definição do trabalho produtivo relacionado com o trabalho improdutivo na produção global de valor, mais-valor e capital coincide com as teses de Ricardo Antunes na seguinte passagem:

De fato, trata-se de um processo de organização do trabalho cuja finalidade essencial, real, é a *intensificação das condições de exploração da força de trabalho*, reduzindo muito ou eliminando tanto o *trabalho improdutivo*, que não cria *valor*, quanto suas formas assimiladas, especialmente nas atividades de manutenção, acompanhamento e inspeção de qualidade, funções que passaram a ser diretamente incorporadas ao trabalhador *produtivo*. (Antunes, 2009a, p. 54; grifos do autor)

Ruy Mauro Marini diz que:

a definição alcançada por Marx no Livro I, capítulo 24, a respeito de que, "*dentro do capitalismo*, somente é produtivo o trabalhador que produz mais-valor ou *que trabalha para fazer rentável o capital*" (I, p. 426, grifos meus), dá conta perfeitamente do conjunto do problema e já contém em embrião os desdobramentos de que será objeto. Estes começam a aparecer no Livro II, capítulo 6, quando Marx distingue trabalho produtivo e *trabalho necessário ou socialmente útil*. [...]
A questão do trabalho produtivo, embora claramente estabelecida desde o Livro I, como destacamos, somente ficará completamente resolvida no capítulo 27 do Livro III, ao se estudar *os trabalhadores assalariados mercantis*. A pedra de toque aqui é a distinção entre *capital social* e *capital individual*. Depois de estabelecer que sua situação não se distingue da que rege o conjunto da classe trabalhadora, Marx se dedicará a explicar como os trabalhadores comerciais "produzem diretamente lucro, embora não produzam diretamente mais-valor (do qual o lucro não é mais do que uma forma transfigurada)" (p. 286). E a explicação não poderia ser mais simples: "Do mesmo modo que o trabalho não pago do trabalhador cria diretamente mais-valor para o capital produtivo, o trabalho não pago dos trabalhadores assalariados comerciais cria para o capital comercial uma participação naquele mais-valor" (III, p. 287). O mesmo vale para os *demais trabalhadores da circulação* naquelas atividades indispensáveis para que esta tenha curso (banco, publicidade etc.). Daí ficam naturalmente excluídos, no entanto, os trabalhadores assalariados cuja remuneração corresponde simplesmente a gastos do mais-valor, como o empregado doméstico, o burocrata, os membros do aparelho repressivo do Estado, por mais necessários que sejam ao capital e ao regime político que lhes corresponde. (Marini, s.d.)[6]

---

[6] As referências de Marx que Marini utiliza entre parênteses correspondem a *El capital*, México, Fondo de Cultura Económica, porém ele não menciona a data da edição.

No Livro III, capítulo 27 ("O lucro comercial"), Marx trata dos trabalhadores comerciais que são contratados contra salário pelo capitalista comercial e estabelece que: 1) são trabalhadores assalariados como qualquer outro, pois o comerciante compra seu trabalho para valorizar o capital desembolsado por ele e o valor da força de trabalho (FT) e seu salário são determinados pelo custo de produção (V + M); 2) não criam mais-valor (M), porém contribuem para que o capital comercial se aproprie de parte do mais-valor industrial gerado no processo de produção.

Marx conclui que, assim como os gastos de circulação do comerciante são sua fonte de lucro, a inversão que ele realiza nesses gastos de circulação é uma inversão produtiva; logo, o trabalho comercial dos trabalhadores assalariados contratados por ele é um trabalho produtivo, porque contribui para a realização do lucro comercial. Dessa forma, se todo trabalho produtivo cria valor, mais-valor e, como propõe Lessa, transforma a natureza, então o trabalho produtivo do trabalhador mercantil também tem essa característica? A resposta é *sim*, desde que adotemos o ponto de vista do trabalhador coletivo, e *não* a perspectiva do trabalhador individual.

Em síntese, consideramos que a classe operária industrial constitui o núcleo duro da classe trabalhadora em seu conjunto, mas que dela também fazem parte os trabalhadores que pertencem aos ramos e setores tanto da produção quanto das esferas da circulação do capital, ou seja, o proletariado em sua acepção ampla.

Com base nos resultados que se inferem de uma leitura articulada dos três livros de *O capital*, consideramos que o *sujeito assalariado* que vende sua força de trabalho (manual e cognoscitiva) ao capital e é explorado por este transforma a natureza pelo uso dos meios de produção, produz meios de produção e consumo, cria o mais-valor e aumenta a acumulação de capital pertence definitivamente à classe trabalhadora.

Além disso, com base em uma leitura do *Manifesto Comunista* – e aqui não faço outra coisa senão me apartar do método de "leitura imanente" –, essa mesma classe operária industrial constitui também o *núcleo duro* do proletariado, no sentido mais amplo que Marx e Engels dão a entender quando asseguram que o proletariado é uma categoria política formada pelos desprendimentos e pelas pauperizações de todas as classes da sociedade burguesa: eles a denominam "classe oprimida e explorada" e assim a definem: "o proletariado, a classe dos operários modernos [...] o proletariado é recrutado em todas as classes da população" (Marx e Engels, 2010, p. 74, 46-7).

Para certos autores, proletariado é sinônimo de classe dos trabalhadores assalariados, classe social dos vendedores da força de trabalho (G. Alves, 2000 e 2007, p. 97), que compõem a totalidade viva do trabalho, são objeto de exploração, espoliação e expropriação do capital e inserem-se numa multiplicidade de atividades que vai desde a produção, a circulação e o consumo de mercadorias até a administração pública (G. Alves, 2007, p. 98).

Antunes também utiliza como sinônimos proletariado e "classe trabalhadora", a classe "que vive do trabalho", como se pode perceber na seguinte passagem:

> eu diria, então, para começar a fazer um desenho dessa problemática, que o proletariado ou a classe trabalhadora hoje, ou o que denominei a *classe-que-vive-do-trabalho* compreende a *totalidade dos assalariados, homens e mulheres que vivem da venda da sua força de trabalho e que são despossuídos dos meios de produção*. Essa definição marxiana e marxista me parece *inteira-*

mente pertinente, como de resto o conjunto essencial da formulação de Marx, para se pensar a classe trabalhadora hoje. (Antunes, 2009a, p. 194)

De qualquer forma, essas denominações conceituais dão conta das mudanças operadas no último meio século, tanto na estrutura de classes do capitalismo mundial quanto na estrutura particular da classe operária e, em geral, das classes exploradas e oprimidas da sociedade (proletariado ampliado pela incursão a suas fileiras de grandes frações da população oprimida e explorada pelo capital e pelo Estado).

Mas quem parece não ter verificado as ditas mudanças estruturais nesse longo período é Sérgio Lessa, quando aborda a questão da identificação do sujeito produtivo, o criador da riqueza material e do mais-valor, o "proletariado", que ele entende como "os assalariados que operam a transformação da natureza, que produzem o 'conteúdo material da riqueza', que 'produzem e valorizam' o capital" (Lessa, 2007, p. 347, nota 13). Segundo seus cálculos, esses proletários não ultrapassam 20% da força de trabalho empregada na transformação da natureza nos "países mais desenvolvidos" (Lessa, 2007, p. 315) e, apesar de estarem diminuindo no mundo, isso não implica, segundo ele, a diminuição de sua "potencialidade revolucionária" (Lessa, 2007, p. 316), questão sobre a qual voltaremos mais adiante.

Assim, os proletários diferenciam-se dos "outros assalariados", que não são proletários, sempre segundo o autor, simplesmente porque, "produzindo ou não mais-valor, vivem indiretamente da riqueza produzida pelo trabalho proletário" (Lessa, 2007, p. 316). Tese muito discutível, porque o autor confunde, entre outras coisas, trabalho abstrato com trabalho concreto, útil, da força de trabalho. Quando faz a "distinção entre trabalho e trabalho abstrato (o conteúdo material da riqueza social)" e afirma que "o mais-valor é produzido pelo trabalho abstrato" (Lessa, 2007, p. 347), comete o erro de atribuir a *produção de mais-valor ao trabalho abstrato*, não compreendendo com Marx a essência da lei do valor-trabalho: *o trabalho abstrato, determinado pelo tempo socialmente necessário para a produção da mercadoria (C + V + M), é o que determina o valor desta, embora o valor de uso da mercadoria força de trabalho-capital variável (V), que o capitalista compra no mercado de trabalho, é o que produz e determina a magnitude do mais-valor (M) de que se apropria o capital*[7]. Aplicando isso, temos: o valor da mercadoria força de trabalho do proletariado, assim como o valor da força de trabalho de outros trabalhadores assalariados e o valor de qualquer outra mercadoria, é determinado pelo tempo de trabalho, social, abstrato, e seu valor de uso é o que produz o mais-valor.

A explicação de Marx é a seguinte: o *valor de uso* da força de trabalho[8] é a *fonte* de valor (Marx, 2013, p. 242). "O processo de consumo da força de trabalho é simultaneamente o processo de produção da mercadoria e do mais-valor" (Marx, 2013, p. 250). Assim, Marx distingue o *valor* da força de trabalho de sua *valorização* no processo de trabalho, posto que:

---

[7] Depois de caracterizar os meios de produção como capital, Marx afirma que, "com a outra parte do dinheiro da soma adiantada, o capitalista comprou a capacidade de trabalho [...] trabalho vivo. Este lhe pertence, do mesmo modo que as condições objetivas do processo de trabalho" (Marx, 1981, p. 11). Mais adiante, ele diz: "O que constitui o valor de uso específico do trabalho produtivo para o capital não é seu caráter útil determinado, tampouco as qualidades úteis particulares do produto no qual se objetiva, mas seu caráter de elemento criador de valor de troca (mais-valor)" (Marx, 1981, p. 84).

[8] Para Marx, força de trabalho é "o complexo das capacidades físicas e mentais que existem na corporeidade, na personalidade viva de um homem e que ele põe em movimento sempre que produz valores de uso de qualquer tipo" (Marx, 2013, p. 242).

são, portanto, duas grandezas distintas. É essa diferença de valor que o capitalista tem em vista quando compra a força de trabalho. Sua qualidade útil, sua capacidade de produzir fio ou botas, é apenas uma *conditio sine qua non* [condição indispensável], já que o trabalho, para criar valor, tem necessariamente de ser despendido de modo útil. Mas o que é decisivo é o valor de uso específico dessa mercadoria, o fato de ela ser fonte de valor, e de mais valor do que aquele que ela mesma possui. [...] Na verdade, o vendedor da força de trabalho, como o vendedor de qualquer outra mercadoria, realiza seu valor de troca e aliena seu valor de uso. Ele não pode obter um sem abrir mão do outro. (Marx, 2013, p. 270)

A importância dessa discussão reside no fato de que, para Lessa, a distinção entre trabalho (ele não define a que tipo se refere) e trabalho abstrato constitui, assim diz ele, o "fundamento objetivo da distinção entre proletariado e assalariados em geral" (Lessa, 2007, p. 347).

Perguntamos: o valor de uso da força de trabalho, que os proletários e os trabalhadores assalariados vendem ao capitalista, determina-se ou não de acordo com a lei do valor, isto é, pelo trabalho abstrato? Ambos os tipos de trabalhadores, ao vender e alienar ao capital o valor de uso, ou seja, seu trabalho concreto, não são explorados por ele? Se ambos os tipos de trabalhadores vendem o valor de uso de sua mercadoria força de trabalho e são explorados pelo capital, acaso não têm potencial produtivo para produzir mais-valor?

Aqui é discutível o fator determinante que, segundo o autor, distingue o proletariado de outros assalariados, isto é, o proletariado ser o único a produzir o conteúdo material da riqueza (Lessa, 2007, p. 163), enquanto os outros, no melhor dos casos, somente produzem mais-valor. No entanto, é preciso reiterar que o elemento essencial que marca o fundamento objetivo da distinção entre proletariado e trabalhadores assalariados em geral não é, como sustenta Lessa, a "transformação da natureza" e a "produção do conteúdo material da riqueza", que no capitalismo, devemos esclarecer, desenvolvem-se ambas as atividades sobre a lógica do capital e por intermediação dos meios de produção e do sistema de máquinas, que são *propriedade privada* do capital. A suposição que define "proletário" a partir do "trabalho que transforma a natureza e produz o conteúdo material da riqueza" – atividades comuns a todas as sociedades humanas, segundo Marx, posto que é trabalho em geral, o qual é a sustentação ontológica do ser social (Lukács, 2004) – não é válida, porque no modo capitalista de produção o trabalho fica completamente subordinado ao capital e à sua lógica de produção de mais-valor: *subsunção real do trabalho ao capital*.

Portanto, daí podemos enunciar, baseados na leitura dos três livros de *O capital*, que *todo trabalhador assalariado que produz mais-valor de maneira direta ou indireta para o capital, e é explorado por este, é um trabalhador produtivo e tem de ser posto nas fileiras da classe trabalhadora, independentemente de estar dentro ou fora da indústria, no campo ou na cidade, não importando também se realiza trabalho manual ou intelectual, mas sim se contribui para fazer o capital rentável.*

Por essa razão, o argumento de Lessa resulta muito perigoso quando confronta o "proletariado" com os "demais" trabalhadores assalariados e não assalariados, produtivos e improdutivos, do campo e da cidade, quando os coloca e caracteriza como a "porção parasitária da sociedade". Os trabalhadores assalariados não proletários (?), segundo Lessa, estão enquadrados com a burguesia, no "setor parasitário da sociedade" (Lessa, 2007, p. 198 e 207).

Portanto, deduz-se que os trabalhadores assalariados, assim como a burguesia, "exploram" indiretamente os proletários porque vivem da parte do mais-valor criado por eles, por meio da redistribuição que efetuam o capital e o Estado em forma de salários[9].

O TRABALHO INTELECTUAL E A PRODUÇÃO DE MAIS-VALOR

Como "todo trabalho coletivo tem de ser manual" (Lessa, 2007, p. 190), correlativamente o trabalho intelectual é, por definição, improdutivo: "Não poderia, portanto, ser 'semelhante', exibir o 'cunho da continuidade', *nem poderia fazer parte dos 'operários de fábrica'*, o *trabalho intelectual* que, encarregado do 'controle', 'opõem-se como inimigo' ao trabalho manual" (Lessa, 2007, p. 190; grifos meus).

Aqui devemos inserir duas observações esclarecedoras. Primeiro, é diferente fazer coincidir a pessoa com sua categoria (engenheiro, técnico ou arquiteto) como encarnações do trabalho intelectual, embora o operário-proletário se personifique no trabalho manual, vivo. Aqui, como afirma Marx, o trabalho intelectual apresenta-se como inimigo do trabalho manual no processo de produção. Entretanto, há outra perspectiva que se deve contemplar: a extensão do raio de ação do trabalho coletivo, que hoje é praticamente universal, *e dos métodos* que o capital utiliza para furtar dos trabalhadores suas potências criativas, intelectuais e espirituais, inerentes a sua força humana de trabalho. Essa última colocação dá razão a Simone Wolff, quando esboça a hipótese central de seu livro:

> Essa hipótese é a de que a coisificação [do trabalhador] não somente permanece, como é qualitativamente agravada. É assim, porque as novas tecnologias da informação possibilitam operar um novo nível de apropriação e objetivação, nas máquinas e por elas, das qualidades da força de trabalho: *a expropriação de suas capacidades intelectuais e cognitivas*. (Wolff, 2005, p. 13)

Nesse mesmo sentido, a afirmação de Marx de que o trabalho intelectual é inimigo do manual transforma-se e sintetiza-se no fato de que, pela intermediação do capital, o operário-proletário transforma-se em seu próprio inimigo, uma vez que a expropriação de seu saber-fazer intelectual pelo capital, por meio de sua gerência e de seus sistemas administrativos[10], apresenta-se como inimigo. Isso acontece porque tal saber expropriado se põe a serviço da produção do mais-valor e da "transformação da natureza" pela manipulação das máquinas, isto é, do "trabalho morto".

Quando Lessa sustenta que o trabalho intelectual não produz mais-valor nem lucro para o capital, faz isso pensando que "o trabalho intelectual não é parte do trabalhador coletivo" (Lessa, 2007, p. 191), porque não pode ser produtor de mais-valor e, portanto, não realiza trabalho produtivo, contradizendo a definição ampliada que Marx faz desse conceito no capítulo 24 do Livro I d'*O capital*, quando relaciona o trabalho produtivo com

---

[9] Isso se contradiz com a seguinte afirmação: "Entre os proletários e os trabalhadores temos uma única identidade: são todos eles assalariados, explorados pelo capital. E, concomitantemente, distinções que não devem ser menosprezadas, pois se referem às diferentes relações que mantêm com a produção da riqueza social" (Lessa, 2007, p. 184). E aqui perguntamos: para que são explorados pelo capital os trabalhadores assalariados, e o que consegue o capital mediante esse processo?

[10] Como bem diz Christophe Dejours, referindo-se aos operários de fábrica da Toyota: "Eles se autoaceleram coletivamente, e o grupo, tomado por uma espécie de frenesi, passa a operar um poder seletivo sobre os mais lentos, 'interiorizando' assim compulsivamente as imposições organizacionais" (citado em Pinto, 2007b, p. 91).

o conceito de trabalhador ou operário coletivo e, assim, inclui o trabalho intelectual. Logicamente, concebe-se aqui como "isolados" todos os "atores" que personificam o "trabalho intelectual": engenheiros, técnicos, médicos, enfermeiros, professores; todos são inimigos do trabalho manual, isto é, do proletariado, como constituintes de uma classe social não proletária, não operária, que o enfrenta como inimigo. Somente assim o argumento de Lessa tem validez. Mas as coisas não ocorrem dessa maneira.

Há uma interpretação errada do conceito de "trabalhador coletivo", que, segundo Lessa, "não inclui todos os trabalhadores assalariados, mas apenas aqueles que são produtivos" (Lessa, 2007, p. 191). Marx, porém, diz outra coisa: o *trabalho produtivo é todo aquele trabalho assalariado* realizado por um trabalhador (proletário ou não) que é membro do órgão do trabalhador coletivo, executa alguma de suas múltiplas funções (manuais ou intelectuais, que são atributos do *trabalho vivo* e podem estar combinadas) e, além disso, tem de produzir mais-valor para o capital ou contribuir para sua rentabilidade.

Dessa perspectiva, os trabalhadores assalariados da esfera da circulação do capital, como o garçom de um restaurante, o chefe que prepara os pratos, o "intelectual" que é explorado pela Microsoft e produz *softwares* que rentabilizem seu capital, os milhares de trabalhadores assalariados que instalam os telefones que as empresas das telecomunicações vendem, os motoboys das grandes cidades brasileiras que são contratados e explorados intensamente por companhias capitalistas, sem mencionar os trabalhadores das grandes franquias de *fast-food* do capital internacional, como o McDonald's, as centenas de trabalhadores intelectuais e manuais que trabalham nos "empórios do conhecimento", como os do Vale do Silício, na zona sul da baía de São Francisco, no norte da Califórnia, e produzem eletrônicos de alta tecnologia nos grandes parques industriais ali instalados, todas essas categorias de trabalhadores que somam milhões e milhões por todo o planeta são, na verdade, *inimigos* declarados do "proletariado", como propõe o livro de Lessa?

Conclusão

As categorias de trabalhadores que assinalamos são, a nosso ver, parte do trabalho produtivo do trabalhador coletivo no capitalismo atual, que, como diz Antunes, constitui hoje uma classe trabalhadora mais "*heterogeneizada, fragmentada e complexificada*" (Antunes, 2002, p. 151; grifos do autor) e que pode ou não incorporar-se ao proletariado social nos termos do *Manifesto*. Isso, porém, vai depender de sua consciência de classe, de sua organização política e da capacidade do núcleo duro da classe operária industrial para incorporá-los em um projeto alternativo anticapitalista e anti-imperialista de transição para o socialismo. Porque é preciso esclarecer que, desafortunadamente, nem sempre existe uma correlação positiva e mecânica entre base estrutural, produção de mais-valor, trabalho produtivo e improdutivo, com os níveis de consciência da classe trabalhadora e da luta de classes. Ademais, esse projeto não pode ser obra exclusiva do proletariado industrial – que, no mundo atual, tende a diminuir pelas mutações operadas tanto na estrutura de acumulação e reprodução do capital quanto na das classes sociais –, mas obra da classe operária industrial (tradicional e moderna) enquanto *núcleo central* do proletariado, que incorpora, como diz Marx, todas as classes exploradas da moderna sociedade burguesa de nossos dias.

Capítulo 7

O TRABALHO IMATERIAL NO DEBATE CONTEMPORÂNEO[1]

Henrique Amorim

As formas atuais de exploração do trabalho, caracterizadas nas últimas décadas, por um lado, pelo operário polivalente, pela subcontratação, pelos cortes salariais e, por outro, pela flexibilização de direitos trabalhistas e pelo enfraquecimento dos partidos e sindicatos ligados às classes trabalhadoras em diferentes países, foram gestadas pelo capital para salvaguardar e ampliar seus domínios políticos e sua valorização.

Os elementos centrais da reestruturação iniciada nos anos 1970 tiveram e ainda têm o objetivo duplo de, no momento em que aprofundam as bases de sua dominação e de sua valorização na produção de mercadorias, afetar negativamente a organização política da classe trabalhadora, limitando seu poder de intervenção nas formas de organização do trabalho. Para tal, a substituição de trabalhadores por máquinas e robôs, além da implementação de formas mais eficazes no processo de controle e gestão do coletivo de trabalhadores, foram largamente utilizadas em vários setores da produção. Dessa forma, o número relativo de trabalhadores foi reduzido, o que fez com que os trabalhadores que permaneceram empregados acumulassem funções.

Essa reestruturação produtiva foi objeto de muitas e variadas interpretações. Fundamentalmente, o acentuado processo de transformação da produção foi considerado um novo momento de reorganização da produção capitalista que alterou a dinâmica das relações sociais dentro e fora das empresas. As bases de dominação se atualizariam quando

---

[1] Esta pesquisa é parte da tese de doutorado do autor, intitulada *A valorização do capital e o desenvolvimento das forças produtivas: uma discussão crítica sobre o trabalho imaterial*, defendida em 2006 no Instituto de Filosofia e Ciências Humanas da Universidade Estadual de Campinas, sob a orientação de Ricardo Antunes, com bolsa do CNPq. A tese foi publicada posteriormente como livro, com o título *O trabalho imaterial: Marx e o debate contemporâneo* (São Paulo, Annablume, 2009).

se ampliassem as formas de exploração do trabalho, o que corroboraria, por fim, a validade e a abrangência do trabalho como relação social. Não obstante, a centralidade do trabalho em sua positividade ou negatividade foi questionada nos anos 1990.

Tal reorganização da produção foi caracterizada, por exemplo, como uma transformação dos processos de trabalho, da estrutura hierárquica dentro das fábricas, da qualificação de novas funções produtivas, de novas responsabilidades e do autocontrole produtivo no setor industrial e de serviços.

Nesse sentido, o quadro de competências foi alargado e imposto aos trabalhadores. A polivalência e a formação profissional apresentaram-se, com isso, como atributos básicos para o preenchimento de antigas ocupações reorganizadas e também para as novas ocupações profissionais.

> Em outros termos, podemos também sublinhar que a reestruturação produtiva foi, por exemplo – em um momento de crise do capital –, um meio de desorganizar as formas de resistência da classe trabalhadora para, então, restaurar as formas de dominação dos grupos dirigentes, impondo novos processos de trabalho, de gestão do capital, de redefinição dos parâmetros de qualificação do trabalhador, de reordenamento das políticas públicas, como também de redefinição das leis trabalhistas e das prioridades sociais ditadas pelo Estado. (Amorim, 2006, p. 43)

Contudo, o sentido e as causas dessas transformações não foram questionados, tampouco o processo de "requalificação" profissional da classe trabalhadora. Não se interrogou, por exemplo, quais seriam os nexos causais da necessidade de constituição de um novo tipo de trabalhador, mais adequado aos interesses dos grupos dirigentes, ou o aumento de trabalhadores desempregados como fruto do movimento, intrínseco ao processo de valorização do capital e de redução do tempo de trabalho necessário.

A exploração combinada da força de trabalho de tipo fordista com a do trabalhador "recomposto", muito mais funcional e submetido ao novo padrão de acumulação, garante um crescente aumento das taxas de mais-valor relativo. A pressão causada pelo aumento do desemprego influencia perversamente o trabalhador. Ele se vê forçado e convencido a assimilar novas qualificações, a acumular novas funções – como autocontrole e definição de metas e objetivos produtivos – que estão diretamente relacionadas a uma ideologia meritocrática que prega dedicação, iniciativa e comprometimento profissionais. Consagra-se a perspectiva de um trabalhador participativo, na qual estaria pressuposta a comunidade de objetivos e interesses, quando, na prática, ela só faz intensificar o ritmo de trabalho e a subordinação do trabalhador coletivo ao capital.

O fracionamento das categorias profissionais amplia assim os limites de exploração da força de trabalho, se comparada ao período taylorista-fordista, permitindo que o capital ative vários dispositivos produtivos ou estatais para o aumento de sua lucratividade. Inesperadamente, é nesse contexto de reestruturação produtiva, de recomposição do domínio do capital, que as teses sobre o trabalho imaterial começam a ser formuladas. Em linhas gerais, o argumento central vincula-se à ideia de que as novas formas de exploração do trabalho demandaram um novo tipo de trabalhador, cujos conteúdos comunicacionais, informativos e cognitivos em geral, cujas qualificações profissionais, enfim, levariam sua subordinação, em relação ao capital, a um novo estágio político e social. Assim, o capital, ao "acionar" um tipo de trabalhador adaptado e essencial a suas demandas produtivas, teria criado seu próprio algoz: um tipo de trabalho imaterial – e nosso objeto de pesquisa.

No entanto, a emergência desse tipo de trabalho possibilitou às empresas capitalistas relegar e transferir o enfrentamento político entre as classes para dentro de seu espaço, e não mais no dos sindicatos e partidos. Configura-se, dessa forma, um quadro político em que, ao mesmo tempo que racionaliza seus objetivos, circunscrevendo a luta de classes em seus domínios, o capital faz desse projeto uma reivindicação de cunho aparentemente trabalhista, projetando-o para o conjunto da sociedade.

A ampliação dos domínios do capital na produção passa assim pela incorporação da ideia do capital como parceiro, o que exigiria a renúncia às pretensões socialistas de controle dos meios de produção por parte da classe trabalhadora e das organizações políticas a ela ligadas (Bihr, 1998). Esse conjunto de argumentos permite indicar, ao mesmo tempo, que a luta contínua do capital no processo de requalificação/desqualificação da força de trabalho e a necessária ampliação do controle sobre a produção ainda se mostram fundamentais para a organização da produção capitalista e para o processo de valorização do capital.

Hoje, a diminuição do efetivo de trabalhadores no setor industrial e o alargamento de outras áreas, ligadas sobretudo ao setor de serviços, não criam uma ruptura prática ou conceitual com as relações de exploração da força de trabalho baseada na produção de mais--valor. Na prática, esse redirecionamento da exploração somente demonstra a capacidade historicamente inigualável de recomposição do capital sobre seus domínios e, por consequência, explicita a inconsistência de teses revolucionárias que veem as crises econômicas capitalistas, pensadas com base em um desenvolvimento econômico independente dos interesses políticos, como elemento decisivo para a constituição de intervenções políticas organizadas pelos trabalhadores.

No entanto, deve-se sublinhar que existe uma tendência de substituição de trabalho vivo por trabalho passado e de incorporação da ciência e da tecnologia nesse processo. Vemos assim a importância desta passagem: "Como maquinaria, o meio de trabalho adquire um modo de existência material que condiciona a substituição da força humana por forças naturais e da rotina baseada na experiência pela aplicação consciente da ciência natural" (Marx, 2013, p. 459). Portanto, uma das questões que orientam nossa análise reside na implicação de que o capital tende historicamente a limitar e reduzir sua dependência em relação ao trabalho, porém não pode fazê-lo por completo, pois depende de sua exploração para gerar mais-valor.

Hoje, a exploração do trabalho faculta ao capital restringir os saberes empíricos constituídos pelos coletivos de trabalhadores, circunscrevendo-os à racionalidade da produção de mercadorias, submeter a capacidade intelectual dos coletivos de trabalho à lógica do mercado e à lógica produtivista da expansão dos valores de troca. Trata-se, dessa forma, de um processo de expansão do capital e de seus domínios em relação ao período fordista, no qual a organização sindical e partidária das classes trabalhadoras prescrevia certos limites aos interesses capitalistas, mesmo que não rompesse com a estrutura de produção de mais--valor, lucro e expansão do capital.

Com base nessa caracterização geral do movimento do capital, fazem-se necessárias algumas ponderações. A constituição e a aplicação desse movimento de avanço da dominação capitalista causado pela reestruturação da produção, dita Terceira Revolução Industrial, devem ser relacionadas a formações sociais específicas e distintas. Nesse sentido, podemos projetar um movimento geral do capital no mundo, uma abstração que implica uma forma concreta de existência. No entanto, devemos deixar claro que esse movimento se submete, ou melhor, adequa-se não apenas a historicidades particulares (formas de resistência da classe trabalhadora, governos, conjunturas socioeconômicas, organizações partidárias e sindicais), mas também ao nível de desenvolvimento das forças produtivas de determinada formação histórica.

Para sermos mais explícitos, somente seria possível generalizar as formas de organização da produção presentes em alguns países da Europa, dos Estados Unidos e do Japão para todos os países do mundo se tomássemos a historicidade específica de cada formação social como resultado de um processo geral. O caso brasileiro ou chinês é um exemplo dessas diferenças. No entanto, ainda que utilizássemos, por um recurso didático, um desenvolvimento tendencial de expansão do capital, ele só se tornaria coerente quando particularizado. Pressupomos assim a existência de um movimento singular do capital em seu processo de autovalorização, que pode ser apreendido em geral, mas aplica-se apenas em estruturas sociais particulares.

Assim, temos como hipótese de nossa análise a existência de situações conjunturais distintas, de formações sociais específicas que o capital, em seu movimento intrínseco de expansão, tenta romper, utilizando para tanto armas e estratégias diferentes. Em determinadas situações, a "persuasão" do mercado basta; em outras, é necessária a força física.

Tais estruturas formam-se, nessa perspectiva, com base em desigualdades sociais de classe, em uma luta originária de uma diferença central entre aqueles que detêm e aqueles que não detêm os meios de produção. Tal diferença é fruto de acomodações históricas oriundas de lutas entre classes que formavam o antigo modo de produção feudal.

A relevância das classes sociais para a análise do trabalho imaterial parece-nos central. Na prática, uma de nossas pressuposições de fundo é que a quase totalidade dos autores que fundamentam suas teorias em uma economia política imaterial como força produtiva central propõe ou uma revisão completa da estratificação social, relegando a segundo plano a existência ou a pertinência da classe social, ou mesmo o inteiro desprezo desta.

Essa caracterização é fruto de uma interpretação vinculada a uma leitura específica das transformações na produção no capitalismo. Influenciada pela Segunda Internacional, a teoria marxista indicava o desenvolvimento econômico em geral e das forças produtivas em particular como o eixo central para a fundamentação de toda uma sociabilidade. Com base nesse desenvolvimento, justificava-se e reconhecia-se a existência de classes sociais potencialmente revolucionárias, de políticas reformistas, de diretrizes para a ação partidária e sindical, como também de políticas estatais. Como pilar de estruturação de uma teoria revolucionária, esse desenvolvimento inexorável das forças produtivas justificava também as formas do antagonismo de classe, dos conflitos sociais, das políticas anticapitalistas e, portanto, da própria transição para o socialismo.

Com a reestruturação da produção nos anos 1970, esse manto teórico pareceu cair. O industrialismo, foco da análise e nexo causal de todo o desenvolvimento das forças produtivas, foi posto em xeque, questionado, sofreu críticas que extravasavam não somente sua existência social, mas também as interpretações teóricas que o sustentavam. No centro dessas críticas estava a teoria marxista hegemônica, isto é, aquela que, ao fundamentar uma análise social baseada no primado das forças produtivas, realizava uma leitura fundamentalmente econômica das relações sociais no capitalismo.

O problema parece sintomático. No processo de constituição de novas ideologias foi necessário descartar completamente as teses que sustentavam as antigas formas de resistência teórica, política e social. Nesse contexto, o triunfo da sociedade capitalista foi explicitado. Tratou-se, então, de compreender quais seriam as melhores formas de administrar a dinâmica capitalista, já que a teoria central que edificava o socialismo estava morta.

Na prática, uma das formas de descartar as teorias revolucionárias e, em especial, a teoria marxista foi relacioná-las ao industrialismo. Se – como a própria reestruturação produtiva havia caracterizado – o industrialismo havia sido superado por novas e mais eficazes formas de produção que desenvolviam a subjetividade do trabalhador e ainda mantinham a dominação social do capital, a teoria que sustentava o "velho" embate entre as classes sociais deveria ser considerada, no mínimo, uma teoria anacrônica ou ultrapassada.

A partir desse universo de rechaço do marxismo, teorias sobre a não centralidade do trabalho, e depois sobre a imaterialidade do trabalho, foram desenvolvidas. Em um primeiro momento, a negação do marxismo e do trabalho industrial, pensado em sentido generalizado, foi o objetivo central das teses sobre a não centralidade do trabalho.

A racionalização da produção advinda do desenvolvimento econômico – leia-se das forças produtivas – teria transformado o trabalho em uma atividade fadada à alienação. A redução do trabalho industrializado nos principais países da Europa Ocidental foi, nesses termos, apontada como um futuro próximo para todas as sociedades capitalistas (Gorz, 1987, p. 11). Com isso, o processo de racionalização capitalista não daria margem a qualquer possibilidade de desestruturação desse modo de produção, e a classe trabalhadora teria como única alternativa "administrar" esse processo "inevitável" de substituição dos homens pelas máquinas, cuja consequência principal seria o fim do trabalho. Este, por sua vez, deixou de ser considerado expressão de toda forma de poder, não guardando nenhum critério de sociabilidade. Assim, a classe trabalhadora não teria mais possibilidades materiais nem vocação para revolucionar o poder institucionalizado (Gorz, 1987, p. 86).

André Gorz é o autor que melhor sintetiza essa perspectiva. Em suas palavras:

> A extensão do campo da racionalidade econômica, tornada possível pela economia de tempo de trabalho, provoca uma economia de tempo mesmo em atividades que, até então, não eram tidas como trabalho. Os "progressos tecnológicos" conduzem, assim, inevitavelmente à questão do conteúdo e do sentido do tempo disponível. Ainda mais: interrogam a natureza de uma civilização e de uma sociedade que valoriza mais o aumento do tempo disponível que o aumento do tempo de trabalho e para as quais, por consequência, a racionalidade econômica não rege mais o tempo de todos. (Gorz, 1988, p. 17-8)

Ou ainda:

> Essa estratificação da sociedade é diferente da estratificação em classes. Diferente desta última, ela não reflete as leis imanentes ao funcionamento de um sistema econômico dentro do qual as exigências impessoais se impõem aos gerentes do capital, aos administradores de empresas, da mesma forma que aos trabalhadores assalariados, pelo menos em relação aos prestadores de serviços pessoais; trata-se agora de uma submissão e de uma dependência pessoal em relação àqueles e àquelas que se fazem servir. Uma classe servil, a qual as industrializações e depois a Segunda Guerra Mundial haviam abolido, renasce. (Gorz, 1988, p. 20)

Nas entrelinhas, o autor sugere que a teoria das classes sociais não é mais válida para as sociedades que foram reconstruídas com base nas novas formas de produção da última reestruturação produtiva. No entanto, um novo segmento nasce dos escombros do modelo industrialista de produção: os trabalhadores do imaterial. A desvinculação das formas tradicionais de produção cria nesse novo segmento, segundo a interpretação do autor, uma negação da produção tipicamente capitalista, uma vez que o trabalho extravasaria a lógica da exploração do tempo de trabalho criadora de mais-valor.

Os conteúdos do novo tipo de trabalho são interpretados como qualificações anticapitalistas. A pergunta central do autor seria: como mensurar conteúdos cognitivos? Para ele, a resposta é simples: é impossível! Assim, Gorz vislumbra um tipo de trabalho que, em sua essência, é portador de outra forma de produção, entendida como comunista.

Estabelece-se teoricamente o trabalho imaterial. Um trabalho que é divulgado como social, mas depende da qualificação individual, fundamenta-se na capacidade de reconhecimento da informação, não pode ser restringido pelo capital, mas acaba por circunscrever-se mais uma vez à lógica de valorização do capital.

A INDIVIDUALIZAÇÃO DO SUJEITO HISTÓRICO OU AQUÉM DA ANÁLISE DAS CLASSES SOCIAIS

Uma de nossas hipóteses de trabalho é que existiria, dentro da discussão sobre o trabalho imaterial e a não centralidade do trabalho, uma subordinação teórica da classe social ao indivíduo (trabalhador isolado no processo de trabalho). Pode-se dizer que a classe social ou o indivíduo – como ponto de partida analítico – são escolhas metodológicas distintas e cada qual oferece uma leitura específica das transformações no processo de produção. No entanto, a referência às classes sociais, ou à luta de classes, é obrigatória na literatura marxista. Partir do ponto de vista do indivíduo como elo e expressão das relações sociais seria trabalhar com outras metodologias analíticas, que pressuporiam um universo de conceitos e questões diferentes do marxista.

Mas outra questão ainda poderia nos interpelar. Por que as concepções de Gorz e Negri são caracterizadas como marxistas? Acreditamos que, aqui, o problema traduz-se mais explicitamente. A vinculação à análise marxista não é uma imputação alheia aos autores: nas décadas de 1960 e 1970, eles a anunciaram. No entanto, no momento seguinte, ela foi negada.

Essa afirmação e essa negação devem-se a um ponto de vista específico sobre as forças produtivas e a análise das forças sociais em vigência. Mesmo que sejam anunciadas com base em uma transformação histórica, é possível indicar que as rupturas teóricas apresentadas por esses autores são menos sintomáticas que suas continuidades. As análises de Gorz e Negri sobre o desenvolvimento das forças produtivas são desdobramentos de uma teoria já anunciada nos anos 1960. Analisá-los da perspectiva dessa continuidade nos parece mais frutífero, haja vista que "não se julga o que o indivíduo é pelo que ele imagina de si próprio" (Marx, 1982).

Um interessante elemento teórico que fundamenta essa perspectiva são as teses sobre a relação entre o posto de trabalho e o trabalhador, ou melhor, sobre a identificação deste último com seu posto de trabalho. Trabalho e trabalhador seriam uma única e mesma coisa.

Ele é o que é seu trabalho. Libertar-se de seu posto de trabalho é libertar-se de seu embrutecimento, de sua obscuridade acerca de sua própria relação produtiva, o que lhe daria as possibilidades materiais de condensar uma vida que se reconhece em sua própria natureza, mesmo que esse objetivo passe pela retomada do controle dos processos de trabalho.

De um lado, a conjuntura histórica na qual as classes trabalhadoras estavam imersas no fim dos anos 1960 na Europa e nos Estados Unidos fazia aflorar uma prática política de tipo reformista; o "pacto" fordista entre patronato e trabalhadores repercutiu nas teses marxistas sobre a organização partidária e sindical e também na concepção da transição e da ruptura com o modo de produção capitalista. De outro, o período histórico que engloba o stalinismo foi decisivo para a consolidação das teses sobre o primado das forças produtivas. Os partidos comunistas pelo mundo, a reboque dessas teses, difundiram a necessidade do avanço econômico como momento prévio e preparador para a chegada do comunismo. Na França, por exemplo, à medida que o indivíduo fosse liberado da pressão de buscar incessantemente sua própria sobrevivência física, a evolução das técnicas produtivas, aliada à possibilidade de preenchimento das necessidades materiais fundamentais, poderia tornar-se, como tendência natural do próprio trabalho, a práxis criadora da sociedade socialista.

> No trabalho de equipe de trabalhadores qualificados e iguais que se organizam eles próprios em função de uma tarefa cujo modo de execução não lhes pode ser ordenado, essa práxis-sujeito não é mais subordinada (não essencial) em relação ao objeto: é atividade soberana de autorregulação, em vista de um objeto que reflete sua liberdade ao grupo e o confirma nela. O trabalho é então tomado, imediatamente, como sendo não apenas a produção de uma coisa predeterminada, mas como sendo primeiramente a produção de uma relação dos trabalhadores entre si. E estes, em virtude da divisão social e mesmo internacional do trabalho, encontram-se em comunicação (infinitamente mediatizada, mas sensível contudo) com o mundo inteiro. (Gorz, 1968, p. 123)

Segundo Mallet, graças à ampla capacidade do operariado politécnico em condensar conhecimentos gerais sobre o mercado e a sociedade, haja vista sua qualificação profissional, a nova classe operária, pressuposta a partir desse tipo de trabalhador, estaria pronta não apenas a organizar ativamente o processo de produção e a exercer uma multiplicidade de tarefas operacionais, mas também a liderar a ação política reivindicativa da classe trabalhadora no próprio território do capital (Mallet, 1969).

A automação parecia ter sido capaz de forjar um messias da classe trabalhadora. No entanto, ele provinha do desenvolvimento técnico e científico que atendia diretamente aos interesses capitalistas da época. O desenvolvimento das forças produtivas teria tido um efeito duplo: primeiro, foi capaz de "enxugar" o número de operários nas fábricas e ainda aumentar as taxas de mais-valor relativo por meio da intensificação da produção e do aumento da produtividade dados pelo incremento tecnológico da produção robotizada; segundo, as transformações tecnológicas requisitaram desse desenvolvimento, por conta de sua aplicação, um novo tipo de trabalhador. Este seria fundamentalmente um operário que refletisse sobre a produção e pudesse, alicerçado em sua resistência corporativa, criar as bases para uma luta política ampliada.

Havia, dessa forma, um claro interesse por parte do capital em criar condições para o crescimento das indústrias modernas. No entanto, ao qualificar o desenvolvimento econômico como um momento de contradição do próprio capital, a análise sobre os processos de trabalho traziam uma pitada de falso otimismo. A radicalização dos preceitos tayloristas nas indústrias robotizadas parecia ter criado um sujeito revolucionário.

Gorz, nesse momento, parece reorganizar seu raciocínio. Há, com isso, uma adequação às atuais formas do conflito classista, ditadas em sua quase totalidade por prerrogativas dadas pelo desenvolvimento tecnológico e por interpretações superficiais das atitudes políticas do operariado. A apropriação dos meios de produção, mediada pela questão salarial, parecia ser o grande gancho para a nova classe operária, que, sob os novos processos de trabalho, foi apontada como uma vanguarda revolucionária. De um lado, Mallet mostrava que a reapropriação do controle dos meios de produção pela nova classe era a expressão da formação de um novo tipo de trabalhador, com conhecimentos sociais que lhe permitiram estabelecer, pautado em valores científicos, uma estratégia de luta e de possíveis negociações trabalhistas. De outro, Gorz fundamentava suas teses nas noções de "miserabilidade e de tolerância sociais" quanto ao sistema capitalista (Gorz, 1968, p. 27-41) e sugeria que a pobreza crônica daria lugar a uma nova condição socioeconômica, que não determinaria mais uma política revolucionária.

No fim da década de 1960, Gorz e Mallet tinham em comum a necessidade de enfatizar a "cautela" que as novas formas da luta da classe trabalhadora deveriam assumir. A automação e o surgimento de um grupo do operariado supostamente mais intelectualizado trouxeram à luz algumas prioridades na pauta da estratégia política da classe trabalhadora. "Conciliação" e "negociação" podiam exprimir melhor os termos desse novo momento da luta de classes. Assim, a estratégia seguida estaria calcada em uma opção forçada, já que não existiria nenhuma condição que determinasse uma situação revolucionária; seria imprescindível negociar, e cada negociação com o patronato deveria ser vista como uma vitória momentânea rumo ao socialismo. Em outras palavras, o alto grau de racionalização econômica e produção impediria qualquer alternativa, exceto a adesão ao plano de negociações com o capital, que naquele momento, na França e não apenas lá, resumia-se à definição de quantos seriam dispensados do trabalho e em que condições. A perspectiva de negociação adotada, nesses termos, não foi a da classe trabalhadora.

No conjunto de hipóteses lançadas por esses dois autores, vemos ao menos duas fundamentais: a negociação como única e mais eficaz arma da classe trabalhadora e a passagem pacífica para o socialismo como caminho possível, garantido pela "coerência científica" das reformas encaminhadas pelos trabalhadores politécnicos.

É nesse quadro teórico ilusório de ruptura sem conflito, de avanço político do proletariado sem negação ou crítica da ordem, que estavam imersas as teses de André Gorz e Serge Mallet. O tema, o protagonista e o lugar de combate ou negociação política estavam definidos. Eram, respectivamente, a reforma, a nova classe operária e o "neocapitalismo".

Essa leitura está fundada, portanto, em dois elementos: de um lado, na tendência romântica e idealista do trabalhador pleno e, de outro, em uma racionalidade econômica determinista. Romântica e idealista, por conceber e caracterizar as possibilidades de ruptura com o capitalismo com base em um tipo ideal de trabalhador, que é consciente e domina os processos de trabalho. Uma representação ideal típica, que pressupõe a existência de um "homem humano" que, por fim, deve se reconhecer em sua essência (re-)humanizada. Determinista, pois a técnica, que se impõe e interpele o indivíduo nos processos de trabalho, é reconhecida como um elemento opressor no modo de vida do trabalhador e acabaria por impedir que sua "individualidade humana" fosse reproduzida, mas, ao mesmo tempo, cria as possibilidades materiais para a superação da produção capitalista e de seu "caráter embrutecedor" (Gorz, 1968, p. 96-101 e 118-27).

Tal perspectiva oferece a Gorz a possibilidade de indicar uma positividade real no processo de automação das indústrias, pelo menos nesse momento.

> É praticamente impossível comandar o trabalhador qualificado das indústrias de proa (nucleares, químicos, petroquímicos, energéticos, científicos, engenheiros mecânicos, assim como os operários de manutenção das fábricas automatizadas etc.), [ele] é ao mesmo tempo a força de trabalho e quem a dirige, em suma, é a práxis-sujeito, cooperando com outras práxis em uma tarefa comum que as diretrizes, por demais imperativas, vindas de cima, poderiam apenas desorganizar. O trabalhador, aqui, faz parte integrante de sua força de trabalho; não é mais possível quantificá-la dissociando-a daquele – uma e outro são a mesma autonomia humana. (Gorz, 1968, p. 119)

Dessa forma, Gorz sugere que ao longo do século XX o trabalhador teria tomado contato com uma progressiva especialização e parcialização de seu trabalho, fruto da racionalização econômica. Sua condição social foi desumanizada. As indústrias taylorizadas são consideradas assim a síntese de subversão de tal "condição humana". Por consequência, os trabalhadores, prisioneiros dessa lógica, reproduziriam socialmente uma passividade política e uma alienação do trabalho insuportáveis. E, portanto, a necessidade do retorno ao mestre de ofícios seria justificada. Projetou-se, dessa forma, uma ruptura futura em um momento histórico passado. O domínio do processo de trabalho, a organização em corporações de trabalho e a consciência de sua condição produtiva foram entendidos como elementos essenciais de uma política chamada neocapitalista (Mallet, 1969, p. 53-4 e 73-4).

Podemos pressupor que essa leitura informa a existência de um tipo de homem genérico, que se identifica com um tipo de trabalhador ideal. No entanto, a ideia de que o artesão tinha consciência de seu processo de trabalho é falsa. Na prática, essa consciência nunca existiu. Mesmo antes do regime de acumulação taylorista-fordista não se podia afirmar que, por conta de sua suposta "visão" global do processo de trabalho, o artesão tinha consciência de sua condição política de classe.

A greve coloca-se, assim, como "escola", como antessala para a formação de um poder operário. A resistência à exploração do trabalho na indústria é de fato uma "escola". A revolução vem da fábrica, como muitos autores afirmaram (Rossanda, 1975), mas essa informação esvazia-se de sentido se a tomamos com base na relação técnica do trabalhador individualizado com sua atividade profissional. No entanto, a adesão ao sindicalismo de tipo científico formaria, em um sentido pedagógico, os sujeitos da produção tecnocientífica, dando-lhes condições materiais para a gestão da empresa.

Para nós, a afirmação de que a luta na indústria é uma escola só é válida se, e somente se, considerarmos a indústria o local e o momento histórico de condensação dos conflitos e dos antagonismos sociais de classe, a expressão das lutas econômicas, políticas e materiais desenvolvidas nesse espaço que surgem no enfrentamento político. Não há nada de espontâneo no trabalho industrial ou no "homem" que produz essa atividade que garanta uma tomada de consciência político-revolucionária. A caracterização de tal espontaneidade é fruto de uma concepção que corrobora a ideia de uma natureza humana, de um homem genérico, alheio a sua própria historicidade: a história da luta de classes.

Assim, indicar a inexorabilidade do avanço das forças produtivas como momento anterior da chegada ao homem "emancipado", a um homem humano verdadeiramente humano, é um pressuposto que, ao isolar determinadas características natas do homem, qualifica-o a-historicamente. Nesses termos, a unidade política das organizações dos trabalhadores e de resistência foi vinculada a uma homogeneidade profissional e a um ideal de reapropriação dos meios de trabalho da classe trabalhadora. Sua estratégia fundamentava-se em agitações e levantes contra um inimigo fictício, que, por vezes, foi relacionado à maquinaria utilizada na produção.

Contrariamente, nas indústrias automatizadas, as relações de trabalho estariam sendo vividas de uma forma mais clara, já que seus objetivos deveriam veicular uma política de acordos embasada em uma estratégia de adesão consciente da classe trabalhadora. A indústria automatizada aparece, assim, como momento de recomposição das classes, como espaço de negociação, no instante em que conclamava a presença ativa de parcelas da classe trabalhadora.

O "conhecimento científico" substituiu a espontaneidade dos movimentos grevistas de outrora. A produção tornada científica teria forjado uma estratégia operária baseada na ideia de eficácia, que definia como objetivo a fundamentação de uma apreensão científica dos processos de funcionamento do mercado e da gestão financeira da empresa. "Assim se elabora progressivamente, no movimento sindical, uma nova concepção da luta reivindicativa, que, partindo da adequação das formas de luta às condições da produção, desemboca no controle da organização da mesma produção" (Mallet, 1969, p. 92).

O objetivo geral da luta operária direcionava-se ao processo de desalienação do trabalhador, na tentativa de se reapropriar do processo de trabalho, isto é, de retomar as condições políticas e materiais do mestre artesão que naquele momento eram identificadas no operário polivalente. Assim, a alienação do trabalhador facultada pela separação entre concepção e execução do trabalho era considerada o fundamento de toda sua passividade política e o que, finalmente, impossibilitava-o de "construir uma consciência classista", permanecendo em um estado de "pobreza espiritual" (Gorz, 1968, p. 79-80).

É nesse sentido que o socialismo pode ser considerado. A porta de saída para a sociedade socialista é reduzida ao processo de reapropriação do saber-fazer e dos meios de produção. O operário polivalente é eleito o sujeito político revolucionário, que, ao romper com a separação entre trabalho manual e intelectual, caracterizaria a formação (mesmo que em tendência) de um trabalhador pleno.

Os operários polivalentes seriam considerados, dessa forma, os sujeitos capazes de reagrupar a intelectualidade do trabalho à sua materialidade – que seria forjada pela incorporação de novos conhecimentos técnicos. A alienação no trabalho e seus desdobramentos sociais poderiam então ser superados com base na materialização de um conjunto de saberes técnicos restritos à lógica de valorização do capital.

O "neocapitalismo" é considerado um processo histórico anterior ao socialismo, um momento pedagógico que aprofundaria a discussão e o compromisso políticos entre as classes, a fim de que uma passagem segura e não violenta para o socialismo fosse viabilizada, na medida em que um poder operário se constituísse no nível das corporações capitalistas.

> A meta é alcançar a constituição de um poder operário, no nível das empresas, dos ramos e, finalmente, da própria economia nacional, capaz de opor uma apreciação autônoma do valor

utilitário dos produtos às mistificações publicitárias e à moda; avaliar o preço de renda real, as taxas de lucro, os recursos desperdiçados no nível do ramo e de toda a indústria, para pesquisas e realizações paralelas, concorrentes ou sem valor utilitário real; opor ao modelo de consumo (e de produção) neocapitalista uma ordem de prioridades fundamentada nas necessidades ressentidas, inclusive, evidentemente, nas necessidades referentes aos lazeres, condições de trabalho e *modus vivendi*. (Gorz, 1968, p. 81)

O raciocínio é representativo do que procuramos criticar: o primado das forças produtivas. Se a revolução é uma questão de tempo, e se esta se funda no avanço inexorável das forças produtivas que, naquele momento, teria forjado o operário polivalente, basta explicar didaticamente, com base na negociação política e no compromisso de classe, essa inevitabilidade aos capitalistas. A ciência possibilitaria convencer o patronato de que não há o que fazer: o socialismo é uma etapa do desenvolvimento humano. O socialismo poderia ser visto como uma extensão do capitalismo, porém as lutas sociais expressariam a existência e a força da própria classe trabalhadora. A política singularmente proletária seria caracterizada na realização de um consumo ativo.

Essa estratégia política da transição integra positivamente as benesses do capitalismo e fundamenta-se na crítica das táticas de "negação negativa", constituindo, ao contrário, uma "negação positiva" (Gorz, 1968, 30).

Na prática, Gorz estava imbuído da tese do primado das forças produtivas como motor do desenvolvimento histórico das sociedades capitalistas. A liberdade que o próprio autor se dava para pressupor um processo revolucionário, tendo como ponto de partida a evolução inexorável do desenvolvimento da ciência e da técnica e o papel positivo que esses elementos teriam nesse processo revolucionário, faz aflorar um discurso reformista sobre a transição para o socialismo, já que regulamenta a condição histórica da classe trabalhadora segundo um universo restringido de uma "humanidade humana" por ele ambicionada (Gorz, 1968, p. 99).

Em nossa leitura procuramos afirmar a importância das classes sociais como eixo analítico e explicativo da sociedade capitalista, o que, em síntese, não está posto para as teorias que constituem o trabalho imaterial como força produtiva central. Entendemos que tal procedimento estratégico-teórico das teorias do imaterial está relacionado com a maneira como estas analisam o trabalhador e compreendem a formação da classe revolucionária. Por um lado, o trabalhador é relacionado diretamente a seu posto de trabalho; suas qualificações técnicas informam as possibilidades de sua prática e consciência política. A classe revolucionária, antes da última reestruturação produtiva, foi elaborada por Gorz e Negri como uma extensão dessas atribuições técnicas. Há uma correspondência, portanto, entre as formas de apropriação concreta dos saberes empíricos e das potencialidades revolucionárias da classe trabalhadora. Por outro, a liberação do trabalhador do tempo de trabalho necessário na produção de mercadorias é caracterizada como elemento central das contradições sociais que podem implodir a estrutura dessa produção. As forças produtivas, nesse sentido, são vistas em um primeiro momento (anos 1960-1970) como um elemento positivo e libertador – poderíamos dizer, revolucionário – para a nova classe operária.

No entanto, essa positividade com que as forças produtivas são caracterizadas ganha, nas décadas seguintes, uma negatividade intransponível. As forças produtivas capitalistas, entendidas como fundamento do desenvolvimento econômico, não poderiam ser superadas. Devem ser aceitas como elemento "eterno" da vida em sociedade. O pano de fundo que constitui essa inflexão analítica reduz-se, dessa forma, ao domínio do econômico. O primado das forças produtivas, que nas décadas de 1960 e 1970 informava os tipos de organização política e sindical e também o segmento de trabalhadores capacitados para revolucionar a sociedade, sempre erigido com base nas qualificações profissionais, passa a ser caracterizado na década seguinte por possíveis conteúdos imateriais. A imaterialidade do trabalho foi anunciada então como último momento de representação do valor como valor de troca. A impossibilidade de mensurar os conteúdos dos trabalhos ditos imateriais implicaria, portanto, no fim anunciado do modo de produção capitalista.

Em outros termos, acreditamos que o capital aprofundou a lógica de exploração do trabalho. Às técnicas de produção taylorista-fordista foram somadas novas formas de persuasão que passam, entre outras, pela ideia de que o trabalhador é um parceiro e, como tal, deveria incorporar o "espírito" da empresa capitalista. A "subjetividade" do trabalhador é, assim, reclamada pelo capital e colocada a seu serviço.

Contudo, Gorz, Negri e Maurizio Lazzarato indicam que essa forma atual de exploração do trabalho teria gerado uma subjetividade revolucionária, anticapitalista. Os conteúdos dos trabalhos imateriais são anunciados como políticos: eles carregariam em si a transformação da sociedade como um todo, seriam portadores do futuro, de uma sociedade comunista. Essa tese advém de uma leitura sobre o significado dos trabalhos imateriais. A relação direta, por exemplo, com a informação – um tipo de mercadoria considerada imaterial pelos autores aqui indicados – somente conseguiria adquirir valor no momento em que fosse reformulada e reorganizada pelo trabalhador imaterial. Assim, o capital teria criado um problema sem solução. Ele passou mais uma vez – como nos tempos dos mestres de ofício – a depender do trabalhador, do saber-fazer do trabalhador. O problema se colocaria hoje nos termos de uma dependência do capital em relação aos trabalhos imateriais. O capital não poderia mais controlar os trabalhos imateriais, já que estes seriam "livres por natureza".

De nosso ponto de vista, o capital aprendeu a controlar as formas de trabalho cognitivo. Aprofundou sua dominação política e econômica na produção quando passou a utilizar de modo mais adequado, dentro de limites preestabelecidos por ele mesmo, as capacidades intelectuais do trabalhador.

Acreditamos, por fim, que a perspectiva de liberação do tempo como tempo livre, ou seja, aquele que poderia ser controlado pelo coletivo de trabalhadores organizados, só pode se realizar em uma sociedade de transição socialista, em que as antigas relações de produção capitalistas são aos poucos substituídas por relações de produção socialistas. A mudança de direção rumo ao comunismo só pode ser caracterizada depois de constituída uma dominação política, isto é, não podemos pensar a constituição de um tempo livre sem que toda a sociedade esteja empenhada ativamente em exercer esse tempo. A liberação do tempo sem essa pressuposição é negativa apenas do ponto de vista da classe trabalhadora.

Portanto, o indivíduo social pensado por Marx nos *Grundrisse* só se revelaria coerente em uma sociedade em que a condução política já fosse controlada por uma direção de trabalhadores associados em partido político. Esse indivíduo social, representante de um intelecto geral, é fruto unívoco da constituição da revolução dos meios de produção dominados pelo capital. A luta de classes, assim, caracteriza-se como elemento fundamental da constituição de sujeitos políticos revolucionários.

Hoje, a necessidade da análise e da pesquisa sobre a formação das classes sociais nos parece decisiva. As discussões sobre o conceito de classe social e a formação da classe social em classe revolucionária são urgentes. A atualização conceitual das classes sociais talvez seja o ponto decisivo para uma reformulação da teoria marxista. Caracterizar esse conceito dentro de conjunturas político-econômicas distintas, sem cair no empirismo, e ainda reconhecer um caráter geral dessa conceituação, sem, com isso, revelar um conjunto de conceitos essencialistas, é hoje uma tarefa primeira.

PARTE II

AS FORMAS DE SER DA REESTRUTURAÇÃO PRODUTIVA NO BRASIL E A NOVA MORFOLOGIA DO TRABALHO

PETROQUÍMICA

Capítulo 8

O RAMO DO PETRÓLEO
a processualidade reestruturante do capital na Petrobras[1]

Frederico Lisbôa Romão

Os programas de qualidade e a corrida por normas, padrões e certificações

Os novos programas de qualidade e gerenciamento do trabalho, baseados na *modernidade japonesa*, foram introduzidos no Brasil no fim dos anos 1970 (Druck, 1999). No setor de petróleo, foram iniciados em meados dos anos 1980, primeiramente pelo balanço social (BS) e, em seguida, pelos círculos de controle de qualidade (CCQ).

O BS consistia na averiguação das opiniões e dos desejos dos empregados por meio de questionários. Com esses dados, a empresa "executava" algumas mudanças, pretextando ser do interesse da maioria. Muitos operários adotaram o discurso das empresas e tentaram influenciar seus colegas, mas a resistência dos sindicatos e as próprias limitações do programa esvaziaram o BS.

Os círculos de controle de qualidade (CCQ) surgiram no fim dos anos 1980, após o declínio do BS, e tinham uma clara conotação econômica. A tese que os fundamentava é: operários, chefes e engenheiros devem unir-se sem distinções em grupos de controle de qualidade para que a empresa economize e produza mais. A questão da disputa por mercado (globalizado) já despontava no horizonte.

Como seu antecessor, o CCQ apresentava aspectos interessantes para os trabalhadores: Eles falavam que aquilo era o que existia de mais moderno no mundo, vinha da Inglaterra, [era] um processo novo de melhoria no ambiente de trabalho e, inevitavelmente, as grandes

---

[1] Este trabalho é parte da tese de doutorado em ciências sociais, defendida no Instituto de Filosofia e Ciências Humanas da Universidade Estadual de Campinas, sob orientação de Ricardo Antunes.

empresas estavam fazendo e a Petrobras, como grande empresa, não poderia ficar de fora desse processo, porque, do contrário, ela seria ultrapassada. Esse era o discurso da gerência (Humberto, ex-diretor da Federação Única dos Petroleiros).

Chefes e engenheiros, em geral distantes dos trabalhadores, começaram a se comportar de maneira mais cordial. Nas reuniões, todos estavam em pé de igualdade. O ápice do CCQ era a apresentação dos trabalhos produzidos pelos grupos[2]. As melhores ideias recebiam prêmios, como bicicletas, relógios etc., nunca em espécie. De início, os trabalhadores aderiram ao CCQ, formando grupos de trabalho, apesar da firme oposição do sindicato.

Contudo, as cobranças esvaziaram o programa e, assim como o BS, ele foi abandonado[3]. Segundo um engenheiro, "CCQ, balanço social, foi oba-oba, e o tiro saiu pela culatra. Esses projetos só funcionam onde o peão não tem esclarecimento. Onde ele é preparado, *não dá certo. Só criou um fosso. Tanto é que acabou*".

Apesar da vida curta, o BS e o CCQ simbolizam uma mudança de posição na empresa: ela busca legitimar seus métodos, numa demonstração clara de disputa com o sindicato pelo controle político do processo produtivo.

Exauridas essas tentativas, novos programas surgiram durante a crise dos anos 1990. No setor petrolífero, os programas de gestão de qualidade total (GQT), gerenciamento de desempenho pessoal (GDP), o 5S[4] e as certificações da International Standard Organization (ISO) ganharam destaque. As certificações, em particular, estão presentes em todos os estudos e entrevistas realizados[5].

Essas certificações normatizam as rotinas que são executadas pelos trabalhadores. Todas as ações no processo de trabalho devem ser padronizadas. Os trabalhadores têm uma visão negativa desse processo:

É fundamentalmente uma maquiagem (JR, dirigente sindical).
A ISO é só burocracia. Prepara-se tudo para ganhar, mas depois... O que melhora mesmo é só a limpeza e a documentação mais bem organizada. Depois que passa [a auditoria], os procedimentos são largados. Depois da auditoria, tudo é largado. É só para ganhar o certificado (eletricista).

ACENTUA-SE O CONTROLE TAYLORISTA

A implantação dos novos programas afetou profundamente os trabalhadores nas empresas petrolíferas, em particular os operadores de processo. Depois das normatizações, aumentaram sobremaneira as cobranças para que eles elaborassem procedimentos e manuais operacionais[6].

---

[2] A apresentação do trabalho do grupo por trabalhadores de nível médio, em colaboração com os engenheiros, tinha um forte simbolismo. Até o surgimento das novas formas de gerenciamento toyotistas, os engenheiros eram hegemônicos nos eventos da empresa.
[3] Lojkine (1995) identifica processo semelhante.
[4] A etapa inicial do programa de qualidade total foi resumida em cinco palavras iniciadas com "s" em japonês: utilidade, organização, saúde, autodisciplina e limpeza.
[5] ISO 9000, ISO 9001, ISO 9002 (sistema de qualidade nos processos industriais), ISO 14001 (sistema de gestão ambiental) e BS 8800 (sistema de gestão em saúde e segurança no trabalho), OHSAS 18001 (sistema de gestão de saúde e segurança ocupacional).
[6] Embora nosso foco seja a área de operação, esse processo ocorre também na manutenção.

Os manuais elaborados pelos operários tinham de ser bastante detalhados. Deveriam expor as tarefas exatamente como eram executadas. Havia manuais tanto de engenheiros da própria Petrobras quanto dos fabricantes dos equipamentos, mas o conteúdo desses manuais tinha pouco a ver com o que era praticado efetivamente.

Os conhecimentos implícitos, que não constam dos manuais, são aprendidos no decorrer da vida laborativa. Trata-se de um conhecimento armazenado individual e coletivamente pelos trabalhadores, adquirido pelo tato, pelo olfato e pela audição, quando os operários se dedicam por inteiro ao processo de produção. O que a empresa procura com a feitura de manuais é se apropriar desse conhecimento.

As propostas de procedimentos elaboradas pelos operadores eram discutidas com os demais trabalhadores da área, modificadas quando necessário e, por fim, transformadas em padrão. Depois que se tornam normas devidamente cadastradas pela empresa, as propostas voltam aos grupos para serem discutidas na forma de curso *on-the-job training* (treinamento no trabalho). O líder do grupo – e não mais o operador-chefe – é o responsável pelo treinamento. Os operadores foram incumbidos de mais essa atribuição, seu próprio treinamento[7].

O processo normatizador dos tempos e das tarefas dos operários na indústria de petróleo foi marcadamente taylorista, embora tenha sido inserido no processo de modernização técnico-gerencial segundo os padrões toyotistas de produção. Essa aparente contradição mostra claramente o caráter multifacetado da reestruturação produtiva.

Os métodos toyotistas pregam a superação do controle taylorista de produção e apresentam-se como elemento humanizador da produção, capaz de superar até mesmo o *estranhamento* destacado por Marx. Notabilizaram-se pela pretensa capacidade de incorporar as ações autônomas dos operários em seu fazer, rompendo com a mecanização heterônoma do taylorismo. As discussões a respeito de métodos e procedimentos e o trabalho em equipe rescindiriam a estandardização da produção taylorista.

No caso dos operadores de processo, o movimento de cariz toyotista reduziu sua autonomia e seu tempo de trabalho. Dois vetores da reestruturação produtiva tiveram papel fundamental: a introdução de certificações segundo o modelo toyotista e novos equipamentos de controle informatizados.

O insulamento geográfico, técnico e temporal dos operadores de processo, associado às características específicas das indústrias de processo contínuo (IPC), das quais a indústria de petróleo é um caso particular, era um elemento favorável ao exercício do trabalho autônomo. O insulamento geográfico deve-se à distância entre as áreas industrial e administrativa. As plantas onde os operadores exercem suas atividades são afastadas em geral do núcleo administrativo. Essa distância reduzia o contato e, por conseguinte, o controle da gerência sobre os trabalhadores. Hoje, o trabalho pode ser acompanhado ao vivo por meio de circuitos internos de TV. Já o insulamento técnico era possibilitado pela escassez de informação à disposição da gerência sobre o trabalho efetivo dos operadores e pelas próprias características técnicas da IPC. Nas indústrias de processo em batelada, a aplicação dos métodos taylorista e fordista desconsiderava o saber operário, por isso essa forma de controle não se efetivou na mesma intensidade que em outras indústrias. Nas IPCs, a gerência dependia largamente desse saber.

---

[7] Afonso (1999) identificou o mesmo processo na indústria petroquímica.

A complexidade do trabalho em uma unidade industrial de tipo IPC obriga os operadores a tomar decisões rápidas e, na maioria das vezes, sem possibilidade de recorrer à gerência. A inexistência de tempos e formas exatas de execução, associada às características técnicas desse tipo de indústria, proporcionavam mais autonomia aos trabalhadores.

Com o aprimoramento das normatizações, o insulamento técnico dos operadores foi extremamente reduzido. Além das certificações, a reestruturação produtiva adotou novos instrumentos de controle, permitindo um acompanhamento mais preciso dos tempos e das tarefas executadas, independente do operador.

No que diz respeito ao insulamento temporal, os operadores de processo passavam dois terços de seu tempo de trabalho isolados do restante da empresa. O trabalho é realizado em regime de revezamento ininterrupto de turno, por isso os operadores só têm contato com a gerência quando trabalham em horário administrativo. De certo modo, esse tipo de insulamento foi atenuado no processo de reestruturação produtiva, quando a Petrobras transformou em cargo de confiança a antiga figura do operador III.

Antes da reestruturação, os grupos de operação eram formados sem que eles tivessem qualquer relação especial com a gerência. A empresa extinguiu os concursos internos como forma de ascensão do operador e transformou o operador III em líder (remunerado). Com isso, os operadores passaram a conviver diuturnamente com um elemento de "confiança da empresa".

Com a reestruturação produtiva da empresa, a Petrobras conseguiu reduzir o insulamento geográfico, técnico e temporal dos operadores de processo. Aumentou o controle dos tempos de trabalho dos operários, apropriou-se mais efetivamente de seus conhecimentos e enfraqueceu os sindicatos, cooptando elementos vitais das mobilizações. O resultado foi a perda de autonomia em um movimento de cunho marcadamente taylorista.

Novos pactos: capital e trabalho

Entre as novas medidas de caráter relacional entre empresa e trabalhador, a que causou mais polêmica foi a implantação do gerenciamento de desempenho de pessoal, em julho de 1994. A nova política gerencial foi assumida pela Petrobras como "uma profunda mudança de filosofia, atitudes e comportamento. Por isso, espera-se que haja uma evolução para um processo de negociação de compromissos recíprocos entre gerentes, empregados e equipes" (Petrobras, 1994).

Por sua filosofia, esse novo programa apresentava-se como resultado de ações pactuais entre "o gerente e sua equipe". A nova política procurava convencer os trabalhadores de que o futuro de cada um estava estreitamente ligado ao futuro da empresa. "Imagine, por exemplo, um barco a remo em que cada pessoa remasse para um lado. O barco não iria a lugar algum" (Petrobras, 1994).

Apesar do discurso de "aproveitamento do potencial dos trabalhadores", de "estabelecer de forma negociada metas, resultados e fatores de desempenho", a elaboração da cartilha de GDP não considerou em nenhuma de suas fases a posição dos trabalhadores e, mais uma vez, os sindicatos e seus representantes legítimos foram desprezados. O processo de cima para baixo, sem possibilidade concreta de *feedback*, *é patente* na fala de um gerente: "Então, no início do ano, [você] traça as metas da alta administração, passa para as divisões, para os setores, até chegar ao trabalhador, porque é fundamental que ele conheça o seu peso, a sua importância".

Os planos de carreira foram alterados, os concursos, eliminados, as indicações de chefia, adotadas como instrumento de ascensão profissional e novos mecanismos para estimular a concorrência intraclasse, criados, como o sistema flexível de remuneração.

As mudanças foram enormes. A Petrobras passou por uma reformulação de conceitos em todos os campos, tanto políticos quanto técnicos. Em 1993 e 1994, durante a revisão constitucional, a diretoria, então sob a presidência de Joel Mendes Rennó, enviou técnicos ao Congresso Nacional e produziu um vasto e rico material informativo em defesa da manutenção do monopólio estatal do petróleo.

> Assim quanto à variável "reservas" não há necessidade de abrir nossas áreas ao capital estrangeiro. Temos reservas suficientes para elevar a produção nacional de petróleo atendendo nossas necessidades energéticas e estamos descobrindo novas reservas a cada dia que passa. (*Engenharia em Revista*, 1994)

No ano seguinte, a mesma diretoria passou a defender o fim desse monopólio, até punindo os funcionários que fossem contra[8]. Não houve nenhuma mudança técnico--gerencial que explicasse essa metamorfose; muito pelo contrário, os números e perspectivas da empresa eram altamente satisfatórios.

O desrespeito às normas e aos parâmetros de segurança potencializou os acidentes. Foram tempos duros, em que só galgava o escalão quem adotasse como seu o novo discurso da companhia. O novo pacto entre empresa e trabalhador pressupunha uma relação de total identificação do trabalhador com as novas políticas da companhia.

Os sindicatos do petróleo não assistiram às mudanças passivamente. A Federação Única dos Petroleiros (FUP) promoveu diversas discussões sobre a reestruturação. Buscava nessas reuniões o embasamento científico da academia, como no seminário realizado em São Paulo, em outubro de 1994, e que contou com a presença dos professores Francisco Duarte, da Universidade Federal do Rio de Janeiro, Leda Gitahy e Ricardo Antunes, ambos da Universidade Estadual de Campinas. Também organizou uma campanha contra a efetivação do GDP, orientando os trabalhadores a não aderir ao programa.

Apesar da resistência sindical, os anos de reestruturação produtiva da Petrobras levaram à deterioração das relações de trabalho dentro da empresa, em particular depois da greve de 1995. O relacionamento entre chefia e trabalhadores piorou: "O que percebemos foi um fechamento, um retorno à política do chicote, do 'manda quem pode e obedece quem tem juízo'. Voltamos à Idade Média" (instrumentista).

INTRODUÇÃO DE INOVAÇÕES TECNOLÓGICAS

Na década de 1990, a avidez por novos pacotes tecnológicos cresceu. No setor do petróleo, houve uma busca pela otimização da produção e do controle do processo: introduziram-se a automação de base microeletrônica, os sistemas digitais de controle distribuído (SDCD) e os centros integrados de controle (CIC). Estes últimos concentraram

---

[8] Em maio de 1995, José Machado Sobrinho, um dos diretores da Petrobras, foi demitido por publicar um artigo no *Jornal do Brasil* contra as privatizações.

praticamente todo o comando das unidades em uma única sala e substituíram as antigas salas de controle.

O controle das unidades era feito antes pelos operadores em campo e nas salas de controle. Em campo, o controle é um microcontrole: diz respeito a cada máquina ou a cada equipamento individualmente. Nas salas de controle, ao contrário, sistemas eletrônicos analógicos permitiam controlar de forma individual e/ou integrada os equipamentos: sua finalidade era integrar o sistema, permitindo um macrocontrole.

A instrumentação e os recursos informatizados, apesar de já permitirem alto grau de automação e controle, se comparados com as indústrias de produção discreta, tinham certos limites. Assim, parte do controle era realizada pelos operadores em campo e parte pelo operador de painel. Os painéis ocupavam boa parte das salas de controle.

Os avanços da informática e o emprego de novos materiais condutores possibilitaram sistemas de controle mais efetivos e respostas mais rápidas. Surgiram os microprocessadores, os controladores inteligentes, os analisadores de linha e, por conseguinte, os CICs. Nestes, os comandos executados individualmente, instrumento a instrumento, passaram a ser executados de forma integrada, por meio de comando de um mesmo teclado de computador. Dessa forma, o operador, que antes trabalhava em campo, foi transferido para o controle do computador. O surgimento dos CICs foi uma grande inovação tecnológica, mas não ocorreu sem críticas. Os trabalhadores criticavam a velocidade e a forma das mudanças.

Os sistemas de controle tornaram-se mais refinados e proporcionaram mais sensibilidade e poder de detecção e resposta. Os circuitos internos de TV permitiram ver e ouvir as unidades; contudo, para os trabalhadores, eles ainda são insuficientes para substituir os operadores na área. Segundo eles, os anos de experiência em campo, além de contribuir para o aprimoramento técnico, sensibilizam naturalmente o olfato, o tato e a audição.

Nessa nova fase, se, por um lado, a distância dos CICs das áreas industriais tornava os controles mais seguros, porque os protegia de possíveis sinistros, por outro, essa mesma distância reduzia a capacidade de acompanhamento dos operadores, potencializando os acidentes.

Crescem os segmentos *upstream* e *downstream* [9]

Os números da década de 1990, do ponto de vista técnico e financeiro, foram extremamente positivos para a Petrobras.

Tabela 1: Marcos importantes para a Petrobras (1990-2000)

Ano	Evento
1990	Assume a 19ª posição no *ranking* das maiores empresas petrolíferas do mundo.
1992	Recebe em Houston o prêmio Distinguished Achievement Award, da Offshore Technology Conference (OTC), por seus avanços na exploração de petróleo em alto mar. Assume a 15ª posição no *ranking* das maiores empresas petrolíferas do mundo.

---

[9] *Upstream* ou segmento de montante diz respeito à pesquisa e à produção de minério; o *downstream* ou segmento de jusante refere-se ao refino, à industrialização e ao transporte.

Ano	Evento
1995	Enfrenta a maior e mais longa greve já realizada pelos petroleiros (de 3 de maio a 2 de junho).
1995	O Congresso Nacional aprova o fim do monopólio estatal do petróleo.
1997	O gasoduto Brasil-Bolívia, de 3.150 quilômetros, começa a ser construído.
1997	A Lei n. 9.478 regulamenta a flexibilização do monopólio e cria a Agência Nacional do Petróleo (ANP).
1999	A primeira etapa do gasoduto Brasil-Bolívia é concluída.
2000	Coloca ações na Bolsa de Nova York.

Fonte: *OESP*, *FSP*, *Veja*, relatórios anuais e informativos da Petrobras. Elaboração própria.

A ampliação da capacidade de produção e refino e dos lucros é aspecto importante da reestruturação produtiva da Petrobras na década de 1990. Seu faturamento cresceu ao longo dos anos.

Os lucros também cresceram: saltaram de 640 milhões de dólares em 1996 para 5,3 bilhões de dólares em 2000. A produção de petróleo (em milhares de barris de petróleo por dia [Mbpd]) aumentou 94,3% ao longo da década de 1990, ao passo que o consumo aumentou apenas 45%. Isso reduziu em 50% a dependência do Brasil do petróleo estrangeiro (em 2000, ela era cerca de 18%).

Figura 1: Faturamento da Petrobras (1990-2000)

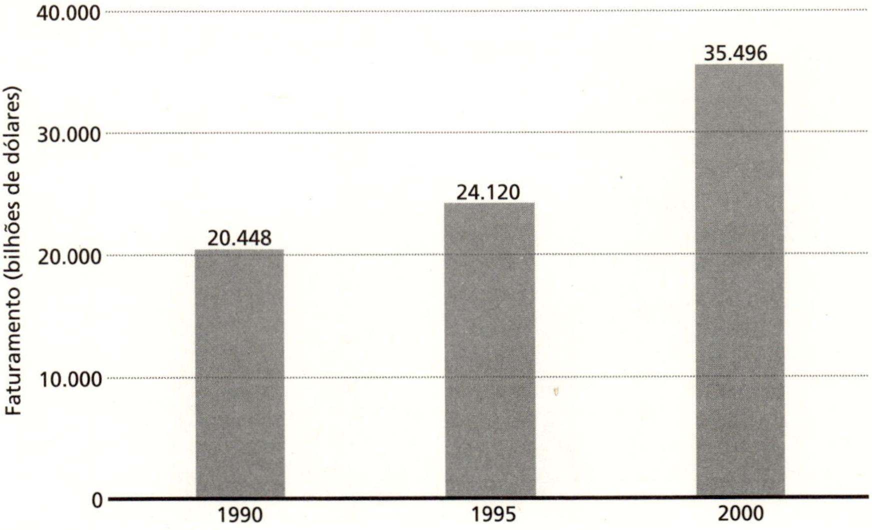

Ano	Faturamento (bilhões de dólares)
1990	20.448
1995	24.120
2000	35.496

Fonte: *FSP*, Petrobras (2000).

Figura 2: Produção de petróleo no Brasil (1990-2000)

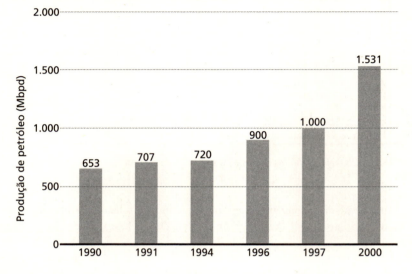

Fonte: *OESP*, *FSP*, *Veja*, relatórios anuais e informativos da Petrobras. Elaboração própria.

A capacidade de prospectar em lâminas d'água cada vez mais profundas aumentou continuamente durante esses anos, assim como a capacidade de refino.

Figura 3: Prospecção em águas profundas no Brasil (1990-2000)

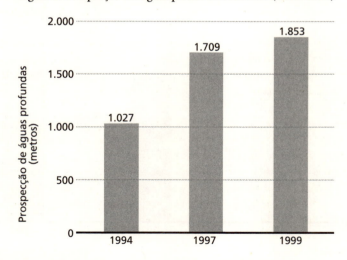

Fonte: *OESP*, *FSP*, *Veja*, relatórios anuais e informativos da Petrobras. Elaboração própria.

Figura 4: Capacidade de refino no Brasil (1995-2000)

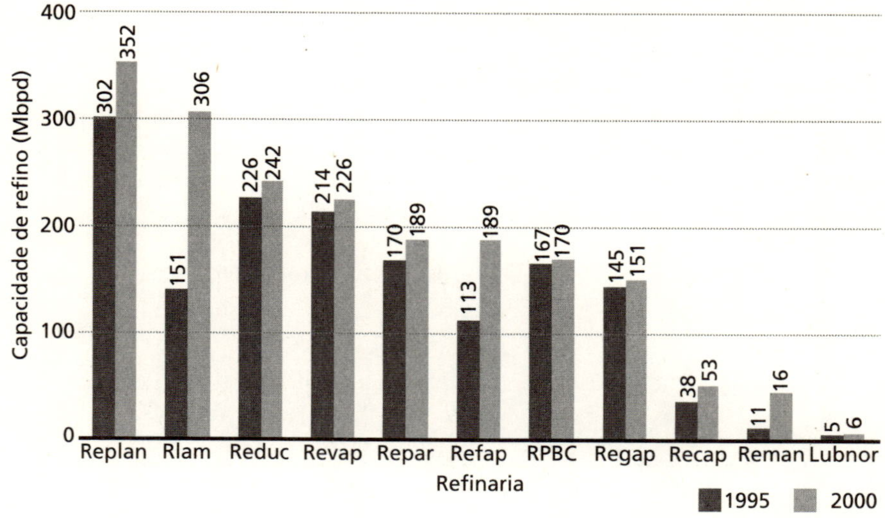

Refinaria	1995	2000
Replan	302	352
Rlam	151	306
Reduc	226	242
Revap	214	226
Repar	170	189
Refap	113	189
RPBC	167	170
Regap	145	151
Recap	38	53
Reman	11	16
Lubnor	5	6

Fontes: *FSP*, *GM*, *Techno News*, *Petrobras Magazine* (2001). Existem pequenas variações nos números divulgados pela própria Petrobras. Elaboração própria.

O maior incremento no refino ocorreu na década de 1990.

Somente no período entre 94 e 98, foram investidos 23 milhões de dólares em onze projetos priorizados. Desse total, 17% em adaptação e modificação dos processos tecnológicos das refinarias; 15% na aplicação de tecnologias desenvolvidas recentemente no mundo e ainda não dominadas pela Petrobras; e 10% em tecnologias inovadoras [...]. (*Techno News*, s.d.)

Nessa década, as refinarias da Petrobras passaram por modernização e/ou ampliação. Os trabalhadores criticam o modo como ocorreu o crescimento de produção na empresa. Concentram suas críticas principalmente em três questões: redução do quadro de empregados, velocidade das mudanças e uso desregrado de equipamentos.

Nos antigos [painéis] era possível saber o que estava acontecendo na planta com uma olhada geral, agora nós temos que ficar passando de tela em tela. Até a gente se acostumar, pegar a manha, eles são até mais difíceis de operar. (Operador)
Com a redução de quadro, caiu a qualidade na manutenção, acabou a manutenção preventiva e aumentaram as corretivas. Já teve uma época em que só tinha preventiva; hoje é só corretiva e tem que fazer às pressas. Só muda e tem preventiva quando é para preventivas da ISO. (Eletricista)

Esse processo foi um dos elementos que provavelmente afetaram o crescimento das estatísticas de acidente na década de 1990.

A REDUÇÃO DE POSTOS DE TRABALHO E A INFORMALIDADE

A redução do número de trabalhadores contratados diretamente pela Petrobras e o crescimento da terceirização concorreram para a informalidade[10] e a precarização do trabalho nos canteiros da Petrobras na década de 1990.

No que diz respeito à política de pessoal, uma característica acentuada no processo de reestruturação é a diminuição do número de postos de trabalho diretos. Na década de 1990, a Petrobras dispensou 25.708 trabalhadores diretamente contratados por ela. Em 2000, tinha 42,83% menos trabalhadores do que em 1989.

Figura 5: Efetivo próprio da Petrobras (1989-2000)

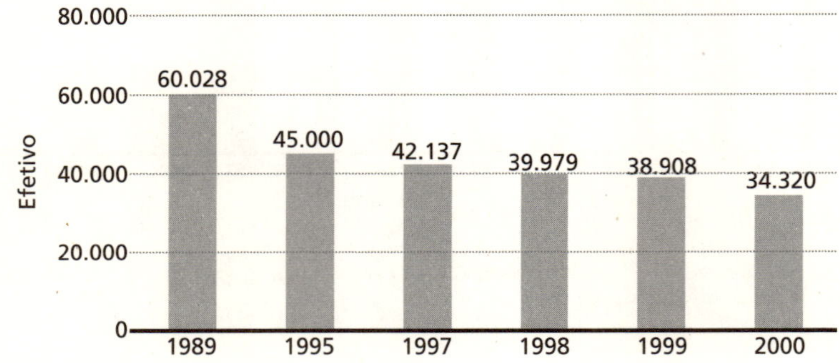

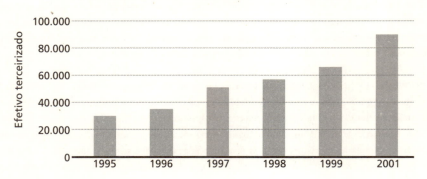

Fonte: Petrobras. Elaboração própria.

A terceirização na indústria de petróleo ocorreu por externalização, internalização ou ambas. No primeiro caso, as empresas deixaram de produzir ou executar determinados serviços em seus canteiros, contratando terceiros para realizá-los fora das suas unidades.

Figura 6: Efetivo de terceirizados na Petrobras (1995-2001)

Fonte: *Surgente* (2001), *Época*. Elaboração própria.

---

[10] Malaguti (2001) trabalha com o conceito de informalidade por ser mais amplo. Ver também Maria Aparecida Alves (2001).

Como o processo produtivo na indústria petrolífera é integrado, é importante ressaltar que, na externalização, os serviços executados por empresas terceirizadas não têm relação direta com o produto. Esse sistema é diferente do utilizado em indústrias de processo sensível, nas quais os produtos ou os serviços realizados pelas terceirizadas fazem parte do produto final.

Na terceirização internalizada, a transferência de atribuição ocorre dentro dos canteiros da Petrobras. A intensidade e a abrangência da terceirização varia de unidade para unidade, mas em geral são terceirizados os serviços de manutenção, limpeza, projetos e planejamentos, vigilância, produção de peças e equipamentos, alimentação, transporte, elaboração de estudos e até a sublocação de áreas em unidades produtivas, como é caso do incinerador na Refinaria Landulpho Alves (RLAM) e da unidade de produção de coque da Refinaria de Paulínia (Replan).

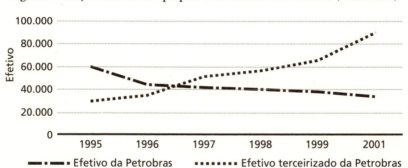

Figura 7: Relação entre efetivo próprio e terceirizado na Petrobras (1995-2001)

Fonte: *Surgente* (2001), *Época*, Petrobras. Elaboração própria.

Os trabalhadores terceirizados são, em média, mais mal remunerados e possuem nível de escolaridade menor. São alocados para trabalhos mais desgastantes, sujeitos a maior grau de rotatividade e insatisfatoriamente treinados. Os direitos legais dos terceirizados são constantemente desrespeitados. Mesmo sua segurança e higiene são negligenciadas. Não é por acaso que o número de mortes e acidentes com os trabalhadores terceirizados durante a década de 1990 foi bem superior ao dos trabalhadores da própria Petrobras.

Como se isso não bastasse, as condições dos trabalhadores terceirizados pioraram na década de 1990, à medida que aumentou o grau de precarização dos trabalhadores diretamente contratados pela Petrobras. O caso da terceirização do setor de saúde ocupacional é um bom exemplo. As primeiras enfermeiras terceirizadas possuíam direitos e garantias que foram retirados ao longo da década de 1990. As condições precárias de trabalho dessas enfermeiras levaram a uma menor qualificação técnica e ao descrédito do serviço: "Estamos com enfermeiras que não estão ligadas a nossa área, não conhecem nossas realidades" (operador); "As novas enfermeiras não têm a mesma condição das antigas enfermeiras da empresa" (mecânico).

A terceirização provoca uma apartação no coletivo de trabalhadores: os terceirizados não se veem como trabalhadores da empresa central e os trabalhadores dessa empresa não veem os terceirizados como seus iguais. Essa apartação também ocorreu na Petrobras. Os

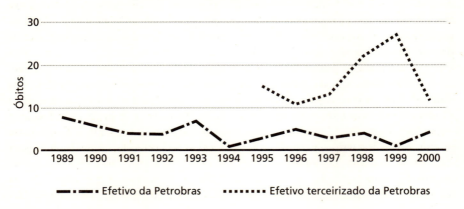

Figura 8: Óbitos na Petrobras (1989-2000)

Fonte: FUP, Gil (2000). Elaboração própria.

terceirizados, em seu conjunto, não se percebiam como petroleiros nem os petroleiros os reconheciam como tais.

Essa apartação é provocada pela desidentificação entre terceirizados e efetivo próprio e tem elementos causais concretos. As diferenças de condição de trabalho são por demais acentuadas. Elas começam pelos portões de acesso às unidades: os terceirizados eram obrigados muitas vezes a entrar por portões exclusivos[11]; os restaurantes e, por conseguinte, as refeições eram próprios[12]; os uniformes e os equipamentos de proteção individual (EPIs) dos terceirizados eram de qualidade muito inferior. A formação técnica também era muito desigual: ao contrário dos terceirizados, os trabalhadores da Petrobras faziam cursos preparatórios no Senai, em escolas técnicas federais ou na própria empresa antes de assumir suas funções e eram continuadamente reciclados.

> Quando muda alguma coisa, o empregado da Petrobras fica o dia todo numa sala com ar condicionado se atualizando; o terceirizado aprende na hora, pegando alguma coisa ali, outra acolá e assim vai aprendendo do que eles soltam. Quando dão palestra para a gente, é de apenas uma hora, pela noite, aí já está todo mundo tão cansado... E você sabe, cansado ninguém aprende nada. (Eletricista terceirizado)

Esse processo se acentuou à medida que os efetivos próprios da Petrobras foram reduzidos.

> A situação hoje está bem pior. Sei muita coisa e aprendi tudo nas áreas da Petrobras. Mas não adianta aprender mais, o serviço braçal, o serviço mais pesado sempre sobra para a gente. A gente sempre fica com a fatia do bolo mais desgastante. Hoje ficaram poucos empregados da própria Petrobras, eles então executam os serviços mais leves, por isso sobra o mais pesado para o pessoal das empreiteiras. (Caldeireiro terceirizado)

---

[11] Depois de muita luta dos sindicatos, isso praticamente não ocorre mais.
[12] Existe diferenciação entre os próprios terceirizados: alguns fazem suas refeições nos restaurantes da Petrobras.

A instabilidade no emprego e a ausência de organização sindical obrigam muitas vezes os terceirizados a executar serviços em condições de completa insegurança, o que agrava ainda mais suas condições de trabalho. Os operários da Petrobras, ao contrário, têm mais condições de exigir segurança no trabalho. Há diversos casos de trabalhadores de empreiteiras que trabalharam dez ou quinze anos na Petrobras. Alguns até se aposentam depois de trabalhar continuamente em uma mesma área da Petrobras, mas isso não altera sua subcondição.

Com a constatação da apartação, fruto do processo de desidentificação da classe, inclusive da base concreta em que ela se consubstancia, a fragmentação que existe no interior da classe trabalhadora foi assumida. Nessa relação, é evidente que os terceirizados são a fração "mais degradada". Mas é importante ressaltar que existe uma relação de função entre os trabalhadores da empresa central e os terceirizados. Isso ocorre porque o conjunto dos trabalhadores, terceirizados ou não, está sujeito à mesma lógica do capital, pois todos estão imersos no mesmo movimento de busca de mais lucro que precarizou o mundo do trabalho na década de 1990. Além da conformação de um mundo dual, percebe-se um mundo do trabalho fragmentado, crescentemente oprimido e explorado, ainda que em intensidades diferentes.

A terceirização tem contribuído fortemente para aumentar a fragmentação da classe trabalhadora e isso se aplica à Petrobras. As empresas terceirizadas utilizam diversos artifícios para dificultar a soldagem dos vínculos classistas. O mais usual é declarar natureza jurídica diferente da empresa central, de modo que uma só refinaria pode ser base de diversos sindicatos. Essa manobra dificulta a filiação dos terceirizados ao sindicato da empresa central. Como os postos de trabalho das empresas centrais foram reduzidos e substituídos por terceiros, há um número cada vez maior de operários nos canteiros sem representação sindical ou, no máximo, com uma representação de fachada, que os coloca sob a influência de sindicatos pelegos[13].

Além desses artifícios mais sutis, as empresas terceirizadas não se esquivam de empregar métodos mais diretos, quando necessário. É comum perseguirem ativistas sindicais, atribuindo-lhes as tarefas mais pesadas e, se isso não os faz recuar, demitindo-os sumariamente. Esse processo castra as lideranças e amedronta o coletivo.

Na Petrobras, o único setor em que não há nenhum tipo de terceirização é o setor de operação, apesar de tentativas localizadas de terceirizá-la. Sendo assim, em caso de greve, apenas o setor de operação pararia de fato, pois todos os demais teriam condições de continuar a funcionar, ainda que de maneira precária. Na prática, porém, isso não acontece, porque os sindicatos encontram formas de parar todos os setores, terceirizados ou não.

Além de ser um complicador nas campanhas salariais e nas mobilizações, as terceirizações provocaram uma redução das bases dos sindicatos que, somada à redução do número de postos de trabalho próprios, redundam em subtração do poder sindical financeiro e político.

A redução da capacidade de sublevação dos trabalhadores em virtude do processo de reestruturação produtiva caminha em sentido contrário às teses que identificavam efetivos menores e mais qualificados como detentores de um maior poder de pressão sobre os patrões. É de se crer que elas não apreenderam adequadamente os aspectos objetivos e subjetivos presentes nesse processo.

Objetivamente, existe nesse momento um crescimento do exército de reserva. Ao lado dos trabalhadores empregados, há "uma população trabalhadora adicional relativa-

---

[13] São denominados pelegos os sindicatos que não defendem os interesses de classe dos trabalhadores.

mente excedente, isto é, excessiva para as necessidades médias de valorização do capital e, portanto, supérflua" (Marx, 2013, p. 705).

Os índices sociais trazidos à luz pela mídia refletem a miséria daqueles que estão desempregados. A divulgação desses dados abala os trabalhadores; por comparação, eles começam a relativizar seus baixos salários, suas precárias condições de trabalho. "O clima é de insegurança. Se olharmos em volta, vemos que ninguém tem estabilidade. O sindicato, depois de 95, quebrou, ninguém está com ânimo. A instabilidade é muito grande e todo mundo vê que, se aqui está ruim, lá fora tem coisa pior" (engenheiro).

Os desempregados ou subempregados são uma constante ameaça aos seus empregos. Eles batem continuamente à porta das fábricas, querendo entrar. Agem como membros de uma organização sem comando, desorganizados, do contrário não fariam o papel de "alavanca da acumulação capitalista" (Marx, 2013, p. 707), sujeitando-se a trabalhar em piores condições, a menor custo para o sistema.

Nos períodos de estagnação e prosperidade média, o exército industrial de reserva pressiona o exército ativo de trabalhadores e, nos períodos de superprodução e paroxismo, contém suas pretensões. A superprodução relativa é, portanto, o pano de fundo contra o qual a lei da oferta e da procura de mão de obra se move. Ela reduz sua ação a limites absolutamente condizentes com a avidez por explorar e a paixão por dominar o capital (Marx, 2013).

Esse conjunto de elementos – *sabiamente* trabalhados pelos prepostos das empresas – é grandemente desmobilizador. Ao contrário do que se apregoa, portanto, efetivos menores e tecnicamente mais qualificados não têm conseguido barrar os avanços do capital sobre seus direitos: a redução das conquistas observadas na década de 1990 entre os petroleiros ocorre *pari passu* com a redução dos postos de trabalho e com o crescimento da qualificação dos trabalhadores.

Os sindicatos de petróleo têm lutado para reverter a situação de penúria dos terceirizados. As direções criaram departamentos dedicados à questão da terceirização e, na Bahia, foi onde houve mais avanços. A própria filosofia de atuação sindical mudou:

> Na década de 80, a política do sindicato exigia o fim das empreiteiras. Hoje, a luta é outra. O sindicato luta para dar aos trabalhadores terceirizados condições próximas às da Petrobras. Como sabemos que a finalidade das empreiteiras é fazer crescer o lucro, se conseguirmos igualar as condições, os contratos com a Petrobras ficaram inviáveis. Outra luta nossa é buscar igualar as condições das empreiteiras em todo o Brasil. (Germino, Sindipetro-Bahia)

Os elementos apresentados anteriormente mostram que um dos sustentáculos fundamentais da reestruturação levada a cabo na Petrobras foi o aumento da exploração do trabalho. A extração do *mais-valor* cresceu tanto em seu caráter relativo quanto absoluto. A extração relativa aumentou porque a empresa introduziu novos equipamentos e instrumentação, fazendo crescer a produtividade no instante mesmo que reduzia a força de trabalho direta. A extração absoluta cresceu porque diversos serviços foram terceirizados e, por meio desse artifício, a empresa fez aumentar de forma gritante a jornada de trabalho à disposição da produção.

A Petrobras beneficiou-se também dos ganhos sobre o trabalho advindos dos movimentos mais gerais da economia brasileira. Estudo aponta que, *no contexto do Plano Real*, o governo federal utilizou-se de artifícios jurídicos para permitir aos empresários transferir dinheiro para os trabalhadores "a um custo muito inferior ao dos tradicionais reajustes derivados das políticas salariais, uma vez que as parcelas decorrentes da participação dos lucros e resultados não se incorporam aos salários" (Oliveira e Siqueira Neto, 1999).

A LIOFILIZAÇÃO[14] ORGANIZACIONAL

As mudanças no chão de fábrica nesse período foram abundantes, impositivas e sem discussão com o sindicato. A extinção dos postos de trabalho foi acompanhada da eliminação de níveis hierárquicos e do fim de muitas funções ou cargos, como telefonista, telegrafista e teletipista. Setores e atribuições foram fundidos. As formas de ascensão foram alteradas e os concursos internos foram extintos. As promoções passaram a ser feitas por indicação da chefia. As mudanças atingiram diretamente o pessoal de operação e manutenção: antes, havia operadores estagiários, operadores I, II e III e técnicos de operação; depois, apenas operadores I e II.

O fim dos concursos internos foi uma das mudanças promovidas pela reestruturação que mais afetou os coletivos de trabalhadores[15]. Os chefes de grupo eram os operadores III, que, por serem concursados, tinham estabilidade no cargo e, além disso, eram respeitados tanto do ponto de vista técnico quanto do político. Não havendo mais chefes de grupo, o que havia eram supervisores, e apenas enquanto a empresa assim o desejar. "Não mais existe chefe de grupo, o chefe está... A empresa manipula a bel-prazer, joga como quer. Hoje o chefe vive na corda bamba: errou, perde a chefia" (operador). Isso tornou os "novos supervisores" meros cumpridores de instruções. Com o fim dos concursos internos, a força da competência técnica diminuiu e a presença da política aumentou. "Hoje quem tem qualidade não tem vez. Só aparece quem a chefia quer, tem de servir a ela. Quando era por concurso, tinha diferença, a equipe confiava mais no chefe, tinha mais segurança nele" (operador).

A Petrobras passou a ter controle sobre um elemento fundamental na organização interna, tanto do ponto de vista técnico quanto político. Os supervisores possuíam grande conhecimento operacional e comandavam as equipes da produção; sem esse pessoal, qualquer ação sindical fica extremamente enfraquecida. "O sindicato surgiu com quem tinha poder de mando, é por isso que ele tinha força. A presença dos encarregados, dos chefes de grupo, dos técnicos de laboratório dava moral para os demais" (Paulão, ex-presidente da CUT-Sergipe).

A separação que havia entre os diversos níveis de operadores na maioria das plantas praticamente desapareceu[16]. O operador I tinha suas obrigações, que eram diferentes das obrigações do operador II, e assim sucessivamente. Com a nova filosofia toyotista, o trabalho em equipe foi afirmado de modo mais enfático, a norma passou a ser "todos fazem tudo"[17].

---

[14] O termo refere-se originalmente a uma técnica de separação físico-química. Trata-se de um método de purificação do qual se extrai solvente a baixa pressão e temperatura. O solvente passa do estado sólido para o gasoso por sublimação. O termo é utilizado por Antunes (2002 e 2009a).

[15] Embora nosso foco seja o setor de operação, a manutenção passou por processo semelhante após o fim do concurso para encarregado.

[16] A Oxiteno (Cartoni, 2002) é um dos poucos exemplos no Brasil em que sempre houve o rodízio, a exemplo das petroquímicas japonesas (Hirata, citada em Carvalho, 1994).

[17] Glícia Santos (1999) encontra prenúncio de movimento contrário na Aracruz Celulose: com a introdução do SDCD, as funções se tornaram mais fixas.

As atribuições entre as duas áreas (manutenção e operação) eram claramente definidas, mas na década de 1990, quando o setor de manutenção foi praticamente todo terceirizado, o operador passou a ser responsável também pela manutenção inicial dos equipamentos. Surgiu a figura do *operador mantenedor*[18].

Essa situação exige polivalência dos operadores. Por suas novas atribuições, eles devem cobrir diversas áreas e funções ao mesmo tempo, em um processo perigoso e estressante, conforme afirmam: "Quem fica, fica sobrecarregado, tudo sob tensão, qualquer coisa está brigando" (eletricista).

A redução do quadro, mais do que as novas tecnologias, motivou a multifunção e a polivalência na operação. As gerências obrigaram os operadores a fazer rodízios mais curtos entre as áreas. A intenção era que todos passassem rapidamente por todas as áreas para que se pudesse declarar que todos estavam treinados de acordo com os novos procedimentos da ISO: "Antes eram dois para cada tarefa; hoje saem os dois, mas como são muitas tarefas, temos de nos separar" (instrumentista).

O tempo de treinamento foi reduzido e até as características individuais foram desconsideradas. O treinamento em si perdeu qualidade:

Você entrava lá e demorava até um ano para passar a ser contado.
– Olha, você vai passar a contar o número mínimo a partir de hoje.
– Caramba! Agora eu estou contando.
Você faz um monte de manobras, todas acompanhadas, faz alinhamento, desenha os alinhamentos, válvulas, bloqueios, bombas, instrumentos etc. Depois o cara vai explicar porque tem todo esse processo, porque o instrumento está aqui e não ali, porque se bloqueia lá e porque tem uma válvula de controle e não uma que fecha.
Um ano. Aí o camarada fala para você:
– Você faz parte do número mínimo.
É um orgulho para o cara fazer parte do número mínimo! (Marcelo, Sindipetro-Campinas; citado em H. Souza, 2001)

As mudanças foram impostas de cima para baixo, sem muita relação com a teoria das mudanças negociadas. A empresa impôs o modelo, apostando no espírito de equipe e no senso de sobrevivência dos operadores. Sabendo que o erro de um pode levar a acidentes de muitos, e que uma equipe bem treinada reduz os riscos, os trabalhadores se obrigaram a assumir a tarefa que seria da empresa.

No setor administrativo, funções foram extintas. Setores foram reduzidos ou suas atividades foram centralizadas em outros locais, e as aposentadorias eram incentivadas. Na Refinaria Gabriel Passos (Regap) houve 232 desligamentos só por aposentadoria entre 1993 e 1996 (Requena, Arcângelo e Torres, 1999).

As áreas técnicas, como manutenção, laboratório e segurança industrial, também passaram por grandes mudanças. Em algumas unidades, efetivos inteiros foram substituídos por terceirizados. Alguns foram deslocados para a operação, em substituição aos

---

[18] Denominada "manutenção autônoma" nas indústrias petroquímicas (Afonso, 1999) e "manutenção de primeira linha" no setor de papel e celulose (G. Santos, 1999). Segundo os trabalhadores, depois que a plataforma P-36 afundou, a "Petrobras recuou no seu projeto de operador mantenedor" (Fernando, Sindipetro-Norte Fluminense).

operadores que se aposentaram: "O cara era do laboratório, aí depois de dez, quinze anos, passa para operação. Esse cara não tem malícia, pode se acidentar e acidentar os outros. Caldeireiro vira rapidamente instrumentista" (instrumentista). Dado o alto grau de complexidade da operação, "são precisos, para fazer um operador razoável na área, três anos; um bom operador precisa de cinco anos na área; para ser um ótimo operador, podendo assumir chefia de grupo, uns oito anos" (Germino e Moisés, sindicalistas). Nada disso foi considerado. Restaram efetivos menores, compostos de trabalhadores mais velhos, tendo de responder a exigências em unidades também envelhecidas: "Surgiram trabalhos que não havia antes, como substituir válvulas, trocar trechos de tubulações e maior número de vazamentos" (caldeireiro).

A segurança industrial também mudou. Antes da reestruturação, os setores de segurança acompanhavam diretamente as questões de segurança, ministravam cursos e eram responsáveis pelo bom estado dos equipamentos de segurança. Com a introdução das novas metodologias, os inspetores de segurança e a manutenção deixaram de trabalhar no turno: "Passamos a fazer nossa própria segurança, devido à empresa tirar os orientadores... É até interessante... mas o povo da segurança hoje é só burocracia" (eletricista).

Isso significou transferência de responsabilidades. Uma das questões fundamentais da nova filosofia taylorista é o *acidente zero*. O que deveria ser algo benéfico para os trabalhadores transformou-se em seu contrário. Para não interferir nas estatísticas e não inviabilizar as certificações, a empresa começou a escamotear os acidentes. Mesmo os mais graves, que exigem afastamento, foram burlados. Os trabalhadores se viram obrigados a trabalhar doentes: "As metas precisam ser cumpridas... Sem absenteísmo, sem afastamentos. Todo mundo está ficando com medo, vem trabalhar doente... está ficando com medo" (operador).

O risco dessa atitude é, entre outros, mascarar a relação direta entre incidentes, acidentes sem e com gravidade, nessa ordem. Para cada x incidentes, ocorrem x-1 acidentes sem gravidade. A cada y acidentes sem gravidade ocorrem y-1 acidentes com gravidade, e assim sucessivamente até ocorrer um acidente com morte. Logo, se os primeiros incidentes não forem registrados, a possibilidade de as políticas preventivas serem eficientes diminui. Isso aumenta a chance de acidentes graves. Não se evitando os pequenos, os grandes acontecerão!

Em março de 2001, o Brasil assistiu ao maior acidente em plataforma de petróleo no mundo: o afundamento da P-36 provocou a morte de 11 petroleiros e a perda de um investimento da ordem de 475 milhões de dólares.

Tabela 2: **Acidentes na Petrobras (1989-2001)**

Ano	Acidentes com vazamento de óleo
ago. 1989	690 mil litros em São Sebastião (SP)
jan. 1994	405 mil litros em plataforma no campo de Albacora (RJ)
maio 1994	3,12 milhões de litros em São Sebastião (SP)
mar. 1997	694 mil litros em duto que liga a Refinaria Duque de Caxias ao terminal da Ilha D'Água (RJ)
jan. 2000	1,4 milhão em duto na Baia da Guanabara (RJ)

Ano	Acidentes com vazamento de óleo
jul. 2000	4 milhões de litros na Refinaria Presidente Getúlio Vargas (PR)
fev. 2001	50 mil litros em Morretes (PR)
mar. 2001	1,4 milhão de litros no afundamento da plataforma P-36 (Bacia de Campos, RJ)
abr. 2001	26 mil litros na plataforma P-7 (Bacia de Campos, RJ)
maio 2001	200 mil litros em Barueri (SP)
dez. 2001	1 milhão de litros de nafta na baía de Paranaguá (PR)

Fonte: *FSP*, *Almanaque Abril* (2002), *Época* (2001), Petrobras (2000).

A base da reestruturação era econômica. Visava reduzir custos. Obviamente, teve reflexos técnicos na empresa, pois, além de economia de pessoal, buscava economizar manutenção,

> As mudanças foram feitas de uma forma maluca, desorganizada, e deu problema. Tem peças que não existem na prateleira, o fabricante só entrega com nove meses; se elas quebrarem, não podem ser recuperadas. Nesses casos, mesmo sendo caras, é preciso ter estoque ou, do contrário, [você] corre o risco de ficar parado nove meses. No início, eles não respeitaram isso e tentaram segurar, mas depois veio ordem de cima para voltar atrás (engenheiro).

Apesar das certificações, as condições de trabalho eram inferiores: "Acabou a manutenção preventiva e aumentaram as corretivas. *Já teve uma época* em que só tinha preventiva, hoje é só corretiva e tem de fazer às pressas. *Só muda e faz preventiva quando é preventiva da ISO 9000"* (instrumentista)[19].

Com a redução do número de secretarias nas unidades, os supervisores de grupos, seja de operação, seja de manutenção, tiveram de assumir novas tarefas, como acompanhar frequências, distribuir férias e gerenciar desempenhos. A princípio, o fato de os trabalhadores terem assumido funções administrativas, podendo, por exemplo, escolher quando tirariam férias, sem intromissão da gerência, poderia ser visto como um ganho de autonomia. No entanto, isso se transformou em um problema. Os grupos precisavam distribuir as férias, mantendo um número mínimo de trabalhadores por equipe e, ao mesmo tempo, tendo de administrar interesses diversos. Antes da reestruturação, cabia à empresa lidar com a dificuldade e o mal-estar; agora o problema era de responsabilidade dos coletivos de trabalhadores.

---

[19] É importante registrar que no relatório anual de 2000 a Petrobras reconhece a necessidade de rever as orientações relativas à segurança e ao meio ambiente. Em 2001, destinou 1 bilhão de dólares ao Programa de Excelência em Gerência Ambiental e Segurança Operacional, para serem investidos até 2003. No entanto, como ela própria admite, com "um programa desse tipo, os resultados não aparecem no curto prazo". Infelizmente, o desmonte já era grande; isso explica o afundamento da P-36 e a série de vazamentos que voltaram a ocorrer durante todo o ano de 2001. A "mudança" de posição da Petrobras refletiu-se também na assinatura do acordo coletivo de trabalho de 2001-2002, no qual a FUP conseguiu incluir o Direito de Recusa (Cláusula 94), segundo o qual o trabalhador poderia suspender a realização de atividades quando avaliasse que sua vida e/ou a de colegas estava em risco. Essa cláusula era reivindicada havia dez anos.

A PERDA DE DIREITOS

A década de 1990 é apontada por diversos estudos como um período de refluxo da ação sindical, ao contrário do que ocorreu no fim dos anos 1970 e durante toda a década de 1980, quando os trabalhadores, sob o comando do novo sindicalismo, realizaram ações ousadas e contestadoras e conquistaram inúmeros direitos. Havia um forte sentimento de que a categoria petroleira possuía força e poder para fazer a empresa respeitá-los: "Antes o sindicato ditava as normas. O ambiente aqui em baixo era melhor, pois, na balança, o sindicato pesava mais na relação com a empresa. Hoje a força do sindicato está muito menor" (operador).

Essa força se materializava nas conquistas e na capacidade dos trabalhadores de fazer valer seus direitos – mesmo os engenheiros e encarregados mais truculentos eram obrigados a recuar diante da organização sindical. Historicamente, as ações sindicais petroleiras foram responsáveis por ampliar direitos e eliminar punições. Esse processo ganhou corpo na década de 1980 com os sindicatos cutistas.

Até os primeiros anos da década de 1990, quando muitas categorias importantes como bancários e petroquímicos já amargavam perdas, os petroleiros acumulavam vitórias. Entre 1989 e 1995, o polo petroquímico do Rio Grande do Sul extinguiu 43,3% de seus postos de trabalho, e a força de trabalho bancária no país caiu em torno de 50%[20]. Durante os anos 1990, as dificuldades da categoria petroleira ampliam-se. Essa década será caracterizada pela perda de direitos tanto em pequeno plano (a relação direta entre patrão e empregado) quanto no plano mais geral (acordos, convenções coletivas e legislação específica). Em 1990, a Petrobras demitiu mais de mil trabalhadores para se adequar à reforma administrativa do presidente Collor. Em 1992, reduziu o número de dirigentes sindicais petroleiros e cortou o salário de alguns.

Apesar das dificuldades, os trabalhadores conseguiram manter um nível razoável de mobilização e resistência à reestruturação produtiva do capital até a greve de 1995. Ainda no início da década, obtiveram a readmissão dos trabalhadores demitidos por causa do Plano Collor, a readequação do salário de parte dos dirigentes sindicais liberados etc. Contudo, após a greve de 1995, a capacidade de reação dos petroleiros diminuiu fortemente[21].

> Na Reman [Refinaria de Manaus], a questão da reestruturação produtiva, dos remanejamentos, das trocas e tal, vem acontecer depois da greve, realmente. Em 1996, nós sofremos lá um processo agressivo, violento mesmo, de redução de quadros, de eliminação de postos, setores que foram terceirizados, por exemplo, a nossa vigilância, a nossa segurança patrimonial, ela foi totalmente extinta, totalmente. (Hildebrando, dirigente do Sindipetro-Amazonas)

Aproveitando-se dos reveses da greve de 1995, a empresa levou adiante a reestruturação que já vinha efetuando desde o início da década.

---

[20] Em 1989, havia 2.344 petroquímicos e, em 1999, apenas 1.530 (Alberton, 2000). O número de bancários caiu de 815 mil no fim dos anos 1980 para cerca de 400 mil em 2000 (Jinkings, 2002).
[21] As mobilizações com paralisações só foram retomadas em 2001.

Na verdade, nunca tivemos cláusula de garantia de emprego. A gente tinha, até então, uma cláusula em que a empresa comprometia-se a não proceder a dispensa coletiva de caráter sistemático, a não ser que aprofundasse em questões técnicas, econômicas e financeiras (e ponto). Era uma cláusula de compromisso, mas que historicamente, do nosso ponto de vista, era uma garantia no emprego e para a empresa também.

O que significava isso? Ela ia para um acordo coletivo e, se um trabalhador fosse lá com o patrão e falasse:

– Me manda embora, eu quero pegar um fundo de garantia, vou abrir um barzinho, estou produzindo alguma coisinha, não quero mais ficar aqui.

– Não pode, a cláusula não permite, só se o sindicato autorizar.

Então, cria[-se] uma cultura de que aquela cláusula de compromisso era estabilidade. Então quando acabou a greve [de 1995]:

– Essa cláusula nunca mais. (Spis, citado em Lucena, 1997)

Valendo-se da situação de refluxo do movimento sindical, a Petrobras acabou com alguns direitos, excluiu uma série de conquistas para os novos[22] e iniciou um processo de compra de antigos direitos[23], entre eles o extraturno em 1999[24]. Os sindicatos, apesar da debilidade momentânea, enfrentou essa política e impediu, no ano seguinte, que ela conseguisse comprar a quinta turma conquistada na Constituição Federal de 1988. Com essa derrota, a empresa interrompeu o processo de compra de direitos.

Foram anos de ajuste para a Petrobras, uma fase de adequação às políticas neoliberais. A palavra de ordem passou a ser "enxugamento" e traduziu-se em inúmeros cortes. O resultado foi a precarização das relações e condições de trabalho.

Os planos de demissões voluntárias (PDVs) e as aposentadorias, proporcionais ou não, foram incentivados com prêmios. Foi por meio desses dois instrumentos – sobretudo pelas aposentadorias – que a Petrobras reduziu 42,83% de seu quadro na década de 1990. As reduções nunca eram suficientes. Foram muitas reuniões, gráficos e dados explicativos. Estava instalado o terrorismo psicológico.

As notícias desnortearam os trabalhadores: "A empresa Y demitiu tantos", "A fábrica X foi privatizada", "Anunciadas férias coletivas", "A Petrobras pode ser privatizada", "O Leste desmoronou". Foram golpes duros, o objetivo era construir uma nova hegemonia. Os operários, que na década anterior aprenderam que tinham força e estavam se preparando para transformar a sociedade – "O sindicato tinha um sonho de transformar a realidade, construindo uma sociedade igualitária" (operador) – começaram a se sentir impotentes na nova realidade: "Me sinto menos seguro, me sinto como um verme, jogado para trabalhar sem valor nenhum, só dão valor na hora que estão no sufoco... quebrou e vai parar... na hora do trabalho... quando estão a 105%, eles esquecem" (mecânico).

---

[22] A Petrobras ampliou sua política de diferenciação dos trabalhadores, eliminando diversos direitos das novas contratações.

[23] Para Caetano e Maurício, respectivamente diretor e ex-coordenador da FUP, até mesmo a compra de direitos refletia a força dos petroleiros; no caso de outras categorias, as empresas simplesmente anulavam conquistas antigas sem propor nada em troca.

[24] Em consequência do extraturno, a Petrobras pagava ao pessoal de turno 100% a mais por cada hora trabalhada nos feriados. Apenas a base de Paulínia continuava a receber esse bônus, porque os trabalhadores recusaram em plebiscito a proposta da empresa.

A sensação é de que está passando uma chuva... Amanhã podemos estar em outro lugar, ninguém tem garantia de até quando fica. Perdeu-se o amor que se tinha pela empresa, o orgulho de ser petroleiro, o respeito... Hoje os trabalhadores não são respeitados, os chefes fazem o que querem. (Nilmário, Sindipetro-Bahia)

A DIVISÃO SEXUAL DO TRABALHO NA INDÚSTRIA DE PETRÓLEO

Apesar das grandes transformações causadas pela reestruturação produtiva, a divisão sexual do trabalho na Petrobras permaneceu e as mulheres continuaram a ocupar posições desiguais em relação aos homens. As mulheres ainda eram uma minoria sintomática. Trabalhavam quase que exclusivamente na área administrativa e ocupavam cargos de chefia apenas nas áreas de recursos humanos e comunicação social. As gerências diretamente ligadas às áreas industriais eram ocupadas em sua quase totalidade por homens.

Tabela 3: Mulheres na Petrobras (1998-1999)[25]

Ano	Número de mulheres
1998	4.168
1999	3.981

Fonte: Petrobras (1999).

Em 2001, na RLAM, havia 9 mulheres na área de manutenção em um efetivo de cerca de 350 trabalhadores. A Refinaria Alberto Pasqualini (Refap), em Canoas, destacou-se por possuir o maior número de mulheres na área industrial entre as unidades pesquisadas. Nessa refinaria, dos 120 operadores de processo, 20 eram mulheres em 2001. Na Fábrica de Fertilizantes Nitrogenados de Sergipe (Fafen) não havia mulheres na área de manutenção ou operação. Na Replan, apenas duas mulheres trabalhavam no setor de operação (H. Souza, 2001)[26].

O preconceito de gênero é algo não assumido na empresa, mas percebido pelas funcionárias:

Existe um preconceito velado. Eles normalmente não assumem. Quando acontece algum problema, dizem que é problema pessoal, mas fazem isso para não assumir que a questão é que sou mulher. Imagine você, o homem que tem uma esposa doméstica, que na casa depende dele para tudo, quando esse cara chega no trabalho, tem de trabalhar com uma mulher do mesmo nível. Em casa você é superior, no trabalho está no mesmo nível, dá para imaginar? (Trabalhadora, vinte anos de Petrobras[27])

---

[25] Por falta de dados, não consideramos as mulheres que trabalhavam em empreiteiras.
[26] Em 2003, já sob novo governo no país e nova direção na Petrobras, a discriminação no alto escalão continuou. Dos 21 dirigentes de alto escalão (9 do conselho de administração, 7 da diretoria executiva e 5 do conselho fiscal), apenas 2 eram mulheres: a presidente do conselho de administração e um membro do conselho fiscal. Na diretoria anterior, só havia uma mulher, que fazia parte do conselho de administração.
[27] A identificação da entrevistada se mantém vaga, atendendo a uma demanda da própria funcionária. No período da pesquisa, o número de trabalhadoras na Petrobras era reduzido, portanto havia possibilidade de ser reconhecida e, com isso, haver retaliações.

É de crer que, no que diz respeito à divisão sexual do trabalho, a realidade da Petrobras coincide com a que impera em *todo o mundo industrial*. Ela é resultado da aplicação de *estereótipos sexuados* na gestão da mão de obra:

> A realização de trabalhos perigosos, pesados ou insalubres, o trabalho em turnos e o trabalho noturno, as atividades de manutenção e, de maneira mais geral, as atividades que requerem conhecimentos técnicos são todas ligadas a essas representações sexuadas. (Hirata, 2002)

A exclusão das mulheres das áreas de operação, mesmo com o advento dos CICs, nos quais o trabalho do operador era mais leve, é a prova inconteste do conteúdo ideológico subsumido no discurso técnico. Antes, explicava-se a ausência de mulheres nas áreas operacionais pelo ambiente insalubre, pelo serviço pesado etc. Depois, as condições mudaram, mas as mulheres permaneceram grandemente excluídas.

Escolaridade

Os dados indicam crescimento do nível de escolaridade dos trabalhadores na década de 1990, impulsionado pelas novas exigências tecnológicas e pela disponibilidade de força de trabalho. Os trabalhadores da Petrobras incluíam-se nessas estatísticas, em particular os operadores de processo. Antes da década de 1980, exigia-se para o cargo de operador apenas o ensino fundamental; nos anos 1990, era necessário ter ensino médio ou técnico, mas muitos trabalhadores candidatavam-se ao cargo já cursando uma universidade. Havia casos de candidatos a cargos de nível médio que possuíam diploma de curso superior. Essa nova realidade fez crescer a presença de universitários na operação e na manutenção.

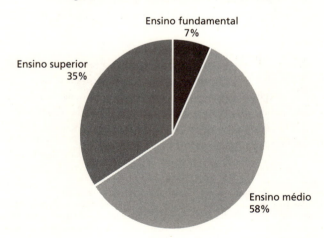

Figura 9: Escolaridade na Petrobras (1999)

Fonte: Petrobras (1999).

O crescimento da escolaridade dos trabalhadores, ao longo desses anos, não foi acompanhado de crescimento dos salários e estabilidade no cargo.

> Hoje em dia as promoções não são mais por concurso, o critério hoje é o chefe. O chefe escolhe quem ele quer. O cara que furou uma greve [...] vem entrando direto, até fraco profissionalmente, foi promovido a TM [técnico de manutenção], fez o jogo da empresa, quando, na verdade, companheiros com total condição não recebem essa chance [...]. Hoje a análise profissional é feita através da sua posição política. (Cipeiro da Refinaria Presidente Bernardes, citado em Gil, 2000)

O que se exigia eram alguns outros atributos, como capacidade de relacionamento coletivo, iniciativa, visão empresarial e adequação aos interesses da empresa.

> A chefia não olha você pelas coisas boas que você faz, ela olha pelas posições que você toma em relação a ela. Antes você tinha condição de conversar com a chefia, contra-argumentar com tranquilidade; hoje fica difícil. Quando você vai discutir, você ouve coisas que você jamais pensava ouvir. (Operador)

Como os critérios de promoção deixaram de ser apenas técnicos, e a empresa reduziu drasticamente o processo de treinamento[28], desprezando a experiência dos trabalhadores, podemos relativizar a força da qualificação meramente técnica como a que existia anteriormente[29].

Conclusões

Parece evidente que a reestruturação produtiva na Petrobras na década de 1990 caracterizou-se, como o conjunto do parque industrial brasileiro, por uma forma defensiva, conformada em um mercado liberalizado de modo abrupto e indiscriminado, de acordo com um modelo de globalização submissa, praticado por governos de matriz neoliberal. Apesar dos sucessivos recordes da Petrobras, seja em produção, seja em refino e lucros, seus trabalhadores (próprios e terceirizados) não puderam usufruir essas conquistas.

A metamorfose reestruturante na Petrobras mostrou-se contraditória e repleta de sutilezas. Ao mesmo tempo que exige maior nível de escolaridade dos trabalhadores, introduz vetores que anulam certos critérios e *status* anteriores, a saber, tempo de treinamento, melhores salários, estabilidade e prestígio. Qualificação significava então tempo zero e, contraditoriamente, não mais garantia os valores a que estava ligada em outros tempos.

A tão propalada *autonomia* dos novos programas, que defendiam mais participação e engajamento autônomo dos trabalhadores, era relativa. A empresa desconsiderou em larga medida o saber dos operários, e o novo instrumental possibilitou maior controle das ações

---

[28] Essa afirmação pode ser relativizada, se levarmos em consideração o *on-the-job training*, que cresceu enormemente.
[29] Esses elementos foram observados também nas indústrias químicas, petroquímicas e de papel e celulose (Afonso, 1999; G. Santos, 1999; Cartoni, 2002).

e dos tempos da classe, em sentido acentuadamente *taylorista*. Portanto, nesse particular, podemos caracterizar esse movimento como um movimento retrógrado.

O gerenciamento toyotista e as remunerações variáveis aí inseridas visavam, com ações à primeira vista contraditórias, servir à reprodução do capital. Estimulando ações coletivas a seu favor, a Petrobras mobilizou todos os esforços dos trabalhadores para atender ao único interesse de maximizar seus lucros, evitando assim desperdício de energia. E, instigando a concorrência intraclasse (com bônus, prêmios e afins), criou mecanismos de desagregação do coletivo que enfraqueceram o poder das entidades representativas da classe.

A década de 1990, tempo de reestruturação no Brasil, foi marcada na Petrobras, notadamente após a greve de 1995, pela dureza da relação do capital com o trabalho. Caracterizou-se pela perda de direitos e garantias. Por um lado, os postos de trabalho foram drasticamente reduzidos; por outro, a produção e a exigência de qualidade aumentaram. Esses dois movimentos de mesma intensidade, mas sentidos contrários, provocaram sobrecarga de trabalho e estresse nos *sobreviventes*, que tiveram de ser submeter à multifunção, à polivalência, à redução de níveis hierárquicos e à completa mudança de carreira. Todo esse processo foi resultado de uma automação incompleta ou desproporcional, quando comparadas à redução do número de trabalhadores.

O número de acidentes de trabalho, continuamente escamoteado pela empresa, aumentou. Os acidentes atingiram sobretudo os trabalhadores terceirizados, que cresceram sobremaneira na década de 1990 e representavam a parte *mais degradada* desse processo.

O aumento da informalidade mostra que a reestruturação realizada na Petrobras fundamentava-se no aumento da exploração e da opressão do trabalho. A extração do *mais-valor* aumentou em termos tanto absolutos quanto relativos.

METALURGIA

Capítulo 9

NA USINAGEM DO CAPITAL O DESMONTE É DO TRABALHO
reestruturação produtiva nos anos 1990 – o caso da Zanini S.A. Equipamentos Pesados de Sertãozinho (São Paulo)[1]

Adriano Santos

Introdução

O objetivo deste estudo é analisar e compreender o impacto da reestruturação produtiva sobre os metalúrgicos da Zanini S.A. Equipamentos Pesados nos anos 1990. A Zanini foi fundada em agosto 1950 na cidade de Sertãozinho, região nordeste de São Paulo, e transformou-se numa das mais poderosas empresas de capital monopolista do setor metalúrgico no estado. Criada por Ettore Zanini, caldeireiro de uma pequena oficina metalúrgica, e Maurílio Biagi, na época sócio-gerente da Usina Santa Elisa S.A., a Zanini surgiu das necessidades geradas pela agroindústria canavieira[2] da região, da qual Biagi não só fazia parte, como era um dos principais expoentes. A empresa tinha seis operários

---

[1] Esta pesquisa é parte da dissertação de mestrado em sociologia do autor, intitulada *A usinagem do capital e o desmonte do trabalho: reestruturação produtiva nos anos 1990, o caso da Zanini S.A. de Sertãozinho (SP)*, defendida no Instituto de Filosofia e Ciências Humanas da Universidade Estadual de Campinas, em 2007, sob orientação de Ricardo Antunes, com bolsa da Fapesp.

[2] A ideia de Maurílio Biagi na época era fazer concorrência com M. Dedini S.A. Metalúrgica, única e principal fornecedora de bens de capital para a agroindústria canavieira na região. Segundo Miceli, "quando a oficina foi instalada, sua principal concorrente na produção de equipamentos para açúcar e álcool – a M. Dedini, de Piracicaba (SP) – já se firmara como a empresa de maior importância no setor, desde a década de 1930, e a intensão de reduzir essa primazia também explica o rápido crescimento da Zanini" (Miceli, 1984, p. 60).

e localizava-se perto do centro da cidade. Prestava serviços basicamente de caldeiraria, serralheria e mecânica em geral em todos os ramos da atividade metalúrgica.

Desde sua fundação, beneficiou-se da expansão do setor sucroalcooleiro na região de Ribeirão Preto (São Paulo) e cresceu rapidamente, sobretudo com o financiamento do Banco Nacional de Desenvolvimento Econômico (BNDE). No contexto do processo de expansão monopolista do capital, tornou-se uma fábrica capaz de construir e fornecer sozinha todos os equipamentos necessários para usinas de açúcar e álcool completas. A partir da década de 1960, com uma área construída de mais de 25 mil metros quadrados às margens da rodovia Armando Sales de Oliveira, expandiu-se e tornou-se um "gigante" do setor metalúrgico, especializado no fabrico de máquinas e equipamentos especialmente para a agroindústria canavieira. Para isso, modernizou seu parque industrial, implantou novos processos produtivos, adquiriu licenças de fabricação e formou consórcios internacionais, comprando firmas menores e organizando *joint ventures*[3] (Chimanovitch, 1982).

Com uma estrutura produtiva organizada de acordo com os princípios do taylorismo/fordismo, a Zanini pôs a cidade de Sertãozinho no centro econômico da região de Ribeirão Preto, principalmente depois da criação do Programa Nacional do Álcool (Proálcool), criado pelo governo de Ernesto Geisel, em 1975, por meio do Decreto-Lei n. 76.593 como uma alternativa à crise do petróleo de 1973. A partir daí, o Proálcool deu impulso à economia da região de Ribeirão Preto e, em especial, às empresas produtoras de bens de capital que forneciam máquinas e equipamentos para as destilarias e usinas de açúcar e álcool, como é o caso da Zanini S.A.

É nesse contexto de expansão e auge da indústria de bens de capital[4] e da agroindústria canavieira que o setor metalúrgico sertanezino se destacou. A Zanini, representante mais expressiva do setor, consolidou-se como um dos maiores grupos financeiros industriais do Estado de São Paulo e ficou conhecida, inclusive no exterior, como Grupo Zanini. O conglomerado empresarial era administrado pela família Biagi, sócia majoritária do grupo, e tinha 24 empresas na região de Ribeirão Preto e Grande São Paulo que atuavam nos mais diferentes ramos da produção industrial brasileira[5]. Esse grupo, comandado por três das principais empresas da família Biagi – Usina Santa Elisa, Refrescos Ipiranga e Zanini S.A. Equipamentos

---

[3] Podemos dizer que, com isso, a Zanini realizou um processo de "concentração de capitais já constituídos, supressão de sua independência individual, expropriação de capitalista por capitalista, conversão de muitos capitais menores em poucos capitais maiores" (Marx, 2013, p. 701). Assim, com mais de 5 mil trabalhadores no início dos anos 1980, ela assumiu a característica de uma empresa metalúrgica de "capital monopolista" (Baran e Sweezy, 1966; Braverman, 1987), equipada com fundição, caldeiraria e mecânica, e fabricava todo o equipamento necessário à indústria açucareira, assim como pontes rolantes, máquinas para transformação de lixo em adubo orgânico, redutores de velocidade de grande porte, peças para a indústria petroquímica, de papel e celulose, de cimento, de fundição de aço, ferro e bronze etc. (Chimanovitch, 1982).

[4] O auge do Grupo Zanini ocorreu quando a AKZ Turbinas S.A. (uma de suas representantes) e a AEG-Kanis, do grupo alemão Telefunken, tornaram-se responsáveis pela fabricação de vinte turbinas auxiliares do sistema de bombeamento do gasoduto siberiano, construído em 1982 na União Soviética. De acordo com a revista *Senhor* (n. 77, 1982), "a encomenda das turbinas, no valor de 700 mil marcos (pouco mais de 53 milhões de cruzeiros), foi repassado a AKZ pela AEG-Kanis, que ganhou parte da concorrência para o fornecimento de equipamentos para a construção do gasoduto soviético" (Chimanovitch, 1982, p. 48).

[5] As empresas que formavam o Grupo Zanini, espalhadas por todo o Estado de São Paulo, eram "a Sermatec (montagem industrial), Renk-Zanini (redutores), AKZ-Turbinas (turbinas a vapor), Zanini-Foster Weeler (serv. engenharia), Zanini Engenharia (eng. civil), Meppam (caldeiraria), Zanini Internacional (trading), Zanini Com. (comércio), Zanini (equipamentos pesados), Santa Elisa (açúcar e álcool), Case (agricultura), Refr. Ipiranga (refrigerantes), Transribe (transportes), Agropec. S. José (agricultura), Debrasa (destil. álcool), Lagoa da Serra (inseminação), Nova Aliança (agricultura), Vale do Rosário (açúcar e álcool), Repasse (distribuidora), Sev. Açúcar e Álcool (com. atacadista),

Pesados – foi durante muito tempo um dos maiores grupos financeiros industriais do país, dividindo-se entre agricultura, indústria e comércio.

Segundo Shikida (2004), isso foi possível sobretudo graças ao chamado "milagre econômico", quando houve uma aglutinação de interesses tanto do Estado quanto do capital nacional e estrangeiro.

> A "orquestração" de interesses para viabilizar o Proálcool englobou os empresários das usinas e destilarias, o Estado, o setor de máquinas e equipamentos e a indústria automobilística. Para os usineiros, tratava-se de diversificar a produção, de "criar" um novo mercado diante das frequentes crises da economia açucareira. A questão crucial que se colocava para a agroindústria canavieira era o que fazer com um parque produtivo que precisava avançar tecnologicamente e que estava com tendência à sobrecapacidade. Para o Estado, os interesses nesse programa resumiam-se nos objetivos nele contidos, quais sejam: economia de divisas; diminuição das desigualdades regionais de renda; crescimento da renda interna; geração de empregos; e expansão da produção de bens de capital. Nesse ínterim, esse programa também era, e ainda é, importante para a continuação das vendas de máquinas e equipamentos para a agroindústria canavieira [...]. Com o Proálcool, o setor de máquinas e equipamentos (indústrias de bens de capital) vislumbraram um quadro de continuidade do crescimento que havia sido iniciado ao final da década de 1960 e que atingiu o seu auge no período do "milagre" econômico do país. Especificamente para a indústria automobilística, a crise do petróleo obstaculizava, de certa forma, a continuidade da política rodoviarista peculiar ao desenvolvimento econômico brasileiro, e o carro movido a álcool despontava como uma alternativa possível de viabilização. (Shikida, 2004, p. 230)

Portanto, se, por um lado, no período de expansão do Proálcool, a Zanini tornou-se uma destacada empresa de capital monopolista, capaz de "produzir uma usina 100%, desde a terra, o transporte, o plantio de cana até seu processamento"[6], como afirmou um dos presidentes do Centro das Indústrias de Sertãozinho (Ceise), entrevistado nesta investigação, por outro, com a crise econômica que se abateu sobre o Brasil no fim dos anos 1970 e início dos anos 1980, as indústrias de bens de capital enfrentaram dificuldades e entraram num processo de desestruturação. Entre os diversos fatores desse processo, a política monetária e fiscal norte-americana desencadeou na época, por meio de uma violenta alta da taxa de juros, a chamada crise da dívida externa, obrigando a maioria dos países devedores a adotar políticas ortodoxas de ajuste macroeconômico: cortes nos gastos públicos, restrições monetárias, juros altos, arrocho salarial etc. Com efeito, tais medidas provocaram cortes em parte da demanda interna, deslocando-a para a geração de excedentes mercantilizáveis no exterior a fim de atender ao serviço financeiro da dívida (Cano, 1994; Mattoso, 1995).

Pode-se dizer que o cenário antes favorável à expansão do capital industrial no Brasil esgotou-se. Em especial a partir de 1985, com a desaceleração e a desregulamentação do Proálcool, a Zanini começou a apresentar sinais de crise e desestruturação, o que a levou a uma reestruturação produtiva.

Destilaria MB (destil. álcool), Etelco (mat. eletr. eletrônicos), Demol (destil. álcool), Agrotur (agricultura)" (Chimanovitch, 1982, p. 51).

[6] Entrevista concedida em 3 de abril de 2007.

Crise e reorganização capitalista nos anos 1990: a fusão entre Zanini e Dedini

A crise da década de 1980 (a chamada década perdida) exigiu inúmeros ajustes econômicos para controlar a dívida externa e minou as bases financeiras do Estado brasileiro, deprimindo violentamente os gastos públicos com investimentos. A Zanini, que surgiu num momento de expansão capitalista no Brasil e dependia de altos investimentos do Estado, já não tinha garantia de estabilidade econômica para produzir. No período posterior a 1985, marco da desregulamentação do Proálcool, a situação da empresa agravou-se e não havia sinal de recuperação econômica para o setor de bens de capital, então em forte recessão[7].

Em 1990, numa conjuntura econômica de caráter neoliberal, promovida a partir do governo Collor, o jornal *Momento Atual*, de Sertãozinho, trazia a seguinte manchete: "Zanini diminui quadro de pessoal".

> A Zanini S.A. Equipamentos Pesados demitiu [...] 220 funcionários da empresa, número que corresponde a 10% do total de empregados. A medida foi resultado de uma queda expressiva dos pedidos em carteira da Zanini após a decretação do plano Collor, em 15 de março. Com o processo recessivo que atinge o Brasil, o setor de bens de capital, do qual a Zanini faz parte, foi duramente sacrificado. Sem recursos, sem investimentos e com a recessão, o setor demitiu, de março a junho, mais de 11 mil trabalhadores, o que corresponde a 11% do efetivo total das indústrias da área. ("Zanini diminui...", 1990)

Portanto, diante de um quadro desfavorável para a manutenção da empresa e das diversas dificuldades e contradições impostas pelas transformações econômicas, políticas e sociais do início da década de 1990, a saída encontrada pelos gestores da Zanini foi atender às exigências do novo padrão de acumulação flexível do capital, que já vinha se desenhando no Brasil desde meados dos anos 1980, mas que se intensificou nos anos 1990, com a ascensão das políticas neoliberais de abertura comercial. No início da década de 1990, a Zanini fundiu-se com a M. Dedini Metalúrgica, de Piracicaba, que também se encontrava em condições economicamente difíceis. Assim, para sobreviver no mercado nacional, bem como para aproveitar a abertura comercial e realizar novos negócios, as duas empresas realizaram em fevereiro de 1992 a fusão de seu capital e de suas ações, da qual surgiu uma nova empresa, a DZ S.A. Engenharia, Equipamentos e Sistemas.

Constituída, portanto, num contexto de transformação e adaptação das indústrias de bens de capital, a base da DZ S.A. era a competitividade, característica imprescindível na nova configuração da economia mundial, segundo a ideologia neoliberal. Isso pode ser atestado pelo protocolo de intenções assinado no momento da fusão:

---

[7] Para Barjas Negri, no período de 1980 a 1990, o produto da indústria de transformação brasileira sofreu decréscimo de 6,4%. Entretanto, é preciso ressaltar que ela apresentou movimentos cíclicos ao longo da década de 1980. De 1981 a 1983, houve recessão, com índices elevados de crescimento negativo; no período de 1984 a 1986, houve recuperação do crescimento industrial; já entre 1987 e 1989, ocorreu uma desaceleração desse crescimento, em decorrência de uma inflação crônica. Segundo Negri, a taxa de crescimento do produto da indústria de transformação brasileira reduziu-se de 11,3% em 1986 para apenas 1% em 1987 e tornou-se negativa em 1988 (-3,4%) (Negri, 1996, p. 158).

aprimorar a capacitação tecnológica necessária à implantação de novos programas industriais que a DZ oferecerá a clientes nacionais e internacionais. Tais programas resultarão da reorganização dos processos produtivos e do atendimento aos requisitos do PCI – "Programa de Fomento à Competitividade Industrial" –, que vem sendo implementado pelo BNDES (Banco Nacional de Desenvolvimento Econômico e Social), com ênfase para a qualidade de produtos e serviços e a produtividade das empresas. (DZ S.A. Engenharia, Equipamentos e Sistemas, 1992)

Para os trabalhadores, o anúncio de que a Zanini se fundiria com a Dedini provocou uma série de sentimentos que os operários exprimiram como insegurança, incerteza, pavor, espanto e expectativa. Pavor e espanto, porque a maioria dos operários desconhecia a situação econômica da empresa e, quando a crise veio à tona com o anúncio da fusão, muitos acreditavam que aquele era o fim da Zanini. Quanto à insegurança e à incerteza, era natural que surgissem, uma vez que os trabalhadores vinham enfrentando muitos problemas e dificuldades, por exemplo, o fim das atividades do setor de fundição. Segundo o sr. João, caldeireiro aposentado da Zanini:

> foram momentos de pavor [as negociações para a fusão], o pessoal ficou apavorado. Ficamos realmente apavorados [...]. Mas, depois que foi feita a fusão, os funcionários abraçaram [o negócio]. Não tinha outra solução aqui em Sertãozinho. Por parte da Zanini, os funcionários vestiram a camisa da DZ como vestiam a da Zanini [...] só que começou a haver conflitos. Eles ofereciam serviço só citando a unidade de Piracicaba. Então começou o processo que parecia que era para desativar a unidade de Sertãozinho [...]. Iniciou isso com a fundição. Foi mais do que provado que a fundição em Sertãozinho dava lucro. Mesmo assim não teve jeito e acabou. Só que a gente tava tentando rolar isso aí para frente, mas ainda aconteceu a greve e [a fundição] fechou mesmo [...].[8]

O fato é que, em uma conjuntura extremamente desfavorável, restou aos trabalhadores acreditar na fusão, já que seus empregos dependiam da continuidade da empresa. Isso inviabilizou qualquer manifestação coletiva mais radical, ocasionando um desgaste da força de classe dos trabalhadores sertanezinos, mobilizada até aquele momento. Apesar das novas formas de gestão do trabalho, que intensificaram o ritmo de exploração na produção, havia formas de resistência operária, porém cada vez mais reprimidas pelo medo. Na configuração da sociedade atual, em que os trabalhadores vivem sob constante ameaça do desemprego estrutural (Mészáros, 2002), do aumento do emprego precário e dos contratos por tempo determinado (Dejours, 2005), o medo impõe-se cada vez mais.

Os trabalhadores da Zanini sentiram-se pressionados a aceitar a fusão das duas empresas e, ao mesmo tempo, a se desmobilizar para manter o emprego. Cabe destacar que essa é uma situação de precarização do trabalho que se impõe nessa fase da acumulação do capital não só aos trabalhadores precários, mas também aos que continuam formalmente empregados. Os efeitos nefastos dessa realidade social que se torna predominante na sociedade contemporânea são identificados por Christophe Dejours como: 1) intensificação do trabalho e aumento do sofrimento subjetivo (sem dúvida, com um índice maior de

---

[8] Entrevista concedida em 25 de novembro de 2005.

morbidade, porém "exteriorizado", em virtude das demissões); 2) neutralização da mobilização coletiva contra o sofrimento, a dominação e a alienação; 3) estratégia defensiva do silêncio, da cegueira e da surdez (cada um deve se preocupar, antes de tudo, em resistir; não há nada que possa ser feito quanto ao sofrimento alheio, e a própria percepção desse sofrimento constitui um constrangimento ou uma dificuldade subjetiva suplementar, que prejudica o esforço de resistência); 4) individualismo (o "cada um por si" é resultado da ameaça de demissão e da precarização) (Dejours, 2005, p. 51).

Embora o sentimento de desconfiança e incerteza quanto ao futuro da DZ S.A. se intensificasse, a fusão apresentava-se, naquelas circunstâncias, como uma forma de evitar o fechamento da fábrica e a demissão em massa dos trabalhadores. Segundo o sr. Costa, torneiro mecânico aposentado:

> A reação do pessoal não foi nem contra nem a favor, eles ficaram meio que em cima do muro, porque a situação estava tão ruim na época em que chegou a fusão que qualquer coisa era bem-vinda. Eles queriam era salvar a empresa, não queriam atrapalhar. Ficavam meio receosos, porque a fusão poderia ser um golpe. Muita gente estava com medo de um golpe [...], por exemplo, seu tempo de casa, tempo de serviço, essas coisas assim, de perder seus direitos.[9]

Conforme se destacou anteriormente, havia uma expectativa de recuperação da empresa, mas transpassada pelo medo do fracasso e da perda de direitos. Outros entrevistados, numa visão muito particular, afirmam que não havia crise, mas uma situação criada para que os trabalhadores aceitassem a fusão sem muita resistência.

> Também entre os operários [...] a ameaça de demissões individuais, por vezes associada à ameaça de falência da empresa, permite obter deles mais trabalho e mais desempenho, quando não sacrifícios, sob pretexto de que é preciso fazer, individual e coletivamente, um "esforço extra". "Se vencermos essa etapa difícil, poderemos tornar a fazer contratações [...]." Operários e gerentes aceitam trabalhar ainda mais. Logo em seguida, porém, aproveita-se esse novo desempenho para transformá-lo em norma e justificar um novo enxugamento de pessoal. Além disso, a ameaça recrudesce e não traz a segurança tão desejada com relação ao emprego. (Dejours, 2005, p. 74)

Apesar da esperança de que a nova empresa poderia dar certo, sobretudo por causa das promessas dos novos diretores, as condições de trabalho não melhoraram. Ao contrário, os impactos foram muito mais trágicos do que se imaginava: o processo de reestruturação gerou demissões em massa, fechamento da fundição, redução salarial, programas de demissão voluntária, além de alterações no cotidiano dos operários remanescentes, como remanejamento de funções ou mudança de departamento. Embora a nova forma de gestão visasse reduzir custos e aumentar a produtividade da companhia, conforme constava no protocolo da fusão, a DZ S.A. Engenharia, Equipamentos e Sistemas não conseguiu superar a crise que atingiu o setor nos anos 1990, nem mesmo com os recursos emprestados do BNDES.

---

[9] Entrevista concedida em 5 de abril de 2006.

Na verdade, a fusão que surgiu como possibilidade de recuperação para as duas empresas (Zanini e Dedini) não vingou: conflitos entre os gestores e dificuldades no interior do conselho deliberativo levaram à cisão. A propósito dessa cisão, um dos conselheiros deliberativos da DZ S.A., ex-acionista e presidente da Zanini, afirma:

> foi feito um estudo no qual se apontou que a empresa não dava lucro [...]. Eu me estimulei a fazer a cisão, porque nós não íamos ter resultado. Corremos atrás e fizemos a cisão [...]. Na época, nós ainda tivemos que colocar quase 20 milhões de reais para sair do negócio, ou seja, foi para a DZ tudo o que tínhamos colocado, todo o patrimônio, e ainda colocamos 20 milhões para sair, ou seja, para você ver a má gestão extraordinária da companhia [DZ S.A.]. [...] Hoje, conversando [com o atual diretor da Dedini], nós concordamos com uma coisa: se não tivesse sido feita a cisão, talvez não existisse nem Dedini, nem Zanini e nem DZ.[10]

Em 30 de janeiro de 1995, a DZ S.A. comunicou a seus funcionários que, "atendendo ao seu propósito de não mais atuar no setor de bens de capital, a Zanini S.A. Equipamentos Pesados retirou-se do quadro acionário da DZ", formalizando assim a separação entre as duas empresas. Isso teve um impacto ainda mais negativo sobre os trabalhadores da Zanini, porque, sendo incorporada pela Dedini, haveria uma série de mudanças estruturais. Aliás, já não havia identificação dos trabalhadores que permaneceram na nova empresa. Segundo o sr. João:

> a gente se sentia bastante estranho, porque havia uma metodologia [forma de organização do trabalho] e, de repente, estava trabalhando com outra metodologia de relacionamento. A Zanini dava mais liberdade, diálogo, isso é verdade. Agora já não havia mais esse processo de diálogo direto, então alguma coisa mudou e ficou espantoso. Era um ambiente meio ressabiado.

Não há dúvida de que a imagem da Zanini como "empresa mãe" ainda permanece na memória operária dos sertanezinos. Ainda hoje, a Zanini é apontada tanto por trabalhadores e sindicalistas quanto por empresários como a grande responsável pela reindustrialização da cidade na segunda metade dos anos 1990[11].

Ao analisar os depoimentos, verifiquei que a percepção dos trabalhadores, dos sindicalistas e dos empresários a respeito da Zanini e das transformações industriais que ela provocou está vinculada à própria dominação da organização capitalista do trabalho, que, regida pelos imperativos econômicos e técnicos da produção capitalista, parece estabelecer os requisitos psicológicos para que a produção flua normalmente, com base em um bom relacionamento entre os trabalhadores e a estrutura de comando do capital (Frederico, 1979). Mas isso parece ainda não ser suficiente para a composição dos mecanismos de controle do sistema capitalista.

---

[10] Entrevista concedida em 21 de abril de 2007.
[11] Todas as fontes pesquisadas, tanto documentais quanto orais, sublinham o papel da Zanini no processo de reorganização e expansão industrial da cidade de Sertãozinho nos anos 1990. A imagem de "mãe" de outras empresas (pequenas e médias) permanece na memória de trabalhadores, empresários e sindicalistas. Todos destacam sua importância na formação dos cinco distritos industriais da cidade, com mais de quinhentas indústrias. Destas, cerca de 96 foram fundadas por ex-funcionários da Zanini para prestar serviços à própria Zanini e a outras empresas do mesmo setor, elas hoje destacam-se na cadeia produtiva, no setor de energia e bens de capital, como é o caso da TGM Turbinas, da Brumazzi, da JW e da Sermatec.

Segundo Celso Frederico, além desses aspectos econômicos, técnicos e psicológicos, surgiram na história recente da indústria certas formas de organização ideológicas que visam conter, num plano superior, as tensões sociais, pois:

> Não se trata mais aqui somente de remover as fricções e arbitrariedades desnecessárias (como no caso das relações humanas na indústria), mas sim de se conseguir a desejável integração ideológica do operário na empresa. Busca-se organizar a superestrutura através do pressuposto segundo o qual a fábrica não é apenas um local de exploração do trabalho, mas sim uma grande família associada. (Frederico, 1979, p. 178)

Pode-se perceber pelos relatos dos trabalhadores que a Zanini tinha como ideal de organização do trabalho não só uma grande estrutura racionalizada e altamente verticalizada, segundo o molde taylorista-fordista, mas também a participação, o reconhecimento e o comprometimento dos trabalhadores com a fábrica. Para isso, a integração ideológica realizada pela "escolinha" profissionalizante da Zanini foi fundamental para construir sua imagem de empresa preocupada com a formação dos funcionários e completamente inserida na comunidade. Tanto é verdade que essa imagem se mantém até hoje no imaginário dos metalúrgicos de Sertãozinho.

Uma das formas mais eficientes de integração – e também um importante instrumento de controle – é essa espécie de substrato material que se expressa na possibilidade de fazer carreira profissional dentro da empresa. De acordo com Celso Frederico:

> O operário é trabalhado para não ver a contradição existente em combinar expectativas comuns a todos e, ao mesmo tempo, forjar solitariamente o seu destino individual. Como é impossível para a fábrica corresponder às expectativas de todos os operários, ela se limita a oferecer oportunidades reais para alguns e mantém assim, durante um certo tempo, acesa a esperança dos demais. Para o conjunto dos trabalhadores aponta-se o exemplo daqueles que foram bem-sucedidos, o que colabora para estimular a concorrência e a divisão entre os operários. Com esse fim, a fábrica utiliza o sistema de promoções, concedendo pequenos aumentos e criando faixas salariais diferenciadas para a mesma função. (Frederico, 1979, p. 179)

Portanto, é tratando individualmente os trabalhadores que o capital submete a consciência destes a seus imperativos e, ao mesmo tempo, instaura entre eles a lógica da concorrência, promovendo com isso a perda da identidade em relação à classe. Isso atinge profundamente não só a subjetividade dos trabalhadores, mas também as estratégias de defesa e resistência da classe trabalhadora. Assim, entendemos que a Zanini se reergueu baseada na ideia de que a "fábrica é um sistema autossuficiente, centrada em si mesma" (Frederico, 1979, p. 185), e todos os trabalhadores são e devem se sentir corresponsáveis por ela. Nesse sentido, cabe destacar que, por mais que os trabalhadores tenham uma percepção fetichizada dessa relação, calcada na consciência burguesa, há, por assim dizer, uma interiorização da dominação social que vive em contradição com as estratégias de defesa psíquicas e objetivas que são criadas contra os efeitos deletérios dessa dominação sobre o trabalho.

Ecos da reestruturação produtiva: tempo de mudança para o trabalho

A reestruturação produtiva adotada na DZ S.A. segue, em seu caráter mais geral, os mesmos princípios que regem a fase atual da acumulação do capital: recuperação dos ciclos reprodutivos e ampliação ofensiva do controle e da subordinação real e formal do trabalho. A partir de inovações tecnológicas e organizacionais que incluem o desenvolvimento da robótica e da microeletrônica aplicadas à produção e novas modalidades de gestão da produção e da organização do trabalho, como os programas de qualidade, as reengenharias e as novas séries de racionalização da produção (G. Alves, 2000, p. 11), criaram-se novas formas de envolvimento e cooptação dos trabalhadores como parte da organização do processo de trabalho no interior das fábricas. Dentre elas, destacam-se: o envolvimento incitado, mas com contrapartidas (bônus, estabilidade, carreira, formação); o envolvimento negociado por meio de reconhecimento explícito e mútuo de contrapartes; e o envolvimento imposto por ameaça de perda do emprego (Salerno, 1993b).

A aplicação desses princípios no caso da reestruturação produtiva da Zanini e da DZ ocorreu em dois estágios ao longo dos anos 1990, principalmente no período posterior à desestruturação da Zanini, já que compreendemos o fim dos anos 1980 como a antessala da reestruturação produtiva.

No primeiro estágio, os gestores do capital tentaram recuperar a capacidade produtiva da empresa após a cisão entre a Zanini e a Dedini, pois a DZ S.A. precisava reduzir ao máximo seus custos produtivos. Isso se traduziu, durante toda a década de 1990, em redução do quadro de funcionários, isto é, em demissão em massa dos metalúrgicos. No plano da empresa, esse período denomina-se reestruturação *restritiva* e estende-se de 1994 – quando a Dedini assumiu o controle total da DZ S.A. – a 1999 – quando houve uma ligeira recuperação do setor metalúrgico, mas já ocorriam as primeiras mudanças substantivas em termos de reorganização produtiva e alteração das relações de trabalho.

O segundo estágio da reestruturação da Zanini, agora Dedini S.A. Indústria de Base, estende-se de 2000 a 2007 e caracteriza-se por uma mudança mais abrangente nas estratégias adotadas no interior da empresa. Houve, nesse momento, uma reestruturação produtiva *sistêmica*, em que foi adotado, de maneira planejada, um conjunto de mudanças cuja finalidade era produzir com mais eficiência e qualidade e, ao mesmo tempo, unir capacidade produtiva e redução de custos fixos de produção.

Em visita à Dedini de Sertãozinho, constatamos que as mudanças ocorreram a partir da reorganização do espaço produtivo da fábrica; com isso, procurou-se adequar as novas e as velhas instalações aos princípios organizacionais do modelo japonês de produção (toyotismo). Surgiu, nesse momento, uma estrutura dividida em áreas de produção, organizadas de maneira que a eficiência produtiva de uma dependesse exclusivamente do desempenho da outra.

O *layout* da empresa foi redefinido para abrigar as chamadas células produtivas (*dedicadas*). Estas se dividiam em mecânica, montagem e caldeiraria, que se subdividiam, por sua vez, em soldagem e traçagem, atividades que antecediam a montagem dos equipamentos. Para cada célula produtiva havia uma equipe (ou time) de produção, composta por um mecânico, um soldador, um caldeireiro e um traçador, todos especializados em determinado tipo de produto. As áreas de produção eram bem delimitadas, conforme a estrutura da fábrica. Tratava-se, portanto, de uma planta em que todos os espaços eram aproveitados e delimitados segundo as divisões e subdivisões definidas pela organização toyotista do trabalho.

Durante a visita, constatamos ainda que o centro de planejamento e controle de processos – a gerência científica – foi inteiramente reformulado para racionalizar e flexibilizar ao máximo a produção. Segundo o inspetor que nos acompanhava, a empresa investiu em capacitação técnica, infraestrutura e tecnologia (informacional) para atender às novas exigências do mercado. Assim, o centro de planejamento e controle foi projetado para concentrar num único espaço e processo as distintas áreas da gerência científica (engenharia, planejamento, controle de qualidade e o chão de fábrica). Observamos assim que a preocupação da empresa era intensificar o controle do capital sobre o trabalho. Isso se deve, como relatou o diretor-geral da Dedini, à necessidade fundamental da indústria de bens de capital de "mastigar" e "detalhar" – "controlando" – o processo de trabalho.

Assim, visando recuperar as bases reprodutivas do capital, o processo de reestruturação da Zanini, que culminou com a fusão e o projeto de expansão da Dedini, articulou vários elementos que caracterizavam o novo padrão flexível de acumulação capitalista. Segundo o diretor-geral da Dedini, entrevistado na ocasião da visita à empresa:

> [o grupo financeiro e industrial Dedini,] que está sempre trabalhando cinco anos à frente, visa nove pontos: o aspecto financeiro, a rentabilidade, tornar-se uma empresa de capital aberto, qualidade e produtividade, melhorias na manufatura em geral, o sistema de gestão da qualidade, o desenvolvimento de novas tecnologias, o lançamento de produtos por ano. Assim, o sistema de gestão é um dos pilares dessa visão estratégica, tanto que nós estamos nos adequando, dando treinamento, formação e capacitação aos supervisores de primeira linha. Temos trabalhado a sinergia entre os vários departamentos com eventos, nos quais o pessoal se encontra de quinta a sábado, nos finais de tarde, para um trabalho de formação de times para desenvolver uma visão mais global e multidepartamental. Com esses indicadores, nós estamos buscando ser uma manufatura de classe mundial. Consequentemente, a esse respeito, temos investimentos para serem feitos, exatamente para tornar essa manufatura capacitada e condizente com a demanda do mercado, com um nível de requisitos de qualidade e volume de produção.[12]

Embora seja possível ver com clareza o processo de reestruturação da antiga Zanini já sob o controle da Dedini nos anos 2000, destacamos que ele se iniciou muito antes da fusão. Alguns trabalhadores relataram que, já no início dos anos 1990, a Zanini já havia tentado reorganizar o trabalho no chão de fábrica de acordo com o modelo toyotista de produção. Segundo o sr. Rodrigues, chefe de seção da caldeiraria até 1994, a implantação desse modelo de produção alterou o cotidiano dos operários da fábrica, mas não se consolidou, porque houve dificuldade e resistência dos trabalhadores a aceitar e se adaptar à nova burocracia. Ainda segundo ele, a formação sociocultural do trabalhador brasileiro em geral e do trabalhador sertanezino em particular também deve ser levada em conta: a resistência aos novos procedimentos deve-se ao fato de que há ainda pouca qualificação para as novas exigências da gestão; além disso, os princípios do modelo taylorista-fordista de produção continuam presentes no cotidiano dos trabalhadores.

---

[12] Entrevista realizada em 2 de maio de 2007, durante visita à fábrica da Dedini.

Assim, a principal mudança que ocorreu no processo de trabalho da DZ S.A., segundo o sr. Rodrigues, foi a implantação das "regras japonesas":

> para querer acertar, para melhorar. Então foi aquela loucura. Veja bem: os funcionários da Zanini, a maioria veio do campo, a maior parte veio da agricultura, eram poucas as pessoas que tinham estudado, as que passaram pela escolinha. Então, quando se entra com um trabalho totalmente burocrático, que cada item que você montava tinha que anotar a hora que você tinha gastado [...] às vezes a pessoa demorava mais para fazer a anotação do que para fabricar a peça. Aí o "cara" perdia o documento porque não sabia onde tinha colocado, ou então queimava, porque trabalhava com solda, maçarico, essas coisas. Era uma loucura. Era meio desastroso, eu acho que não dava certo em função da própria cultura. O próprio corpo de encarregados tinha dificuldades, tanto é que o processo caminhava meio capenga. [...] Foi um processo terrível. [Antes da tentativa de reestruturação da Zanini,] a gente trabalhava sem os processos [...]. Não nos preocupávamos muito com regrinhas, entendeu? Trabalhávamos mais no bruto, no dia a dia. Às vezes o trabalho mais desorganizado era mais difícil? Às vezes até era, mas toda vez que tem uma mudança brusca, o ser humano não aceita, então fica difícil acertar.[13]

Analisando as entrevistas e observando a fábrica, constatamos que a reestruturação produtiva da empresa desenvolveu-se efetivamente de acordo com os interesses capitalistas, depois que os metalúrgicos foram desmobilizados pela ameaça de desemprego que se abateu sobre as indústrias de bens de capital durante os anos 1990. Os reflexos desse processo alteraram o modo de atuar do Sindicato dos Trabalhadores Metalúrgicos de Sertãozinho em sua essência.

Reconhecido desde o início dos anos 1980 como um sindicato combativo na região de Ribeirão Preto, o Sindicato dos Metalúrgicos em Sertãozinho foi obrigado a recuar no caso da Zanini a partir do momento em que não conseguiu conter as demissões em massa ou mesmo apresentar alternativas ao processo de fusão da Zanini com a Dedini. Isso fica evidente na própria análise que os trabalhadores fazem da atuação do sindicato no passado e no presente. Segundo o sr. Batista, houve uma mudança de postura do sindicato nos anos 1990:

> A estrutura é a mesma, a forma de atuar é que se modifica. Naquela época havia o conflito na porta da fábrica, nas ruas da cidade, porque era o retrato daquele momento. Quer dizer, hoje não caberia uma atuação dessas. É só você visualizar que a própria sociedade modificou a sua forma de pensar, a forma de ver as coisas. Hoje, há um outro retrato, uma outra forma de atuar, mas a sustância [força] não existe mais na classe trabalhadora.[14]

Para o sr. Dark:

> mudou bastante. Eu acho que antigamente o pessoal lutava mais; hoje eu acho que é muito mais pelego. Eles são muito acomodados. Não é como antes mais; hoje eu acho que o patrão e sindicato são muito amigos. Eu acho que não pode ser assim [...] o sindicato está deixando muito a desejar.[15]

---

[13] Entrevista concedida em 26 de março de 2007.
[14] Entrevista concedida em 7 de março de 2006.
[15] Entrevista concedida em 3 de novembro de 2006.

A percepção dos trabalhadores acerca da mudança de postura e de atuação do sindicato, bem como do esgotamento das forças do trabalho, pode ser analisada a partir de um conjunto de transformações sociais, políticas e econômicas, dentre as quais se destacam: 1) a Constituição de 1988 (a legalização das práticas sindicais minimizou o conflito entre o capital e o trabalho); 2) a institucionalização e a burocratização das centrais sindicais (distanciamento entre cúpula e base); 3) a adoção do neoliberalismo, que impulsionou o processo de reestruturação produtiva no Brasil; 4) o surgimento da Força Sindical, acirrando a concorrência no cenário sindical (Galvão, 1999, p. 116-7).

Nesse contexto de esgotamento das forças do trabalho e adoção do neoliberalismo, convém ouvir o depoimento do próprio presidente do Sindicato dos Metalúrgicos de Sertãozinho:

> Hoje, o movimento sindical é totalmente diferente do movimento sindical dos anos 1980. Não que ele deixou de cumprir o seu papel histórico, que é de defender o trabalhador; é que a relação entre capital e trabalho mudou muito, o mundo do trabalho mudou. Tudo mudou. Os meios de produção mudaram, o perfil do trabalhador também mudou [...]. Hoje um operário dentro de uma fábrica não exerce apenas uma função, ele exerce várias funções, ele é polivalente. O mercado de trabalho exige maior qualificação, e o trabalhador tem que estar sempre buscando sua atualização e aprimoramento. Mudou a relação capital-trabalho, os desafios são outros.[16]

Isso quer dizer que, para seu presidente, a atuação do Sindicato dos Metalúrgicos deve obedecer às novas exigências do mercado de trabalho: como as exigências são outras, "o sindicato deve acompanhar essas mudanças [...]. Ele não deve se limitar somente às assembleias nas portas das fábricas, ele tem de dar respostas ao trabalhador, no plano de moradia, saúde e lazer". Em outras palavras, o sindicato aderiu aos ideais neoliberais, que priorizam as demandas do mercado, e à prática do sindicalismo de resultados. Segundo o sr. Costa:

> O sindicato, hoje, ficou mais flexível. Se você for olhar lá no começo, o sindicato era mais combativo, pelo menos ele se apresentava mais combativo. Hoje você vê um sindicato mais patronal, ele chega e propõe um aumento de salário, dizendo: "Hoje nós vamos brigar por 15%", aí chega no final daquele tempo do dissídio você nem ouve falar mais do sindicato. Daí a pouco ele vem com um panfleto e te entrega e fala: "Nós conseguimos 5%". Aí o que é que acontece parece que já estava combinado aquele aumento de salário [...]. Então, o sindicato hoje parece que está mais do lado do patrão do que do trabalhador, defende mais o lado do patrão do que o do trabalhador.

Essas mudanças na atuação do sindicato, percebidas pelos antigos trabalhadores da Zanini, mas também por aqueles que permaneceram no chão de fábrica, sob a administração da Dedini, são entendidas como resultado de uma "mudança de mentalidade"[17].

---

[16] Entrevista concedida em 16 de novembro de 2006.
[17] Essa mudança traz consigo o terreno movediço da colaboração com o capital, isto é, a fábrica passa a ser vista, por essa óptica, como a casa do trabalhador, para a qual todas as suas forças devem ser canalizadas, porque reproduz a ideia de família e cuidado. Enfim, trata-se de uma ideologia poderosa, capaz de converter qualquer antagonismo

É desnecessário dizer que isso é resultado, na verdade, do impacto que a reestruturação produtiva teve sobre a subjetividade e consciência operárias[18].

A esse respeito, é preciso destacar que a chamada nova mentalidade nasce sobre a base das novas relações de trabalho, instauradas pela reorganização do capital. Em entrevista com trabalhadores e chefes de seção da Dedini, percebemos novas formas ideológicas de integração do trabalhador aos objetivos da empresa. Quando indagado sobre as alterações nas relações de trabalho entre trabalhadores e chefia, o sr. Pedro, encarregado de produção, assinala:

> Antigamente era o chefe linha dura. Na época, havia a pressão para entregar a peça e não poderia haver falhas, pois você poderia ser mandado embora. Hoje há uma mentalidade diferente [...]. Hoje há vários cursos que fazemos que mostram uma outra realidade [...]. Hoje nós trabalhamos em equipe. Se ela não vai bem, a empresa não vai bem. Então trabalhamos numa equipe com todos ajudando, trocando conhecimentos. O relacionamento é mais humano, e nós fomos treinados para isso também, porque antigamente os encarregados faziam a linha do patrão, era linha dura mesmo, não tinha conversa. O que o encarregado mandava tinha que fazer, não havia conversa.[19]

Portanto, a nova mentalidade surgiu em decorrência da preparação e do treinamento que encarregados e chefes de seção receberam na nova empresa. Isso quer dizer que formas distintas de motivação e integração ideológicas dos sujeitos foram cultivadas entre os trabalhadores e a gerência científica para garantir modos mais sutis e eficientes de dominação. Assim, as novas formas de atuação de chefes e encarregados garantem a gestão dos conflitos no interior da fábrica, ocultando as contradições inerentes às relações de trabalho estabelecidas entre capital e trabalho. Essa prática tem como objetivo: 1) possibilitar e fundamentar a reprodução de valores para permitir a interiorização de certas condutas e ao mesmo tempo dos princípios que as legitimam; 2) incorporar concretamente os valores de consideração à pessoa e de eficácia que legitimam as práticas e ocultam os objetivos reais da organização capitalista; 3) subordinar o indivíduo à organização por meio de vantagens concedidas em contrapartida ao trabalho; 4) transformar o máximo de energia individual em força de trabalho; 5) pôr em prática uma política de gestão de afetos que favoreça o investimento inconsciente e maciço na organização e sua influência sobre o aparelho psíquico dos indivíduos; 6) e, por fim, individualizar as relações do indivíduo (trabalhador) à organização. O sucesso individual

---

inerente à relação entre capital e trabalho numa relação harmônica entre patrão e empregado, criando assim uma ilusão na cabeça dos trabalhadores. Isso significa uma nova visão da fábrica, pela qual o trabalhador, ao incorporar a ideia da fábrica como uma família, passa a defender o patrão. Essa relação surge com a "gestão comunicativa", em que trabalhadores e administradores passam a se ver como parceiros portadores de igual dignidade discursiva, isto é, igual capacidade de tomar posição diante da organização do processo produtivo (Teixeira, 2005). Portanto, a partir da cooptação de sua subjetividade, o trabalhador passa a se ver como controlador do processo de trabalho, capaz de programar o sistema e pô-lo em movimento por sua própria força.

[18] Entende-se aqui subjetividade e consciência operária de acordo com Silveira e Doray (1989), isto é, um conjunto de expressões e valores, crenças, memórias e sentimentos construídos individual ou coletivamente em um processo histórico em que interagem as estruturas objetivas da realidade e as significações culturais que os homens criam e recriam ao longo de sua existência histórica. Trata-se, portanto, de dois momentos interdependentes que se unem numa unidade do diverso como dimensões determinantes e determinadas da totalidade concreta em que se realizam as ações humanas.

[19] Entrevista concedida em 16 de abril de 2007.

é valorizado em detrimento da solidariedade; busca-se com isso evitar e desmantelar as reivindicações coletivas (Melo, 1985, p. 166-7).

Portanto, com essas mudanças não só no plano interno das empresas, como é o caso da Zanini, mas também em qualquer sociedade regida pelo capital, percebe-se a emergência de novos valores e de um novo *ethos* que molda o atual regime de acumulação capitalista. Daí a proclamação, após a reorganização industrial da cidade de Sertãozinho em decorrência da incorporação da Zanini pela Dedini e das novas empresas que surgiram de sua desestruturação, de que a cidade tem vocação para o trabalho e o "empreendedorismo", pois, em Sertãozinho, segundo afirma o presidente do Ceise, "não se compram indústrias", mas "nascem indústrias".

A extensão dessas ideias difundidas pelos empresários contribuiu para o processo de desmobilização dos trabalhadores e do sindicato. Podemos dizer que as novas formas de relação entre capital e trabalho ampliaram-se, na medida em que se tentou impor uma nova realidade aos trabalhadores, um compromisso social com o capital. Em Sertãozinho, o Sindicato dos Metalúrgicos, que era filiado à CUT, passou para o lado da Força Sindical e aderiu a orientações políticas (participacionistas) que atendiam às novas determinações patronais. Em bom português, ele trocou as antigas formas de luta e negociação por regras "pactuadas" de negociação, nas quais as partes se reconhecem não mais como antagônicas, mas como parceiros de um projeto comum de sociedade.

No entanto, isso não aconteceu sem resistência dos operários. Greves, movimentos contra o fechamento de departamentos produtivos (como a fundição) e até mesmo propostas de criação de uma cooperativa para administrar a Zanini durante a crise surgiram como alternativas ao torpor instaurado pela crise das indústrias de bens de capital. Mas o capital trouxe o trabalho para o terreno "movediço" da colaboração e ganhou não apenas sua força, mas também seu espírito. Nesse sentido, podemos dizer que a "desindustrialização" de Sertãozinho foi, na verdade, uma "reindustrialização", e o desaparecimento da classe operária, uma expansão sem precedentes da classe trabalhadora, que se reestruturou internamente (Bernardo, 2004).

Conclusão

Portanto, podemos afirmar que a usinagem[20] do capital significou nas empresas Zanini e Dedini uma operação de reestruturação por meio da qual se desenvolveram novas formas de exploração e cooptação do trabalho pelo capital. Assim, pelas demissões em massa e pelas novas formas de organização do trabalho, inspiradas no modelo toyotista de produção, operou-se uma fragmentação política, ideológica e espacial dos trabalhadores. Nesse sentido, podemos acrescentar também as diversas modalidades de precarização da

---

[20] O termo usinagem, segundo o Dicionário Aurélio, significa: 1) "operação mecânica pela qual se dá forma à matéria-prima; 2) designação comum a técnicas que dispensam a utilização de ferramentas que trabalhem em contato com a peça, bem como a retirada de matéria". Entendemos que o termo é representativo da reestruturação produtiva ocorrida na Zanini durante a década de 1990 enquanto operação econômica de transformação em que se moldaram novos processos produtivos, bem como novas formas de organização do trabalho a partir de uma reconfiguração total da empresa, para atender às novas exigências do mercado e aos novos patamares capitalistas de exploração e controle do trabalho.

força de trabalho que se conjugam com novas formas de contratos de trabalho e de assalariamento num processo novo e bastante complexo de redefinição e instauração de uma "nova morfologia do trabalho" (Antunes, 2006; Bernardo, 2004).

Por conta dessa nova realidade, verificamos em Sertãozinho um alargamento do "terreno movediço da colaboração" à medida que novas relações de trabalho (mais colaboracionistas) e novas formas (flexíveis) de organização de produção instauravam-se. Apesar da resistência operária a essa nova realidade, o capital logrou cooptar os trabalhadores e modificar suas percepções (de classe) e formas de atuação (política). Com efeito, o que vemos hoje é uma letargia do movimento sindical e da organização dos trabalhadores metalúrgicos, ancorada na ideologia do *empreendedorismo* que vem sendo disseminada pelo Ceise, para o qual não há conflito nas relações entre capital e trabalho, mas sim harmonia, diálogo e colaboração.

Em suma, podemos dizer que, com o fenômeno de "reindustrialização" ocorrido na cidade em consequência do fim da Zanini e da reorganização da Dedini, e também do crescimento do emprego resultante da recente expansão da agroindústria canavieira, a maioria dos metalúrgicos assimilou o princípio colaboracionista da ideologia do trabalhador empreendedor, disseminada dentro das empresas. Segundo o novo padrão de acumulação do capital, o trabalhador deve estar completamente adaptado às novas exigências do mercado e inserido na lógica do sistema como coparticipante na gestão e na produção da empresa. Desse modo, o desemprego e, em seguida, as novas formas de gestão e organização do trabalho erigiram – no contexto da reestruturação produtiva da Zanini – uma nova classe trabalhadora (de metalúrgicos) que, embora dispersa em empresas menores no círculo produtivo do sistema, continua, além de explorada, subordinada à precarização do trabalho e às formas dissimuladas de colaboração e assalariamento impostas pelo capital.

Capítulo 10

GESTÃO GLOBAL E FLEXÍVEL
trabalho local e adoecido[1]

Geraldo Augusto Pinto

A FLEXIBILIDADE ORIENTAL E SUA OCIDENTALIZAÇÃO

Nos países capitalistas centrais do Ocidente, a propriedade privada dos meios de produção admitiu, com o surgimento das grandes corporações no século XIX, uma relativa multiplicidade de nacionalidades, conformando, especialmente em indústrias avançadas como a automotiva, uma estrutura altamente concorrencial em termos de saberes e interesses. Trata-se de uma cultura empresarial que se supõe liberal em face do Estado e que, por meio de uma rede de empresas grandes – internamente fragmentadas sob a influência de acionistas vorazes e externamente individualizadas no plano de suas relações no mercado –, conformou os alicerces dos primeiros modelos mundiais de produção de massa: o taylorismo e sua sanha de eliminar todo saber artesanal e, posteriormente, o fordismo e a verticalização estandardizada de controle que apregoava.

Difundido em vários setores econômicos, além da indústria, esse estilo ocidental de gestão estabeleceu relações contraditórias entre empresas, Estado e classes trabalhadoras, pois, quando a verticalização administrativa e a monopolização de negócios por grupos transnacionais concorrentes atravessaram crises de acumulação, seu individualismo econômico-corporativo e seu liberalismo político-ideológico cederam espaço para a ação estatal e mesmo sindical para sobreviver. A prova cabal disso foi o contexto do pós-1945, quando, em face da emergência de regimes supostamente hostis ao capitalismo, cristalizaram-se padrões de intervenção estatal tanto nos países periféricos, estigmatizados de subdesenvolvidos, quanto nos países centrais, arraigados em seu imperialismo.

---

[1] Esta pesquisa é parte da tese de doutorado do autor, intitulada *A máquina automotiva em suas partes: um estudo das estratégias do capital nas autopeças em Campinas*, defendida no Instituto de Filosofia e Ciências Humanas da Universidade Estadual de Campinas, em 2007, sob orientação de Ricardo Antunes, com bolsa da Fapesp.

Emergiu aí uma economia de mercado cujas bases se firmaram numa articulação entre experiências de gestão do trabalho tayloristas e fordistas e intervenções estatais de cariz protecionista das burguesias nacionais. Essa articulação logrou um crescimento econômico relativamente estável e uma elevação da produtividade do trabalho, seguida de melhoria nos níveis de renda e emprego. Todavia, esse "período áureo" do capitalismo sofreu alterações nos anos 1970, quando uma série de desequilíbrios, causados pelo súbito aumento dos preços do petróleo no mercado internacional (1973 e 1979) e pelas sucessivas variações do dólar impostas pelos Estados Unidos (1978 e 1985), provocaram fortes oscilações nas taxas de câmbio em quase todos os países. Desde então, não só a abertura comercial – já em curso – das economias nacionais acentuou-se, como os investimentos financeiros especulativos avolumaram-se, dada a instabilidade das moedas e as ágeis operações permitidas pela microeletrônica aplicada à informação[2].

Esse panorama, apesar de acautelar investimentos nos setores industriais das economias centrais, promoveu uma hipertrofia de setores de serviços, como o comércio e as finanças, e, mediante o deslocamento de demandas desses novos segmentos e o baixo crescimento geral (em comparação com os índices desde 1945 até fins dos anos 1960), as empresas foram obrigadas a rever suas estratégias de gestão, buscando agregar tecnologia, reduzir custos e personalizar seus processos e produtos. O caminho para isso exigia:
- flexibilidade, ou capacidade de oferecer diferentes tipos de produtos e serviços em curto período de tempo, mantendo-se ou não a larga escala;
- qualidade, ou redução de custos de retrabalho, eliminando-se falhas em processo;
- baixo preço final, obtido não apenas pela qualidade e pela flexibilidade, mas também pela manutenção de "empresas enxutas", operando com reduzida capacidade ociosa tanto em termos de equipamentos quanto de estoques e força de trabalho;
- atendimento preciso, no momento, na quantidade e segundo características exatas estipuladas pela clientela.

Tais objetivos puseram em questão a organização de empresas verticalizadas e concentradoras de grandes contingentes de trabalhadores especializados e semiqualificados; o taylorismo-fordismo[3] tornou-se um obstáculo ao crescimento. Da perspectiva das relações entre gerência e trabalhadores, esse sistema experimentava a reação da natureza humana, cuja constituição física e mental nunca foi direcionada para isso: o velho dilema de Taylor, a conquista da "iniciativa" dos assalariados, persistia e, desde os anos 1930, pesquisas sobre as condições de trabalho conjeturavam o estancamento da produtividade e a crescente insatisfação entre os trabalhadores[4]. Ademais, a imprevisibilidade de mensuração do mais-valor – as empresas nunca podem saber de antemão qual taxa exata lhe renderá cada trabalhador – sempre foi um problema na gestão capitalista do trabalho. Implantou-se um sistema e logo surgiram resistências. Se o taylorismo já enfrentara contestações sindicais, o desenrolar das lutas sociais no final dos anos 1960, mobilizadas por amplos setores do proletariado mundial, independentemente das burocracias sindicais e partidárias e com a meta de avançar na direção de uma reorganização dos processos de

---

[2] Ver Dedecca (1998), Harvey (1992), Mattoso (1994), Quadros (1991) e Tavares (1992).
[3] Usaremos aqui essa expressão por considerarmos que o sistema fordista de organização do trabalho, no interior das empresas, é herdeiro direto do sistema desenvolvido por Taylor (Pinto, 2007a).
[4] Proliferava até uma forte ênfase dos fatores "psicológicos" e sua relação com a produtividade, como nos estudos de Maslow, Argyris, Herzberg e, posteriormente, da chamada escola sociotécnica (Fleury e Vargas, 1983).

trabalho em moldes antagônicos aos propostos pelo capitalismo, colocou a gestão fordista em situação delicada (Bruno, 1996).

Todos esses aspectos levaram as corporações a explorar alternativas de organização, até então restritas a situações específicas, como as cadeias de pequenas empresas estruturadas segundo a chamada especialização flexível na "Terceira" Itália (Cattani, 1999) ou, no plano interno dos processos de trabalho, os grupos semiautônomos, uma organização desenvolvida na Suécia, em especial nas fábricas da Volvo e Saab-Scania (Fleury e Vargas, 1983). No entanto, a experiência mais ousada – cujo berço foi mais uma vez a indústria automotiva – foi realizada no Japão, a partir dos anos 1950, sob a batuta de Taiichi Ohno, engenheiro industrial da Toyota Motor Company.

Tal como no taylorismo-fordismo, não se tratou de ensaios isolados de métodos de gestão do trabalho e de relações entre firmas nas cadeias produtivas: um contexto mais amplo embasou as experiências. Ao contrário dos Estados Unidos, onde abundavam matérias-primas e consumo, após 1945, o Japão enfrentou condições que exigiam que suas empresas atendessem a um mercado interno fechado e com demanda gradual e diversificada (Coriat, 1994). Além disso, independentemente do protecionismo estatal, as empresas japonesas integravam-se em grupos (os *zaibatsu*) que se reuniam como "famílias" e dividiam entre si a posição de acionistas majoritários em negócios comuns. A própria Toyota é exemplar nesse aspecto[5].

O sistema toyotista permitiu, assim, a configuração de uma rede de subcontratação entre empresas muito mais forte do que na Terceira Itália e, justamente sobre essa base, conseguiu criar um método de produção e entrega mais rápido e preciso (*just-in-time e kanban*)[6], uma vez que tal rede se fortalecia pela concentração das empresas no núcleo principal de seus negócios, gerando desverticalização e terceirização. Por outro lado, o uso da força de trabalho intensificou-se: cada trabalhador recebeu tarefas antes separadas pelo taylorismo-fordismo, como a execução, o controle de qualidade, a manutenção, a limpeza e a operação simultânea de vários equipamentos[7].

Tais qualidades adequavam-se perfeitamente à conjuntura econômica dos anos 1970, e, uma vez acelerada a abertura das fronteiras comerciais nacionais a partir dos anos 1980, a difusão do toyotismo foi relativamente rápida[8], sobretudo na indústria automotiva – mesmo

---

[5] Na diretoria da Toyota, não há membros que não sejam antigos funcionários da empresa e estes, na maioria das vezes, fazem parte da família proprietária original. A maioria das ações oferecidas ao mercado pertence a empresas relacionadas aos negócios da Toyota, das quais esta também possui cotas, de modo que as partes não medem seus retornos apenas na forma de dividendos, mas "a propriedade é usada como símbolo de um relacionamento, em que os 'ganhos' provenientes da obrigação comum, implícita, vêm de um trabalho conjunto" (Keller, 1994, p. 141). Ver também Conceição (2001).

[6] Segundo Sayer (1986), ao invés de produzir grandes volumes, antecipando-se à demanda, o *just-in-time* consiste na realização da produção do trabalho na quantidade e no tempo estritamente necessários. Os estoques são reduzidos e adicionados em ordem para substituir partes removidas a jusante da linha de produção. Assim, os postos no fim da linha recebem instruções de produção que, repassadas aos demais trabalhadores linha acima, exigem que cada um inicie a produção determinada. Essa comunicação pode ser efetuada por meio de etiquetas ("kanban"), passadas ao trabalhador linha acima quando necessário. Ver também Curry (1993).

[7] Ver Antunes (2002), N. Castro (1995), Coriat (1993 e 1994), Gounet (1999), Ohno (1997), Posthuma (1994), E. Silva (1991). Para uma síntese desses estudos, consultar Pinto (2007a).

[8] No caso do Brasil, essa difusão foi verificada desde o fim dos anos 1980, mas sobretudo ao longo dos anos 1990, em especial nas indústrias metalúrgicas avançadas e nos setores químico, petroquímico, têxtil, calçadista e de serviços (desde bancos e telecomunicações até as artes). Sobre todos esses setores, ver Antunes (2006). Há mais estudos sobre o tema, como: Abreu et al. (2000); G. Alves (2000); Araújo, Cartoni e Justo (2001); Bedê (1996); Carvalho e Schmitz

porque os Estados Unidos, maior mercado do ramo no mundo, já haviam sido invadidos naquela época pelos japoneses[9]. Acuada, a indústria automotiva ocidental automatizou-se ao máximo, mas sem muitos resultados. Em seguida, organizou suas plantas pela gestão flexível, agora com relativo sucesso, pois, embora modelos assim também emergissem em regiões ocidentais específicas, suas adaptações às gigantescas plantas tayloristas-fordistas exigiam mudanças nem sempre possíveis em curto prazo. No entanto, as empresas automotivas norte-americanas e europeias perceberam que compunham a maior rede de fábricas instaladas no mundo e, a partir daí, encontraram uma saída – mais uma vez por sua hegemonia no âmbito dos Estados nacionais.

Amparadas numa lenta abertura comercial iniciada na década de 1980 em quase todos os países capitalistas (pela qual se tentava equilibrar as tendências oscilatórias do câmbio e dos balanços de pagamento), surgiram as primeiras experiências de "carros mundiais". A indústria automotiva ocidental organizou sua rede de clientes e fornecedoras em moldes próximos aos do sistema toyotista, mas pela via da especialização de plantas em diversos lugares do mundo com o intuito de obter vantagens comparativas locais, como tecnologia avançada nos países centrais e matérias-primas e força de trabalho de baixo custo na periferia[10]. As montadoras cortaram quase dois terços de suas fornecedoras de autopeças, e estas começaram a terceirizar atividades, "enxugando" e hierarquizando a cadeia automotiva[11]. O controle da cadeia foi rapidamente absorvido por grupos oligopólicos dos Estados Unidos, da Europa e também do Japão, mediante imensas fusões e aquisições[12].

Nessas condições, empresas dos países periféricos, até então dirigidas pelo Estado ou por empresários locais, passaram a ser administradas por gerências assalariadas, sob o comando férreo de diretorias e presidências estrangeiras. Nessa crescente oligopolização de propriedade, que levou à privatização e à desnacionalização de setores inteiros nos anos 1990, essas filiais periféricas foram incumbidas não só de ampliar fatias de mercado, como no pós-1945, mas também de gerar altas taxas de acumulação em um ambiente de concorrência global virulenta. As empresas ocidentais passaram a terceirizar e também a se posicionar como firmas terceiras, o que, num cenário de abertura comercial, em que os critérios de escolha prescindem até mesmo da distância geográfica, implica buscar custos e parâmetros de qualidade que superem os das contratantes, sejam estas clientes ou matrizes. Preço e qualidade tornaram-se variáveis de tensão, e a principal saída das filiais em países periféricos foi flexibilizar o uso do trabalho, recurso que torna mais acessível a própria exploração das matérias-primas locais.

Eis o fator de inflexão dessa questão. No taylorismo-fordismo, a administração verticalizada e a propriedade de capital relativamente pulverizada enrijeceram as organizações: a produtividade era mensurada e controlada de forma objetiva nos postos individuais de trabalho, enquanto estes eram meros retalhos de funções que expressavam a incompatibilidade de interesses de gerências e trabalhadores. Com o advento do toyotismo e sua

---

(1990); Ferreira (1993); Gitahy e Rabelo (1991); Humphrey (1993 e 1994); Pochmann e Santos (1996); Posthuma (1995 e 1997); Rabelo (1994); Rachid (1994 e 2000); Rosandiski (1996); Salerno (1985, 1993a e 2002).

[9] Ver Amin e Malmberg (1996), Hiraoka (1989), Garrahan e Stewart (1994), Rachid (1994) e Womack, Jones e Roos (1992).

[10] Ver Amin e Malmberg (1996), Amin e Smith (1990), Conceição (2001), Costa e Queiroz (1998) e Gereffi (1996).

[11] A respeito das mudanças na estrutura de fornecimento da cadeia automotiva, difundidas com mais vigor a partir da década de 1980, ver Hoffman e Kaplinsky (1988), Garrahan e Stewart (1994) e Babson (1995).

[12] Ver Costa e Queiroz (1998), Conceição (2001), Laplane e Sarti (1995), Law (1991) e Pinto (2007b).

ocidentalização, além da oligopolização do capital e da globalização dos mercados, emergiu um processo sutil de aproximação entre gerências assalariadas locais e trabalhadores, por meio do qual a lógica da acumulação capitalista transcende o "nível macro" das relações entre as empresas nas cadeias produtivas (matrizes e filiais, clientes e fornecedoras) para se instalar no "nível micro" das relações entre os assalariados no ambiente de trabalho.

CAPITAL SAUDÁVEL E ADOECIMENTO NO TRABALHO

Atender, sob rígidos critérios, uma clientela mista e dispersa pelo globo exige trabalhar em regime de *just-in-time*, cuja finalidade é reduzir "estoques", sejam estes máquinas, produtos, força de trabalho ou tempo de operação. A ideia é aproveitar ao máximo as instalações das empresas por meio de sucessivas inovações organizacionais, desde a hierarquia de cargos e salários até as atividades desempenhadas em cada posto de trabalho (Monden, 1984; Ohno, 1997).

Várias foram as metodologias aplicadas na consecução desses objetivos, e não vale a pena fixarmos nomes após a ocidentalização desses conceitos. Na maioria dos casos, as empresas criaram um sistema de análise e aperfeiçoamento constante dos processos de trabalho, realizado por uma equipe multidisciplinar de trabalhadores de áreas distintas, desde os níveis operacionais aos gerenciais. É justamente a aproximação desses níveis que permite extrair o conhecimento tácito que os trabalhadores acumulam sobre os processos: as sugestões de melhorias dos trabalhadores acabam se consolidando em projetos de grande envergadura.

Assim, o aprimoramento da ergonomia e do controle da qualidade, a automação e a desespecialização dos equipamentos, a reorganização das funções e das tarefas nos postos de trabalho, a eliminação de tempo gasto entre elas e, consequentemente, toda a elevação da produtividade advinda dessas mudanças são realizados pelos próprios trabalhadores em ensaios supervisionados pelas gerências. Estas argumentam propiciar, com isso, uma "visão global" aos trabalhadores acerca da posição que ocupam no negócio. Contudo, estudos apontam, entre as novas exigências, não só maior experiência profissional dos trabalhadores, como também capacidade de inovação e adaptação a variações constantes de metas e tecnologias, tomada de decisões e prevenção de falhas, atualização permanente e autonomia na solução de problemas cotidianos. Apontam ainda uma elevação da escolaridade nas empresas a fim de atender a certificações como a International Standard Organization (ISO) ou permitir o manuseio de máquinas e execução de tarefas mais complexas[13].

Mas, diante desse quadro aparentemente auspicioso, não caberia perguntar se tais mudanças resultam em melhores condições de emprego, renda e elevação sociocultural para os trabalhadores? E a qualidade, tão prezada nas mercadorias e nos serviços, é sinônimo de segurança e saúde nos locais de trabalho? A tão propalada aproximação entre os níveis gerenciais e operacionais tem, de fato, firmado diálogos e relações mais estáveis e construtivas? O taylorismo-fordismo desapareceu no alvorecer da polivalência?

Num estudo de caso aprofundado que realizamos, entre 2005 e 2007, numa empresa transnacional de autopeças e bens de capital em Campinas – que possui uma estrutura

---

[13] Ver Bruno (1996), N. Castillo (1996a), Freyssenet (1993), Jacobi (1996), E. Leite (1995), Mattoso (1994), D. Oliveira (1996), Posthuma (1995), Riquelme (1994), Salm (1998) e E. Silva (1991).

global de pesquisa e desenvolvimento tecnológico e cujo expressivo portfólio de clientes inclui montadoras, sistemistas automotivas e grandes fabricantes de máquinas industriais, dentro e fora do país –, as palavras de um operário chamaram nossa atenção por indicar que as habilidades tradicionais parecem estar se tornando desprezíveis com a automação:

> Hoje têm máquinas que não são mais o trabalho que você tinha antes. Um torneiro, antigamente, ele catava uma peça bruta, ele tinha que trabalhar, lapidar até chegar numa ferramenta. Hoje as máquinas, os tornos, são todos automáticos, então você aprende com mais facilidade, você opera apertando botão. Então, não é mais aquele serviço artesanal que era, você catar uma peça e construir ela.[14]

Nas entrelinhas de sua fala, o que o trabalhador mostra é que os operários estão perdendo pouco a pouco uma especialidade que não apenas garantia aos mais experientes uma posição de destaque nas empresas, como também dava a todos, independentemente da idade e da experiência, uma identidade no conjunto do trabalho social do qual participavam. Essa identidade os diferenciava como profissionais pelo aprimoramento pessoal ao qual eles tinham de se dedicar muitas vezes ao longo de toda a vida, e não pelo aperfeiçoamento de uma maquinaria que, de um momento para outro, dispensou toda a necessidade de vivência, tornando-a supérflua aos olhos dos leigos. Em outras palavras, a automação em curso sugere uma "desprofissionalização", na acepção de perda do controle dos trabalhadores sobre um saber construído a partir do exercício de uma atividade ou, o que é também um efeito disso, a perda de identidade entre o sujeito de um determinado trabalho e os predicados que lhes são exigidos para realizá-lo.

O mesmo sentido parece estar presente, e de maneira ainda mais complexa, no caso da polivalência. Enquanto o *just-in-time* reduz ao máximo os postos de trabalho, a gestão flexível delega aos trabalhadores remanescentes cada vez mais tarefas, nem sempre condizentes com seus ofícios (como limpeza dos gabinetes, das máquinas e até mesmo do local onde trabalham)[15]. Como são realizadas nas jornadas normais, não há remuneração diferenciada por essas atividades. Prova disso é o relato do presidente do Sindicato dos Metalúrgicos de Campinas sobre a pressão das empresas da região para que as descrições de cargos sejam alteradas, a fim de reunir funções distintas sob uma só denominação ("operador multifuncional", por exemplo), exatamente para descaracterizar as qualificações dos trabalhadores e promover um "rateio por baixo" dos salários:

> As empresas passaram a absorver cada vez mais o nosso conhecimento. Eu costumo dizer isso em porta de fábrica, o "conhecimento do operário", e não estão pagando por isso. Porque, quando elas eliminaram funções como os inspetores de qualidade, de linha, ou os chamados preparadores de máquinas, elas diminuíram a quantidade de mecânicos de manutenção, eliminaram os empilhadeiristas e toda uma série de funções que os trabalhadores acabaram fazendo. É uma lógica em que as empresas tentaram até descaracterizar mesmo a função. Então, elas queriam "operadores multifuncionais". Foi uma briga do sindicato para que isso

---

[14] Marcos Augusto (nome fictício), trabalhador da esfera da produção da American Company do Brasil; entrevista realizada em 2006 por mim. Ver Pinto (2007b).
[15] Ver Ackers et al. (1996), Elger e Smith (1994), Pollert (1996) e Thompson e Ackroyd (1995).

não se alterasse. Ao invés de ser, por exemplo, um operador de máquina, um operador de centro de usinagem ou um operador de torno CNC, elas queriam como definição desses cargos "operadores multifuncionais", exatamente porque você faz várias funções.[16]

Contrariando as apologias da gestão flexível, a rotinização taylorista subsiste. Na empresa que pesquisamos em Campinas, os trabalhadores, auxiliados pela automação, realizam diferentes tarefas em várias máquinas, e essas tarefas vão se modificando ao longo da jornada, embora todas sejam cronometradas por tempos-padrão. As palavras do gerente de produção que entrevistamos não deixam dúvida:

> O que eu vejo, até hoje, [é que] a gente é bastante taylorista ainda. Eu acho que, na maneira de a gente trabalhar aqui, [nós] usamos muito ainda da filosofia, da teoria de Taylor. Em relação à divisão das tarefas, [nós] dividimos muito as tarefas, cronometramos muito: a gente controla tempo. Ainda tem muito disso aqui. Porque, como são altas produções, altas escalas, se você não trabalhar com essa teoria, você não consegue ter produtividade, ter produção. Então, em algumas células e em alguns postos de trabalho, se você for parar e ficar olhando, é Taylor puro! É assim, nós dividimos as tarefas: "Olha, você só vai cortar, só vai montar, só vai dobrar, você vai embalar e, para você fazer isso, vai ter um tempo-padrão para essas atividades e você vai ser controlado por isso".[17]

Esse fenômeno já havia sido observado em estudo no setor de autopeças brasileiro (N. Castillo, 2000), e há pesquisas que apontam que, à medida que "descemos" as cadeias produtivas em direção às empresas menores, encontramos mais uso de métodos de gestão antiquados (Abreu et al., 2000; Araújo, Cartoni e Justo, 2001). O que pudemos constatar em nossa pesquisa (Pinto, 2007b) é que isso não é fruto de ineficiência gerencial no implantar da gestão flexível, tampouco pode ser atribuído ao porte e à posição da empresa. Mesmo numa empresa transnacional avançada, a polivalência concentra-se em um número reduzido de funções, cujo exercício exige contratação relativamente estável de força de trabalho, pois exige mais tempo de treinamento. Fora delas, a polivalência é indesejável, porque o exercício está subordinado a uma estratégia de rápida assunção (ou por especialistas efetivos dos quadros das empresas, ou por trabalhadores polivalentes em períodos de baixa demanda, ou por trabalhadores temporários nos picos de demanda).

A contratação de trabalhadores temporários é fundamental nesse processo e explica-se não apenas por custar menos para as empresas, mas porque está relacionada a duas estratégias complementares da gestão flexível: "enxugamento" (redução dos trabalhadores efetivos) e "fragmentação" (constituição de um grupo de trabalhadores polivalentes contra um grupo cujas atividades são rotinizadas). A contratação dos temporários visa a realização de turnos extras nos picos de demanda e promove certa flexibilidade.

O mecanismo é um tanto sutil. Em períodos de baixa demanda do mercado, há um aproveitamento extensivo dos trabalhadores efetivos, no qual até os mais qualificados assumem atividades menos sofisticadas. Numa primeira escalada da demanda, esse corpo

---

[16] Jair dos Santos, presidente do Sindicato dos Metalúrgicos de Campinas; entrevista realizada em 2007. Ver Pinto (2007b).

[17] Walter Munhoz (nome fictício), gerente de produção da American Company do Brasil; entrevista realizada em 2005. Ver Pinto (2007b).

de efetivos é chamado a realizar horas extras e, nesse período, por mais que essas horas extras sejam intercaladas e realizadas por grupos diferentes de trabalhadores, a divisão de funções compõe uma estrutura praticamente idêntica àquela de que as empresas dispõem durante as jornadas normais de trabalho. Quando a demanda atinge o pico, os efetivos concentram-se nas atividades mais complexas, tanto nas jornadas normais quanto nas extras, e as outras atividades são repassadas aos trabalhadores temporários. Nesse momento de uso intensivo da força de trabalho, os custos de cada atividade evidenciam-se e são limitados ao extremo por novas formas de organização que reduzem os tempos-padrão e aproveitam melhor a maquinaria. Ora, como o grupo de temporários depende do auxílio dos trabalhadores efetivos (e mais experientes) para cumprir e superar os padrões de custo do trabalho destes últimos, uma vez que a demanda cai e os temporários são dispensados, os ganhos de produtividade obtidos são absorvidos pelos próprios efetivos, que os treinaram.

Esse contínuo movimento de expansão e retração da demanda, se mantido sob pressão nas empresas por meio de um quadro mínimo de trabalhadores, imprime nos efetivos uma produtividade cada vez mais exigente. Na hipótese de demanda crescente, o quadro de efetivos pode ser mantido ou até ampliado; no caso de demanda estagnada ou em queda, porém, o quadro de efetivos é gradativamente reduzido e exige-se dos trabalhadores remanescentes a mesma produtividade dos períodos de crescimento. Em outras palavras, o uso intensivo da força de trabalho permanece em seu uso extensivo.

Essa é a estratégia do "enxugamento", e não é por acaso que o toyotismo se apoia em um número mínimo de trabalhadores e em pesadas cargas de horas extras. Na própria Toyota, a quantidade de horas trabalhadas é impressionante: em média 2.300 horas ao ano contra 1.650 horas na Volvo, na VW, na Ford, na GM ou na Renault da Bélgica. Segundo Gounet (1999), isso resulta de uma competitividade brutal entre os trabalhadores, desde o mercado de trabalho até o interior das empresas, e provoca mortes por excesso de trabalho (evento bastante comum no Japão, onde é conhecido como *karoshi*). Mas de onde vem essa competitividade?

Trata-se de outro efeito do processo de expansão e retração descrito anteriormente. Ao longo de vários períodos de extremo aproveitamento e sucessivos racionamentos, uma parcela de atividades menos sofisticadas é reduzida a um conjunto de funções cuja absorção pelos efetivos polivalentes não é rentável, dado o alto valor de sua força de trabalho. Nesse caso, o taylorismo-fordismo introduz-se na gestão flexível, permitindo que essas atividades sejam assumidas por trabalhadores semiqualificados, embora especializados em sua execução. Configura-se, então, uma "fragmentação" nos quadros das empresas, na qual grupos de trabalhadores polivalentes coexistem com outros cujas funções são rotinizadas. Em ambas as situações, há uma tendência de redução dos trabalhadores ao estrito necessário, mas evidentemente as funções rotinizadas são muito mais adequadas ao uso de contratos temporários e, portanto, de terceirização.

Por essa combinação de estratégias tão díspares, os trabalhadores são postos em estado de tensão permanente. Tanto polivalentes quanto especializados devem satisfazer a índices de produtividade e qualidade crescentes, mas trabalham de acordo com métodos de organização diferentes e o fluxo do trabalho tem de ser balanceado pelos dois sistemas. Assim, por mais paradoxal que pareça, o taylorismo-fordismo dos especializados acaba controlando a qualidade dos polivalentes, enquanto o toyotismo destes controla o tempo de trabalho daqueles. Como isso ocorre? Pela organização em "times de trabalho", estes, sim, o grande pilar do sistema toyotista.

A polivalência envolve mais do que rodízio de trabalhadores em tarefas e máquinas. Exige-se controle nas atividades, mediante complexas técnicas de mensuração de metas (qualidade, tempo etc.) que os próprios trabalhadores se aplicam enquanto trabalham, a fim de detectar imediatamente qualquer falha. Além disso, os postos polivalentes formam células de trabalho que devem permitir rearranjos contínuos, aglomerando ora mais, ora menos equipamentos e trabalhadores, de um e outro tipo ou qualificação, conforme a demanda e as oscilações dos segmentos de mercado nos quais as empresas atuam.

O próprio Ohno (1997) admite que esse tipo de organização evidencia o andar dos pedidos e dos estoques, dos trabalhadores e do tempo nos processos, mantendo vivo o medo do desemprego. O que não aparece em seus escritos é o assédio moral que se instala entre os trabalhadores pelo fato de seu desempenho nos "times" estarem sempre em avaliação. É claro que, num contexto de forte pressão, pode ocorrer que, na proporção inversa em que as tarefas são realizadas, o "espírito de equipe" descambe em cobranças por desempenho, protegendo, de modo eficaz, a supremacia das chefias, confortavelmente instaladas na posição de líderes, coordenadoras ou, o que é ainda mais sutil, facilitadoras. Há uma perspectiva de imparcialidade "saudável" nas relações pessoais no trabalho, semelhante à expectativa de liberdade de mercado no plano da circulação do capital e, por meio disso, um indivíduo é autorizado a responsabilizar o outro pelas consequências positivas ou negativas que advenham de seus atos, embora os fins da relação estabelecida entre ambos pairem acima de suas cabeças, no vértice de comando das diretorias e dos acionistas.

Assim, quanto mais coesos são os "times" de trabalhadores, mais facilmente as gerências rastreiam os problemas pessoais internos e detectam as falhas nas atividades. E, como isso se torna perceptível, surge a necessidade de as gerências acirrarem o individualismo, abrindo oportunidades para os interessados em "subir de cargo", o que exige dos trabalhadores preparar-se por tempo indeterminado e sem qualquer garantia de reconhecimento de suas próprias responsabilidades, numa espécie de "cortina de fumaça" que predispõe os trabalhadores à autoexploração, uma vez que os parâmetros delimitadores das funções desapareçam. Entram em cena mecanismos ambíguos, como o mercado de trabalho interno nas empresas, em que, além do uso intensivo da força de trabalho, promove-se seu uso extensivo, pois, no compromisso das empresas de aproveitar ao máximo seus próprios quadros, existe a intenção não apenas de intensificar o trabalho por meio da polivalência, mas também de servilizar o corpo de trabalhadores dentro de suas relações de dominação, por meio de um jogo obscuro entre a "rigidez" e a "fluidez" das avaliações.

A "rigidez" está no que é tangível, como a experiência profissional, isto é, o conhecimento tácito, que, em suas bases cognitiva e corpórea, evolve espontaneamente entre os trabalhadores no contínuo exercício das atividades e é compartilhado, embora nem sempre de maneira formal, com os colegas próximos. Está também na formação profissional e educacional, desde os treinamentos técnicos, realizados dentro e fora das empresas, até os cursos de formação educacional de ensino médio, superior e especialização. Mas, se atualmente são necessários, esses elementos não são suficientes para uma promoção, e aqui entramos na "fluidez" que, tanto nos times quanto nos mercados internos de trabalho, caracteriza-se pela intangibilidade de critérios comportamentais, como o perfil de liderança, a autonomia da qualificação e a aceitação da falta de garantias futuras, mas trabalhar "por" elas, mesmo sob forte pressão.

Nesse sentido, exige-se que os trabalhadores ultrapassem em muito os deveres que lhes cabem, segundo os estatutos regimentais de seus cargos. Exige-se que busquem por conta própria ampliar cada vez mais seus conhecimentos acerca das funções que exercem para que, a partir daí, analisem criticamente tanto seu próprio desempenho quanto o papel de suas funções na divisão do trabalho das empresas, análise que lhes permitirá intervir em outras funções acima e abaixo das suas na hierarquia de cargos, seja na prevenção de falhas, seja na sugestão de melhorias. E tudo isso ocorre pela introjeção de uma conduta moral e de um comprometimento pessoal com os objetivos das empresas e sua situação no mercado, por meio de programas de "envolvimento"[18].

Entre os elementos comuns desses programas no Ocidente estão as premiações para os trabalhadores que alcançarem metas, como altos índices de produtividade e qualidade ou níveis baixos de absenteísmo e, é claro, de acidentes de trabalho, uma vez que essas metas geram uma competitividade atroz e trazem um risco de elevação do número de afastamentos por acidentes. No que tange aos acidentes, se as metas são estabelecidas e avaliadas no nível das equipes, e um dos membros pode ser responsabilizado por falhas incidentais, surge, ao invés de uma prevenção, uma chance grave de tornar os acidentes um vexame para os trabalhadores, embora sejam as principais vítimas, sobretudo se for constado erro humano, que é o que as empresas, sem dúvida, tentam comprovar. Vem à tona mais uma vez o lado perverso da união em torno de causas comuns, e que não tem nada a ver com as premiações, mas com a responsabilidade que cabe à empresa. E nota-se, nessas relações, o emergir de uma individualização dos problemas.

Mas um elemento ainda mais comum é a suposta participação nos lucros e resultados (PLR), que, na maioria dos casos, também envolve metas coletivas que devem ser consideradas no desempenho dos times de trabalho, entre as quais o faturamento da empresa, o número de falhas detectadas no trabalho, o excesso de tempo em operações determinadas, o absenteísmo e os acidentes. Esses índices são convertidos em valores monetários e, após a contabilização dos resultados atingidos, retornam em dinheiro aos trabalhadores, em alguns casos proporcionalmente aos salários percebidos e, em outros, na forma de valor fixo.

A PLR é uma das armas subjetivas mais poderosas da polivalência: a oclusão da percepção do trabalhador acerca de sua própria produtividade e, portanto, de sua exploração nas jornadas de trabalho. Enquanto no taylorismo-fordismo a associação visual entre o ritmo das tarefas repetitivas e o volume de trabalho produzida dá ao trabalhador uma noção de sua produtividade em uma jornada, na polivalência essa associação visual dá aos trabalhadores uma percepção ilusória de que sua produtividade diminuiu, embora possam estar visivelmente mais estafados.

Antonio Gramsci (1990), que vivenciou apenas o início da expansão do sistema taylorista-fordista, observou genialmente que, embora não permitisse aos trabalhadores uma compreensão global da complexa cadeia de labores na qual estavam inseridos, essa mesma especialização extrema garantia, após certo período de experiência, um melhor controle das operações cognitivas e corpóreas que eles realizavam, permitindo-lhes, ao menos, adaptar-se melhor às jornadas diárias e ter uma noção mais tangível da própria produtividade. A gestão flexível, ao quebrar rotinas e exigir frequentes adaptações às funções, ora pela aglutinação de tarefas distintas num mesmo posto, ora pela alternância dos trabalhadores em postos diferentes, tornou cada vez mais intangível a noção de produtividade com base no tempo. Essa sensação de incerteza cria uma realidade atordoante, em que os trabalhadores, quanto

---

[18] Ver Bruno (1996), E. Leite (1995), E. Lima (2004), Salm (1998), Shiroma (1993) e Riquelme (1994).

mais assumem funções, menos notam o resultado de seus esforços, justamente porque sentem enganosamente que sua produtividade foi reduzida, quando deveria ocorrer o contrário, segundo a avidez gerencial. Tal processo, no contexto de enxugamento e fragmentação dos quadros descrito acima, é mais um alicerce da autoexploração e da competitividade mortal.

Mas vejamos como a PLR entra nisso como mais um elemento arrebatador. Uma breve retrospectiva analítica mostra que a alienação do trabalho sob o capitalismo, decorrente da separação entre os meios de produção e os trabalhadores e da redução destes à condição de assalariados, já havia sido ampliada tanto corpórea quanto cognitivamente com o advento do taylorismo-fordismo. Este transferiu parte importante do *savoir-faire* operário para as gerências, que o devolviam na forma de tarefas padronizadas e cronometradas. Desaparecia aí o conhecimento operário acerca do alcance da produtividade de seu trabalho cooperado em nível global, mas não a noção de sua produtividade no nível dos postos individuais. Por baixo do automatismo padronizado, os trabalhadores, agora especialistas, passaram a criar formas de labor ininteligíveis às gerências, moldando as prescrições impostas e driblando o cronômetro e a linha seriada; com isso, eles conseguiram manter uma intervenção parcial na produtividade do trabalho cooperado em nível global.

Não foi outro o propósito da gestão flexível, em especial a toyotista, senão buscar transformar esse impasse entre operários e gerências em algo proveitoso à acumulação de capital. Apoiados numa concentração oligopólica da propriedade privada e amparados por medidas estatais que flexibilizaram as contratações da força de trabalho, os atuais proprietários dos meios de produção foram sagazes ao combinar a manipulação da subjetividade dos trabalhadores e a coerção de sua condição de assalariados. A polivalência foi a base desse empreendimento, pois, embora promova, mesmo que no limite da artificialidade, uma maior cooperação inter e intraníveis hierárquicos, ela ofusca a apropriação desigual dos resultados dessa relação no nível dos postos individuais, facilitando às gerências extrair de seus subordinados taxas maiores de sobretrabalho nas jornadas, pois que este se tornou intangível à observação mais direta, baseada no tempo de trabalho e nas funções.

A PLR é um corolário direto e institucionalizado dessa disparidade, pois como podem os trabalhadores assalariados negociar com os proprietários dos meios de produção uma participação nos resultados globais da produtividade de seu trabalho cooperado se não conseguem nem mesmo mensurar os resultados da produtividade de seus trabalhos individuais, no simples patamar de suas funções cotidianas nas empresas?

Pode-se argumentar, é claro, que sob a égide do taylorismo-fordismo, o conhecimento tácito no nível das funções já era uma moeda de troca entre gerências e operariado. Mas o acordo entre ambos explicitava objetivos antagônicos, que reduziam as expectativas do contrato social a um mínimo de deveres bem claros e distintos. Nessa nova relação dos programas de envolvimento da gestão flexível, o conhecimento tácito continua sendo uma moeda de troca entre gerências e operariado, mas num acordo agora não mais explícito e cujos objetivos, embora antagônicos, parecem se alinhar em torno de pontos comuns, num contrato social com expectativas abrangentes e cujos deveres incluem a ampliação mútua da produtividade, para que, por ela, gerências assalariadas e operariado garantam seus empregos e, por uma absurdidade como a PLR, seus lucros!

Embora haja uma aparente aceitação desse novo contrato social entre os níveis hierárquicos, os trabalhadores têm uma sensação de incredulidade, de diálogo cético e paradoxal, e um desgaste moral e psíquico. Entre os trabalhadores operacionais, os que estão submetidos à polivalência sabem que ocupam postos privilegiados em relação aos demais e, de certa forma, serão mantidos até que um próximo ciclo de retração leve-os a um cargo superior ou à demissão; neste último caso, enquanto exército de reserva (no sentido que Marx atribui a essa expressão), eles poderão se candidatar ao trabalho temporário, regido pelo cronômetro taylorista, ou entrar para um mercado de trabalho informal cada vez mais amplo, por intermédio de agências de emprego ou trabalhos autônomos, como prestadores de serviço. As gerências não têm perspectivas diferentes: a concentração oligopólica do capital e a financeirização colocou-as na condição de assalariadas de grupos de acionistas, que não estão interessados nos problemas, mas nos dividendos. Se os gerentes também sofrem pressão das hierarquias superiores, sua compreensão dos resultados globais de seu trabalho individual também não lhes mostra nada, e eles sabem tão bem quanto os operários que, vestindo ou não "a camisa do negócio", podem se ver na rua de uma hora para outra.

Em síntese, ainda que estivessem dentro de uma estrutura mais "rígida" sob a organização taylorista-fordista, gerentes e operários estavam mais "livres" em suas funções, não apenas porque executavam atividades mais rotinizadas e podiam driblar o cronômetro ou as planilhas, mas, sobretudo, porque as competências exigidas eram mais previsíveis e avaliadas por critérios técnicos, os quais lhes garantiam certo domínio sobre sua posição ao longo do tempo. Com o achatamento das hierarquias e a polivalência, gerentes e operários assumiram uma diversidade maior de funções, que, se não restringiu ainda mais a liberdade individual no controle das atividades, retirou a previsibilidade das competências cujo desenvolvimento assegura certa estabilidade no emprego. E isso porque, apesar de alocados numa estrutura mais "flexível", são "coagidos" por uma teia de relações intangíveis, cumprindo metas e executando funções nem sempre plenamente cognoscíveis e cujo sucesso não advém apenas de um desempenho técnico inquestionável, mas de um mérito comportamental que varia numa rede fluida de situações, na qual se combinam assédio moral e qualificação por conta própria. No mundo atual do trabalho, a acumulação de experiências parece estar em desuso, conforme apontam certas análises (Sennett, 2001).

A oclusão da própria produtividade, a intangibilidade de critérios de julgamento cada vez mais fluidos nas relações de trabalho, a incerteza quanto ao futuro e a insegurança quanto à imagem que se deve ter ou fazer nas empresas, num ambiente em que as premiações e o controle pelos pares agridem continuamente a autoestima, além da imprevisibilidade das qualificações e do desgaste físico e emocional imposto pelos intermináveis ciclos de expansão e retração, tornou os trabalhadores, em todos os níveis hierárquicos, enfermos crônicos da condição geral a que estão submetidos: a da acumulação de capital. E isso se exprime em seus corpos de várias maneiras, seja por doenças osteomusculares, como a lesão por esforços repetitivos (LER), seja por doenças psíquicas, seja por agressividade e confronto físico. Nas palavras do responsável pelo Departamento de Saúde do Sindicato dos Metalúrgicos de Campinas:

> Você observa que os trabalhadores estão cada vez mais adoecidos, e a faixa de idade está diminuindo muito, porque você precisa de pessoas jovens para aguentar o tranco. A "validade" do trabalhador está cada vez mais se reduzindo, porque o desgaste psíquico e físico está muito grande. [...] A LER, pela nossa avaliação aqui, não vai parar, mas tende a perder o topo para

as doenças psíquicas. [...] Porque a LER [...] é uma escadinha para a depressão e, em muitos casos, [o trabalhador] fica afastado por depressão e nem volta mais ao trabalho. Imagine, [ele] não consegue mais pentear o cabelo, não consegue segurar um copo, não consegue brincar com o filho! Tinha um trabalhador daqui que dizia: "Olha, tenho um filho pequeno e não consigo mais carregar ele no colo, recém-nascido e eu não aguento!".[19]

Em relação às doenças psíquicas mais comuns, esse diretor sindical diz:

Síndrome do pânico. [...] Quando [os trabalhadores adoecidos] chegam à fábrica, choram, choram, têm bloqueio e não conseguem entrar [...]. O estresse, [...] você observa que o trabalhador fica muito mais irritado, qualquer coisinha ele explode e sai pancadaria entre os trabalhadores mesmo ou com o chefe. Você observa que as empresas sabem disso, pois eles [os gerentes] estão mudando a cultura. Antes, quando tinha uns tapas na fábrica, diziam: "Ah, não, dá uma suspensãozinha aí...". Conversava, passava e tal, tranquilo. Agora, não, é demissão! Demitem por justa causa e depois temos de negociar as condições todas. Por quê? Eles [os gerentes] falam abertamente que estão observando que: "Se a gente não fizer isso, logo, logo vão matar a gente aqui dentro". Por quê? O trabalhador, ele está à beira da loucura e aí ele faz qualquer coisa. [...] Quando eles começaram a se apropriar mais ainda da "mente", com esses modelos de produção, esses métodos, o assédio moral aumentou, com a questão do trabalho por metas. É uma briga.

Até o confronto físico, portanto, tem se tornado frequente nas relações de trabalho e revela, aliás, um embaraço por parte das gerências, pois, ao invés de se "aproximar", elas repelem os trabalhadores com uma violência psíquica ainda maior (desligamento e desprezo), como se as causas dos conflitos, assim como das doenças, não estivessem no próprio ambiente de trabalho, mas nos indivíduos. No máximo, admitem que os trabalhadores não suportaram trabalhar sob pressão, como esperavam. Mas a verdade é que a agressividade não raro está presente entre os trabalhadores, no empenho em atingir altas metas de produtividade e qualidade, na postura de liderança que assumem entre seus pares e na comunhão com os objetivos das empresas. Ser agressivo no trabalho, mas conter essa agressividade, canalizando-a para os interesses da organização, tornou-se um valor cada vez mais requisitado, embora seja tratada com desdém, como um caso de insanidade individual, quando se extravasa fisicamente e exprime o grau de dilaceramento subjetivo em que os trabalhadores se encontram.

Esse é o quadro de exploração sobre o qual se funda hoje a acumulação de capital. Um mundo de efemeridades nas relações de trabalho, no qual a lealdade se baseia em compromissos bastante objetivos, porém rescindíveis de forma abrupta, em qualquer circunstância que interesse a apenas uma das partes. Além do mais, os méritos se assentam na fluidez de critérios comportamentais e a polivalência dos trabalhadores em tudo e por tudo explicita a necessidade de um forte comprometimento, entre gerências e níveis operacionais, com os interesses dos grupos oligopólicos, controlados por acionistas anônimos.

Aqui se revela o segredo do sistema de Ohno e de seu grande salto em relação a Ford. Enquanto o pai da indústria de massa quis servilizar os trabalhadores no início do século

---

[19] Mauro Lopes (nome fictício), diretor do Sindicato dos Metalúrgicos de Campinas; entrevista realizada em 2007. Ver Pinto (2007b).

XX, transformando-os em potenciais consumidores de seus produtos, o pai da gestão flexível também buscou servilizá-los no fim do mesmo século, mas transformando-os em potenciais sócios das empresas em que trabalham. E insistimos em que tudo nunca passou de suposições, porque desde Ford os elementos fluidos e a individualização resultante no comportamento dos trabalhadores já se contrapunham aos elementos rígidos da gestão do trabalho: "vestir a camisa do negócio" foi tão comum em Detroit quanto no ABC paulista em meados do século XX[20].

É claro que os tempos de Ohno já eram outros. O capital financeiro e uma nova classe de acionistas poderosos sobrepujaram as gerências da atividade industrial. O consumo de massa não alimentava mais certas aristocracias operárias e o poder dos sindicatos corporativos, tampouco dava conta da insatisfação dos sindicatos combativos e dos setores excluídos do mercado, como os desempregados e os precarizados, que, após os anos 1970, proliferaram enormemente. A microeletrônica e a informática acirraram de forma colossal a concorrência criada pelo fim das muralhas protecionistas, e os próprios Estados parecem ter sucumbido, com as burguesias locais que eles protegiam, diante do poder de grupos capitalistas oligopólicos transnacionais.

As leis da acumulação de capital têm avançado, portanto, sobre todas as áreas da vida social e individual. E um fato patente nesse sentido é a própria transposição da equação "atendimento ao cliente = menor preço + entrega precisa + qualidade rigorosa + desverticalização" (que rege as relações entre as empresas e suas fornecedoras no plano do comércio globalizado) para "atendimento aos pares de equipe e aos patrões = menor custo de trabalho + jornadas flexíveis + polivalência + corresponsabilidade de gerências e níveis operacionais pelos objetivos do negócio" (que impera nas relações entre as próprias pessoas no local de trabalho). No plano interior das empresas, em todas as instâncias, desde a polivalência até os mercados internos de trabalho, percebe-se hoje a existência de um mecanismo que promove uma atitude autoexploratória nos trabalhadores, em razão de uma relação – a acumulação de capital –, que, embora os atravesse, paira acima deles.

Tal como sob o taylorismo-fordismo, os trabalhadores permanecem subsumidos como engrenagens semoventes dessa acumulação, mas num grau de complexidade muito maior, pois não estão subordinados a esse processo por formas coercitivas, físicas ou intelectuais, impostas por uma organização que se lhes defronta objetivamente e com regras frias e racionalistas. Mais do que regras claras, certamente ainda presentes, o que a gestão flexível impõe aos trabalhadores, em especial a toyotista, são transmutações de costumes, paixões e caracteres mais profundos, mediante uma introjeção subjetiva de princípios de conduta moral, de um *ethos*.

Trata-se, portanto, de um sistema de gestão que constitui muito mais do que uma metodologia de organização técnica do trabalho, como era o sonho de Taylor: é uma "etognosia", e suas formulações práticas não apenas são limitadas a uma forma específica de cooperação no trabalho, mas edificadas na forma de um "governo", de uma "etocracia", na qual tanto operários quanto gerentes assalariados prostram-se servilmente diante de um só soberano: o capital.

---

[20] Ver, a respeito do caso norte-americano, Gramsci (1990) e, do caso brasileiro, Negro (2004) e suas passagens sobre a "família Willys".

Considerações finais

Nos últimos trinta anos, em meio à estagnação tendencial das taxas de acumulação das atividades industriais, à saturação dos mercados de bens, ao crescimento dos setores de serviços e à financeirização da economia, houve uma série de mudanças nas relações entre as empresas privadas transnacionais, os Estados e as classes trabalhadoras. Essas mudanças, contudo, são apenas reflexos de um processo mais profundo, e até agora inalterado, que é a exploração do trabalho em prol da acumulação de capital, mantida sob o poder de grupos transnacionais de países de capitalismo central.

O objetivo do capital transnacional, evidente nos aspectos que analisamos, é criar um ciclo em que a atuação de um grupo global em nichos variados de mercado exige de suas filiais, em diferentes países, inovações na organização do trabalho. Essa autonomia deve possibilitar às gerências assalariadas explorar condições locais vantajosas, como a tecnologia avançada nos países centrais e a força de trabalho e as matérias-primas a baixo custo nos países periféricos, sempre com o intuito de assegurar altas taxas de acumulação de capital para pagar dividendos aos acionistas das matrizes.

As privatizações, aquisições e fusões que ocorreram nas últimas três décadas consolidaram a desnacionalização de setores econômicos inteiros nos países periféricos e o deslocamento das empresas transnacionais para áreas *greenfields*. Isso só foi possível graças à intervenção e ao amparo dos Estados às estratégias expansionistas do capital, haja vista a importância que a abertura comercial e a flexibilização das formas de contratação do trabalho nos países periféricos e centrais tiveram nesse movimento.

As novas relações que então surgiram entre as empresas, ao mesmo tempo que promoveram a desverticalização administrativa e a descentralização geográfica de suas plantas, fortaleceram a verticalização do comando e a oligopolização dos mercados sob o controle de grupos transnacionais da tríade Estados Unidos, Europa e Japão. Isso consolidou o poder que esses países já possuíam, e não apenas sobre os meios de produção, mas também sobre a propriedade intelectual das tecnologias desenvolvidas em vários setores e países.

Essa oligopolização do capital, por sua vez, eliminou por completo o que ainda poderia restar, em especial nos países periféricos, da gestão pelos próprios proprietários. Assumiram em seu lugar gerentes assalariados incumbidos de reestruturar as empresas mediante os mais ousados projetos de terceirização e organização flexível do trabalho. Criou-se uma cadeia de pressão: os acionistas pressionam do vértice a alta administração das matrizes, que pressionam as gerências das filiais, que, por sua vez, fazem o mesmo com seus subordinados.

A gestão flexível colocada em curso nesses processos de reestruturação, além de reduzir os efetivos das empresas, divide os trabalhadores entre um grupo seleto de polivalentes, com contratos relativamente estáveis, e um grupo de especialistas atrelados a tarefas rotinizadas. Na base dessa fragmentação e enxugamento de postos está um mercado interno de promoções cujos critérios de avaliação buscam, além das competências técnicas dos trabalhadores, comprometimento pessoal com o que deve ser compreendido como "missão" e "valores" da empresa. Espera-se deles não apenas a assunção de várias funções, mas uma constante assiduidade no cumprimento das metas gerenciais e autonomia individual para se qualificar profissionalmente, independentemente das oportunidades oferecidas pelas gerências.

Dessa contraditória trama de relações advém uma paradoxal "aproximação conflitiva" entre os níveis gerenciais e operacionais, uma vez que as metas estabelecidas devem se manter sempre acima dos patamares já alcançados – a base do *just-in-time* na redução de "estoques". Desse modo, as situações de confronto, ao invés de serem eliminadas do ambiente de trabalho, têm sido continuamente provocadas e utilizadas como forma de estabelecer critérios de racionalização de funções e seleção de trabalhadores. Destes, além de autocontrole, exigem-se distanciamento acrítico das relações de dominação que os sobrepuja coletivamente e aceitação, no plano individual, da comunhão de interesses com os da acumulação de capital.

A lógica contraditória e paradoxal da acumulação capitalista tende a transcender, assim, o simples plano do controle objetivo da força de trabalho, circunscrito aos sistemas de divisão de tarefas e responsabilidades nas empresas, e atinge um plano de controle social subjetivo que afeta diretamente o âmago da conduta moral dos trabalhadores, consolidando, para além de uma organização exploratória do trabalho, uma "forma de governo" que infunde, nas próprias relações pessoais, as relações de mercado. Somem-se a essas condições as pesadas cargas de horas extras, das quais se exige produtividade crescente em um ambiente em que os trabalhadores se autovigiam, regulados por uma combinação entre cronômetro taylorista e polivalência toyotista, e tem-se o grande nexo causal de tantas doenças como a LER e a síndrome do pânico.

Não é por acaso, portanto, a preocupação das empresas com a segurança e a saúde dos trabalhadores. Políticas mundiais de prevenção têm sido impostas pelas matrizes às filiais em todos os países, além de investimentos financeiros, apoio logístico e tecnológico e auditorias frequentes. Mas a verdade é que as empresas tentam apenas evitar litígios na justiça, o que comprometeria a competitividade de suas ações no mercado financeiro. Assim, tanto as certificações de qualidade quanto o controle dos acidentes e das doenças ligadas ao trabalho estão intimamente interligados como estratégia financeira global, pela qual se busca zelar, de um lado, pela confiança dos clientes nos produtos e, de outro, pelo crédito dos acionistas nas bolsas de valores.

No lado oposto à acumulação do capital está o respeito aos trabalhadores. Se considerarmos aspectos como a formação educacional e a experiência profissional, veremos que os trabalhadores mantidos em regime de polivalência, em particular os mais antigos, sentem que seus conhecimentos tácitos, embora imprescindíveis à promoção interna, estão sendo corroídos pela gestão flexível, num processo de "desespecialização" de saberes que traz com ele uma "desprofissionalização". Ou seja, não bastassem as demissões de trabalhadores com mais tempo de casa para reduzir custos, esse é mais um motivo que leva as empresas a "substituí-los" por outros mais jovens e sem experiência.

A afirmação de que a idade avançada é um fator complicador na introdução de novas tecnologias no ambiente de trabalho é injustificável, pois a experiência profissional acumulada pelos trabalhadores é a base real de qualquer automação. Do mesmo modo, a gestão flexível não pode prescindir da atuação dos mais experientes no treinamento e na coordenação dos trabalhadores mais jovens, sobretudo nos turnos extras. A verdade é que tal afirmação se limita aos aspectos "rígidos" da gestão flexível, pois, se considerarmos seus aspectos "fluidos", como os perfis comportamentais, fica claro que os trabalhadores mais jovens apresentam disposição maior – não física ou cognitiva, mas subjetiva – para aceitar as novas condições de trabalho como "normais". Em outras palavras, o impacto do sentimento de "desespecialização" e "desprofissionalização", inerentes à automação e à polivalência, são ocultados dos mais jovens, e sua experiência profissional não lhes permite inferir diferenças com relação ao passado, diferenças que estão vivas nos trabalhadores mais antigos.

Sendo assim, a tão conhecida "substituição" de quadros – em geral justificada com astúcia pelas empresas como meio de superar crises conjunturais impostas pelos governos – revela mais uma estratégia gerencial para implantar as inovações tecnológicas e organizacionais da gestão flexível.

Em termos pragmáticos, a visão gerencial das empresas transnacionais, e mesmo a dos Estados, exprime valores como inserção competitiva no mercado mundial, capacitação e aprendizagem tecnológica, flexibilização das jornadas e aproximação de interesses entre níveis hierárquicos, diálogo sobre melhorias no ambiente de trabalho, estímulo ao desenvolvimento de lideranças e à autonomia dos trabalhadores em suas qualificações, premiações e participação em lucros e resultados mediante incitação do espírito de equipe e da agressividade saudável, que faz da adversidade a pedra angular da criatividade.

Os efeitos desse pragmatismo, entretanto, apontam outra realidade, na qual está em curso a consolidação de uma histórica divisão internacional do trabalho e uma concentração oligopólica do capital que relega aos países periféricos uma competitividade fundada no rebaixamento das condições de vida e na retirada de direitos conquistados por suas classes trabalhadoras. Uma realidade em que as inovações tecnológicas e organizacionais atendem à necessidade de adaptação às crises de expansão e retração. Em que a flexibilização das jornadas é feita mediante a terceirização e a precarização dos contratos de trabalho, e a aproximação entre os níveis gerenciais e operacionais resulta em fragmentação e enxugamento de quadros. Em que o diálogo sobre melhorias no ambiente de trabalho é cético e paradoxal e o desenvolvimento de perfis de liderança e autonomia leva ao individualismo. Em que o espírito de equipe degenera em autoexploração, as premiações recompensam o assédio moral e a participação nos resultados são precedidas de agressões físicas e psíquicas. E em que a criatividade humana, longe de se emancipar, retrocede a um rude meio de sobrevivência.

Capítulo 11

AS ENGRENAGENS DA FÁBRICA E OS REDUTOS DE RESISTÊNCIA NO ABC DO AUTOMÓVEL (1954-1964)[1]

Stela Cristina de Godoi

O ABC DO AUTOMÓVEL NO TEMPO DA MEMÓRIA

Este artigo é fruto de um estudo de memória acerca do mundo do trabalho taylorista-fordista, desenvolvido por meio de uma pesquisa qualitativa que se propôs dar voz a metalúrgicos aposentados, privilegiando sobretudo aqueles sujeitos que não aparecem na história oficial do movimento operário. Buscamos analisar e compreender, a partir da reconstrução da memória coletiva, a experiência e a invenção de recusas cotidianas de ex-operários que migraram das zonas rurais do Brasil para vender sua força de trabalho no parque industrial automotivo de São Paulo em meados do século XX, no contexto do nacional-desenvolvimentismo de Juscelino Kubitschek.

Tendo como propósito o estudo da experiência desses operários ressocializados nas cidades das chaminés, analisamos os redutos de resistência cotidiana desses migrantes – contra o eterno vazio que é o posto de trabalho no chão de fábrica – para conseguir que haja ainda tempo ou acontecimentos de realização, embora minúsculos. Procuramos mostrar que, a despeito do processo de transformação da força de trabalho em mercadoria e da redução do trabalho ao meio para satisfazer carências alheias ao trabalhador, há também a busca por um trabalho que atenda às necessidades humanas, objetivas e subjetivas.

Pelas práticas sociais de resistência operária na vida cotidiana, pudemos encontrar um dia a dia politizado, no sentido de que encerra práticas de resistência contra a

---

[1] A análise apresentada a seguir é parte da dissertação de mestrado *A roça e o aço: as experiências e as resistências operárias no Brasil moderno (1954-1964)*, defendida em 2007 no Instituto de Filosofia e Ciências Humanas da Universidade Estadual de Campinas, sob orientação de Ricardo Antunes e com financiamento do CNPq.

efemeridade da vida cotidiana e a castração das potencialidades do trabalho humano na sociedade de consumo. Assim, a análise das experiências de cada um dos operários entrevistados procurou articular as particularidades das histórias de vida com a totalidade do sistema de exploração/dominação do capital, contida na consolidação da sociedade urbana industrial do Brasil.

A reconstrução da história dessas pequenas "recusas" à exploração/dominação na fábrica taylorista-fordista por parte de homens migrantes e operários apontaram práticas cotidianas que contêm traços de resistência e são levadas a efeito no tempo da fábrica e fora dele. Os relatos de memória permitiram o resgate dos "biscates"[2] – inventados quando exerciam a profissão de metalúrgicos –, da produção literária e das oficinas domésticas, realizadas fora da fábrica, já no tempo da aposentadoria. Neste artigo, privilegiaremos ainda a discussão sobre as principais engrenagens da fábrica e os redutos de resistência no tempo do trabalho.

EM BUSCA DA DIALÉTICA DO TRABALHO

Na tradução dos *Manuscritos econômico-filosóficos*, de Karl Marx (2004), Jesus Ranieri faz uma distinção entre alienação (*Entäusserung*) e estranhamento (*Entfremdung*). Por alienação, ele entende uma ação de transferência que sintetiza o "momento de objetivação humana no trabalho por meio de um produto resultante de sua criação" (Ranieri, 2004, p. 16); assim, a alienação aparece em alguns momentos da obra de Marx em sentido positivo, como ato de exteriorizar-se por meio do trabalho. O estranhamento, por sua vez, é a "objeção socioeconômica à realização humana", na medida em que determina historicamente o conteúdo das exteriorizações por meio da apropriação do trabalho alheio, garantida pela propriedade privada (Antunes, 2009a; Ranieri, 2004). Refletindo sobre a sociedade capitalista, Marx (2004) mostra que o estranhamento se caracteriza pelo fato de o trabalho representar uma atividade alheia, imposta, que não fornece satisfação em si mesma.

A coleta e análise dos dados empíricos desta pesquisa confirmam a formulação de Marx (2004) acerca do caráter universal da condição de estranhamento, que penetra a vida social de todos os sujeitos históricos que vivem o sistema do capital. Contudo, as fontes empíricas também apontam para outra formulação central do pensamento marxiano.

Faz parte da ontologia do ser social recriar a vida por meio das possibilidades abertas pelo trabalho humano. Pelo processo de trabalho, os sujeitos arquitetam previamente um meio de satisfazer suas necessidades humanas, inaugurando dialeticamente uma nova condição social que, por sua vez, impele a invenção de novos meios (Lukács, 1978).

Observamos que as experiências de trabalho analisadas neste estudo foram marcadas tanto por práticas sociais reprodutivas quanto por recusas cotidianas às ideologias dominantes orientadas pela lógica do capital. As memórias sobre o tempo de trabalho são permeadas de representações negativas do trabalho (sofrimento, anulação e medo); contudo, diante do trabalho estranhado, essa condição social permitiu a emergência de formas de resistência. As narrativas coletadas são testemunho da exploração de classe e

---

[2] Os "biscates" eram artefatos de aço produzidos no padrão de produção taylorista-fordista não como mercadorias, mas por seu valor de uso.

da segregação étnica e regional do coletivo operário, bem como da tentativa dos trabalhadores de ressignificar suas relações com o trabalho metalúrgico, sobretudo entre os "operários das bancadas".

Assim, partindo da memória de alguns trabalhadores, empreendemos um processo de reconstrução da história silenciada sobre o mundo do trabalho nacional-desenvolvimentista, indo ao encontro da experiência do migrante rural no espaço e no tempo fabris. A pesquisa de campo coletou fragmentos de narrativa histórica oral, e a recomposição desses fragmentos levou à reconstrução da experiência do homem migrante e metalúrgico em São Paulo e no ABC em meados do século XX.

AS ENGRENAGENS DA FÁBRICA TAYLORISTA-FORDISTA: O TEMPO E O MEDO

Mergulhados por muitos anos num trabalho cadenciado pelas máquinas, os operários experimentaram uma sensação que Robert Linhart (1986) descreveu como anestésica, em que o tempo para e esvazia-se. Com base nos relatos colhidos, pudemos observar a articulação do tempo e do medo como elementos fundamentais para a exploração/dominação operária pelo sistema do capital.

Um episódio da vida do sr. Jayme, operário aposentado que foi instigado a relembrar suas jornadas no chão de fábrica, mostra um cotidiano pressionado pela produção. Seu relato nos permite perceber uma das características do estranhamento descrito por Marx (2004).

> A gente era tão ignorante que a gente achava até bonito ver aquela linha correndo, e a gente rindo daqueles coitados que não tinham aquela habilidade. Então, a gente até achava engraçado. A gente era tão ignorante que achava engraçado ver aqueles caras sofrendo. E tinha que ter competência. Se não desse produção, não ficava, [porque] na linha de montagem tem que molhar a camisa! Era tudo mesmo na produção, tinha que tirar produção! Saindo a produção, estava ótimo [para a firma]! E eu cansei de ver os colegas na linha de montagem chorando porque eles estavam construindo, eles tinham o filho na escola, eles tinham os compromissos deles e aquela linha de montagem correndo. As linhas de montagem são assim, uma esteira [que] não para, ali não para mesmo, não pode parar! Se é para sair trezentos motores, tem que sair trezentos motores! Eu cansei de ver gente chorando.[3]

Apesar da opressão, os trabalhadores criavam, como estratégia contra o sofrimento que experimentavam sobretudo em tarefas de alta periculosidade, um clima de informalidade nas relações de trabalho, de brincadeiras e até de provocações ofensivas e apelo à virilidade. Segundo Fontes: "Apesar de sinalizar um ambiente de informalidade e descontração entre os trabalhadores no duro cotidiano da empresa, tais brincadeiras, como era de esperar, nem sempre eram bem recebidas por todos" (Fontes, 2004, p. 81). A declaração do sr. Jayme mostra que o estranhamento se expressa na relação de homem para homem, em que um trata o outro segundo os valores a que é submetido.

O relato desse entrevistado, bem como da maioria dos operários ouvidos a respeito dos ritmos de trabalho, contrasta com o depoimento de um trabalhador que não sofreu a

---

[3] Sr. Jayme; entrevista realizada em 2005.

tirania das linhas de montagem, mas viu-a de fora. Segundo ele, o ritmo não era puxado: "Em 57, quando cheguei na fábrica, trabalhava, mas trabalhava normal. Eu via a linha de montagem. Era linha de montagem normal e acabou"[4]. O relato de Robert Linhart (1986) sobre sua experiência como operário na Citroën, na década de 1960, relativiza esse depoimento.

Como nosso entrevistado, a primeira impressão que ele teve do ritmo da linha de montagem foi de continuidade, de aparente lentidão: "À primeira vista, a linha dá quase uma ilusão de imobilidade" (R. Linhart, 1986, p. 13). No entanto, essa impressão mudou tão logo ele assumiu suas funções na produção: "O lento deslizar dos carros, que me parecia tão próximo da imobilidade, toma um aspecto tão implacável quanto a impetuosidade de uma torrente que não se consegue conter" (R. Linhart, 1986, p. 14). O que de início parecia uma mecânica homogênea revela-se, ao longo do tempo e da experiência ao lado dos outros operários, uma mecânica humana repleta de diversidades. Por um lado, heterogeneidade racial, social e regional; por outro, distribuição vertical dos operários, segundo os degraus da hierarquia da gestão da produção.

Jayme foi operário de linha de montagem na década de 1960 e descreve sua experiência na hierarquia fabril desse padrão de produção, definido como taylorista-fordista (Antunes, 2009a):

> a hierarquia era mais ou menos assim: aqueles funcionários que se destacavam mais, [...] [em] um posto, dois, três, quatro, cinco, então em pouco tempo ele passava a líder, e de líder ele passava para feitor. O líder era, a bem dizer, um tampa-buraco. Os funcionários que saíam para a enfermaria, ele ficava no lugar daqueles funcionários; o outro precisava ir ao banco, qualquer coisa que ele precisasse sair do posto de trabalho dele, então tinha na base de uns dois, três deles, que faziam o trabalho no lugar [dele]. Depois disso [ele] passava a feitor.[5]

Pudemos observar que os líderes, embora passassem a ocupar posição de mando e privilégio, eram justamente aqueles cujos corpos e mentes já haviam sido condicionados pelos desgastes promovidos por cada uma das atividades – aparentemente banais – que compõem a linha de montagem. Segundo Linhart: "O verdadeiro perigo começa quando se suporta o choque inicial. Entorpecimento. Esquecer até mesmo a razão da própria presença na fábrica. Satisfazer-se com o milagre de sobreviver" (R. Linhart, 1986, p. 42-3).

O relato a seguir mostra a dinâmica de fragmentação/desarticulação da classe operária por meio de hierarquias que se distinguem sobretudo por pequenos poderes:

> Eu estava na chamada média chefia. Ficava como mediador entre os operários menos instruídos e os de nível mais elevado. Era meio desconfortante, porque uns achavam que eu era amigo do patrão. Por outro lado, outros achavam que o que eu queria era informar melhor os operários. Mas meu objetivo era conscientizar todos que, independente de ser peão ou gerente, éramos todos empregados e devíamos ficar todos do mesmo lado porque ninguém era patrão.[6]

---

[4] Sr. Miguel; entrevista realizada em 2006.
[5] Sr. Jayme; entrevista realizada em 2005.
[6] Sr. José D. C.; entrevista realizada em 2000.

A entrevista concedida por Adicel mostra que o próprio processo de trabalho equaciona as hierarquias no interior da categoria metalúrgica. Segundo Adicel, o tempo e as condições espaciais são a grande vantagem dos operários da "ferramentaria" em relação aos trabalhadores da linha, porque estes, em vez da bancada, tinham apenas um conjunto de ferramentas à mão e um deslizar implacável de carcaças:

> Aquela mesmice é ruim, mesmice é terrível. E lá [na ferramentaria] não, a gente pegava coisa diferente, cada dia um desenho diferente, é um projeto que a gente tem que executar, um projeto novo. A vantagem da ferramentaria era isso, [...] a grande diferença da ferramentaria em relação à produção de montagem é a mesmice, que na produção existe e na ferramentaria não. Mesmice é terrível para qualquer funcionário, para qualquer pessoa que trabalha. A mesmice é terrível.[7]

Assim, a "mesmice" mencionada pelo entrevistado como o aspecto mais nefasto da jornada diária na linha de produção é a redução do trabalho a simples técnica. Trata-se de uma vivência do tempo vazio que busca imitar a uniformidade do relógio num simulacro de gestos mecanicamente repetidos, expropriando do trabalhador o gozo e a propriedade do produto de seu trabalho. Segundo Weil, o sistema de Ford e Taylor produziu a monotonia do trabalho:

> Dubreilh e Ford dizem que o trabalho monótono não é penoso para a classe operária. É verdade que Ford diz até que ele não poderia passar um dia inteiro num único trabalho da fábrica, mas que é preciso acreditar que seus operários são diferentes dele [...]. Se realmente acontece que com esse sistema a monotonia seja suportável para os operários, é talvez o pior que se possa dizer de um tal sistema. [Mas] felizmente não alcançaram nunca um êxito total, porque nunca a racionalização é perfeita [...]. Restam meios de tirar o corpo fora, mesmo para um operário não qualificado. Mas se o sistema fosse estritamente aplicado, seria exatamente isso. (Weil, 1996, p. 151-2)

A grandiosidade das máquinas e o fetiche da mercadoria dominaram os homens e desafiaram a fragilidade de seus corpos. As ameaças vêm de todas as partes. As ferramentas se tornam armas à mínima falta de atenção. O desemprego e o exército industrial de reserva, bem como a vigilância entre os próprios operários, criam uma atmosfera de medo, engrenagem vital da fábrica. Desse modo, a sociabilidade operária narrada pelos entrevistados se faz não só com solidariedade, mas também com desconfiança e isolamento.

No cruzamento de duas redes de contato estabelecidas pela pesquisa de campo, histórias de vida de dois sujeitos se reencontraram no tempo da memória. Dois José trabalharam juntos na fábrica, mas em cargos distintos. O medo impedia a relação. O primeiro José relembra o silêncio do segundo José e descreve-o misterioso e oblíquo, uma imagem incompatível com a que tivemos na gravação de seu depoimento.

O medo está intimamente ligado ao próprio trabalho na fábrica, segundo Robert Linhart (1986). Ele envenena as relações, porque a fábrica, em seu nível mais elementar, ameaça permanentemente os homens que ela utiliza. Estes, por sua vez, tentam enfrentá-lo

---

[7] Sr. Adicel; entrevista realizada em 2006.

de diversas maneiras. No caso de João, o recurso foi a negação, como é possível observar a partir deste trecho da entrevista:

> Quando entrei na Tecnomonte, eu entrei lá devendo até os cabelos da cabeça. E então eu me oferecia para fazer virada, eu entrava as seis da manhã e saí as seis da manhã do outro dia e, nessa virada, [...] estava combinado de eu ficar como soldador de plantão [...]. Eram muitas horas...[8]

Interrogado sobre o perigo de realizar jornadas estendidas, o entrevistado negou o perigo, num processo descrito por Dejours (2005) como ideologia defensiva. Assim, João respondeu imediatamente: "Não, por quê? Não tinha perigo nenhum!".

Outros trabalhadores recorriam a ferramentas, estratégias ergonômicas ou revezamentos clandestinos, como Linhart observou em sua experiência. No caso do ex-metalúrgico Joaquim, o esforço de elaborar uma ferramenta que tornasse menos perigoso o trabalho nas prensas foi em vão:

> Por exemplo, havia prensistas que trabalhavam com todas as mãos segurando flandres para que a ferramenta descesse aqui no meio de dois dedos [...]. Até eu me dei ao trabalho de, [em] determinada ocasião, desenhar um rolo, que aplicado, trazia o flandres no lugar da mão, então as mãos não ficavam embaixo da ferramenta, mas esse rolo atrasava por volta de 15% talvez a produtividade, então era mais fácil deixar a ferramenta cortar o dedo ou os dedos de alguém do que retardar a produção em 10%. Eu muitas vezes fazia a revisão das ferramentas de corte e repuxo e [...] [eu precisava], com [a ajuda de] querosene, tirar os pedaços de ossos que tinha dentro da ferramenta [...].[9]

Assim, a vivência de um tempo "que se tornou produto raro" (R. Linhart, 1986, p. 54) e a existência de um "medo vasto", "difícil de definir", marcam a experiência dos operários entrevistados, como se percebe pelo relato de José sobre o trabalho na Laminação Nacional de Metais, nas Máquinas Piratininga e na Volkswagen:

> Em todas as empresas tinha um esquema [...] você entrava dentro da empresa, você não tinha espaço de conversar [...]. Era muito corrido, muito acidente, morte inclusive. Morreu [um operário] no meu setor de estamparia. Foram dois acidentes. Um [operário] que trabalhou comigo na Piratininga, entrou lá na colocação e foi morto. Sua aposentadoria ia sair no outro mês e [ele] foi prensado, numa base de mais de 50 toneladas. Também é negligência de chefia, porque na troca de ferramenta, [...] nossa senhora! Aquilo era [terrível]. Eram dois chefes, cada um queria fazer em menos tempo aquela troca. Então, tinham dois cabos de aço, um de 50 toneladas e outro de 30. Para não perder tempo [...] jogaram naquele cabo fino e, na hora que foi [para] jogar a base, o cabo arrebentou e caiu em cima dele. O outro também [...] [ele] estava fazendo a porta de [uma] Brasília e ele falou: "Está faltando pressão!". Tinha que dar mais pressão até a peça chegar no lugar, ficar certinho. Aí, parou a máquina e [ele] colocou a cabeça debaixo da ferramenta e o cara baixou o negócio bem na cabeça dele. O

---

[8] Sr. João Chile; entrevista realizada em 2006.
[9] Sr. Joaquim; entrevista realizada em 1991.

maquinista ficou... deu problema psicológico, [ele] não retornou mais para a empresa, saiu correndo de lá e não voltou mais [...].[10]

Neste estudo, a análise e a compreensão de alguns aspectos da estrutura de exploração/dominação experimentada pelos trabalhadores foram um meio de ir ao encontro de experiências e, por conseguinte, de resistências. As práticas cotidianas desses sujeitos mostraram o desenvolvimento de um mecanismo corporal, mental e espiritual de recusa a se transformar em máquinas de trabalho, uma negação do ritmo forçado de produção por meio de práticas de ressignificação da experiência de trabalho e invenção de formas de reação.

OS REDUTOS DE RESISTÊNCIA: CRIATIVIDADE E COOPERAÇÃO NA EXPERIÊNCIA OPERÁRIA

No processo de aprendizado no interior das oficinas, os mais experientes, ao "passar o serviço" para os novatos, também transmitiam traquejos, burlas e pequenas recusas elaboradas e aprimoradas durante o trabalho. José declara que nunca sonegou informações: "gostava sempre de passar aquilo que eu sabia para os outros [...], [porque] tinha muito coleguismo"[11].

Por outro lado, outros relatos mostram que essa solidariedade tinha fissuras, desagregações previstas e fomentadas pela gestão científica do trabalho. Outro entrevistado, ao falar de uma prática coletiva na Volkswagen, na década de 1960, revela preconceitos étnicos contra os migrantes. Segundo ele, era muito comum entre os operários, "especialmente aqueles do Norte", fazer "corpo mole" na linha para descansar na enfermaria da fábrica. Um encarregado de produção diz que, depois que aprendia o serviço, "a peãozada ficava manhosa [...] enrolava, ia bater papo, enganava o serviço [...] fazia corpo mole" (citado em Fontes, 2004, p. 377). Nesse sentido, Eder Sader afirma:

> Adentrar o espaço da fábrica era ingressar num lugar de ordem e disciplina definidos "de cima", por autoridades desconhecidas, mas cujos olhos e braços se faziam sempre presentes. Aquele que conseguisse usufruir das vantagens prometidas por uma carreira profissional na indústria deveria se submeter a suas regras. (Sader, 1988, p. 75)

Esses operários vivenciaram disciplinas rígidas e orientações despóticas, mas souberam se insurgir contra elas. Apesar de todo o sistema de controle, há nas fábricas uma "difusão de processos de resistência informal a partir de inevitáveis contatos pessoais, troca de informações, solidificações de confianças coletivas" (Sader, 1988, p. 75). Mas, assim como o relato de Robert Linhart (1986), nossa pesquisa de campo indica uma diferenciação entre dois tipos de trabalhadores no chão de fábrica indispensável para o entendimento da resistência operária: o trabalhador das bancadas e o operário da linha de montagem. Como recorda o sr. Philadelpho, trabalhador de bancada: "Na empresa que eu trabalhava, a gente trabalhava com a planta, com o desenho [...]. Esse é o pavilhão, essa é a estrutura,

---

[10] Sr. José B. S.; entrevista realizada em 2006.
[11] Sr. José D. C.; entrevista realizada em 2006.

isso é o que vai ser feito, então você tinha que aprender a ler, interpretar o desenho"[12]. Segundo o sr. Adicel:

> [A gente] executava o que o projetista tinha feito [...] normalmente os projetos naquela época vinham da [Volkswagen da] Alemanha, inclusive a maior parte dos desenhos era escrito em alemão. Alguma coisa só era em português... Quando era em português, geralmente era porque tinha sido refeito, [...] mas a maior parte vinha da matriz e, então, a gente executava o projeto deles, entende?[13]

Assim, o trabalhador das bancadas, ao mesmo tempo que sofria o estranhamento nas relações de trabalho, usufruía de um tempo e de um espaço diferentes daqueles que os operários experimentavam na linha de montagem. Conforme se percebe pelos relatos, os trabalhadores da linha tinham tempos e espaços de trabalho "escassos". Essa diferença aparece claramente nas palavras de um ferramenteiro: "[Os operários da montagem] não tinham nem muito tempo, nem um lugar disponível que desse para trabalhar. Porque ali, o quê é que eles tinham? Chegavam as peças, [ele] já vai montando e pronto"[14].

No terreno da subjetividade, a experiência e a resistência dos trabalhadores ocorrem pela criação e pela busca de outro sentido de trabalho. Para o sr. Philadelpho:

> Você está exercitando a sua capacidade de criação [...] é como você pintar uma tela! Amanhã, a tela se imortalizou! Perenizou teu nome, entendeu? Por quê? Porque você fez com prazer! Então, por exemplo [...], veja o Banco do Estado de São Paulo, eu trabalhei numa estrutura de aço para colocar aquilo lá em cima, naquele último andar! [...] Eu adaptei, eu botei a mão num produto que está lá. Eu botei muitos produtos no Brasil de aço [em] que eu pus a minha mão. Então é isso que te dá satisfação [...] é essa a satisfação que o trabalhador tem! Porque, embora viva num sistema opressivo, ganhando mal e tudo, mas ele está fazendo aquilo e quer que amanhã falem [de seu trabalho]. Meu nome não está lá, só o da firma, mas, conscientemente, o ego está satisfeito porque fui eu que fiz![15]

Os depoimentos dos metalúrgicos das bancadas fornecem possíveis respostas à miséria do trabalho na ordem do capital, que "obriga a fazer esforço" apenas para "existir" (Weil, 1996). Assim, é necessário outro olhar sobre essa "elite operária", para além da questão de sua ascensão social[16]. Se aprofundarmos o entendimento da obra de Robert Linhart (1986), veremos o privilégio desses trabalhadores não em sua dimensão econômica, mas sim subjetiva.

Linhart mergulha o leitor no universo infernal da fábrica, descrevendo sua passagem por diversas funções na linha de montagem e, depois que se envolveu numa greve, cada vez mais degradantes. Ele descreve a racionalização da produção na fábrica como uma grande onda, cuja tendência de expansão não pode ser contida. O sofrimento

---

[12] Sr. Philadelpho; entrevista realizada em 2006.
[13] Sr. Adicel; entrevista realizada em 2006.
[14] Idem.
[15] Sr. Philadelpho; entrevista realizada em 2006.
[16] José de Souza Martins (2006) refere-se aos ferramenteiros da indústria automobilística brasileira como um grupo privilegiado, sobretudo política e economicamente, já que em sua trajetória houve uma ascensão social.

causado por essa racionalização chega ao ápice quando os trabalhadores conseguem se unir como classe – ainda que difusa e heterogênea – e dão um basta à opressão e à exploração. No entanto, uma nova onda de violência se abate sobre os operários das bancadas, provocada pela racionalização do processo de trabalho no chão de fábrica. Até então, eles tinham uma posição contraditória: por um lado, o isolamento do posto de trabalho e, por outro, uma relativa autonomia quanto ao espaço e ao tempo de produção. Finalmente, novas bancadas de trabalho substituíram o "engenho indefinível" que era a mesa de trabalho daqueles operários.

Linhart mostra o trabalhador das bancadas como alguém cuja condição física e mental era mais íntegra do que a dos outros trabalhadores. Em suas palavras: "Parece um pequeno artesão, quase fora de lugar, esquecido como um vestígio de uma outra época no encadeamento repetido dos movimentos da oficina" (R. Linhart 1986, p. 130). No entanto, toda a riqueza contida na experiência de trabalho na fábrica é soterrada pela racionalização, que impõe aos trabalhadores uma relação social estranhada, desarticulando as estruturas internas dos sujeitos que viveram esse processo no cotidiano (Weil, 1996).

No caso dos operários entrevistados neste estudo, o processo de elitização apontado por J. Martins (2006) revela uma positividade contraditória. O sistema de exploração do trabalho na fábrica promove a elitização de um grupo estimulando sua qualificação, com o claro intuito de extrair vantagens monetárias disso. Entretanto, o domínio relativo sobre o espaço e o tempo de produção nas bancadas permite um escape no qual os trabalhadores encontram sentido e prazer, ainda que em condições historicamente determinadas.

Desse modo, do ponto de vista da representação subjetiva do trabalho, os trabalhadores oxigenam sua existência pela ressignificação do processo de moldagem do aço, forjando símbolos materiais e imateriais que sintetizam o amálgama cultural do rural e do urbano. Assim, o processo de efetivação do homem no produto de seu trabalho, enquanto objetivação, acontece em sua positividade na fabricação dos biscates, durante uma experiência de vida marcada pela migração e pela criação de um novo mundo urbano.

"Biscate" é um termo empregado pelos agentes da sociedade do controle e da propriedade privada – provavelmente com conotações pejorativas – que os operários recapturaram para designar objetos forjados na fábrica, mas não para a fábrica, porque não são produzidos visando a realização de seu valor de troca. Trata-se, sobretudo, de formas preliminares de liberdade e emprego da criatividade na produção artesanal de valor de uso. Aliás, um dos entrevistados demonstrava orgulho por ter fabricado seu próprio suporte de coador de café. O coador de pano, associado por ele à vida na roça, estava apoiado num suporte de aço produzido no tempo da fábrica, numa demonstração clara de que a roça e o aço foram efetivamente apropriados. Então, o aprendizado técnico-racional da atividade metalúrgica, que no ambiente da fábrica representa sofrimento, ganha outro significado quando denota utilidade e arte.

No trecho citado abaixo, o sr. Orlando fala de dois objetos que produziu no tempo da fábrica e que hoje possuem *status* de objetos biográficos:

> Eu trabalhava numa firma [...] para tampa de material de aço inoxidável, [então] aproveitei e fiz [uma concha e uma mariquinha] [...]. Eu fiz esse de três pernas, mas [tinha] algumas pessoas que faziam com disco embaixo, com pino [...] torneado [...]. Era um troço bacana pra caramba! Quem trabalhava na oficina mecânica, a maior parte fazia daquele tipo. Eu,

como não trabalhava na mecânica, não vou estar pedindo [para] os outros [ficarem] torneando [para mim], [então] falei: "Eu vou fazer um de três pernas", que eu já conhecia da roça. Lá meu pai fazia de madeira. [...] Esse de três pés é mariquinha, esse é o nome que dão na minha cidade [...]. E a concha, ela tinha uma prensinha manual hidráulica. Você faz um "estampinho", [...] corta o disquinho no tamanho e fura a estampa. Aí a gente prensa [...] até chegar no côncavo; ela fica com a beirada toda onduladinha.[17]

O sr. Adicel confirma a prática dos biscates em sua experiência de vida: "Eu não fazia mariquinha, mas eu fazia cinzeiro de alumínio [...] [que] eu dava para os amigos, irmãos; o meu cunhado mesmo ganhou muitos. Eu tenho [também] umas garrafinhas que eu fiz, [aço] inoxidável!". Ele ressalva, porém, que essa prática era comum sobretudo na "ferramentaria" da indústria automobilística.

[Os trabalhadores da linha de montagem] tinham mais dificuldade. Não vou dizer que era impossível, mas eles tinham mais dificuldade. Quem tinha mais facilidade com isso era o pessoal da ferramentaria, o pessoal da manutenção, o pessoal da manutenção tanto elétrica como mecânica, hidráulica também, esse pessoal [é] que tinha mais facilidade para fazer o chamado biscate.[18]

O sr. José Fernandez, que trabalhou na oficina de teste de motores da Willys, relembra esse episódio em sua experiência como operário:

Isso aí eu também fazia. Eu cheguei a fazer aviãozinho com os retalhos do material da própria aviação. Aqui na Indústria Geral de Parafusos, eu fiz uma quantidade enorme de pequenos trabalhos, da indústria para casa. Em Santos tem vários apartamentos de amigos meus que têm vitrozinho que eu construí, dentro da firma, e como encarregado a gente tem umas certas regalias que não deveria ter.[19]

A despeito do silêncio de outros trabalhadores sobre essa vivência na fábrica, os relatos de grande parte dos ex-operários entrevistados forneceram subsídio empírico para a análise deste estudo. Para muitos, episódios como os narrados acima eram roubo. Por esse motivo, o sr. Orlando afirma que "não gostava muito disso, porque às vezes o chefe pega no pé da gente. Mas quando é coisinha assim, um ou outro, a gente se vira, né!"[20]. Para o sr. José Fernandez, "essas coisas, esses biscates, isso existe, quase que é o natural. Se pegar[em] na portaria dá problema, só que às vezes o guarda que está na portaria é teu amigo [risos]"[21].

Observamos em nossa análise que a prática de produzir "biscates", cujo fim era criar valores de uso, apresentava traços significativos de resistência[22]. Essa resistência se forjou na fábrica contra a anulação das potencialidades criadoras que quis reduzir o cotidiano à

---

[17] Sr. Orlando; entrevista realizada em 2006.
[18] Sr. Adicel; entrevista realizada em 2006.
[19] Sr. José Fernandez; entrevista realizada em 2006.
[20] Sr. Orlando; entrevista realizada em 2006.
[21] Sr. José Fernandez; entrevista realizada em 2006.
[22] No que diz respeito às categorias de tempo e espaço, a observação das inovações implementadas pelo atual padrão de produção, após a reestruturação produtiva do fim do século XX (como a ausência de sobras de material e de tempo ocioso dentro da fábrica, bem como os novos mecanismos de controle), mostra que essas práticas de resistência por

monotonia da contabilidade e da repetição. Assim, do ponto de vista dialético, o mesmo sistema de trabalho que aprisionava esses migrantes operários guardava em si os elementos para sua superação (Marx, 2004).

Como observou McNally (1999), na sociedade de classes, na medida em que o trabalhador sente que é roubado, trabalhar para ele mesmo é a forma máxima de resistência. As experiências dos metalúrgicos entrevistados nesta pesquisa mostram que a produção de "biscates" não apenas envolve criatividade individual para realizar um trabalho livre, como também implica cooperação e solidariedade. Trata-se, desse modo, de práticas de resistência coletivas realizadas a partir de ingredientes comuns a outras formas de resistência operária contra o capital.

Considerações finais

Segundo Marx (2004), o estranhamento caracteriza-se pela apropriação dos objetos produzidos pelo trabalho humano, pela representação do trabalho como uma atividade alheia, imposta, que não fornece satisfação aos homens que o executam. Contudo, ao mesmo tempo que a condição de estranhamento penetra na vida social dos sujeitos históricos, que vivem sob o modo de produção capitalista, faz parte da ontologia[23] do ser social recriar a vida por meio das possibilidades criadas pelo trabalho humano.

Assim, partindo dessas bases teóricas, esta exposição da pesquisa, desenvolvida a partir da análise da experiência de migrantes rurais que se tornaram operários da indústria metalúrgica em meados do século XX no Brasil, buscou apresentar evidências sobre práticas sociais que continham traços de resistência ao estranhamento, a sua transformação em simples "máquinas de trabalho". A prática dos biscates, das burlas cotidianas contra a disciplina rígida de trabalho, bem como as oficinas domésticas e os poemas escritos na velhice sobre a natureza perdida, mostra que, apesar de mergulhados no processo de produção da mercadoria que foi símbolo da modernidade brasileira – o automóvel –, alguns trabalhadores de chão de fábrica criaram formas cotidianas de recusa das determinações do estranhamento que se prolongaram por toda a sua trajetória de vida, mesmo após o encerramento do tempo de fábrica.

Desse modo, a análise das pequenas recusas e enfrentamentos cotidianos relatados por alguns operários e entendidos como fissuras na hegemonia da racionalização e do estranhamento presente no mundo do trabalho nacional-desenvolvimentista não pretendeu ofuscar

---

meio da fabricação de objetos antíteses da mercadoria tinham mais importância e recorrência do que acreditavam os próprios praticantes.

[23] Esse termo foi tomado de empréstimo de Lukács, que procurou "iluminar o edifício conceptual de uma nova ontologia" (Lukács, 1978, p. 1), a ontologia histórico-materialista presente na obra de Karl Marx como "elemento filosoficamente resolutivo" em relação ao "idealismo lógico-ontológico de Hegel". Para essa ontologia materialista, o ser em seu conjunto é visto como um processo histórico e as categorias de análises são "formas de existir, determinações de existência" do ser social. Assim, o trabalho estranhado/alienado constitui-se como uma determinação de existência que incide, neste momento histórico, sobre todas as relações sociais criadas por meio do trabalho humano. Entretanto, o processo de desenvolvimento da humanidade, ainda que sob condições objetivas dadas, está aberto, na medida em que o "aperfeiçoamento do trabalho é uma de suas características ontológicas". Segundo Lukács, "o homem é um ser que dá respostas. Expressa-se aqui a unidade – contida de modo contraditoriamente indissolúvel no ser social – entre liberdade e necessidade [...]. Uma unidade que se reproduz continuamente sob formas sempre novas, cada vez mais complexas e mediatizadas, em todos os níveis sociopessoais da atividade humana" (Lukács, 1978, p. 14).

a importância e a necessidade histórica da luta política travada pelo movimento operário por intermédio de sindicatos e partidos. Ao contrário, procurou mostrar a existência de outra dimensão da luta do trabalho contra o capital, levando em consideração a perspectiva subjetiva, simbólica e ontológica da atividade laboral. Isso nos permite reforçar a afirmação de que é necessário vislumbrar uma sociedade em que trabalho e vida não são matérias excludentes, uma sociedade em que trabalho não seja sinônimo de servidão e anulação[24].

---

[24] Segundo Antunes (2009a), a luta deve avançar para um novo patamar. No sistema global do capital, a vida fora do trabalho se reproduz "desefetivada", porque se realiza na esfera do consumo; para que haja a "desfetichização" da sociedade do consumo, é imprescindível que se "desfetichize" o modo de produção das coisas.

SETOR AERONÁUTICO

Capítulo 12

PRIVATIZAÇÃO E REESTRUTURAÇÃO NO SETOR AERONÁUTICO BRASILEIRO
o caso da Embraer[1]

Lívia de Cássia Godoi Moraes

Este capítulo está alicerçado na pesquisa que se propôs a investigar o processo de reestruturação produtiva ocorrido na Empresa Brasileira de Aeronáutica S.A. (Embraer), isto é, as transformações tecnológicas e as novas formas de gestão implementadas na empresa desde sua privatização. Nosso objetivo era analisar de que forma essas mudanças afetaram a dimensão objetiva e subjetiva do contingente de trabalhadores da empresa. Investigamos as alterações ocorridas no processo de trabalho e na organização da produção. Para além dessas expressões fenomênicas, buscamos apreender a luta de classes presente no nosso objeto.

A Embraer foi criada por iniciativa do governo federal em 19 de agosto de 1969 e iniciou suas atividades em 2 de janeiro de 1970 como sociedade de economia mista de capital aberto, controlada pela União e vinculada ao Ministério da Aeronáutica. Desde o início, a Embraer contou com o apoio permanente do Estado, fato sem precedentes na história do desenvolvimento tecnológico e industrial do país. Isso foi feito por meio de incentivos fiscais e políticas de compra que estimularam a formação de uma força de trabalho de alto nível e fomentaram pesquisas básicas e aplicadas.

Hoje, depois de uma reestruturação produtiva cuja meta principal era a valorização de seu capital, a Embraer é uma das empresas aeroespaciais *economicamente* mais representativas do mundo[2]. Com mais de 39 anos de experiência em projetos, fabricação, comercialização e pós-venda, a empresa já produziu cerca de 5 mil aviões para 88 países. Possui uma base global

---

[1] Esta pesquisa é parte da dissertação de mestrado *O capital ganha asas: reestruturação produtiva no setor aeroespacial brasileiro, o caso da Embraer*, defendida em 2007 na Faculdade de Filosofia e Ciências da Universidade Estadual Paulista (Campus de Marília), sob orientação de Giovanni Alves, com bolsa CNPq. Para esta publicação, atualizamos alguns dados.

[2] As outras são: Airbus, Boeing e a canadense Bombardier, concorrente direta da Embraer.

de clientes e parceiros de renome mundial, o que lhe dá participação significativa no mercado. Atualmente tem uma força de trabalho de mais de 16.986 empregados (94,7% no Brasil)[3]. Sua sede está localizada na região de São José dos Campos, em São Paulo.

A principal transformação que a empresa sofreu foi sua privatização, realizada após elevados e contínuos prejuízos num contexto de transformações econômicas (como o Plano Real) impostas por uma política neoliberal efetiva. Além da privatização, uma série de mudanças de caráter organizacional e tecnológico foi posta em prática por vontade dos grupos que a assumira, tais como: qualidade total, modelo organizacional toyotista, gestão participativa, liderança matricial e respectivas nuances.

Para facilitar a compreensão desse processo, ativemo-nos à produção de jatos regionais, setor em que a Embraer é líder[4].

A privatização da Embraer

Após três anos de cortes financeiros e de funcionários, impostos pelo Plano Nacional de Desestatização, a Embraer foi transferida, em 7 de dezembro de 1994, em leilão na Bolsa de Valores de São Paulo (Bovespa), para a iniciativa privada. Efetuou-se o processo de privatização, depois de seis adiamentos antes dessa data. A empresa foi vendida por 154,1 milhões de reais, apenas 0,3% acima do preço mínimo fixado em leilão, a um consórcio formado pelo grupo Bozano Simonsen[5] (40%), pelo banco de investimentos norte-americano Wasserstein Perella (19,9%) e pelo Clube de Investimento dos Empregados da Embraer (Ciemb) (10%). Criou-se uma classe especial de ações (*golden share*) para dar à União o direito de vetar a participação da Embraer em programas militares, mudanças em seu objeto social e transferência de seu controle acionário (mesmo que seja de 1%). A venda incluiu a Embraer Aircraft Corporation (EAC), a Embraer Aviation Internacional (EAI)[6] e a Neiva, fabricante de aviões leves (Bernardes, 2000; K. Barreto, 2002).

A categoria *golden share* garante que a empresa ainda seja considerada brasileira. O fato de a Bozano Simonsen ter sido o único grupo privado a demonstrar interesse pelo processo de compra da Embraer gerou dúvidas quanto ao futuro da empresa, já que, historicamente, o grupo dedicava-se muito mais à especulação financeira do que ao setor industrial. Em outras palavras, a saída do grupo do rol de controladores acionários poderia significar a transferência do controle acionário da Embraer para uma concorrente internacional e a desativação de suas atividades de projeto.

Houve muita apreensão entre os trabalhadores por conta disso, como explicou um entrevistado que trabalhou mais de trinta anos na empresa e viveu o processo de privatização. Segundo ele, os funcionários pensavam: "é um grupo formado por bancos, então [...] não

---

[3] A Embraer foi a maior exportadora brasileira entre 1999 e 2001 e a segunda em 2002, 2003 e 2004. Disponível em: <www.embraer.com.br>. Acesso em nov. 2009.

[4] O quadro de produção da empresa compõe-se de aviação comercial, aviação executiva, aviação agrícola e aviação de defesa. Os jatos regionais são aviões comerciais de médio porte (de 10 a 120 lugares).

[5] Faziam parte do consórcio Bozano Simonsen naquele momento: Bozano, Simonsen Limited, Sistel (Fundação Telebrás de Seguridade Social), Previ (Caixa de Previdência Privada do Banco do Brasil), Bozano Leasing e Fundação Cesp.

[6] A EAC tem sede na Flórida, nos Estados Unidos, e, além de intermediar a venda de aviões da Embraer, dá apoio técnico e operacional aos operadores. A EAI funciona no aeroporto de Le Bourget, em Paris, França, e oferece apoio permanente, assistência técnica e peças de reposição aos diversos operadores da Embraer na Europa.

tinha nenhuma cultura daquilo lá e foi uma preocupação geral, nós achávamos que [...] eles iam dar uma pincelada nela e vender logo em seguida" (engenheiro aposentado).

Sob liderança do grupo Bozano Simonsen, os novos controladores elegeram para o cargo de diretor-presidente Maurício Botelho[7], que já havia sido diretor executivo da Cia. Bozano. A missão de Botelho era recuperar a empresa, tornando-a mais pragmática e competitiva.

A nova estrutura financeira significou uma reconfiguração da organização da empresa, a começar pelo foco estratégico. Enquanto foi estatal, o foco da Embraer era o produto, a excelência tecnológica dirigida pela engenharia (*engineering driven*). Para os novos controladores, o foco deveria ser a "satisfação dos clientes" e o resultado financeiro. Para alcançar essa meta, era necessária uma profunda reestruturação produtiva (tecnológica, organizacional e financeira[8]).

Assim, a Embraer, privatizada em decorrência da nova política neoliberal no Brasil, passou às mãos de acionistas ávidos de resultados financeiros e sofreu uma intensa reestruturação produtiva. Enquanto as condições dos países de Terceiro Mundo possibilitem acumulação de capital, há investimentos – muitas vezes sob tutela do FMI – e imposição de políticas de ajuste estrutural, austeridade fiscal, liberalização e privatização.

As grandes vítimas desse processo, entretanto, foram os assalariados das empresas, já que é contra eles que os proprietários-acionistas exercem o novo poder administrativo, cujo objetivo é atingir os resultados exigidos pelos financistas. Redução de custos, reestruturação produtiva, terceirizações, redução salarial e precarização do trabalho vão ao encontro das preferências dos investidores. Essa situação ocasionou ainda mais insegurança no ambiente de trabalho, ameaças constantes de demissão, deslocalização ou subcontratação de assalariados. E acarretou intensificação das formas de controle do trabalho. "A nova forma de pressão para a criação de valor é igualmente indissociável de uma deformação da partilha do valor agregado em detrimento dos salários" (Sauviat, 2005, p. 127).

INFORMATIZAÇÃO E A CONFORMAÇÃO DO "NOVO TRABALHADOR"

Foi o projeto do avião ERJ-145 que deu fôlego à empresa e tornou-a competitiva e confiável (da perspectiva do mercado). O projeto foi chamado a princípio EMB-145 e anunciado em 1989 como uma versão a jato do EMB-120 Brasília, com fuselagem alongada para 40 passageiros. As empresas aéreas que já operavam o EMB-100 Bandeirante (de 15 a 21 passageiros) e o EMB-120 Brasília (30 passageiros) tinham interesse em que a empresa desenvolvesse um avião regional com desempenho superior aos já existentes. O primeiro ERJ-145 foi apresentado no salão aeronáutico de Le Bourget ainda em 1989, com cinquenta assentos, mas com fuselagem praticamente idêntica ao EMB-120 Brasília.

---

[7] Formado em 1965, em engenharia mecânica, pela Escola Nacional de Engenharia da Universidade do Brasil, atual Universidade Federal do Rio de Janeiro. Durante sua carreira, foi diretor da Odebrecht Automação e Telecomunicações Ltda (OTL) e de suas subsidiárias.

[8] Em 31 de março de 2006, em assembleia geral extraordinária, os acionistas aprovaram a proposta de reestruturação societária da Embraer, pulverizando o capital da empresa. As práticas de governança corporativa aumentaram, já que todas as ações se tornam ordinárias e a empresa podia aderir ao Novo Mercado da Bovespa. Para permanecer o caráter de empresa nacional, o poder de veto da União foi mantido e o total de votos em qualquer assembleia geral, com relação aos acionistas estrangeiros, foi limitado a 40%.

No entanto, o modelo foi reconfigurado após a realização de testes no túnel aerodinâmico da Boeing Technologies, nos Estados Unidos (Bernardes, 2000, p. 320).

Com a crise financeira do início dos anos 1990[9], o programa foi interrompido. Sem pressão de entrega, o projeto foi alterado novamente e chegou à versão final em 1992. A inovação na filosofia operacional residia no conceito de comunalidade máxima (*back to basics*), ou seja, utilizar peças já produzidas para o EMB-120 Brasília e aproveitar a tecnologia acumulada no desenvolvimento do CBA-123 Vector[10]. Segundo Muniz Júnior (1995, p. 59), houve comunalidade de 35% nos desenhos e 15% nos componentes.

Na engenharia tradicional, as tarefas são transferidas de área funcional para área funcional, conforme a competência e os requisitos de cada uma. Pelo novo enfoque da *engenharia simultânea*, adotada pela Embraer, todas as áreas e equipes são interligadas em tempo real por CAD/CAM (Computer Aided Design/ Computer Aided Manufacturing) durante todo o processo, desde o projeto e a manufatura até a assistência técnica, passando pela engenharia dos principais fornecedores da empresa. A coordenação dos conceitos do produto e do processo, os prazos e os custos são definidos e conhecidos com clareza, e os problemas são resolvidos rapidamente, pois todos têm compreensão clara dos fatores envolvidos; contudo, os times interdepartamentais são fundamentais para alcançar os objetivos (Muniz Júnior, 1995, p. 23).

Foi somente em 1995, depois da privatização e já sob controle da nova administração, que o programa foi retomado e priorizado. O custo de 300 milhões de dólares impossibilitou que a Embraer o desenvolvesse antes da privatização.

"A estratégia adotada no Programa ERJ-145 é paradigmática, exigindo mudanças profundas nas formas de gestão dos programas quanto a qualidade, integração, flexibilidade, prazo de entrega e produtividade" (Bernardes, 2000, p. 317). Essa exigência coincide com os objetivos dos novos controladores da Embraer. O ERJ-145 não era uma inovação tecnológica em termos universais. Outras indústrias aeronáuticas, como a Canadair Regional Jet, produziam aeronaves regionais com propulsão a jato, mas, para a Embraer, o ERJ-145 era uma grande inovação[11].

---

[9] Nos primeiros anos da década de 1990, houve uma queda sensível na demanda por aviões. Segundo estimativas, pelo menos nos três primeiros anos da década, as dez maiores empresas de aviação do mundo tiveram prejuízos superiores aos lucros dos quarenta anos anteriores. Nos Estados Unidos, por exemplo, cerca de 13 mil aviões foram entregues em 1977, contra apenas 298 em 1991 (Sbragia e Terra, 1993, p. 7). Algumas das causas da crise foram a Guerra do Golfo, as altas tarifas no Atlântico Norte (que limitaram a compra de aeronaves) e o fim da Guerra Fria (que fez diminuir o orçamento militar de vários países).

[10] O projeto do CBA-123 Vector foi um dos principais responsáveis pelo déficit da Embraer. Tratava-se de um projeto moderno, de tecnológica extraordinária: era veloz, silencioso e sem vibrações. Para a execução do projeto, o Ministério da Aeronáutica obrigou a Embraer a se associar a uma empresa argentina. O CBA-123 foi apresentado aos presidentes do Brasil e da Argentina em 30 de julho de 1990. Tecnicamente, o avião foi realmente um sucesso, mas custava 6 milhões de dólares. Os modelos norte-americanos Beech 1900 e Jetstream, com desempenho semelhante ao do CBA-123, tinham custos operacionais cerca de 45% menores e custavam de 3,5 milhões a 4,5 milhões de dólares. Além do mais, os governos brasileiro e argentino, que estimularam o desenvolvimento do avião, não fizeram encomendas. O projeto consumiu cerca de 200 milhões de dólares da Embraer e 60 milhões de dólares da Fábrica Militar de Aviões (FMA) argentina. A falta de capacidade técnica da indústria aeronáutica argentina obrigou a Embraer a assumir a produção de várias partes de responsabilidade dos argentinos (Bernardes, 2000, p. 195-6).

[11] Segundo Escosteguy (1995, p. 112), essa aeronave apresentava as seguintes diferenças com relação às produzidas antes: sistema propulsor (jato); característica de operação (em especial velocidade de cruzeiro); aerodinâmica (em especial a geometria da asa, com enflechamento e uso de perfis avançados); carga paga (maior número de passageiros); uso dos princípios de engenharia simultânea no desenvolvimento do projeto; e projeto e fabricação em parceria com outras empresas, caracterizando uma rede de manufatura.

Para pôr em prática a engenharia simultânea, a Embraer adotou uma estrutura de produto única, também conhecida como *product structure assurance* (PSA)[12]. Trata-se de um sistema informatizado que interliga itens em sequência lógica de formação, constituída de topo e ramos, na qual cada item se apresenta em quantidade e a que versão de aeronave está ligado. Essa ferramenta é empregada desde a fase de concepção, planejamento e anteprojeto do produto e é um recurso poderoso de controle, porque fornece informações instantâneas, mesmo antes da elaboração do desenho. Como é uma base única de dados, promove a integração de todas as áreas da empresa (engenharia, produção, peças de reposição e manuais) e diminuiu a realimentação dos desenhos, ou seja, o tempo e os custos da produção.

Até então, a Embraer utilizava maquetes em tamanho natural das aeronaves (*mock-up* convencional) como ferramenta de auxílio à concepção. Uma das grandes inovações do ERJ-145 foi a utilização do *design*. O projeto de cada peça e componente, cerca de 19.518 itens diferentes (Bernardes, 2000, p. 322), foi feito no CAD (que já havia sido utilizado no projeto do Brasília). Com esses dados, construiu-se uma maquete eletrônica. Esse *mock-up* eletrônico, inteiramente desenvolvido na Embraer e batizado de E/MKP, conecta em tempo real todas as informações envolvidas no projeto, repassa informações primordiais e elimina redundâncias.

As novas versões do ERJ-145 (o ERJ-170 e o ERJ-190) foram projetadas com o auxílio do Computer Aided Three-Dimensional Interactive Application (Catia), da empresa francesa Dassault Systèmes. Esse foi o grande salto no desenvolvimento tecnológico da Embraer. Trata-se de um *software* muito mais poderoso e com muito mais recursos que o sistema CAD: permite a realização do projeto em 3D (três dimensões) e reproduz no computador as condições necessárias para a realização de quase todos os testes e ajustes para a finalização da aeronave. A economia de tempo e custo é significativa, e é isso que os acionistas têm como meta.

Esse sistema foi atualizado em 2000 para o desenvolvimento do ERJ-170 e do ERJ-190 com um centro de realidade virtual (CRV), uma ferramenta de trabalho moderna que reduziu ainda mais o tempo de desenvolvimento das novas aeronaves: com o CRV, o ERJ-170 foi desenvolvido em 38 meses, ao passo que o EMB-120 e o ERJ-145 necessitaram de 64 meses e 54 meses, respectivamente, para serem concluídos (Yokota, 2004). A visualização da aeronave é feita em uma tela de projeção de imersão total, com óculos especiais. Com o Catia e o CRV é possível detectar eventuais falhas ou montagens incorretas, corrigi-las ou eliminá-las antes da produção.

Todo esse arsenal – aliado a certo "ritual" próprio de filmes de ficção – fetichiza a tecnologia, como se ela fosse neutra ou trouxesse por si só mudanças organizacionais que beneficiam os trabalhadores. Na verdade, ela corrobora a lógica da produção capitalista e apoia-se nos novos modelos de organização do trabalho para atingir seu principal objetivo: aperfeiçoar constantemente as formas de valorização do capital. O avião ERJ-170, que faz

---

[12] Segundo Muniz Júnior (1995, p. 75), o PSA gerencia informações, como sequência de montagem e homens-hora, tipo (montagem ou submontagem, parte primária, hardware elétrico ou mecânico etc.), origem tecnológica (parte soldada, montagem rebitada e montagem estrutural, colagem etc.), responsabilidade de desenho e produção (Embraer, Gamesa, Neiva etc.), intercambiabilidade, efetividade e quantidade, *flight test instrumentation* (FTI), classificação e coordenação ferramental e sistema gerenciador de atividades (SGA).

parte de uma nova família[13] de jatos, exigiu inovação tecnológica para oferecer vantagens como redução de peso e melhor balanceamento. As mudanças no chão de fábrica foram inúmeras: mudanças de *layout*, fluxo de materiais, novos programas, projetos de transformação organizacional, treinamento diferenciado, entre outros[14].

Além do CRV, o projeto do ERJ-170 utilizou um novo *software*, o Knowledge Based Engineering (KBE). Trata-se de um sistema integrado que reúne informações, regulamentações, normas e restrições relativas a todo o conhecimento adquirido pela engenharia da empresa (I. Santos, 2004). O aumento da composição orgânica do capital corresponde aqui ao aprofundamento da subsunção real do trabalho ao capital, de modo que homem se torna cada vez mais um apêndice da máquina, ela é que é a grande virtuose do processo produtivo. Isso é um exemplo claro daquilo que Wolff denomina *novo processo de reificação/dominação operado sob o trabalho informatizado*:

> Primeiro as capacidades intelectuais de produzir ideias a partir das experiências vividas no interior do espaço da produção são expropriadas; depois, são apropriadas e unidirecionadas para a produção capitalista. Essas ideias, uma vez transformadas em *softwares* (programas de computadores), materializam-se no interior das máquinas, as quais, a partir disso, aumentarão a produtividade. O passo seguinte é adequar aqueles que irão manejar essas novas máquinas aos seus preceitos: "polivalência", "flexibilidade", "responsabilidade", "autocontrole", "prevenção" etc. Ou seja, de modo que estes passem a agir em conformidade com elas. É assim que se constitui o novo *homem-máquina*. (Wolff, 2000, p. 9-10)

O conhecimento de inúmeros engenheiros e projetistas é incorporado pela máquina, que corrige falhas no projeto, evita erros, perda de tempo e peças na execução do produto. A operação desses computadores exige trabalhador qualificado, o que significa que este se torna, mais do que nunca, um homem coisificado, reificado, já que a coisa morta prevalece sobre a viva.

A introdução de novos equipamentos robóticos não visa simplesmente eliminar operações manuais e substituí-las, inteiramente ou não, por operações eletrônicas. A essa "automação de substituição" superpõe-se e combina-se uma "automação de integração", que consiste em uma gestão informatizada dos fluxos produtivos de cada seção. O objetivo é otimizar a combinação da matéria-prima, da energia, dos equipamentos, dos homens, da informação

---

[13] O conceito de "família" é usado quando o projeto oferece comunalidade (na ordem de 90%) entre aviões. Isso significa menor custo de infraestrutura para manutenção, baixo custo no treinamento de pilotos e pessoal técnico e possibilidade de *up-grade* dos tripulantes. O *time-to-market* também diminui, ou seja, as decisões de marketing são agilizadas e o produto chega ao mercado em dois ou três anos, na metade do tempo necessário normalmente para um projeto novo.

[14] Para responder ao aumento da demanda de aeronaves, foram realizados substanciais investimentos em instalações e equipamentos. A pintura das aeronaves tem uma economia de 33% no tempo e de 40% de tinta com relação ao processo de pintura convencional, em razão da aquisição de uma cabine de pintura semiautomatizada, de tecnologia alemã, que controla com exatidão o fluxo de ar, a temperatura e a umidade. Isso possibilitou uma elevação da capacidade operacional de 14 para 25 aviões por mês. Também foi possível observar importantes avanços na inspeção de ferramental. De um sistema de inspeção por teodolito convencional, em que se necessitava de quatro operadores em 1989, a inspeção foi substituída por um sistema a *laser* e operada por uma única pessoa, com redução de 20% no ciclo de fabricação de ferramentais. Até 1998, o recorte de tecido pré-impregnado (qualquer tipo de tecido bidirecional, biaxial ou unidirecional que já venha impregnado com uma resina pré-catalisada), para o revestimento da fuselagem, era feito manualmente, mas, a partir de 1999, houve implantação de recorte automático de tecido pré-impregnado, o que resultou na redução de mais de 3 mil horas/homem por mês (Yokota, 2004).

etc., reduzindo ao mínimo o tempo morto no encadeamento das operações produtivas. Isso assegura, além de novos ganhos de intensidade e produtividade, economia de capital constante (tanto fixo quanto circulante) por unidade produzida (Bihr, 1998, p. 88-9). Um de nossos entrevistados deixa isso bem claro: "Esses aviões que estão voando todos por aí, os 145, esses jatos, a gente já deixou tudo projetado na Embraer. [...] Você pode puxar no computador que você vai achar tudo do jeito, as *performances* [com] que eles estão voando foram as que nós deixamos" (técnico aposentado). Ele nos explicou que, enquanto a fuselagem do avião for alongada, a estrutura utilizada é exatamente a mesma. Somente são necessários novos projetos se os anéis aumentarem[15], mas isso demandaria um ferramental totalmente novo, o que, em termos de custos, não interessa à empresa. Por enquanto, a estrutura utilizada é a mesma de vinte anos atrás, feita pelo pessoal antigo para o ERJ-145. Os novos aviões são da mesma família.

Outra transformação substancial ocorreu na linha de produção. As aeronaves fabricadas até então pela Embraer (ERJ-135, ERJ-140, ERJ-145 etc.) seguiam o sistema de montagem em linha, muito conhecido na indústria automobilística, já o ERJ-170 utilizou a chamada montagem em doca. O primeiro caracteriza-se pela movimentação do produto durante as etapas do processo produtivo, enquanto a mão de obra permanece fixa. No segundo, ao contrário, o produto permanece fixo, enquanto as várias equipes de montagem aproximam-se do processo apenas quando necessário. Esse tipo de trabalho é chamado de trabalho volante[16].

Os fatos concretos apresentados aqui reafirmam o modo de produção capitalista, que, no limite, mostra sua face mais exploradora, fragmentária e geradora de estranhamentos. A objetivação do trabalho aparece, dessa forma, como "perda do objeto e servidão ao objeto, a apropriação como estranhamento, como alienação" (Marx, 2004, p. 78). O trabalho vivo desenvolve uma nova tecnologia, que é trabalho morto. É preciso então que o homem-máquina desenvolva habilidades para lidar com esse novo trabalho morto, uma *nova qualificação*, ou melhor, *novas competências*.

Com relação à organização interna da empresa, devemos destacar o foco na administração por resultados, muito mais próxima do modelo toyotista[17] do que do taylorista-fordista[18]. A "cultura organizacional" predominante na Embraer estatal obedecia a uma hierarquia rígida, marcada pelo forte sentimento nacionalista dos militares e dos jovens engenheiros formados pelo Instituto Tecnológico de Aeronáutica (ITA) ou pelo Comando-Geral de

---

[15] Anéis são elementos estruturais da fuselagem.
[16] Em 2008, depois de uma consultoria do Lean Institute, a Embraer decidiu retornar à montagem em linha, o que intensificou o ritmo de trabalho e diminuiu os tempos mortos. Com o sistema do Lean, a empresa 'ganhou' uma área de 7 mil metros quadrados e a produtividade aumentou 45% (Lean Institute Brasil, 2008).
[17] O toyotismo é um modelo gerencial mais flexível, que privilegia as ideias dos trabalhadores, para além dos movimentos repetitivos: "o sucesso de tal modelo – que se pretende inovador em relação ao taylorismo-fordismo – deve-se, principalmente, ao fato de ter adotado a base tecnológica em combinação com a organização do trabalho em equipe, com a produção integrada (identidade de interesses entre as montadoras e os fornecedores de peças e componentes) e com o aprendizado. Trata-se aqui do aprendizado obtido pela generalização das experiências acumuladas na produção (saber tácito), pela rotação de postos, pelo alargamento das tarefas, pela constituição de equipes semiautônomas, pela redução dos níveis hierárquicos. É um modelo adequado ao atual estágio de desenvolvimento do capitalismo" (Heloani, 2003, p. 120).
[18] São algumas das características do taylorismo-fordismo: separação acentuada entre planejamento e execução, vigilância e supervisão intensas, parcelamento de tarefas que privilegiam os movimentos repetitivos, padronização de instrumentos e métodos. É considerado um modelo de organização científica bastante rígido (Ford, 1967; Taylor, 2006; Heloani, 2003).

Tecnologia Aeroespacial (CTA). O objetivo era a excelência tecnológica, o acompanhamento do "estado das artes" no setor, assegurado por uma fonte segura de investimentos: o governo.

O histórico militarista da Embraer é corroborado ainda pelo fato de que a contratação das primeiras mulheres para a produção ocorreu apenas em 1998. Antes elas só tinham espaço no setor de cablagem (fiação). Um grupo de dezesseis mulheres foi contratado para trabalhar na linha de chapeamento (montagem da estrutura do avião com cravações de rebite) e selagem (aplicação de produto para vedação e isolamento de peças) do ERJ-145 e do EMB-120 Brasília. Apesar dessa "modernização", o processo de seleção das mulheres era mais rigoroso que o dos homens, segundo Rosângela Calzavara, diretora do Sindicato dos Metalúrgicos de São José dos Campos na época, porque supostamente as mulheres apresentavam mais lesões por esforço repetitivo (LER) e problemas de estresse, em razão da dupla jornada de trabalho, em casa e na empresa (*Jornal Valeparaibano*, 24/5/1998).

A nova administração tomou diversas medidas para cumprir seus compromissos com clientes e acionistas. O plano de ação englobava toda a empresa: "era um instrumento que visava o planejamento, a implantação, a avaliação e o julgamento de todos os compromissos da empresa perante seus clientes, empregados e acionistas" (K. Oliveira, 2002, p. 31). No mesmo ano, a diretoria estabeleceu um redesenho dos processos de negócio com o intuito de realizar melhorias por meio da gestão de qualidade total.

Após a privatização, houve também um grande processo de terceirização. Os serviços de limpeza e segurança, parte da informática, a alimentação, o centro de treinamento de pilotos, o treinamento dos funcionários, os transportes e parte da área de *design* foram terceirizados. Isso gerou uma redução de custos de 80 milhões de dólares (Bernardes, 2000). Além disso, a Embraer criou uma cadeia de fornecimento baseada em três grupos: "parceiros (que assumiriam os riscos financeiros), fornecedores (responsáveis pela entrega de peças e serviços) e subcontratados (empresa ou pessoa que prestaria serviços à empresa para um determinado projeto)" (K. Oliveira, 2002, p. 33). Segundo relatório do Ministério do Desenvolvimento, Indústria e Comércio Exterior (2002):

- o primeiro nível compõe-se de parceiros de risco, ou seja, de empresas que assumem os riscos financeiros dos projetos. Essas empresas, em sua maioria internacionais, desenvolvem e produzem os produtos ou os sistemas principais de um avião, como os sistemas hidráulicos, aviônicos e propulsivos, as asas, o trem de pouso, a empenagem, o interior, a fuselagem etc. Um exemplo dessa parceria são os motores ou as turbinas: eles representam de 25% a 40% do custo de produção de um avião, envolvem um alto grau de complexidade tecnológica, possuem uma escala de produção limitada e seus custos de desenvolvimentos são da mesma ordem dos do avião que os utilizará;
- o segundo nível constitui-se de fornecedores estrangeiros que produzem os sistemas ou os produtos especificados pela Embraer;
- e o terceiro nível compõe-se de empresas nacionais que recebem a matéria-prima e os desenhos da Embraer e apenas lhe vendem a mão de obra.

Na nova divisão departamental, a Embraer criou três novas diretorias: industrial, financeira e de relações com o mercado, planejamento organizacional e qualidade. Todas visam a "satisfação do cliente", mas, na verdade, buscam satisfazer os acionistas. É interessante notar que a Embraer, ao mesmo tempo que utiliza a tecnologia para interligar todos os seus setores, é de tal modo compartimentada que funcionários de um departamento não podem visitar nem opinar sobre outros departamentos. Os segredos da produção são de suma importância no mundo extremamente competitivo do capital globalizado, e os funcionários são até revistados ao entrar e sair. Ou seja, a visão de totalidade da empresa está mais presente na máquina do que nos funcionários.

Embora o uso da tecnologia tenha enorme relevância, a nova direção da Embraer também desenvolveu projetos de "valorização humana". Atentando para o fato de que o trabalho vivo é essencial para a acumulação de capital, adotou o discurso de que os funcionários devem ser "colaboradores da empresa". Isso é fundamental no que diz respeito ao retorno financeiro: "O plano, intitulado 'Projeto Transformação' (TOR), tinha como base a transformação de gestores que seriam os encarregados de melhorar o relacionamento entre funcionários, a comunicação e a imagem interna da empresa, garantindo assim que as metas e os objetivos da empresa fossem atingidos" (K. Oliveira, 2002, p. 35).

O Projeto Transformação já fazia parte da reestruturação organizacional da Embraer e iniciou-se em 1996. Seu eixo principal era a instalação do SAP (Sistemas, Aplicações e Produtos para Processamento de Dados), um *software* do tipo ERP (Enterprise Resource Planning, ou Sistemas Integrados de Gestão), que tinha a função de integrar todos os processos produtivos e aumentar o controle da empresa sobre compras, vendas, produção, engenharia, desenvolvimento etc. O objetivo era integrar mais estreitamente os sistemas, ter acesso à informação financeira em tempo real e reduzir os custos no processo de trabalho. O departamento de RH implantou o projeto em cinco meses e treinou setecentos trabalhadores. Os retornos de informações financeiras tornaram-se cinco vezes mais rápidos, os custos operacionais diminuíram 50% e os custos com terceirização caíram cerca de 3 milhões de dólares por ano[19].

Segundo um de nossos entrevistados, dono de uma empresa terceirizada, o SAP é o "Windows da sua vida", porque "controla tudo que você faz dentro da fábrica, desde a parte de recebimento de matéria-prima até a expedição do avião pronto. Ele controla tudo, as peças que entram, as peças que saem, o que foi feito, o que não foi feito, pagamento, recebimento, tudo!". Está claro que o objetivo principal é sempre controlar cada vez mais o processo e reduzir o tempo de trabalho, ou seja, intensificar o trabalho para acumular mais-valor. Assim sendo, o responsável pela área de tecnologia de informação da empresa é fundamental para decidir os rumos e as escolhas que ela deve fazer. E nosso entrevistado completa: "[O SAP] foi uma coisa imposta, empurrada goela abaixo, inclusive para os fornecedores da Embraer".

Em termos organizacionais, o Projeto Transformação tinha dois objetivos principais: a *formação de gestores* e a *formação de equipes de trabalho*. A ideia de consolidar as equipes de trabalho segue os modelos modernos de organização do trabalho, mais próximos do modelo toyotista.

Tabela 1: A reestruturação organizacional da Embraer

	Projeto Transformação
É Time	Disseminação e incentivo da cultura de equipes multifuncionais, voltadas para os resultados da Embraer.
Rádio Avião	Melhoria da comunicação entre "liderança" e "liderado", empresa e empregado.

---

[19] Disponível em: <www.sap.com/brazil>. Acesso em jul. 2007.

Projeto Transformação	
Gente é Comigo	Promoção da descentralização da gestão de RH pela formação de lideranças gestoras de seus recursos humanos.
Saúde	Prevenção de acidentes do trabalho e melhoria do bem-estar dos empregados.
Programa Boa Ideia	Implementação do programa de participação em nível corporativo.
Foco no Alvo	Implementação do sistema de gestão baseado no Plano de Ação (PA).
Empresa Modelo	Construção de uma imagem positiva entre clientes, fornecedores, parceiros, instituições financeiras, governo, mercado, imprensa, comunidade e funcionários.
Olho Vivo	Acesso e manuseio de informações tecnológicas somente a pessoas autorizadas.

Fonte: Bernardes (2000). Elaboração própria.

Segundo Kelly Oliveira (2002), o Projeto Transformação visava dar "mais flexibilidade, interação e autonomia às ações da empresa", e a "cooperação entre as pessoas" era seu "eixo estratégico". Isso resultou, acima de tudo, em uma redução significativa do tempo de trabalho.

O programa de reestruturação organizacional empregava o modelo de liderança matricial, que flexibilizava e inviabilizava um plano de carreira na estrutura organizacional:

> o ocupante não possui uma denominação de cargo atrelada à estrutura organizacional e nem mesmo tem posição identificada na estrutura, pois normalmente lidera a execução de um trabalho, com prazo previsto para seu resultado, contando com funcionários das diversas áreas formalmente constituídas. Sua atuação é como consultor e facilitador em todo o processo. (Bernardes, 2000, p. 282)

As equipes de trabalho são criadas para missões específicas, seja o desenvolvimento de um novo produto, seja a melhoria dos processos e sistemas. Compõem-se de profissionais de todas as áreas envolvidas: técnica, produção, suporte ao cliente, suprimentos etc.

As transformações organizacionais da Embraer não podem ser desvinculadas da introdução da tecnologia. O advento da *informática* como ferramenta foi essencial para o aprofundamento da expropriação de mais-valor relativo: houve diminuição dos tempos de trabalho e, consequentemente, exacerbação da reificação, já que ela se apropria não só do *saber-fazer* do operário, mas também de seu *saber* (tácito e formal).

Assim como as qualificações em geral, as qualificações tácitas passaram por um processo conflituoso. As novas tecnologias permitiram a padronização e a incorporação dos saberes, levando ao autogerenciamento e à dispensa de mão (cabeça) de obra. Os trabalhadores, por seu turno, mesmo sabendo da importância individual e coletiva desses saberes para manter e/ou ampliar seu poder de barganha, mas, premidos pela necessidade de conservar o emprego para a produção de sua existência, sentem-se coagidos a disponibilizá-los. Nesse jogo, é difícil estabelecer onde termina o consentimento e começa a expropriação (Bianchetti, 2001, p. 174).

Um técnico entrevistado explica que o uso do *software* vem acompanhado de uma série de problemas para o usuário. Um deles é que "nós estamos nas mãos do *software*".

Esse problema do *software* que a gente tem hoje na nossa sociedade, tanto em nível industrial quanto qualquer outro nível corporativo, [...] é um problema de várias origens. *O principal deles é a questão comercial. A empresa de* software, *a função dela é ganhar dinheiro*, não é: "Ah, a nossa empresa vende soluções". Não é! Ela vende um programa para ganhar dinheiro. Tanto é que, se você já instalou qualquer *software* na sua vida, você vai ver que precisa dar aquele botãozinho de aceite, tem que ler o contrato. Quer dizer, ninguém lê o contrato, todo mundo dá o aceite. Mas se você ler aquilo lá até o fim, você vai ver que você não tem direito nenhum como usuário. Está dizendo lá que o programa é imperfeito, que pode ter erro [...], que a empresa não se responsabiliza por qualquer problema que você possa ter usando o *software*, quer dizer, em outras palavras, só falta dizer lá, [...] você tá comprando por [sua] conta e risco, você compra se você quiser. Você não tem nenhum direito de reclamar de nada. Na área de *software* é isso aí!

Wolff (2005, p. 172) afirma que esse maquinário impõe um novo perfil de trabalhador – leia-se uma nova reificação – que atenda às exigências da fase atual do capitalismo. Foi Ohno quem encontrou, com o modelo toyotista, as bases organizacionais mais adequadas para garantir o novo patamar de racionalização da força de trabalho. "Ora, os novos meios informáticos de trabalho abrem uma nova era na história da humanidade: a da objetivação, pela máquina, de funções abstratas, reflexivas, do cérebro – não mais funções cerebrais ligadas à atividade da mão" (Lojkine, 1999, p. 63-4). Os trabalhadores são impelidos a se "requalificar" para dar conta das novas tarefas, mais complexas, que "parecem" permitir mais participação da inteligência humana no trabalho.

A tabela abaixo mostra o aumento da importância da *informática* na Embraer.

Tabela 2: Investimentos da Embraer (em milhões de dólares)

Investimento em:	P&D total	P&D civil	P&D militar	Equip. informática
1990	128	–	–	0,9
1991	48	–	–	0,5
1992	24	–	–	0,2
1993	35	–	–	1,1
1994	55	–	–	1
1995	92	69	23	1,5
1996	96	84	12	3,2
1997	69	44	25	5
1998	141	56	85	14
1999	68	20	48	6
2000	31	10	21	6

Fonte: Embraer.

Zuboff (1994) alerta para as duas faces da tecnologia informática: *automatizar e informatizar*. Quando a tecnologia informática é utilizada para automatizar operações, o objetivo é substituir a qualificação e o esforço humanos pelas máquinas, assim como a lógica fordista-taylorista de desqualificação pela simplificação padronizava e reforçava o controle do processo de trabalho. Por outro lado, a tecnologia pode ser usada para informatizar, ou seja, criar informações; esse é um aspecto que vai além da automação, porque a empresa, a partir de sua base técnica e organizacional, pode se apropriar das informações decorrentes dessas inovações e administrá-las da forma mais eficaz para o capital. Desse modo, a tecnologia informática facilita o processo de apreensão de conhecimentos tácitos, que se tornam trabalho morto, ou seja, propriedade da empresa, e possibilita uma melhor administração e controle do trabalho vivo.

O processo de simplificação já vinha ocorrendo antes da introdução de máquinas de grande capacidade. Segundo um técnico da Embraer que trabalhou na área de *design* antes da privatização, a "evolução" dos profissionais levou à priorização dos analistas, em detrimento dos desenhistas; em outras palavras, a habilidade humana foi desprezada para que os custos fossem reduzidos.

> [Os desenhistas] foram baixando, baixando, baixando de qualidade até chegar [a] um ponto [em] que não se desenhava mais porca e parafuso. Por exemplo, [eles] faziam um pontinho e chamavam aquilo lá de porca e parafuso. Isso tem prós e contras, porque até um certo ponto você economiza tempo, só que chega uma hora [em] que você começa a correr o risco de ter, digamos assim, dúvida na hora de analisar um desenho manual, e isso é uma coisa que não é muito boa. Então, como sempre, tem aquela questão do problema do dinheiro, o pessoal às vezes coloca o dinheiro na frente. A Embraer já passou por muitos apuros por causa disso.

A diferença da informatização da produção é que ela exige mais participação criativa do trabalhador no processo de trabalho, já que são seus conhecimentos e iniciativas que vão criar e aperfeiçoar *hardwares* e *softwares*. Nesse sentido, podemos afirmar que as inovações tecnológicas não bastam, são necessárias também inovações organizacionais que incentivem a alimentação das informações nas máquinas, confirmando e aprofundando o processo de reificação para constituir "máquinas inteligentes", como diz Zuboff (1994).

O trabalhador é incentivado a colaborar com a empresa, a dar sugestões criativas, e isso é muito claro no Programa Transformação implantado pela Embraer após a privatização. Dentre os projetos organizacionais, destaca-se o Programa Boa Ideia, cujo objetivo era colher sugestões para reduzir custos e melhorar a produção, valorizando o capital. Muito mais por consentimento do que por coerção, ele absorve conhecimentos tácitos e recompensa o trabalhador com prêmios, como já prescreviam a gerência científica desde Taylor e o sistema toyotista. Em 2005, a Embraer poupou cerca de 8 milhões de dólares com as novas medidas sugeridas por seus funcionários (*Jornal Valeparaibano*, 8/6/2005). Desde 2000, eles apresentaram mais de 50 mil sugestões e cerca de 10 sugestões por dia são postas em prática[20].

No início, afirma Bernardes, os funcionários que entravam para o programa não recebiam recompensa pelas sugestões, apenas participavam de um sorteio de prêmios (videocassetes, bicicletas, micro-ondas etc.). Hoje, as premiações obedecem aos seguintes critérios:

---

[20] "Um exemplo interessante foi o processo de limpeza das chapas das aeronaves. O antigo sistema utilizava metil (produto altamente tóxico e inflamável) na remoção da camada de AZ (que protege as chapas). A operação era realizada por até dez pessoas e consumia de quatro a cinco horas de trabalho. Por sugestão de funcionários, a área de produção passou a utilizar o produto ridoline, aplicado com jato de água quente. Com esse sistema, são necessários apenas dois homens e duas horas de trabalho" (Bernardes, 2000, p. 281).

Tabela 3: Premiação do Programa Boa Ideia (PBI), implantado pela Embraer

Retorno financeiro (em dólares)	Segurança ocupacional	Meio ambiente	Processo de validação	Premiação
Até 3.999	Risco moderado (*score* de 41 a 70)	Risco moderado (*score* de 61 a 108)	Coordenação do PBI	Brinde
De 4.000 a 49.999	Risco substancial (*score* maior que 70)	Risco substancial (*score* maior que 109)	Coordenação do PBI	Evento em São Paulo (teatro + jantar)
De 50.000 a 249.999	Risco substancial (*score* de 71 a 90)	Risco substancial (*score* de 109 a 144)	Diretoria	mil reais
De 250.000 a 499.999	Risco substancial (*score* de 91 a 112)	Risco substancial (*score* de 145 a 180)	Vice--Presidência	5 mil reais
Acima de 500.000	Risco intolerável (*score* acima de 112)	Risco intolerável (*score* acima de 180)	Vice--Presidência	10 mil reais

Fonte: Associação Brasileira de Comunicação Empresarial (2006). Elaboração própria.

Segundo o jornal *Valeparaibano* de 8 de junho de 2005, um mecânico de 42 anos que trabalhava há 21 anos na empresa sugeriu 65 ideias, das quais 53 foram postas em prática. O efeito ideológico da colaboração do trabalhador com a empresa é muito forte. Diz o mecânico: "Eu sou curioso e isso fez com que eu aprendesse bastante. É *uma satisfação a empresa reconhecer nossas ideias*". Ele e outros 94 funcionários receberam como prêmio uma ida a São Paulo para assistir a uma peça de teatro e jantar com seus familiares. Segundo ele: "É uma satisfação trazer minha mãe, mulher e sogra para um passeio como esse. Essas coisas *somente a empresa* pode proporcionar para a gente".

Está claro aqui o estranhamento do trabalhador com relação a seu trabalho e ao produto de sua força de trabalho. Esses funcionários não foram premiados por sua capacidade intelectual, mas porque geraram para a empresa uma economia de 8 milhões de dólares em 2005 e 9,7 milhões de dólares em 2006, um aumento de 36% com relação ao ano anterior. Em 2007, a economia obtida com o programa chegou a 14,3 milhões de dólares (R. Santos, 2008).

As sugestões que resultam em maior economia para a empresa recebem os melhores prêmios. Segundo informações do ITA, em novembro de 2005, um aluno de doutorado recebeu pela terceira vez o prêmio máximo do Programa Boa Ideia (10 mil reais). Ele desenvolveu um sistema de controle automático em ambiente computacional integrado que deu à Embraer um retorno de cerca de 120 mil dólares anuais. Sugestões desse tipo eliminam tempos mortos e aumentam a subsunção real do trabalho ao capital.

O que verificamos, no entanto, é que há uma falsa percepção de que os trabalhadores do chão de fábrica têm poder de decisão. A engenharia da empresa continua determinando os tempos e os fluxos do processo ou, nas palavras de Heloani (2003), moldando a subjetividade dos operários. Mas esse movimento não poupa os engenheiros da exploração e da precarização, já que também eles são expropriados. O que vemos é que a "captura" da subjetividade dos engenheiros e seu consentimento são mais facilmente concedidos, conquistados[21].

---

[21] Não cabe aqui uma discussão aprofundada sobre o engenheiro ser parte da classe proletária ou da classe burguesa, se é trabalhador produtivo ou improdutivo, mas apenas apontar as contradições existentes nesse caso particular. Sobre esse tema, ver: Cavalcante e Wolff (2008) e Cavalcante (2009).

Outro programa do Projeto Transformação que merece destaque é o Olho Vivo, um projeto para assegurar que o acesso e o manuseio das informações tecnológicas sensíveis da empresa sejam feitos apenas por pessoas autorizadas, o que significa privatização da informação. Tradicionalmente, os gerentes tinham o acesso às informações que podiam servir aos interesses da empresa; porém o fato de os funcionários que trabalham na interface da informação poderem ter acesso a dados sobre o funcionamento da organização assusta alguns administradores, segundo Zuboff. "Para a média gerência que mede seu valor em termos da sua capacidade de exercer o controle e maximizar a certeza dos resultados, a escolha de criar 'pessoas inteligentes' pode ser uma ameaça" (Zuboff, 1994, p. 87).

O Projeto Transformação durou até 1997, quando houve uma nova reestruturação na comunicação interna da empresa. Criou-se um sistema global de comunicação e integração dos empregados. O objetivo principal era a comunicação interpessoal, viabilizada por intermédio de líderes. Estes foram treinados para disseminar as informações, despertar o interesse de suas equipes e manter o "espírito" de grupo. A Embraer ainda realizou pesquisas quantitativas e qualitativas sobre o grau de satisfação dos empregados em relação à comunicação interna. O quadro a seguir detalha as mudanças visadas por esse novo projeto:

Tabela 4: Reestruturação de comunicação interna da Embraer

Sistema global de comunicação e integração dos empregados	
Mensagem aos gestores	Com o intuito de formar líderes, criou-se esse veículo de comunicação. Trata-se de um documento composto de informações, análises e fatos sobre temas de grande relevância na empresa, como notícias sobre participação nos lucros e resultados (PLR), políticas, metas e objetivos organizacionais, data-base, relações trabalhistas em geral, mudanças na empresa, certificações e programas em desenvolvimento.
Em Tempo	Comunicados escritos pelo próprio presidente da Embraer e enviados para todos os empregados por correio eletrônico e quadro de avisos.
Assessoria à liderança	Assessoramento a líderes, por parte da área de comunicação da empresa, em caso de necessidades específicas de comunicação.
Quadros de avisos	Os quadros sempre existiram, mas foram reformulados para reforçar as informações divulgadas pelos líderes e comunicar informações ligadas ao dia a dia da empresa.
Intranet	Ferramenta de reforço da comunicação gerencial. Foi reformulada para apresentar um *layout* agradável. O empregado pode acessar *links* de "Serviços", "Recursos Humanos", "Vagas Internas", Aeronaves", "Fale Conosco", "Sobre a Embraer" e "Biblioteca On-line", consultar listas telefônicas, programação da TV Embraer etc. Também existe um canal de sugestões e opiniões.
TV Embraer	Desde 2000, a TV voltou a ser uma ferramenta de comunicação interna da empresa. O objetivo é expandi-la e transformá-la em circuito interno.
Campanhas de comunicação	São realizadas sempre que algum tema precise ser reforçado, como saúde, segurança, meio ambiente, nutrição etc.
Gestão à vista	Faz parte da comunicação formal da empresa e foi desenvolvido para a área de produção com o intuito de tornar visível as metas e os indicadores dos programas de ação (PA) de cada setor.

Sistema global de comunicação e integração dos empregados	
Carrinho Produto e Cliente	O objetivo é manter os empregados informados sobre as etapas de produção do avião, as descrições técnicas do produto e a empresa que vai comprá-lo, aproveitando os carrinhos que acompanham os aviões.
O Bandeirante	O jornal *O Bandeirante* foi terceirizado em 1995 e passou a ser produzido por funcionários da Embraer que deixaram a empresa no processo de privatização. A comunicação interna ainda é responsável pela sugestão de pautas, e o jornal transformou-se em revista, bilíngue e mensal, focada no público externo.
Portões abertos	A empresa recebe funcionários e familiares para comemorar seu aniversário.
Homenagem aos empregados	Os empregados que completam 15, 20, 25 e 30 anos de empresa são homenageados com um baile.
Festa de Natal	Festa de confraternização para empregados e familiares.
Projeto Cultural	Exposição de arte e fotografia realizada dentro da empresa, no Espaço Embraer.
Olimpíadas Embraer	Trata-se de um evento de integração com cerca de 5 mil pessoas.
Feira de Benefícios	Durante a feira, empregados e familiares podem se informar sobre seus benefícios, como planos médicos, assistência odontológica e aposentadoria.
Programa Boa Ideia	Sugestões de funcionários que resultem em benefício financeiro à empresa são postas em prática.
Pesquisa de opinião	A pesquisa visa detectar a percepção dos funcionários a respeito da empresa.

Fonte: Kelly Oliveira (2002). Elaboração própria.

Prevalecem aqui a "administração participativa" e a satisfação do cliente interno, isto é, o trabalhador, que, para se sentir bem, deve se ver como um *colaborador* da empresa: "a Embraer não acredita que possa ser competitiva sem *a participação e o comprometimento de seus colaboradores*. [...] São as pessoas que detêm o *capital intelectual*" (K. Oliveira, 2002, p. 121-2; grifos meus). O papel estratégico da comunicação interna da empresa é exatamente estimular a colaboração e o comprometimento dos funcionários, já que "a empresa acredita que somente com funcionários motivados e comprometidos com o negócio, ela poderá ter sucesso, *atingindo seus objetivos mercadológicos e obtendo lucro*" (K. Oliveira, 2002, p. 121-2).

Várias técnicas de recursos humanos são aplicadas com o intuito de construir uma identidade do trabalhador com a empresa, e até de sua família, por meio de eventos e benefícios (Portões Abertos, Homenagem aos Empregados, Festa de Natal, Feira de Benefícios etc.). "É claro que, ao envolver os membros da família, o domínio sobre a subjetividade operária alcança maior perfeição" (Gomes e Silva, 2004, p. 171).

Podemos observar, portanto, como afirma Antunes (2002), que "uma atividade autodeterminada em todas as fases do processo produtivo é uma impossibilidade no toyotismo", porque a participação dos trabalhadores e de suas *ideias* permanece sob a lógica do sistema produtor de mercadorias. É reiterada a divisão entre planejamento e execução. E Wolff tem razão quando afirma que ocorre uma nova alienação subjetiva no capitalismo atual, ratificada por programas de qualidade total, isto é, "a expropriação/apropriação das capacidades intelectuais, cognitivas, criativas presentes no trabalho humano" (Wolff, 2005, p. 198).

Se antes a troca de ideias no ambiente de trabalho constituía uma intersubjetividade, portadora potencial de um caráter subversivo e de resistência, hoje a conversa, a troca de ideias e o trabalho coletivo, desde que convirjam para os objetivos da empresa, não só são bem-vindos, como são estimulados. Assim, "se há um ganho na dilatação do espaço para soluções não previstas, para saídas que extrapolem aquelas prescritas, perde-se no campo do poder de barganha do coletivo, uma vez que o capital predominantemente submete a um processo de antropofagia, em seu proveito, essas manifestações e os seus frutos" (Bianchetti, 2001, p. 26).

As tentativas se multiplicam, e outra forma de subsumir o trabalho ao capital é o trabalho em equipe. Há uma aproximação clara entre a proposta de Ohno e as reestruturações organizacionais na Embraer. Ohno afirma que não basta atribuir responsabilidades separadamente, é preciso trabalhar em equipe. Para ele, "o trabalho em equipe é tudo" (Ohno, 1997, p. 42).

Os gestores têm um papel relevante nesse processo. Eles são os responsáveis por levar os novos conceitos da empresa a todos os empregados. Devem ser capazes de ouvir, formar equipes, solucionar conflitos, apresentar e aconselhar. Os novos gerentes devem ser bons ouvintes, porque, como já afirmamos, as informações e as ideias dos funcionários são fundamentais para os resultados financeiros que a empresa espera atingir. Eles não podem ser autoritários, como eram na época da Embraer estatal, que tinha raízes militaristas. Os gestores devem informar seus subordinados sobre os seguintes assuntos[22]: a missão da unidade, as responsabilidades do empregado, desempenhos (o diálogo contínuo sobre desempenhos leva a estratégias de curto e longo prazo para o desenvolvimento dos empregados), necessidades e interesses individuais (programas de assistência ao empregado), preparação e comparação com outras unidades (concorrência) (K. Oliveira, 2002, p. 142).

Como podemos observar, ao mesmo tempo que incentivam a colaboração nas equipes de trabalho, os gestores estimulam a competição entre elas. Todos os recursos possíveis de incentivo à intensificação do trabalho (discurso do gestor, painéis, jornais, *e-mails* etc.) são utilizados para pôr em prática a nova concepção de trabalho qualificado e redefinir a intensificação do ritmo de produção.

Quando existe cooperação de muitos assalariados, é necessário domínio e comando do capital para a execução do processo de trabalho. O capital adquire a função de superintender e mediar as atividades individuais para harmonizá-las na forma da cooperação. Essa direção tem duas funções: dirigir o processo de trabalho social para produzir um produto e produzir mais-valor.

Segundo Cipolla (2005), o trabalho em equipe simultaneamente aumenta o controle sobre o trabalho e reduz os custos associados às atividades de supervisão da força de trabalho. Esse economista explica que todo trabalho coletivo requer um trabalho de coordenação, que emana do processo de trabalho cooperativo, mas que, entretanto, no capitalismo, essa coordenação ganha uma conotação adicional, que seria o aspecto de controle do processo de valorização, que ele denomina *supervisão*. Essa supervisão se dá pelo controle do tempo de execução de cada tarefa, para além do processo de coordenação.

---

[22] Como afirma Gomes e Silva, "a fábrica pode ser entendida também como uma 'agência educativa', um espaço de produção social que 'qualifica o trabalho' para o capital" (Gomes e Silva, 2004, p. 170).

Esse tipo de supervisão já era bastante presente no sistema taylorista-fordista de organização da produção. O que acontece no modelo toyotista é que o controle é internalizado, o que permite ao trabalho em equipe, ou *teamwork,* aumentar a intensidade de trabalho e reduzir o tempo de execução da tarefa. O capital pode, portanto, exercer a supervisão por meio do controle recíproco que os trabalhadores exercem entre eles mesmos e pelo autocontrole.

Heloani explica que no trabalho em equipe ocorre uma interpenetração entre atividade laborativa "material" e "imaterial". Nunca na história do trabalho se constatou tamanha capacidade por parte do capital de apreender a capacidade cognitiva do trabalhador, já que os conhecimentos, tácitos ou não, devem ser incorporados à produção. E quando há insucesso em alguma proposição, a culpabilização individual ou grupal também assume uma forma surpreendentemente eficiente, "num movimento em que as intersubjetividades constituídas se rendem e, às vezes, tentam disputar espaço com a objetividade organizacional, numa dança cuja música é sempre orquestrada pelo capital" (Heloani, 2003, p. 136).

O líder, ou o gestor, deve ser aquele que impulsiona a supervisão, a internalização do controle e a redução dos tempos mortos, reforçando os interesses da gerência e dos controladores da empresa. Ele tem a responsabilidade de passar a seus subordinados as políticas, as metas e os objetivos organizacionais, relações trabalhistas em geral, bem como notícias sobre a participação nos lucros e nos resultados. Podemos observar no gráfico abaixo como o faturamento por empregado aumentou após a privatização em virtude dos inúmeros artifícios citados aqui[23].

Figura 1: Produtividade da força de trabalho – Embraer

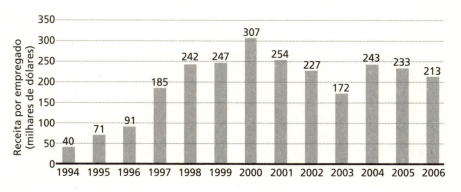

Fonte: Embraer e Yokota (2004). Elaboração própria.

Todos os artifícios aqui apresentados nos impelem a afirmar que estamos diante de uma sofisticada forma de apropriação da subjetividade humana que explora a força de trabalho sob o véu da "integração" do coletivo operário ao processo produtivo. Observamos um salto qualitativo da gerência de recursos humanos, no sentido de uma autorracionalização dos trabalhadores, que ratifica a divisão entre a execução e a concepção. Há, portanto, um avanço do capital sobre o trabalho, já que as funções cerebrais objetivadas nas máquinas ou utilizadas na diminuição de custos da empresa não remetem

---

[23] A queda na receita a partir de 2001 deve-se à crise na aviação após o ataque às Torres Gêmeas, nos Estados Unidos.

só à função manipulatória (da mão), mas também à função sensitivo-reflexiva, no sentido de que o computador armazena conhecimento morto, as funções mentais de memória e cálculo, e reforça o poder das coisas sobre os homens.

A possibilidade de integrar equipamentos, trabalhadores e informações foi ratificada pela organização do trabalho "flexível" por meio da reestruturação produtiva implementada na empresa. Esses elementos ratificam o fato de que a produção capitalista não é meramente produção e reprodução de mercadorias e mais-valor, mas é produção e reprodução de relações sociais e, portanto, reforço da divisão de classes sociais, capitalistas e proletários.

Todo esse movimento de substituição da força de trabalho por tecnologia e maquinaria (automação) e valorização do conhecimento como gerador de mais-valor pelo toyotismo corrobora a acumulação capitalista. De maneira alguma rompem com ela. Entretanto, como alerta Antunes (2002), o trabalho vivo não é prescindível para a produção capitalista e há um limite para a automatização:

> As máquinas inteligentes não podem *extinguir* o trabalho vivo. Ao contrário, a sua introdução utiliza-se do trabalho intelectual do operário que, ao interagir com a máquina informatizada, acaba também por transferir parte dos seus novos atributos intelectuais à nova máquina que resulta desse processo. Estabelece-se, então, um complexo processo interativo entre trabalho e ciência produtiva, que não leva à extinção do trabalho, mas a um processo de retroalimentação que gera a necessidade de encontrar *uma força de trabalho ainda mais complexa, multifuncional, que deve ser explorada de maneira mais intensa e sofisticada*, ao menos nos ramos produtivos dotados de maior incremento tecnológico. (Antunes, 2002, p. 161)

O paradoxo está posto, pois o capital precisa desse saber operário, mas ao mesmo tempo enfrenta o desafio de diminuir sua dependência com o trabalho vivo. Como conciliar a necessidade do saber e das ideias dos trabalhadores, mas ao mesmo tempo se propor a prescindir dos homens, em proveito da máquina? Apesar de todo o poder que o capital exerce sobre o trabalho, é clara a imprescindibilidade do trabalho vivo para o modo de produção capitalista. O capital precisa do saber da classe operária para renovar suas forças produtivas, uma vez que é a inovação que lhe permite avançar na valorização do capital. Esse desejo de "captura" da subjetividade da classe trabalhadora, contudo, nunca se dá completamente, o que implica reconhecer que a vitória do capital sobre o trabalho não pode ser proclamada, já que as contradições entre capital e trabalho existem e estão claras em estudos de caso como este aqui apresentado. São um desafio aos estudiosos do trabalho, especialmente aos marxistas, o desvendamento e a compreensão das particularidades da luta de classes na atualidade.

EDUCAÇÃO

Capítulo 13

PROFESSORES, MODERNIZAÇÃO E PRECARIZAÇÃO

Aparecida Neri de Souza

Introdução

Este texto pretende analisar como a chamada modernização no trabalho se manifesta na dimensão que se refere à multiplicação de formas precárias de trabalho e emprego de professores do setor público no Estado de São Paulo. O trabalho dito moderno é marcado por mudanças nas formas de emprego e pela intensificação e complexificação das relações de trabalho. Assim, tomarei neste texto a análise das mudanças no trabalho docente, reforçadas pelas políticas públicas, enfatizando a difusão de formas de precariedade – por exemplo, o trabalho incerto, eventual ou intermitente – como fonte de racionalização dos custos do trabalho no setor público.

A hipótese que orienta este texto é a de que a modernização não só do sistema produtivo, mas também e principalmente a dos sistemas educacionais públicos no Brasil (estaduais e municipais), instala um processo de precarização que reforça continuamente a subjugação dos professores à necessidade de competitividade e produtividade.

Este texto apresenta pesquisas realizadas não somente por mim, mas também por outros autores[1], que pesquisam a organização e as condições de trabalho de professores do setor público no Estado de São Paulo. Tais pesquisas referem-se a professores do ensino básico (níveis fundamental, médio e técnico) que trabalham em escolas públicas estaduais em duas regiões metropolitanas, Campinas e São Paulo.

Por que analisar o trabalho e o emprego de professores em São Paulo? Esse estado tem uma singularidade que o diferencia dos outros estados brasileiros, pois é uma república federativa e, como tal, não tem um sistema nacional de educação, mas vários sistemas

---

[1] Ver Castro (2010), Kobori (2011), Souza (2010) e Basílio (2010).

(municipal, estadual e federal). Cada um deles tem autonomia relativa para recrutar, selecionar e contratar professores, de acordo com regulamentos próprios. Segundo a Lei de Diretrizes e Bases da Educação Nacional, os municípios são responsáveis pela educação infantil e pelo primeiro ciclo do ensino fundamental; os estados organizam o segundo ciclo da educação fundamental e o ensino médio, além da educação profissional oferecida pelas escolas técnicas e faculdades de tecnologia; e o governo federal responsabiliza-se pelo ensino superior e pela educação profissional.

No Estado de São Paulo, porém, essas diferenças de responsabilidade não são tão nítidas: há escolas de ensino fundamental e ensino médio tanto estaduais quanto municipais, universidades estaduais e federais, ensino profissional estadual, municipal e federal.

Além dos sistemas públicos de educação, o Brasil possui uma significativa rede de escolas privadas, da educação infantil ao ensino superior, mantida tanto por empresas de ensino quanto por Igrejas (católica, presbiteriana, metodista etc.) e pelo patronato (Sistema S[2]).

O Estado de São Paulo possui ainda uma particularidade em relação à educação técnica e tecnológica: o governo estadual mantém uma rede de mais de 150 escolas técnicas públicas que concorre com o Sistema Federal e o Sistema S. Essas escolas estão vinculadas ao Centro de Educação Técnica e Tecnológica Paula Souza (Ceeteps) e à Secretaria de Desenvolvimento Econômico, Ciência e Tecnologia do Estado de São Paulo, portanto não são supervisionadas nem pela Secretaria de Educação nem pela Secretaria do Ensino Superior. Tal diversidade cria dificuldades para generalizações nacionais ou mesmo estaduais.

A análise aqui realizada sobre o trabalho docente toma como referência duas noções: flexibilização e precarização. Em 1998, a Emenda Constitucional n. 19 provocou mudanças substantivas nas relações de trabalho e emprego público, pois possibilitou o fim do regime jurídico único, implantou mecanismos de avaliação dos trabalhadores do setor público, aumentou o tempo de experiência para três anos e tornou possível a demissão em decorrência de mau desempenho. Além do mais, a Lei n. 9.801/1999 permitiu a exoneração de funcionários públicos estáveis em decorrência de corte de gasto público ou desempenho considerado insuficiente.

Krein (2007a) aponta a expressiva diversificação de formas de contratação flexível, novas formas de contratação atípicas, que passaram a considerar o funcionário público demissível, contratado temporário ou eventual e contratado para uma "obra certa" (um curso, um projeto, uma aula).

> A flexibilização das formas de contratação expressa-se em cinco modalidades distintas: 1) facilidade de romper o contrato de trabalho; 2) ampliação de contratos por tempo determinado; 3) avanço da relação de emprego disfarçada; 4) terceirização; 5) informalidade. Muitas dessas formas de contratação são modalidades antigas que ganharam nova roupagem e expressão no período recente. (Krein, 2007a, p. 34)

As novas formas de contratação atípicas, segundo Krein (2007a) não se confundem com os regimes especiais de trabalho, que existem há muito tempo, por exemplo, para

---

[2] O Sistema S configura-se como uma rede de educação profissional paraestatal, organizada e gerenciada pelos órgãos sindicais de representação empresarial. Integram o sistema: Serviço Nacional de Aprendizagem Industrial (Senai); Serviço Social da Indústria (Sesi); Serviço Nacional de Aprendizagem Agrícola (Senar); Serviço Nacional de Aprendizagem de Transportes (Senat); Serviço Social em Transportes (Sest); Serviço de Apoio à Pequena e Média Empresa (Sebrae); e Serviço Social das Cooperativas de Prestação de Serviços (Sescoop) (Manfredi, 2002, p. 179).

mulheres, jovens, aprendizes, portadores de deficiências, jogadores de futebol, mineiros, portuários, professores e outros. Os contratos atípicos não garantem os direitos à estabilidade provisória (licença gestante, acidente de trabalho, doença profissional, licença sindical) e limitam o direito a férias e aposentadoria. Esses trabalhadores, que em geral têm menos direitos que os demais trabalhadores, vivenciam a insegurança, a instabilidade e a deriva de que fala Sennett: eles "receiam estar a ponto de perder o controle de suas vidas. Esse medo está embutido em suas histórias de vida" (Sennett, 2001, p. 18).

A flexibilização dos contratos de trabalho no setor público expressa-se não somente pelo trabalho temporário e em tempo parcial (Beynon, 1999) de estagiários e bolsistas, pela subcontratação de empresas ou cooperativas prestadoras de serviços e pela contratação de profissionais autônomos, mas também pela ausência de contratos para trabalho eventual ou intermitente.

A noção de precarização é compreendida aqui como um processo de institucionalização da instabilidade no emprego e no trabalho (Appay e Thébaud-Mony, 1997, 2000). Caracteriza-se, no plano do emprego, sobretudo pelo desemprego e pelo trabalho temporário e, no plano do trabalho, pelo questionamento da formação e da qualificação profissional e pela ausência de reconhecimento e perspectiva de trabalho dos professores (Paugam, 2000; D. Linhart, 2009). Essa noção se revela contraditória com a concepção de que o trabalho no setor público se caracteriza pela estabilidade no emprego.

As pesquisas na sociologia do trabalho evidenciam uma desregulamentação de direitos vinculados ao trabalho, o que permite o uso do trabalho precário. Situações de trabalho precárias são legalizadas, por exemplo, o trabalho eventual e temporário, assim como a subcontratação de funcionários de apoio pedagógico e administrativo. Situações de empregos consideradas atípicas passam a ser típicas. Esse processo tem por consequência o questionamento dos direitos trabalhistas e das formas de representação político-sindical.

No Brasil, o caráter informal das relações de trabalho é emblemático da precarização: no conjunto dos trabalhadores, 57% das mulheres e 55,3% dos homens estão na informalidade. Esse processo contamina também o magistério, embora considerado um nicho de emprego formal e estável. De forma geral, os dados do Instituto Brasileiro de Estatística e Geografia (IBGE), em sua Pesquisa Anual por Amostra de Domicílios (Pnad), indicavam que, em 2007, 21% dos professores brasileiros diziam não possuir contratos de trabalho nem pela Consolidação das Leis do Trabalho (CLT) nem pelo Estatuto dos Funcionários Públicos; destes, 18% trabalhavam no setor público e 28% no setor privado. Não eram regidos, portanto, por contratos temporários, uma vez que os estatutos e a CLT permitem contratos de duração determinada ou temporários. Trata-se, no Estado de São Paulo, de professores eventuais, sem contrato, que substituem faltas diárias de professores, de professores que ministram aula como prestadores de serviços para a Associação de Pais e Mestres ou ainda, em estados como Goiás, de professores que sublocam seu trabalho a colegas em caso de ausência, como afirmou em entrevista em 2011 o presidente da Confederação Nacional dos Trabalhadores em Educação (CNTE), ou mesmo de trabalho voluntário (em projetos como o Família na Escola).

A figura 1 a seguir compara o emprego de professores do setor público e privado, entre 2002 e 2007. Nos dois setores, o número de professores com vínculos precários aumentou, embora de maneira mais acentuada no setor privado. Os professores parecem não estar mais protegidos por um estatuto social de emprego estável e formal.

Figura 1: Professores com contratos formais, 2002-2007

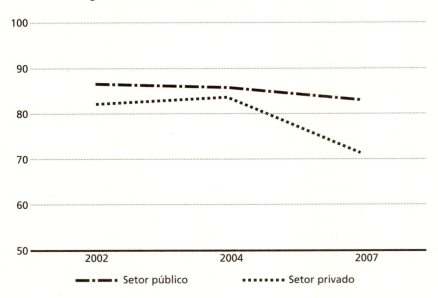

Fonte: IBGE (2002, 2004, 2007).

A partir desta introdução, destacarei duas medidas de modernização dos sistemas escolares: a primeira é o processo de precarização dos empregos e do trabalho dos professores do setor público em São Paulo; e a segunda é a remuneração dos professores por mérito, apoiada num modelo – importado das empresas privadas – de gerenciamento de escolas e pessoas.

Precarização dos empregos de professores no Estado de São Paulo

No Estado de São Paulo, os professores dispõem de dois tipos de contrato de trabalho: efetivos e temporários, se contratados pela Secretaria de Educação, e por tempo determinado e por tempo indeterminado, se contratados pela Secretaria de Desenvolvimento Econômico, Ciência e Tecnologia. Os primeiros são considerados funcionários públicos, portanto estatutários; os segundos são empregados públicos com contratos regidos pela CLT, tal como pratica o setor privado. Além destes, há um número significativo de professores eventuais, sem nenhum contrato de trabalho. Eles não aparecem nas estatísticas educacionais, porque não constam nos registros. Os sistemas municipais também possuem diferentes formas de contratação que vão desde os estatutários até os subcontratados ou terceirizados. Essa variedade de situações não será tratada aqui, considerarei somente os professores públicos estaduais, a partir de pesquisas. De todo modo, é preciso destacar a crescente onda de compra de "pacotes pedagógicos" do ensino privado por parte das prefeituras de São Paulo, uma forma nítida de privatização dos sistemas municipais de educação escolar.

O QUE SÃO PROFESSORES EVENTUAIS OU INTERMITENTES?

A Resolução n. 97/2008, da Secretaria de Educação, permite "a atribuição de vagas para admissões em caráter eventual, sem vínculo empregatício, aos candidatos inscritos no processo [de distribuição de aulas anuais]". Os professores sem contratos estáveis (não efetivos) candidatam-se anualmente para a distribuição de aulas (aulas em substituição ou um conjunto de aulas ainda não submetidas a concurso público). Esses professores são classificados de acordo com sua experiência no magistério e com seus diplomas. Os de maior pontuação recebem aulas ou classes e são contratados em caráter temporário; aos demais resta o trabalho intermitente ou eventual. Os professores eventuais não têm aulas ou classes, mas sim uma vaga em uma escola para substituir professores. Eles são formados em diferentes campos disciplinares e alguns ainda são estudantes universitários, não sabem em que horários trabalharão nem quantas aulas ministrarão por semana ou por mês, muito menos em que disciplinas trabalharão.

Basílio (2010) constatou que não há dados disponíveis sobre a quantidade de professores eventuais no Estado de São Paulo, já que não possuem vínculo empregatício. Uma escola estudada solicitou 32 vagas para professores eventuais, ou seja, mais da metade dos 53 professores efetivos e temporários que lá trabalhavam. Essa pesquisa evidencia a invisibilidade desse trabalho não só para as estatísticas produzidas pela Secretaria de Educação, como também para os que trabalham na escola e para os alunos.

Os professores eventuais, isto é, sem vínculo de emprego, dirigem-se diariamente às escolas, em geral próximas a sua residência, à espera de que um ou mais professores faltem. Por vezes, passam os três turnos (manhã, tarde e noite) na escola para entrar em uma sala de aula e trabalhar. Se não houver falta de professor, não há trabalho. Eles recebem por aula dada, não há pagamento de descanso semanal, férias ou direitos garantidos por contrato de trabalho, mesmo que temporário. Torcem para que um professor peça licença superior a dez dias, porque assim podem ter um contrato temporário. A incerteza que pesa sobre esses professores evidencia uma situação de dependência e fragilidade, pois nada garante seus direitos sociais. Eles vivem em eterno recomeço, sem reconhecimento de que fazem um trabalho portador de sentido.

Relatos apresentados por Basílio (2010) mostram esse processo de precariedade que os professores eventuais vivenciam: um dos professores entrevistados permaneceu dois terços do ano letivo como eventual e, apenas no fim do ano, conseguiu um contrato de trabalho temporário, o que lhe garantiu férias remuneradas.

Esses professores eventuais substituem professores de qualquer disciplina, em qualquer turma, para alunos de todas as idades, não importa qual seja seu campo de formação universitária. No entanto, eles não ministram aulas, apenas mantêm as atividades previstas num plano de substituição para professores eventuais (Basílio, 2010). Os professores eventuais vivenciam o sofrimento de não poder trabalhar, isto é, dar aula. O trabalho docente, concretizado na aula, é expropriado deles.

Os professores eventuais são apartados fisicamente dos demais, separados, isolados; ficam à espera de trabalho e, se não houver, voltam para casa (Basílio, 2010). Essa tensa organização do trabalho expressa, num contexto de forte concorrência entre os professores, não somente exclusão e estigmatização, mas também relações de poder para preservar e afirmar que a docência não é uma atividade transitória e eventual.

Embora haja desequilíbrios de poder entre efetivos, temporários e eventuais, estes últimos denunciam as condições de trabalho que levam seus colegas a faltar ao trabalho, na maioria das vezes por adoecimento, porque não suportam as condições a que estão submetidos (Leite e Souza, 2007). Também reconhecem que não existem políticas para superar esse processo de precarização do trabalho docente.

Contra o sentimento de abandono e de injustiça, há uma implicação profissional que atribui sentido ao trabalho. O professor opõe-se à expropriação do conteúdo do trabalho, rejeita as regras do jogo que serve de referência para a ausência de contratos de trabalho, não aceita ser transformado em cuidador, quer ser professor, recuperar o sentido do ofício de ensinar.

A precarização afeta também os trabalhadores estáveis do setor público, portanto o próprio trabalho. Os trabalhadores públicos estáveis (professores, diretores, supervisores) são confrontados cotidianamente com exigências cada vez maiores em seu trabalho e desenvolvem o sentimento de que nem sempre estão à altura das exigências. D. Linhart (2009) chama esse processo de precariedade subjetiva, pois esses trabalhadores também vivenciam a instabilidade, mesmo que subjetivamente.

> O que se deve entender por precariedade subjetiva? É o sentimento de não estar "em casa" no trabalho, de não poder se fiar em suas rotinas profissionais, em suas redes, nos saberes e habilidades acumulados graças à experiência [...] é o sentimento de não dominar seu trabalho e de precisar permanentemente desenvolver esforços para se adaptar, para cumprir o objetivo, para não se arriscar, nem fisicamente nem moralmente [no caso dos supervisores na relação com diretores e professores ou dos professores com os alunos]. É o sentimento de não ter ajuda em caso de problemas graves de trabalho, nem do lado dos superiores hierárquicos [...] nem do lado dos coletivos de trabalho, que se esgarçaram com a individualização sistemática da gestão dos assalariados e o estímulo à concorrência entre eles. É um sentimento de isolamento e abandono. (Linhart, 2009, p. 2-3; traduzido por Fernanda Murad)

Qual é o sentido social da precariedade no trabalho, nas dimensões objetivas e subjetivas? Os estudos sociológicos realizados por pesquisadores como D. Linhart (2010a e 2010b) e Fortino (2011a e 2011b) mostram que as incertezas que pesam sobre os trabalhadores são inúmeras e como é difícil para eles organizar suas próprias vidas. Nada está adquirido de fato em termos de direitos sociais agregados ao trabalho, nem mesmo para os trabalhadores estáveis do setor público. A tensa organização do trabalho, com suas numerosas incertezas e contradições, as avaliações frequentes e, por vezes, arbitrárias são dois elementos, entre outros, que geram o sentimento de precariedade vivenciado pelos trabalhadores no campo da educação escolar.

Esses trabalhadores afirmam que não são ouvidos nem reconhecidos (ou valorizados), mas colocados todo o tempo à prova nessa engrenagem de tensão e frustração, geradora do sofrimento e do "mal-estar" docente de que fala Esteve (1999).

Como os professores, funcionários públicos efetivos, vivenciam esse processo de precarização? J. Castro (2010) estudou as trajetórias profissionais de professores que ingressaram no magistério no fim dos anos 1970 e permanecem em sala de aula até hoje. Eles dizem que ter um contrato de trabalho como professor efetivo não significa estabilidade na escola. A forte concorrência entre professores não coloca apenas os eventuais e temporários em situação de incerteza.

Os professores das escolas técnicas estaduais, ao contrário de seus colegas das escolas estaduais vinculadas à Secretaria de Educação, são contratados pela CLT de forma descentralizada, isto é, são as escolas que recrutam e contratam de acordo com suas necessidades.

A condição de instabilidade no emprego apresenta-se também para os professores que possuem contratos por tempo indeterminado. Eles se mantêm empregados enquanto houver aulas para serem ministradas na escola, mas os contratos podem ser rescindidos a cada distribuição de aulas (no início do semestre).

Os contratos por tempo determinado, para substituir professores, têm duração de dois anos e só podem ser renovados com intervalo de seis meses. Como explica um responsável por contratação de professores.

Mas há resistências...

As condições de intensa competição em que os professores atuam informam racionalidades nas relações de trabalho em que a individualização atinge não só os contratos de trabalho, mas também o engajamento individual e a responsabilidade pela manutenção dos cursos e aulas. No entanto, as estratégias (consentidas) de gestão do trabalho (por meio de práticas de individualização, implicação e responsabilização) encontram resistências e confrontam-se com o enfraquecimento e a importância dos coletivos para evitar o desemprego. Um professor de eletrotécnica relata:

> Durante os quatro anos que estou aqui ninguém ficou desempregado, o que ocorreu foi o seguinte: diminuiu aula [...], mas somos um grupo coeso, temos bom relacionamento, então acabamos cedendo aula, fazemos uma pré-distribuição para não prejudicar ninguém. Mas, às vezes, [alguém se] prejudica, por que diminuiu [o número de aulas], o professor fica com duas ou três aulas, mas pelo menos o professor fica aqui, não cai fora.

É possível identificar outras formas de resistência a esse processo de mudança na organização e nas relações de trabalho. Refiro-me àquela atitude que busca atribuir sentido ao trabalho docente como um trabalho qualificado. A despeito da multiplicação das formas precárias de trabalho e emprego, os professores permanecem na docência como os "interinos permanentes" de que nos fala Castel (1998).

Cito dois movimentos que expressam a ambiguidade entre conformismo e resistência: o primeiro refere-se aos professores de sociologia no ensino secundário e o segundo, aos professores da educação profissional.

No Estado de São Paulo, os professores de sociologia trabalham com uma aula semanal em cada uma das turmas das três séries do ensino secundário. Cada turma possui mais ou menos 45 alunos. Para uma jornada integral de trabalho por semana, esse professor deve ministrar 30 aulas por semana; como cada aula corresponde a uma turma, ele trabalha com cerca de 1.350 estudantes por semana. A sociologia só recentemente se tornou disciplina obrigatória no currículo escolar brasileiro. Esses professores estão há muitos anos "instalados" no provisório, mudando com frequência de escola, turma, horário, e com dificuldades para desenvolver experiências profissionais duradouras e construir um trabalho qualificado. Diante da vulnerabilidade de sua condição, o professor de sociologia desenvolveu estratégias para permanecer no emprego: uma delas é trabalhar com campos de conhecimento próximos da sociologia (história, geografia, filosofia, ética). Ele se tornou polivalente.

Em geral, os professores das escolas técnicas possuem uma formação profissional em campos de conhecimento não direcionados para a docência (engenharia, arquitetura, administração). Até os anos 1970, eram técnicos oriundos do setor industrial; atualmente, para permanecer no trabalho docente, a maioria realiza estudos de pós-graduação (especialização, mestrado ou doutorado). Nos anos 1980 e 1990, a docência era um abrigo contra o desemprego provocado pela reestruturação das atividades produtivas. Hoje, apesar da recuperação dos postos de trabalho no campo das engenharias e das tecnologias, esses profissionais exercem a docência a pretexto de que ela os qualifica para o exercício da profissão (de engenheiro, tecnólogo etc.).

Ainda que o trabalho de professor seja um refúgio contra o desemprego para engenheiros e sociólogos, a permanência na docência nas escolas públicas é reafirmada pelo sentimento de que se trata de um trabalho qualificado e relevante para a formação das novas gerações. Há um esforço de conferir inteligibilidade à experiência imediata (Chaui, 1989, p. 158).

INDIVIDUALIZAÇÃO: REMUNERAÇÃO POR MÉRITO

Outra característica do trabalho moderno é a individualização sistemática da gestão dos trabalhadores mediante a vinculação entre salários e desempenhos. Nesse caso, os professores são remunerados de acordo com os resultados obtidos por seus alunos; isso introduz uma nova concepção de trabalho docente. A competição e os valores empresariais constituem referências para a organização e a gestão do trabalho numa visão pragmática e utilitarista.

A individualização dos aumentos salariais mediante remuneração por bônus não somente tem encorajado a competição entre os professores, como também tem enfraquecido as ações coletivas, atomizando os docentes. A escola pública "moderna" paulista, por meio de políticas que valorizam o engajamento individual, coloca o mérito no centro das relações do trabalho docente.

Pela meritocracia, as desigualdades sociais podem ser consideradas aceitáveis e apoiadas como qualidades pessoais, como o talento e o esforço (e não a classe social, as relações de gênero e étnicas) em termos de competição aberta. A noção de talento e esforço concebe e representa as diferenças sociais e econômicas como baseadas nos dons e nos méritos individuais, é um constructo ideológico que se desloca das empresas para as escolas. O mérito permitiria, nessa concepção, reconciliar igualdade e desigualdades efetivas, apresentar uma prova de eficácia para a sociedade, pois cada um é incitado a explorar seus talentos.

Como a realidade parece resistir, as desigualdades persistem e é necessário justificá-las. Assim, a meritocracia apresenta-se como ideologia, pois privilegia, na explicação dos comportamentos dos outros e das desigualdades, o impacto das características pessoais[3].

---

[3] Segundo Bourdieu e Passeron (1975), a escola é encarregada de identificar méritos e dar uma garantia para as classificações realizadas.

Hoje, estamos diante de uma meritocracia de tipo diferente, uma meritocracia do produtivismo e da produtividade mensurados por critérios privados. As metas e a definição de qual professor produz mais são diferentes daquelas do velho sistema meritocrático, que não era calibrado pela lógica da produtividade. Os professores são submetidos à competição por bônus salariais e põem em disputa as noções de mérito e igualdade na função pública. Os diplomas, o concurso público e a carreira não são suficientes para justificar as diferenças de salário, assim a noção de mérito é mobilizada. Segundo o poder público, os esforços e o investimento no trabalho podem ser valorizados, na medida em que podem explicar o sucesso ou o fracasso dos alunos nas provas públicas de avaliação.

No Estado de São Paulo, a introdução de bônus salarial anual para os professores tem como objetivo aumentar a produtividade e a competitividade do sistema educacional, atribuindo exclusivamente a professores e funcionários a responsabilidade pela qualidade do ensino. Nas escolas técnicas estaduais são "indicadores para fins de bonificação por resultados": a) a posição da escola na avaliação do conjunto das escolas; b) a quantidade de alunos empregados após a conclusão do curso; c) a nota dos estudantes no Exame Nacional do Ensino Médio (Enem) (L. Souza, 2010). Nas escolas vinculadas à Secretaria de Educação do Estado de São Paulo, o "bônus é dado aos professores de acordo com o desempenho deles ao longo do ano letivo". Esse desempenho é mensurado pelos resultados do Índice de Desenvolvimento da Educação no Estado de São Paulo (Idesp), pelas metas (outro termo emprestado das empresas) estabelecidas pela Secretaria de Educação para a escola e o número de faltas dos professores. Só recebe bônus o professor que atingir índice superior ou igual ao ano anterior. Segundo um professor de matemática:

> em Campinas [...] a melhor escola de primeira a quarta série do Estado de São Paulo [...] teve índice menor que no ano passado; embora altíssimo, ela ficou sem bônus. Os professores vão ficar sem bônus porque foram pior que no ano passado [...]. A escola onde tenho meu cargo [...] fez 126% da média [...] tem aluno que não sabe ler nem escrever e vai ganhar o bônus de 2,9 salários. [...] Olha que raciocínio brilhante do governo! [...] Os professores mais conscientes rejeitam. Lógico que não vamos devolver o dinheiro, mas a gente rejeita.[4]

Essa escola, mesmo tendo superado a meta anual estabelecida, perdeu o bônus porque ficou abaixo do índice conquistado no ano anterior. Os professores são pressionados a melhorar seu desempenho e, consequentemente, o da escola. Há uma tensão entre as responsabilidades e o aumento do ritmo de trabalho.

Por outro lado, as pesquisas de J. Castro (2010) e Kobori (2011) evidenciam que os professores valorizam o mérito com base no envolvimento com o trabalho e no sentimento de que o bônus reconhece esse envolvimento. Nesse sentido, o "bônus" expressa contraditoriamente a valorização como reconhecimento de que os trabalhadores do campo da educação realizam um trabalho qualificado. Quanto mais se sentem injustiçados ou explorados pelos baixos salários, mais os docentes valorizam o mérito como forma de ser

---

[4] Em 2007, essa escola ficou em quarto lugar no *ranking* de escolas com o melhor desempenho no Estado de São Paulo; no ano seguinte, sua posição caiu.

mais bem remunerado – ainda que reconheçam que não é o mérito pessoal que garante a justiça social.

Os professores são pressionados a melhorar o desempenho, e isso aumenta a tensão, a responsabilização individual e o ritmo de trabalho. O valor do trabalho parece estar sendo atacado, pois, segundo os governantes, é preciso devolver aos professores a preocupação com o trabalho. Os professores são acusados de serem privilegiados e negligentes. O que se espera é a mobilização contínua dos trabalhadores da educação para realizar os objetivos e as metas que lhes são solicitados, nas condições de trabalho instáveis características do trabalho moderno.

Considerações finais

Nas últimas décadas, as políticas educacionais no Brasil e em diferentes estados da federação caracterizaram-se por um padrão de racionalidade formado por noções como calculabilidade, eficiência, eficácia e produtividade. As orientações para as reformas educacionais têm sido compreendidas como necessárias ao crescimento econômico e indispensáveis ao projeto de modernização do país, isto é, à inclusão do país no rol das economias capitalistas mais desenvolvidas.

As medidas aqui analisadas como reformistas devem ser consideradas contrarreformistas, pois, apesar de serem chamadas de reformas, vão no sentido contrário de melhorar as condições de trabalho dos professores. O reformismo, no sentido da tradição sociológica, contém medidas que tentam de algum modo minorar e, portanto, melhorar as condições de trabalho, sem que se coloquem em seu horizonte transformações profundas.

A década de 1990, segundo Antunes (2004), pode ser considerada a "década da desertificação neoliberal". Foi marcada pela fragmentação, pela individualização, pela informalidade e pela precarização do trabalho, além da privatização dos serviços públicos. Esse movimento, construído nesse período, manteve-se nos anos 2000 pela subordinação ao pragmatismo neoliberal.

Os professores são confrontados com exigências cada vez maiores em seu trabalho: resistência crescente de estudantes à forma escolar e chegada de novos públicos escolares com relações diversificadas com os saberes escolares; adoção de políticas escolares compensatórias, fundadas na discriminação positiva (classes de aceleração de aprendizagem, promoção automática); desenvolvimento de dispositivos pedagógicos mais individualizados para tratar as diferenças e a heterogeneidade crescente dos estudantes, ao mesmo tempo que se recorre a avaliações nacionais durante o processo de escolarização dos estudantes; reforço da autonomia da escola e sua aproximação com o entorno social e econômico ("parcerias" com empresas); submissão da escola e de seus professores à injunção de responsabilização, racionalização de práticas e avaliação de resultados; contratualização dos objetivos educativos e desenvolvimento do gerencialismo participativo (planos políticos de gestão, planos diretores e equipes gestoras são alguns exemplos); individualização das carreiras dos professores (por avaliação de mérito e pagamento de bônus); degradação dos salários e desvalorização social da profissão.

Como já observado, esse movimento de modernização dos sistemas escolares no Brasil conduz a um processo de racionalização técnica submetida aos critérios de eficácia e rentabilidade, traduzidos constantemente por um movimento de individualização e enfraquecimento das ações coletivas. Os professores são responsabilizados pelos processos e pelos resultados do sistema educacional, e os elementos que checam a legitimidade de seu trabalho são expostos pela mídia, que difunde, de forma desconcertante um discurso que acusa o professor de privilegiado e indolente, de faltar muito ao emprego, de não ensinar, de trabalhar pouco, não ser aprovado em concursos ou seleção públicos etc.

As mudanças verificadas nas relações de trabalho, a partir da década de 1990, são interpretadas como sintomas de tentativas de implementação de um novo sistema de relações do trabalho no Brasil que se caracterizaria pela desregulamentação das normas legais. Segundo Galvão (2007), esse movimento tem rebaixado os direitos dos trabalhadores, que são estimulados a competir uns com os outros, gerando uma espécie de "neodarwinismo social", no qual a competência aparece como um atributo pessoal e não como atributo construído socialmente.

Capítulo 14

A INDUSTRIALIZAÇÃO DA EDUCAÇÃO NA DINÂMICA DO CAPITALISMO CONTEMPORÂNEO
novas tecnologias e o trabalho docente sob o ensino a distância[1]

Sérgio Antunes de Almeida e Simone Wolff

Introdução

Nas últimas décadas o mundo capitalista e as sociedades de uma maneira geral experimentam importantes processos de transformações econômicas, sociais e culturais, cujos efeitos perpassam as instituições. Nessa nova ordem é possível relacionar diversos fatores responsáveis pelas recentes transformações ocorridas nos processos de educação, cultura, produção e trabalho. Um dos elementos mais destacados na sociedade contemporânea é a crescente presença da tecnologia, que vem acompanhada de uma perspectiva de vida mais fácil, comunicação com o mundo, aumento da produtividade do trabalho e outros tantos avanços. No entanto, as inovações tecnológicas que tornaram o trabalho menos penoso em alguns aspectos, em particular no que se refere ao trabalho manual, também possibilitaram grandes alterações na relação sempre instável entre capital e trabalho.

---

[1] Este artigo foi elaborado a partir de parte dos resultados obtidos em pesquisa para a dissertação de mestrado de Sérgio Antunes de Almeida, *Novas tecnologias e o trabalho docente na modalidade EAD*, defendida em 2008 pelo Programa de Pós-Graduação em Ciências Sociais da Universidade Estadual de Londrina, sob a orientação de Simone Wolff. Os autores buscaram tanto ampliar quanto aprofundar algumas questões e hipóteses seminais não esgotadas na referida dissertação, bem como atualizá-la com relação às denúncias divulgadas pelo Ministério da Educação (MEC) no fim de 2008, relativas a uma série de irregularidades encontradas em instituições privadas especializadas nessa modalidade de ensino.

É certo que as grandes empresas privadas alargaram e aprofundam seu domínio pela apropriação e difusão dessas inovações tecnológicas como estratégia para expandir suas formas de exploração econômica, política e cultural diante do fenômeno da internacionalização do capital. Já não é mais novidade o fato de que as diversas facetas da reestruturação produtiva em curso, como a informatização dos processos produtivos, as novas formas de organização do trabalho, as fusões, as incorporações, as terceirizações, a racionalização e o enxugamento, entre outras, são responsáveis não só por um novo paradigma de relação laboral, mas também pela crescente precarização do trabalho (Antunes, 2006).

Essas alterações se processaram nas atividades industriais e de serviços e agora penetram na educação. As inovações tecnológicas estão transformando as atividades docentes, principalmente no que concerne ao chamado ensino a distância (EAD), uma vez que essa modalidade de ensino é mais afeita à introdução de novas tecnologias do que o ensino tradicional ou presencial.

Este estudo analisa a atividade do trabalhador docente em uma de suas vertentes: o mercado da educação a distância, alavancado pelas novas tecnologias de comunicação e informação (TICs). O objetivo é verificar como as TICs atuam sobre o processo e as condições de trabalho docente, tendo em vista que sua aplicação, no âmbito de uma instituição privada de ensino, aliada às novas formas de gerência e organização do trabalho, potencializam os mesmos fatores – simplificação, padronização, terceirização, racionalização, automação etc. – que levam à precarização do trabalho em outros setores da economia. Para tanto, utilizaremos um estudo de caso realizado em uma instituição de ensino superior privada, situada em Londrina, no Paraná, aqui identificada como Instituição Y.

A Instituição Y detém 35% do mercado de EAD no país e, vendida em 2011, faz parte de um grupo investidor que mantém outras oito Instituições de Educação Superior (IES), que somam no total 410 mil alunos nas modalidades presencial e a distância. É uma das instituições pioneiras em sistema de ensino presencial conectado, que permite a interatividade entre aluno e professor em tempo real. Seu sistema de EAD foi implantado em 2002 e hoje funciona com mais de novecentas salas de aula espalhadas por mais de quatrocentos municípios em todos os estados do país[2]. Nessas salas, mais de 142 mil alunos contam com transmissão de aulas via satélite, internet e ambiente *web*, além de material didático impresso e digital.

Nossa pesquisa concentrou-se em dois aspectos. Em primeiro lugar, procedemos ao mapeamento e à descrição das mudanças no processo de trabalho docente viabilizadas pela aplicação das TICs e de novos paradigmas organizacionais na instituição pesquisada. Nessa fase, levantamos dados relativos à sua atual estrutura organizacional, ao histórico de seu processo de reestruturação e às modificações mais significativas que este operou, em comparação com seu antigo padrão de organização e produção. Para tanto, utilizamos documentos e informativos internos da empresa e entrevistamos funcionários das áreas administrativa (Departamento Pessoal, secretarias de cursos, Departamento de Vestibular) e pedagógica (coordenadores de curso, professores, tutores eletrônicos e tutores de sala), tendo como critério de seleção a participação no processo desde o começo.

Com base nos dados levantados, estabelecemos um recorte mais preciso em torno das funções que seriam pesquisadas, quais sejam, tutor eletrônico e professor especialista, uma vez que são os que atuam diretamente na modalidade EAD. Ao tutor eletrônico são

---

[2] A instituição oferece concursos vestibulares a cada seis meses.

atribuídas as tarefas de mediação entre professor e alunos no momento da teleaula, além de correção e atribuição de notas de trabalhos, provas, trabalhos de conclusão de curso (TCCs) e orientações gerais aos alunos por meio eletrônico. Essas últimas tarefas são realizadas em domicílio. Ao professor especialista são atribuídas as tarefas de preparar e ministrar a teleaula (com duração de 90 minutos ininterruptos), além da coordenação da aula *on-line* (aula-atividade de 60 minutos) e orientações de alunos via internet.

A partir dessa delimitação, realizamos novas entrevistas com essas categorias de docentes para compreender o funcionamento de seu processo de trabalho, bem como suas percepções sobre tais inovações. Ao todo realizamos, por meio de formulários, 67 entrevistas com tutores eletrônicos, ou seja, 33,5% do número de profissionais efetivos na época. Quanto aos professores especialistas, fizemos doze entrevistas gravadas e transcritas, preservando o anonimato dos entrevistados.

É com a finalidade de contribuir para o debate em torno desse tema que apresentaremos a seguir o processo do trabalho docente inserido no sistema EAD sob as novas tecnologias. Mas, antes de entrar na análise do caso propriamente dito, é necessário apresentar alguns aspectos específicos do setor da educação na dinâmica do capitalismo globalizado, de modo a elucidar a maneira como nosso objeto se insere e se adequa nesse contexto.

Educação a distância: uma nova "solução de produto" no livre mercado

No momento em que o governo brasileiro aposta no ensino a distância como estratégia fundamental para elevar o nível educacional da população brasileira, o então secretário de Educação a Distância do MEC, Carlos Bielschowsky (2008), denunciou uma série de irregularidades encontradas em várias instituições especializadas nessa modalidade de ensino, em particular nas do setor privado. Instituições com infraestrutura precária, sem credenciamento, ausência de coordenação, bibliotecas e laboratórios insuficientes e inadequados levaram o MEC a desativar quase 90% de seus polos. Essas ocorrências nos levam a aventar a hipótese de que o EAD, longe de representar um avanço na democratização do ensino de qualidade no país, pode antes ser uma resposta do capital no sentido de abrir espaço para novas formas de exploração econômica diante do fenômeno da globalização.

É sabido que esse fenômeno foi uma resposta capitalista não só à crise econômica crônica engendrada pelo esgotamento do padrão de acumulação calcado na produção em massa – também conhecido como fordista, amplamente amparado no modelo do Estado--previdência –, mas igualmente pela aguda crise social e pelos conflitos trabalhistas que esse tipo de economia proporcionou (Bihr, 1998; Harvey, 2005). Foi essa dupla crise, sentida de forma mais incisiva a partir dos anos 1970, que motivou a adoção do projeto neoliberal nos países ocidentais por toda a década de 1990, com o intuito de sanar o problema por meio da corporativização e da privatização dos bens públicos, transformando em mercadoria formas culturais e históricas de criatividade intelectual num processo de "acumulação por espoliação" em larga escala (Harvey, 2005).

De acordo com Harvey (2005), a "acumulação por espoliação" é um processo estrutural do capitalismo desde sua constituição e está diretamente vinculado à recorrente necessidade de buscar novos mercados de trabalho e consumo para dar conta das crises de sobreacumulação.

Para além do problema do subconsumo gerado pela tendência de desvalorização e substituição da força de trabalho por novas tecnologias, a crise de sobreacumulação advém da "falta de oportunidades de investimentos lucrativos" (Harvey, 2005, p. 116). Nessa conjuntura, a busca de força de trabalho e insumos baratos torna-se muito mais fundamental do que a expansão da demanda efetiva. Em vista disso, o capital necessita permanentemente "buscar soluções externas a si" a partir de uma "dialética interior-exterior" (Harvey, 2005, p. 118), que também pode se traduzir nas relações econômicas entre países centrais e periféricos.

Posto que o grande problema da sobreacumulação é encontrar meios de escoar excedentes de capital de modo lucrativo, recorre-se à "acumulação por espoliação" como forma de liberar e, por conseguinte, baratear todo um conjunto de ativos – inclusive força de trabalho – sobre os quais novos investimentos poderão ser aplicados. Para Harvey (2005), esse processo não está apenas na origem do capitalismo, mas faz parte da própria natureza desse modo de produção, funcionando como um motor fundamental de acumulação, sobretudo em períodos de crise de sobreacumulação.

Conforme o autor, o projeto neoliberal e a onda de privatizações de toda a sorte de recursos naturais, matérias-primas e infraestruturas que assolou o mundo ocidental na década de 1990 são a última manifestação da acumulação por espoliação, uma vez que abriu "amplos campos a ser apropriados pelo capital sobreacumulado" (Harvey, 2005, p. 124). Há de se destacar o suporte decisivo dos Estados nacionais para o favorecimento e a legitimação dessa espoliação/privatização.

A acumulação por espoliação, por sua vez, vem associada a novas estratégias capitalistas, de modo a se precaver e responder às insurgências de movimentos trabalhistas locais que sempre vêm a reboque desse processo. Essas respostas são igualmente estruturais e articuladas e tendem a se acirrar em períodos de crise econômica. Silver (2005) identifica quatro padrões de resposta na busca de solução para o recorrente conflito entre capital e trabalho.

Apesar de complementares, duas delas estão mais diretamente relacionadas à acumulação por espoliação. São elas: 1) "solução espacial", isto é, a relocação da produção em regiões com força de trabalho e matérias-primas baratas (que pode ocorrer tanto de um país para outro como dentro de um mesmo país); 2) "solução financeira", que visa dar conta da crise de sobreacumulação por meio da transferência do capital da produção para o capital especulativo, criando novas oportunidades de investimentos (sobretudo, de bens de capital e novos recursos produtivos). Ambas as soluções exigem um contínuo movimento de abertura de novos mercados periféricos para o aporte do capital excedente advindo dos países e/ou regiões tecnologicamente avançados.

As outras duas soluções são uma resposta particularmente interessante à crise social – que, como vimos, acompanha toda crise econômica – e combinam-se para arrefecer e fugir de conquistas e movimentos trabalhistas consolidados. São elas: 1) "solução tecnológica/organizacional", ou seja, uma reestruturação produtiva que, introduzindo novas tecnologias poupadoras de força de trabalho e inovações organizacionais, possibilitam a fragmentação e a dispersão da produção e, portanto, o enfraquecimento de velhos e novos direitos trabalhistas (flexibilização da legislação trabalhista, terceirizações, subcontratações e contratos temporários são os exemplos mais evidentes desse tipo de solução hoje em dia); 2) "solução de produto", isto é, a industrialização de novos ramos e produtos que compense a perda de lucratividade causada pela crise de sobreacumulação, tanto mais agravada pelo enxugamento decorrente dos processos de reestruturação.

Com efeito, entendemos que o projeto neoliberal restabeleceu essas quatro soluções em um novo patamar a partir da crise engendrada pelo padrão de acumulação fordista, embasado na integração vertical da produção, e pela política econômica previdenciária que o sustentou. Ora, considerando que o capitalismo contemporâneo depende cada vez mais do trabalho intelectual, tendo em vista as novas qualificações requeridas a partir da "solução tecnológica/organizacional" (reestruturação produtiva), o conhecimento passa a se configurar como uma matéria-prima fundamental para os processos produtivos (Silver, 2005; Wolff, 2005; Bernardo, 2004).

Com isso, a educação tornou-se um alvo do livre mercado, assinalando-se como uma nova "solução de produto". Como vimos, isso passa necessariamente por sua espoliação – leia-se privatização –, assim como por um conjunto de reformas no âmbito do sistema de ensino público que acompanhe um novo modelo de educação industrializada, isto é, baseado na lógica privatista da lucratividade. De acordo com Silver:

> a educação de massa surge como uma das "indústrias de bens de capital" mais importantes do século XXI – em parte como produtora de "conhecimento" e, de maneira mais relevante, como produtora de trabalhadores com a qualificação necessária para essa nova forma de acumulação de capital, que depende muito do conhecimento. (Silver, 2005, p. 116)

Ainda segundo essa autora, historicamente os professores sempre tiveram maior poder de barganha no mercado de trabalho, uma vez que, em comparação com os operários das indústrias tradicionais, suas atividades são mais refratárias às soluções acima apontadas, em particular no que diz respeito às soluções tecnológica/organizacional e espacial.

No que concerne à incorporação de tecnologias avançadas, o processo do trabalho docente sempre foi bastante conservador e mesmo artesanal, no qual prevalece a lógica da especialização – determinada pelo conhecimento *stricto sensu* de um dado campo do saber – sobre a da qualificação – referida às funções da maquinaria com ampla divisão técnica do trabalho, característica do trabalho industrial. Por isso, via de regra, o aumento de produtividade e "as pressões por cortes de custos se manifestam sob a forma de intensificação da carga de trabalho, seja em termos de maiores jornadas ou do aumento do número de alunos" (Silver, 2005, p. 119). Ademais, obstáculos culturais e linguísticos e a necessidade de "estar próximo à matéria-prima – os alunos" (Silver, 2005, p. 120) também foram fatores bastante impeditivos para a realocação geográfica como solução para os conflitos e movimentos históricos provenientes dessa categoria de trabalhadores.

Não obstante, é justamente esse caráter conservador que torna o setor da educação bastante atrativo para a "solução de produto", uma vez que é menos sujeito à competição de mercado e, portanto, a sublevações trabalhistas. Nos termos desse tipo de solução, a educação passa a ser concebida e transformada em uma nova mercadoria (na forma de serviço) que, vendida no mercado, pode gerar lucro aos proprietários da instituição. Ora, isso supõe a espoliação/privatização de um setor que, até então, passava ao largo da acumulação direta de capital. É nesse sentido que, na perspectiva do trabalho docente:

> As pressões atuais por reformas na educação podem ser vistas, em parte, como um esforço para se encontrar maneiras alternativas de fazer pressão competitiva sobre os professores [...] com o desmantelamento do ensino público, facilitando o deslocamento dos alunos para outras escolas.

A alocação de recursos para as escolas, segundo critérios de desempenho, faz com que escolas/professores entrem em competição entre si até por recursos minimamente necessários para tornar seu trabalho tolerável. Privatização por um lado, e controle comunitário, por outro, são reformas que eliminam o objeto singular, grande e visível do Estado empregador. Todas essas reformas são meios de se mobilizar as pressões do mercado contra os professores. (Silver, 2005, p. 120)

A espoliação e a transformação da educação em uma nova "solução de produto" requerem, por seu turno, a introdução da "solução tecnológica/organizacional" em seus processos, de modo a adequar seu "produto final" – o ensino – aos preceitos da "acumulação por espoliação". Em outras palavras, requerem a mercadorização/industrialização da educação, o que passa pela aplicação de novas tecnologias em seus *modus operandi*, assombrando suas atividades com o fantasma da automação, tal como fazem com os operários da indústria, deixando o trabalhador docente igualmente vulnerável ao desemprego e à proletarização e possibilitando, assim, aplacar eventuais comoções classistas decorrentes desse novo quadro.

Aqui, as TICs revelam-se particularmente interessantes pela dupla faceta que incorporam: a automatização e a informatização. A primeira dá continuidade aos propósitos contidos na maquinaria desde a Primeira Revolução Industrial, ou seja, simplificação e substituição do trabalho vivo pela expropriação do saber-fazer do trabalhador. Já a segunda, a informatização, traz a grande novidade do *software*, que possibilita que esse conhecimento seja expropriado durante o processo produtivo em grande medida sem a mediação da ciência, ao mesmo tempo que agrega uma propriedade organizacional, dada pela conectividade das redes e seus sistemas informatizados de gestão da produção (Wolff, 2004).

A possibilidade de expropriar o conhecimento do trabalhador vem ao encontro da "solução de produto", própria da presente fase do capitalismo, pois permite proceder a rápidas inovações nos processos e produtos de forma flexível, com a mesma base tecnológica, ou seja, sem grandes custos com capital fixo, e com grandes possibilidades de cortes de capital variável. Daí a necessidade de um novo modelo de gestão do trabalho, baseado na chamada "administração participativa", em que todos os níveis da organização são entendidos como "colaboradores", capazes de alimentar o novo maquinário com "sugestões" pertinentes para a melhoria da produtividade. Posteriormente, essas ideias podem transferir-se para os *softwares* da empresa e incrementá-los, permitindo não só a otimização da produtividade, mas também a automação de várias atividades produtivas pela maquinaria e a substituição de trabalho vivo por trabalho morto.

O escopo basilar da gestão participativa é introduzir uma qualificação de cunho generalista. Também conhecido como "competência", o principal propósito desse tipo de qualificação é quebrar antigas hierarquias e introduzir uma cultura colaborativa entre os trabalhadores para garantir envolvimento e engajamento em conformidade com o novo padrão de produtividade e competitividade assinalado pela globalização neoliberal e por sua principal ferramenta: a informatização da produção (Wolff, 2005). No setor da educação, esses novos parâmetros se refletem no binômio qualidade total e educação, que se difundiu no país sobretudo na década de 1990 e introduziu uma perspectiva privatista nesse campo de atividade, de acordo com a política econômica do período. Segundo Gentili:

Na esfera educativa, a ideia da "excelência" mobiliza a competitividade entre as instituições, entre os alunos e os docentes. Não raramente, ela vem seguida de uma ênfase exacerbada na medição, nos critérios padronizados para averiguação dos êxitos cognitivos dos alunos e da produção docente, sugerindo que o simples ordenamento hierárquico diagnostica e melhora por si mesmo a situação educacional. Além disso, a padronização permite localizar, na massa dos sujeitos individualizados (professores ou alunos), aqueles que são mais dotados, com o objetivo de colocar à sua disposição os melhores recursos. (Gentili e Silva, 1995, p. 209)

A seguir, veremos como a instituição pesquisada procurou adequar o processo de trabalho docente no EAD para, entre outras coisas, "qualificar" os trabalhadores docentes para as novas tecnologias, potencializando um novo tipo de expropriação do trabalho vivo pelo capital em consonância com o atual cenário político-econômico.

Para esse processo, além das TICs, a Instituição Y recorreu aos novos parâmetros gerenciais inspirados na gestão para a qualidade total e na administração participativa, segundo os mesmos moldes adotados no processo de reestruturação produtiva das grandes empresas engendrada pela disseminação das políticas neoliberais.

É nesse sentido que a instituição pesquisada se encontra num campo e numa situação oportunos para a análise das novas configurações das relações entre capital e trabalho no setor educacional, em particular no que concerne à análise dos efeitos relativos à introdução de novas tecnologias no processo de trabalho docente.

O PROCESSO DE TRABALHO DOCENTE NO EAD

No sistema EAD da Instituição Y, os alunos matriculados recebem aulas ao vivo, via satélite, por intermédio de computadores instalados na instituição que permitem a interatividade com o professor. Em um telão ou aparelho televisor, o professor apresenta o conteúdo ao vivo, ou seja, dando a aula em tempo real. O computador é utilizado para a comunicação com o professor especialista, mediante o auxílio presencial de um tutor de sala. Além da aula expositiva, o professor especialista pode recorrer a trechos de filmes, *slides*, fotografias, arquivos de texto e qualquer outra mídia necessária ao conteúdo.

A mesma aula pode ser assistida por um número ilimitado de estudantes, tanto em tempo real quanto por uma "biblioteca digital", na qual as aulas são armazenadas para o uso exclusivo dos alunos da instituição e podem ser acessadas a qualquer momento, desde que dentro do calendário estabelecido pela instituição.

Após a estabilização do sistema, período que levou dois anos, três professores que atuaram como coordenadores nesse processo foram demitidos. Não houve novas contratações para preencher os postos, outros docentes foram remanejados para cumprir a função sem a equiparação de cargo e salário.

Segundo um dos coordenadores demitidos, isso ocorreu por que "todo o processo já tinha sido montado e agora era só administrar o fluxo de informações vindo das unidades [polos]. Agora ficou mais fácil, pois os computadores armazenaram a rotina de trabalho".

A eliminação desses postos de trabalho lembra a análise de Freyssenet (1989) sobre o desenvolvimento da automação sob a produção capitalista: ela torna possível a padronização das formas de produção nas tarefas produtivas mediante a incorporação, e consequente substituição, das atividades complexas na e pela maquinaria. Com efeito, as TICs levaram ao limite essa faceta ao agregar uma dimensão organizacional em seu maquinário, o que estendeu seus efeitos para as atividades de gerência/coordenação (Wolff, 2004).

No processo do ensino a distância, as TICs são utilizadas ao mesmo tempo como meio de produção e de automação, uma vez que permitem que a empresa se aproprie do conhecimento docente – por meio de contrato de concessão de propriedade intelectual assinado pelos professores quando são contratados pela empresa – e reproduza o conteúdo das aulas – por meio de gravação em *softwares* –, cujo preparo passa a ser subordinado ao manuseio do aparato tecnológico. Além do enxugamento acima mencionado, outra consequência desse tipo de automação é a simplificação e a desvalorização do trabalho docente[3]. Isso nos remete à análise de Marx sobre os efeitos da aplicação capitalista da maquinaria nos processos produtivos:

> Assim que o manuseio da ferramenta é transferido para a máquina, extingue-se, juntamente com o valor de uso, o valor de troca da força de trabalho. O trabalhador se torna invendável, como o papel-moeda tirado de circulação. A parcela da classe trabalhadora que a maquinaria transforma em população supérflua, isto é, não mais diretamente necessária para a autovalorização do capital, sucumbe, por um lado, na luta desigual da velha produção artesanal e manufatureira contra a indústria mecanizada e, por outro, inunda todos os ramos industriais mais acessíveis, abarrota o mercado de trabalho, reduzindo assim o preço da força de trabalho abaixo de seu valor. (Marx, 2013, p. 503)

Na primeira fase de implantação do EAD na Instituição Y, os professores especialistas foram bastante demandados para elaborar e concluir os conteúdos. Na segunda fase, porém, quando esses conteúdos foram selecionados e definidos como parâmetros para a concepção dos programas didáticos, essa demanda diminuiu significativamente, assim como o cabedal de habilidades docentes requeridas, pois os conteúdos já estavam incorporados ao sistema.

Nota-se aqui o "fenômeno da inversão da requalificação" que Freyssenet (1989, p. 109) aponta como próprio da introdução do automatismo na produção. Ou seja, se num primeiro momento novas qualificações passam a ser exigidas para lidar com a nova maquinaria, num segundo momento o trabalho vivo volta a ser simplificado, ainda que em novas bases.

Com efeito, na Instituição Y, o professor é levado a buscar novas aptidões para atender às exigências do novo aparato tecnológico, deixando de lado outros aspectos de sua formação. O trabalho docente é redefinido assim em termos de qualificação e polivalência, ditadas pelo manejo das TICs nos moldes do trabalho operário, em detrimento do trabalho artesanal, de pesquisa e reflexão, próprio à elaboração de aulas. A especialização é preterida em favor de uma qualificação de cariz operário.

Em uma modalidade de ensino cujo principal alvo é a *quantidade* de alunos ("clientes"), essa padronização/simplificação das atividades docentes representa uma estratégia eficaz para ampliar o número de estudantes por professor. Conforme relata uma tutora:

> Nós padronizamos um modelo de correção de trabalho dos alunos. Assim o tutor eletrônico que entra pode aprender rapidamente a corrigir os textos. Se não for assim, a gente não con-

---

[3] Desde 2004 não houve nenhum reajuste no valor da aula dada, apesar do expressivo aumento do número de "clientes" (alunos).

segue vencer, porque são muitos alunos para cada tutor. Já tive uns seiscentos sob a minha responsabilidade num semestre.

Em vista disto, para os docentes que se inserem nesse processo, a questão da *qualidade* do ensino – qualidade esta que corresponde diretamente a sua especialização – fica em segundo plano. É isso que se depreende da fala de um professor especialista recém-contratado: "A coordenadora pediu que eu assistisse à aula gravada da professora [demitida] e ver o conteúdo da aula dela. Vou verificar a postura, a comunicação e o conteúdo porque tenho que assumir essas aulas e esse assunto [...] não é minha especialidade".

A ênfase na quantidade em detrimento da especialização lembra aquilo que Coriat (1976) chama de chave do sistema taylorista: a expropriação do saber-fazer do trabalhador pela padronização dos procedimentos de trabalho. Mas agora isso ocorre em novas bases, isto é, não mais pela dimensão física das atividades produtivas – pela padronização dos tempos e movimentos, tal como se deu nas origens do taylorismo –, mas pela capacidade de idealização, o que remete a uma taylorização/padronização das capacidades cognitivas do trabalho vivo. Nesse caso, a redução do saber complexo aos seus elementos simples mina aquilo que conferia autonomia aos procedimentos do trabalho docente, com graves consequências para a criatividade, justamente aquilo que, nos processos tradicionais, caracteriza a atividade.

De resto, a simplificação/mecanização do processo de trabalho permite dispensar o trabalhador docente ou trocá-lo à base de salários inferiores, o que é apresentado como um "incentivo" por um coordenador do EAD:

> Estamos dando oportunidades a tutores eletrônicos para substituírem alguns professores especialistas nos cursos de administração e pedagogia. Isso vai incentivá-los a buscarem mais qualificação, pois terão um ganho a mais e ao mesmo tempo aproveitamos as "pratas da casa", que já conhecem o sistema.

Embora com frequência um modo operatório seja imposto ao tutor eletrônico e ao professor especialista, o processo de expropriação de seu saber-fazer nunca se esgota de todo. Ao contrário, ele retroalimenta continuamente certos parâmetros que escapam aos "idealizadores"[4] e aos planejadores do trabalho, que, por sua vez, têm relação com esse saber tácito por experiência concreta com o cotidiano de trabalho nos moldes tradicionais. É assim que se otimizam os *softwares* do EAD na Instituição Y. Tudo isso tem relação com o processo de reificação[5] do trabalho vivo e a prevalência do trabalho morto descrito por Marx no inédito capítulo VI (1978b). As aulas que o professor recém-contratado encontrou

---

[4] A rotina de aula e de outras atividades do trabalho docente é idealizada em conjunto por coordenadores de cursos e coordenadores da área de informática da instituição.

[5] O termo "reificação" remete à inversão entre o sujeito da produção e o instrumento de trabalho que ocorreu com a introdução da maquinaria no processo produtivo e na qual o trabalho morto (máquinas) prevalece sobre o trabalho vivo. Originado no quadro da Primeira Revolução Industrial, essa inversão transformou o trabalho vivo em mero mediador das máquinas, que, assim, passaram a intervir como as reais depositárias da complexidade das atividades produtivas e, por conseguinte, a ditar o *modus operandi* dos processos de trabalho. A conversão do trabalho vivo em mais um fator (coisa) de produção inaugurou uma nova concepção de qualificação, em que os saberes operacionais passaram a ser empregados tão somente para amplificar as potencialidades postas na maquinaria, em detrimento do saber calcado em um desenvolvimento empírico autônomo.

gravadas e embutidas no sistema de informação da Instituição Y, isto é, o trabalho morto, são os saberes tácitos, reificados, dos docentes que o antecederam.

É importante ressaltar que essa reificação é ensejada, em grande medida, pela mediação da gestão participativa e de seu discurso de "colaboração" com a gerência. Wolff (2005) analisa como a informatização dos processos de trabalho aplicada sob os princípios toyotistas, dos quais decorre a gestão participativa, concorre para a reificação da criatividade do trabalhador:

> Sob o arrimo dos dois pilares mestres de tal reestruturação: a informatização da produção e as novas formas de organização do trabalho, ambas amplamente baseadas nos preceitos da qualidade total, os trabalhadores são constrangidos a pensar para o capital. Logo, segundo a lógica daqueles que os exploram. (Wolff, 2005, p. 78)

Nesse mesmo sentido, Bianchetti afirma que, apesar de paradoxal, posto que padronização e flexibilidade são termos contraditórios, "o objetivo de padronizar produtos e serviços está no âmago das propostas de reestruturação de qualquer empresa em busca da qualidade total" (Bianchetti, 2001, p. 161). Para os trabalhadores envolvidos nesse processo, esse paradoxo se traduz da seguinte maneira: "se não explicitam seu saberes, objetivando-os em criações, não são contratados ou são dispensados/demitidos; se os explicitam, serão expropriados em seus saberes e nas condições humanas materiais de produção da sua existência" (Bianchetti, 2001, p. 189).

O autor refere-se a esse quadro como "neobravermaniano", ou seja, as novas formas de organização do trabalho mesclam-se aos velhos padrões tayloristas para aperfeiçoar as potencialidades das TICs, deixando aos trabalhadores-operadores a discrepante tarefa de cumprir "funções prescritas, que são saberes tácitos objetivados em *softwares*" e "dar respostas singulares a eventos imprevistos" (Bianchetti, 2001, p. 195). No caso do trabalho docente, os professores devem dar respostas criativas às eventuais dúvidas dos alunos sobre o conhecimento fixado nas mídias em que se veiculam os cursos da instituição.

Vejamos, pois, como esse paradoxo se reflete na percepção dos trabalhadores docentes do caso investigado.

O TRABALHADOR DOCENTE DIANTE DAS NOVAS TECNOLOGIAS

O primeiro aspecto a tratar na discussão sobre o trabalho docente sob as novas tecnologias é a relação do professor quando empregado para realizar trabalho produtivo, isto é, com fins lucrativos. De acordo com Marx, "um serviço nada mais é do que o efeito útil de um valor de uso, seja da mercadoria, seja do trabalho" (Marx, 2013, p. 269). Quando se paga por um serviço com a finalidade de vendê-lo por um preço maior do que aquele pelo qual foi comprado, ele se torna uma mercadoria e, como tal, pode gerar lucro para quem o vende. Sendo uma instituição privada, esse é o objetivo principal da Instituição Y quando paga/compra pela atividade docente para vendê-la a seus alunos/clientes.

Para o empresário do estabelecimento de ensino, os professores podem ser meros assalariados. Embora não sejam trabalhadores produtivos em relação aos alunos, assumem essa qualidade perante o empresário. Este permuta seu capital pela força de trabalho dos professores e enriquece por meio desse processo. O mesmo se aplica às companhias de teatro, aos estabelecimentos de diversão etc. O ator se relaciona com o público na qualidade de artista, mas, perante o empresário, é um trabalhador produtivo. Todas essas manifestações da produção capitalista nesse domínio, comparadas com o conjunto da produção, são tão insignificantes que podem passar de todo despercebidas (Marx, 1983 e 2013).

Vimos que, na Instituição Y, as TICs são aplicadas de forma a incorporar os conhecimentos tácitos dos trabalhadores aos *softwares* didáticos. A racionalização do trabalho que ocorre nesse processo simplifica e, por conseguinte, aumenta a produtividade do trabalho docente ao viabilizar o aumento do número de alunos/clientes por professor numa escala sem precedentes. A função do professor, nesse caso, é encenar, decorar um texto pronto. Com isso, a "habilidade" mais requerida do professor especialista na modalidade EAD acaba sendo sua capacidade de comunicação diante das câmeras. Ou seja, o "animador" prevalece sobre o docente. Como relatam dois dos professores especialistas entrevistados:

> Grande parte do trabalho é a tarefa de se adaptar ao mecanismo tecnológico, atuar diante das câmeras e observar rigorosamente o tempo de cada assunto abordado. A margem do que pode ser alterado no processo de trabalho também é restrita.
>
> Estou assistindo à aula da professora para aprender a maneira como ela leciona.

Quanto ao tutor eletrônico, desde a reestruturação educacional na instituição em 2002, um dos requisitos fundamentais para sua contratação é a habilidade no uso da tecnologia como forma de mediar e sanar as dúvidas dos alunos e contribuir para o desenvolvimento e o aperfeiçoamento das rotinas de trabalho inseridas no sistema. Desse modo, tanto a dimensão midiática quanto a automatização proporcionadas pelas TICs exigem um novo modelo de professor: flexível, polivalente e "qualificado" para seu manejo.

Essa demanda por habilidades adaptativas e comportamentais requer padrões mais flexíveis (toyotistas) de organização do trabalho. A administração participativa contempla uma qualificação generalista com o intuito de estimular nos trabalhadores a "colaboração" com a gerência por meio de atitudes comportamentais como: trabalho em equipe, capacidade de enfrentar mudanças permanentes, rapidez de respostas e criatividade diante de situações de pressão e imprevistas, além de comunicação clara, interpretação, análise, síntese e uso de diferentes formas de linguagem. Ou seja, uma polivalência altamente demandada pelas mídias próprias ao EAD.

A figura do trabalhador polivalente já aparece na clássica análise da maquinaria sob a grande indústria realizada por Marx:

> A indústria moderna jamais considera nem trata como definitiva a forma existente de um processo de produção. [...] Por meio da maquinaria, [...] ela revoluciona continuamente, com a base técnica da produção, as funções dos trabalhadores e as combinações sociais do processo de trabalho. [...] A natureza da grande indústria condiciona, assim, a variação do trabalho, a fluidez da função, a mobilidade pluridimensional do trabalhador. (Marx, 2013, p. 557)

Essa qualificação fluida é efeito direto da prevalência das máquinas (trabalho morto) sobre o trabalho vivo pela cristalização dos antigos saberes na tecnologia. Assim, longe de significar um enriquecimento das atividades produtivas, essa polivalência foi o meio mais eficaz de privatizar essas habilidades para fins de lucratividade. Representou uma revolução em relação à base técnica anterior, manufatureira, em que o ofício (trabalho especializado), embora parcelado, ainda predominava e, por conseguinte, o processo de produção ainda dependia dos virtuoses do trabalho vivo, o que deixava os capitalistas vulneráveis a insubordinações (Marx, 1983 e 2013).

No trabalho docente tradicional, assim como na manufatura, a especialização advém de um conteúdo adquirido e (academicamente) comprovado. Esse conhecimento confere autonomia ao professor sobre os elementos que compõem seus processos de trabalho (pesquisa, didática, materiais de ensino etc.). Ressaltamos que essa autonomia é bem maior do que aquela encontrada na manufatura clássica (transformação da matéria), posto que no trabalho docente tradicional a gerência não possui legitimidade para exercer a função de controle direto sobre seu *modus operandi*.

Tendo em vista que o EAD é uma modalidade de ensino recente, as técnicas desenvolvidas em sala de aula por meio de experiências no ensino tradicional – portanto, quando ainda se davam longe da "gerência" – ainda são amplamente desconhecidas dos coordenadores e dos gerentes de sistemas. Na Instituição Y, os professores não receberam nenhuma espécie de treinamento para realizar seu trabalho. Assim, cada um desenvolveu a sua maneira métodos de trabalho próprios, sem a interferência da coordenação nesse processo. Segundo o depoimento de um professor que atua há três anos no sistema: "No começo eu não tinha noção de tempo nem familiaridade com o sistema. Aos poucos fui pegando meu jeito de trabalhar e abandonei o modelo. Agora, eu mesmo vejo e controlo a aula que vou dar".

É interessante notar que, com o crescente domínio do sistema pelos docentes, eles desenvolvem novos tipos de resistência para burlar a "fiscalização" da gerência – já que esse tipo de controle é estranho à docência tradicional e o EAD supõe uma maior distância entre o professor e seu trabalho, dificultando tanto mais o gerenciamento. Como relata um dos professores especialistas entrevistados:

> Com relação à aula-atividade[6], a coordenação determina que a gente permaneça o tempo todo no *chat* respondendo às questões dos alunos. A atividade pode ser mediada pelo tutor de sala, então não é necessário que eu perca meu tempo na frente do computador sem fazer nada, ou respondendo uma ou outra questão que pode ser respondida pelo tutor de sala.

Na Instituição Y, portanto, as novas tecnologias servem também como uma forma de controlar o docente e evitar macetes desse tipo. É o que se depreende do depoimento de uma coordenadora:

> Estamos sabendo de um professor que não estava presente na instituição na hora da aula-atividade. Não é permitido participar da aula-atividade em casa. Sabemos disso porque o sistema rastreou o computador desse professor e, da próxima vez, quem fizer isso levará uma advertência por escrito.

Sobre isso Marx cita Ure, segundo quem a principal dificuldade na fábrica automática consiste em sua "disciplina necessária para fazer com que os indivíduos renunciassem a

---

[6] A aula-atividade é realizada fora da teleaula, em comunicação síncrona, por *chat* entre aluno, tutor eletrônico e professor.

seus hábitos inconstantes de trabalho e se identificassem com a regularidade invariável do grande autômato" (Marx, 2013, p. 496). O que indica que somente a maquinaria não é suficiente para controlar os trabalhadores, é necessário o auxílio da gerência. O depoimento de uma tutora eletrônica sobre a tentativa de controle de seu trabalho em domicílio reflete o estranhamento decorrente dessa injunção, percebido em sua resistência a se adequar a essa nova modalidade de ensino:

> Sei que o sistema pode fiscalizar se o meu computador esteve conectado durante o meu período de trabalho. Eu entro no sistema, coloco minha senha e entro no portfólio. Abro algum trabalho enviado por alunos e deixo aberto. Aí eu vou fazer as minhas coisas, limpar minha casa, cuidar do meu filho, isso quando estou trabalhando em casa.

Nesse sentido, o discurso da administração participativa contribui amplamente para amenizar esse tipo de conduta, como se pode inferir de um aviso colocado no fórum de discussões da Instituição Y:

> Conforme sugestão e orientação da professora [...], para discussão de elaboração do manual, deveria ser realizado um esboço para que os demais tutores possam contribuir com sugestões, alterações para que venham agregar valores para esse manual.
> Segue anexo o material inicial, o texto está em Word para que possam fazer as alterações que desejarem
> Quero registrar meus agradecimentos ao aluno [...] que me forneceu o material para esse trabalho.
> Abraços e boa semana a todos.

Verifica-se aqui a tentativa de estabelecer um envolvimento participativo do tutor eletrônico, e também do próprio aluno, de modo a incorporar seus conhecimentos ao sistema pela mediação da gerência. Dessa forma, é possível pesquisar formas mais eficientes de realizar determinadas tarefas nos fóruns de discussões abertos para esse fim. Com base nisso, a gerência estabelece metas de produtividade, distribuindo certo número de alunos para cada tutor eletrônico e velocidades de trabalho, estipulando prazos para seu cumprimento.

Em contrapartida, os docentes transformam-se aos poucos em meros executores de uma tarefa anteriormente pensada pelo "gerente" (coordenação), o que reitera, mais uma vez, o "fenômeno da inversão da requalificação" apontado por Freyssenet (1989).

Assim, apesar de suas diferenças conceituais, fordismo/taylorismo e toyotismo mesclam-se e completam-se na Instituição Y como forma de aumentar a produtividade do trabalho docente por meio de sua crescente racionalização. Braverman (1987) já havia indicado a tendência do taylorismo de se difundir para além das indústrias, proporcionando uma maneira eficiente de aumentar o controle e a produtividade nas tarefas de escritórios e serviços. Este estudo revela que, devidamente atualizado pela gerência participativa, a administração metódica do trabalho também pode ser eficaz no serviço de EAD.

Como consequência, no âmbito de uma instituição de ensino superior privada, o processo pedagógico em EAD, reestruturado pelas TICs, torna-se condição para as seguintes características emergirem: organização, formalização, padronização e adoção de métodos racionais, tanto dos cursos quanto do trabalho preparatório das aulas, por parte do setor de planejamento. Isso gera uma dependência cada vez maior do trabalho docente para com uma administração centralizada e uma consequente mudança de função e (des)especialização dos professores envolvidos.

O efeito dessa "industrialização" do trabalho docente pode ser observado pelo depoimento de um professor especialista:

> O setor de planejamento determina o número de *slides* para exposição em cada aula, o que delimita o tempo de abordagem de cada tema, exercendo um condicionamento do professor ao sistema. Nosso trabalho se tornou mecânico: não transmito aquilo que aprendi, faço o que o sistema burocrático impõe, que, por sua vez, é dependente do sistema tecnológico. E isso na disciplina de filosofia é catastrófico!

Cabe perguntar, portanto, como o paradoxo anteriormente demonstrado, relativo à redução da faculdade de pensar própria do conteúdo do trabalho docente, incide na qualidade de ensino na modalidade EAD.

Considerações finais

O objetivo definido na introdução deste estudo era analisar o trabalho docente na aqui denominada Instituição Y à luz das transformações promovidas pelas políticas neoliberais, tendo como problema central a aplicação das TICs na modalidade de ensino a distância.

Percebemos que, apropriadas por investidores privados e quase sem fronteiras, as tecnologias de EAD favorecem a expansão do capital pela via da "acumulação por espoliação", ampliando seu alcance e acelerando substancialmente sua reprodução também na esfera da educação.

Nesse processo, considerando a constante evolução na instituição estudada, notamos a tendência à concretização da flexibilização da produção e das relações de trabalho, na qual se busca sobretudo reduzir custos de produção por meio de novas tecnologias. Esse panorama levou à adoção de uma "solução tecnológico-organizacional" que, além do aumento da produtividade e o corte de custos, precarizou as relações de trabalho com subcontratação de professores, desvinculação entre o pagamento da aula e o contrato de trabalho e, acima de tudo, implemento de atividades em domicílio que não entram na contabilidade do salário. Além disso, as aulas são gravadas e disponibilizadas aos alunos a qualquer tempo, sem que o professor tenha direitos sobre elas.

É assim que, diante da conjuntura de privatizações, reforma na educação e competitividade que se impôs no país em meados da década de 1990, a Instituição Y decidiu adequar-se aos novos padrões de exploração da força de trabalho estabelecidos pelo atual processo de reestruturação produtiva das instituições privadas. Dada a natureza flexível e a facilidade de interação dessas práticas com o processo de produção capitalista, como se pode ver pela terceirização de seus polos nas diversas regiões do país, a Instituição Y aumentou sua lucratividade e expandiu-se.

Emprego assalariado e em tempo integral, pleno emprego e horas extras remuneradas foram termos comuns nos tempos de crescimento e agora estão sumindo de nosso vocabulário. Essa tendência poderá levar o trabalho do tutor eletrônico e do professor especialista a tornar-se cada vez mais parte do processo de valorização do capital e a proletarizar-se, já que o EAD não contribui para a criação de empregos e, dada a possibilidade de automação contida nas TICs, pode até atuar como fator de desaparecimento dos postos disponíveis.

Também mostramos que o trabalho em EAD pode provocar, entre outras coisas, o isolamento social e trabalhista do docente, assim como a extensão da jornada de trabalho em domicílio sem contrapartida salarial, o que acaba por confundir vida profissional com vida privada.

O processo de expropriação do trabalho vivo pelo (e para) o trabalho morto, viabilizado pela maquinaria informática, deprecia o trabalho docente, como se constata pela proporção de alunos por docente, pela padronização e pela simplificação das atividades do professor especialista, e agrava tanto mais sua condição proletária. O trabalho docente em EAD é cada vez mais norteado pela qualificação, em detrimento da especialização e do *modus operandi* artesanal das aulas. Vimos que a lógica da qualificação reifica (e, por conseguinte, simplifica) o trabalho vivo ao subsumi-lo à maquinaria, de modo que suas atividades passam a ser dirigidas para o manejo e a complexificação das máquinas, esvaziando-o das experiências e dos saberes que lhe davam poder de barganha diante do patronato.

Ao professor, portanto, passam a ser atribuídas tarefas de mera locução e incrementação dos conteúdos dados previamente. O docente, assim, torna-se mais barato e produtivo, pois seu tempo de trabalho intelectual é reduzido à medida que abrange um maior número de alunos, embora tenha de continuar criativo para retroalimentar constantemente o sistema.

Todo esse processo nos leva a indagar se o próximo passo não será a substituição do professor por um simulacro, ou avatar, na forma de *softwares* educacionais, que poderiam até reproduzir situações "reais" de aprendizagem, e a atribuição da tarefa de pensar e incrementar esses *softwares* a apenas um pequeno núcleo de professores. Um indício disso pode ser visto nos congressos Second Life na Educação, patrocinados anualmente, desde 2007, por instituições privadas de ensino a distância com o objetivo de promover a aplicação desse jogo no ensino[7]. Com isso, as empresas de educação poderiam, tal como visa qualquer estratégia industrial, reduzir significativamente seus custos com docentes e controlar melhor seus processos de trabalho e produção.

De resto, mas não menos importante, essa estratégia poderia contribuir amplamente para, mediante o desemprego, regular o mercado de trabalho no sentido de aprofundar a desvalorização salarial. E, como aponta Huws (2006), o mais perverso é que essa forma de regular os salários (para baixo) não compromete o perfil de trabalhador exigido hoje. Ao contrário, contribui para sua adequação ao novo paradigma de "RH", fundado no chamado "modelo de competência", ou seja, quem está tentando entrar ou se manter nesse mercado têm de se esmerar para se tornar atrativo e empregável.

Desse modo, as empresas têm sempre à mão um contingente de trabalhadores (ou desempregados, informais, precarizados etc.) dinâmicos, criativos, atualizados, colaborativos, competitivos, sistêmicos (isto é, focados nos negócios da empresa) e, obviamente, "digitais". A maior vantagem disso é que são eles que arcam com os custos desse tipo de qualificação generalista que, assim como a alfabetização na Primeira Revolução Industrial,

---

[7] Para mais informações, ver o site oficial do Congresso Second Life na Educação (<http://sleducacao.com.br/congresso.php>) e, em especial, a II Videoconferência de Novas Tecnologias na Educação, ministrada por Carlos Valente (<http://vimeo.com/5634786>).

é hoje uma exigência de qualquer empresa, de qualquer ramo da economia, uma vez que as TICs se tornaram a ferramenta de trabalho por excelência do capitalismo contemporâneo. Se a educação profissional já tem esse escopo, o EAD, além de corroborá-la de um modo geral, atua particularmente sobre o mercado de trabalho docente, adequando-o a esse novo paradigma empresarial.

Os resultados desta pesquisa nos levaram a inferir que a dependência das instituições de ensino superior privadas em relação ao sistema econômico mundial estimulou e acelerou a introdução de novos paradigmas gerenciais e tecnológicos, facultando a transformação do setor da educação em uma nova "solução de produto". Por conseguinte, estão dadas as condições para que as práticas de racionalização do trabalho e o consequente aumento da produtividade presentes no setor industrial, e atualmente otimizadas pela aplicação das TICs, sejam cada vez mais normalizadas nesse novo segmento de mercado. Com isso, os professores serão obrigados a se adequar à velocidade das transformações que ocorrem em seu trabalho e a buscar as "qualificações" que o sistema tecnológico exige, em detrimento de seu poder de barganha mais tradicional: o saber especializado. De resto, o esvaziamento do conteúdo da atividade docente pela inserção da lógica da qualificação aproxima-a da dinâmica própria do trabalho operário (industrial), cujas funções são eminentemente determinadas pela maquinaria e nas quais o trabalho morto prevalece sobre o trabalho vivo, o que compromete seriamente a relativa autonomia do professor sobre sua prática.

Contudo, em que pese todas as distorções e limites apresentados no que se refere à oferta no âmbito das instituições de ensino superior privadas, é certo que as possibilidades educacionais abertas pelo EAD são imensas, visto que em 70% dos municípios brasileiros não há ensino superior. Sem dúvida, o EAD pode atender a demandas reprimidas e potenciais de segmentos mais maduros em termos profissionais, na medida em que viabiliza a superação de barreiras temporais e espaciais. Nesse sentido, o EAD apresenta-se como um importante instrumento de intercâmbio e articulação de conhecimento e informações entre diferentes comunidades virtuais de aprendizagem.

Ademais, no desenvolvimento dessas novas metodologias de EAD, a utilização de estratégias e ações com base nos conceitos de interatividade e comunidades virtuais pode contribuir de forma decisiva para diminuir o índice de exclusão educacional no país. Contudo, no que se refere ao trabalho docente associado às novas tecnologias utilizadas em setores sob controle de investidores privados, conforme os dados apontados aqui, o que se verifica é a expansão do mercado educativo e a ampliação substancial do alcance da reprodução do capital na esfera da educação, mediante a otimização das formas de exploração do trabalho vivo. Nesse aspecto, cabe aos setores da educação do governo nacional desenvolver políticas que levem em conta os efeitos nefastos que interesses prioritariamente privados têm sobre as condições do trabalho docente no EAD. Um desses efeitos é a precariedade que tende a se instaurar nesse processo, com prejuízo evidente de sua qualidade.

SETOR FUMAGEIRO

Capítulo 15

REESTRUTURAÇÃO PRODUTIVA, RELAÇÕES INTERFIRMAS E TRABALHO NO SETOR FUMAGEIRO NO BRASIL A PARTIR DA DÉCADA DE 1990[1]

Andréia Farina de Faria e Fabiane Santana Previtali

Introdução ao setor fumageiro no Brasil

Durante as últimas décadas, as economias capitalistas desenvolvidas e em desenvolvimento vêm sofrendo profundas transformações. Observa-se um intenso processo de reestruturação produtiva do capital por meio de uma integração dos mercados financeiros fundamentada no novo ideário político neoliberal de livre-comércio e de menor presença do Estado como poder regulador das relações entre capital e trabalho. O conjunto desses elementos implica retrocesso nas conquistas sociais e caracteriza um período "neoconservador", com grandes perdas para a classe trabalhadora.

As transformações estão associadas a um processo de reestruturação das formas de organização e controle do trabalho ao longo das cadeias produtivas. Por meio dele, o capital tenta romper com a estrutura político-institucional de regulação que lhe proporcionou crescimento e relativa estabilidade durante o período taylorista-fordista. A reestruturação produtiva do capital visa responder à crise que se instaurou no regime taylorista-fordista de acumulação a partir da segunda metade da década de 1970. Ao mesmo tempo, leva à construção de uma nova ordem de acumulação, ainda circunscrita, porém, à lógica da reprodução do capital e fundada na dinâmica histórica das lutas de classe.

---

[1] Esta pesquisa faz parte tanto do projeto de pesquisa "Reestruturação produtiva, trabalho e sindicalismo na região do Triângulo Mineiro", coordenado por Fabiane Santana Previtali no âmbito do Grupo de Pesquisa Trabalho, Educação e Sociedade (GPTES), com apoio da Fapemig, quanto da dissertação de mestrado de Andréia Farina de Faria, intitulada *Reestruturação produtiva e qualificação*, que conta com o apoio da Fapemig-PPM e do CNPq.

O processo de reorganização do trabalho está originando uma forma de controle do processo produtivo mediante a introdução de tecnologias da informação[2] e práticas gerenciais, cujo discurso assenta-se na cooperação, no envolvimento e na parceria do trabalhador. Nesse contexto, em que as palavras de ordem são flexibilidade e qualificação, as empresas observaram que boa parte do processo de inovação no processo de trabalho, em particular as inovações incrementais[3], depende da participação do trabalhador direto. Quanto mais envolvido o trabalhador estiver com os objetivos da empresa, maior a possibilidade de ocorrerem pequenas mudanças operacionais que terão impacto significativo na redução de custos, bem como na eficiência do processo produtivo. Desse modo, a empresa estará mais bem adaptada às condições de concorrência no mercado.

As mudanças sugeridas pelos trabalhadores incluem adaptação de ferramental, agilidade no transporte de peças e na comunicação interna, apresentação do produto, uso mais racional de matérias-primas e de pessoal. Estudos têm demonstrado que, ao sugerir tais mudanças, o trabalhador acaba colaborando com a gerência administrativa, indicando-lhe em que ponto do processo o trabalho pode ser feito por menos pessoas e/ou em menor tempo, o que implica demissões e/ou intensificação do trabalho (Previtalli, 2006a; Previtalli e Faria, 2008).

Assim, as empresas cobiçam o controle de uma capacidade de produção subjetiva, cognitiva, e sua aplicação no processo de inovação. Cumpre dizer que até então o trabalhador não era chamado a pensar sobre seu trabalho; ao contrário, Taylor buscava um "gorila adestrado", que soubesse executar as ordens da gerência científica (Braverman, 1987). As novas práticas gerenciais buscam a colaboração e o envolvimento dos trabalhadores de chão de fábrica com prêmios individuais. Mas esse elemento por si só não é uma novidade no campo do controle dos trabalhadores e de quebra de solidariedade entre a classe. A novidade consiste no desenvolvimento de mecanismos que constrangem esses trabalhadores a participar da gestão de seu trabalho: eles passaram a ser cogestores do processo de racionalização do trabalho. Outra consequência das transformações impostas pelo capital à classe-que-vive-do-trabalho (Antunes, 2006 e 2009a) diz respeito aos altos níveis de desemprego em todos os países capitalistas.

Essas novas práticas de gestão, incluindo a difusão das inovações tecnológicas no processo produtivo e as formas flexíveis de contratação (trabalhadores temporários e em tempo parcial, por exemplo), estão criando dificuldades para a ação dos sindicatos e reduzindo seu poder de representação da classe trabalhadora. Nesse sentido, é imprescindível que também eles passem por um processo de reestruturação. Para Antunes (2006 e 2009a), o sindicalismo passa por um movimento de acomodação dentro da ordem que se reflete numa prática sindical cada vez menos anticapitalista e respaldada numa política de classe, e cada vez mais social-democrata.

O processo de reestruturação produtiva envolve também o desenvolvimento de novas relações interfirmas ao longo da cadeia produtiva e uma nova divisão do trabalho mediante as estratégias de focalização, terceirização e subcontratação, assim como a realocação geográfica das unidades produtivas. Vale dizer que essas mudanças assumem contornos

---

[2] Sobre essas tecnologias, consultar Previtalli (2006a).
[3] Inovações incrementais são aquelas que ocorrem não como resultado direto de uma pesquisa formal, mas por meio de pequenas mudanças no processo produtivo. Seus efeitos estão mais relacionados ao crescimento da produtividade (Previtalli, 2006a).

diferentes de acordo com as particularidades de cada setor ou ramo econômico, da realidade socioeconômica de cada região onde estão localizadas as empresas e da posição destas na cadeia produtiva.

Essas mudanças têm sido significativas nos chamados complexos agroindustriais[4], sobretudo a partir da segunda metade da década de 1980. Os motivos são: a crescente mecanização e modernização das fases do processo produtivo, a adoção de insumos biotecnológicos que garantem maior produtividade, as novas relações interfirmas, que visam integrar unidades produtivas e produtores rurais, e a necessidade de reestruturação do setor para conquistar novos mercados internos e externos. Nesse contexto, novas formas de organização do trabalho têm atingido um conjunto amplo de trabalhadores, que vêm experimentando mudanças tanto de ordem tecnológica quanto nas relações socioculturais de trabalho.

Nesse complexo agroindustrial, merece destaque o setor fumageiro, que pode ser compreendido como um ramo composto de várias atividades (subsetores), desde o plantio do fumo até a fabricação do cigarro. Também faz parte dele a indústria agroquímica que fabrica insumos agrícolas específicos demandados pelas fumageiras que realizam o beneficiamento do fumo nas usinas.

No que tange à organização do trabalho, a agricultura familiar é a forma predominante na produção do fumo em folhas (matéria-prima). Os agricultores encontram-se inseridos no denominado Sistema de Produção Integrado, pelo qual a empresa-mãe, isto é, aquela que coordena e controla toda a cadeia produtiva, estabelece uma rede horizontal de fornecedores qualificados (Previtalli, 1996; Gitahy et al., 1998). A integração no complexo agroindustrial fumageiro é coordenada pelas fumageiras.

Em média, 90% do fumo beneficiado no Brasil é destinado à exportação. O restante é consumido no mercado interno na forma de cigarro, produzido sobretudo pela Souza Cruz e pela Philip Morris.

Panorama do setor fumageiro no Brasil

A produção comercial de tabaco existe no Brasil desde a época colonial – data do mesmo período do ciclo do café – e servia de início como produto de troca no tráfico de escravos. O fim do tráfico negreiro, aliado a fatores climáticos, fez decrescer a produção, que se concentrava no Nordeste, mas surgiram novas áreas fumageiras em Minas Gerais, Goiás e São Paulo (Prieb, 2005). Já a produção de fumo no Rio Grande do Sul, surgida com a imigração alemã, no início do século XIX, destinava-se a trocas de subsistência e também à exportação para Europa (fumo *in natura*). A relevância e a especialização da produção na região de Santa Cruz do Sul ganhou destaque após a instalação da Companhia Souza Cruz na região, em 1918.

De acordo com Prieb (2005), o desenvolvimento da fumicultura pode ser dividido em duas fases: antes de 1965, quando as empresas fumageiras eram majoritariamente de capital nacional e a produção agrícola era de base tradicional, voltada para a exportação; e

---

[4] Os complexos agroindustriais resultam da convergência de interesses entre instituições públicas e privadas em determinado nível ou âmbito organizacional (Graziano da Silva, 1993).

depois da década de 1970, quando ocorreu uma redefinição do setor em razão da centralização e da desnacionalização das empresas, bem como da modernização da produção do fumo – seguindo a tendência de modernização da agricultura nacional – e do crescimento do mercado nacional de cigarros.

A internacionalização do setor no Brasil foi decorrente de dois processos: por um lado, na década de 1960 não havia créditos e incentivos a pequenas empresas e agricultores em geral, o que limitava a possibilidade de novos investimentos no âmbito da indústria fumageira; por outro, estabeleceu-se uma política de atração do capital internacional e apoio estatal à instalação de indústrias no país de diversos ramos produtivos, inclusive o agroindustrial, favorecendo assim a constituição dos complexos agroindustriais e o fortalecimento das multinacionais do setor[5].

Deve-se ressaltar que, internacionalmente, o bloqueio comercial ao Zimbábue[6] – o maior produtor e exportador de fumo para a Europa – foi fundamental para que as multinacionais do setor buscassem novas áreas produtoras. No Brasil, encontraram grandes atrativos: áreas produtoras significativas na região de Santa Cruz do Sul, baseadas na agricultura familiar, e a existência de estrutura mínima de beneficiamento e comercialização do fumo (Vogt, 1997).

A redefinição da produção mundial em 1970, com projeção no sul do Brasil, fortaleceu a Associação dos Fumicultores do Brasil (Afubra). No entanto, esse crescimento marcou seu perfil comercial. A expansão do complexo agroindustrial fumageiro na região do Vale do Rio Pardo, também no Rio Grande do Sul, intensificou a relação entre agricultores e indústrias, já presente desde 1918 com a instalação da Souza Cruz em Santa Cruz do Sul.

Após a década de 1970, o estreitamento da relação entre agricultores e empresas fumageiras – caracterizada pelo alto controle da produção pelas fumageiras – resultou no aprimoramento das plantações de fumo no Sul, e o tabaco destacou-se internacionalmente como uma referência em termos de qualidade. Na tabela a seguir podemos observar a evolução da produção brasileira após a década de 1980 e a consequente queda dos maiores produtores concorrentes.

Tabela 1: Evolução da produção mundial de fumo (1980-2007)

Ano	Produção (t)		
	Brasil	EUA	Zimbábue
1980	372.970	806.030	125.000
1990	447.980	737.710	139.800
2000	557.110	453.600	245.210
2001	544.780	449.750	207.250
2002	669.950	403.000	165.840
2003	635.820	403.520	79.980

---

[5] Devemos lembrar que o principal resultado dessa política desenvolvimentista foi a vinda das montadoras automotivas para o Brasil (Previtalli, 2006b).
[6] A Rodésia, atual Zimbábue, passou por intensos conflitos étnicos e políticos durante a década de 1960, advindos do processo de independência da Inglaterra.

Ano	Produção (t)		
	Brasil	EUA	Zimbábue
2004	882.650	387.780	69.050
2005	876.430	312.800	84.540
2006	803.540	333.950	83.780
2007	792.390	429.420	87.500
Variação %	112	-47	-30

Fonte: Afubra (2008).

Atualmente, o Brasil é o maior exportador mundial e o segundo maior produtor de fumo, depois da China. Dos 90% do fumo que se destinaram à exportação em 2008, 48% foram importados pela União Europeia, 14% pelo Extremo Oriente, 14% pela América do Norte, 12% pelo Leste Europeu, 6% pela África e Oriente Médio e 6% pelos países da América Latina (Sindifumo, 2008).

A absorção da força de trabalho no setor fumageiro abrange agricultura, transporte, indústria e agroindústria, comércio atacadista e varejo, conforme a tabela abaixo:

Tabela 2: Distribuição da força de trabalho no setor fumageiro (safra 2007-2008)

Descrição	Empregos		Total	%
	Diretos	Indiretos		
Lavoura	925.000	-	925.000	38,5
Indústria	35.000	-	35.000	1,5
Diversos	-	1.440.000	1.440.000	60,0
Total	960.000	1.440.000	2.400.000	100

Fonte: Afubra (2008).

Na economia brasileira, o setor fumageiro é uma fonte importante de arrecadação de impostos (IPI, PIS, Cofins) e apresenta o maior índice de tributação sobre o produto final, isto é, o cigarro. Em 2007, o setor arrecadou 7.747.868.680 reais, ou seja, 51% do total de 15.288.568.650 reais gerados. Também é um dos principais itens da balança comercial brasileira, com vendas para o exterior na ordem de 4.307.197.350 reais. A exportação de fumo representa 8% das exportações brasileiras e supera setores considerados fortes, como as indústrias petroquímica, automotiva, metalúrgica química, têxtil, moveleira, de calçados, de madeira, de celulose e papel, de borracha e plástico, sendo suplantada apenas pela exportação de alimentos (Recaita Federal/Secex, 2007).

Para os estados que compõem a região Sul (Paraná, Santa Catarina e Rio Grande do Sul), o setor fumageiro é vital para a economia. O maior exemplo é o município de Santa Cruz do Sul, com 115.857 habitantes (IBGE, 2007): 40% de sua população economicamente ativa é empregada direta e indiretamente pelo setor, conforme pode ser observado na tabela a seguir.

Tabela 3: Evolução dos trabalhadores empregados nas indústrias do fumo em Santa Cruz do Sul, no Rio Grande do Sul (2001-2008)

Ano	Efetivos	Safristas	Total
2001	3.452	6.477	9.929
2002	3.143	8.353	11.469
2003	3.759	9.237	12.996
2004	3.378	10.191	13.569
2005	3.123	12.839	15.962
2006	2.987	13.306	16.293
2007	2.098	13.008	15.106
2008	1.993	12.624	14.617

Fonte: Stifa (2009).

Podemos verificar na tabela acima uma das particularidades do setor: o emprego sazonal. Em uma das pontas da cadeia, a maior quantidade de trabalhadores é de safristas, ou seja, trabalhadores contratados pelas empresas fumageiras durante o período da colheita do fumo (janeiro a agosto). Durante a safra, as usinas funcionam em três turnos de oito horas, exceto aos domingos. O trabalho manual nas usinas consiste em preparar (abrir) a matéria-prima nas linhas de processamento para a fase mecânica do processo.

É importante destacar que cerca de 90% do trabalho manual nas usinas é realizado por mulheres. A lesão por esforço repetitivo (LER) é apontada como um dos principais problemas pelo diretor do Sindicato dos Trabalhadores das Indústrias do Fumo e da Alimentação (Stifa): a lesão atinge 10% dos trabalhadores do setor. A cada safra, cerca de 17% dos trabalhadores são remunerados de acordo com o piso da categoria (505 reais em 2008). Apesar da sazonalidade, um dos fatores que garante uma baixa rotatividade nas fumageiras – e a almejada diminuição de custos com treinamento – é o tempo de serviço nas empresas como garantia de salário acima do piso a cada safra.

Como pode ser observado na tabela 3, o período analisado apresenta uma redução de 42% no número de efetivos, contra um aumento de 95% no número de safristas. De acordo com o diretor do Stifa, apesar da tendência de aumento do número de safristas, a duração dos contratos diminuiu de 5 a 6 meses para 2 a 3 meses. Ou seja, as fumageiras intensificaram o ritmo de trabalho no processamento do fumo a fim de diminuir os gastos com a força de trabalho. A redução dos contratos também implicou menor estabilidade a cada safra, maior número de desempregados e precarização do trabalho.

A dependência local para com o setor aumenta o grau de articulação entre os principais agentes políticos e econômicos da região, e assim as condições precárias de produção do tabaco nunca são substancialmente discutidas. Duas características são determinantes na reprodução dessa realidade: a necessidade da atividade industrial para a economia local e a alta rentabilidade por hectare, que atrai as famílias produtoras. Podemos acompanhar na tabela a seguir a evolução do número de famílias produtoras de fumo no Sul.

Tabela 4: Evolução do número de famílias produtoras de fumo no Sul (1995-2009)

Safra	RS	SC	PR	Total
1995	60.490	54.860	17.330	132.680
1996	65.740	56.680	20.170	142.590
1997	72.190	65.060	23.310	160.560
1998	71.810	65.570	21.570	158.950
1999	71.260	56.970	21.840	150.070
2000	67.940	47.560	19.350	134.850
2001	68.280	47.170	19.480	134.930
2002	77.570	51.630	23.930	153.130
2003	86.370	57.220	27.240	170.830
2004	96.180	59.850	34.240	190.270
2005	97.740	61.790	38.510	198.040
2006	96.790	58.410	38.110	193.310
2007	91.710	56.450	34.490	182.650
2008	91.290	55.120	34.110	180.520
2009	95.410	58.150	33.020	186.580

Fonte: Afubra (2009).

O número de famílias envolvidas em cada safra depende dos resultados da comercialização da safra anterior, ou seja, a demanda dessa *commodity* internacional é que regula a procura das empresas por produtores. A tendência de aumento do número de famílias produtoras não deixa de ser um reflexo da dependência e da subordinação dos agricultores para com as multinacionais do complexo fumageiro.

Por outro lado, um dos principais motivos do abandono da fumicultura é o endividamento e/ou a baixa remuneração. Os agricultores têm gastos extras que não são recuperados ou computados no momento em que fecham o preço do tabaco, como o valor e o desgaste da terra, a força de trabalho extrafamiliar e o próprio trabalho realizado pelo agricultor, que não é remunerado. A Figura 1, na página seguinte, ilustra uma lavoura de fumo de 2 hectares na zona rural do município de Santa Cruz do Sul.

Cerca de 80% dos produtores de fumo são pequenos proprietários de terra, e o restante trabalha em regime de parceria (Afubra, 2008). A área de cultivo é de 2 a 4 hectares em média por propriedade, de forma que a divisão do trato é realizada no interior da família. Por mais que o setor fumageiro tente desvincular a imagem do trabalho infantil das lavouras de fumo – contra as quais há diversas denúncias no Ministério Público –, a própria organização familiar do trabalho leva as crianças a assumir tarefas simples no campo: por exemplo, a tiragem esporádica de folhas danificadas dos pés de fumo ou daquelas que caem no chão (mais intensa na época da colheita). De acordo com entrevista realizada com uma professora[7], filha

---

[7] Betânia Mahl, de 22 anos, é filha de um casal de agricultores entrevistados na Linha Monte Alverne (distrito de Santa Cruz do Sul) e professora de geografia do sexto ao nono ano do ensino fundamental. Ela relatou que, quando

Figura 1: Lavoura de fumo tipo virgínia

Fonte: pesquisa de campo.

de agricultores, o cansaço das crianças é visível durante o período da colheita: muitas dormem durante as aulas e seu rendimento nas provas e nas atividades em geral cai.

O trabalho temporário, remunerado por hora ou por dia, também é usual entre os agricultores na época da colheita, que costumam acordar entre si o valor que será pago aos trabalhadores (os "peões") vindos de distritos vizinhos. Na colheita de 2009, a remuneração na região de Santa Cruz do Sul variava de 4 a 6 reais por hora de trabalho. Muitos agricultores utilizam o emprego temporário para poder trabalhar nas fumageiras e assim complementar a renda familiar.

Quanto à organização da produção do fumo, a Afubra participa da relação de integração, pela qual os próprios técnicos das fumageiras estimam o seguro da plantação que será assinado pelo agricultor e enviado para a associação. Os contratos de integração e exclusividade garantem que insumos agrícolas e sementes sejam fornecidos aos agricultores para o início da plantação. A exclusividade se deve ao endividamento dos agricultores no início da safra, quando muitos são obrigados a pagar os insumos para colher o fumo. O pagamento das dívidas pode ser feito em dinheiro, porém, no momento de "honrar" os contratos, os agricultores ainda não comercializaram a produção com as fumageiras e acabam comprometendo parte de sua produção.

As fumageiras relacionam-se diretamente com o setor agroquímico, negociando preços menores para os insumos agrícolas. Esses preços são incluídos nos contratos de

criança, acompanhava os pais na lavoura e, se fosse necessário, ajudava no trabalho. Segundo ela, essa é a realidade da vizinhança e de seus amigos filhos de agricultores.

integração e fazem parte do endividamento inicial dos produtores (gasto com sementes, adubos, agrotóxicos e infraestrutura). Os agricultores são subordinados às condições contratuais para a comercialização da safra. O grau de apropriação tecnológica das fumageiras reflete-se nas sementes (híbridas) e nos insumos (apropriados ao tipo de fumo) fornecidos aos produtores, de acordo com a demanda do mercado externo. Cumpre ressaltar que, sem os contratos de integração, os agricultores não têm acesso às empresas agroquímicas, seja por falta de crédito, seja pela relação de exclusividade estabelecida entre as fumageiras e as empresas agroquímicas.

Segundo agricultores entrevistados[8] em Santa Cruz do Sul, o acompanhamento[9] da produção é realizado por técnicos agrícolas das fumageiras (como preveem os contratos). Esse acompanhamento consiste em supervisão e orientação sobre quantidade utilizada de agrotóxicos e outros insumos. Quando são necessárias medidas qualitativas, como análise e correção de solo, os agricultores devem pagar por elas. O acompanhamento é crucial para as empresas fumageiras, pois é assim que elas fazem a previsão da safra e remediam imprevistos. Pelo quadro abaixo, pode-se avaliar a dimensão dos contratos de integração.

Tabela 5: Elementos presentes no contrato de integração na cadeia produtiva do fumo

	Cláusulas do contrato de produção integrada do fumo (conteúdo)
Pedido de insumos	Especificação dos produtos que serão utilizados na lavoura de fumo durante a safra. Também apresenta a estimativa da safra, a área utilizada para reflorestamento, o consumo de lenha e o financiamento que será dado a partir da fatura dos insumos (valor, prazo, banco em que a operação será realizada). Inclui autorização para que as empresas descontem do valor da produção de fumo a dívida dos produtores, o prêmio de seguro de vida e o seguro da Afubra.
Receituário agronômico	Relação dos insumos que serão utilizados durante a safra, com recomendações técnicas para manuseio, aplicação e dosagem utilizada. Orienta os agricultores sobre o uso de agrotóxicos e o descarte das embalagens vazias.
Cadastro do produtor	Informações que serão analisadas pelas empresas para liberar o financiamento ao produtor.
Seguro da Afubra	Autorização de seguro da safra. As modalidades de seguro mútuo oferecidas pela entidade são: granizo, granizo e/ou tufão, incêndio (estufa) e falecimento.
Procuração da Afubra	Autorização para que a Afubra assine em nome do agricultor os documentos necessários para a formalização do financiamento bancário destinado ao custeio da produção de fumo em cada safra.
Carta de anuência	Declaração do proprietário da terra de que o arrendatário tem seu consentimento para explorá-la. É exigida quando o produtor é arrendatário da terra onde cultiva o tabaco.

---

[8] As entrevistas, realizadas em outubro de 2009 na zona rural de Santa Cruz do Sul, no Rio Grande do Sul, foram acompanhadas por um técnico da Afubra.
[9] Os agricultores entrevistados enfatizaram que o acompanhamento técnico das fumageiras é insuficiente, pois são apenas visitas de supervisão da plantação.

	Cláusulas do contrato de produção integrada do fumo (conteúdo)
Nota promissória	Embora constem do contrato de compra e venda do fumo todas as obrigações dos produtores, a maioria das empresas costuma emitir nota promissória correspondente ao valor da fatura dos insumos que gerará o financiamento.
Declaração de Imposto Territorial Rural (ITR)	Para liberação do crédito rural, os bancos exigem que o produtor assine uma declaração de que o imóvel objeto do financiamento não tem débitos com a Receita Federal datadas dos últimos cinco anos.
Adesão ao programa O Futuro é Agora[10]	Documento pelo qual o produtor se compromete a cumprir certas exigências, em especial de proteção à criança e ao adolescente, como prevê o Estatuto da Criança e do Adolescente.

Fonte: Pesquisa de campo.

Os elementos acima mostram que a relação de integração é um marco regulatório nas demandas de produção, pelo qual as empresas fornecem os aparatos legais, financeiros e técnicos para que suas exigências sejam cumpridas e previnem-se ao mesmo tempo de possíveis prejuízos.

O contrato de integração prevê o transporte da colheita das propriedades até as fumageiras, mas, em caso de discordância em relação à comercialização final do tabaco (realizada dentro das fumageiras), o transporte de volta é pago pelo agricultor.

É importante destacar a vulnerabilidade do setor à valorização da moeda brasileira: a diminuição da rentabilidade das empresas exportadoras interfere diretamente na fixação do preço do fumo. A forma de organização e controle da cadeia produtiva joga os prejuízos principalmente sobre os produtores, já que o preço do produto final, o cigarro, não pode sofrer alteração. Assim, muitos agricultores mal conseguem pagar as dívidas que assumiram com as empresas integradoras e não têm condições de manter a atividade.

Da produção de tabaco à comercialização de cigarros, o setor fumageiro é altamente organizado em defesa de seus interesses. As duas entidades nacionais diretamente envolvidas no estabelecimento do preço do tabaco são o Sindicato Interestadual da Indústria do Tabaco (Sinditabaco) e a Afubra. Existem no Brasil cerca de quarenta sindicatos relacionados ao fumo, entre agricultores, comércio e indústria. Apresentaremos a seguir os mais representativos.

Representação sindical no setor fumageiro

A indústria fumageira é representada pelo Sinditabaco, fundado em 1947 como Sindicado da Indústria do Fumo (Sindifumo). A entidade congrega várias empresas, das quais a maioria é multinacional: Kannenberg (brasileira), Souza Cruz, Philip Morris, Alliance One, Continental Tobaccos Alliance, Universal Leaf Tabacos, Sul America Tabacos, Brasfumo, Industrial Boettcher de Tabacos, Indústria de Tabacos e Agropecuária e Associated Tobacco Company.

---

[10] A ação conjunta do Sindifumo e da Afubra para erradicar o trabalho infantil na produção do fumo.

Os agricultores do fumo são representados pela Afubra, pelos sindicatos dos trabalhadores rurais (STRs) e pela Federação dos Trabalhadores na Agricultura (Fetag), porém os dois últimos têm menos influência que a primeira nas determinações comerciais[11].

Durante a década de 1990, produtores insatisfeitos com a atuação dos STRs e da Afubra – em particular na negociação dos preços do fumo – fundaram o Sindicato dos Trabalhadores da Fumicultura (Sintrafumo), mas ele resistiu pouco tempo[12]. Nos anos 2000, surgiu o Movimento dos Pequenos Agricultores (MPA), que, juntamente com a Via Campesina, contesta as relações de produção vigentes na fumicultura. No entanto, apesar da importância que vem assumindo, constatamos em entrevista que o MPA não participa das reuniões entre as entidades representativas do setor.

A Afubra, originalmente denominada Associação dos Plantadores de Fumo em Folha do Rio Grande do Sul, foi fundada em 1955. O setor enfrentava uma crise na década de 1950 e necessitava de uma entidade representativa dos agricultores para negociar preços e formas de assistência contra o granizo. A Afubra consolidou-se como entidade representativa dos agricultores do fumo, porém observamos que sua atuação não tem caráter classista. Como filiado, o agricultor paga uma taxa anual e pode aderir ao sistema mútuo de seguro da plantação contra granizo (pagando uma taxa referente à quantidade de pés de fumo que mantém por hectare), mas não conta com nenhum tipo de assistência técnica. Tal tarefa cabe exclusivamente às fumageiras que adotam o modo de produção integrado. Segundo o presidente da associação, Benício Werner, esse papel é realizado de acordo com as demandas específicas que cada empresa estabelece por contrato com os agricultores:

> Se uma empresa está mais focada na exportação de tabaco lá para a Rússia e países da ex-União Soviética, [o tabaco produzido] é um tabaco um pouco mais forte; aí, se você vai para a Europa, já é um tabaco um pouco mais leve. Então, principalmente por isso [é] que a Afubra não se envolve na parte de orientação técnica da lavoura. No sistema integrado tem isso aí, nós sempre somos donos da oferta. O sistema integrado é uma vantagem muito grande por trazer essa facilidade de você produzir e vender. Quem planta outra cultura tem que correr atrás.[13]

Servindo-se do argumento de segurança de mercado – e desconsiderando a rentabilidade, que varia segundo a valorização cambial, o desgaste da terra e o valor do trabalho –, a Afubra omite-se no que diz respeito às formas de controle a que os agricultores estão sujeitos no sistema integrado. Entre elas, destacamos as exigências contratuais de produção e a tabela de classificação do fumo, que o Sinditabaco procura tornar cada vez mais complexa[14]. As principais reivindicações dos agricultores referem-se ao preço do

---

[11] Embora tenham contestado as decisões da Afubra na década de 1980, os STRs e a Fetag alinharam-se à sua política e cederam suas representações.
[12] O Sintrafumo foi fundado em 15 de setembro de 1989 e durou até 1995. Era uma representação real dos agricultores e teve forte influência sobre o sindicalismo urbano de Santa Cruz do Sul, com atuação destacada na discussão sobre os preços e as condições de trabalho dos agricultores do fumo. O novo sindicato teve de lutar contra forças políticas já enraizadas e não conseguiu ultrapassar 10% dos associados do setor, o que levou à sua extinção.
[13] Entrevista concedida em 19 de outubro de 2009.
[14] Após dois anos de discussões, a classificação do fumo passou de 48 para 41 classes a partir da safra de 2007; a proposta dos produtores era de 32 classes. Quanto mais classes, pior para os agricultores no momento de comercializar o fumo sob controle das fumageiras.

fumo estabelecido em cada safra e à classificação do tabaco para comercialização. A esse respeito, o presidente da Afubra diz o seguinte:

> Discordâncias na hora da classificação não ocorrem somente no sistema integrado, isso aí ocorre com todo produto que passa por classificação, é complicado. [...] O produtor tem condições, se também não concordar, de trazer o fumo de volta para a casa dele. Além do mais, a Afubra assina um convênio e paga para os órgãos de classificação do Sul acompanharem a classificação. Até alguns anos atrás, o governo federal era por lei obrigado a acompanhar a compra de tabaco em todas as empresas, mas como era só custo ele não quis mais. No Rio Grande do Sul temos convênio com a Emater [Associação Rio-Grandense de Empreendimentos de Assistência Técnica e Extensão Rural], no Paraná com a Claspar [Empresa Paranaense de Classificação de Produtos] e em Santa Catarina com a Cidasc [Companhia Integrada de Desenvolvimento Agrícola de Santa Catarina]. Então, quando dá muita discordância, o técnico vai lá na empresa e diz se a classificação está boa e se tem que pagar na classe determinada. A empresa não tem como ir contra porque ele é do governo, ele é de um órgão oficial.[15]

Das alternativas de cultivo no Sul, o fumo apresenta a maior rentabilidade por hectare (até nove vezes mais do que o milho e quinze vezes mais do que o feijão). Na safra de 2007-2008, um hectare de fumo rendeu 9.500 reais em média, enquanto o de milho rendeu 1.008 reais e o de feijão, 632 reais (Afubra, 2008). Segundo Werner, isso ameniza o conflito entre agricultores e fumageiras.

O discurso habitual é que o fumo é praticamente insubstituível na pequena propriedade, pois os agricultores estão acostumados a determinado nível de rentabilidade por hectare. Nesse sentido, a orientação da Afubra aos agricultores é não plantar exclusivamente fumo, como querem as fumageiras. De acordo com Werner, a oferta moderada de fumo é que garante melhor preço para a safra e poder de barganha aos fumicultores, desde que as dívidas do contrato de integração com as empresas sejam quitadas. Para ele, o sistema integrado no setor fumageiro é muito mais brando do que no setor de criação de aves e suínos, no qual a exclusividade é garantida em contrato:

> Tal avanço se dá pela maturidade das empresas, orientadas pelo conceito de sustentabilidade valorizado no mercado internacional, ou seja, a relação entre agricultores e empresas tem que ser econômica, social e ambientalmente viável para ambas as partes.[16]

No entanto, entendemos que, quanto menos formais são as relações de exclusividade e os vínculos trabalhistas, menos responsabilidades as empresas fumageiras assumem. É comum nas lavouras a utilização de trabalho informal (desregulamentado na época da colheita) e infantil (no âmbito da própria família). Além disso, a cultura do fumo ainda é altamente dependente de agrotóxicos e tratos nocivos à saúde e estimula o desmatamento de florestas nativas para usar a lenha no aquecimento das estufas de maturação do fumo. Por outro lado, na prática, a exclusividade não é rompida, porque o contrato de integração cria uma relação de dependência que se impõe desde antes do cultivo, já na compra dos insumos.

---

[15] Entrevista concedida em 19 de outubro de 2009.
[16] Idem.

Cumpre destacar que a Afubra não possui uma política de qualificação profissional voltada para os agricultores. A partir de 1994, a associação diversificou suas atividades, criando uma ampla estrutura comercial – a Agrocomercial Afubra Ltda. – com vinte lojas de departamentos localizadas na região Sul do país. As eleições para a diretoria ocorrem a cada quatro anos e os votos possuem paridade nos três estados do Sul. Segundo os agricultores entrevistados, além de haver desequilíbrio entre o número de associados por estado, o voto por procuração[17] dificulta a disputa dentro da associação.

Em tese, o lucro da Agrocomercial Afubra é revertido aos agricultores na forma de desconto nos produtos comercializados por ela e na cobertura dos seguros. No entanto, o patrimônio da empresa é desconhecido dos "sócios", isto é, os agricultores do fumo.

Constatamos em entrevistas que, apesar dos poucos esforços da Afubra para buscar uma melhor distribuição da renda produzida pelo setor, ela atrai os agricultores por sua eficiência no sistema mútuo de seguro[18]. Na tabela abaixo podemos verificar a evolução do número de famílias associadas à Afubra nos estados do Sul.

Tabela 6: Evolução do número de famílias produtoras de fumo associadas à Afubra (1995-2009)

Safra	RS	SC	PR	Total
1995	51.603	47.652	18.068	117.323
1996	59.542	50.523	21.188	131.253
1997	66.141	55.364	20.360	141.865
1998	63.201	48.799	19.372	131.372
1999	58.284	41.369	17.037	116.690
2000	60.385	40.084	17.377	117.846
2001	65.371	44.313	21.853	131.537
2002	82.165	48.235	20.556	150.956
2003	78.684	51.044	28.062	157.790
2004	85.780	54.207	31.735	171.722
2005	84.933	52.905	33.916	171.754
2006	76.667	49.142	32.094	157.903
2007	77.000	47.853	30.425	155.278
2008	69.886	43.361	26.405	139.652
2009	73.296	44.251	27.745	145.292

Fonte: Afubra (2009).

Comparando as Tabelas 4 e 6, podemos observar que no estado do Paraná, em 1995, o número de famílias associadas à Afubra superou o número daquelas que cultivaram tabaco (17.330). Isso se deve ao fato de que certos benefícios, como descontos em produtos

---

[17] De acordo com o presidente da Afubra, cada associado pode apresentar até cinquenta procurações.
[18] Os agricultores plantam de 14 mil a 16 mil pés de fumo por hectare, o que corresponde a parcelas de 500 reais a 700 reais.

e formas de crédito, valem para todos os que pagam a taxa anual de sócio da Afubra, por isso algumas famílias mantêm esse pagamento.

Em regiões pouco atingidas pelo granizo, o número de associados é menor. Apesar do crescimento do número de famílias produtoras, a associação não tem conseguido novas adesões por causa de sua pouca expressividade em defesa dos interesses econômicos dos agricultores contra as fumageiras.

Após a criação da Afubra, o apoio financeiro e/ou político do Estado passou a ser constante. De acordo com os representantes entrevistados, tanto agricultores quanto operários de chão de fábrica procuram eleger candidatos que defendam o setor, assim é comum que as entidades sejam um laboratório político. Atualmente, o setor possui representantes nas diversas esferas políticas dos estados do Sul.

Na década de 1990, o Rio Grande do Sul concedeu benefícios fiscais[19] à Souza Cruz e à Philip Morris para que ambas modernizassem suas plantas industriais. No entanto, como ocorre em todo processo de reestruturação produtiva, o quadro de trabalhadores dessas empresas foi reduzido, contrariando o discurso oficial de geração de empregos. O que se observou foi um fortalecimento das condições de concorrência dessas empresas no mercado nacional e internacional e um aumento de receita e contribuição fiscal para o estado. Em março de 2009, num cenário de crise econômica, o governo federal autorizou uma linha de crédito especial de quase 2 bilhões de reais para financiar a compra da safra de fumo pelas fumageiras do estado, por iniciativa de deputados e vereadores do Rio Grande do Sul.

O Sindicato dos Trabalhadores nas Indústrias do Fumo e Alimentação (Stifa) é o maior da região do Vale do Rio Pardo e representa os trabalhadores da indústria da alimentação e do fumo de Santa Cruz do Sul e região[20]. Foi fundado em 1948 e possui cerca de 10 mil associados, dos quais 70% são do setor fumageiro. Em toda a sua história, o Stifa nunca se alinhou a nenhuma central sindical, mas, por seu orçamento elevado (maior do que o de muitas prefeituras da região) e sua grande influência econômica, desperta o interesse de várias correntes políticas (PAS, 2009). Em relação ao fato de o Stifa não se filiar a centrais sindicais, o diretor esclarece:

> Nossa cidade também é bastante conservadora, nossos trabalhadores são conservadores e a gente sempre sentiu que qualquer movimento para qualquer uma das centrais daria impressão de uma tendência política e partidária, que não é o nosso caso. A gente entende que todo mundo deve ter os seus partidos políticos, mas sem envolver as entidades em nenhuma dessas facções. Por enquanto nós estamos conseguindo, não sei até quando nós vamos ficar sem nos definir.[21]

No entanto, a condição material do sindicato nos leva a crer que não se trata apenas de conservadorismo por parte dos colonos alemães, tampouco de falta de identificação

---

[19] A Souza Cruz recebeu incentivos pelo Programa Setorial para o Desenvolvimento da Indústria de Cigarros no Estado do Rio Grande do Sul (Proince/RS), cujo objetivo era apoiar o financiamento da fabricação de cigarros e criar condições para o incremento produtivo do setor e a abertura de novas indústrias no estado. A Philip Morris recebeu incentivos fiscais do Fundo Operação Empresa do Estado do Rio Grande do Sul (Fundopem/RS), instituído pela Lei n. 11.028 em 10 de novembro de 1997 para apoiar investimentos em empreendimentos industriais que resultem em desenvolvimento socioeconômico integrado no estado.

[20] A base territorial do sindicato compreende Santa Cruz do Sul, Vera Cruz, Vale do Sol, Sinimbu, Sobradinho, Candelária e Gramado Xavier.

[21] Sérgio Luiz Pacheco, diretor do Stifa. Entrevista concedida em 19 de outubro de 2009.

política com as centrais. A relativa autonomia do sindicato é fruto da diversidade de interesses do setor na região. O Stifa pratica o chamado sindicalismo cidadão e boa parte de seu orçamento é destinada ao atendimento médico e odontológico no próprio sindicato. Os beneficiários são associados (e seus dependentes) e safristas (durante o período de vigência do contrato). Esse assistencialismo consolidado garante a popularidade e a permanência da diretoria desde a década de 1990.

REESTRUTURAÇÃO PRODUTIVA E SINDICALISMO NO SETOR FUMAGEIRO

A reestruturação produtiva é uma realidade nas usinas de processamento de fumo da região desde a década de 1990, período em que as empresas brasileiras em geral adotaram uma estratégia mais sistêmica de reestruturação (qualidade total e *just-in-time* externo) (Previtalli, 2006b)[22].

Nesse contexto, a principal divergência dos sindicatos dizia respeito à flexibilização da jornada de trabalho, cada vez maior entre as fumageiras, e ao banco de horas. No entanto, não houve manifestações coletivas. Analisando os acordos coletivos, observamos que o banco de horas está consolidado – em maior ou menor nível de atividade – em todas as fumageiras da região.

Mas é importante ressaltar que os sindicatos, em razão de sua numerosa base e de seu peso político-econômico, conseguem impor condições mínimas nos acordos coletivos, válidos para os trabalhadores de todas as fumageiras e da Philip Morris, como o reajuste do Índice Nacional de Preços ao Consumidor (INPC) e um aumento real anual de 1% a 2%. O Stifa posiciona-se de forma crítica e participativa nas terceirizações e, até o momento, alguns setores da produção não foram terceirizados.

O Sindicato dos Trabalhadores do Fumo (Sintraf), localizado em Uberlândia (Minas Gerais), apresenta uma realidade distinta da do Stifa, pois representa apenas os trabalhadores da Souza Cruz, o que lhe confere a condição de sindicato da empresa. Filiado à CUT, ele tem dificuldade para resistir à reestruturação produtiva da empresa, que de 1995 até 2007 reduziu em mais de 50% seu quadro de funcionários (Faria, 2007). Segundo alguns diretores entrevistados, a Souza Cruz é implacável: muitos trabalhadores já foram demitidos por se opor à política de reestruturação da empresa e à intensificação do trabalho. Em 1986, após uma greve, ela demitiu quase 90% de seus trabalhadores para evitar a rearticulação do movimento grevista e, à mesma época, mantinha militares em seu quadro de gerentes. Desde então, não houve mais greves na empresa (Faria, 2007; Previtalli e Faria, 2008).

O sindicato também encontra dificuldade para reduzir o arrocho salarial acumulado desde a década de 1990 e acompanhar o reajuste do INPC. Sua direção reproduz o discurso da empresa em defesa do setor fumageiro e assume uma postura mais de parceria do que de enfrentamento.

---

[22] As empresas adotaram inicialmente algumas técnicas isoladas e seletivas, voltadas para o controle do processo de trabalho, a otimização da produção, a redução de "desperdícios" e o envolvimento dos trabalhadores. As técnicas mais adotadas foram: grupos de controle da qualidade (CCQs), gráficos de controle estatístico de processo (CEP) e *just-in-time* (JIT) interno. Com o fracasso de muitos desses programas, em particular os que visavam o envolvimento do trabalhador, as empresas começaram a adotar uma reestruturação mais sistêmica (Previtalli, 1996 e 2006b).

Convém destacar que a atual diretoria do Sintraf vê a introdução de inovações técnicas e/ou organizacionais na empresa como uma condição inevitável do progresso, ou seja, ela tem uma concepção neutra da técnica, não a compreende como um elemento de disputa e controle do processo de trabalho. Sendo assim, não se coloca não como alternativa política, e sim contribui para o agravamento das condições de precarização e intensificação do trabalho impostas pela Souza Cruz.

A REESTRUTURAÇÃO PRODUTIVA NA FÁBRICA DE CIGARROS SOUZA CRUZ S.A.

Na indústria de cigarros, a reestruturação produtiva no período de 1995 a 2007[23] resultou em incrementos tecnológicos e organizacionais no processo produtivo de cigarros. Uma das principais mudanças organizacionais foi a introdução do trabalho em equipes no chão de fábrica como uma nova forma de gerenciar o processo produtivo. As equipes de trabalho eram integradas por operadores[24] e realizavam tarefas referentes ao setor administrativo[25] e/ou gerencial (RH, custos, qualidade e produção) (Faria, 2007; Previtalli e Faria, 2008). Consequentemente, a introdução do trabalho em equipes significou a intensificação do processo de trabalho, além do aumento da quantidade de tarefas, o que exigiu novas habilidades e um novo perfil de trabalhador.

Ainda no período de 1995 a 2007, o número de trabalhadores na unidade produtiva de Uberlândia foi reduzido em mais de 50%, de 2.045 para 960 funcionários. Entre as principais causas dessa redução estão a introdução de inovações técnicas e/ou organizacionais, a informatização de funções, a automatização dos processos e as terceirizações. No gráfico abaixo podemos observar a evolução do número de trabalhadores da empresa.

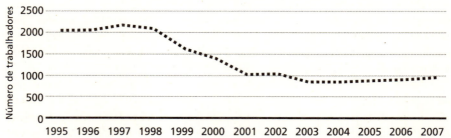

Figura 2: Evolução do número de trabalhadores na Companhia Souza Cruz S.A. (1995-2007)

Fonte: Sintraf (2007).

---

[23] Os dados apresentados aqui foram extraídos da pesquisa de iniciação científica realizada pela autora entre 2006 e 2007. A unidade produtiva pesquisada é a Companhia Souza Cruz S.A., situada no município de Uberlândia, em Minas Gerais.

[24] Operador é a denominação que se dá ao trabalhador mensalista diretamente envolvido no processo produtivo.

[25] Usamos o termo "setor administrativo" para caracterizar o trabalho em equipes porque as tarefas atribuídas a elas fazem parte dos afazeres gerenciais, que, em última instância, dizem respeito ao gerenciamento "administrativo" do processo produtivo.

Apesar do número significativo de demissões, desde a década de 1990 até os dias atuais o Sintraf-CUT não organizou nenhuma greve ou manifestação.

Segundo os trabalhadores entrevistados, a reestruturação produtiva começou a ocorrer no início da década de 1990, mais precisamente em 1992, com a introdução de máquinas automatizadas para aumentar a produção de cigarros por minuto (PROP 100 para PROP 2, MK8 para MK9). Sobre as inovações recentes no período considerado, o maquinário foi apontado mais uma vez como o principal foco da modernização: máquinas ainda mais potentes foram introduzidas e um sistema a *laser* foi implantado em alguns equipamentos. Na década de 2000, ocorreram as terceirizações e a redução dos cargos administrativos (entre eles, os cargos de chefia).

Uma análise mais sistêmica mostra que a reestruturação produtiva da Souza Cruz teve início já na década de 1980, quando ela adotou uma estratégia de realocação geográfica, fechando sucessiva e sistematicamente as fábricas espalhadas pelo Brasil e concentrando a produção em Uberlândia. A centralização da produção representou o fechamento de 90% das fábricas da Souza Cruz e a dispensa de trabalhadores em todo o país (cerca de 15 mil trabalhadores).

A implantação do chamado Plano Sem Nome (PSN) foi um elemento importante nesse processo, porque apaziguou os conflitos trabalhistas e preservou a imagem da empresa – a Souza Cruz tentou se distanciar ao máximo do julgamento negativo que a opinião pública fazia de seu produto, entendido apenas como "controverso" pela empresa. Os trabalhadores aderiram ao PSN seduzidos pelas vantagens salariais[26] propostas em acordo com o sindicato[27]: aumento de até 150% dos salários da terceira turma (ou turma noturna) e de 80% da primeira e da segunda turmas.

No fim desse processo, a produção das fábricas localizadas em Porto Alegre, Rio de Janeiro, São Paulo, Recife, Belo Horizonte, Belém e Salvador foi completamente assumida pela fábrica de Uberlândia, inaugurada em 1978 com equipamentos de alta tecnologia. Uma pequena parcela de trabalhadores dessas regiões, sobretudo os mais experientes e qualificados, foi absorvida pela unidade mineira.

Depois disso, as inovações concentraram-se fundamentalmente no processo produtivo. Seguindo a tendência global de inserção no mercado internacional, a Souza Cruz elaborou e/ou adotou programas de qualidade total de acordo com as normas da International Organization for Standardization (ISO)[28], como é o caso do QuEnSH[29]. Atualmente, possui todas as certificações (ISO 9001, ISO 14001 e OHSAS 18001).

Para obter essas certificações, a empresa introduz programas, projetos e metodologias que passam a integrar a rotina dos trabalhadores. A duração desses "programas e projetos" varia de acordo com os objetivos; por vezes, alguns são prolongados e outros se tornam fixos por resultarem em benefícios de outras ordens à produção. Essas estratégias trazem em si elementos intrínsecos e extrínsecos de controle sobre o trabalhador durante o processo

---

[26] As vantagens eram apenas temporárias, já que o PSN previa o fechamento das fábricas.
[27] Até 1994, os trabalhadores da indústria do fumo eram representados pelo sindicato do setor de alimentação. A princípio, o sindicato era contra a proposta, mas foi vencido por sua base.
[28] O objetivo é promover o desenvolvimento de normas, testes e certificações para estimular o comércio de bens e serviços entre os países, a partir de sua qualidade.
[29] O QuEnSH (Quality, Environment, Safety and Health) é uma medida de qualidade, meio ambiente, segurança e saúde.

produtivo, quais sejam: avaliações subjetivas, mensuração dos índices de produtividade e remuneração flexível. O exemplo mais emblemático é a participação nos resultados (PNR), que hoje representa 2,5 salários mínimos e meio, desde que as metas de absenteísmo, despesa e estrago estabelecidas pela gerência sejam atingidas.

Também houve terceirizações após os anos 2000, porém as atividades diretamente ligadas à produção de cigarros foram internalizadas após um processo judicial em 2004, promovido pelo Ministério Público. Durante o período de terceirização de setores da produção, muitos trabalhadores foram demitidos e readmitidos em regime de contratação temporária. Permanecem terceirizados os setores de alimentação e segurança patrimonial.

A reestruturação também teve reflexos sobre a estrutura organizacional do trabalho, como identificamos em outro artigo, com a introdução do trabalho em equipes (Faria, 2007). As transformações acarretadas pelo trabalho em equipes significam fundamentalmente uma redistribuição de tarefas, antes desempenhadas pelos gerentes ou supervisores. Nesse sentido, tais mudanças demandam novas exigências de qualificação, mas, por se tratar de necessidades específicas, essa qualificação é promovida pela própria empresa por meio de consultorias, treinamentos relâmpagos e cursos internos de curta e média duração.

As qualificações consistem em aprimoramento de noções de informática, leitura interpretativa de dados, elaboração de gráficos, diagramas e cartas de controle e, para além das habilidades técnicas, enfatizam as habilidades administrativas e interpessoais que fomentam o processo decisório das equipes. Contudo, constatamos que a experiência dos operadores mais "velhos" continua fundamental para o funcionamento do processo produtivo e a resolução de problemas.

No entanto, no que tange a qualificação, idade e sexo, pudemos observar como tendência geral uma mudança no perfil da força de trabalho contratada. O aumento da escolaridade formal dos trabalhadores é uma constante, tanto dos novos contratados quanto dos já empregados. Para tanto, a empresa criou com o Serviço Social da Indústria (Sesi) um programa para que todos os trabalhadores concluíssem o ensino médio num prazo determinado. Também estabeleceu convênios com escolas técnicas para que os trabalhadores fizessem cursos de mecânica e eletrônica, com subsídio de 80% dos custos. A política de incentivo à qualificação dos trabalhadores é respaldada pelas novas exigências de contratação: os cursos técnicos passaram a ser requisito mínimo, enquanto na década de 1990 não existiam parâmetros definidos e a escolaridade predominante era o ensino fundamental.

Os trabalhadores mais jovens, com pouca experiência, também são preferidos na hora da contratação, uma vez que os treinamentos internos podem levar a uma formação sem vícios, em conformidade com os ideais da empresa.

Por se tratar de um setor *sui generis*, as máquinas são majoritariamente importadas de países europeus (Inglaterra, Suíça e Alemanha). Os primeiros treinamentos são realizados no país de origem do maquinário. Os trabalhadores mais qualificados, com mais tempo de serviço e cargos mais altos no chão de fábrica (engenheiros e supervisores), são os intermediários desse processo e os multiplicadores dos treinamentos.

A força de trabalho feminina foi drasticamente reduzida, apenas as trabalhadoras mais qualificadas, que já haviam passado por um longo período de formação interna, permaneceram. Os setores em que a força de trabalho feminina era majoritária, como o setor de filtros, já não apresentam a mesma proporção entre homens e mulheres: na década de 1990, as mulheres representavam cerca de 90% da força de trabalho no chão de fábrica, índice que caiu para 30% nos anos 2000. Não por acaso, constatamos que o trabalho feminino cresceu no regime de contrato temporário, sem estabilidade ou direitos, e remuneração inferior.

Observamos que, na reestruturação produtiva, o discurso da qualificação profissional surge como meio de difundir o trabalho polivalente. No Brasil, o processo de inovação tecnológica e organizacional iniciou-se no fim da década de 1980 e intensificou-se nos anos 1990 (Previtalli, 2006b). Com a abertura comercial, setores expressivos da economia passaram a buscar "qualidade" e "produtividade", ou seja, os setores industriais tentaram adequar sua produção aos parâmetros de competição do mercado internacional, como é o caso do setor estudado aqui.

A redução do volume do emprego em consequência do movimento de reorganização da produção e do trabalho caracteriza-se pelos investimentos em automação, mudanças no *layout* das plantas produtivas, adoção da polivalência e programas de qualidade com vista a obter certificações.

Considerações finais

O setor fumageiro no Brasil mostra-se organizado na busca de sua reprodução e preservação. Seus poderosos agentes representam interesses do capital internacional, atraído pelas condições propícias de acumulação presentes no Sul do país: qualidade da produção garantida pela agricultura familiar em pequenas propriedades, incentivos governamentais (fiscais e políticos), isenção de responsabilidades ambientais e condições climáticas favoráveis.

A relação de integração entre agricultores e empresas fumageiras no âmbito do complexo agroindustrial do fumo sustenta-se pela ausência de políticas públicas que fortaleçam a substituição do cultivo. Os agentes articulados do setor asseguram condições de financiamento facilmente acessíveis, tecnológica própria e segurança de mercado aos agricultores do fumo. Esses fatores, aliados à tradição alemã do cultivo, são determinantes para a continuidade da produção de fumo na região.

O sistema de produção integrado do fumo é altamente vantajoso para as multinacionais, pois as relações contratuais entre empresas integradoras e agricultores não passam pelo crivo do Estado, ou seja, são reguladas apenas pelas demandas de mercado e excluem quaisquer direitos trabalhistas. Para se instalar no Sul, as empresas não precisam de terras ou de força de trabalho no campo, porque a relação que estabelecem com os pequenos produtores autônomos é de compra e venda, sem contratação de força de trabalho. Isso, por fim, resulta numa não remuneração do trabalho realizado pela agricultura familiar.

O trabalho temporário nas fumageiras é legítimo em razão da sazonalidade da produção (por safra) e um importante complemento de renda para os próprios agricultores durante e após a colheita. Surgem, assim, novas formas de subcontratação no campo, visto que alguns pequenos produtores deslocam-se para a indústria de beneficiamento e a demanda por força de trabalho na colheita é intensa. O trabalho na lavoura de fumo é nocivo à saúde, e os trabalhadores informais não possuem qualquer proteção contra os danos provocados pelo trabalho.

O debate da qualificação apresenta-se de diversas formas ao longo da cadeia produtiva do fumo. No campo, a qualificação concentra-se nas mãos dos técnicos das fumageiras, não estando, portanto, ao alcance dos agricultores. São os técnicos das fumageiras que introduzem e supervisionam as inovações técnicas. A Afubra esquiva-se de qualquer discussão a respeito da qualificação e das condições de trabalho na lavoura, priorizando orientações mercadológicas e atividades comerciais, entre elas o sistema de seguro mútuo da plantação.

Na fabricação de cigarros, o trabalho segue a lógica de outros setores produtivos: automação, novas formas de participação e controle organizacional, redução do quadro de trabalhadores e da gerência e intensificação do ritmo de trabalho (pelo acúmulo de tarefas e responsabilidades).

Os sindicatos dos trabalhadores da indústria, apesar dos ambientes distintos, são unânimes quanto à defesa do setor. A ausência de reivindicações e manifestações públicas soam como um endosso do discurso empresarial de preservação do setor. A amplitude da base do Stifa ainda consegue lhe garantir poder de negociação, enquanto a prática de um assistencialismo eficiente dá legitimidade à direção. O Sintraf não goza das mesmas condições, por isso tem uma atuação mais moderada e precisa do apoio de outros sindicatos para acompanhar os acordos coletivos do setor. Ele pratica um sindicalismo que procura elaborar propostas que interessam tanto às empresas quanto aos trabalhadores, numa perspectiva conciliatória entre capital e trabalho. Embora considere que essa é uma estratégia de resistência, não vem conseguindo resultados positivos para os trabalhadores, pois o desemprego e a precarização das condições de trabalho têm aumentado entre aqueles que conseguem manter seu emprego.

HOTELARIA

Capítulo 16

"CAMAREIRA NÃO PODE TER DOR NAS COSTAS, MAS A GENTE TEM!"
estudo de caso sobre o impacto do trabalho na saúde de camareiras de hotéis[1]

Euda Kaliani G. T. Rocha

Introdução

Na sociedade do trabalho atual têm-se uma crescente precarização e uma consequente diminuição dos fatores de saúde no trabalho, o que indica um aumento nos fatores de risco. Quanto maior o risco no trabalho, seja físico, seja mental, mais doenças aparecem. Este texto tem a intenção de analisar, por meio de um caso específico, as consequências do trabalho precarizado para a saúde das camareiras de hotéis.

O interesse por essa profissão em particular deve-se à relação entre trabalho, saúde e gênero, visto que a população feminina aparece cada vez mais nas estatísticas de adoecimento do trabalho e é a força de trabalho preferencial para o trabalho precarizado (Anuário Estatístico da Previdência Social, 2007; Antunes, 2002). Além disso, as camareiras estão não apenas numa situação de precarização e sobrecarga, mas compõem uma atividade praticamente 100% feminina[2], por lidar com aspectos do trabalho doméstico.

Um aspecto importante a ser ressaltado é a invisibilidade das camareiras em diversas situações: elas são invisíveis tanto socialmente, sendo orientadas a não circular nas áreas sociais dos hotéis, quanto nos estudos sobre profissões, trabalho e saúde por compor um

---

[1] Este texto é parte da tese de doutorado da autora, intitulada *Impacto do trabalho na saúde de camareiras: um estudo de caso*, defendida em 2010, pelo Programa de Pós-Graduação de Sociologia do Centro de Filosofia e Ciências Humanas, na Universidade Federal de Pernambuco, sob orientação de Russel Parry Scott e co-orientação de Cynthia Lins Hamlin.

[2] A participação masculina na profissão não ultrapassa 1%.

staff que recebe pouca atenção. Essa configuração faz com que as preocupações com a atividade sejam pouco evidenciadas, resultando em má fiscalização, baixo cumprimento das leis, abusos e falta de conhecimento a respeito da profissão.

Esta pesquisa – um estudo de caso – contou com a participação de treze camareiras com idade entre 34 e 61 anos e foi realizada em dois hotéis da cidade do Recife, capital de Pernambuco. A pesquisa se baseou em entrevista semiestruturada, observação livre, observação participante e outros instrumentos de captação de queixas psicossomáticas e físicas (principalmente dores). Os dois hotéis pesquisados podem ser caracterizados como "hotéis-residência" de médio porte e caráter misto, ou seja, são destinados tanto aos negócios quanto ao turismo e ao lazer[3]. Um faz parte de uma das cinco maiores redes mundiais de hotéis, ao passo que o outro é um empreendimento isolado. Um é 100% destinado à hospedagem, enquanto o outro possui *flats*. O primeiro será denominado H1 e o segundo, H2.

Além das diferenças organizacionais e estruturais, os dois hotéis apresentam diferenças importantes no que concerne ao gerenciamento da governança e aos modos de precarização. O setor de governança é responsável pela limpeza interna e abastecimento dos apartamentos e é composto por governanta, supervisoras e camareiras. Muitas irregularidades foram constatadas por meio da pesquisa, entre as quais: desvios e sobreposição de funções; variação salarial para a mesma função; acúmulo de horas extras; negligência e descaso com as trabalhadoras; número insuficiente de trabalhadoras para a demanda; ausência de instrumentos e produtos adequados; e sobrecarga de trabalho. Este artigo se concentrará nas três últimas.

Nesse contexto de investigação, o destaque particular é a análise do impacto dos processos de trabalho na saúde das camareiras dos dois hotéis. O que se compreende como "processos de trabalho" diz respeito a três elementos principais: a atividade adequada a um fim (o trabalho em si); a matéria a que se aplica essa atividade; e os meios ou o instrumental para que os dois primeiros possam se realizar.

Em relação aos processos de trabalho, em todos os seus elementos, esta análise prioriza duas dimensões: a "organização do trabalho" e as "condições de trabalho". A "organização do trabalho" apresenta dois aspectos: o social e o técnico. O primeiro diz respeito às garantias relativas à vida em sociedade, como aquilo que é assegurado por lei e compõe o que se costuma chamar de "direitos do trabalho", por exemplo jornada de trabalho, férias, folgas etc.; o segundo é a cultura e o clima organizacionais e, dentro disso, a hierarquia, a diferenciação dos saberes, do tempo e dos salários, o desgaste físico e mental etc. As "condições de trabalho", por sua vez, são compostas especificamente pelos aspectos do ambiente de trabalho e pelas condições físicas em si, como mobiliário, luminosidade, barulho, temperatura, vibração etc. Esses dois eixos formam as duas vias, por assim dizer, do adoecimento ou do bem-estar no trabalho (Dejours, 1992).

A análise dos processos de trabalho é fundamental para a compreensão do significado mais global do trabalho para a saúde humana. Existem quadros de morbidades inerentes

---

[3] O interesse específico desta pesquisa era o subsetor de "meios de hospedagem" e, dentro dele, aqueles localizados em Pernambuco, cuja atividade principal fosse o alojamento e que estivessem registrados no Ministério da Fazenda. Pela Classificação Nacional das Atividades Econômicas (CNAE), a classe de atividade é 55.11-5 e 55.12-3, na qual se incluem os hotéis, com ou sem refeição.

a determinados processos de trabalho e, para compreendê-los, é necessário, antes de tudo, descrevê-los. Tal compreensão é essencial para tornar essas realidades mais salutares.

No caso do H1, as condições de trabalho das camareiras são extremamente precárias: não há material de proteção, como luvas e máscaras; os materiais utilizados são inadequados; elas são tratadas com negligência e descaso. O H2, por sua vez, oferece condições de trabalho adequadas e disponibiliza material de proteção, porém a organização do trabalho apresenta maior controle e rigidez, o que resulta num alto grau de tensão. Ou seja, enquanto um apresenta condições precárias e controle mais frouxo, o outro tem condições mais adequadas, porém o controle e a pressão do tempo são mais estritos.

A prescrição do trabalho das camareiras está bem descrita nos manuais de hotelaria e administração de governança. A organização é exaustiva, detalhada e, sobretudo, irreal em relação a o que, como e quando realizar no contexto das atividades necessárias à profissão. Os manuais consideram apenas os objetivos das empresas e a "excelência" nos serviços prestados aos clientes, sem se preocupar com o bem-estar das camareiras ou a adequação do trabalho. Elas são consideradas apenas meios para realizar os objetivos da empresa. Por outro lado, a represcrição ou renormalização do trabalho é inapropriada no que tange à proteção ou a qualquer outro fator que dificulte a realização do trabalho de maneira adequada[4].

Para realizar as atividades e atender à cobrança das empresas, entram em ação nos bastidores da organização e da limpeza das áreas dos hotéis o improviso, a astúcia e as estratégias das camareiras. Se, de um lado, as condições oferecidas inviabilizam o trabalho, de outro, a inteligência e o *savoir-faire* dessas mulheres garantem o bom funcionamento do setor. Aqui entram a prescrição e a represcrição do trabalho: a primeira diz respeito à temporalidade "econômica" e a segunda, à temporalidade "ergológica". São tempos diferentes, impossíveis de sincronizar: enquanto um é pensado e organizado sem a concretude do trabalho, em forma de normas e regras, o outro é a execução "em si", a experimentação "real" do processo (Rosa, 2004).

Nessa luta entre o que é imposto e o que é possível realizar, as trabalhadoras se equilibram entre saúde e adoecimento. As próximas seções são dedicadas a explorar os detalhes do trabalho das camareiras e seus impactos negativos sobre a saúde.

"Aqui é a lei do cão!": o trabalho precário e penoso das camareiras

Alguns elementos da organização do trabalho exercido pelas camareiras destacam-se: a comunicação entre elas, os superiores e os hóspedes; a aparência e o asseio; a corrida contra o tempo. Esses elementos são cruciais na orientação administrativa dos manuais de hotelaria.

Embora sejam obrigadas a se comportar de maneira polida, calma e equilibrada, as camareiras encontram situações no dia a dia que às vezes tornam o trabalho mais difícil do ponto de vista humano. O mau humor tanto de chefes quanto de hóspedes gera situações em que elas têm de lidar com "grosserias" que vão desde "cara fechada" até "xingamentos" e abusos.

---

[4] Represcrição é um termo técnico nos estudos de ergologia e ergonomia, que identifica a situação em que um trabalhador refaz a atividade a partir do real, escapando à rigidez da prescrição do trabalho.

A comunicação entre camareiras e hóspedes é coisa rara, resumindo-se a "bom dia", "boa tarde" e "com licença". Isso acontece porque elas são orientadas a não circular pelas áreas sociais do hotel e a executar as tarefas quando há poucos hóspedes, para não serem vistas.

A comunicação que se pôde observar entre superiores acima do nível da governança restringiu-se a ordens ou repreensões pelos mais diversos motivos: papéis jogados no lugar errado, reclamações de hóspedes sobre a qualidade das toalhas, roupa de cama incompleta, camareiras em áreas de lazer etc.

Pôde-se constatar, tanto por observação direta quanto por relatos, que a comunicação tende a ser unilateral e de cima para baixo. As camareiras parecem só receber e cumprir ordens. Evidentemente, entre elas, a comunicação é tranquila, informal, de cooperação e, muitas vezes, de brincadeira.

Algumas exigências quanto à aparência e ao comportamento das camareiras são difíceis de cumprir por conta do "corre-corre", "sobe-desce", "abaixa-levanta" do trabalho (Castelli, 1992, p. 130-1). São elas: banho diário, dentes limpos e apresentáveis, uniforme impecável, cabelos ajeitados, unhas tratadas, sapatos limpos, maquiagem e joias discretas, caminhar com naturalidade, dosar o tom de voz ao falar com colegas e hóspedes, não se apoiar em móveis e paredes, observar as regras de comportamento nos aposentos ocupados por hóspedes.

A própria realidade de trabalho das camareiras impede que elas mantenham, por exemplo, unhas tratadas, maquiagem e uniforme impecável. É impossível manter-se asseada, porque o trabalho faz com que estejam sempre suadas, descabeladas, com o uniforme amassado ou molhado. Além do mais, o que seria "caminhar com naturalidade"? E como os contratantes avaliam os dentes das contratadas? Nota-se que algumas dessas exigências extrapolam o limite da norma e beiram o exagero.

A corrida contra o tempo é outro ponto que merece destaque, pois, se, de um lado, exige-se o máximo de qualidade na limpeza e na organização dos apartamentos, de outro, a sobrecarga de trabalho faz com que as camareiras lancem mão de estratégias para conseguir realizar o trabalho e põem em risco sua saúde. Trata-se de um ciclo de exigências que, mesmo sem os meios adequados, as camareiras conseguem cumprir. Ainda assim, falhas acontecem, habitualmente, nos dias de maior demanda, e levam a punições mais ou menos severas.

Em relação à demanda diária de apartamentos por camareira, os dois hotéis extrapolam o número recomendado, que é de 12 a 15 apartamentos (Cândido, 2001). No H1, é comum que cada camareira se ocupe de 13 a 18 apartamentos, com a ressalva de que metade deles são *flats*. No H2, cada camareira cuida por dia de 20 a 24 apartamentos, que vão desde individual até de luxo[5]. Essa sobrecarga de trabalho e a luta contra o tempo são sintetizadas no desabafo de uma das camareiras: "Aqui é a lei do cão: chegou, acabou-se" (Suzana, H2).

Encontra-se a seguir a lista das atividades básicas da função (a lista completa é exaustiva e extrapola as intenções deste texto)[6]:
- No quarto: bater à porta do apartamento, mesmo que não esteja ocupado, e anunciar: "Camareira"; acender todas as luzes para testar as lâmpadas; abrir as cortinas e as janelas; retirar a bandeja do café da manhã; verificar se há objetos esquecidos

---

[5] Saliente-se que o campo da pesquisa foi realizado em época de relativa baixa estação em Recife, no mês de julho (em que há um volume grande de chuvas). Desse modo, no verão e nas férias de final e início de ano, esse número aumenta consideravelmente.

[6] Ver Castelli (1992); Cândido (2001); Davies (2001).

de hóspedes que já deixaram o hotel; testar o ar-condicionado; retirar a roupa de cama usada e trocar por limpa; limpar o interior das gavetas e do roupeiro; verificar o número de cabides; tirar o pó e polir todos os móveis; passar aspirador de pó no carpete; esvaziar e recolocar cinzeiros, fósforos e lixeiras; verificar o consumo e repor as bebidas do frigobar; se necessário, recolocar o material promocional do hotel.

- No banheiro: limpar a pia, o vaso sanitário, o box, o chão e as paredes; trocar a roupa de banho usada por limpa; descartar os sabonetes usados e colocar novos; verificar a quantidade de papel higiênico, para deixar o suficiente; verificar novamente o apartamento de modo geral e retirar-se.
- Na área comum (corredores e salas), limpar todas as manhãs: portas, paredes, pisos, quadros e janelas.
- Ao fim do dia de trabalho: relacionar em formulário as roupas de cama retiradas e utilizadas, assim como as que serão necessárias para o dia seguinte; relacionar todos os materiais em falta na copa ou nos apartamentos; deixar com a governanta todos os objetos esquecidos pelos hóspedes e encontrados nos corredores e nos apartamentos, com detalhes de como e onde foram encontrados; relatar circunstâncias incomuns; sugerir melhorias na realização de seu trabalho; notificar imediatamente a governança, se verificar a falta de algum item no estoque; retirar qualquer roupa danificada ou gasta e devolvê-la à governança; informar a governança de avisos de "não perturbe", apartamentos trancados e a hora em que isso foi verificado.

No processo de trabalho de cada jornada, por escassez de tempo, material e pessoal, alguns procedimentos são "atalhados" por essas profissionais. Um exemplo é a informação verbal, em vez do preenchimento de formulários para comunicar falta de itens no estoque, toalhas ou lençóis rasgados ou manchados, apartamentos trancados etc. Elas também não "perdem tempo" com os procedimentos formais de encerramento do dia, apenas devolvem o roteiro de limpeza preenchido à governanta e esta "fecha" o dia em seus registros.

De modo geral, as atividades diárias das camareiras seguem um roteiro: entrar no hotel, bater o cartão, vestir o uniforme, descer à governança, pegar o relatório dos apartamentos que devem ser limpos e que tipo de limpeza deve ser feito em cada um, subir para a arrumação dos apartamentos e dos corredores, descer para o almoço, verificar se algo foi mudado no relatório (se houve alguma saída), subir para a arrumação dos apartamentos e dos corredores, descer para entregar o relatório das tarefas realizadas à governanta e bater o ponto de saída:

> Chego, troco de roupa, subo, arrumo o carrinho para começar a fazer os apartamentos. Aí a gente vai dando prioridade aos apartamentos [de] que já saíram [os ocupantes] para não incomodar os hóspedes. A gente passa na recepção, pergunta [sobre] aqueles que já estão fora e nos dirigimos a esses apartamentos. Aí a gente faz a limpeza normal, que é lavar, varrer, passar lustra-móveis, lavar o banheiro, arrumar as coisas que estão espalhadas, essas coisas... O banheiro a gente lava todo dia, mas tiramos um dia por semana ou cada quinze dias para lavar geral, de cima a baixo, porque não tem como lavar todos os dias todos os banheiros. A gente lava o básico todos os dias, mas de cima a baixo uma vez por semana. [E essa faxina de cima a baixo, vocês fazem também nos apartamentos?] Fazemos. [De quanto em quanto tempo?] Isso aí depende de como você vai mantendo o seu apartamento, de varrer ele todinho, de abrir as janelas, de espanar... (Francisca, H1)

Essa narração, além de ilustrar a rotina diária, ilustra as formas de renormalização do trabalho para "ganhar" tempo, por exemplo, na manutenção da limpeza do banheiro. Já que não há como cumprir as exigências de limpeza diariamente, então "joga-se" com elas: as camareiras dividem a limpeza do banheiro em "básica" e "de cima a baixo". A primeira serve de manutenção e a segunda, realizada uma vez por semana ou de quinze em quinze dias, economiza tempo. O mesmo acontece com o apartamento: para evitar "perder tempo" com uma limpeza minuciosa todos os dias, as camareiras a deslocam para alguns dias ao mês. Isso as libera de um dispêndio diário de força.

Pode-se afirmar que a profissão de camareira é marcada sobretudo por uma "luta contra o tempo" e um cotidiano de ajustes e reajustes. Se, de um lado, as camareiras economizam tempo fazendo manobras para cumprir a demanda diária, de outro, perdem tempo com as inadequações do processo de trabalho, por exemplo: uso de escadas, em vez do elevador, carrinhos inadequados, mobiliário muito pesado, sujeira e bagunça de alguns hóspedes etc.

O carrinho das camareiras do H1 é um exemplo de inadequação dos meios de trabalho: em vez de um carrinho de serviço projetado para a função, elas são obrigadas a utilizar os carrinhos do supermercado que se localiza perto do hotel[7]. O meio de trabalho é absolutamente inadequado para a acomodação e a separação dos materiais, assim como exige posturas que sobrecarregam o corpo. Embora o carrinho seja uma das principais garantias de eficiência do trabalho, o hotel oferece carrinhos que dificultam o bom funcionamento das atividades nas quais ele próprio cobra qualidade total.

Em relação ao tempo das atividades, não era de interesse deste estudo cronometrar as atividades das camareiras, porém, pela observação e pelo narrado, a arrumação dos apartamentos com hóspedes leva de vinte a trinta minutos e a arrumação de saída, de trinta minutos a duas horas. Os tempos indicados na tabela a seguir, em comparação com o que se encontrou na prática, mostram que os tempos das atividades nos dois hotéis estudados são inferiores ao recomendado (somadas a arrumação do apartamento e a limpeza do banheiro). Isso é mais um indicativo da sobrecarga no trabalho das camareiras.

Tabela 1: Tempo de realização das atividades

	1 cama ocupada	2 camas ocupadas	1 cama individual	banheiro (2 pessoas)	Suíte com saleta, uma cama, um banheiro
Apartamento de saída	35 a 40 minutos	45 a 48 minutos	4 a 5 minutos	12 a 14 minutos	–
Apartamento ocupado	10 a 12 minutos	24 a 29 minutos	–	8 a 10 minutos	30 a 40 minutos

Fonte: Cândido, 2001. Elaboração própria.

A literatura indica que, na limpeza e arrumação de 12 a 15 apartamentos em 480 minutos, haveria tempo de sobra. Contudo, o que isso mostra é que o trabalho realizado nos dois hotéis está muito além da carga recomendada. Ao invés de sobrar, falta tempo, e

---

[7] Os hóspedes dos *flats* trazem as compras e deixam os carrinhos no hotel; este, por sua vez, faz uso deles como instrumento de trabalho das camareiras.

são necessárias horas extras e intensificação do trabalho. Isso requer um exercício intenso da atividade, com tempo escasso e meios nem sempre adequados. Vale salientar que a literatura consultada orienta as empresas à máxima eficácia, daí que o tempo estimado é "curto" para garantir que o maior número de apartamentos seja "feito" no menor espaço de tempo possível.

Se comparados os contextos de insalubridade dos dois hotéis, é possível detectar uma forma de ameaça à saúde em cada um. O H1 caracteriza-se pela negligência e pela falta de organização em relação tanto aos métodos de trabalho quanto ao tratamento das camareiras. O H2, por sua vez, possui uma organização do trabalho mais coerente, porém com um maior controle e tensão sobre os processos de trabalho.

Se o H1 é negligente com as condições de trabalho e com as funcionárias, o H2 é mais exigente no que se refere ao trabalho executado. Tanto uma coisa quanto outra são importantes para o estudo do impacto do trabalho na saúde, porque permitem que sejam analisados os dois principais caminhos de adoecimento: pelo excesso de exigência física e pelo excesso de controle e falta de liberdade. Contudo, é importante frisar que em ambos os hotéis há irregularidades relacionadas com as duas vias, porém o H1 é mais penoso em relação às condições e o H2, em relação à organização do trabalho.

No caso das camareiras, tendem a acontecer principalmente lesões musculares ou articulares, assim como sintomas psicossomáticos (diarreias, sudoreses, cefaleias, ansiedade etc.). Nos dois hotéis, a sobrecarga física é intensa. No H2, onde o controle é maior, as queixas psicossomáticas sobressaem. Essa bifurcação nas queixas relacionadas à saúde é evidente e está de acordo com as pesquisas realizadas sobre a saúde no trabalho, principalmente com o aporte da psicodinâmica do trabalho (Dejours, 1992 e 1994; Mendes, 2007; Abrahão e Sznelwar, 2008; Merlo et al., 2003; Merlo, 2004 e 2006).

Pode-se dizer que, no H2, os riscos são em sua maioria humanos ou de comportamento (o que inclui escolhas gerenciais de controle); no H1, os riscos principais são mecânicos, químicos e biológicos (já que não há proteção de nenhum tipo e os produtos e instrumentos são inadequados). Contudo, isso não significa que os riscos encontrados em um não existam no outro. A seção seguinte é dedicada à discussão desses riscos.

"Dói muito, o pior são as dores!": sobrecarga de trabalho, saúde em risco

Os tipos de riscos encontrados no trabalho das camareiras podem ser classificados em três grupos: ambiental, humano e situacional. No primeiro grupo, constataram-se riscos químicos e biológicos; no segundo, além dos psicossociais (por exemplo, a forma de gestão), encontram-se riscos ergonômicos, como posturas e posições inadequadas e sobrecarregadas, desconforto, ritmo acelerado etc.; no terceiro, há ausência ou insuficiência de proteções adequadas.

As camareiras reconhecem que, depois de começar a trabalhar no hotel, apresentaram sintomas que antes não apresentavam com tanta frequência. Esses sintomas estão aqui evidenciados como uma indicação de prováveis resultados da organização do trabalho sobre a saúde dessas mulheres. Os principais sintomas associados aos riscos psicossociais são exemplificados na tabela a seguir (de um total de 13 camareiras):

Tabala 2: Variação dos sintomas por frequência

Sintoma	Frequência
Insônia	4
Constipação	5
Nervosismo	6
Esquecimento	5
Ansiedade	5
Choro fácil	6
Fadiga	7
Alergias constantes	4
Tristeza	5

Fonte: Elaboração própria, resultado de pesquisa.

Essas trabalhadoras apresentam sinais fisiológicos da segunda fase do estresse ("resistência"), na qual o organismo usa suas forças para se manter em vigília e sustentar as respostas para as exigências diárias. O principal sinal desse estresse é a sensação de desgaste ou fadiga, maior queixa das entrevistadas[8].

Os sintomas apresentados na tabela anterior podem representar um desequilíbrio homeostático e levar a futuras enfermidades. São sinais de uma luta constante do corpo para se manter ativo e restaurar sua homeostase interna. Ressalte-se que entre os principais fatores desencadeadores do estresse estão tensões, pressões e exigências em níveis acima do que o organismo pode suportar saudavelmente (Filgueiras e Hippert, 2002).

Não existe proteção para esse tipo de risco. Para que os sintomas diminuam, são necessárias escolhas gerenciais que reduzam a sobrecarga de trabalho e deem mais autonomia às trabalhadoras. Esse tipo de decisão não é fácil dentro de uma lógica que se preocupa cada vez menos com a saúde do trabalhador. Contudo, a renormalização funciona ao menos como estratégia de *coping* e ajuda a aliviar as tensões do trabalho.

No que se refere aos riscos ambientais químicos, os produtos encontrados nos dois hotéis são: detergente, sabão, água sanitária, polidor de alumínio, ácidos, lustra móveis, cera, óleo vegetal, desinfetantes, "vidrex", álcool e saponáceo. O cloro[9] (água sanitária concentrada) e o "T-50" (um desinfetante concentrado) são utilizados apenas no H1. Essas substâncias, comuns à higienização ou desinfecção de ambientes de uso coletivo doméstico, são divididas em dois grupos: os domissanitários e os solventes (Agência Nacional de Vigilância Sanitária, 2010; Azevedo e Rosa, 1982). Os domissanitários são

---

[8] O estresse ou Síndrome Geral de Adaptação (SGA) caracteriza-se por três fases: a primeira é de alerta (liberação de adrenalina e corticoides, reação de luta e fuga ou mobilização diante de um perigo externo); a segunda é de resistência (o organismo usa suas forças para manter a resposta, sensação de desgaste); a terceira é de exaustão (o organismo não reage e pode chegar à falência) (Selye, 1956 e 1974).

[9] O cloro é usado em estações de tratamento de água e indústrias; estas o utilizam para branquear celulose, fabricar PVC e produtos de tratamento de piscinas. O hipoclorito de sódio, em alta concentração, só é comercializado no atacado e chega ao consumidor doméstico na forma de água sanitária (2,5% de cloro ativo em água). Desse modo, ainda que popularmente essas substâncias sejam chamadas de "cloro", trata-se ainda da água sanitária, porém em maior concentração.

os agentes de limpeza, como sabões, detergentes, desinfetantes, inseticidas e repelentes domésticos; em geral, apresentam riscos leves a moderados e intoxicam por contato com pele e mucosas, inalação ou ingestão (Azevedo e Rosa, 1982). Os solventes, por sua vez, formam um grupo de substâncias químicas orgânicas, altamente corrosivas e inflamáveis. Os dois tipos de substâncias podem causar reações de intoxicação (Schvartsman, 1991). Algumas dessas reações são sentidas pelas camareiras entrevistadas.

> Olha, aqui o que é ruim é, assim, os produtos, não é? A gente pega direto nos produtos, e [isso] corta a mão da gente. O "cheirinho" é muito forte, e o cloro também! Eu "fedo" a água sanitária o tempo todo. (Selma, H1)
>
> [...] uma vez eu coloquei cloro num banheiro que tava podre, saiu até fumacinha! E aquilo irritou meus olhos e meu nariz. Comecei a espirrar e os olhos coçaram e ficou irritado. [...] Fiquei lavando com água e passando um paninho úmido para aliviar, mas só depois de um tempo passou. (Vilma, H1)
>
> Veja as minhas mãos! Elas despelam e até a impressão digital some! (Francisca, H1)

No H1, como já foi dito, as camareiras não dispõem nem de luvas de proteção nem de máscaras para evitar respingos e inalação de gases. O contato direto com a pele, assim como a inalação das substâncias, provoca reações orgânicas como as relatadas: irritação ou corrosão da pele e mucosas, dermatite de contato, lesões corrosivas, irritação de vias aéreas superiores, irritação ocular, náuseas, tonturas, rinite, asma, cefaleia. Embora esses produtos sejam de uso doméstico cotidiano, tais trabalhadoras são expostas por mais tempo e com maior intensidade às substâncias do que é habitual em um domicílio.

A eliminação desses riscos seria simples, porque depende apenas das "condições" de trabalho; por outro lado, eles são leves e/ou moderados. Consequentemente, é mais fácil alcançar níveis apropriados de segurança: basta adotar boas práticas de manipulação e proteção individual, isto é, luvas e botas de borracha, máscaras e óculos. Também seria fácil eliminar o uso de cloro e orientar as camareiras a usar ácidos com as devidas proteções. Essas mudanças requerem apenas um pouco de atenção gerencial e um custo financeiro mínimo, em comparação com os benefícios que ocasionam.

Os riscos biológicos, por sua vez, dizem respeito à exposição ocupacional a vírus, bactérias, parasitas, protozoários, fungos, bacilos, riquétsias etc. (Ministério do Trabalho e Emprego, 2011). Tais organismos estão presentes no ambiente na forma de esporos, células, toxinas, fragmentos moleculares etc. e são encontrados em sangue, urina, escarro, sêmen, gotículas de tosse ou espirro etc.

O agente biológico chega ao organismo por via cutânea (contato direto com a pele), parenteral (inoculação intravenosa, intramuscular, subcutânea), respiratória (inalação), oral (ingestão) ou por contato direto com as mucosas.

No trabalho realizado pelas camareiras, o risco biológico se encontra nos leitos e nos banheiros. O grande fluxo de hóspedes que vêm de várias regiões do Brasil e do mundo pode aumentar o risco biológico, como ilustram os depoimentos a seguir:

> Já aconteceu, assim, de eu pegar na coisa lá, da camisinha... Estava lá no meio dos lençóis, quando fui arrumar, peguei... Fiquei com tanto nojo que eu lavei minha mão com água sanitária! (Adélia, H2)

É... Teve um que enxugou o negócio, o bumbum na cortina... Aí tem menstruação, tem sangue nos lençóis, tem fezes também, cocô. (Vilma, H1)

Tem porque a gente entra em contato com outras pessoas, com pessoas que vêm de fora, com objetos que eles usam, e às vezes pode ser que a gente possa se cortar. Essas coisas... porque a gente tem contato com um grande número de pessoas. Objetos contaminados por alguma coisa, que sem querer a gente pega... E a gente sabe o que está acontecendo, que riscos temos! (Francisca, H1)

Olhe, tem hóspede nojento! Já encontrei cocô na cama, modess ensopado de sangue pregado na parede, xixi no banheiro todo. Não sei se esse povo faz isso na casa deles, mas no hotel faz! (Samira, H2, sussurrando)

Essas situações, como bem percebem as camareiras, mostram o risco de haver contato direto com fluidos contaminados durante a limpeza dos apartamentos de hotéis. As camareiras estão expostas a riscos biológicos das classes 1 e 2, os mais baixos[10] e, consequentemente, os mais fáceis de eliminar. O tipo de exposição a que estão sujeitas pode ser caracterizado como "exposição ocupacional não deliberada", isto é, a exposição ocupacional decorre da presença de agentes biológicos no ambiente de trabalho, mas não há "manipulação direta deliberada do agente biológico como objeto principal do trabalho" (Ministério do Trabalho e Emprego, 2011).

Apesar dos fluidos orgânicos com os quais as camareiras entram em contato diariamente, não houve relatos de contaminações, com a exceção do "vaivém" de "viroses" que elas "pegam vez por outra" no hotel. Para a proteção contra esses agentes biológicos, é suficiente associar proteções individuais (avental, máscaras, luvas e óculos) com boas práticas de manipulação.

A ausência ou a negligência das proteções individuais, assim como o risco de acidentes como as quedas (no H1, as camareiras limpam a vidraçaria externa do prédio), podem ser considerados riscos situacionais.

Contudo, os riscos mais representativos da profissão de camareira são os ergonômicos, aqueles que interferem nas dimensões psicofisiológicas do trabalhador, resultando em desconforto e, como os outros tipos de risco, tendo impactos negativos sobre a saúde. O ritmo de trabalho das camareiras, somado às posições, aos movimentos e à sobrecarga de peso, apresenta inadequações ergonômicas que ocasionam desgaste físico.

No trabalho das camareiras, se os riscos ambientais (químicos e biológicos) são de nível 1 e 2, os mais baixos e fáceis de eliminar, os riscos ergonômicos são de nível 1 a 5 (sobretudo 1 e 4). Isso significa que esse tipo de trabalho tende a lesionar articulações, tendões e músculos:

A gente trabalha assim: o carro que eu empurro é um pouco pesado quando bota as roupas. Com as roupas nele, fica um pouco pesado, e o lixo... Mas a gente desce, tira e já coloca outro saco... [A gente] se abaixa muito, porque a gente se abaixa para lavar banheiro, para forrar as camas. Para limpar debaixo das camas, [a gente] empurra as camas para lá. E as camas daqui são enormes de grande e pesadas. [...] são camas de mola. A gente pega frigobar, afasta a

---

[10] Não estão descartadas situações em que haja riscos de classe 3, porém são raríssimas e estão ligadas a casos de epidemia, principalmente virótica.

geladeira do lugar, levanta micro-ondas para limpar, aí tem que tirar tudo do lugar e tudo é peso... Afasta o sofá, arma cama extra, desmancha a cama extra, empurra pra dentro... É um pouco pesada a cama extra. (Vilma, H1)

Esses movimentos e posturas são realizados inúmeras vezes durante o dia e estão associados ao manuseio de peso.

Do ponto de vista global das atividades das camareiras, há uma exigência excessiva que tem impactos sobre diferentes partes do corpo. Os ombros e os braços são sobrecarregados pelos movimentos de elevação e abdução dos braços sem apoio; sustentação neutra e não neutra, com ou sem peso; movimentos de empurrar e puxar com peso. Os cotovelos são sobrecarregados pela força de sustentação dos braços abduzidos ou aduzidos com ou sem peso, em posição neutra ou fletidos; pela sustentação de pesos com os braços estendidos; pelo movimento rotacional com ou sem peso; pela força súbita e intensa com auxílio do tronco. Os punhos recebem impactos principalmente da força exercida com desvio ulnar e radial, com ou sem flexão. As mãos são atingidas por impactos provocados pela movimentação quase permanente durante a jornada de trabalho, com movimentos de preensão, solta e morsa associados a força moderada ou intensa, com sustentação de carga. Os exemplos a seguir mostram o impacto dessas ações sobre o corpo:

> Eu acho que é mais as mãos. A gente usa mais as mãos e as pernas, porque tem que andar bem rápido, [...] senão não dá conta [...]. Esse carrinho de frigobar, o carro de roupa suja, o carro de roupa limpa, que é superpesado. (Norma, H1)
>
> A gente se abaixa para o colchão, que é muito pesado. A gente levanta, a gente pega balde, a gente leva para o banheiro, a gente varre... É um trabalho doméstico! (Selma, H1)
>
> É assim: passar rodo no chão, lavar os banheiros, [a gente] se abaixa, tem que se abaixar para lavar a bacia, esses negócios todinhos. (Samira, H1)

Em relação às posturas, o nível de impacto sobre o corpo é de intensidade 3 e 4, caracterizada como excessiva. As camareiras trabalham de pé, caminham rápido, sem intervalo para se sentar (com exceção do intervalo para o almoço). As posturas necessárias para realizar as atividades sobrecarregam os joelhos, o tronco, a coluna e os membros inferiores, principalmente quando de cócoras e joelhos. A torção do tronco em posições incômodas também é frequente. As inclinações do corpo, assim como a inclinação do corpo com torção, com e sem peso, sobrecarregam os joelhos e a coluna, a musculatura lombar e das pernas, além dos tendões. Entre as posturas de maior sobrecarga para o corpo está a torção do tronco com flexão da coluna com manuseio de peso.

Os movimentos de abaixar e levantar, ajoelhar-se, ficar de cócoras, agachar-se com diferentes pesos, empurrando, puxando ou levantando, fazem com que a atividade de arrumação e limpeza dos quartos – durante toda a jornada de trabalho – seja penosa para a estrutura do corpo. A tarefa de maior sobrecarga física para as camareiras é a montagem e a desmontagem das camas extras (que são pesadas e rentes ao chão), assim como o deslocamento dos colchões de um canto para outro.

As atividades de varrer, passar pano no chão com auxílio de rodo, lustrar móveis, lavar pratos e panelas (no caso da área de *flats* do H1) e lavar os banheiros não são em si de alto impacto, porém o número de vezes que elas se repetem ao longo do dia e da semana torna o trabalho mais pesado, sobretudo quando as relações interpessoais no hotel não são favoráveis ao bem-estar.

A inadequação ergonômica e a sobrecarga nas ações de trabalho trazem dores e lesões como consequência para a saúde das camareiras. As queixas de dores referem-se sobretudo a braços, punhos e mãos:

> Tem. Os braços. Até eu fui ao médico e passei cinco dias com tipoia... No outro, ainda não começou não. É só nesse. Ela vai para o ombro. [Mostra todo o braço, da parte superior da mão até o ombro.] Olha, ele dói muito. Começa assim: você vai sentindo o braço dormente, nas juntas, vai até aqui, como se fosse a coluna [aponta a base do pescoço, nas costas]. Se você vai pegar uma coisa, você não tem força, você solta. É mais isso! [...] As meninas também têm o mesmo problema [...]. Enfaixei o braço, aí eu tomei o remédio, melhorou. Aí com o tempo, quando eu faço muito movimento, ele começa a doer, aí eu tomo o remédio e vai combatendo, mas ele não fica... Se eu movimentar muito o braço, ele começa a doer. Quando eu chego em casa, eu sinto. (Noêmia, H1)
>
> Eu, esfregando com a escova, levantou esse calombo aqui [mostra um cisto no punho]. A menina aqui até se operou desse cisto, mas eu não liguei, não estou ligando, porque geralmente ele só dói quando eu magoo a minha mão. (Vilma, H1)
>
> Tenho dores nas mãos, aqui [punhos], aqui [antebraço] e aqui [costas]. [Ela tem cistos aparentes nos dois punhos.] E, quando eu durmo, dói mais, como um peso, um inchaço, um formigamento, uma dor... Direto, fica pesado. Às vezes, eu perco as forças das mãos, e o que eu estiver segurando eu solto [...]. Dói muito, o pior são as dores. (Adélia, H2)

Todos esses sintomas em dedos, mãos, punhos e braços podem ser classificados como sintomas de Lesão por Esforço Repetitivo (LER). Os sintomas mencionados nas entrevistas surgiram depois do início do trabalho de camareira e também apresentam uma cronicidade crescente. Entre os mais citados estão dor, dormência, parestesias, perda de força no membro, sensação de peso ou fadiga, sensibilidade reduzida ou com distúrbios, cistos nos punhos, tendinites e síndrome do túnel de carpo. Pela intensidade e frequência com que os sintomas ocorrem, pode-se afirmar que a LER se encontra entre os estágios 2 e 3. Isso significa que ela tende a ser crônica, com risco de se tornar irreversível.

Os estágios 2 e 3 da LER caracterizam-se, respectivamente, por dor persistente e intensa, mas tolerável, distúrbios de sensibilidade e formigamento; e dor persistente, forte e irradiada (também em repouso e principalmente à noite), perda de força, parestesias e edemas (Ministério da Saúde, 2001; J. Araújo, 2001). Todos esses sinais foram apresentados pelas camareiras como prejuízos causados pelo trabalho:

> Onde eu sinto é nas mãos. Nos meus dedos [...] de vez em quando eu tenho uma dor horrorosa! Desde 1988. [Os dedos são atrofiados, em forma de "s".] Eu fiz tratamento e tudo! Fiz forno, ondas curtas, fiz fisioterapia. Quando está frio, o tempo frio, a artrite dói mais. [Está indo ao médico?] Não, nunca mais fui. Eu fazia tratamento, tomei muito remédio, nunca mais fui não. Não sinto dor mais, mas, se [eu] bater num canto, dói. [...] Devido ao meu trabalho de camareira! Só do trabalho. Desde que eu comecei a trabalhar como camareira que eu já fiquei assim. Eu não tinha, não. Eu fui camareira sete anos de um hotel muito exigente, fazia 22 apartamentos e você sabe que, camareira, todas elas têm esse problema... (Norma, H1)

Muita coisa que eu não sentia estou sentindo. Muita dor na coluna. Eu não tinha dor na coluna e minhas mãos... Eu fico prestando atenção porque meus dedos estão ficando aleijados, com as juntas todas grossas, está vendo? [Mostra as mãos.] Não era assim! Inclino muito a coluna pra forrar a cama e uso muito as mãos, que até fui prejudicada [...] saiu um cisto aqui em mim, está vendo? [Mostra uma cicatriz na parte superior do punho de um cisto que foi retirado.] Eu operei porque ele cresceu muito. Geralmente é isso aqui da gente, nas mãos. Eu sinto muito aqui nas mãos, quer dizer, que não é na mão, é no pulso. Dói muito. Tem dia que eu não consigo nem movimentar com frequência que dói. [...] Às vezes, dá uma dormência. Onde eu operei dá uma dormência assim [faz movimento mostrando que a dormência descia do pulso ao dedo]. (Nancy, H1)

É importante mencionar que duas entrevistadas apresentam sintomas típicos do estágio 4 da LER, o mais grave. Elas possuem deformidades e edemas, associados a dores frequentes, sensação de formigamento e perda de força e de alguns movimentos. As lesões apresentadas nos punhos dividiram-se em cistos sinoviais e síndrome do túnel do carpo (compressão do nervo mediano no túnel do carpo), as mais comuns genericamente (Magee, 2002).

As costas e as pernas também são alvo de lesão por sobrecarga. Do ponto de vista das camareiras, ela está relacionada ao trabalho:

Das costas eu comecei a sentir depois que eu vim parar aqui, porque eu me abaixo muito. Das costas foi agora há pouco... As mãos também, foi agora há pouco. Essa dor na perna... que puxa pela coluna... Dói principalmente quando está chovendo. (Vilma, H1)
[O que] eu sinto não é uma dor constante, eu acho que é, assim, um mau jeito. Eu sinto uma dor nas costas às vezes, um torcicolo, mas eu acho que é mais do movimento nosso mesmo [...]. Quando eu estou muito cansada, quando é um dia mais puxado... (Francisca, H1)
Uma dor de coluna de vez em quando, porque camareira não pode ter dor de coluna, mas a gente tem [risos]! Sempre dizem isto para a gente: "Camareira não pode ter dor de coluna"... Mas a gente tem! (Selma, H1)
A médica achou dificuldade para achar o lugar de aplicar a anestesia: "Sua coluna está igual a um labirinto", ela falou... E eu nem tenho tanto tempo assim de camareira para estar com a coluna desse jeito! [Ela fez uma cirurgia na coluna.] (Suzana, H2)

Essas lesões na coluna cervical, ou na musculatura de sustentação da coluna, assim como as varicoses nas pernas, podem ter relação direta com a sobrecarga de peso e movimentos. (Esta pesquisa não utilizou o nexo pericial, porém é possível apontar inferências, nexos que sejam causais.)

A imagem a seguir reúne todas as queixas num só modelo e forma o "mapa" das dores resultantes da profissão de camareira, ou seja, o impacto do trabalho sobre a estrutura do corpo. Os pontos em destaque representam dores, fadigas, inflamação (em músculos, tendões, nervos, fáscias, ligamentos, sinóvias) e degeneração dos tecidos (em particular nos dedos). As inflamações ocorrem sobretudo nas articulações e nos tecidos conjuntivos:

Figura 1: Localização das dores resultantes do exercício do trabalho nas camareiras entrevistadas

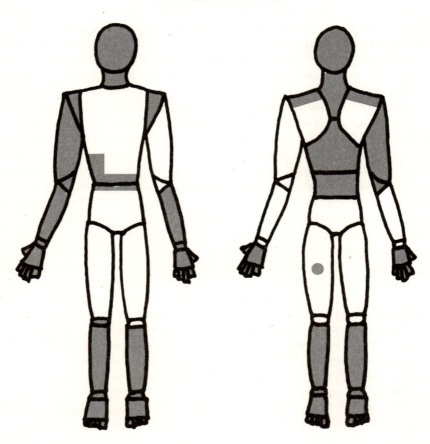

Não há uma faixa etária em que os sintomas sejam mais frequentes. A diferença que se observa é a cronicidade e a gravidade das enfermidades nas camareiras mais velhas. As mais jovens apresentam dores principalmente nas costas, nas mãos e nas pernas. Todas se queixam do cansaço exaustivo no fim do dia.

Este estudo mostra que as LERs são as lesões que mais atingem as camareiras entrevistadas. Os agravos relativos à LER são também os mais comuns: sinovites, tenossinovites, lesões no ombro, punhos, mãos e dorsalgias (Ministério da Saúde, 2001). Como principais influências para o adoecimento dessas mulheres, os dados apontam a sobrecarga física e a tensão resultantes da redução do quadro de camareiras nos hotéis, a intensificação do trabalho e a negligência com as proteções individuais.

De modo geral, é possível inferir que os agravos à saúde apresentados pelas camareiras são doenças do trabalho no sentido apontado por Álvaro Merlo (2006), isto é, toda patologia cujo principal responsável seja o trabalho ou para cujo aparecimento ele tenha um papel preponderante.

Conclusão

Conhecer as causas do adoecimento é crucial não apenas para entender a dinâmica entre saúde e doença no trabalho, mas principalmente para que se possa vislumbrar e propor a adequação do trabalho ao ser humano. Essa adequação ou ajuste tanto pode ser nas políticas gerenciais como nos meios de trabalho representados por ambiente, instrumentos, produtos e proteções. Não existe trabalho saudável, se os riscos não forem eliminados ou reduzidos.

Muito se fala da adequação de trabalhadores ao trabalho, no entanto a recíproca não é verdadeira. Esta pesquisa mostra os níveis de insalubridade presentes nas atividades realizadas diariamente pelas camareiras. Também indica em que pontos específicos mudanças simples trariam bem-estar e segurança ao "fazer" da atividade profissional.

Conforme o tipo de risco a que o trabalhador está exposto, é mais ou menos fácil propor mudanças que levem em conta a subjetividade, o corpo e a história de quem executa o trabalho. Existem duas formas de diminuir o mal-estar no trabalho nos dois hotéis estudados. A primeira é a mais simples e requer pequenas intervenções ou adequações no ambiente, nos instrumentos e nos produtos, bem como a utilização de proteções adequadas. A outra é mais complexa, porque envolve mudanças que exigem atenção às trabalhadoras e reorganização das decisões administrativas e gerenciais. Essas mudanças demandam alterações na cultura da empresa, no *modus operandi*, na compreensão do sujeito que executa o trabalho. Esse é o principal problema quando se fala em riscos humanos, pois sua eliminação depende de decisões que são tomadas no ápice da pirâmide hierárquica.

Na prática, esses dois aspectos aqui levantados estão imbricados, de maneira que é difícil observar cada um deles isoladamente. Contudo, a separação analítica desmembra os processos e traz informações importantes para o entendimento das relações de trabalho e suas consequências para a saúde. Desse modo, esta pesquisa não apenas contribui para dar visibilidade às formas de adoecimento impostas pelo trabalho, mas também ajuda a deslindar os meandros das relações que ocorrem em sociedade e as significações mais gerais do trabalho. A precarização do trabalho é um tema que tem sido muito explorado por diversas perspectivas e áreas de estudo. A contribuição desta pesquisa em particular é a análise detalhada de uma expressão da precarização em dada realidade. A possibilidade de um aprofundamento analítico em processos de trabalho particulares permite a visualização de formas de precarização nem sempre observadas, como é o caso de uma profissão que, por se relacionar com o trabalho doméstico, é feminizada, desvalorizada e invisibilizada.

A realidade das camareiras nos dois hotéis estudados ilustra uma expressão da precarização que resulta em adoecimento. Nesse sentido, é importante que pesquisas com temas semelhantes se debrucem sobre a importância do trabalho para a vida em sociedade e, mais especificamente, sobre formas de adoecimento decorrentes de organizações do trabalho que menosprezam o ser humano e suas limitações, tornando o trabalho contraditoriamente desumano.

AGRONEGÓCIO

Capítulo 17

REESTRUTURAÇÃO PRODUTIVA E SAÚDE DO TRABALHADOR NA AGROINDÚSTRIA AVÍCOLA NO BRASIL
o caso dos trabalhadores de uma unidade produtiva de abate e processamento de aves[1]

Marcos Acácio Neli e Vera Lucia Navarro

Introdução

O trabalho parcelar, fragmentado, estruturado na decomposição crescente das tarefas, reduzido a ações mecânicas e repetitivas, nos moldes do trabalho fundado pelo taylorismo-fordismo, é traço marcante e característico na seção de abate e corte das indústrias de processamento de aves no Brasil. Tal atividade faz parte da cadeia produtiva da agroindústria avícola, de grande destaque na economia nacional. Apesar de o processo produtivo dessa agroindústria ter sido alvo de constantes inovações tecnológicas desde a década de 1970, nem todas as etapas de sua produção industrial puderam ser mecanizadas; a atividade de cortes específicos de aves, por exemplo, continua a apresentar baixa incorporação tecnológica e boa parte do processo de trabalho é realizada manualmente.

Nas últimas décadas, observou-se nessa atividade a intensificação crescente do ritmo de trabalho para cumprir metas diárias de produção. O trabalho na seção de abate e corte é realizado em ambiente altamente insalubre (temperatura ambiente em torno de 10 ºC, ruído

---

[1] Este artigo é parte da dissertação de mestrado *Reestruturação produtiva e saúde do trabalhador: um estudo com os trabalhadores de uma indústria avícola*, defendida em 2006 no Departamento de Medicina Social da Faculdade de Medicina de Ribeirão Preto da Universidade de São Paulo, sob orientação de Vera Lúcia Navarro.

ensurdecedor, muita umidade, odor desagradável, trabalho em pé, em turnos e noturno etc.). Em virtude da repetição dos movimentos e do ritmo intenso da produção, que oscila de acordo com a necessidade do mercado consumidor interno e externo, a atividade de abate e corte de aves apresenta altos índices de acidentes de trabalho.

Este texto expõe uma análise do processo de trabalho em uma unidade produtiva de abate e processamento de aves pertencente a uma das maiores empresas de alimentos da América Latina, situada na região oeste do Estado do Paraná, e busca estabelecer relações entre o trabalho ali desenvolvido e a saúde dos trabalhadores, a partir de seus depoimentos. Ao todo dez trabalhadores foram entrevistados: sete homens e três mulheres, com idade entre 18 e 36 anos, residentes em um bairro operário localizado na periferia do município em que se situa a empresa. As entrevistas totalizam cerca de cinco horas e trinta minutos. O grau de instrução dos entrevistados variou entre ensino fundamental incompleto e nível universitário. O tempo de trabalho na empresa variou de três meses a quatorze anos.

A REESTRUTURAÇÃO PRODUTIVA NA AGROINDÚSTRIA AVÍCOLA NACIONAL

A produção de frangos de corte em escala industrial no Brasil surgiu após a Segunda Guerra Mundial, e os estados de São Paulo, Rio de Janeiro e Minas Gerais eram os principais produtores até o início da década de 1960. Até então, linhagens híbridas norte-americanas eram importadas por empresas estabelecidas em São Paulo e no Rio de Janeiro. Essas empresas não utilizavam a integração, de modo que cada etapa da cadeia produtiva do frango era realizada por diferentes empresas, que agiam de forma independente. A partir do início da década de 1960, observaram-se mudanças no sistema produtivo: empresas localizadas em Santa Catarina adotaram o sistema de integração, pelo qual produziam pintos de um dia, abatiam e processavam as aves, transportavam e comercializavam a produção, e os pequenos produtores familiares criavam as aves por contrato de parceria (Pereira, Melo e Santos, 2007, p. 7).

A produção agroindustrial avícola começou a ganhar impulso no Brasil[2] a partir da década de 1970, com uma política de modernização das unidades de produção. Segundo Rizzi:

> [a agroindústria avícola brasileira] passou por profundas alterações com a instalação de modernos frigoríficos e abatedouros de aves a partir dos anos 1970, processo esse viabilizado pela política agrícola, que subsidiou a instalação de frigoríficos, a comercialização e a instalação de aviários fornecedores de matérias-primas via produtor integrado. (Rizzi, 1993, p. 60)

---

[2] A partir de 2004, o Brasil tornou-se o maior exportador mundial de aves (*Jornal da Carne*, abr. 2005), o que fez com que o preço ao consumidor diminuísse sensivelmente. O acesso a esse tipo de alimento por grande parte da população brasileira, excluída do acesso a fontes regulares de proteína, foi explorado em campanhas governamentais e transformado em grande estandarte do Plano Real. Segundo Espíndola, o Plano Real foi "um programa de estabilização anunciado em 1993 e implementado através de ajuste fiscal com cortes de despesas, da eliminação da inércia inflacionária, através da conversão de preços e salários a uma unidade (URV) e da reforma monetária, ou seja, a substituição da URV pela nova moeda, o real. Essa política econômica de estabilização estava sustentada por duas âncoras: a manutenção de taxa de juros reais elevada (em torno de 20% ao ano) e de taxa cambial baseada no dólar, ou seja, R$ 1,00 = US$ 1,00 [...]" (Espíndola, 2002, p. 77).

Segundo Tavolaro et al. (2007), nos anos posteriores à década de 1970 os abatedouros se tornaram mais mecanizados e automatizados. A produção em grande escala foi implementada, com especialização do maquinário, maior divisão de tarefas, trabalho semiqualificado e produção relativamente homogênea para o consumo em grande escala. A agroindústria avícola brasileira, até então inexpressiva, começou a ganhar terreno a partir da importação de tecnologia, tanto no que se refere ao material genético das aves quanto à tecnologia de produção. De acordo com Rizzi, "o consumo de carne de frango, que nos anos 1960 era de cerca de 0,4 kg/habitante/ano, passou para cerca de 20 kg/habitante/ano na atualidade, o que transformou a carne de frango em um dos principais aportes proteicos da população brasileira" (Rizzi, 1998, p. 3).

Ainda segundo Rizzi, o consumo de carne de frango passou a representar, a partir da década de 1990, mais de 40% do consumo total de proteínas no Brasil. Esse aumento de consumo pode ser creditado à reestruturação do processo de produção da agroindústria avícola, que permitiu o aumento da produção e a diminuição do preço ao consumidor, ao contrário do que aconteceu com os demais tipos de carnes produzidos no país. Rizzi (1993) afirmou que a agroindústria avícola nacional fez intensa implementação tecnológica, o que permitiu a substituição de procedimentos manuais por outros automáticos a partir do fim da década de 1960 e início da de 1970.

De acordo com Martins et al.:

> no Brasil, a avicultura de corte de frango, até o final da década de 1950, era uma atividade básica de subsistência e que dispunha de poucos recursos, sendo desenvolvida em bases não empresariais. A partir de 1960, passou a ter uma maior intensidade no seu processo de produção, devido à melhoria genética, à introdução de novas tecnologias, ao uso de instalações mais apropriadas, de alimentação racional e da parceria entre produtor e integrados[3], formando um complexo agroindustrial que permitiu saltos qualitativos na produtividade, tornando esse segmento um dos mais dinâmicos e competitivos do país. (Martins et al., s.d., p. 4)

Uma das primeiras operações que foram automatizadas depois da escaldagem[4] e da depenagem[5] foi o corte das pernas, seguido pelo corte automático do rabo e do pescoço das aves. A evisceração (retirada das vísceras das carcaças), antes realizada manualmente, passou a ser feita em equipamento automático. O uso desse equipamento, que combina diversas operações em uma mesma máquina, possibilitou o aumento da capacidade produtiva, sem que fosse necessário contratar novos empregados. A evisceração automática é considerada "a mais significativa inovação no processo de produção na indústria de aves" (Rizzi, 1993, p. 39-40).

Para Rizzi (1993), a produção agroindustrial de aves na década de 1970 foi marcada pela homogeneidade da produção, e seu principal produto era o processamento da ave inteira. A partir da década de 1980, a introdução de máquinas automáticas acarretou mudanças no processo de abate, assim como nas etapas subsequentes, com o intuito de atender a um mercado segmentado:

---

[3] Os integrados, também conhecidos como agregados, são pequenos e médios produtores que fornecem aves, suínos e cereais para as indústrias processadoras. Eles firmam contratos de produção e exclusividade e recebem insumos selecionados pela indústria.
[4] Imersão das carcaças em água a temperatura de 55-60 °C durante 90 a 120 minutos.
[5] Retirada das penas das aves em cilindros cônicos de borracha, que giram em sentidos opostos.

começa a diminuir a procura pelo frango abatido e vendido inteiro e aumenta a procura pelo frango recortado com osso e desossado, pelos produtos industrializados e emulsionados, como salsichas, mortadelas etc., pelos industrializados reestruturados, como os hambúrgueres, nuggets, linguiças etc. e os produtos empanados, pré-cozidos e supergelados (coxas e peitos). (Rizzi, 1993, p. 91)

A indústria tem se preocupado em priorizar a polivalência na área de abate e o uso de subsistemas flexíveis que orientam a produção para o atendimento de demanda diversificada e realizada na forma de encomenda (Ipardes et al., 2002).

Na década de 1990, a agroindústria nacional continuou o processo de automação e diferenciação de seus produtos, iniciado na década de 1980, combinando-o com a reestruturação da organização da produção. Além da aquisição de novos equipamentos, da diferenciação e da criação de novos produtos, houve uma preocupação com a diminuição dos "custos de produção, mudanças nas estratégias de relacionamento fornecedor/cliente, melhoramento qualitativo de matéria-prima etc." (Espíndola, 2002, p. 83).

Espíndola (2002) e Rizzi (1993) afirmaram que o índice de uso e implantação desses processos automatizados nas indústrias avícolas nacionais ocorreu de acordo com as características do produto e do mercado consumidor. Empresas que visam a produção de aves inteiras para o mercado consumidor de massa possuem etapas de produção menos automatizadas que aquelas voltadas para a produção de produtos específicos e diferenciados. Segundo esses autores, a amortização dos custos e a especificidade de cada setor da produção são fatores determinantes no nível de automação. Em alguns setores, como a sangria[6] ou a pendura[7], os processos ainda são vinculados ao trabalho manual. A produção de cortes específicos também é feita manualmente por exigência do mercado consumidor internacional, que procura produtos com melhor acabamento, não obtidos com o uso de máquinas. A automatização das etapas na agroindústria nacional está mais concentrada na eliminação de algumas etapas da produção, como a evisceração e a produção de produtos transformados, como os emulsionados e reestruturados.

Assim, na agroindústria avícola brasileira as atividades automatizadas coexistem com as manuais, atendendo ao mesmo tempo às exigências do mercado externo e à estratégia concorrencial do comércio internacional, dado seu baixo gasto com mão de obra (Rizzi, 1993).

A agroindústria avícola nacional é altamente oligopolizada e intimamente ligada às culturas de soja e milho e às empresas processadoras desses grãos. A região sul do país, que se tornou grande produtora de milho e soja a partir da década de 1970, recebeu à época grandes indústrias processadoras de grãos. É característico dessa região o grande número de pequenos estabelecimentos agrícolas, ideais para a integração com grandes unidades de processamento e abate de aves. Nesse cenário, agroindústrias de grande porte deslocaram-se para o Sul e lá instalaram unidades de produção, "com destaque para o Estado do Paraná, que passou a responder por cerca de 27% da produção de aves no Brasil" ("Carnes...", 2009).

Em 2008, segundo a Associação Brasileira dos Produtores e Exportadores de Frangos (Abef), o Brasil foi responsável por mais de 40% da produção mundial de aves. Da pro-

---

[6] Corte no pescoço da ave para retirar a maior quantidade possível de sangue. Nessa etapa ainda não ocorre a retirada do pescoço.
[7] Ato de pendurar a ave na correia transportadora denominada "nória".

dução nacional total (cerca de 10,9 milhões de toneladas), 37% destinou-se ao mercado internacional e 63% ao mercado interno. Ainda de acordo com a Abef, mesmo com a crise do fim de 2008, a produção mundial de carne de frango cresceu cerca de 4,5% (Abef, 2009).

Segundo Espíndola (2002), a produção de aves no cenário internacional cresceu de forma avassaladora, mas nem todos os países tiveram as taxas de crescimento observadas no Brasil. A produção mundial de carne de frango passou de cerca de 7,5 milhões de toneladas em 1970 para cerca de 39,5 milhões de toneladas em 1999. Em comparação com o período de 1974 a 1993, a produção mundial cresceu 90%, a norte-americana, 91%, a francesa, 92%, e a brasileira, 565% (Espíndola, 2002, p.196-7).

No Brasil, a produção de frangos, que era de 1,617 milhão de toneladas em 1986, passou para 2,356 milhões de toneladas em 1990 e 5,977 milhões de toneladas em 2000, e previa-se que em 2008 ela seria de cerca de 10,9 milhões de toneladas (UBA, 2008).

O crescimento da procura por cortes de aves refletiu a mudança de hábitos alimentares e de vida da população mundial, que não dispõe de muito tempo para o preparo das refeições, em especial nas cidades de médio e grande porte. As plantas agroindustriais passaram a produzir cortes diferenciados para atender à nova demanda por produtos mais nobres no mercado nacional, assim como ao crescimento das exportações. Espíndola (2002) afirma que a diferenciação de produtos é a principal tendência do mercado nacional e mundial: o consumo de cortes de frango, em detrimento da ave inteira, é crescente. Em 2000, os cortes de carne de frango representaram cerca de 16% do consumo total no Brasil e cerca de 46% do consumo nos Estados Unidos. Mandel analisou essa tendência e afirmou:

> O crescente aumento do mercado de refeições prontas e de alimentos enlatados corresponde ao rápido declínio da produção de valores de uso imediato no seio da família, antes de responsabilidade da esposa, da mãe ou da filha do trabalhador [...] como a reprodução da mercadoria força de trabalho se realiza de modo crescente por meio de mercadorias capitalisticamente produzidas e organizadas e da prestação de serviços, a base material da família individual desaparece também na esfera do consumo. Esse processo corresponde, por sua vez, a uma pressão econômica, ou seja, a um aumento crescente das atividades profissionais das mulheres. (Mandel, 1982, p. 274-5)

A ORGANIZAÇÃO, O PROCESSO E A DIVISÃO DO TRABALHO NO SETOR INDUSTRIAL AVÍCOLA

Os trabalhadores entrevistados para esta pesquisa eram, na época, empregados de uma indústria avícola localizada na região oeste do Estado do Paraná. Inaugurada em 1944, a indústria era de propriedade de um dos maiores grupos do ramo no Brasil e exportava para cem países. No mercado interno, comercializava cerca de 700 itens e, no externo, cerca de 250. O grupo[8] empregava cerca de 60 mil funcionários diretos, distribuídos em

---

[8] Em 2009, houve fusão entre o grupo a que pertence a empresa estudada e outro gigante do setor. A nova empresa transformou-se no maior produtor e exportador de carnes do Brasil, é a décima maior empresa de alimentos das Américas, a segunda maior indústria alimentícia do Brasil (depois do frigorífico JBS Friboi), a maior produtora e exportadora mundial de carnes processadas e a terceira maior exportadora brasileira (depois da Petrobras e da Vale).

17 parques industriais no Brasil e um na Rússia e cerca de 10 mil granjas integradas de aves e suínos eram associadas a ele no país (Sadia, 2008).

Na época da pesquisa, essa indústria empregava em torno de 6,5 mil funcionários diretos[9] em três turnos de 8 horas e 48 minutos cada um; a unidade operava 24 horas por dia, 5 dias na semana, e processava cerca de 380 mil aves e 7 mil suínos diariamente.

O processamento de aves nessa indústria é uma atividade complexa, que envolve, antes mesmo do abate, cuidados minuciosos. As aves são transportadas em caminhões, dentro de gaiolas especiais, desde o aviário produtor[10] até a indústria. Quando a distância a ser percorrida é superior a 150 quilômetros, o caminhão tem de parar no percurso para que as aves possam descansar.

Após a chegada das aves, ocorre a verificação do lote e das características do produtor. As gaiolas são descarregadas e as aves são deixadas em repouso por duas horas antes de entrar para o processo de produção. Tais procedimentos são importantes para que a qualidade da carne seja preservada.

O processo industrial compreende atividades manuais e automáticas. As etapas apresentadas a seguir referem-se ao funcionamento da indústria estudada; em outras, o processo de trabalho pode apresentar pequenas diferenças, decorrentes sobretudo dos níveis de automação adotados. Na indústria estudada, parte das aves abatidas era comercializada inteira, resfriada ou congelada; parte era destinada ao processamento de coxas, sobrecoxas, peito, asa etc.; e parte ia para a fabricação de derivados, como empanados e embutidos.

Independentemente do produto final requerido, o processo inicia-se com a retirada das aves das gaiolas e a pendura (pelos pés) nas correias transportadoras. As aves recebem então um choque elétrico, através de um dispositivo automático, que as "anestesia". Em seguida, realiza-se a sangria, feita manualmente, com um corte no pescoço do animal. O sangue é aproveitado, entre outras coisas, para o fabrico de ração.

Já morta e sangrada, a ave segue pendurada na correia para a escaldagem e, em seguida, para a depenagem. Esses dois processos são mecânicos. O próximo passo é a evisceração, tarefa também realizada mecanicamente: a cloaca e o abdome são cortados e abertos, os órgãos internos são expostos (nesse momento, o Serviço de Inspeção Federal [SIF] faz a inspeção da qualidade do produto) e os miúdos são retirados. Os comestíveis, como fígado, coração e moela, são separados. A ave é então pré-resfriada e enviada para o gotejamento, no qual o excesso de água é retirado. A ave é dependurada novamente na correia transportadora.

As aves são pesadas e separadas: aquelas destinadas à comercialização sem cortes são embaladas e resfriadas ou congeladas; as destinadas à comercialização em cortes ou industrializadas são encaixadas em cones metálicos dispostos sobre esteiras rolantes e seguem para o espostejamento. Nessa etapa, a carcaça é cortada ao meio e a musculatura do peito e das asas, coxas e sobrecoxas, e o excesso de pele são retirados.

Contrata cerca de 116 mil funcionários, administra 42 fábricas e fatura cerca de 22 bilhões de reais por ano, dos quais 10 bilhões de reais resultam das exportações (cerca de 42% da produção) (Salles, 2009).

[9] Estimativa para os anos de 2005 a 2006 (Sadia, 2006).

[10] Os aviários são instalados em geral em propriedades rurais, de pequeno e médio porte, que criam as matrizes geradas nos incubatórios da empresa. A alimentação das aves é fornecida pela empresa. Esses pequenos proprietários são chamados de agregados.

Para a realização dessas tarefas, trabalham lado a lado, em cada uma das esteiras, cerca de dezoito funcionários munidos de facas. Cada um tem uma função específica: um faz um corte no meio da ave, outro retira a asa, o seguinte retira a sobrecoxa com a coxa, os pés, o peito e o excesso de pele. No fim da esteira, cada uma das partes é encaminhada para outras esteiras, nas quais ocorre o espostejamento em partes específicas. Na indústria pesquisada, existem seções específicas para cada um dos produtos desejados, com diferenças conforme o produto, ou seja, há seções de produção de coxa e sobrecoxa desossada, de peito desossado, de coxinha de asa etc. Há também seções destinadas à elaboração de cortes especiais a partir da carne do peito, da coxa e da sobrecoxa desossadas, principalmente, e destinados a demandas específicas, como a produção de *kakugiro* (cubos de carne de cerca de 30 gramas, destinados ao mercado asiático).

Na indústria que empregava os trabalhadores entrevistados para esta pesquisa, observou-se claramente a coexistência de processos de trabalho automatizados com outros estritamente manuais, apesar de todo o desenvolvimento do aparato tecnológico. Isso pode ser encontrado também em outros ramos econômicos do país, como descrito por Navarro:

> a adoção e difusão de novas formas de organização da produção e do trabalho, em especial aquelas baseadas no modelo japonês, não ocorreram de forma homogênea entre os diferentes setores da economia; entre as empresas de um mesmo setor e mesmo no interior de uma mesma empresa [...] em muitos casos, a adoção desse novo modelo de gestão da produção significa tão somente a adoção de algumas de suas técnicas ou sistemas. (Navarro, 2003, p. 117)

O COTIDIANO DE TRABALHO E A SAÚDE DO TRABALHADOR

O controle do tempo de trabalho na indústria analisada é realizado por relógio de ponto, ritmo das esteiras, das máquinas e de mecanismos, com o estabelecimento de metas a serem cumpridas. A tais mecanismos de controle e organização do tempo de trabalho somam-se os exercidos diretamente pelos supervisores em cada etapa da produção.

Para Thompson (2005), as mudanças no controle e disciplinamento do tempo de trabalho, a partir do século XVIII, passaram a ser elemento fundamental para a efetivação e o progresso da produção industrial capitalista. O tempo passou a ser moeda de troca na relação entre empregador e empregado e, segundo o autor, os contratados experimentavam uma distinção entre o tempo do empregador e seu "próprio" tempo. O empregador deve usar o tempo de sua mão de obra e cuidar para que ele não seja desperdiçado: o que predomina não é a tarefa, mas o valor do tempo quando reduzido a dinheiro. O tempo é agora moeda: ninguém passa o tempo, mas gasta o tempo (Thompson, 2005, p. 272).

A afirmação de Thompson chama a atenção para o fato de que o tempo de trabalho realizado pelo funcionário na atividade capitalista é alheio a sua vontade, e seu controle é medido em valores monetários e não em horas e minutos. Dessa forma, a observação do início e do término da jornada de trabalho, bem como do tempo necessário à execução das tarefas no interior da indústria capitalista, é fator imprescindível para a compreensão da própria condição do trabalhador. O controle do tempo de trabalho pelo empregador, via de regra, extrapola aquele exercido durante a atividade industrial capitalista e estende-se à vida cotidiana dos funcionários.

Max Weber apresentou noções de puritanismo e disciplina que devem ser observadas pelos trabalhadores. Da óptica da doutrina protestante:

> O homem é apenas o fiduciário dos bens que lhe foram entregues pela graça de Deus. Ele deve [...] prestar contas até o último centavo do que lhe foi confiado, e seria no mínimo perigoso gastar qualquer deles por qualquer propósito que não servisse à glória de Deus, mas apenas para o seu prazer. (Weber, 2006, p. 127)

Henry Ford, ao instaurar o "dia de cinco dólares" em sua fábrica de automóveis em Detroit, nos Estados Unidos, relacionou as características desejáveis para que o funcionário recebesse efetivamente seu pagamento, características essas que alcançavam atos e atitudes da vida pessoal dos empregados: "o asseio e o comedimento eram atributos essenciais [...] o consumo de álcool e fumo era malvisto [...] jogar estava fora de questão" (Beynon, 1995, p. 42). Segundo Beynon, Ford acreditava que os homens deveriam saber gastar, pois dinheiro na mão de quem não o gasta com cautela e ponderação poderia ser prejudicial à atividade industrial e ao próprio trabalhador. O tempo de descanso também deveria ser observado com zelo, para que o cansaço não comprometesse a atividade de trabalho no dia seguinte.

O controle e a organização do tempo na indústria avícola estudada também eram de grande importância. Ali o controle não se restringia às atividades ligadas à produção no interior da indústria, já que também atingia as atividades destinadas à organização da vida diária, na esfera da reprodução da força de trabalho.

Os entrevistados, quando da realização desta pesquisa, trabalhavam em 3 turnos de 8 horas e 48 minutos cada, 5 dias por semana, com um intervalo de cerca de 15 minutos para ir ao banheiro e outro de 1 hora para o almoço ou jantar, em geral no refeitório da empresa. A jornada semanal de trabalho era de 42 horas e 40 minutos, não computadas as horas extras, que, segundo os entrevistados, eram comuns.

Havia turnos específicos de trabalho, de acordo com o que seria produzido e a necessidade da produção, podendo coexistir turnos variados de entrada e saída dos trabalhadores.

As escalas de trabalho em turnos não são novidade, no entanto Moreno, Fischer e Rotenberg (2003) observaram que elas passaram a ser adotadas com mais ênfase a partir da introdução de novas tecnologias de produção e das mudanças econômicas ligadas à globalização econômica. Segundo eles, as consequências para a saúde daqueles que trabalham em turnos escalonados podem ser bastante graves e gerar "importantes impactos no bem-estar físico, mental e social dos trabalhadores" (Moreno, Fischer e Rotenberg, 2003, p. 36). Conforme relatos dos entrevistados, o trabalho em turnos e noturno interferia também na organização de sua vida familiar e social.

> Tem que acordar muito cedo [...] eu entro às 3h10 e saio às 12h50. Eu durmo assim, meio pingado, um pouco à tarde, um pouco à noite. Você perde um pouco a vida [...]. Esse horário atrapalha, porque você não pode assistir a um filme à noite, um jogo, sair. Tem que voltar cedo pra casa. (R. P., 23 anos, 4,5 anos na empresa)

O entrevistado demonstrava ciência da dificuldade de organizar sua vida pessoal, da necessidade de se abster de atividades corriqueiras para refazer as forças para a jornada de trabalho do dia seguinte, e revelou a tênue separação entre o trabalho e a vida privada, já que as relações afetivas também eram prejudicadas:

> Minha namorada trabalha no horário comercial e vai a aula à noite, ela dorme por volta das 23h30 e acorda às 8 horas. Eu, quando chega 9 da noite, tô morrendo de sono, não aguento, cochilo, e ela, acostumada a dormir mais tarde, fala: "Ó, vamos, acorda! Vamos!" [...] É chato, mas é verdade [...]. É complicado. (R. P.)

O trabalho noturno e em turnos desagrega o tempo dos trabalhadores, fazendo com que a organização de sua vida privada seja análoga à de sua atividade laboral. Uma das queixas mais comuns dos entrevistados refere-se ao horário da jornada de trabalho e às limitações ou rotinas que ele impõe à vida.

Para Moreno, Fischer e Rotenberg (2003), o trabalho noturno e em turnos pode potencializar os riscos à saúde do trabalhador, dado que pode diminuir o desempenho nas tarefas e expor o trabalhador a riscos de acidentes de trabalho e a estressores ambientais que podem levá-lo à incapacidade para o trabalho precocemente.

Um dos entrevistados revelou detalhes da rotina de trabalho em turnos e da organização de sua vida pessoal que são importantes para a compreensão dos fatores estressores citados:

> Eu entro às 4 horas e, para sair, vai depender também da produção, como que anda ou se atrasa. Porque tem dia que atrasa, dá um problema numa máquina [...]. Geralmente a gente sai às 14h30 e tem dia que [sai] quase às 15 horas, porque a gente não quer deixar vareio[11] para a turma da noite pegar, né? [...]. Não adianta eu falar para você que não vai ter um desgaste emocional [...]. Você sabe que o sono gostoso é na parte da manhã, você já não levanta de bem com a vida, vai para o serviço. É muita cobrança. Você tem aquela preocupação que num dia atrasa, dá um vareio [...] vem aquela rotina na cabeça e isso pesa. Você discute com um companheiro e tem que voltar atrás, fazer amizade de novo, porque ali é uma família [...] não dá para trabalhar brigado. (S. B., 36 anos, 8,5 anos na empresa)

Em sua fala, o entrevistado relatou as cobranças que sofria no trabalho. Elas vinham não só de seus superiores imediatos, que fiscalizavam cada uma das áreas de produção, mas também de seus próprios colegas, que tinham de trabalhar mais rápido e mais duro se algum funcionário da seção não conseguisse atingir as metas de produção individual ditadas pela esteira rolante.

O ritmo e a intensidade do trabalho eram grandes: no espostejamento de partes específicas, havia uma seção de desossa de coxa e sobrecoxa onde trabalhavam de 18 a 22 funcionários posicionados nos dois lados da esteira, um de frente para o outro. As coxas e as sobrecoxas ficavam à frente deles, depositadas sobre uma marcação numerada na esteira. Cada funcionário era responsável pela desossa da peça correspondente ao seu número e tinha cerca de 20 segundos para realizar a tarefa, dependendo da estimativa da produção. Uma das metas da empresa era a diminuição em 1 segundo do tempo necessário para desossar cada

---

[11] "Vareio, s. m.: repreensão; estado de excitação que leva o indivíduo a dizer coisas sem nexo; delírio; desvario; susto" (Bueno, 1980). Seu uso pelos trabalhadores entrevistados indica o acúmulo de matéria-prima não processada que é enviada pela esteira ou pela nória e deve ser processada posteriormente pelos funcionários da linha de produção ou pelos funcionários do próximo turno.

peça. "Antes, eram 25 segundos para desossar cada peça, agora são 20 segundos [...]. Eles já aumentaram a velocidade da esteira para 19 segundos, mas a gente ainda não consegue" (M. S., 27 anos, 9 meses na empresa).

Uma das funcionárias que trabalhava nessa seção relatou a imposição de metas para diminuir o número de erros que ocorriam na linha de produção: "Tem uma meta pra ser atingida. A nossa é, no máximo, seis erros por dia de produção [...]. A linha inteira tem que atingir essa meta. Se a meta não é alcançada, o supervisor responde pelas anomalias" (L. D,. 20 anos, 8 meses na empresa).

Na seção de cortes de coxas e sobrecoxas há apenas uma cadeira para os funcionários, que se revezam a cada vinte minutos para mudar de posição ao longo da jornada de trabalho. No entanto, como relatou uma funcionária, o trabalho sentado também é desconfortável:

> lá na seção tem uma cadeira que a gente divide vinte minutos cada um, a cada vinte minutos um fica sentado. A maioria do tempo é em pé, pois cansa ficar sentado em cima daquelas cadeiras. Dá dor nas costas. Então, o máximo que eu consegui ficar naquelas cadeiras foi uma hora [...] daí começa a dor nas costas, doer o ombro [...]. (M. S.)

A trabalhadora M. S. afirmou entrar na fábrica às 5 horas e sair às 15 horas[12]. Relatou que muitos funcionários se queixavam de dores e, por isso, a empresa introduziu pausas durante o trabalho para a realização de exercícios de alongamento, que começam às 7h30 e duram cerca de 15 minutos. Os exercícios, segundo ela, foram adotados em razão do grande número de casos de lesão por esforço repetitivo (LER), cuja origem pode ser creditada ao ritmo intenso da atividade de desossa. "É que a máquina estava dando LER, né, problema nos braços, daí os exercícios mudaram duas vezes já, desde que eu estou lá" (M. S.).

A percepção quanto ao adoecer é reveladora: ela compreendia que a máquina era a causadora das LERs nos funcionários, mas não fazia a ligação entre a moléstia e o ritmo de trabalho que lhe era imposto. A implantação de programas de ginástica laboral pela empresa, relatada na entrevista, revelou a necessidade de adaptar o corpo dos trabalhadores ao ritmo de trabalho. De acordo com o depoimento da trabalhadora, a ginástica laboral era realizada apenas em uma única sessão, quando o recomendado é que sejam realizadas, durante o dia de trabalho, três sessões: a primeira, no início das atividades, para aquecimento; a segunda, no meio da jornada, para alongamento e descanso; e a terceira, no fim da jornada. O que se tem observado é que as empresas adotam a ginástica laboral apenas no início da jornada, de forma a "aquecer" os trabalhadores para que possam suportar o ritmo de trabalho que lhes é imposto. É também digno de nota o fato de que a ginástica era realizada fora do horário de trabalho, portanto o trabalhador devia chegar mais cedo para participar.

Os turnos são outro agravante das condições de trabalho. Um dos entrevistados afirmou que um colega de trabalho chegou a se confundir com o horário de entrada na empresa e entrou no turno errado, só percebendo o equívoco ao notar a ausência de seus companheiros:

---

[12] O tempo que a funcionária permanece no interior da indústria é de dez horas, computadas a pausa de quinze minutos e a refeição de uma hora.

o cara acordou assim às 18h30, tudo meio escuro, e pensou: "Perdi a hora!". Porque acontece muito de o cara perder a hora quando entra às 4h30 [...]. Aí ele saiu da casa dele, cortou todo o caminho a pé, chegou na empresa, pegou a roupa, passou o cartão, trocou de roupa e entrou no frigorífico [...]. Quando ele chegou no lugar de trabalho, percebeu que o amigo que trabalhava com ele não estava lá [...]. Só aí que ele se tocou que era o segundo turno e não o primeiro! (E. A., 25 anos, 7 anos na empresa)

Tal depoimento nos permite dimensionar o impacto causado pelo trabalho noturno e em turnos na saúde mental dos trabalhadores. O medo, a ansiedade e a pressão para não perder o horário podem suscitar, em alguns casos, doenças psicossomáticas. Os depoimentos obtidos nos permitem afirmar que não é apenas o tempo de trabalho no interior dos frigoríficos que pode ser prejudicial à saúde do trabalhador, mas também a própria rotina criada nos momentos que antecedem a jornada de trabalho.

Dejours, ao discorrer sobre a rotina de trabalho na produção industrial capitalista, afirmou que esta interfere e condiciona o tempo livre do funcionário:

> É o homem inteiro que é condicionado ao comportamento produtivo pela organização do trabalho e, fora da fábrica, ele conserva a mesma pele e a mesma cabeça. Despersonalizado no trabalho, ele continuará despersonalizado em sua casa [...]. O tempo fora do trabalho não seria nem livre nem virgem, e os estereótipos comportamentais não seriam testemunhas apenas de alguns resíduos anedóticos. Ao contrário, tempo de trabalho e tempo fora do trabalho formariam um *continuum* dificilmente dissociável. (Dejours, 1992, p. 46)

Assim, o tempo de folga de um funcionário não é independente de suas funções ou de sua posição na estrutura de produção industrial capitalista. O aprendizado, o condicionamento e o treinamento pelos quais ele passou tomam formas práticas em suas atitudes dentro e fora do trabalho, assim como têm relação com a percepção que ele faz de si mesmo e do mundo que o cerca.

De acordo com Antunes (2002), a esfera fora do trabalho é, de certo modo, maculada pela desefetivação que se dá no interior da vida laborativa. Para ele, é impossível ao trabalhador compatibilizar o trabalho assalariado fetichizado e estranhado com o tempo verdadeiramente livre.

Uma vida cheia de sentido em todas as esferas do ser social, dada pela omnilateralidade humana, somente poderá efetivar-se por meio da demolição das barreiras existentes entre tempo de trabalho e tempo de não trabalho, de modo que, a partir de uma atividade vital cheia de sentido, autodeterminada, para além da divisão hierárquica que subordina o trabalho ao capital hoje vigente e, portanto, sobre bases inteiramente novas, possa se desenvolver uma nova sociabilidade (Antunes, 2005, p. 177).

Um dos entrevistados definiu os momentos anteriores ao início do trabalho na indústria da seguinte forma:

> Extrema tensão, estresse, uma coisa realmente agoniante, porque eu não consigo entender o trabalho para alguma outra pessoa que não seja uma forma de escravidão. Então você saber que vai ficar horas exposto ao comando de uma pessoa para realizar as tarefas que ela designar, mesmo que você já tenha as tarefas para desenvolver, que é o meu caso [...] isso me causa

angústia. Acho que isso reflete em todos os âmbitos, então daí a gastrite, a dor nas costas. Acho que isso acaba se acentuando na medida em que o estresse do trabalho mesmo, o ritmo se acentua. (G. F., 27 anos, 6 meses na empresa)

Outro entrevistado expôs assim sua preocupação com o horário de entrada no trabalho:

Fico preocupado. Se tocar o telefone aqui, eu já estralo, o relógio já despertou [...]. Acontece que o cara fica com medo de perder a hora [...]. Eu tenho três despertadores ali [...] toda hora eu olho para ver se a hora tá certa, se o despertador tá certo, com medo de perder a hora. Qualquer coisinha, o cara acorda; quando toca, o cara já acorda assustado. (M. E., 18 anos, 3 meses na empresa)

O trabalho em turnos também impede ou dificulta atividades ligadas à obtenção de educação[13] formal e de crescimento pessoal e profissional. Um dos entrevistados afirmou ter dificuldade em conciliar o trabalho com a educação, assim como revelou sua incapacidade de se desligar de suas atividades na indústria.

Por que é que a pessoa não consegue se desligar? Geralmente eu começava a trabalhar às 4h30. Você tem que acordar, no mínimo, uma hora antes, se você quiser tomar um cafezinho [...]. Eu começava a trabalhar às 4h30 e fazia um curso de informática. Então eu acordava às 3h30, pegava a bicicleta, andava 3 ou 4 quilômetros até lá, tomava um cafezinho, passava o cartão às 4h30 e trabalhava até as 13h50. [...] Eu chegava em casa lá pelas 15 horas, tomava um café e dormia até as 18 horas, porque às 19h15 começava a minha aula [...]. Só que você acordou às 3h30, trabalhou o dia inteiro [...] aí você começa a dormir à tarde, e o sono da tarde já não é igual ao sono da noite, ainda mais quando você pega o verão e tá aquele calor [...]. Aí você chega em casa, toma um banho de água fria, tenta relaxar, deita e tem que acordar às 18 horas. Quando você começa a engrenar no sono, você quebra, aí você nem descansou entendeu? [...] O corpo não descansou totalmente [...] acorda e quebra aquela rotina de sono [...]. Você chega às 18h50 na escola e sai quase às 23 horas, vai dormir e, quando é 3h30, tem que estar de pé de novo [...]. Em média, o cara que estuda não dorme mais que cinco horas por dia. E em alguns dias não dá pra dormir, porque você tem que ir à cidade pagar uma conta, chega um parente em casa [...]. Então, se eu estou na escola, estou cansado, sua mente cansa, ou estou preocupado: "Poxa, eu tenho que acordar às 3 horas da manhã. (E. A., 25 anos, 7 anos na empresa)

A organização da rotina diária exposta no depoimento do funcionário é sempre marcada pela preocupação constante com o trabalho. O estabelecimento de normas condicionantes na esfera privada, no que tange à adequação e à regulação dos afazeres cotidianos, como descansar e relacionar-se com a família, assemelha-se aos esforços necessários à atividade laboral, o que torna a separação entre essas duas esferas bastante tênue. Segundo Dejours:

---

[13] Sobre a educação dos trabalhadores dessa indústria, há um estudo de Cruz e Bianchetti (s.d.) que relata a implantação de cursos educacionais supletivos (ensino fundamental e médio) no interior de uma indústria avícola, com o apoio da Secretaria da Educação da região. No entanto, o conteúdo da aula era voltado exclusivamente para os interesses da empresa, o que contrariava os Parâmetros Curriculares Nacionais (PCNs), definidos pelo MEC.

os operários e empregados submetidos à OCT[14] mantêm ativamente, fora do trabalho e durante os dias de folga, um programa em que atividades e repouso são verdadeiramente comandados pelo cronômetro. Eles conservam presente a preocupação ininterrupta do tempo perdido a cada gesto, uma espécie de vigilância permanente para não deixar apagar o condicionamento mental ao comportamento produtivo [...]. Assim, o ritmo do tempo fora do trabalho não é somente uma contaminação, mas antes uma estratégia, destinada a manter eficazmente a repressão dos comportamentos espontâneos que marcariam uma brecha no comportamento produtivo. (Dejours, 1992, p. 47)

Um dos entrevistados informou que foi trabalhar naquela indústria (frigorífico) para poder terminar os estudos, já que na cidade onde morava não havia o ensino médio. Durante a entrevista, mostrou-se cansado e bocejou com frequência. Seu turno de trabalho começava às 5h07 e terminava às 15 horas. A entrevista ocorreu por volta das 16 horas, horário em que costuma dormir. O entrevistado reclamou do fato de as folgas ocorrerem no meio da semana, o que atrapalha as visitas à família, que mora em outra cidade:

Eu acordo às 4 horas, chego no emprego às 4h15, tomo café e vou trabalhar [...]. De tarde, quando chego em casa, eu almoço, durmo um pouco e vou para a escola. A aula começa às 19h10 e vai até às 23 horas. Cansa bastante [...]. Ontem eu não fui na escola por causa do sono, né? [...] Acho ruim porque eu não moro aqui. Moro em São José e é ruim para eu ir para casa. Então, sábado, eu vou e já tenho que voltar no domingo mesmo. Se folgasse no sábado, eu já ia na sexta-feira de tarde e voltava só no domingo. (M. E., 18 anos, 3 meses na empresa)

Outra entrevistada também fez referência ao fato de o trabalho em turnos e as folgas não permitirem folgar aos fins de semana:

um horário mais comercial seria melhor, não trabalhar no sábado. Agora a gente trabalha de segunda a sábado e folga um dia da semana. Eu folgo na quarta-feira e seria melhor se a gente trabalhasse de segunda a sexta e folgasse no sábado. (L. D., 20 anos, 8 meses na empresa)

Seligmann-Silva (1994) afirmou que as folgas no meio da semana contribuem para o isolamento social dos trabalhadores: enquanto a família e os amigos estão trabalhando, o funcionário está de folga, o que impossibilita o lazer conjunto. "São necessidades psicológicas e sociais que deixam de ser atendidas" (Seligmann-Silva, 1994, p. 148). O tempo de descanso e de organização da própria vida pessoal está sempre vinculado à esfera da produção, o que pode ser potencializado, segundo Dejours (1992), pela falta de recursos financeiros para usufruir, de acordo com seus desejos e necessidades, do tempo fora do trabalho.

A estruturação do tempo de trabalho como condicionante das outras esferas da vida doméstica pode, como exposto, desencadear danos à saúde mental e física dos trabalhadores. No entanto, o ambiente de trabalho, bem como sua própria organização, são elementos importantes para apreendermos a dimensão da exposição desses trabalhadores à dinâmica do adoecimento.

---

[14] Organização científica do trabalho, derivada da racionalização do trabalho implementada por Taylor.

Algumas características do ambiente de trabalho são percebidas com menos detalhes por trabalhadores mais antigos, dada a naturalização dos aspectos ambientais com o passar dos anos no interior da indústria. Assim, características consideradas nocivas no início das atividades deixam de ser vistas desse modo com o passar dos anos. Apesar de inadequadas, essas situações atingem um grau de tolerância que as torna "quase imperceptíveis". Aspectos importantes na relação desses trabalhadores com o ambiente de trabalho foram revelados em diferentes depoimentos obtidos nesta pesquisa.

A temperatura ambiente no interior da indústria avícola varia de acordo com a etapa da produção e chega a menos de 20 ºC negativos na seção de congelamento. A primeira etapa da produção, que corresponde à preparação da ave para o processamento, é realizada em temperatura ambiente em todas as seções. A partir da evisceração e da preparação da ave inteira, a temperatura ambiente é controlada e varia de 10 ºC a 12 ºC.

> A temperatura do ambiente, segundo o Ministério do Trabalho, não pode ficar abaixo de 10 ºC, pois, abaixo disso, [a empresa] já tem que pagar [adicional de] insalubridade. Então a temperatura fica entre 12 e 10 ºC. [...]. Lá embaixo é frio, frio pra chuchu [...]. É controlado por ar-refrigerado. Tem um sensor: a temperatura atingiu 10 ºC, [ele] desliga, chegou a 12 ºC, ele liga de novo [...]. É automático, pra não abaixar muito nem esquentar muito, porque se baixar de 10 ºC o pessoal já trabalha com insalubridade e lá embaixo ninguém ganha insalubridade para isso. (E. A., 25 anos, 7 anos na empresa)

A baixa temperatura do ambiente pode provocar não só desconforto, mas também problemas respiratórios, como bronquite, sinusite, rinite etc. A adaptação às baixas temperaturas na indústria avícola, segundo os funcionários entrevistados, é mais difícil nos primeiros meses da rotina de trabalho, porque "o corpo demora para se acostumar".

> No início eu achava que não ia ser um serviço bom de fazer, porque era um serviço meio pesado e o local era frio. Até que você [se] acostuma com o frio. O corpo, no começo, parece que judia [...]. Hoje, para mim, é um serviço normal. A gente pegou amor pelo serviço. O corpo doía bastante no início, toda parte dos nervos do corpo [...]. O local é gelado, então você fica com o organismo numa temperatura e você entra lá dentro e é outra [...]. Tem que trabalhar bem fresco por causa da carne [...]. (S. B., 36 anos, 8,5 anos na empresa)

Para Dejours (2005), o sofrimento na atividade industrial é constantemente negado tanto pelas empresas quanto pelos próprios trabalhadores. Os trabalhadores, na concorrência pela manutenção do emprego ou na busca incessante por melhores postos de trabalho, acabam por negar o próprio sofrimento. Segundo o autor, o "gerenciamento pela ameaça", respaldado na precarização do emprego, favorece o silêncio, o sigilo e o cada um por si.

Os obstáculos à confissão da verdade sempre estiveram presentes na organização do trabalho, mas a manipulação da ameaça que faz calar as opiniões contraditórias e confere à descrição "oficial" do trabalho um domínio sobre as consciências está incomparavelmente mais disseminada do que há vinte anos. Paradoxalmente, os próprios trabalhadores tornam-se cúmplices da negação do real do trabalho e do progresso da doutrina pejorativa do fator humano, graças ao seu silêncio, à sonegação de informações e à desenfreada concorrência a que se veem mutuamente constrangidos (Dejours, 2005).

A análise da negação do sofrimento no processo de trabalho, citada por Dejours, encontrou eco nos depoimentos dos trabalhadores entrevistados, que, de modo geral, expressaram conformidade com o trabalho ou com o discurso oficial de que a atividade laboral não representa agravos para sua saúde. Entretanto, no decorrer das entrevistas, revelaram apreensão com relação ao futuro:

> Por enquanto está bom, estou achando bom, estou pegando experiência [...]. Eu não tenho medo, porque eu não quero ficar muito tempo ali [...]. Eu vou ficando lá, depois começo a ficar doente e eu sou um cara novo [...]. Ficar doente aí fica ruim [...]. (M. E., 18 anos, 3 meses na empresa)

O depoimento é esclarecedor com relação à aceitação da atividade de trabalho no início, mas revela clara preocupação com relação à saúde no futuro. Essa apreensão é potencializada quando o entrevistado revela que seu pai já havia trabalhado na empresa e saiu por problemas de saúde: "Meu pai também já trabalhou ali durante dois anos e quatro meses. Depois começou a doer as costas, ele já tinha um pouco de dor, aí começou a doer mais e ele saiu" (M. E.).

Relato semelhante foi feito por outra entrevistada, que também afirmou estar satisfeita com seu trabalho e, em seguida, revelou que a temperatura do ambiente laboral é causa de desconforto:

> Eu não tenho insatisfação. Gosto do que eu faço. Tem algumas coisas que não é de acordo, tipo a temperatura do ambiente [...] é frio, dez, oito graus [...]. A gente tem que usar um moletinho por baixo, uma blusa mais grossa, que é vestido assim, tipo uma lá por dentro, calça, bota, meia. Mas mesmo assim é frio. Às vezes a gente passa frio porque depende do seu ritmo de trabalho. Se está mais corrido, [você] não sente tanto frio. (L. D., 20 anos, 8 meses na empresa)

Em algumas áreas da planta industrial, o ambiente é morno e úmido, e há no ar um odor permanente de carne crua e penas molhadas em água fervente. Tal odor, característico dessa atividade industrial, não se limita ao ambiente fabril: na estação chuvosa e de temperaturas mais baixas, ele se dispersa pela área urbana em torno da indústria. Segundo relato dos funcionários, no interior da indústria o odor mais forte se concentra sobretudo nos setores de pendura e sangria: "tem lugares que têm cheiro forte [...] no espostejamento, não. Agora, na matança, na pendura lá embaixo, tem cheiro forte" (E. A., 25 anos, 7 anos na empresa).

Os ruídos no ambiente de trabalho também são motivo de queixa. Como medida de proteção, eles utilizam protetores auriculares, mas sua eficácia é questionável.

> É muito barulhento. Só que eu acho que não passa o padrão. Os técnicos de segurança no trabalho sempre estão lá fazendo a medição, porque você pode trabalhar até com 80 decibéis de barulho. Então dá 100 e eles dizem que dá 100, e o protetor que você usa abafa 20%, então com o protetor que você usa ficaria 80%, assim dizem [...]. Mas é muito barulho e não tem como você trabalhar ali sem o protetor. (E. A., 25 anos, 7 anos na empresa)

Os trabalhadores fazem suas refeições no restaurante da indústria e o valor da refeição é descontado mensalmente na folha de pagamento. O custo é baixo, quase simbólico. O fato de ter de fazer as refeições nas dependências da empresa gera algumas reclamações, assim como a qualidade da comida, que, segundo os funcionários, não é ruim, mas é pouco saborosa.

> Eu queria trabalhar num lugar que tivesse um horário comercial, que eu pudesse almoçar em casa, entendeu? Você almoça ali, você não tem como [...] descansar [...]. Em casa, você chega e deita, dorme um pouquinho. Ali não tem como, né? (R. P., 23 anos, 4,5 anos na empresa)

> A refeição é praticamente de graça, a galera às vezes reclama: aquele frango lá hoje estava meio ruim. Mas tem a nutricionista que acompanha e é ela que faz o cardápio todo dia, então é balanceado [...]. Se [você] me perguntar: "A comida é boa?". Não, não é assim, porque não é a comida da mamãe, não tem aquele sabor, porque eles fazem comida para 3 ou 4 mil pessoas no almoço e jantar [...]. Todo dia tem arroz, feijão, lentilha [...]. Aqui, eu paguei três reais no mês. [O entrevistado mostra a folha de pagamento.] Tem o café da manhã também, mas eu não sei quanto que é [...]. O café da manhã é bem simbólico mesmo, deve dar vinte centavos ao mês. E o café da manhã é chá à vontade, leite, café, pão à vontade. Todo dia tem manteiga e um doce diferente e um ou dois dias na semana tem presunto [...]. O café da manhã é bom mesmo. (E. A., 25 anos, 7 anos na empresa)

Um dos entrevistados relatou detalhes do ambiente onde são realizadas as refeições:

> O pessoal do frigorífico, tanto de aves como de suínos, usa uniforme branco. É muita gente, então sai mil pessoas no mesmo horário e esse pessoal vai para o refeitório [...]. Já aconteceu duas vezes de eu chegar no refeitório, ver a fila e desistir de comer, porque é meia hora na fila. Então não dá [...]. É aquele negócio do filme do Woody Allen[15] mesmo: você vê mil pessoas tudo de branco, tudo de touquinha, só com o rosto de fora. É uma visão assustadora, assustadora mesmo. (G. F., 27 anos, 6 meses na empresa)

É interessante notar que o relato foi feito por um funcionário que estava havia apenas seis meses na empresa e tais detalhes não foram relatados por funcionários mais antigos, o que demonstra que a relação com o ambiente de trabalho foi "naturalizada": eles não se chocavam mais com a demora para realizar as refeições ou com a visão dos trabalhadores uniformizados, seguindo em direção ao refeitório como uma massa homogênea.

Sato afirmou que o trabalhador do setor industrial avícola está imerso em um ambiente que pode favorecer o desenvolvimento de doenças tanto pelo ritmo intenso de trabalho quanto pelas características físicas do local:

> como não pensar que o trabalhador ou trabalhadora adoecerá [...] quando, fixados no posto de trabalho, seguem o ritmo da esteira aérea, restritos a cortarem a asa direita do frango? Como não pensar sobre a vivência desse trabalhador ou trabalhadora naquela tarefa? Quais pensamentos lhes vêm à mente? Como pensam suas vidas, seus futuros, as possibilidades de mudar os rumos de suas vidas? Como não pensar que é um trabalho enloquecedor? E fazendo isso, ficando naquele local por pelo menos oito horas por dia, seis dias por semana? Como suportam os

---

[15] Menção ao filme do cineasta norte-americano Woody Allen *Tudo o que você sempre quis saber sobre sexo, mas tinha medo de perguntar*, de 1972.

cheiros, os barulhos, a umidade e a feiura do lugar? Como se relacionam com o próprio corpo? Como vivenciam a contínua sensação de estar com a mão engordurada, driblando a faca e o frango? Como se livram do cheiro de frango em seus corpos, em seus cabelos, em suas roupas? Qual a imagem que têm de si mesmos? Como explicam para si mesmos a sua condição e o seu destino provável? (Sato, 2003, p. 69)

O autor afirmou ainda que ambientes favoráveis ao aparecimento e ao desenvolvimento de LER, como o aqui analisado, são também locais propícios para o desenvolvimento de problemas de saúde mental. O próprio fato de que a LER costuma ser relatada a um especialista somente quando o caso clínico já está bastante avançado pode indicar que as dores iniciais são suportadas ou até mesmo negadas pelo próprio trabalhador e pela direção da empresa.

A repetição e a monotonia do trabalho são características determinantes nessa atividade laboral e puderam ser observadas em quase todas as etapas que exigiam presença humana. No setor de sangria, por exemplo, o trabalho é intenso e repetitivo: "Olha, no segundo turno, onde trabalho, abatemos em média 180 mil aves/dia [...] isso é feito em três linhas, e cada linha tem três sangradores [...]. Isso quer dizer que eu sangro 20 mil frangos/dia" (C. B., 34 anos, 14 anos na empresa).

Esse depoimento revela a intensidade e a monotonia do trabalho a que o trabalhador é exposto: sangrar 20 mil aves a cada jornada de trabalho significa repetir o mesmo movimento 20 mil vezes, à razão de 1 a cada 1,56 segundo! Isso nos remete a uma realidade muito parecida com aquela vivenciada pelos operários nos primórdios do capitalismo nas indústrias analisadas por Karl Marx, onde o limite físico dos trabalhadores não era respeitado, as longas jornadas e a insalubridade dos ambientes eram marcantes. O trabalho de abate e processamento de aves nos frigoríficos também é marcado por jornadas extensas, insalubridade e ritmo frenético, prova disso é que o número de pessoas lesionadas nesse tipo de atividade aumenta a uma velocidade absurda. Siderlei de Silva de Oliveira, presidente da Confederação Nacional dos Trabalhadores nas Indústrias da Alimentação, Agroindústria, Cooperativas de Cereais e Assalariados Rurais (Contac), filiada à Central Única dos Trabalhadores (CUT), relatou um quadro alarmante de morbidade entre os trabalhadores das indústrias avícolas, causada pela alta velocidade das nórias (correias que transportam os frangos que serão desmontados). Essa situação se agravou com o aumento das exportações de produtos avícolas e da demanda interna. Isso acelerou "ainda mais o ritmo já incessante e insuportável de trabalho" (citado por Severo, 2005). Segundo ele, nas fábricas da Perdigão localizadas nos municípios de Serafina Corrêa e Marau, no Rio Grande do Sul, e na fábrica da Sadia localizada em Concórdia, em Santa Catarina, cerca de 25% dos trabalhadores foram afetados pelas LERs.

Para resolver esse problema, a Contac/CUT defende a regulamentação da velocidade das nórias, a redução da jornada de trabalho no setor avícola para seis horas, o rodízio de funções dos empregados (para mudar o tipo de movimento realizado), o reconhecimento pelo Instituto Nacional do Seguro Social (INSS) das lesões de tendões causadas pelos movimentos repetitivos como doença profissional e a imediata redução do ritmo de trabalho.

Tavolaro et al. afirmaram que "o número de acidentes ocupacionais nos abatedouros, cuja média sempre foi maior do que em outras indústrias, aumentou em função da transformação da organização, processo e relações de trabalho" (Tavolaro et al., 2007, p. 310).

Considerações finais

De modo geral, o processo de reestruturação produtiva não se deu de forma homogênea nas indústrias avícolas nacionais (ou frigoríficos). Naquelas que se dedicam apenas à produção de aves inteiras, voltadas para o mercado consumidor de massa, observou-se um baixo índice de incorporação tecnológica, ao passo que naquelas que se dedicam à fabricação de produtos específicos e diferenciados, voltados tanto para o mercado interno quanto para o internacional, o nível de automação é maior. Cabe destacar, no entanto, que mesmo no segmento industrial dedicado a produtos mais elaborados, destinados à exportação, a incorporação da tecnologia limitou-se a algumas etapas da produção. É o caso da produção de cortes específicos, que é toda realizada manualmente para atender às exigências do mercado consumidor internacional – as máquinas ainda não conseguiram reproduzir a habilidade dos trabalhadores nos cortes mais delicados das carnes. Além da qualidade do produto, obtida no trabalho manual, as empresas também se beneficiam do baixo custo da força de trabalho, o que é extremamente importante para a estratégia concorrencial no mercado internacional.

Pudemos observar que esse segmento específico da indústria de alimentos é caracterizado pelo trabalho parcelado, fragmentado, estruturado segundo uma decomposição crescente das tarefas, reduzido a ações mecânicas e repetitivas, nos moldes do trabalho fundado no taylorismo-fordismo. O ambiente de trabalho, altamente insalubre, é realizado em temperatura em torno de 10 °C, ruído ensurdecedor, muita umidade, odor desagradável, trabalho penoso (realizado em pé, em turnos e noturno) etc. A exigência de cumprimento de metas diárias de produção (fruto da reestruturação produtiva) intensifica o trabalho e colabora para tornar o trabalhador ainda mais vulnerável a acidentes e doenças de trabalho. A grande incidência de LER entre os trabalhadores dessa indústria é reveladora dessa situação.

Os limites físicos e psíquicos dos trabalhadores são postos à prova diariamente. A dor, as angústias, o cansaço, as doenças e os acidentes expressos nos depoimentos revelam essa realidade. O trabalhador que adoece é vítima de danos não apenas físicos e psicológicos decorrentes da precarização e da intensificação da atividade laboral, mas também morais, já que o adoecimento é percebido como um sinal de fraqueza pessoal. Há nas empresas a construção de uma lógica perversa que culpa a vítima: o trabalhador torna-se o culpado por seu adoecimento. Essa é a lógica da produção capitalista, que requer e determina incessantemente a extração de sobretrabalho nas linhas de produção, sejam elas tayloristas-fordistas, híbridas ou derivadas do modelo japonês.

Também pudemos constatar que o incremento do processo de reestruturação produtiva no Brasil, em particular as mudanças na base técnica, no processo e na organização do trabalho em diferentes ramos da produção, inclusive na indústria de alimentos, tem resultado em maior intensificação e controle do trabalho e, consequentemente, em agravos à saúde dos trabalhadores. Assim, estudos empíricos, como o aqui apresentado, são importantes para a compreensão de como tal processo altera a exploração da força de trabalho no país.

Capítulo 18

"QUANTO MAIS SE CORTA, MAIS SE GANHA"
uma análise sobre a funcionalidade do salário por produção para a agroindústria canavieira[1]

Juliana Biondi Guanais

O presente capítulo tem como objetivo a análise do *salário por produção*, forma específica de remuneração dos cortadores de cana brasileiros que atrela o pagamento do trabalhador à quantidade de cana cortada por ele. Tem como suporte a pesquisa de mestrado realizada com os trabalhadores assalariados rurais da Usina Açucareira Ester S.A., localizada em Cosmópolis, no interior de São Paulo. A análise pretende explicitar os motivos da utilização do salário por produção nas usinas de açúcar e álcool em geral para, em seguida, explorar a percepção que os cortadores de cana têm acerca dessa forma específica de remuneração.

Como veremos, o salário por produção é uma modalidade salarial bastante antiga (utilizada não só no meio rural, mas também nos meios urbanos) e difundiu-se ainda mais após o processo de reestruturação produtiva pelo qual passou o setor sucroalcooleiro nacional em meados da década de 1980. Para compreender melhor os motivos da utilização dessa forma específica de remuneração nas usinas de açúcar e álcool brasileiras, é necessário fazer uma breve recapitulação histórica.

Ao longo de seu desenvolvimento no Brasil, a agroindústria canavieira passou por vários processos de reestruturação que atingiram, sobretudo, as plantas industriais e os

---

[1] Esta pesquisa é parte da dissertação de mestrado *No eito da cana, a quadra é fechada: estratégias de dominação e resistência entre patrões e cortadores de cana em Cosmópolis/SP*, defendida em 2010 no Instituto de Filosofia e Ciências Humanas da Universidade Estadual de Campinas, sob orientação de Fernando António Lourenço, com bolsa da Fapesp.

equipamentos (Ianni, 1984). Na década de 1990, porém, a reestruturação produtiva sucroalcooleira foi além das mudanças na base técnica agrícola e industrial e atingiu também o setor administrativo das empresas, em especial a gestão do trabalho.

Assentada basicamente na introdução de inovações na base técnica, desde o fim do século XX a reestruturação procurou capacitar cada vez mais os empresários para enfrentar as novas regras de produção e circulação, concentradas sobretudo no incremento da produtividade e na redução dos custos de produção, que o mercado internacional em particular impunha.

Pensando em atender às novas exigências de produtividade impostas pelo mercado, as usinas de açúcar e álcool redefiniram suas estratégias administrativas, isto é, investiram seus esforços em duas direções na gestão dos recursos humanos: de um lado, racionalizaram o uso de recursos introduzindo modificações nos processos de trabalho, valendo-se, substancialmente, de inovações tecnológicas poupadoras de força de trabalho – mecanização das atividades agrícolas e automatização do controle dos processos em geral –; de outro lado, procuraram formar um contingente de trabalhadores fixos, disciplinados, tecnicamente qualificados e, sobretudo, envolvidos com a produção sucroalcooleira. Tal envolvimento é a condição fundamental para garantir a continuidade do processo de racionalização através do uso de tecnologia poupadora de força de trabalho e deve ocorrer no sentido de integrar e direcionar os diferentes esforços para atingir as metas de produtividade e qualidade (Scopinho, 2003).

Assim, ao longo do processo de reestruturação produtiva do setor sucroalcooleiro, o corpo gerencial das usinas buscou fazer com que seus cortadores de cana passassem a ser não somente muito produtivos, mas também disciplinados, centrados no trabalho e envolvidos com os objetivos da usina para a qual trabalhavam. Para tanto, era necessário que os representantes do setor em questão também se valessem de algumas estratégias (as quais já eram e ainda são amplamente difundidas no meio urbano e industrial) para buscar o envolvimento de seus trabalhadores rurais, com o objetivo central de aumentar sua produtividade, imprescindível para que as usinas conseguissem obter uma acumulação crescente de capital. Para aumentar a produtividade dos trabalhadores, as usinas procuraram maneiras de incitá-los a cortar quantidades cada vez maiores de cana e uma delas foi atrelar o salário ao volume de cana cortado. Assim, o "pagamento por produção" (ou salário por produção), que já era utilizado por muitas usinas antes da década de 1970[2], difundiu-se e tornou-se predominante no setor sucroalcooleiro. Mas o que é "pagamento por produção"? Em que ele se diferencia das outras formas de pagamento?

O SALÁRIO POR PRODUÇÃO E SUA FUNCIONALIDADE PARA O SETOR SUCROALCOOLEIRO

O pagamento por produção é uma forma específica de remuneração, adotada tanto no mundo rural[3] quanto no urbano[4], com ampla base legal (está prevista na

---

[2] Sobre a utilização do pagamento por produção como forma de remuneração dos trabalhadores rurais, ver Sigaud (1971 e 1979), Adissi e Spagnul (1989) e Paixão (1994).

[3] Além do setor sucroalcooleiro, muitas outras culturas também fazem uso do pagamento por produção, tais como as lavouras de tomate e de laranja.

[4] O pagamento por produção também é utilizado nas indústrias de confecção: "Em termos da dinâmica das encomendas e do ritmo de trabalho, as oficinas de costura dos bolivianos não diferem muito das outras

Consolidação das Leis do Trabalho [CLT], artigo 457, § 1º) e incontroversa aceitação doutrinária e jurisprudencial. A lógica dessa forma de remuneração diz que o trabalhador receberá o equivalente à quantidade de mercadorias produzida por ele. Isto é, o salário a ser recebido não terá como base as horas trabalhadas, mas sim a quantidade de mercadorias que serão produzidas no decorrer da jornada de trabalho. No caso específico dos cortadores de cana, o ganho por produção pode ser resumido e explicado pela seguinte lógica: "quanto mais se corta, mais se ganha".

É evidente que a opção pelo pagamento por produção dos cortadores de cana não é aleatória (Adissi e Spagnul, 1989; Paixão, 1994; F. Alves, 2008). Como cada trabalhador recebe uma remuneração equivalente ao que produz, a quantidade de cana cortada tem de ser mensurada para que se possa definir quanto ele receberá. No entanto, no caso específico dos cortadores de cana, não são eles que calculam a quantidade que cortam num dia de trabalho, mas um funcionário da usina[5]. Assim, pelo fato de desconhecerem e/ou não poderem acompanhar os métodos e os critérios utilizados para medir a quantidade de cana cortada, muitos trabalhadores se queixam de receber menos do que de fato deveriam receber[6].

É por isso que a utilização de tal forma de remuneração é extremamente importante para as usinas, já que, a um só tempo, impede que os cortadores de cana adquiram o controle de seu processo de trabalho e, consequentemente, de seu pagamento[7], bem como permite que as usinas tenham a noção exata da produtividade e da intensidade de trabalho de cada um de seus empregados. Como cada trabalhador recebe pelo que produz, ao comparar os salários de todos os empregados torna-se fácil para as empresas descobrir quais cortam mais cana e quais cortam menos. Essa seleção por produtividade também permite às usinas manter em seu quadro de funcionários somente aqueles cortadores que lhe interessam – os

---

oficinas de costura. Do mesmo modo que nas outras, eles recebem as peças de tecido cortadas e têm um tempo determinado para confeccioná-las. *São remunerados de acordo com a produtividade* e o volume das encomendas é flutuante" (C. Silva, 2008, p. 94; grifos meus). Assim como para as usinas de açúcar e álcool, é interessante para as indústrias do meio urbano atrelar o salário dos funcionários a sua produtividade individual ("os donos das oficinas receberiam um valor que varia de 1,50 real a 3 reais por peça e pagariam 50, 30 ou até 10 centavos por peça para os costureiros" [C. Silva, 2008, p. 103]). Silva também analisa a enorme cobrança por produtividade que os trabalhadore(a)s da costura sofrem, sobretudo quando recebem por produção: "Ela já tinha experiência com esse tipo de trabalho em La Paz, tinha feito até um curso técnico de costura em que aprendeu a lidar com máquinas industriais de diversos tipos. *No entanto, Dolores não conseguia apresentar boa produtividade com a costura. Dolores ganhava entre 130 reais e 150 reais, enquanto os outros ganhavam bem mais do que ela*, ela não conseguia conciliar o trabalho e o cuidado com os filhos. *Sentia-se pressionada pelos colegas e pela própria tia, que a acusava de preguiçosa*" (C. Silva, 2008, p. 98; grifos meus).

5   Os fiscais de turma medem com um compasso (de 2 metros de comprimento) a quantidade de metros que cada trabalhador cortou. A medição é realizada em geral quando os trabalhadores não estão mais no canavial e, por isso, não podem acompanhá-la. Por essa razão, os cortadores de cana reclamam com frequência da medição do fiscal, porque avaliam que os funcionários da usina submensuraram a quantidade de cana que eles cortaram. Qualquer pequena diferença interfere diretamente no salário que eles receberão.

6   Sobre os roubos que os trabalhadores rurais sofrem, Paixão (1994, p. 263, grifos meus) escreveu: "Existem várias maneiras de o patronato burlar os trabalhadores. De um lado, encontramos roubos que dizem respeito ao conteúdo do processo de trabalho. Destas, a primeira forma de burla, ou roubo, talvez a mais conhecida, é a submensuração das medições do trabalho despendido pelo trabalhador. Nesse caso, o fiscal de campo manipula o instrumento de medição (dando o pulo do gato com a vara, usando uma balança fraudada, calculando de má-fé o preço do serviço etc.), *prejudicando o trabalhador que recebe um valor abaixo do que legalmente deveria receber*".

7   Como veremos adiante, caso os trabalhadores tivessem o controle de seu processo de trabalho, as empresas perderiam seu principal meio de pressão para aumentar a produtividade.

que são os mais produtivos – e demitir aqueles que não conseguem atingir os índices de produtividade previamente estipulados.

A questão torna-se mais clara se lembrarmos que a lógica empresarial do setor sucroalcooleiro não se restringe à utilização do pagamento por produção. Além dele, outras estratégias foram desenvolvidas pelos representantes do setor para permitir que as usinas tenham controle estrito dos cortadores de cana e dos resultados de sua produção. Um exemplo é a imposição da *média*[8], isto é, uma produtividade diária mínima que deve ser atingida pelos trabalhadores caso desejem manter seu posto de trabalho. Se não conseguirem atingir a média diária estipulada pela usina, os cortadores de cana são demitidos. É importante esclarecer que, com o passar dos anos, a média aumentou consideravelmente: em 1980, era de 5 a 8 toneladas por dia; em 2004, passou para 12 a 15 toneladas (M. Silva, 2006a).

Logicamente, esse crescimento exorbitante teve de ser acompanhado do aumento da produtividade dos cortadores de cana, que foram obrigados a intensificar seu trabalho para aumentar a quantidade de cana cortada por dia e assim permanecer na usina para a qual trabalhavam. Esse fato fez alguns pesquisadores, como F. Alves (2006 e 2008) e Novaes (2007a), defenderem a ideia de que o salário por produção deve ser visto como uma das formas de controle do trabalho no corte da cana em um contexto de modernização e intensificação da produção. Isso porque, ao mesmo tempo que incentiva a intensificação do trabalho e a extensão da jornada de trabalho (Marx, 1983 e 2013), servindo como um acicate para o trabalho excessivo dos cortadores de cana, essa forma específica de remuneração funciona também como um engenhoso método de interiorização da disciplina e do autocontrole do trabalhador.

Nas entrevistas realizadas com os cortadores de cana da Usina Ester, Maria[9], uma das trabalhadoras entrevistadas, ressaltou muitas vezes as cobranças cotidianas dos fiscais de turma para que os cortadores de cana aumentassem cada vez mais a produção diária. "Eles só fica falando: 'Produção, gente, produção, tem que render, tem que render'". Segundo ela, essa cobrança constante acaba fazendo com que os trabalhadores rurais se sintam obrigados a intensificar cada vez mais seu ritmo de trabalho.

> *Eu mesma entrei nessa cobrança deles e já no primeiro mês de trabalho tive que pegar atestado, porque machuquei o pulso.* Porque você sabe, né, *tem uns cara que mais parece um bando de leão, que já é acostumado a cortar cana, então não tão nem aí... E eles vão, querem mais é cortar cana, porque quanto mais eles cortar cana melhor,* né? Mas tem gente que tá começando agora, né? Eu mesmo estourei o pulso... *Fui tentar acompanhar os outros e estourei o pulso.* E o trabalho é pesado, cada podãozada que eu dava era uma fisgada debaixo do braço... Aí eu fui lá na usina e eles me mandaram lá pra Cosmópolis e o médico me deu onze dias de afastamento. (Maria)

Como o salário dos trabalhadores rurais é atrelado à quantidade de cana que são capazes de cortar em determinado espaço de tempo, é compreensível que invistam o máximo possível de suas forças, de suas energias e de sua disposição a fim de produzir cada vez

---

[8] A média é calculada em toneladas. Para mais informações, ver M. Silva (1999 e 2006a), F. Alves (2006) e Novaes (2007a).
[9] É importante ressaltar que, para honrar o compromisso de que nenhuma informação que pudesse identificar os sujeitos seria divulgada, os nomes dos trabalhadores entrevistados foram substituídos por nomes fictícios, assim como os de todas as pessoas às quais eles se referiram durante as entrevistas.

mais. Ao analisar esse conjunto de ações, observamos que ele é extremamente interessante para os donos dos meios de produção, que assistem ao aumento da produtividade de seus trabalhadores sem precisar fazer grandes investimentos em máquinas e equipamentos. Em consequência, eles se sentem à vontade para impor um aumento na intensidade do trabalho sem serem obrigados a entrar em conflito com os trabalhadores, que, como dissemos, também estão interessados no aumento de produtividade, para que, assim, tenham um acréscimo de salário. Nas palavras de Marx:

> Dado o salário por peça[10], é natural que o interesse pessoal do trabalhador seja o de empregar sua força de trabalho o mais intensamente possível, o que facilita ao capitalista a elevação do grau normal de intensidade.
> É igualmente do interesse pessoal do trabalhador prolongar a jornada de trabalho, pois assim aumenta seu salário diário ou semanal [...] abstraindo do fato de que o prolongamento da jornada de trabalho, mesmo mantendo-se constante a taxa do salário por peça, implica, por si mesmo, uma redução no preço do trabalho. (Marx, 2013, p. 624-5).

Além de demonstrarem interesse no aumento de sua produtividade, quando são remunerados por produção, em geral os trabalhadores também passam a ser favoráveis ao prolongamento de sua jornada de trabalho, para que possam trabalhar por mais tempo, objetivando cortar um volume superior de cana. E isso porque, como já foi apontado, de acordo com a lógica do salário por produção, ao produzirem mais recebem mais.

Os resultados da pesquisa de campo realizada com os trabalhadores da Usina Ester também comprovaram o maior investimento no trabalho por parte deles, investimento esse estimulado ainda mais pelo pagamento por produção. Mesmo tendo asseguradas a pausa de uma hora para o almoço (que se dá entre 10 e 11 horas da manhã) e as duas pausas de dez minutos para descanso (que devem ser feitas de manhã e de tarde), observou-se que a maioria dos trabalhadores da Ester não obedecia esses momentos de descanso. Especialmente no que se refere ao almoço, muitos cortadores de cana optavam por almoçar de pé no local onde se encontram nos canaviais, não fazendo questão de retornar ao ônibus para fazer sua refeição, sentados em mesas e sob os toldos, como o previsto por uma recente exigência do Ministério Público do Trabalho. De acordo com Osvaldo, um cortador de cana de sessenta anos, isso se dá porque:

> Hoje você trabalha de empreita[11] e *hoje tem regra, você tem hora de almoço e de descanso, mas ninguém tira hora de almoço... Se você tirar, você não ganha dinheiro, né? E o que acontece? O cara acaba de comer e já vai trabalhar... Uns já come de manhã cedo e fica o dia inteiro sem comer*, né, toma só um cafezinho. *Os turmeiros tá ali e eles fica com vergonha*, e eles sempre tão lá, né, e os trabalhador não vai abrir a boca pra falar na vista de turmeiro, de fiscal, né? (Osvaldo)

---

[10] Tomamos como pressuposto a ideia de que o salário por produção é uma modalidade do *salário por peça*, estudado por Karl Marx na sexta parte de *O capital* e em outros escritos, como *Trabalho assalariado e capital & Salário, preço e lucro* (Marx, 2006). Essa ideia não é recente e vem sendo defendida por vários pesquisadores, como M. Silva (1999) e F. Alves (2008). Da mesma forma que os trabalhadores estudados pelo pesquisador alemão no século XIX, os cortadores de cana brasileiros recebem de acordo com sua produtividade individual e acabam arcando com quase todas as consequências apontadas por Marx autor há mais de um século.

[11] "Trabalhar de empreita" é sinônimo de trabalhar por produção.

Além do maior investimento dos trabalhadores em sua atividade, é interessante que o fato de o salário depender da produtividade de cada um e, por isso, variar amplamente acaba reforçando as diferenças individuais e estabelecendo uma competição entre os próprios trabalhadores. Em outras palavras: se alguém quiser ganhar um pouco mais, terá de trabalhar mais e melhor, terá de investir mais em sua atividade e ser mais resistente e perseverante do que seus companheiros. Num ambiente como esse, a competitividade e a rivalidade são quase uma consequência natural.

> Essa forma de remuneração da força de trabalho [o pagamento por produção] também seria propícia ao surgimento de uma certa individualidade na execução das tarefas e de um espírito de competição entre os trabalhadores. Na Zona da Mata de Pernambuco, verificamos esse efeito não só na *competição dos trabalhadores com os operários, como também entre os próprios trabalhadores*. A disputa entre trabalhadores manifesta-se no nível das representações, pela ideia dos próprios trabalhadores de que a perda de salário de um companheiro se deve à "preguiça". (Sigaud, 1979b, p. 63-4)

A existência de competição entre os trabalhadores rurais foi admitida pelos cortadores de cana entrevistados. A grande maioria afirmou que ela existe e faz parte do trabalho cotidiano nos canaviais da Usina Ester. Nas palavras de Joana, uma das cortadoras de cana entrevistadas:

> Depois que eu me machuquei, eu já desisti de tentar acompanhar aquele bando de leão, que já é acostumado a cortar cana. *A gente nem pega beira*[12] *com os que tão lá e que corta oitenta, cem metros por dia. Existir existe a competição entre aqueles que cortam muito e aqueles que não cortam nada. Mas aqueles que cortam muito nem adianta, a gente – gente assim que nem eu, que não corta muito* – não alcança de jeito nenhum! Eu mesmo sou a última, a que menos corta da minha turma. (Joana)

É importante dizer que, no caso dos cortadores de cana brasileiros, o clima de competição estimulado pelo pagamento por produção também tem como consequência a criação de estereótipos, de representações nascidas entre os próprios trabalhadores e os responsáveis pelo controle do processo de trabalho (fiscais de turma, turmeiros etc.). Algumas imagens surgem pouco a pouco, como a do "bom cortador de cana", a do "vagabundo", a do "preguiçoso que faz corpo mole". Essas imagens são gestadas pelas diferenças individuais (M. Silva, 1999) e reproduzidas pelas práticas sociais. Sobre a criação de estereótipos entre os cortadores de cana, Dawsey escreveu:

> Ao final de cada dia, depois das medições feitas pelo "gato" com sua "vara voadora"[13], *trabalhadores comparavam a quantidade de metros que cada um cortou. Tomavam como referência os "melhores" trabalhadores. Zombavam dos "piores". Rituais cotidianos. Ocorriam*

---

[12] "Pegar beira" foi a gíria utilizada por Joana para dizer que não acompanha os trabalhadores que cortam mais cana.
[13] "Vara voadora" é uma metáfora utilizada pelo autor para explicitar os roubos que ocorrem com frequência no momento da medição da cana cortada. Fazer "a vara voar" ou medir a quantidade de cana cortada pelo trabalhador a base do "olhômetro" são alguns dos "pulos do gato". Para mais informações, ver Adissi (1990), F. Alves (1991) e Paixão (1994).

dentro de uma sequência de relações, em rodas de conversa formadas por trabalhadores que se preparavam para a viagem de volta à cidade. Destacavam o valor do trabalho do cortador de cana. Nesses momentos, o "boia-fria" aparece como um verdadeiro trabalhador, como aquele que, apesar de "marginalizado", "fazia a riqueza da região". *Era quem tinha "coragem" para trabalhar, "disposição"*[14]. *Não tinha medo de criar calos*, de formar "murundu". Aqui, o trabalho dos *"melhores" cortadores de cana* [...] contrapunha-se ao "preço da cana", quase sempre considerado "baixíssimo", oferecido ao trabalhador. (Dawsey, 1997, p. 210-1; grifos meus)

É preciso ressaltar que as usinas não apenas se valem desse clima de competição que se estabelece entre os cortadores de cana, como também o fomentam com o intuito de aumentar a produtividade dos trabalhadores (Paixão, 1994; M. Silva, 1999; Novaes, 2007a; F. Alves, 2008). Ao competir, os trabalhadores empenham-se ainda mais para aumentar a quantidade de toneladas que cortam, o que é extremamente interessante para as empresas. Nas palavras de Novaes (2007a, p. 172):

A produtividade do trabalho no corte manual dobrou em relação há vinte anos, quando se cortavam de 4 a 6 toneladas de cana/dia, sem que houvesse mudanças substanciais na forma de corte e nos instrumentos de trabalho [...]. *Não por acaso, as usinas procuram pôr em prática técnicas motivacionais para estimular a competição entre os trabalhadores e aumentar a produtividade do trabalho.* Um estímulo financeiro é dado com as bonificações concedidas pelas usinas quando as metas de produção são cumpridas, são os Programas de Participação de Resultados (PPR). Em âmbito pessoal, *destacamos a premiação dos trabalhadores mais produtivos com doação de bicicletas, televisores, rádios, refrigeradores etc. Nesse cenário é que surge a figura dos "campeões de produtividade".* (Grifos meus)

Assim como a *média*, tanto as competições quanto a existência de premiações para os trabalhadores mais produtivos estão intimamente vinculadas ao salário por produção e são possibilitadas por ele. Premia-se somente o cortador de cana que obteve os maiores índices de produtividade, aquele que conseguiu superar seus colegas de trabalho em quantidade de cana cortada. O vencedor dessa premiação – também chamada de "prêmio da semana" – recebe um brinde – que pode variar de um celular a uma moto – e o título de "Podão de Ouro"[15].

---

[14] O termo "disposição" foi utilizado por Sigaud para se referir ao esforço e à força de vontade do trabalhador, aos quais ele apela no momento em que aspira receber um pouco mais. Segundo a autora: "Disposição é o termo empregado pelos trabalhadores para se referirem ao esforço e à força de vontade que cada um tem e que aciona no interesse de ganhar mais, 'dar mais conforto à família, ter crédito garantido e não passar vergonha'. A disposição depende de um ato de vontade do trabalhador, desde que ele não se encontre doente. Assim, gozando de saúde, qualquer trabalhador pode lançar mão de sua disposição para 'se sair melhor'. Trabalhar segundo a sua disposição se opõe a trabalhar tendo um limite aquém da disposição, tendo uma média, significando, portanto, superar a média." (Sigaud, 1979, p. 132).

[15] Podão é o instrumento de trabalho dos cortadores de cana, uma espécie de facão. Muitas vezes o vencedor também é conhecido como "Facão de Ouro". Em contraposição, aqueles trabalhadores que cortam menos cana e são menos produtivos recebem o apelido de "Podão de Borracha". Por esses títulos e apelidos, notamos mais uma vez os estereótipos e as representações que os próprios trabalhadores criam com base nas diferenças individuais e que se tornam ainda mais visíveis no regime de salário por produção.

Essas premiações chamaram a atenção de alguns pesquisadores, como Paixão (1994) e Thomaz Junior (2002), por serem uma prática amplamente difundida entre as usinas, utilizada não só como um estímulo para elevar a produtividade dos cortadores de cana, mas também como estratégia para torná-los mais cooperativos e envolvidos com seus objetivos[16].

Existem múltiplas formas de incentivos para os trabalhadores. As mais comuns que encontramos nas unidades produtivas visitadas foi a concessão de prêmios (facão, caderneta de poupança, eletrodomésticos, cestas básicas, troféus, diplomas de melhor cortador, direito a ingressar em sorteios etc.) *para os trabalhadores mais produtivos e eficientes* ao final da safra. *Esses prêmios têm ainda uma segunda função como mecanismo de envolvimento do trabalhador*. As premiações geralmente são entregues em uma "solenidade" com a direção da empresa, em um almoço ou jantar. *Não deve ser difícil imaginar o papel que tem para esses trabalhadores, em sua totalidade pessoas humildes e raramente prestigiadas, sentar-se à mesa com os gerentes da usina, ou receber um pedaço de papel, equivalendo a um diploma de bom trabalhador. Desse modo, a premiação seguida de uma solenidade de entrega não representa apenas uma forma de as empresas ganharem um trabalhador mais produtivo, mas também um trabalhador quiçá menos exigente e cooperante com os objetivos empresariais.* (Paixão, 1994, p. 267; grifos meus)

Em seus estudos, os autores corroboram a ideia de que as premiações – que são constantemente oferecidas aos "melhores trabalhadores" – servem como uma importante estratégia do setor sucroalcooleiro. Os prêmios tornam-se objeto de cobiça de muitos cortadores de cana, seja porque darão prestígio[17], seja porque serão úteis no dia a dia, sobretudo na terra natal dos trabalhadores, como é o caso das motocicletas[18]. Trata-se de um estímulo visível e concreto aos trabalhadores, que, para obtê-los, aumentam sua produtividade diária e até

---

[16] Nesse ponto específico, é possível fazer um paralelo com a seguinte afirmação de Taylor: "Portanto, *para que haja alguma esperança de obter a iniciativa de seus trabalhadores, o administrador deve fornecer-lhes incentivo especial*, além do que é dado comumente no ofício. *Esse incentivo pode ser concedido de diferentes modos*, como, por exemplo, promessa de rápida promoção ou melhoria; *salários mais elevados, sob a forma de boa remuneração por peça produzida, ou por prêmio*, ou por gratificação de qualquer espécie a trabalho perfeito e rápido; menores horas de trabalho, melhores condições de ambiente e serviço do que são dadas habitualmente etc., e, sobretudo, *esse incentivo especial deve ser acompanhado por consideração pessoal e amistoso tratamento* que somente pode derivar de interesse verdadeiro, posto a serviço do bem-estar dos subordinados. *E somente quando é dado estímulo especial ou incentivo desse gênero é que o patrão pode esperar obter a iniciativa de seus empregados* [...]. Considerado de modo geral, o melhor tipo de administração de uso comum pode ser definido como aquele em que *o trabalhador dá a melhor iniciativa e em compensação recebe incentivos pessoais de seu patrão*. Esse sistema de administração será chamado de administração por *iniciativa e incentivo*" (Taylor, 2006, p. 89; grifos meus).

[17] Sobre a premiação dos trabalhadores rurais, M. Silva escreveu: "Quanto mais competitivos, mais rápidos serão os golpes de podão capazes de lhes dar o título de 'podão de ouro'. Os portadores desse prêmio terão no final da safra poupado o suficiente para a compra da moto, mercadoria desejada [...]. Caso seja jovem, solteiro, será visto como vitorioso [...]. Caso sejam casados, o dinheiro poupado poderá ser empregado na construção da casa de alvenaria..." (M. Silva, 2006a, p. 128).

[18] Devemos ressaltar que é cada vez mais comum a aquisição de motos por parte dos cortadores de cana. Muitos jovens deixam sua terra de origem e vão procurar emprego nas usinas de açúcar e álcool com o objetivo de juntar algum dinheiro; este pode ser utilizado e empregado de diversas formas, como a compra de um pedaço de terra, de animais, de eletrodomésticos e até mesmo de uma motocicleta. Durante nossa pesquisa de campo em municípios rurais do Vale do Jequitinhonha, em Minas Gerais, muitos jovens nos relataram que a moto é o objeto mais cobiçado por eles, porque tem grande funcionalidade na região onde vivem. Em geral, eles residem em vilarejos rurais onde há pouco (ou nenhum) acesso a transportes públicos (ônibus) e têm de se deslocar para cidades próximas pelo menos uma vez por semana para fazer feira, comprar remédios etc., e a moto acaba viabilizando o deslocamento, que talvez não fosse possível fazer a pé ou a cavalo, por exemplo.

mesmo estendem sua jornada de trabalho para além dos limites previamente estabelecidos, fato que por si só acaba por estimular uma desenfreada superexploração do trabalho[19].

Mas, para Paixão (1994) e Thomaz Junior (2002), as premiações também servem como um importante mecanismo de envolvimento dos trabalhadores rurais, que passam a não questionar nem se opor aos objetivos e metas da empresa, porque são também seus objetivos e metas[20]. Em outras palavras, o interesse pelo aumento crescente de produtividade passa a ser a principal meta tanto das usinas quanto de grande parte dos trabalhadores. Para as primeiras, o aumento de produtividade significa aumento de lucros e de capital; para os segundos, representa não só melhor remuneração, como também oportunidade de manter o emprego, ser bem-visto pelos superiores (e muitas vezes também pelos colegas de trabalho) e até mesmo tornar-se um "campeão de produtividade" (Novaes, 2007a). Estabelece-se dessa forma uma "comunhão de interesses" entre os cortadores de cana e seus patrões.

A importância da união dos interesses de patrões e empregados não é uma descoberta recente nem foi criada pelo departamento de recursos humanos das usinas. Já no início do século XX, mais precisamente em 1911, Taylor[21] dizia que a peça-chave para o sucesso da empresa é a identificação de metas e objetivos de empregadores e trabalhadores. Taylor defendia a ideia de que as antigas formas de administração deveriam ser substituídas pelo que ficou conhecido como *administração científica*.

> *A maioria desses homens crê que os interesses fundamentais dos empregadores e empregados sejam necessariamente antagônicos. Ao contrário, a administração científica tem, por seus fundamentos, a certeza de que os verdadeiros interesses de ambos são um único e mesmo*: de que a prosperidade do empregador não pode existir, por muitos anos, se não for acompanhada da prosperidade do empregado, e vice-versa, e de que é preciso dar ao trabalhador o que ele mais deseja – altos salários – e ao empregador também o que ele realmente almeja – baixo custo de produção. (Taylor, 2006, p. 25; grifos meus)

Ao unificar os objetivos de patrões e empregados, as metas de ambos deixam de ser antagônicas e objeto de disputa. Possuindo metas idênticas, empregadores e trabalhadores

---

[19] Para Thomaz Junior (2002), a superexploração do trabalho envolve fatores como: intensificação do ritmo de trabalho, aumento considerável da produtividade dos trabalhadores, extensão da jornada de trabalho, imposição por parte das usinas de ritmos e metas de produção para os cortadores de cana e redução de custos de produção.

[20] Apesar de formulada em outro contexto, a afirmação de Garcia Júnior serve bem para ilustrar essa situação: "O trabalho de dominação é tanto mais eficaz quando consegue que o dominado conceba seus próprios interesses como idênticos aos do dominante" (Garcia Júnior, 1989, p. 42).

[21] Não é propósito do presente capítulo discutir o que ficou conhecido como taylorismo; no entanto, devemos fazer algumas breves considerações acerca do assunto. Ao longo de quase todo o século XX, o padrão de acumulação ancorava-se no binômio taylorismo-fordismo – expressão dominante do sistema produtivo e de seu respectivo processo de trabalho – que prescrevia uma produção em massa de mercadorias, estruturada de maneira mais homogeneizada e verticalizada. Tal padrão produtivo tinha como base o trabalho em série, fragmentado, parcelado, e a decomposição das tarefas e visava reduzir o tempo de produção, aumentando e intensificando o ritmo de trabalho. A realização do trabalho ficava a cargo dos "operários-massa", indivíduos predominantemente desqualificados, cujas ações operatórias eram reduzidas a um conjunto repetitivo de atividades sem sentido. Concentrados no espaço produtivo e destituídos de qualquer participação na organização do processo de trabalho, os trabalhadores tinham homogeneizadas suas condições de existência e reduzida sua autonomia individual. É importante ressaltar que a era do taylorismo-fordismo também foi marcada por uma rígida separação entre aqueles que elaboravam o trabalho (gerência científica) e aqueles que o executavam (operário-massa).

caminham juntos para conseguir realizá-las. Assim, "a estreita e íntima cooperação e o contato pessoal constante entre as duas partes tenderão a diminuir os atritos e descontentamentos" (Taylor, 2006, p. 102). Com as desavenças deixadas de lado e os objetivos afinados, o sucesso da empresa é certo.

As usinas de açúcar e álcool brasileiras não só seguiram à risca os ensinamentos de Taylor, como também os aprimoraram. Utilizando o pagamento por produção para remunerar os cortadores de cana, conseguem transferir para eles a responsabilidade por seu trabalho: são eles que decidem quanto trabalham, quanto querem receber de salário e até onde podem aguentar. Cabe aos trabalhadores rurais, portanto, estabelecer a velocidade com que cortam a cana, a quantidade que devem cortar, os momentos em que suspendem o trabalho e fazem as pausas etc. Ao tornar os trabalhadores os principais responsáveis por seu trabalho (por sua qualidade e por sua produtividade), as usinas conseguem poupar recursos que seriam gastos com os agentes fiscalizadores e supervisores[22], os quais, por sua vez, são responsáveis pelo controle e pelo acompanhamento contínuo dos cortadores de cana. Vale dizer que essa *não* necessidade de fiscalização e de inspeção do trabalho é característica do *salário por peça*, como mostrou Marx (2013)[23].

Como a qualidade e a intensidade do trabalho são controladas pela forma de salário, o trabalho de inspeção torna-se em grande medida desnecessário (Marx, 2013).

No caso das usinas de açúcar e álcool, a necessidade de fiscalização e controle sobre os trabalhadores sempre existiu e existe até hoje. No entanto, quando os cortadores de cana trabalham por produção, a atividade de supervisão acaba se tornando mínima, se comparada com a que é necessária quando os empregados trabalham em regime de salário por tempo (M. Silva, 1999). Nesse sentido, pode-se afirmar que, ao tornar em grande parte desnecessário o trabalho de inspeção, o pagamento por produção também é extremamente interessante para o setor sucroalcooleiro. Os trabalhadores não precisam mais de superiores para avaliar e controlar os resultados de seu trabalho, pois eles mesmos acabam se autofiscalizando.

De acordo com M. Silva (2005), as variadas cobranças que recaem sobre os cortadores de cana deixam de ser externas a eles, isto é, eles próprios passam a exigir de si, tornando-se, portanto, "déspotas de si próprios". O pagamento por produção acaba funcionando, assim, como um engenhoso método de interiorização da disciplina e do autocontrole dos trabalhadores.

Ao passar para os trabalhadores a ideia de que eles são responsáveis por seu trabalho e por isso mesmo não necessitam de inspeção, as empresas querem convencê-los de que, quando trabalham por produção, eles se tornam seus próprios patrões. Não é difícil perceber

---

[22] O agente fiscalizador mais importante para as usinas é o fiscal de turma. Ele é responsável pelo acompanhamento dos trabalhadores quando estão nos canaviais. É ele que distribui e supervisiona o trabalho da turma, verificando se os cortadores de cana estão realizando a contento as atividades prescritas. Ao fazer isso, garantem a disciplina de todos os trabalhadores, o que é imprescindível para as usinas.

[23] Em outros capítulos de *O capital*, Marx também trata da não necessidade de fiscalização do trabalho e dos trabalhadores quando estão sob o regime de salário por peça. Segundo ele: "É compreensível por isso o fanatismo do capitalista em economizar meios de produção. Que nada se estrague ou seja desperdiçado, que os meios de produção somente sejam gastos do modo exigido pela própria produção, *depende em parte do adestramento e da formação do trabalhador, em parte da disciplina que o capitalista exerce sobre os trabalhadores combinados e que se torna supérflua numa situação social em que os trabalhadores trabalham por sua própria conta, assim como agora ela já se torna com o salário por peça*" (Marx, 1983, v. 3, t. 1, p. 65; grifos meus).

que esse artifício de convencimento utilizado pelos representantes do setor sucroalcooleiro em pleno século XXI é idêntico ao que Watts empregou em fins do século XIX. Citado por Marx em uma nota de rodapé, ele diz: "*Os trabalhadores por peças são, de fato, seus próprios patrões*, mesmo trabalhando com o capital do empregador" (John Watts, citado em Marx, 2013, p. 621; grifos meus).

No entanto, essa possibilidade de ditar seu próprio ritmo de trabalho e escolher quanto querem trabalhar – e, consequentemente, receber – tem sérias consequências para os cortadores de cana. Muitos pesquisadores[24] identificam o pagamento por produção como uma das principais causas de doenças ocupacionais, mutilações, acidentes de trabalho e até mesmo mortes de trabalhadores rurais. Segundo F. Alves: "Todas as evidências colhidas a partir de relatos de trabalhadores e a partir da verificação das condições de trabalho apontam que as mortes são decorrentes do esforço exigido durante o corte de cana" (F. Alves, 2008, p. 34).

Pelo fato de receber de acordo com sua produtividade e desconhecer a quantidade de cana que cortam diariamente[25], os trabalhadores rurais convivem com a incerteza de quanto receberão por um dia de trabalho. Nesse contexto, não são raras as ocasiões em que muitos trabalhadores se empenham mais do que podem suportar para cortar uma quantidade maior de cana (a fim de garantir mais remuneração), podendo, assim, vir a se machucar seriamente. Segundo o Serviço Pastoral dos Migrantes (SPM), entre as safras de 2003-2004 e 2007-2008, 21 cortadores de cana morreram em decorrência de excesso de trabalho nos canaviais paulistas[26]. Em seus estudos mais recentes, F. Alves (2006 e 2008) tem procurado demonstrar a íntima relação entre o salário por produção e os acidentes, doenças e mortes de cortadores de cana.

---

[24] M. Silva (2005 e 2006a), F. Alves (2006 e 2008) e Novaes (2007a) são alguns dos pesquisadores que procuraram mostrar a forte relação entre o salário por produção e os acidentes, doenças e mortes entre os cortadores de cana.

[25] Esse desconhecimento da quantidade de cana que cortam por dia está diretamente ligado ao fato de que os sistemas de medição e pesagem da cana foram concebidos pelos departamentos agrícolas das usinas para confundir e ludibriar os trabalhadores: toda a cana cortada durante a jornada de trabalho é medida em metros, mas o salário que eles recebem é baseado no peso da cana cortada (medido em toneladas). Essa remuneração dos trabalhadores tendo como base o peso (toneladas) e não o metro é extremamente importante para as usinas. Isso porque, se remunerassem seus empregados pelo metro, os usineiros estariam assegurando-lhes uma maior autonomia, já que eles teriam condições de controlar o resultado do seu trabalho (F. Alves, 1991). Isso faz sentido se pensarmos que para os trabalhadores somente o metro lhes assegura o controle de sua produção, já que não dispõem de balanças nos canaviais para irem pesando aquilo que já cortaram. Ao remunerarem os cortadores de cana tendo como base a tonelada, as usinas buscam impedir que os trabalhadores saibam a exata quantidade de cana que cortaram, e assim fica mais fácil para as empresas roubarem seus empregados, pagando um salário que não condiz com a quantidade de cana que de fato eles cortaram. "Por tonelada, apenas os patrões controlam o resultado do trabalho, dado que são os usineiros que dispõem da balança, com isso os trabalhadores estão sujeitos a roubos e ludíbrios. Com o pagamento por tonelada de cana são bastante comuns insatisfações dos trabalhadores com o ganho recebido, que, via de regra, é menor do que o que o trabalhador avalia que produziu" (F. Alves, 1991, p. 192).

[26] De acordo com F. Alves, tanto o pagamento por produção quanto o crescimento da intensidade do trabalho dos cortadores de cana "ganharam espaço de discussão a partir do momento em que a equipe da Pastoral dos Migrantes de Guariba passou a divulgar a importante, porém funesta, contagem sobre as mortes de trabalhadores cortadores de cana. A divulgação da contagem dessas mortes gerou um amplo debate, além da realização de várias audiências públicas, nas quais as entidades sindicais dos trabalhadores, as ONGs e alguns pesquisadores da temática do trabalho rural atribuíam essas mortes ao excesso de trabalho realizado pelos cortadores de cana. Do lado dos empresários, essa conclusão era contestada sob a alegação de que faltava o estabelecimento do nexo causal entre as mortes dos cortadores de cana e o trabalho por eles realizado" (F. Alves, 2008, p. 22).

O objetivo deste trabalho é demonstrar que *a morte dos trabalhadores assalariados rurais, cortadores de cana, advém do pagamento por produção*. Os processos de produção e de trabalho vigentes no Complexo Agroindustrial Canavieiro foram concebidos objetivando a produtividade crescente do trabalho e, combinados ao trabalho por produção, provocam a necessidade de os trabalhadores aumentarem o esforço despendido no trabalho. *O crescimento do dispêndio de energia e do esforço para cortar mais cana provoca ou a morte dos trabalhadores ou a perda precoce de capacidade de trabalho*. (F. Alves, 2006, p. 90; grifos meus)

A carência nutricional, agravada pelo esforço físico excessivo, contribui para o aumento dos acidentes de trabalho, bem como para doenças das vias respiratórias, dores na coluna, tendinites, cãibras etc. Isso sem contar a fuligem da cana queimada, que contém gases extremamente nocivos à saúde e é inalada diariamente pelos cortadores de cana. Inseridos nesse contexto, caracterizado por condições insalubres de trabalho e enormes exigências no que se refere à qualidade do serviço desempenhado, muitos trabalhadores rurais acabam falecendo no próprio canavial, durante a jornada de trabalho.

As mortes cada vez mais frequentes de cortadores de cana em várias regiões do país também chamaram a atenção de M. Silva (2006b). Em sua pesquisa, ela ouviu médicos para descobrir as causas que levaram os trabalhadores rurais à morte. Segundo eles, a sudorese excessiva (provocando perda de potássio) pode causar uma parada cardiorrespiratória. Também há casos de mortes provocadas por aneurisma cerebral (rompimento de artérias no cérebro). Contudo, na maioria dos casos, a *causa mortis* nos atestados de óbito desses trabalhadores ainda é muito vaga e não permite uma análise conclusiva a respeito do que causou as mortes. Nos atestados consta apenas que os trabalhadores morreram por parada cardíaca, insuficiência respiratória ou acidente vascular cerebral.

Mas, como diria M. Silva (2006b), as mortes dos cortadores de cana são a ponta do *iceberg* de um processo gigantesco de exploração, no qual não só a força de trabalho é consumida, mas também a própria vida dos trabalhadores. Aqueles que sobrevivem têm sua capacidade laboral reduzida de uma safra para outra, têm seus corpos mutilados e consideram-se inválidos para o trabalho. Mesmo assim, na maior parte das vezes, os cortadores de cana sentem-se obrigados a continuar trabalhando.

* * *

Até este ponto, explicitamos alguns dos interesses que estão por trás da utilização do salário por produção pelas usinas em geral. Como vimos, por meio dessa forma específica de remuneração, as empresas conseguem impedir que os trabalhadores rurais tenham o controle de seu processo de trabalho e de seu pagamento, selecionar somente os trabalhadores mais produtivos (e demitir os que não atingem os índices de produtividade impostos), assegurar o investimento dos cortadores de cana em seu trabalho, transformá-los em "colaboradores"[27] mais cooperativos e envolvidos com os objetivos da usina para a qual trabalham etc.

---

[27] "Colaborador" é um termo recorrente do jargão empresarial, sobretudo nos departamentos de recursos humanos, mas já é utilizado pelos representantes do setor sucroalcooleiro: os antigos "baianos", "peões" e "boias-frias" são tratados hoje como "colaboradores". Essa denominação visa fazer com que os trabalhadores rurais se sintam valorizados.

Vimos também que o pagamento por produção é considerado por muitos estudiosos o principal responsável por acidentes de trabalho, mutilações, perda precoce da capacidade laboral e até mesmo a morte de cortadores de cana. No entanto, a despeito de tudo, a maioria deles é favorável à continuidade dessa forma de remuneração[28]. Nas palavras de Novaes (2007b):

> No local de origem, são diversas as situações vivenciadas pelos trabalhadores migrantes que se dispõem a viajar para o trabalho nos canaviais paulistas. *Mas há um denominador comum entre eles: todos valorizam o trabalho no corte da cana, em que o ganho é pela produção. Quanto mais se corta, mais se ganha.* Assim, *os trabalhadores nordestinos chegam à região com a disposição de acionar toda sua força física, toda habilidade e resistência para alcançar boa produtividade.* (Novaes, 2007b, p. 64-5; grifos meus)

Diante dessa questão complexa, cabe ao pesquisador buscar entender e analisar mais a fundo seus motivos. Por que os cortadores de cana dão preferência para o pagamento por produção, a despeito de este ser considerado um estímulo ao trabalho excessivo e uma das principais causas dos acidentes e mortes de trabalhadores rurais?

A PERCEPÇÃO DOS CORTADORES DE CANA ACERCA DO SALÁRIO POR PRODUÇÃO

O ponto de partida da pesquisa que realizamos com os trabalhadores assalariados rurais da Usina Ester foi a pergunta supracitada. Pretendíamos ouvir dos próprios cortadores de cana o que eles pensavam sobre essa forma específica de remuneração, se a preferiam (ou não) a outras, se tinham interesse (ou não) em substituí-la, se a associam (ou não) aos acidentes e às mortes que ocorrem entre eles etc.

Os resultados que obtivemos seguiram a mesma direção dos obtidos por M. Silva (1999) e Novaes (2007b): a maioria dos cortadores de cana entrevistados declarou preferir o pagamento por produção. Transcrevemos abaixo algumas das respostas dadas pelos entrevistados.

> Pesquisadora: O que você acha do pagamento por produção?
> Antônio: Eu gosto, eu acho bom.
> Pesquisadora: O que você acha de receber um salário que esteja de acordo com a quantidade de cana que você corta?
> Lorival: *Eu prefiro, né, porque, quando você trabalha por produção, eles não têm o direito, não, o fiscal não tem o direito de falar nada. Produção é o seguinte: se o cara não quer trabalhar, é ruim pra quem não quer trabalhar, e o fiscal não tem nada a ver com isso.*
> Pesquisadora: E hoje os trabalhadores ganham por produção, não é, seu Osvaldo?
> Osvaldo: Ganham por produção.
> Pesquisadora: E o que o senhor acha disso?
> Osvaldo: "É melhor, viu, é melhor, é melhor.

---

[28] M. Silva (1999) e Novaes (2007b) apontaram essa preferência por parte dos trabalhadores rurais.

Pesquisadora: Por quê?
Osvaldo: *Porque quando você trabalha na diária[29] você não ganha nada, né?*

Os três depoimentos ilustram as respostas que obtivemos dos cortadores de cana. Antônio, Lorival e Osvaldo afirmaram que gostavam de receber por produção. Lorival alegou que preferia o pagamento por produção porque com ele é possível trabalhar mais à vontade. Em seu entender, quando os cortadores recebem de acordo com sua produtividade, os fiscais de turma não têm o direito de exigir nada deles, já que passam a ser responsáveis por suas próprias atitudes: se não querem trabalhar, o prejuízo será deles próprios, e os fiscais "não têm nada a ver com isso".

Analisando o discurso de Lorival, percebemos que ele se aproxima muito daquele dos representantes da Usina Ester[30], que afirmam que os cortadores de cana gostam mais de trabalhar quando recebem de acordo com a produtividade, porque se sentem mais livres e à vontade para ditar seu próprio ritmo. Assim, não há necessidade de ninguém "ficar no pé" deles, conferindo se estão trabalhando de fato. Podemos perceber por aí que o que faz Lorival preferir o pagamento por produção é a possibilidade de trabalhar de forma mais autônoma, isto é, sem tantas cobranças externas. Assim, cabe ao próprio trabalhador a responsabilidade por seu trabalho.

Já Osvaldo justificou de outra forma sua preferência pelo pagamento por produção. De acordo com ele, quando trabalham por diária, os trabalhadores acabam não recebendo tanto quanto recebem quando trabalham por produção. Em sua opinião, o pagamento por produção permite que os cortadores de cana tenham um ganho maior, por isso é o preferido. Em sua entrevista o trabalhador rural relatou ainda que nem sempre o pagamento por produção foi a forma de remuneração vigente na Usina Ester. De acordo com o entrevistado, no fim da década de 1980, os cortadores de cana da referida usina recebiam por dia, ou seja, recebiam um valor fixo por dia de trabalho, e não conforme sua produção.

Osvaldo: Naquela época não tinha esse negócio de empreita, era tudo por dia, né?
Pesquisadora: Ganhava-se um salário "fechado" por dia?

---

[29] Receber por *diária* é diferente de receber por produção. Quando o pagamento é por diária, os trabalhadores recebem um valor fixo por dia, independentemente da produtividade que tiveram. A diária não está atrelada, portanto, à quantidade de cana cortada por cada trabalhador. De acordo com o presidente do Sindicato dos Empregados Rurais de Cosmópolis, a Usina Ester pagava em 2009 uma diária de 22 reais.

[30] Ao longo de nossa pesquisa, além dos cortadores de cana, também entrevistamos representantes do corpo gerencial da Usina Ester e dois dirigentes do Sindicato dos Empregados Rurais de Cosmópolis. No que se refere aos representantes da usina, devemos dizer que eles veem o salário por produção como uma forma de remuneração mais justa, porque "nada mais correto do que cada trabalhador receber de acordo com o que trabalhou". Segundo essa lógica, cada cortador de cana é responsável por seu salário. A remuneração está intimamente relacionada ao esforço, à dedicação e ao investimento na atividade. Além de defender o pagamento por produção, os funcionários da Usina Ester reiteraram várias vezes que os cortadores de cana preferem receber por produção, porque podem trabalhar mais livres e à vontade, sem ser fiscalizados pelos fiscais de turma. Deduzimos, por esse tipo de afirmação, que os representantes da Usina Ester tentam imputar aos trabalhadores rurais a utilização dessa forma de pagamento. Além disso, tentam ocultar o fato de que a usina também se beneficia da remuneração por produção e tem muito interesse em mantê-la, porque lhe assegura o investimento contínuo dos cortadores de cana no trabalho, o que não ocorreria se estes recebessem um salário fixo mensal. Cristina, a coordenadora do departamento de recursos humanos da usina, explicita bem esse ponto de vista: "Você acha que, se os trabalhadores ganhassem um salário mensal fixo de 1.200 reais, por exemplo, eles iriam trabalhar e cortar cana?! Lógico que não!".

Osvaldo: *Ganhava fechado. Agora não, agora tudo é empreita, mas antigamente não... Hoje é só por empreita, né, porque, se não for de empreita, o nego também não trabalha não, né?*
Pesquisadora: Não trabalha? Por quê, seu Osvaldo?
Osvaldo: *Tem nego que enrola, né? Se você tá trabalhando e seu ordenado é vinte conto, se você trabalhar bastante é os vinte conto, se você trabalhar menos é os vinte conto... Porque, se for por dia, a turma não trabalha, né? Eu sei, eu já trabalhei por dia também. Aí, agora que a gente trabalha de empreita, os nego carpe 10, 15 mil léguas por dia, né? Aí trabalha!*
Pesquisadora: E o que é "enrolar", seu Osvaldo?
Osvaldo: *Enrolar é você trabalhar pouco*, né?
Pesquisadora: E o que é que os trabalhadores fazem?
Osvaldo: *Quando ganha por dia, eles ficava enrolando*, entrava dentro da cana. Os fiscais ficava no pé, mas os nego enrolava, sentava no meio da cana, escondia... Os nego tá pensando que você tá trabalhando no meio da cana e você tá sentado.

A argumentação de Osvaldo é extremamente interessante. Primeiro, o cortador de cana afirma que prefere o pagamento por produção, porque desse modo os trabalhadores recebem um pouco mais. Em seguida, diz que o pagamento por produção é importante porque faz os cortadores de cana trabalharem de fato: como o salário é atrelado à quantidade de cana que cortam por dia, eles não podem mais enrolar, isto é, "fingir que trabalham" ou trabalhar pouco. Segundo Osvaldo, era comum os cortadores de cana agirem dessa maneira quando recebiam um valor fixo por dia, já que sabiam que, independentemente da quantidade de cana que cortassem, receberiam a mesma quantia em dinheiro. Isso acabou quando se instituiu o pagamento por produção, que, na opinião de Osvaldo, serve como um importante estímulo ao trabalho. "Aí, agora que a gente trabalha de empreita, os nego carpe 10, 15 mil léguas por dia, né? Aí trabalha!"

A opinião de Osvaldo é a mesma de Cristina, a coordenadora do departamento de recursos humanos da Usina Ester, que também considera essa forma específica de remuneração extremamente interessante para as usinas, porque assegura por si só que os cortadores de cana se dediquem à atividade, ao contrário do que fariam caso recebessem um salário mensal fixo.

Valmir, de 54 anos, que deixou Sergipe aos 19 anos para trabalhar em São Paulo como cortador de cana, afirmou:

Olha, moça, eu vou falar que *eu gosto de receber por produção*, viu, eu gosto. Isso porque *dá pra ganhar alguma coisa com o pagamento por produção*. Com o dinheiro que eu consegui juntar com o corte da cana, eu consegui comprar ao longo dessa minha vida três casas, dois terrenos e ainda construí três bares em Engenheiro Coelho. Teve uma época que, *com o dinheiro que juntei, eu voltei pra Sergipe*, mas não deu... *Eu não consegui me manter na minha terra de novo, porque lá não tinha ganho*, e aí fui obrigado a voltar pra cá pra trabalhar como cortador de cana de novo. Mas eu gosto. E hoje não, porque eu já tô velho, mas *eu era bom, viu? Fui o "Podão de Ouro" muitas safras e consegui dinheiro. Tudo o que tenho foi a cana que me deu.* (Valmir)

Valmir deixou sua terra natal ainda jovem em busca de serviço e trabalhou como cortador de cana para várias usinas do Estado de São Paulo. Durante a entrevista, contou que tinha sido um "bom cortador de cana", e sua alta produtividade lhe rendeu o tão cobiçado título de "Podão de Ouro" em muitas safras. Assim como Osvaldo, Antônio e Lorival, que declararam preferir receber por produção, Valmir afirmou que gosta dessa forma de pagamento porque lhe permitiu ganhar algum dinheiro na vida: conseguiu comprar vários imóveis que não poderia ter comprado sem o dinheiro adquirido com o corte da cana.

Além de imóveis, Valmir acumulou economias que lhe permitiram retornar para Sergipe. Entretanto, não teve condições de se manter em seu estado porque não havia trabalho. Assim, os mesmos motivos que o levaram a migrar aos dezenove anos fizeram com que fosse obrigado a deixar novamente sua terra natal em busca de serviço.

A resposta de Anderson é semelhante à de Valmir: *"Eu prefiro por produção, porque às vezes você quer ganhar alguma coisinha a mais na vida, né, e se a gente recebesse só o salário fixo não daria*. Pra ganhar essa grana que a gente ganha aqui, se a gente fosse trabalhar lá na nossa região não daria".

Assim como Valmir, Anderson declarou que prefere o pagamento por produção porque ele permite que os cortadores de cana ganhem um pouco mais. Em sua opinião, a substituição do pagamento por produção por um salário mensal fixo não seria interessante, porque este não poderia lhe proporcionar tudo que aquele lhe proporciona. Se recebessem um salário fixo, o valor seria igual todos os meses, mesmo que o trabalhador tivesse interesse em receber mais; a remuneração por produção, ao contrário, possibilita que o trabalhador aumente seu salário quando quiser ou quando tiver interesse.

O discurso de Anderson tem um aspecto interessante: o trabalhador vê o dinheiro que recebe trabalhando como cortador de cana como um dinheiro impossível de ser conseguido em sua região de origem. E conclui: "Nem se eu trabalhasse muito lá eu conseguiria ganhar o que eu ganho aqui, nem perto". A diferença entre o "dinheiro que se ganha no corte da cana" e o "dinheiro que se consegue com outra atividade em sua terra natal" foi bastante utilizada como justificativa para a migração por muitos cortadores de cana entrevistados ao longo da pesquisa de campo.

Poderíamos pensar, depois de tudo que se disse, que *todos* os trabalhadores entrevistados preferem o salário por produção. De fato, os que defendem essa forma de remuneração são maioria. Durante a pesquisa de campo, encontramos somente dois trabalhadores que desaprovavam o salário por produção, na verdade, duas: Maria e Ana. Ao ser interrogada sobre o que pensava dessa forma de pagamento, Maria respondeu:

> *Eu não gosto de receber por produção, eu preferia um salário fixo. Eu acho que o salário daria mais do que por produção, pelo valor que eles estão pagando as canas... Eu acho que, para os homens, o salário deveria ser uns 2, 3 mil!* [Risos] *Para nós, mulher, uns 1.500. Na produção, eu não atinjo isso nunca, nem 1.000 eu consigo*. Meu marido já chegou a receber 1.000, 1.200, mas eu, onde que eu vou chegar com o pagamento por produção? Nem a 700, uma mixaria!

Em sua fala, Maria, deixou claro que preferiria receber um salário mensal fixo do que trabalhar por produção, e isso porque acredita que ao receberem um salário fixo os cortadores de cana acabariam ganhando mais do que quando trabalham por produção. Na opinião da trabalhadora isso acontece porque a Usina Ester paga muito pouco pela tonelada de cana, o que acaba por rebaixar os salários. Mesmo recebendo por produção, com o baixo preço da tonelada os trabalhadores acabam tendo de cortar muita cana para receber um salário minimamente razoável.

Ao ser interrogada sobre quanto deveria ser o salário de um cortador de cana, Maria respondeu de modo descontraído que os homens – por cortarem mais cana que as mulheres – deveriam ganhar em torno de 2 ou 3 mil reais, e as mulheres por volta de 1.500 reais mensais. Segundo ela, pelo fato de receber por produção e ter índices de produção baixíssimos, seu salário é sempre muito baixo, muitas vezes até insuficiente para cobrir todos os seus gastos. Por isso, a substituição do pagamento por produção por um salário fixo seria mais interessante para a trabalhadora rural: "Hoje eu não recebo nem setecentos reais por mês... Imagina se eu ganhasse um salário de mil reais, já ia ser uma boa diferença!".

Ana também afirmou preferir um salário mensal fixo àquele por produção:

> Ana: Olha, eu vou falar a verdade pra você. Eu já fui cortadora de cana antes, mas hoje, nessa safra, eu tô trabalhando como bituqueira[31]. E bituqueiro recebe um valor fixo por dia, e não por produção, e eu acho melhor, viu.
> Pesquisadora: E por quê?
> Ana: Porque as cana variam muito, e às vezes o trabalhador só pega cana ruim, e aí não consegue um salário bom[32]. Se você trabalha só com cana ruim, às vezes você não ganha bem. E se você recebe sempre a mesma coisa, você não fica tão na dependência de pegar cana boa para receber bem.

Em seu depoimento, Ana contou que deixou de receber por produção e passou a receber um salário fixo. Para ela, a mudança foi positiva, porque, recebendo um valor fixo por mês, não fica tão dependente da condição natural da cana. Mesmo podendo receber um salário inferior ao de um cortador de cana, Ana afirma que prefere o salário fixo: "Eu fico mais tranquila, pois sei quanto eu vou ganhar, sei quanto vou receber exatamente para passar o mês". Ganhando sempre a mesma quantia todos os meses, é mais fácil se organizar, segundo ela.

Ana destacou outro aspecto interessante:

> *O pagamento por produção favorece mais os mais jovens*, né, que tão começando a trabalhar agora e que têm o corpo novo. *E os homens também*. Esses têm mais força e aguentam mais que nós, mulher. *Para cortar muita cana, é melhor ser forte, por isso que os homens cortam mais.*

Segundo ela, as mulheres, em geral, não possuem tanta força nem tanta resistência física quanto os homens, especialmente os jovens, e por conseguinte são prejudicadas quando o corte de cana é pago por produção. "É por isso que eu penso que para nós, mulher, o salário fixo é melhor."

---

[31] Os bituqueiros são responsáveis pelo recolhimento dos pedaços de cana que ficam no canavial depois do corte. De modo geral, esse trabalhador passa grande parte da jornada de trabalho agachado, com as costas curvadas para recolher os pedaços de cana. Tal função é extremamente necessária às usinas, porque evita perdas significativas, ou "sobrar cana no eito sem ser pesada".

[32] Existem "canas boas" e "canas ruins". Quando os trabalhadores cortam um eito (área delimitada de terra da qual a cana será cortada) em que as canas estão "boas", é mais fácil cortar uma quantidade maior e, assim, receber um salário melhor. Já quando têm de cortar um eito de cana "ruim", a possibilidade de cortar uma grande quantidade de cana é muito menor e, por isso, o salário não será tão bom.

O fato de somente duas pessoas terem afirmado preferir um salário fixo a um salário por produção, e serem duas mulheres, levou-nos a pensar em algumas hipóteses. Tanto Maria quanto Ana afirmaram que não cortavam muita cana, ou seja, ambas tinham índices de produtividade abaixo do de seus colegas. Além do mais, ambas são mães e cuidam dos filhos e dos afazeres domésticos depois da jornada de trabalho nos canaviais. Com essa dupla jornada de trabalho, é extremamente difícil para elas cortar uma grande quantidade de cana ao longo do dia; segundo Ana: "Eu já chegava cansada pra cortar cana, aí eu não conseguia cortar muito". Nesse contexto, o pagamento por produção deixa de ser interessante para as mulheres e, no que se refere a seus índices de produtividade, elas ficam em desvantagem em relação aos homens. Como eles, elas recebem de acordo com o que produzem; por não conseguirem cortar muito, não recebem uma quantia elevada. O salário fixo dá mais segurança a essas trabalhadoras, porque elas não precisam ficar "tão reféns" de seu corpo e seu preparo físico.

Diante disso, concluímos que o gênero é um critério importante e diferenciador quando o que está em jogo é a substituição (ou não) do pagamento por produção por um salário fixo.

Um balanço sobre o salário por produção

Ao longo do presente capítulo, procuramos demonstrar que o salário por produção é extremamente útil e interessante para o setor sucroalcooleiro por impedir que os cortadores de cana adquiram o controle de seu processo de trabalho e de seu pagamento (F. Alves, 2008). Ao atrelar o salário dos trabalhadores rurais à quantidade de cana cortada por eles, as usinas sabem exatamente quanto produz cada um de seus empregados e, assim, podem selecionar aqueles que mais lhe interessam – os mais produtivos – e demitir aqueles que não alcançam as metas de produção.

Vimos também que o pagamento por produção é a forma de salário mais adequada ao modo de produção capitalista (Marx, 2013). Por sua própria lógica, essa forma específica de remuneração gera: aumento da intensidade do trabalho, prolongamento da jornada de trabalho, criação de competitividade entre os próprios trabalhadores, diminuição do preço da força de trabalho e, consequentemente, dos salários etc.

Depois de analisar os motivos que estão por trás do pagamento por produção pelas usinas de açúcar e álcool, exploramos os resultados obtidos na pesquisa de campo realizada na Usina Ester. Pelas entrevistas de alguns representantes da usina em questão, pudemos notar que o pagamento por produção é considerado uma forma de remuneração justa, porque "nada mais correto do que cada trabalhador receber de acordo com o que trabalhou". De acordo com essa lógica, cabe ao cortador de cana a responsabilidade por seu salário. Sua remuneração está intimamente vinculada a seu esforço, sua dedicação e seu investimento na atividade.

Os funcionários da usina também foram enfáticos ao afirmar que os cortadores de cana preferem receber por produção, já que assim podem trabalhar mais à vontade, sem cobranças por parte dos fiscais de turma. Esse tipo de afirmação mostra, na verdade, que os representantes da Usina Ester tentam imputar aos trabalhadores rurais a utilização dessa forma de pagamento. Além disso, tentam ocultar o fato de que a usina também se beneficia da remuneração por produção e tem muito interesse em mantê-la, porque lhe assegura o investimento contínuo dos cortadores de cana no trabalho, o que não ocorreria se recebessem um salário fixo mensal.

Depois das entrevistas com os representantes da usina, ouvimos o que os cortadores de cana da Usina Ester pensavam a respeito do pagamento por produção. Como dissemos, a grande maioria afirmou que gostava e preferia que seu salário fosse atrelado à produção. Cada um a seu modo apresentou uma justificativa, mas observamos em todas as entrevistas um pano de fundo comum: o salário por produção é visto por esses trabalhadores como uma estratégia para receber uma quantia superior em um espaço de tempo menor. Nesse sentido, a continuidade do pagamento por produção é defendida por grande parte dos assalariados rurais – sobretudo pelos jovens, que estão em pleno vigor físico – porque é uma forma encontrada por eles para conseguir o que desejam de forma mais rápida, isto é, em menos tempo do que conseguiriam caso recebessem um mesmo salário durante todos os meses da safra.

O salário por produção representa o ganho rápido, a possibilidade de realizar sonhos. A realização de seus sonhos é um dos motivos que levam milhares de trabalhadores a deixar sua região de origem para trabalhar nos canaviais, onde o ganho é por produção. A reforma da casa, a compra de um pedaço de terra, a moto, a festa de casamento, tudo aquilo que antes estava apenas no imaginário de muitos trabalhadores rurais pode, pelo pagamento por produção, virar realidade. Como disse Valmir: "Tudo o que tenho foi a cana que me deu".

O fato de a maioria dos cortadores de cana considerar o pagamento por produção uma estratégia cria uma situação complexa e, em certa medida, contraditória: ao mesmo tempo que é uma estratégia dos trabalhadores, também é uma estratégia empresarial utilizada pelas usinas. O salário por produção, portanto, serve aos propósitos de trabalhadores e usineiros e é interessante para ambos. Mas não podemos esquecer que os trabalhadores não têm poder para controlá-lo. Por isso, ao mesmo tempo que pode ser usado como um acicate ao trabalho excessivo dos cortadores de cana e um engenhoso método de introversão da disciplina e do autocontrole, o pagamento por produção pode ser utilizado pelos trabalhadores como uma forma de assegurar um ganho financeiro mais rápido, que lhes permite realizar seus sonhos. Nesse ponto específico, é interessante perceber que a forma como o pagamento por produção será visto, na verdade, depende, em ampla medida, da maneira como é percebido, apreciado e compreendido *por cada um* (Bourdieu, 2001).

Mas não podemos nos esquecer de mencionar as duas trabalhadoras que afirmaram não gostar do pagamento por produção. Como vimos, Maria e Ana foram decisivas para que pudéssemos compreender que o gênero deve ser levado em consideração quando se trata desse tipo de pagamento. Com seus depoimentos, as cortadoras de cana abriram um novo horizonte de reflexão: as diferenças físicas entre homens e mulheres, a dupla jornada de trabalho que as mulheres enfrentam e que as deixa mais cansadas para o trabalho nos canaviais, a incerteza do pagamento por produção (já que elas não sabem ao certo quanto receberão no fim do mês). Todos esses fatores apareceram nos depoimentos de Maria e Ana, enriquecendo e tornando mais complexa esta análise.

Capítulo 19

A NOVA FACE DO CONFLITO PELA POSSE DA TERRA NO PONTAL DO PARANAPANEMA (SÃO PAULO)
estratégia de classe do latifúndio e capital agroindustrial canavieiro[1]

Antonio Thomaz Junior

Este texto cumpre o objetivo de oferecer alguns elementos para a reflexão sobre o conflito em torno da posse da terra e da luta por ela no Pontal do Paranapanema, em São Paulo, no século XXI, aguçado pelo processo de expansão do capital agroindustrial canavieiro por meio da territorialização dos canaviais e das plantas agroprocessadoras.

Os conflitos pela posse da terra no Pontal do Paranapanema, considerando-se o recorte territorial adotado pela Unipontal (32 municípios), que inclui os Escritórios de Desenvolvimento Rural (EDRs) de Presidente Prudente e Presidente Venceslau e o município de João Ramalho (ver Figura 1), estão sendo intensificados e renovados – quanto aos métodos – com a manutenção do latifúndio improdutivo, visto que cerca de 450 mil hectares de terras ainda têm com pendências jurídicas (declaradamente devolutas, parcialmente regularizadas etc.).

Se, no século XXI, essa configuração espacial passa por mudanças e novas formas de exploração da terra com a expansão da cana-de-açúcar, o eixo centrado no conflito pela posse da terra e no território em disputa do Pontal do Paranapanema mantém-se como um tema vivo, diferentemente do que afirmam os adeptos dos projetos desenvolvimentistas,

---

[1] Este texto apresenta resultados de pesquisas viabilizadas com o apoio do CNPq (Editais "Universal" e "Produtividade em Pesquisa") e que deram origem ao capítulo "Formas de controle do trabalho pelo capital e pelo Estado. As estratégias do agronegócio canavieiro e os impactos na luta de classes", incluído na parte II do volume 1 de minha tese de livre-docência.

Figura 1: Localização do Pontal do Paranapanema (São Paulo)

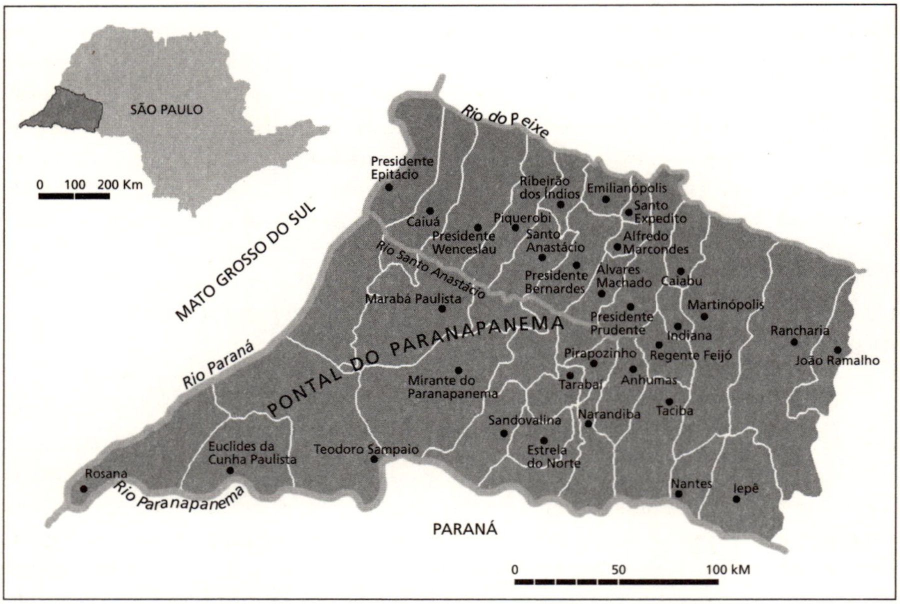

Fonte: Antonio Thomaz Junior, "Agronegócio alcoolizado e culturas em expansão no Pontal do Paranapanema: legitimação das terras devolutas/improdutivas e neutralização dos movimentos sociais", em Suênia Cibeli Ramos de Almeida et al., *Anais da III Jornada de Estudos em Assentamentos Rurais*, Campinas, Feogi/Unicamp, 2007 (desenho inicial de Maria S. Akinaga Botti; arte-final de Antonio Kehl).

de que bastam investimentos públicos e a resolução jurídica dos impasses fundiários para alcançar o desenvolvimento social e econômico pleno no Pontal. Ainda mais agora, com a tramitação do Projeto de Lei n. 578/2007, de iniciativa do ex-governador paulista José Serra (2007-2010), que propõe regularizar todas as terras com pendências jurídicas acima de 500 hectares, o que, na verdade, completa o ciclo da "lambança" da regularização, iniciada com a Lei n. 11.600, de 2003, assinada pelo governador Geraldo Alckmin (2003-2006), que pôs em foco as propriedades de até 500 hectares. De certo modo, essa atitude do governador José Serra quebra a "resistência" dos governadores anteriores, que, de alguma maneira, diante dos escândalos do passado em torno das terras do Pontal do Paranapanema, resistiam a regularizar terras griladas sem que antes fosse requerida a posse delas na Justiça.

Desse modo, submerge-se mais uma vez a democratização do acesso às terras públicas griladas, e desconsideram-se as vitórias dos movimentos sociais que, desde meados dos anos 1990, em especial a partir de julho de 1990, com a entrada em cena do Movimento dos Trabalhadores Sem Terra (MST) na região, constroem um processo de enfrentamento e conquistas de assentamentos pela via das ocupações de terras. Mesmo que esse processo se efetive por meio da desapropriação de fazendas, dependente de demoradas tramitações jurídicas, portanto não como dispositivo vinculado à reforma agrária e à Constituição Federal, foi ele que viabilizou a presença de 108 assentamentos que se territorializam em 15 municípios e aglutinam aproximadamente 146.000 hectares e 6.425 famílias.

Se nos basearmos nos mais de cinquenta acampamentos existentes, metade dos quais com mais de três anos de existência e reunindo à beira das estradas do Pontal do Paranapanema cerca de 4 mil famílias de sem-terra que estão à espera da resolução dos impasses jurídicos e políticos para licenciamento ambiental e outras providências, um total de 5.800 hectares está em questão e poderia dar acesso à terra a mais de 180 famílias. O restante das famílias aguarda nos barracos, constantemente perseguidas, atacadas por jagunços armados a mando dos grileiros e acusadas de roubo. Há ainda o agravante da total ausência de políticas públicas para acesso à terra, a começar pela inexistência de reforma agrária, e cenários que mantêm a limitada política de assentamentos por meio de desapropriações ou compra de terras.

OS MARCOS HISTÓRICOS DE UMA TRAJETÓRIA DESTRUTIVA DE OCUPAÇÃO DO TERRITÓRIO

Sendo descumprido o princípio constitucional da função social da propriedade da terra, fica o passivo social acumulado em mais de dois séculos de pilhagem das comunidades indígenas, de desmatamento desenfreado e criminoso, viabilizando a ocupação do espaço por um processo de colonização conturbado e extremamente violento e dando fundamento aos pilares históricos que sustentam a perversa concentração fundiária e a exclusão social vigente no Pontal do Paranapanema. Trata-se do produto de disputas, jogadas e manobras de todo tipo para regularizar essas terras, transmissões e reconhecimentos de propriedade negados, renegociados, subornos, adulteração de assinaturas e grilagens propriamente ditas (emissão de títulos de propriedade falsos).

Enfim, no vaivém dessa rica trama de negociatas, genocídio das comunidades indígenas caingangues e caiuás, grilagem, posses ilegais, apropriação do patrimônio público e devastação da vegetação nativa de Mata Atlântica, permanece até hoje grande parte dos problemas não resolvidos desde o fim do século XIX, sobretudo após a lei de terras de 1850, com as façanhas para a legitimação das posses (J. Leite, 1998).

Em meio a essa turbulenta história para legalizar as terras griladas do Pontal do Paranapanema a fim de mercantilizá-las, o coronel Manoel Pereira Goulart, depois de muitas insistências e subornos, negociou em 1908 um terço das terras da fazenda Pirapó-Santo Anastácio, e o restante foi transferido para a Companhia dos Fazendeiros do Estado de São Paulo. Com a falência dessa companhia em 1927, o controle das terras passou para a Companhia Marcondes de Colonização, comandada pelo coronel José Soares Marcondes, que iniciara suas atividades na Alta Sorocabana em 1919 como simples agente de negócios do dr. Amador Nogueira Cobra, proprietário da fazenda Montalvão (Antônio, 1990). O restante da Pirapó-Santo Anastácio foi vendido para Companhia Imobiliária Agrícola Sul-Americana, mas todas as transações foram consideradas ilegais.

É importante notar que a Vila Goulart (1917) e a Vila Marcondes (1919), juntamente com a chegada da ferrovia, deram origem a Presidente Prudente (1921) e representavam exatamente o controle territorial dos dois coronéis. Mas, nesse meio tempo, em 1930, alguns "grilos-filhos" foram regularizados em parte das terras da Pirapó-Santo Anastácio e, dessa forma, deu-se início ao fatiamento legalizado da fazenda. O mesmo aconteceu com a fazenda Boa Esperança do Aguapehy, ou Rio do Peixe, que, antes de sua legitimação, teve alguns lotes vendidos, ampliando a escala dos conflitos e das disputas (Cleps Júnior, 1990). Um desses "grilos-filhos" – fazenda Rebojo, que foi loteada pelo menos quatro vezes – provocou um conflito de grande magnitude entre parceiros, arrendatários e o latifundiário grileiro, que só terminou com a desapropriação da fazenda, em março de 1964, por João Goulart. A forma que o então governador do estado, o professor Fernando Costa, achou para proteger o pouco que ainda restava das terras decididamente devolutas do Pontal do Paranapanema foi criar as reservas florestais Lagoa São Paulo, Reserva do Pontal do Paranapanema e Reserva do Morro do Diabo, com 297.400 hectares. Hoje, permanecem apenas os 6.500 hectares do Morro do Diabo; o restante foi quase totalmente devorado pela grilagem, pelo desmatamento, pelas pastagens e, agora, pela cana-de-açúcar.

O interesse dos cafeicultores pelas terras colidia com o dos especuladores, mas os negócios com o fatiamento das fazendas começou a render muitos dividendos exatamente com o avanço do café e da estrada de ferro (D. Abreu, 1972). Foi dessa maneira que a Companhia Marcondes de Colonização, na condição de representante, passou a comerciar terras próprias e a beneficiar-se da euforia dos negócios da lavoura de café. Com outras empresas colonizadoras, lançou-se ao trabalho de colonizar o oeste de São Paulo, ainda que dependendo de informações, auxílio técnico etc. (D. Abreu, 1972).

O campo de disputa entre os coronéis José Soares Marcondes e Manoel Goulart nunca escondeu os negócios espúrios e a grilagem das terras que, desde o início da colonização, acompanham as operações de venda e compra na região. É importante lembrar que a resistência da sociedade a esse processo de legitimação da grilagem de terras era muito tênue, restrita a alguns políticos, a pessoas esclarecidas e à Comissão Pastoral da Terra (CPT), mesmo que proibida de atuar por ordem expressa do bispo diocesano, d. Antonio Agostinho Marochi.

Dos enfrentamentos, os acampamentos. Das lutas contínuas, os assentamentos

No entanto, no interior da sociedade hegemonizada por latifundiários, pecuaristas, grileiros e grandes empresas da construção civil que construíam na região as hidrelétricas de Taquaruçu, Rosana e Porto Primavera, surgiu um conjunto de trabalhadores migrantes que, com o término das grandes obras civis, ficou sem emprego e sem ter para onde ir, tornando-se os sem-terra do início dos anos 1980. É impossível dissociar a concentração fundiária das lutas de resistência e das ocupações de terras quando abordamos a história do Pontal do Paranapanema e, consequentemente, ignorar os problemas políticos em torno da questão agrária, cada vez mais viva e emergente e que, aliás, é o retrato do Brasil.

No dia 15 de novembro de 1983, depois de inúmeras reivindicações dos trabalhadores às autoridades (prefeito, Igreja, vereadores, sindicato etc.), cerca de 350 famílias ocuparam as fazendas Tucano e Rosanela, de "propriedade" da construtora Camargo Corrêa e Vicar S.A. Comercial Agropastoril. Depois do ganho de causa em primeira instância e da perda no Tribunal de Justiça, as famílias foram despejadas e montaram acampamento à beira da estrada SP-613. Somente em março de 1984, o governador André Franco Montoro assinou os primeiros decretos de desapropriação de uma área de 15.110 hectares e assentou 466 famílias. As sucessivas tentativas de despejo desarticularam a organização dos trabalhadores, entretanto criou-se uma liderança.

A sucessão de lutas dos trabalhadores – como as ocupações da Água Sumida (Teodoro Sampaio) em 1985, que resultaram em assentamento, e de Areia Branca (Marabá Paulista) em 1988 e os demais acampamentos – ganhou nova configuração com a atuação do MST no Pontal do Paranapanema, a partir de julho de 1990, e com a ocupação da fazenda Nova do Pontal por setecentas famílias (Rosana). Depois de despejadas, as famílias foram ameaçadas por jagunços contratados diretamente pelos fazendeiros para que evacuassem a área, porém 450 delas resistiram às margens da rodovia SP-613 e retornaram aos barracos do acampamento Nova do Pontal (depois João Batista da Silva). A partir dessa base, conseguiram ocupar o latifúndio por exploração Fazenda São Bento, de Antônio Sandoval Neto, ex-prefeito de Presidente Prudente e um dos maiores grileiros do Pontal do Paranapanema. Em 1991, depois de várias ocupações e despejos, 247 famílias tiveram acesso aos lotes da Fazenda São Bento, mas logo em seguida a ação foi revogada.

Em meio a disputas, tensões e confrontos de toda ordem, desde tribunais, ocupações de terras e prédios públicos, marchas, perseguições e violência física patrocinada pelos grileiros, os assentamentos rurais conseguiram mudar a qualidade de vida dos assentados com as ações organizadas pelo MST e pelas organizações que se formaram das dissidências, mesmo contando com poucos e inconstantes recursos, sem políticas agrícolas específicas e planejamento prévio afinado com os períodos de plantio, tratos culturais e colheita.

Em geral, as famílias conquistaram melhorias, embora os sinais de abandono por parte do poder público (estadual e federal) sejam visíveis, como ausência de recursos financeiros, apoio técnico etc. Contudo, a qualidade da sociabilidade e a quantidade de relações de troca com os moradores dos municípios vizinhos têm acionado novos circuitos geradores de renda. Desde alimentos mais baratos e de melhor qualidade que chegam aos consumidores urbanos até fluxos e intensidade de trocas nos pequenos pontos de comércio (bazares, mercadinhos, mercearias etc.) também ganham destaque, inclusive com esquema de traslado previamente combinado para os dias de compra e entrega dos mantimentos.

Os estudos tardam a mostrar a ampliação desse processo, mas é possível citar alguns já disponíveis e ilustrar que os assentamentos estão mudando a cara do Pontal do Paranapanema. Os impactos dos assentamentos nos municípios de Mirante do Paranapanema (Ramalho, 2002), Teodoro Sampaio (Leal, 2003), Piquerobi, Caiuá e Presidente Venceslau (Mazzini, 2007), Euclides da Cunha Paulista e Rosana (S. P. Souza, 2007) são dignos de nota. Apesar das amostras não cobrirem um número expressivo de relações de troca, a magnitude dos fluxos e dos aportes de renda é extremamente positiva. Os empregos urbanos também compõem esse novo elemento da realidade social do trabalho no Pontal do Paranapanema, assunto que nos ocupa em outras ações de pesquisa.

Contudo, os sinais evidentes de sucesso dos assentamentos são ofuscados pela ausência de projetos duradouros, que tenham em sua ossatura uma reforma agrária ampla e maciça das terras improdutivas e devolutas e façam valer os dispositivos constitucionais da função social da propriedade da terra. Além disso, há um total descaso por parte dos setores dominantes e dos formadores de opinião, que hegemonizam o poder político-econômico no Pontal do Paranapanema, a começar pelos latifundiários, políticos apaniguados e, em diversas situações, o Judiciário.

Em reação a essa situação, os assentados e os movimentos sociais, em particular o MST e o Movimento dos Agricultores Sem-Terra (Mast), revelam, reivindicam e denunciam, além do passivo social que os latifundiários têm com a sociedade em geral e com os trabalhadores sem terra em especial, o passivo ambiental, pois o ritmo acelerado do desmatamento para a pecuária extensiva, o abandono das terras e a ausência de manejo e de tratos adequados têm produzido efeitos desastrosos para o solo, nascentes e corpos d'água, e contribuem para o assoreamento dos rios, o que, em conjunto, afeta a fertilidade natural e resulta em processos erosivos de grande magnitude e desertificação.

De forma oportunista, o capital se apropriou da avaliação pública dos movimentos sociais. Numa oportunidade específica, um empresário do grupo Carolo, que na época investia na aquisição da Destilaria Bela Vista e na implantação de outra planta agroprocessadora, disse: "Como argumentam os trabalhadores, nós precisamos fazer das pastagens degradadas áreas produtivas, e a cana-de-açúcar é a alternativa ideal". Estava implícito nessa afirmação que o capital se apresentava para salvar a lavoura, aplicar o tratamento correto e os procedimentos técnicos adequados (como os terraços embutidos) com o intuito de viabilizar a expansão do plantio da cana-de-açúcar no Pontal do Paranapanema. Essa era a possibilidade mais apropriada para o desenvolvimento econômico e a ampliação da oferta de empregos numa região sufocada por presídios e elevados índices de desemprego.

Apesar de contar com empresas agroindustriais canavieiras desde a segunda etapa do Pró-Álcool (1980-1981), o Pontal do Paranapanema não ocupava lugar de destaque nesse ramo de atividade agroindustrial (Thomaz Junior, 2002).

Contudo, está claro que, apesar de o elemento econômico ser essencial para o capital, também o são os aspectos estratégicos associados aos interesses de classe, como a legitimação das terras devolutas e improdutivas, o desmonte dos assentamentos, as atuações mais incisivas contra os acampamentos (acampados) e as principais lideranças dos movimentos sociais. Coibir, emperrar e utilizar instrumentos aliados aos preceitos da justiça, como criminalizar, têm sido métodos empregados com frequência, pois tanto os capitalistas agroindustriais canavieiros quanto os latifundiários grileiros têm demandantes para as terras griladas e invadidas. Em outras palavras, os trabalhadores sem terra desejam ter acesso à terra para viver e plantar, mas, em contrapartida, o que está valendo é o desejo do capital de transformar o Pontal do Paranapanema num mar de cana, para usar uma expressão já conhecida contra os malefícios da monocultura.

A fúria alcoolizante (Thomaz Junior, 2008) do capital agroindustrial, além de legitimar a posse ilegal das terras (devolutas e improdutivas) que estão nas mãos dos latifundiários e dos fazendeiros, garante para si a base material para futuros investimentos, expansão da área de plantio sobre terras planas mecanizáveis, com disponibilidade de água (superficiais e subterrâneas) e capacidade de moagem. Outro desdobramento igualmente importante dessa ação aposta no desmonte dos assentamentos e na fragilização da cultura e da resistência camponesas, atraindo os pequenos agricultores para o interior do processo produtivo da matéria-prima e subordinando-os à exploração social, no momento em que os insere no ambiente proletário do processo social de trabalho.

O AGRONEGÓCIO CANAVIEIRO CONSOLIDA A MARCHA DESTRUTIVA DO PONTAL DO PARANAPANEMA

O aparente oportunismo desse processo protagonizado pelo capital agroindustrial canavieiro no Pontal do Paranapanema objetiva, em primeiro lugar e como fundamento principal, viabilizar o projeto de classe burguês, fazer da submissão, da dominação, da exploração do trabalho e dos mecanismos especulativos os vetores da acumulação do capital.

Esse é o aspecto em torno do qual se articula o conflito social na região, antes somente pelo acesso às terras griladas, agora, além disso, passando a compor a equação da luta de classes contra a burguesia agroindustrial ou o agronegócio canavieiro, que soma forças com latifundiários e pecuaristas.

Por isso, é importante pôr mais uma vez em discussão o fato de que o avanço dos canaviais para o oeste de São Paulo, em particular para o Pontal do Paranapanema, não colide com os interesses dos pecuaristas, uma vez que se estabelece entre as partes a mediação do pagamento da renda da terra e, para os pecuaristas, que efetivamente apostam nessa atividade, há como se manter. Apenas nas situações em que há coincidência de pastagens degradadas e terras improdutivas em perímetro com pendências jurídicas (normalmente vinculado à União Democrática Ruralista[2]), o capital, além de se beneficiar dos baixos preços do arrendamento, também legitima o uso produtivo da terra e garante prioridade na compra, antes que seja aventada qualquer proposta de destinação para assentamentos rurais. Em caso de consolidação desse objetivo, isso retardaria ainda mais os processos de arrecadação, legitimação ou outros em trâmite.

Nesse vale-tudo, são cada vez mais frequentes as denúncias de desmatamento, incêndios criminosos de bosques e pastagens em áreas de preservação permanente (APP) ou reserva legal (RL).

Os argumentos que ainda motivam o capital agroindustrial canavieiro e de que ele se vale, como deixam claro a União dos Produtores de Bioenergia (Udop) e a União da Indústria de Cana-de-açúcar (Unica), são que as pastagens degradadas do oeste de São Paulo estariam sendo recuperadas por práticas mais modernas e tecnicamente recomendáveis: a cana-de--açúcar é a saída para um desenvolvimento econômico, social e ambiental sustentável, ainda mais porque tem objetivos voltados para a produção de combustível renovável (álcool etílico).

É importante destacar a peculiaridade do processo destrutivo de expansão da lavoura canavieira e das plantas processadoras, porque desgraçadamente segue os mesmos fundamentos da experiência quinhentista de depredação da natureza e do meio ambiente, com o diferencial da rapidez com que um talhão é desflorestado, ou dessecado, queimado e, em seguida, tombado e preparado para o plantio. Essa é a velocidade requerida e implementada pelo capital, para não haver risco de ações de fiscalização dos órgãos competentes e não despertar reação da sociedade, sobretudo dos movimentos sociais envolvidos na luta pela terra (Thomaz Junior, 2009).

A intensidade desse processo de expansão dos canaviais no Pontal do Paranapanema pode ser dimensionada por meio de alguns indicadores:

- Segundo o Levantamento Censitário das Unidades de Produção Agropecuária do Estado de São Paulo (Lupa)[3], havia 62.239 hectares de cana-de-açúcar no Pontal do Paranapanema em 1995-1996 e 260.132 hectares em 2007-2008 – e, de acordo com as informações das imagens de satélite utilizadas num estudo recente (Thomaz Junior, 2009), havia 70.305 hectares de cana-de-açúcar em 2002 e 342.500 hectares em 2007-2008.

---

[2] A União Democrática Ruralista (UDR) congrega os interesses de latifundiários e grileiros.
[3] Ver: <www.cati.sp.gov.br/projetolupa>.

- O número de plantas agroprocessadoras (atualmente, há nove em operação e uma em construção).
- A participação de grandes grupos empresariais, como a Odebrecht, com duas unidades em funcionamento (Destilaria Alcídia) e uma em construção (Nova Conquista do Pontal).
- A participação do capital estrangeiro, como a Sojitz/ETH e o grupo norueguês Biofuel AS, com duas plantas (Paranapanema I e II), adquiridas pela norueguesa Umoe, em 2009.
- O aumento da produção: 5.805.189 toneladas em 2006-2007, 5.903.223 toneladas 2007-2008 e 7.200.000 toneladas 2008-2009; já se percebem por aí os reflexos da ampliação da área plantada, todavia os efeitos serão maiores na safra de 2012-2013, com previsão de 16.300.000 toneladas.

Mas há outras faces da aliança entre o latifúndio e o capital agroindustrial canavieiro que, contraditoriamente, ao mesmo tempo que fortalece o agronegócio, fragiliza os trabalhadores e os projetos alternativos de organização social, fundamentados, por exemplo, nos assentamentos rurais oriundos da luta pela terra e pela reforma agrária. O processo de expansão e consolidação da agroindústria canavieira no Pontal do Paranapanema talvez seja o exemplo mais ilustrativo das disputas de classes em pauta, cujo epicentro é a posse da terra, dimensão que evidencia a iminência da questão agrária e dos conflitos sociais no Brasil do século XXI.

O primeiro registro revela a atração dos camponeses para o circuito produtor de cana-de-açúcar, por intermédio do Convênio de Integração Rural do Banco do Brasil (BB Convir)[4], com o aval da Fundação Instituto de Terras do Estado de São Paulo (Itesp), por meio da Portaria n. 77, de 2004, que permite o cultivo de culturas para fins de processamento industrial até determinados limites preestabelecidos do lote. Em nossas pesquisas, o que nos chamou a atenção é que o capital, no caso a Destilaria Alcídia, beneficia-se do ponto de vista econômico. Sendo avalista dos 18 mil reais a que têm direito os assentados que participam do programa – via Programa Nacional de Fortalecimento da Agricultura Familiar (Pronaf-D) –, a destilaria é responsável pelos pagamentos devidos à produção da cana no lote. Mas o capital também se beneficia porque controla todo o processo (corte, medição, carregamento, transporte, pesagem na balança, fixação do preço por tonelada), e aos camponeses fica a certeza dos prejuízos dessa desastrosa alternativa de renda (Thomaz Junior, 2009).

Na verdade, os camponeses estão longe de dispor de apoio e políticas efetivas de estímulo à produção de alimentos – semelhantes às facilidades que os empresários canavieiros têm – para se apoderar dos recursos do Pronaf-D num esquema "barriga de aluguel", pelo qual os assentados cumprem o papel de viabilizar o uso desses recursos para o plantio de cana-de-açúcar. Em outras palavras, o negócio é viabilizado em atendimento às prerrogativas do Pronaf, sem que haja benefícios claros e conhecidos para os assentados. Na condição de concessionários do Programa Nacional de Reforma Agrária, eles devem prescrever vínculo

---

[4] "O BB Convir é um convênio de integração rural entre o Banco do Brasil e empresas integradoras ou cooperativas de produção agropecuária que industrializam, beneficiam ou comercializam produção agropecuária. Pelo convênio, o BB financia os produtores rurais integrados a essas empresas em custeio e investimento, com as diversas linhas de crédito rural" (informações disponíveis no site do Banco do Brasil: <www.bb.com.br/portalbb/page100,107,2920,9,1,1,2.bb?codigoMenu=2114&codigoRet=2130&bread=73>).

com a terra que exploram, residir nela, não possuir mais de quatro módulos fiscais, obter 80% do rendimento familiar da exploração agropecuária (encaixando-se, portanto, no limite anual de 10 mil a 30 mil reais) e ter predominantemente trabalho familiar, mas, como se sabe, nada disso é essencial para que eles sejam bem-sucedidos como produtores de alimentos de subsistência e abastecimento local. Esses procedimentos e rotinas burocráticos são mantidos em detrimento de quantias semelhantes da linha D, específica para a agroindústria, e das demais linhas de financiamento para a produção de alimentos.

Os camponeses não têm controle dos custos e dos gastos, portanto dos pagamentos ou do que deveriam receber da Destilaria Alcídia, com base nas sobras, após o desconto de 50%, 30% e 20% do valor do empréstimo total de 18 mil reais, referentes às safras de 2005-2006, 2006-2007 e 2007-2008. Uns poucos tiveram ganhos bem abaixo do esperado, enquanto a maioria não teve ganho nenhum e, com base na contabilidade da Destilaria Alcídia, está endividada com a empresa. Envolver os camponeses e os assentamentos[5], apesar dos ganhos econômicos constatados para o capital, amarra os assentados a sua dinâmica ou – o que é o mesmo – desestrutura sua existência, à base do trabalho familiar, para mantê-los controlados.

Figura 2: Assentamentos rurais envolvidos no Programa BB Convir/Destilaria Alcídia, para o plantio de cana-de-açúcar no Pontal do Paranapanema (2005-2008)

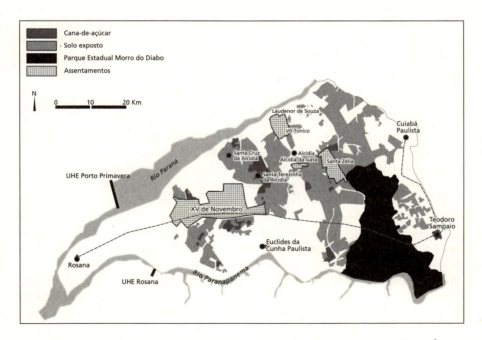

Fonte: Thomaz Junior, 2009; Fundação Instituto de Terras do Estado de São Paulo (desenho inicial de Ítalo Tsuchiya; arte-final de Antonio Kehl).

---

[5] Os assentamentos envolvidos são Alcídia da Gata, Laudenor de Souza, Santa Cruz da Alcídia, Vô Tonico, Santa Zélia, Santa Terezinha da Alcídia e Gleba XV de Novembro, totalizando 125 camponeses.

E é por isso que os ganhos políticos devem ser destacados, pois são precondição para legitimar as terras devolutas e/ou com pendências jurídicas que circundam os assentamentos e respondem por aproximadamente metade de toda a matéria-prima moída (Thomaz Junior, 2009).

Agronegócio e reforma agrária: duas faces que não se combinam

Outro registro que apimenta a geografia do conflito pela posse da terra no Pontal do Paranapanema, também inscrito na questão dos agrocombustíveis, é o que secunda a reforma agrária como projeto político. No quadro político da luta pela terra no Pontal do Paranapanema, alguns movimentos sociais estão diretamente envolvidos e ocupam as terras, mas também participam do Programa Nacional do Biodiesel (PNB), a começar pela dissidência do MST, liderada por José Rainha Júnior, que controla a Federação dos Assentados do Pontal do Paranapanema, Mast e as agremiações vinculadas a ele.

Esses setores entendem que o plantio de oleaginosas, como mamona, pinhão-manso e girassol, pode significar a autonomia econômica dos assentados, já que consideram que a produção de biodiesel tem mercado certo. No entanto, esquecem-se de que, ao apostar no biodiesel, estão apostando na integração com as empresas que farão a mistura do óleo e do álcool etílico e num sistema fundado na monocultura, nos mecanismos de concentração de terra, renda e capital, que excluem socialmente e são insustentáveis do ponto de vista ambiental. Mas esse assunto ganha novos elementos com a entrada em cena dos sindicatos dos trabalhadores rurais (STRs), filiados diretamente à Federação dos Trabalhadores na Agricultura do Estado de São Paulo (Fetaesp), que também querem marcar posição com os pequenos produtores familiares – ou pequenos empresários rurais, como gostam de ser chamados – e beneficiar-se dos financiamentos do PNB, defendendo, nesse caso, o cultivo de girassol e soja nos locais em que a cultura for produtiva. Esse segmento defende abertamente a integração como saída para o pequeno produtor rural, porém está totalmente fora dos processos de luta pela terra e considera a reforma agrária algo superado, de modo que não toma partido na resolução das pendências jurídicas e nos conflitos territoriais como projeto político.

No atual quadro político da luta pela terra no Pontal do Paranapanema, a reforma agrária, associada ao questionamento das terras griladas e improdutivas e à produção com base na policultura, um ideal próximo do que defende o MST, almeja um Pontal livre do latifúndio. A negativa à prática da integração nos moldes do BB Convir, ou dos vínculos com a produção de oleaginosas para alimentar a cadeia dos agrocombustíveis segundo o esquema conhecido, também se reafirma.

Em meio ao processo de expansão do agronegócio canavieiro no Pontal do Paranapanema, há impactos negativos marcantes sobre a luta pela terra. A ausência de políticas públicas que estimulem concretamente a produção de alimentos, o endividamento de parte dos assentados, a inexpressiva política de assentamentos do governo federal, a letargia do Itesp na operacionalização jurídica dos processos e no assessoramento técnico e a imobilidade da Cooperativa de Comercialização e Prestação de Serviços dos Assentados da Reforma Agrária do Pontal (Cocamp) – que nunca funcionou e está cheia de dívidas e pendências judiciais – deixam as portas abertas para as ações do capital, que se beneficia das fragilidades das organizações, do empobrecimento dos camponeses e dos bolsões de desempregados.

Tudo isso se expressa nas ações dos movimentos sociais quanto às ocupações de terra em 2006 (65), 2007 (42), 2008 (34), 2009 (46) e 2010 (12) (ver Figura 3). Em 2008, apenas o assentamento Dona Carmen, localizado no município de Mirante do Paranapanema, foi consolidado, depois de cinco anos de acampamento.

Figura 3: Ocupações no Pontal do Paranapanema entre 2006 e 2010

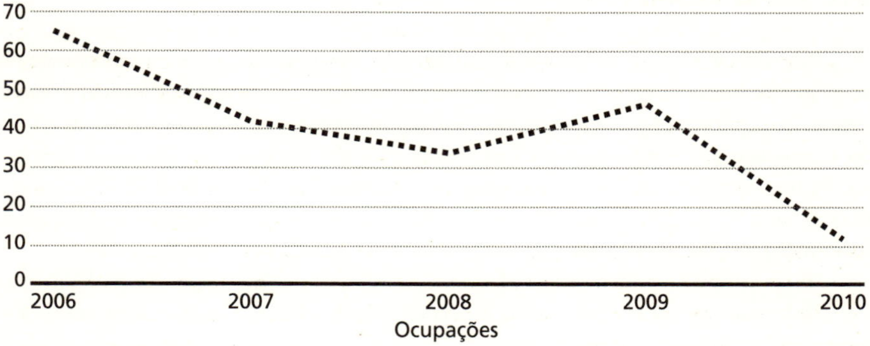

Fonte: Dataluta, 2011.

Ao mesmo tempo que o capital se consolida, as lutas de resistência dos trabalhadores, apesar de fragilizadas, indicam que o tecido social também se complexifica, o que faz com que a luta pela terra ou os conflitos que a envolvem ganhem novos elementos. Como se sabe, o expansionismo do agronegócio para o Pontal do Paranapanema mobilizou um conjunto diverso e amplo de trabalhadores para o corte da cana, entre eles, desempregados urbanos, acampados, assentados e um contingente expressivo de migrantes do Norte e Nordeste, inclusive de áreas de expansão de pastagens que foram "empurradas" para lá pela cana-de-açúcar plantada no Pontal do Paranapanema. Mesmo que parte significativa desses migrantes seja constituída de posseiros, camponeses com pouca terra e extrativistas, eles estão migrando com suas famílias e, segundo informações iniciais das pesquisas, permanecendo na região após a safra. Esses trabalhadores são potenciais demandantes de terra e poderão engrossar as fileiras dos movimentos sociais envolvidos na luta pela terra.

Esse movimento contraditório de avanço do agronegócio canavieiro no Brasil deverá incorporar novos elementos ao conflito pela terra e dizer não à consagração do formato único do agronegócio. Mas, para tanto, a reforma agrária não deverá ser uma luta restrita aos trabalhadores da lavra rural (assentados, acampados, camponeses, migrantes e assalariados rurais). É imperioso que se componha dos setores que defendem o acesso democrático às terras no Pontal. Assim, a reforma agrária, mas também a política de assentamento, reflete o conflito de classe e é a possibilidade de diminuir a miséria, a fome, a exclusão, garantindo para a maioria dos trabalhadores acesso a alimentação, educação e saúde, e construindo paralelamente os pilares para a soberania alimentar.

Nessa perspectiva, mesmo admitindo que a luta pela terra, pela reforma agrária e pela soberania alimentar não são entendidas como um fim em si, as ações desencadeadas nessa direção têm catalisado diversos segmentos da classe trabalhadora, sobretudo nos países latino-americanos e europeus, onde a Via Campesina tem atuado de forma mais contundente. Mas é importante assinalar que, no Brasil, esse assunto é ainda incipiente e está presente apenas de forma secundária nas discussões e nos debates dos movimentos sociais e das atividades específicas dos trabalhadores.

Os resultados alcançados na Guatemala, no Equador, na Nicarágua, no México e em alguns países europeus, como Espanha, Portugal, Itália e algumas regiões da França, têm demonstrado a amplitude que esse processo já começa a ganhar nas reivindicações específicas do campesinato. Ou seja, o somatório de forças e a plasmagem de interesses solidários são a garantia de terras de trabalho para os camponeses e de "um mundo rural vivo", de abastecimento de produtos saudáveis e vinculados a uma malha espacial de pequena abrangência ou de proximidade entre produção e consumo. Essas experiências deixam clara a força dos movimentos sociais, cujos enfrentamentos convergem para o eixo central do conflito social, de classe e, portanto, político-ideológico.

Considerações finais

É necessário apostar em outro formato organizacional para o agrário, com foco num projeto de desenvolvimento rural que seja capaz de priorizar a dimensão agrícola da terra. Isto é, com base na organização familiar camponesa, portanto, de outro formato e referencial de utilização da terra e em ações para romper com a estrutura de poder. As contradições desse processo põem em destaque a trama política do trabalho, redesenhada pelos recentes avanços do capital, que, ao ser mais agressivo em suas políticas de classe, produz rupturas marcantes no Pontal do Paranapanema. Visto que lida com assalariados puros, tanto na planta fabril quanto nas atividades agrícolas, faz o mesmo com os camponeses, apesar de saber que está apostando na fragilização de seu inimigo de classe, exatamente porque o atrai para seu campo, mantendo-o subsumido ao processo produtivo e de gestão agroindustrial.

Com isso, queremos afirmar que esse modelo de sociedade não está condenado ao insucesso somente no que tem a ver com o monopólio das terras, com a grilagem e com a produção de alimentos. Os trabalhadores são alvo da exploração e dos demais mecanismos de subordinação que, sem muito esforço do capital, chegam às raias da escravidão. É oportuno lembrar a boa máxima que reproduz marcas indeléveis nos movimentos sociais no Brasil, ou seja, "dar com uma mão e retirar com as duas". Foi o que assistimos no segundo mandato do governo Lula (2007-2010). As perdas advindas desse processo são compensadas a expensas de permissões e concessões – politicamente negociadas – para dar sequência à convivência forçada entre projetos distintos de sociedade, polarizados na via latifundista: de um lado, na forma familiar camponesa; de outro, sem apresentar alternativas concretas e importantes para o conjunto dos assentados.

Como é no interior do movimento contraditório do capital que entendemos os reais significados da positividade e da negatividade do trabalho, ou a própria construção de sua identidade de classe, o capital, ao mesmo tempo que nega a existência camponesa, quebrando, neutralizando ou fragilizando sua condição social ou sua sociabilidade quando insere o camponês na produção de cana-de-açúcar, afirma seu desejo de controlar as terras, que são produto da luta e têm significado de conquista coletiva. Por outro lado, quando o capitalista expressa sua outra face de poder de classe, submetendo o camponês e sua família à condição de trabalhador assalariado (diarista não residente), de proletário do corte da cana-de-açúcar, também colhe a resistência camponesa, que expressa o sentimento de liberdade do camponês e de retomada de sua autonomia sobre os destinos da terra de trabalho.

Os desafios estão postos, e o mais importante é admitir que existem dificuldades para compreender o que está se passando no interior da classe trabalhadora, especialmente no Brasil. As mutações no universo do trabalho reavivam as disputas territoriais e complexificam a própria estrutura das classes sociais.

Com isso, queremos dizer que as avaliações de nosso tempo e as objetivações da era do capital levam-nos às reflexões que nortearam a crítica à economia política e aos autores contemporâneos que se propõem entender o trabalho no século XXI. No entanto, a situação histórico-concreta nos ajuda a (re)fazer constante e dialeticamente o aprendizado que a práxis teórica proporciona. Quer dizer, o trabalho, enquanto expressão das contradições que habitam a dinâmica geográfica, não deve ser apreendido fora dos significados territoriais dos conflitos que requalificam, redimensionam e constituem o espaço em toda a sua complexidade. Seria o mesmo que ponderar sobre as conquistas por um fio, em meio à necessidade emancipatória da classe trabalhadora.

É hora de transformações, é o momento para essa chamada de atenção.

PARTE III

OS SINDICATOS NA ENCRUZILHADA: AÇÃO E RESISTÊNCIA DOS TRABALHADORES

Capítulo 20

TRABALHO E SINDICALISMO EM PORTUGAL
crise, bloqueios e desafios[1]

Elísio Estanque

Numa época de crise internacional que atinge todos os cantos do mundo é fundamental que nos questionemos sobre seus impactos, em especial em setores como o do trabalho, aquele que mais se impôs como a infraestrutura fundamental do sistema social e político das sociedades industriais. Importa, todavia, começar com duas notas prévias: a primeira é que o presente texto não se destina a discutir a crise, antes situa um conjunto de aspectos relacionados com as transformações ocorridas nas últimas décadas, em especial no que toca às grandes mutações socioeconômicas e sua incidência nas relações de trabalho e nos processos produtivos; a segunda refere-se à necessidade de relativizar a tendência de direcionar ou discutir todos os assuntos em torno da "crise", já que tal atitude pode provocar distorções de índole diversa e até perder de vista a complexidade de fatores que foram se acumulando e os efeitos colaterais que geraram, antes ainda de entrarmos na "crise" propriamente dita ou de ela atingir seu ponto culminante (que ainda ninguém sabe quando surgirá nem quais serão seus contornos).

Importa, pois, evitar conceber a crise como se fosse a causa e, ao mesmo tempo, a consequência de tudo aquilo que vem ocorrendo no mundo no último ano. O presente texto procura apresentar um conjunto de reflexões em torno do campo do trabalho e do sindicalismo, não se limitando a tratar o mais recente período, mas tentando recuperar algumas das principais tendências dos tempos recentes no contexto da economia global deste início de século. Para além de uma reflexão sobre a questão laboral e social em geral, procura também apresentar traços específicos da sociedade portuguesa, mostrando algumas de suas

---

[1] O presente texto foi publicado com o título "Trabalho e sindicalismo: os impactos da crise", na revista *Finisterra*, Lisboa, v. 65-6, 2009, p. 135-50.

vulnerabilidades particulares e remetendo à história recente do país e às dificuldades que ele enfrenta na aproximação dos padrões europeus. O texto termina com uma breve reflexão sobre o sindicalismo e os desafios com que ele se debate, tanto no contexto de crise quanto no período precedente. Se o diagnóstico que se pode fazer do caso português acerca desses problemas não se circunscreve à realidade presente (de resto, como se diz correntemente entre historiadores e cientistas sociais, a única coisa que podemos conhecer é o passado), ele procura captá-la, esforçando-se por iluminá-la com base em traços estruturais que só podemos conhecer escavando o passado.

Crise, globalização e fragmentação do trabalho

Como se sabe, a noção de "crise" pode encerrar em si mesma uma enorme variedade de significados e, no caso vertente – em que se pensa, sobretudo, nas tendências negativas na esfera financeira, econômica e no emprego –, ela recobre todo um leque de realidades bem diferentes, muitas das quais já bastante antigas. Por outro lado, a própria crise econômica foi suscitada por um conjunto complexo de fatores sociais, uns mais estruturais, outros mais contingentes. Diversas instâncias políticas e interesses econômicos desencadearam, há cerca de trinta anos, um programa de iniciativas que significou uma aposta sem precedentes no comércio livre, na especulação bolsista, nas *offshores* e na economia financeira, fatores que serviriam de barômetro ao crescimento econômico. Os mercados assegurariam um crescimento ilimitado e, portanto, quanto menos regulação e intervenção estatal, tanto melhor.

Essas foram algumas das grandes opções que se tornaram decisivas na erupção da crise atual. Alguns de seus mentores teóricos mais importantes, como Alan Greenspan, fizeram o *mea culpa*. Mas foram os Estados e as economias mais ricas do mundo, fortemente apoiados pelos mercados internacionais e pelas novas tecnologias da informação e da comunicação, que impuseram como regra a abertura total das fronteiras ao comércio mundial, a competitividade deixada ao sabor do mercado etc. Envolveram tudo isso na conhecida retórica neoliberal, que prometia um mundo de oportunidades para os mais competentes e uma "nova economia", capaz de assegurar o bem-estar, senão de todos, pelo menos daqueles – países, economias e indivíduos – que decidissem guiar-se pela aposta nas qualificações, na inovação e na competição. A bondade do mercado global parecia garantir o sucesso.

Apesar da polissemia que a noção de globalização encerra – e muito embora se tenha percebido que, afinal, o comércio global já é uma velha história, da qual existem marcas indeléveis há mais de cinco séculos –, a virada que ocorreu há cerca de três décadas suscitou uma fantástica multiplicação de transações e fluxos, pessoas, bens e serviços de todos os tipos, dando lugar a profundas transformações tanto no plano prático quanto no plano teórico e conceitual. Com a massificação da indústria turística e a democratização dos transportes aéreos, o mundo ficou menor e passou a ser olhado de novas perspectivas. As velhas noções de modernidade, desenvolvimento e progresso deram lugar à ideia de pós-modernidade, de imprevisibilidade e de incerteza quanto ao sentido da história e da mudança social. A intensificação das trocas comerciais na escala transnacional, com a ajuda da revolução informática, tecnológica e comunicacional, acelerou e multiplicou os processos de mercantilização da vida e das sociedades, ao mesmo tempo que os Estados e as economias nacionais perderam parte de sua antiga soberania e autonomia.

Contudo, ao contrário da retórica liberal e tecnocrática de muitos teóricos e *experts*, o novo liberalismo que avassalou o mundo a partir dos anos 1980 não só não atenuou os problemas humanos e os riscos sociais como os agravou drasticamente. É verdade que as oportunidades de negócio e as vantagens lucrativas se mostraram fantásticas para uma ínfima minoria, sobretudo os que já eram ricos e poderosos; em contrapartida, a maioria das populações e das classes trabalhadoras, inclusive amplos setores da classe média, vem se debatendo com o agravamento de suas condições de vida e trabalho. Hoje, muitos constatam a intensificação das desigualdades e injustiças sociais, e mesmo aqueles que mais ativamente glorificaram o mercado livre e as infinitas potencialidades da economia financeira viram-se agora para o Estado pedindo auxílio.

O campo laboral é, sem dúvida, aquele em que os impactos desestruturadores da globalização têm sido mais problemáticos. As consequências disso mostram-se devastadoras para milhões de trabalhadores de diversos continentes. E o caso particular da Europa é aquele em que as alterações em curso representam um flagrante retrocesso em face das conquistas alcançadas desde o século XIX, com o decisivo contributo do movimento operário e do sindicalismo. Porque a Europa é justamente a região de "referência" e o berço da civilização ocidental, é necessário pensar em toda a sua tradição humanista e emancipatória, lembrar que está aqui a gênese das principais doutrinas progressistas, revoluções e movimentos sociais. O projeto da modernidade e a democracia política assentaram-se em promessas de grande potencial utópico, rumo a uma sociedade mais justa e igualitária. Contudo, nas últimas décadas o velho lema do Iluminismo – liberdade, igualdade e fraternidade – foi deixado em segundo plano, se não mesmo desprezado ostensivamente, no discurso institucional de governantes e dirigentes (inclusive de correntes como a social-democracia, cuja história e referências éticas e doutrinárias se inscrevem em projetos e ideologias desse teor). Os efeitos da globalização têm induzido novas formas de trabalho cada vez mais desreguladas, num quadro social marcado por flexibilidade, subcontratação, desemprego, individualização e precariedade da força de trabalho. Assistiu-se a uma progressiva redução de direitos laborais e sociais e ao aumento da insegurança e do risco, num processo que vem se revelando devastador para a classe trabalhadora e o sindicalismo desde o fim do século XX (Castells, 2007; Beck, 2000).

As convulsões que o mundo do trabalho tem sofrido e o crescente ataque ao direito laboral inserem-se, de fato, num contexto mais amplo e obedecem a poderosos interesses econômicos e políticos, ditados pelas instâncias internacionais que, no fundo, governam o mundo (Banco Mundial, OCDE, FMI etc.) e impuseram-se também na Europa, obrigando-a a abdicar em larga medida de seu patrimônio social, humanista e civilizacional. Embora tenhamos de reconhecer que o velho Estado social perdeu sustentabilidade, à medida que se verificaram quer o abrandamento econômico, quer a quebra de crescimento demográfico nos países europeus, não se pode aceitar – pelo menos do ponto de vista da esquerda – que a contenção da despesa pública e o controle orçamentário sirvam de justificação para toda essa inversão (ou reconversão...) da velha social-democracia num modelo cuja viabilidade só é pensada no pressuposto de uma inevitável cedência ao neoliberalismo. Menos ainda se pode ficar indiferente quando governos apoiados por partidos socialistas revelam uma total insensibilidade perante o aumento das injustiças e os ataques cada vez mais intensos ao direito do trabalho e à dignidade do trabalhador.

A realidade laboral dos últimos tempos voltou a dar atualidade a visões críticas do capitalismo até há pouco julgadas ultrapassadas. Karl Marx e sua obra maior, *O capital*, voltaram a suscitar as atenções do mundo, quer por parte de acadêmicos, quer por parte da opinião pública em geral. Mas, se o pensamento marxista parece ganhar nova atualidade, não é porque se pretenda recuperar a ortodoxia leninista ou reincidir em modelos comprovadamente falidos, como o soviético. É, sim, porque o mercado desregulado, a intensificação da exploração – sob velhas ou novas formas – e todo o conjunto de problemas socioeconômicos que a crise atual veio agudizar comprovaram a falência do paradigma neoliberal e requerem, por isso, que se repensem os modelos de mercado que guiaram a economia mundial nos últimos tempos.

Em especial no campo do emprego, temos assistido a um efeito de pêndulo, em que cada vez menos trabalhadores se encontram numa situação de emprego seguro, estável e com direitos, enquanto cada vez mais pessoas estão desempregadas e se debatem com o iminente risco de pobreza e exclusão. Como os vagabundos do século XVIII europeu, ou os chamados *malteses* alentejanos de meados do século XX, essas pessoas veem negados os mais elementares direitos. São atiradas para o mundo em busca desesperada de subsistência e obrigadas a aceitar quaisquer condições de trabalho, a entregar-se à vontade gananciosa de patrões sem escrúpulos. Excluídas de fato do estatuto de cidadania, são por vezes elas próprias que se negam o direito de procurar um trabalho digno, aceitando ser tratados como sub-humanos ou como os novos escravos da economia global do século XXI.

Os processos recentes de fragmentação e precarização das relações e formas de trabalho atingiram o conjunto das classes trabalhadoras e pulverizaram as próprias estruturas contratuais e organizacionais do sistema produtivo. Perante o triunfo do neoliberalismo econômico e a ênfase de novas formas de opressão e exploração, alguns dos velhos conceitos e dicotomias de Marx, como as divisões entre capital fixo e capital circulante, trabalho vivo e trabalho morto, trabalho material e trabalho imaterial, atividades produtivas e improdutivas, são hoje reconceitualizados à luz da nova dinâmica do capitalismo global.

Na verdade, as atuais tendências permitem mostrar como aquelas divisões estão sendo reconvertidas e se imbricam hoje dialeticamente, contribuindo com isso para intensificar e expandir novas formas de "estranhamento" e "alienação" das classes trabalhadoras e dos novos segmentos precarizados e em perda. Contudo, o trabalho, em vez de desaparecer e se diluir para dar lugar ao lazer e ao consumo, ganha nova centralidade, ao mesmo tempo que se combina em diferentes lógicas e formas mais instáveis (metamorfoseia-se) e, em muitos casos, mais penosas para quem tem de viver de qualquer trabalho. Tornaram-se claras a versatilidade, a instabilidade e a multiplicidade de formas e de sentidos que envolvem o trabalho e seus mundos no início do século XXI. Muito embora se tenha esbatido enquanto potência criadora e espaço de consolidação de "subjetividades de classe", dirigidas para a ação transformadora (Castells, Meda, Gorz, Rifkin, Schnapper), o trabalho material e imaterial permanece como o módulo central no processo de acumulação capitalista (Antunes, 2006).

O flagelo do desemprego, associado a um "individualismo negativo" (Castel, 1998) que se assemelha a fenômenos que ocorreram na Europa do século XVIII e resulta dessa precariedade – geradora das mais diversas formas de dependência, insegurança, resignação e medo –, permite todo o tipo de prepotências e abusos. No atual panorama, já não são os direitos laborais que se pretendem defender, mas, do ponto de vista de milhões de assalariados, tão só o emprego a todo custo, pois "o pior dos empregos é sempre preferível ao desemprego". Isso traduz bem a debilidade em que se encontra hoje o trabalhador. Desmantelou-se o velho compromisso capital-trabalho, e a concertação social – a negociação "tripartite" –, essa velha conquista do fordismo e do Estado providência europeu, tornou-se nos últimos tempos uma mera figura de retórica em que já nem as forças políticas herdeiras da social-democracia parecem acreditar, sobretudo quando alcançam o poder.

A SOCIEDADE PORTUGUESA NO CONTEXTO EUROPEU

A esse respeito convém ter presente alguns dos traços particulares da sociedade portuguesa. Portugal é, como todos reconhecemos, um país periférico da Europa, cujas dificuldades se devem a um tardio e incipiente desenvolvimento industrial, bem como a um processo de democratização também recente e repleto de contradições. Com a instauração da democracia em 1974, consolidaram-se as classes trabalhadoras vinculadas à indústria e os setores da nova classe média assalariada (administração, saúde, educação, poder local e funcionalismo público em geral) cresceram rapidamente – apesar de a classe média portuguesa ter permanecido débil em seu conjunto – sob o impulso de um Estado providência em rápido crescimento – apesar de ele próprio ser fraco. Aliás, convém lembrar que Portugal começou a construir seu Estado social numa altura em que já surgiam sinais de crise desse modelo na Europa, ou seja, ele tentou apanhar o bonde andando, quando já estava chegando ao fim da viagem.

Daí que as transformações sociais desencadeadas com o 25 de Abril de 1974 – de certo modo consignado na Constituição "socialista" de 1976 –, embora profundas em muitos aspectos, nunca deixaram de evidenciar os contrastes que persistiam e persistem na sociedade portuguesa. A modernização das infraestruturas, em especial após a adesão à União Europeia, em 1986, trouxe progressos inquestionáveis, mas no plano social persistiram as dificuldades, as injustiças e os bloqueios. Muito embora os trabalhadores e a "classe baixa" em geral tenham melhorado substancialmente suas condições de vida, em comparação com a miséria em que viviam há trinta ou quarenta anos, o certo é que as elites, e em especial os novos grupos privilegiados ligados à indústria e ao comércio, subiram muito rapidamente, distanciando-se dos níveis de vida da classe média e dos trabalhadores manuais. A "classe média" cresceu até fins do século, em boa medida à sombra do crescimento do Estado, como se disse, mas ao mesmo tempo permaneceu instável e internamente muito diferenciada.

Pode-se dizer até que a classe média portuguesa foi mais importante por seu papel enquanto referência simbólica no imaginário coletivo do que por ser um segmento social consistente e dotado de índices elevados de bem-estar. Foi sobretudo resultado de uma rápida concentração urbana e da facilitação do crédito, aspectos decisivos para que esses setores recém-urbanizados começassem a estruturar padrões de vida subjetivamente projetados numa imaginária "classe média", ou numa categoria supostamente "distintiva" e "superior", em comparação com os grupos de referência originários, isto é, os que remetiam a um mundo rural e pobre, que se pretendia ultrapassado. Assim, como alguns estudos mostraram (Estanque, 2003; Cabral et al., 2003), parte significativa da própria classe trabalhadora manual, inclusive alguns de seus segmentos mais precarizados, via-se a si própria como pertencendo à "classe média".

Ora, se o consumismo desenfreado e as expectativas de mobilidade ascendente puderam alimentar tais ilusões durante algum tempo – com a entrada no novo milênio e, sobretudo, com o reforço da competitividade global –, a contenção de custos e as pressões para a flexibilização e para a privatização (mesmo nos setores em que o emprego se mantinha relativamente seguro) deram início a uma profunda mudança na esfera do emprego. Isso evidenciou, uma vez mais, o caráter persistente e estrutural de nossas debilidades. Ressurgem problemas que supostamente estavam resolvidos há décadas, como o elevado volume de população em risco de pobreza (acima dos 20%), as altas taxas de abandono escolar precoce, o fenômeno dos "falsos recibos verdes" (um expediente do qual se beneficiaram as empresas e que vulnerabilizou o trabalhador)[2], a persistência das desigualdades sociais, as desigualdades de gênero (o salário das mulheres é cerca de 20% mais baixo do que o dos homens), a rápida multiplicação das situações de subemprego e precariedade no trabalho e, sobretudo nos últimos tempos, o flagelo do desemprego, cuja taxa no fim de 2012 atingia 17,6% e, no caso dos mais jovens (entre 15 e 24 anos, também os mais escolarizados), já ultrapassava os 40%, valores que colocavam Portugal na terceira pior situação na Europa a esse respeito (atrás de Grécia e Espanha).

Temos sobre nossos ombros, portanto, um passado recente marcado por inúmeros contrastes, e é neles que porventura repousam as causas mais decisivas de nosso atraso estrutural. A cultura tradicional do país e a escassa qualificação dos agentes econômicos (empresários e trabalhadores) espelham ainda os atributos de uma sociedade subdesenvolvida, amarrada a mentalidades atávicas e paroquiais, deixando ainda transparecer aqui e ali alguns resquícios de feudalismo e salazarismo. Prevalecem os modelos de gestão de cariz despótico, lado a lado com dependências e tutelas de todos os tipos que se adaptam de modo perverso à vida moderna, corroendo o funcionamento das empresas e instituições e travando as potencialidades de modernização econômica e de aprofundamento democrático.

Mantêm-se ou intensificam-se os velhos dualismos, como a divisão entre o interior e o litoral, ou entre o rural e o urbano, muito embora tais divisões mantenham entre si fortes contaminações recíprocas. Essas antigas contradições continuam a persistir, ainda que se adaptem aos tempos atuais. Os setores protegidos do emprego tornam-se cada vez mais raros, enquanto o emprego precário subiu acima dos 20% (22% em 2007 para os trabalhadores com menos de 35 anos) e atinge cerca do dobro nas camadas mais jovens, o que, por sua vez, exprime a contradição geracional entre uma juventude mais qualificada, mas também mais precária, e as condições de trabalho de seus pais ou avós. O discurso da privatização foi elevado durante décadas ao *status* de único garante da competitividade. E, ao abrigo desse discurso, erigido em pensamento único por parte do poder, desencadearam-se diversas reformas nos serviços públicos, em áreas como a saúde, o funcionalismo público, a educação e outras, justificando-se tais mudanças com base num suposto privilégio dos

---

[2] Os chamados "recibos verdes" correspondem à "pessoa jurídica", ou seja, o trabalhador autônomo (ou independente), um estatuto regulamentado no início da década de 1980. Como o nome indica, refere-se a um "recibo" (devidamente registrado nas finanças) destinado a garantir a arrecadação fiscal desses trabalhadores. Embora o regime de recibo verde fosse concebido para trabalhos pontuais, em Portugal começou o seu uso a generalizar-se, como forma de facilitar a demissão (já que o direito trabalhista protegia o trabalhador com vínculo permanente à empresa). Surgiram os chamados "falsos recibos verdes", isto é, situações em que o trabalhador permanecia na mesma entidade durante anos, poupando os encargos à empresa. Formalmente essa situação ilegal verifica-se sempre que o trabalhador obedece a uma hierarquia dentro da empresa, cumpre um horário de trabalho por ela estipulado, exerce a atividade em suas instalações e usa as ferramentas de trabalho fornecidas por ela. Esse expediente, juntamente com os contratos a prazo, contribuiu para aumentar o volume de assalariados em situação de trabalho precário.

trabalhadores e funcionários da administração pública, em contraste com os do setor privado. Esse argumento serviu como clara estratégia de nivelamento por baixo.

Contudo, tanto a capacidade de realizar as reformas quanto a possibilidade de resistir a elas, bem como a razoabilidade com que são concebidas e levadas a cabo, são parte de processos mais complexos, que só poderemos interpretar se forem devidamente situados em seu contexto e na própria história. E é justamente por essa luz que as propostas legislativas de alteração do sistema de relações laborais, para ter sucesso, deveriam começar a diagnosticar a realidade que temos, não com base em assunções ou juízos de índole ideológica, mas tendo presente o contexto em que nos inserimos e o patrimônio sociocultural que herdamos do passado. Sem considerar a história e o significado das lutas sociais dos trabalhadores europeus ao longo dos últimos 150 ou 200 anos, jamais compreenderemos a diferença entre o modelo social europeu e o mercantilismo individualista dos países anglo-saxônicos. Se houve efetivamente progressos fundamentais na Europa ao longo de todo esse tempo, eles se devem essencialmente à capacidade de organização e de luta coletiva da classe trabalhadora e do movimento operário nos países industrializados. Esse é, de resto, um patrimônio reivindicado por toda a esquerda, desde a social-democracia até o movimento comunista.

Se hoje temos mecanismos de regulação dos conflitos e uma ordem jurídica que privilegia o diálogo e a conciliação entre os diferentes parceiros e classes sociais, foi à custa de grandes sacrifícios e lutas do movimento operário. Nesse sentido, o direito do trabalho foi (e é) um instrumento decisivo a serviço dos trabalhadores, destinado a reequilibrar as relações sociais entre capital e trabalho, que são, como se sabe, estruturalmente assimétricas. No entanto, apesar dos avanços alcançados, em muitos países persistiram ao longo dos tempos inúmeras formas de trabalho fora de qualquer proteção jurídica, e a erosão dos direitos sociais e econômicos dos trabalhadores suplantou largamente a força da lei. Ainda hoje é assim, em diversas regiões do mundo, como é sabido.

Sendo expressão das relações políticas numa sociedade, a ordem jurídica funcionou ao longo da história como meio de legitimação de relações de poder fortemente desequilibradas, em geral impondo uma força de trabalho submissa e destituída dos direitos básicos, sem salário digno, sem proteção social e sem acesso aos direitos humanos mais elementares. No entanto, a transformação histórica teve resultados fantásticos em sentido emancipatório, em particular nos países mais avançados. O direito do trabalho triunfou nos países europeus e é uma bandeira fundamental para trabalhadores dos mais diversos continentes, justamente porque representa uma poderosa arma a serviço das classes desapossadas, defendida desde sempre pelo movimento sindical internacional e veiculada por organizações internacionais, como a OIT, que tem prestado um inestimável contributo à defesa dos direitos humanos no trabalho, em todos os continentes. É precisamente à luz desse patrimônio histórico, de que a Europa é palco privilegiado, que as mudanças impostas pelos poderes dominantes nessa matéria – no sentido de uma flexibilidade ditada pela concorrência desregrada, pelos requisitos do mercado global e pelas exigências do grande capital – correm o risco de representar uma regressão inaceitável para os trabalhadores europeus.

Portugal, com todas as suas especificidades, insere-se justamente nesse quadro. E é por isso que as alterações que o novo Código do Trabalho vem introduzir são em várias matérias – ou melhor, em seus aspectos mais decisivos – motivo de grande apreensão para quem assume a defesa da classe trabalhadora enquanto vítima da exploração capitalista (mais de 140 anos após a primeira edição do Livro I de *O capital*) e de outras formas de opressão e injustiça social. Acresce que as condições de subdesenvolvimento já referidas colocam a sociedade portuguesa – e sua força de trabalho assalariada – numa situação de especial vulnerabilidade, visto que estamos longe de cumprir plenamente os direitos de cidadania. Como muitos de nós têm apontado repetidamente, existem medos incrustados nas instituições que impedem o fortalecimento da esfera pública e tendem a inibir qualquer ação reivindicativa no campo profissional, no qual imperam os constrangimentos e a mentalidade autoritária de empresários e chefias. A presença de culturas autocráticas, de tutelas e compadrios dos mais diversos tipos onde deveriam prevalecer a transparência, as estratégias de gestão e lideranças democráticas constitui ingrediente que corrói nossas instituições e desmotiva qualquer trabalhador dedicado. Em vez do mérito e da iniciativa individual, prevalecem as posturas e atitudes de bajulação e resignação perante a autoridade; em vez do ambiente de exigência e de estímulo à criatividade e à corresponsabilização (individual e coletiva), cultivam-se o seguidismo e a mediocridade; em vez de cidadãos livres e autônomos, promovem-se o oportunismo e a delação. Tudo isso é o contrário de uma sociedade democrática avançada. Tudo isso se opõe aos valores do socialismo democrático. E a tudo isso é possível fazer frente. A questão está em saber se os governos e a classe dirigente pretendem inverter esse rumo ou contribuir para que ele se torne irreversível e nos empurre de novo para o abismo.

Ora, diante desse panorama – e como diversos estudos internacionais têm mostrado –, a questão da estabilidade e da segurança no emprego constitui o principal motivo de preocupação dos trabalhadores. Encontrar um primeiro emprego é a prioridade dos estudantes do ensino superior (Estanque e Bebiano, 2007).

Hoje, é-se "jovem" até muito além dos trinta, porque muitos ficam dependentes da família até muito tarde, mas é-se por vezes considerado "velho" quando trabalhadores desempregados, com quarenta e poucos anos, são preteridos por causa da idade. A perda do emprego é a principal ansiedade diante da qual muitas outras exigências, mesmo as mais evidentes, podem ser sacrificadas. Existem empresas nos Estados Unidos e na Europa que estabelecem um salário máximo, pedindo aos candidatos a um posto de trabalho que indiquem quanto "pretendem" ganhar até esse nível máximo (por exemplo, oito euros por hora), o que tem como consequência o abaixamento constante do nível do salário indicado pelos pretendentes ao emprego (os que indicam quatro euros ou menos serão naturalmente os preferidos). É a lógica da autonegação da dignidade produzida pelo espectro do desemprego e da miséria. O clima de angústia que o atual cenário de crise tem acentuado só vem contribuir para que tais sintomas "patológicos" se tornem ainda mais dramáticos do que até agora temos conhecido.

Contudo, quando o trabalhador (ou o cidadão) é sistematicamente reprimido e impedido de manifestar sua vontade ou exigir o cumprimento de direitos, o que acontece é o aumento do descontentamento e da contrariedade no trabalho e na sociedade. Daí resulta, então, das duas uma: ou se acentuam a resignação e o medo, ou aumentam a crispação e o sentimento de revolta. Esse ambiente, agravado pelas múltiplas formas de recomposição, desmembramento, flexibilidade, deslocalização e encerramento de empresas, precariedade do trabalho, fragmentação dos processos produtivos etc., tem conduzido a classe trabalhadora a uma cultura de impotência e conformismo. Uma "classe" cada vez mais heterogênea e frágil, que depara com tremendas dificuldades para agir coletivamente. Há muito que as identidades de classe perderam fulgor em favor de identidades rivais e outras formas de ação coletiva (e de inação), num processo que se acentuou enormemente com o colapso do regime soviético e, no caso português, após a saturação da linguagem marxista e "de classe" de que se usou e abusou no período do Processo Revolucionário em Curso (Prec). Perante o refluxo da ação coletiva e do discurso ideológico, os sindicatos perderam força e capacidade de organização e mobilização, em especial nos segmentos mais fragilizados e jovens da força de trabalho. Para além de um contexto social e político pouco favorável à participação coletiva e associativa – e sem esquecer as próprias dificuldades de renovação do sindicalismo (Estanque, 2008) –, o reforço do poder patronal e a retirada de condições favoráveis à ação sindical vêm agravar ainda mais essas tendências.

Sindicalismo e ação coletiva

Nesta discussão, torna-se incontornável equacionar a questão sindical. Se nos despirmos de juízos de valor e, sobretudo, se formos capazes de evitar a tendência de valorar os sindicatos entre "bons" e "maus" (uns com quem, supostamente, *é possível* dialogar e os outros, ditos conservadores ou "a serviço de..."), seremos levados a perceber o papel social e transformador do sindicalismo (e tanto a contestação quanto a negociação são vias igualmente válidas no plano social) e talvez então possamos aceitar que o sindicalismo combativo e de movimento é aquele que maior contributo deu e pode dar à sociedade e ao progresso. É sobretudo em períodos de crise e de dificuldades para as classes trabalhadoras que ocorrem as grandes viradas históricas, normalmente acompanhadas de novos movimentos e da emergência de novas lideranças. Na Inglaterra do século XIX e em outros contextos mais recentes – de que pode ser exemplo o 25 de Abril de 1974 –, a mobilização popular não se deveu apenas a motivações políticas e econômicas (nem a causas racionais, da ordem da "consciência" ou dos "interesses"), mas também, e talvez sobretudo, a fatores culturais e identitários. A identidade precede os interesses. Mas estes, quando fundados em fortes carências e necessidades básicas por satisfazer, podem produzir rebeliões radicais e de massas, ainda que não sejam orientadas por nenhuma motivação política.

A classe trabalhadora deixou há muito de ser homogênea, mas o alastrar da precariedade e do trabalho sem estatuto e sem dignidade pode conduzir a novas homogeneizações, que, embora de base transclassista, sejam capazes de se unificar na defesa de uma identidade agredida e ofendida nos locais de trabalho. Mesmo a participação, a solidariedade e a partilha coletiva da indignação podem recuperar certo sentido de recompensa simbólica, estimulando o desejo de reconstrução comunitária, quer este se vire para um passado nostálgico e em nome das "raízes" (por exemplo, o nacionalismo ou o bairrismo), quer se projete num futuro promissor e "emancipatório" qualquer (por exemplo, o socialismo) (Tilly, 1978; Morris, 1996).

Tomados por muitos como fatores de bloqueio ao crescimento econômico e ao desenvolvimento, os sindicatos queixam-se com razão de que em diversas regiões do mundo as formas de trabalho parecem ter regressado aos tempos "satânicos" de Marx. Mas, apesar de a mítica classe operária estar em desagregação, não surge no horizonte nenhuma outra entidade capaz de congregar a unidade dos assalariados. As atuais pressões do mercado e da economia global deixam aos sindicatos uma margem de manobra cada vez mais estreita, mas, por outro lado, o esforço de atualização por parte das estruturas sindicais tem sido diminuto e insuficiente para responder aos problemas da atualidade. Sobra espaço então para novos atores e movimentos.

Nas últimas décadas, enquanto a economia e os mercados deixaram de se confinar a fronteiras, o movimento sindical mostrou enormes dificuldades em agir para além do âmbito nacional (e muitas vezes setorial). A globalização revelou-se contraditória e gerou múltiplos efeitos paradoxais, em particular ondas sucessivas de protestos juvenis e movimentos sociais que se identificam com a "alterglobalização". Desde a cúpula da OMC em Seattle, em 1999, passando pelos encontros do Fórum Social Mundial, em Porto Alegre e outras cidades, esse ativismo – largamente apoiado pelas redes virtuais do ciberespaço – criou novas e inovadoras formas de denúncia e intervenção pública, que até agora têm marcado sua atuação global no século XXI. As mais recentes ondas de contestação juvenis (França, Grécia, Catalunha) invocam por vezes o Maio de 1968, até porque as condições atuais se assemelham às condições de emergência daquela época, em que os grupos e as comunidades de jovens se afirmam mobilizando-se contra um opositor, ou um "inimigo" identificado. Mas esses são fenômenos muito distintos. Enquanto naquela época era a consciência política e as autoproclamadas "vanguardas" que assumiam a liderança da luta, agora a ação coletiva perdeu parte de seu conteúdo político. Dito de outro modo, continua em vigor o princípio da "válvula de escape", mas seus efeitos são politicamente mais incertos. As ondas de protesto e o discurso de indignação que as acompanha, exacerbados por um poder (institucional, empresarial ou governamental) de cariz autoritário, podem ganhar um efeito mimético de proporções imprevisíveis, se para tal as condições sociais se tornarem propícias.

O atual contexto de crise, ao mesmo tempo que ameaça desfazer um conjunto de laços sociais que até aqui garantiu a coesão mínima da sociedade, pode, precisamente porque o sistema social tem horror ao vazio, galvanizar de novo as multidões que se sentem ressentidas e desprotegidas. E o fato de o sindicalismo apenas timidamente se envolver em tais iniciativas, até agora, não garante que elas continuem a ter pequena expressão. Até porque se o presente é fortemente marcado pela contingência, tanto pode acontecer de expressões de grupos minoritários (sejam eles os MayDay, os Ferve ou outros) se alastrarem repentinamente como a própria intensificação da pressão pode levar o sindicalismo a radicalizar seu discurso e conseguir mobilizar a massa de precários e desempregados que tem engrossado e ameaça se expandir.

Diversos autores e acadêmicos têm formulado a necessidade de criar novas alianças e dinâmicas internacionalistas como condição para revitalizar o sindicalismo perante o agravamento das desigualdades e das injustiças sociais em todos os continentes. Alegam que a mobilidade global – de capitais e de empresas funcionando em rede – exige respostas sindicais também em rede e igualmente articuladas em escala transnacional (Waterman, 2002; Estanque, 2007). Ao contrário de outros países e regiões, como o Brasil e a América Latina, onde a cooperação entre universidades, acadêmicos e centros de pesquisa, de um lado, e movimentos sociais e sindicais, de outro, é uma constante, em Portugal essa tradição praticamente não existe.

As novas redes e estruturas transnacionais de organização política são cada vez mais necessárias. Não apenas na União Europeia, onde as famílias políticas possuem ainda pouca eficácia e as próprias estruturas sindicais são incipientes. Para enfrentar os desafios atuais (que a crise apenas veio acelerar), o sindicalismo de hoje terá de se reinventar ou reestruturar profundamente. Um sindicalismo de movimento social global, orientado para a intervenção cidadã, terá de se estender para além da esfera laboral; terá de passar das solidariedades nacionais para as transnacionais, de dentro para fora, dos países avançados para os países pobres. Precisamos de um sindicalismo que não abdique da defesa dos valores democráticos, mas em que estes se alarguem para a democracia participativa (nas empresas, escolas, cidades, comunidades etc.); que coloque as questões ambientais e a defesa dos consumidores, dos saberes e das tradições culturais locais no centro de suas lutas e negociações; que resista ao capitalismo destrutivo por um maior controle sobre o processo produtivo, os investimentos, a inovação tecnológica e as políticas de formação e qualificação profissional; que pense os problemas laborais no quadro mais vasto da sociedade, da cultura ao consumo, do trabalho ao lazer, da empresa à família, do local ao global (Estanque, 2004; Hyman, 2002).

Mas tudo isso pressupõe uma estratégia ambiciosa, que rompa com a prática de acomodação ao funcionamento burocrático em que boa parte do sindicalismo de hoje se deixou enredar. Exige uma reflexão séria e uma atitude autocrítica e porventura mais humilde por parte das atuais lideranças sindicais, associativas e institucionais, em todos os domínios de nossa vida social.

Por exemplo, a extraordinária capacidade da internet e do ciberespaço tem enorme potencial ainda subaproveitado. A facilidade para chegar à informação, para acumular e divulgar conhecimento em frações de segundo, poderia ser uma poderosa arma a serviço do movimento sindical e da democracia em geral (Ribeiro, 2000; Waterman, 2002). O problema não reside, portanto, na tecnologia ou em sua ausência. O problema é que os atributos socioculturais que enunciei anteriormente – tão atreitos a nossa sociedade há séculos – refletem-se e reproduzem-se nos mais diversos meios e instâncias organizacionais, com isso inibindo uma maior transparência na gestão das instituições e travando, sem sabermos até que ponto, o processo de consolidação e aprofundamento democrático.

Em conclusão, a crise que nos surpreendeu em fins de 2008 tem causas bem mais profundas e longínquas do que pode parecer. E o modo como setores decisivos – como o do emprego – são ou não capazes de responder às dificuldades e aos problemas do presente deriva em boa medida de sua capacidade de reconverter algumas das velhas pechas do nosso sistema produtivo em potencialidades de virada. De virada para outro paradigma. E isso depende muito dos agentes econômicos em posição de liderança e da capacidade do próprio poder político de aceitar o surgimento de novos protagonistas e novas posturas, limpos, com sentido ético, animados pelo princípio da causa pública, em busca do bem-estar geral e da solidariedade para com os mais pobres e despojados.

Capítulo 21

SINDICALISMO E NEOLIBERALISMO
um exame da trajetória da CUT e da Força Sindical[1]

Andréia Galvão

INTRODUÇÃO

A introdução do neoliberalismo no Brasil afetou profundamente a ação sindical no país, produzindo impactos diferentes nas correntes que compõem o movimento sindical brasileiro. As duas maiores centrais sindicais, Central Única dos Trabalhadores (CUT) e Força Sindical (FS), assumiram posições distintas e adotaram estratégias diferentes em relação à política neoliberal[2]. A trajetória da FS revela sua adesão ao neoliberalismo, muito embora essa adesão não seja irrestrita, mas sim seletiva (Trópia, 2002 e 2004). Já a trajetória da CUT é mais complexa e oscila entre a assimilação de *elementos* do discurso neoliberal e a resistência à política neoliberal (Galvão, 2002).

A despeito dessas diferenças, o presente artigo sustenta a hipótese de que há um movimento de aproximação entre as duas centrais que pode ser verificado tanto em seu discurso quanto em sua prática. Essa aproximação se tornou mais intensa ao longo dos governos de Fernando Henrique Cardoso, quando ambas as centrais passaram a convergir

---

[1] Este artigo é uma versão revista e atualizada da comunicação "Mais do mesmo: a convergência entre CUT e Força Sindical rumo ao sindicalismo cidadão", apresentada no III Congresso Latino-Americano de Ciência Política, na Universidade Estadual de Campinas, em 2006. Nós nos beneficiamos das discussões ali realizadas e incorporamos sugestões de alguns colegas. Agradecemos especialmente a Fabiane Santana Previtali, Patrícia Trópia, Paula Marcelino e Ricardo Antunes.

[2] A política neoliberal compreende um conjunto de medidas, das quais se destacam: a privatização de empresas estatais, a "desregulamentação" dos mercados (de trabalho e financeiro) e a transferência de parcelas crescentes da prestação de serviços sociais – tais como saúde, educação e previdência social – para o setor privado, mediante a adoção de "reformas orientadas para o mercado". Tais medidas contribuíram para difundir a tese do Estado mínimo e "enxuto" – que teria entre suas metas uma política de "austeridade fiscal" – e consagraram a hegemonia do capital financeiro.

na defesa do "sindicato cidadão"[3], movimento que se completou nos governos Lula, quando CUT e FS, tradicionalmente adversárias no campo político e sindical, tornaram-se base de sustentação do governo.

Este artigo pretende recuperar esse movimento de convergência, apontando as diferenças – que se reduzem progressivamente – e as semelhanças entre as duas centrais. Para isso, apresentaremos, na primeira seção, a posição das centrais em face do neoliberalismo, em especial no que se refere à flexibilização dos direitos trabalhistas[4]. Na segunda seção, caracterizaremos o chamado "sindicalismo cidadão", aqui intitulado, por razões que pretendemos explicitar ao longo do texto, de *sindicalismo de prestação de serviços*. Na terceira e última seção, indicaremos algumas das mudanças que as duas centrais sofreram ao longo dos governos Lula.

AS CENTRAIS SINDICAIS EM FACE DO NEOLIBERALISMO: ENTRE A ASSIMILAÇÃO E A RESISTÊNCIA

A FS foi fundada em 1991 com o objetivo de se apresentar ao governo e ao patronato como uma interlocutora legítima e confiável, em nítido contraste com o sindicalismo de contestação até então associado à CUT. Representante do *sindicalismo de resultados*, uma variante do sindicalismo de negócios, a FS caracteriza-se por uma prática em que o confronto é o último recurso, defende a conciliação com os governos e com o patronato e atua de forma pragmática, voltada para a defesa dos interesses econômicos imediatos dos trabalhadores (Rodrigues e Cardoso, 1993; Trópia, 2002 e 2009; Cardoso, 2003).

Seguindo esses princípios, a FS defendeu uma série de medidas do programa neoliberal introduzido no governo de Fernando Collor de Mello e consolidado nos governos de Fernando Henrique Cardoso. Apoiou a abertura econômica, a pretexto de modernizar a economia e as relações de trabalho e inserir o país na nova ordem mundial. Seus dirigentes foram favoráveis à privatização das estatais e incentivaram a formação de fundos de investimento e a compra de ações das estatais por seus funcionários (Graciolli, 2007; Cardoso, 2003)[5]. Colaboraram, assim, para difundir a ideologia do "trabalhador empreendedor", manifestando a crença de que, com a pulverização das ações, o patrimônio público seria democratizado e as privatizações beneficiariam os consumidores (Trópia, 2009).

Em relação às reformas neoliberais, a FS apoiou a reforma da aposentadoria dos funcionários públicos proposta pelo governo de Fernando Henrique Cardoso, mas criticou alguns de seus aspectos para o setor privado (como a substituição do tempo de serviço por tempo de contribuição e a modificação da aposentadoria especial por periculosidade). Baseando-se nas disparidades entre direitos existentes nos setores público e privado,

---

[3] Essa é a denominação que tanto a CUT quanto a FS dão à prestação de serviços ao trabalhador.
[4] Utilizamos o termo flexibilização para nos referir ao processo de redução e perda de direitos trabalhistas associados à implantação da política neoliberal. Esse processo não ocorre necessariamente através da supressão de regulamentos e leis, como a expressão "desregulamentação" pode equivocadamente levar a entender. Pelo contrário, a redução e a perda de direitos podem ocorrer por intermédio de novas leis que visam reconhecer juridicamente diferentes tipos de contratos precários e permitir a derrogação dos dispositivos legais anteriormente definidos.
[5] Para Cardoso, o apoio da FS às políticas neoliberais tinha um duplo objetivo: ela esperava que sua lealdade ao governo fosse recompensada politicamente e, ao mesmo tempo, pretendia "bombardear as bases sociais da CUT" (Cardoso, 2003, p. 66), uma vez que o funcionalismo público constitui uma das categorias mais importantes desta última.

fomentou a rivalidade entre os trabalhadores de cada um desses setores e a revolta dos assalariados do setor privado contra os "privilégios" do setor público. Também defendeu a reforma administrativa, mostrando-se favorável à redução do papel do Estado e à introdução de critérios de mercado na gestão pública[6].

A FS adotou uma posição francamente favorável à flexibilização das relações de trabalho, defendendo a tese de que essa medida era uma forma eficaz de combate ao desemprego e à informalidade. Muitos dos projetos de lei que favoreciam os contratos de trabalho precários aprovados pelo governo de Fernando Henrique Cardoso (como o contrato por tempo determinado e a suspensão do contrato de trabalho) foram formulados pela própria FS. Já em 1992, um de seus sindicatos filiados mais importantes, o Sindicato dos Metalúrgicos de São Paulo, propôs uma jornada de trabalho flexível em troca de estabilidade no emprego. Por essa proposta, "durante seis meses as empresas poderiam aumentar em até 20% a jornada, compensando-a em outro momento com redução de 20%" (Trópia, 2002, p. 179). Em 1996, a FS propôs um contrato "especial" de trabalho que previa a redução de encargos sociais e a contratação por prazo determinado. Em 1997, apresentou ao ministro do Trabalho uma proposta de redução da jornada de trabalho para 30 horas semanais, com redução de 10% dos salários e do lucro líquido das empresas, 37,3% dos impostos e 7,18% dos encargos sociais. A justificativa era que, se todos abrissem mão de uma parte de seus ganhos, todos ganhariam: o empregador lucraria com o aumento da produção e do consumo, o governo ganharia com a arrecadação de impostos (a renúncia fiscal não reduziria o montante arrecadado, já que a base de contribuintes aumentaria) e o trabalhador teria emprego e mais tempo livre. Como declarou o presidente da FS:

> A perda de 10% dos salários dos trabalhadores será certamente compensada pelo aumento da renda familiar, com o ingresso de um desempregado no mercado de trabalho, agregando mais um salário à família. Mais: com a redução da jornada de trabalho para trinta horas, o trabalhador poderá dedicar-se a outras atividades, para aumentar a renda, aprimorar seus estudos e capacitar-se, ou mesmo para dedicar-se mais à família, melhorando sua qualidade de vida. Mais do que utopia, é insensatez imaginar ser possível reduzir a jornada de trabalho sem a contrapartida da perda de pequena parcela dos salários. (P. Silva, 1997, p. A3; grifos meus)

A FS foi uma das mais veementes defensoras do Projeto de Lei n. 5.483/01, que pretendia adotar a prevalência do negociado sobre o legislado, uma das principais reivindicações patronais no fim do governo de Fernando Henrique Cardoso. Para mostrar que os trabalhadores de sua base eram favoráveis ao projeto e, assim, pressionar para que fosse aprovado no Senado, o Sindicato dos Metalúrgicos de São Paulo e a FS realizaram uma assembleia com o intuito de flexibilizar "na prática" alguns artigos da Consolidação das Leis do Trabalho (CLT). A proposta aprovada estabeleceu a divisão do período de férias ao longo do ano; o parcelamento do 13º salário em até dez vezes; o parcelamento da participação nos lucros e resultados em até quatro vezes; a venda da licença-paternidade; a redução do horário de almoço de uma hora para trinta minutos. Finalmente, a central apoiou a criação das comissões de conciliação prévia e celebrou, nesse âmbito, diversos acordos lesivos ao trabalhador (Galvão, 2007).

---

[6] Como a avaliação de desempenho, o fim da estabilidade dos funcionários públicos etc.

Contudo, a estratégia política adotada pela FS gerou problemas. O apoio à política neoliberal repercutiu negativamente em sua própria base social, afetada pelo desemprego, pelo aumento da informalidade e pela precarização do trabalho[7]. Por esses motivos, ela reviu sua posição a respeito da abertura comercial e passou a fazer uma oposição não sistemática ao governo de Fernando Henrique Cardoso, aliando-se à CUT em diversas iniciativas que resultaram em greves e campanhas salariais conjuntas. Em 1996, por exemplo, apoiou a greve geral contra o desemprego convocada pela CUT e pela Confederação Geral dos Trabalhadores (CGT). As três centrais atribuíam o desemprego à política de juros altos e à abertura econômica desregrada, reivindicavam um índice de 70% de nacionalização dos componentes dos veículos e o aumento do imposto de importação do setor como forma de controlar a política de abertura (Trópia, 2009). Todavia, ao contrário das outras duas, a FS defendia a reforma administrativa e previdenciária e o aprofundamento da flexibilização como forma de combater o desemprego. Ao lado da CUT, ela reagiu à ameaça de fechamento da unidade da Ford em São Paulo em decorrência da instalação de outra na Bahia. As duas centrais ainda defenderam um contrato nacional de trabalho para o setor automotivo a fim de impedir a diferenciação de salários e benefícios contratuais entre diferentes estados (diferença essa que, juntamente com a guerra fiscal, alimentava a deslocalização de empresas) e organizaram um festival de greves em 1999 para pressionar as montadoras a celebrar um contrato nacional de trabalho (Cardoso, 2003; Trópia, 2009).

Essas ações questionavam aspectos do neoliberalismo, mas não punham o modelo em xeque. Enquanto a FS apoiava a maioria das políticas neoliberais, uma parcela do movimento sindical brasileiro, ligada sobretudo à CUT, tentava resistir ao desmantelamento dos direitos sociais e trabalhistas, embora essa reação tenha sido parcial e poucas vezes bem-sucedida.

Uma das razões da pouca capacidade de mobilização sindical a partir de 1990 é, certamente, a divisão dos sindicatos. A adesão de uma parcela do movimento sindical aos postulados neoliberais inibiu a capacidade de resistência das classes dominadas à ofensiva do capital. Outra razão para a pequena expressão dos movimentos de resistência é que mesmo setores críticos ao neoliberalismo acabaram por assimilar alguns de seus aspectos, incorporando por vezes termos e práticas que pretendiam combater e tornando-se incapazes não apenas de organizar e mobilizar os trabalhadores, mas também de exprimir sua oposição ao governo[8]. Outra razão ainda é a própria repressão, que se deu tanto por meio da força física (como o episódio da greve dos petroleiros em 1995) quanto por medidas legais (como as que o governo de Fernando Henrique Cardoso adotou na esteira da greve do funcionalismo público em 2001 para impedir novas greves e punir os grevistas).

A CUT, ao contrário da FS, opôs-se à reforma administrativa e previdenciária e denunciou a política de privatizações, a abertura comercial, o desmantelamento dos serviços públicos e o combate aos direitos. Todavia, sua posição é multifacetada e permeada de conflitos internos: enquanto a corrente majoritária, a chamada Articulação Sindical,

---

[7] A base da FS, formada sobretudo por trabalhadores industriais do setor privado, foi profundamente afetada pela fusão de indústrias e pela aquisição de empresas por capital estrangeiro. Esse processo aprofundou a reestruturação produtiva, levando ao fechamento de unidades fabris e à redução do número de empregados.

[8] Como a inexorabilidade da modernização tecnológica, a falta de "empregabilidade" do trabalhador como responsável pelo desemprego etc.

assimilava elementos do discurso neoliberal, as correntes minoritárias, mais identificadas com o pensamento de esquerda, defendiam a preservação da prática sindical combativa que marcou a história da central desde sua criação, em 1983 (Galvão, 2002).

Com efeito, o início da década de 1990 marca uma mudança na posição da Articulação Sindical, que abandona paulatinamente a prática da resistência e rende-se à negociação (Antunes, 1997; Boito Jr., 1999). Essa mudança foi ocasionada por diversos fatores (econômicos, políticos e ideológicos) e combatida pelas correntes minoritárias (Galvão, 2007). A criação da FS também contribuiu para isso, na medida em que a disputa de espaços estimulou a adoção de uma posição mais "confiável" perante o governo e o patronato. Assim, a CUT aceitou negociar a maior parte da pauta reformista do governo de Fernando Henrique Cardoso[9] para se legitimar diante de seus interlocutores, mostrando-se competente e "madura", pois recusar-se a negociar poderia ser explorado pelo governo, pela FS e pela mídia como um sinal de "radicalismo" e de postura "antidemocrática".

Em relação à reforma da Previdência Social, por exemplo, a CUT resistiu ao projeto do governo, defendendo a manutenção da aposentadoria por tempo de serviço. Todavia, Vicente Paulo da Silva, presidente da CUT entre 1994 e 2000, acabou aceitando a substituição do tempo de serviço pelo tempo de contribuição e a mudança dos critérios para a aposentadoria integral dos funcionários públicos, o que despertou oposição das correntes de esquerda e provocou críticas dos servidores.

Em todo o processo de negociação da reforma previdenciária, a CUT não se preocupou em propor alternativas que revelassem uma posição própria. Pelo contrário, ao investir prioritariamente na via da negociação numa conjuntura adversa, o sindicalismo cutista acabou incorporando elementos do discurso neoliberal. Na defensiva, em vez de formular contrapropostas capazes de evidenciar o conflito de interesses que opõe o capital e seus representantes aos trabalhadores, a CUT flexibilizou suas demandas para torná-las compatíveis com o ideário (e o vocabulário) empresarial.

É este justamente o limite da estratégia propositiva, que passa a ser privilegiada pela CUT a partir dos anos 1990: para que sejam aceitas na negociação, as propostas devem ser consideradas "realistas", adequadas à ideologia dominante, de modo que interessem tanto ao patronato quanto ao governo; caso contrário, não há negociação possível. Assim, a "competência" do negociador é avaliada conforme a "viabilidade" da proposta apresentada. Nesse processo, o sindicalismo cutista passou a fazer concessões crescentes ao capital, integrando-se à lógica do mercado e assumindo valores capitalistas reativados pelo neoliberalismo, como lucratividade, produtividade, qualidade e eficiência. Essa prática pressupõe que é possível conciliar os diferentes interesses de classe. Não se trata mais de organizar, mobilizar e defender os interesses de classe dos trabalhadores, mas de melhorar (ou preservar) as condições de mercado de determinado setor econômico. Desse modo, o sindicalismo cutista age como um "parceiro" (ainda que seu papel seja de coadjuvante) na gestão do capital (Boito Jr., 1999, p. 169).

Apesar da ascensão do *sindicalismo propositivo*, a CUT se opôs, ao longo dos anos 1990, à flexibilização das relações de trabalho, questionando os contratos precários e assu-

---

[9] A única exceção foi a reforma administrativa, cuja negociação não contou com a participação da CUT, provavelmente porque a maioria dos sindicatos que representavam os funcionários públicos era dirigida por críticos da corrente majoritária (Jard da Silva, 2001).

mindo a defesa da CLT, já que considerava os direitos trabalhistas fruto de uma conquista que deveria ser preservada, principalmente em uma conjuntura adversa aos trabalhadores. Assim, entrou com um pedido de inconstitucionalidade no Supremo Tribunal Federal na tentativa de barrar a ampliação do contrato por tempo determinado e pressionou os deputados federais para que não votassem a favor do projeto que previa a substituição da lei pela negociação; além disso, organizou um dia de greve nacional em oposição ao projeto, em 21 de março de 2002 ("CUT reúne...", 2002)[10].

Mas a CUT não escapou ilesa à tendência de promover a flexibilização de direitos: algumas de suas lideranças e sindicatos mostram-se mais propensos a aceitar a redução da lei, já que podem negociar condições de trabalho mais favoráveis que as asseguradas pela legislação[11]. Dois de seus ex-presidentes, Luiz Marinho e Vicente Paulo da Silva, ambos oriundos do Sindicato dos Metalúrgicos do ABC, um dos principais expoentes do sindicalismo propositivo, admitiram, em algumas oportunidades, negociar direitos trabalhistas (Galvão, 2007). Assim, tal qual o Sindicato dos Metalúrgicos de São Paulo, o Sindicato dos Metalúrgicos do ABC funcionou como uma espécie de "laboratório" das relações de trabalho, negociando medidas que levaram à flexibilização de direitos (Jácome Rodrigues, 2001; Noronha, 2000; Martins e Jácome Rodrigues, 2000).

Isso pode ser observado pelas negociações realizadas entre a CUT e a indústria automobilística. Na segunda metade dos anos 1990, esse setor encontrava-se em situação delicada, dada a queda na produção e na venda de automóveis. Para reduzir os estoques, as montadoras recorriam com frequência a férias coletivas e ameaças de demissão. A pretexto de reduzir o custo do trabalho sem promover demissões, as montadoras propuseram repassar para os salários os gastos com alimentação, plano de saúde e transporte, diminuir o pagamento de horas extras e o adicional noturno, além cortar parte do 13º salário, do abono de férias e da participação nos lucros e resultados. Em dezembro de 1998, os trabalhadores da Volkswagen de São Bernardo do Campo aceitaram a semana de quatro dias de trabalho, com redução de 15% do salário.

Esse tipo de negociação acaba se traduzindo em perda significativa de direitos. Os trabalhadores fazem concessões, mas não conseguem garantir a estabilidade no emprego: as demissões são apenas postergadas para um futuro próximo e os trabalhadores, enfraquecidos, têm cada vez menos possibilidade de resistir às investidas patronais. Os "excedentes" na indústria automobilística tornaram-se um argumento recorrente, utilizado pelas empresas para ameaçar seus empregados de demissão e, assim, promover a flexibilização de direitos *com a mediação do sindicato, alçado à condição de "parceiro" da empresa*. Em 2001, esse argumento foi brandido novamente pela Volkswagen, que propunha a redução de 20% da jornada de trabalho e dos salários. Os trabalhadores aceitaram um acordo que estabeleceu a redução da jornada e dos salários em 15% e um programa de demissões "voluntárias". A cada novo "enxugamento" promovido pela empresa, os empregados que restam veem-se em piores condições de trabalho. Eles trocam as demissões programadas por jornadas e salários menores, mas ainda assim há dispensas por meio de "incentivos" aos que se demitem

---

[10] Contudo, as correntes de esquerda da CUT denunciaram a falta de empenho para preparar a greve; segundo elas, a direção não aproveitou a disposição dos trabalhadores para aderir à mobilização.

[11] Cumpre notar que o Sindicato dos Metalúrgicos do ABC foi o primeiro a adotar o banco de horas, em 1995, flexibilizando a jornada de trabalho nos acordos com a indústria automobilística. Entretanto, sempre houve uma divisão no interior da CUT e da própria Articulação Sindical a respeito dessa iniciativa.

"voluntariamente" e aposentadoria dos mais antigos. Antes mesmo do término do acordo, previsto para novembro de 2006, a Volkswagen realizou novas demissões.

Esse tipo de acordo, porém, gerou insatisfação entre os dirigentes sindicais que se opõem à Articulação Sindical. Para o presidente do Sindicato dos Metalúrgicos de Campinas, o primeiro acordo com a Volkswagen "foi uma rendição, não um acordo, e desmontou toda a estratégia da central de resistência à política do governo de retirar direitos dos trabalhadores" (citado em Beiguelman, 2002a, p. 162). Os próprios trabalhadores contestaram o acordo por se sentirem alvo de exploração suplementar: "'Os operários trabalham quatro dias por semana, mas sentem que estão produzindo por cinco'" (citado em Beiguelman, 2002b, p. 12). Ao contrário da FS, que durante os dois governos de Fernando Henrique Cardoso apoiou incondicionalmente a flexibilização das relações de trabalho, havia uma divisão no interior da CUT entre os que aceitavam negociar a flexibilização e os que resistiam a ela.

CUT E FS RUMO AO SINDICALISMO DE PRESTAÇÃO DE SERVIÇOS

Apesar das diferenças apontadas, as duas centrais passaram a convergir, ao longo dos governos de Fernando Henrique Cardoso, na defesa de um modelo de "sindicato cidadão". Por esse modelo, o sindicato torna-se uma espécie de organização não governamental e busca se credenciar para executar serviços públicos relegados pelo Estado.

Justificativas para a mudança não faltam: para a FS, o futuro do sindicato depende de sua capacidade de agir não apenas em defesa de interesses diretos do trabalhador (salário e condições de trabalho), mas também pela resolução dos problemas sociais, numa perspectiva mais ampla. Para a Articulação Sindical, a prestação de serviços sociais é uma maneira de o sindicato atender ao trabalhador como um ser "integral", isto é, defender as diversas dimensões de sua vida, preocupando-se não apenas com a melhoria de sua condição econômica objetiva.

Mas, atuando nas brechas do Estado e assumindo o papel de setor "público não estatal", as centrais colaboram não apenas para a privatização da política pública, como também para a disseminação de teses associadas à ineficiência do Estado e à incompetência de seus servidores. Se essa atitude é coerente com a trajetória da FS, ela entra em confronto com a posição da CUT, porque o sindicalismo de prestação de serviços, travestido de "sindicato cidadão", é a contrapartida do desmantelamento das políticas públicas e um instrumento eficaz de flexibilização de direitos, tese que a CUT, ao menos no plano do discurso, combatia[12].

Outro aspecto decorrente dessa nova estratégia é que a ênfase na concepção de cidadania conduz ao abandono da noção de classe social. Ao agir em nome de todos os

---

[12] A contradição apontada anteriormente aparece de maneira mais nítida quando levamos em conta as disputas entre as diferentes correntes que compõem a CUT e o discurso da central: parece haver uma compatibilidade entre o sindicalismo de prestação de serviços e o sindicalismo propositivo, que caracteriza a direção cutista. Embora não seja propriamente uma negociação entre patrão e empregado, pela prestação de serviços os sindicatos negociam com o Estado e com "o mercado" medidas compatíveis com a ordem social: negociam com bancos e operadoras de cartões de crédito taxas de juros mais baixas ou prazos de pagamento mais longos; negociam com o Estado o repasse de recursos públicos para determinados serviços etc. Cumpre ressaltar que essa prática também pode ser vista como um desdobramento do sindicalismo de resultados da FS, já que não trata de formar a consciência crítica dos trabalhadores, mobilizá-los para a luta ou organizá-los na perspectiva de acumular forças, mas oferecer resultados imediatos e de cunho paliativo.

cidadãos, a CUT se afasta ainda mais da prática classista, porque o conceito de cidadão obscurece as diferenças de classe e unifica todos numa entidade abstrata. No entanto, há uma diferença de monta entre a concepção de cidadania clássica, que caracteriza a constituição dos Estados de bem-estar social, e a concepção de cidadania difundida por esse tipo de prática sindical: "cidadão" não é mais aquele que reivindica seus direitos diante do Estado e luta pela ampliação e pela abrangência efetivamente universal das leis, mas sim aquele que compra proteção social no mercado ou a assegura pela ação do sindicato de sua categoria. Por esse motivo, preferimos falar de sindicalismo de prestação de serviços, já que é disso efetivamente que se trata.

A prestação de serviços adquire maior peso e visibilidade num contexto marcado pelo aumento do desemprego e pela redução da base de sustentação sindical, levando as centrais a buscar novos espaços de intervenção. O aumento do desemprego é atribuído pela ideologia dominante à falta de qualificação profissional do trabalhador. Ao se tornar um agente das políticas de emprego, a CUT acaba referendando em parte o discurso da "empregabilidade", que responsabiliza o desempregado por sua própria condição. Do mesmo modo, ao assumir tarefas relacionadas à educação, à formação profissional e à intermediação de mão de obra, a CUT entra em contradição com seu discurso, porque, ao mesmo tempo que critica a política neoliberal e a desestruturação dos serviços públicos, atribuindo ao governo a responsabilidade pelo aumento do desemprego e pela deterioração dos serviços sociais, ela legitima essa política.

As consequências da conversão da CUT ao sindicalismo propositivo e de prestação de serviços são nítidas: a central, que sempre defendeu a escola pública, passou a substituí-la (Tumolo, 2002); os sindicatos afrouxam o combate aos processos de reestruturação produtiva, considerando-os agora um fenômeno inevitável, e trocam os movimentos de resistência pela negociação quantitativa dos postos de trabalho que serão eliminados. Contudo, a negociação, entabulada com o objetivo de preservar empregos, é insuficiente para impedir que as demissões sucedam umas às outras, pois, mesmo que os sindicatos consigam manter um número de empregos superior ao pretendido pela empresa, a demissão é apenas temporariamente evitada, como atesta o exemplo da Volkswagen. A alternativa que os sindicatos oferecem aos trabalhadores demitidos é encaminhá-los aos programas de qualificação que mantêm.

A FS foi pioneira na criação de uma agência de emprego, inaugurando em 1998, na cidade de São Paulo, o Centro de Solidariedade ao Trabalhador. O centro providencia o recebimento do seguro-desemprego, faz intermediação de mão de obra, forma profissionais e repassa os recursos do Programa de Geração de Emprego e Renda, do Ministério do Trabalho e Emprego. Esses programas são financiados, em sua maioria, por um fundo público, o Fundo de Amparo ao Trabalhador (FAT).

Segundo Trópia, a FS também "negociava seguros de vida, seguros saúde e atuava crescentemente na oferta e qualificação da mão de obra" (Trópia, 2009, p. 77); além disso, criou uma "cooperativa de serviços, uma agência de intermediação de mão de obra, um clube de futebol, uma instituição financeira para empréstimo aos trabalhadores, um fundo de pensão [o ForçaPrev]" (Trópia, 2009, p. 121). Em 2005, lançou um cartão de crédito para os filiados do Sindicato Nacional dos Aposentados, "com juros de *apenas* 3,25% ao mês para saques em dinheiro e financiamento de compras" (Revista da Força, 2005, p. 27; grifo meu).

A CUT respondeu à sua adversária com a criação da Central de Trabalho e Renda em 1999. Além dos serviços oferecidos pela FS, o órgão da CUT emite carteiras de trabalho e encaminha solicitações de saque do Fundo de Garantia do Tempo de Serviço (FGTS)[13]. Também incentiva o autoempreendimento e a formação de cooperativas, muitas delas organizadas com o apoio de ONGs. Em 1999, a CUT criou a Agência de Desenvolvimento Solidário (ADS) para disseminar o modelo de economia solidária, organizar e assessorar as cooperativas, oferecendo crédito e capacitação (Zarpelon, 2002). Em vez de organizar os trabalhadores desempregados e pressionar os governos a implementar políticas de emprego de caráter inclusivo, a CUT decidiu investir na agricultura familiar e no cooperativismo como forma de combate ao desemprego. Para isso, criou em 2002 a Cooperativa Central de Crédito e Economia Solidária (Ecosol) e, em 2004, a Central de Cooperativas e Empreendimentos Solidários (Unisol Brasil), disponibilizando ao trabalhador de baixa renda acesso a crédito (para produção e consumo), assessoria jurídica, comercial e financeira e auxílio para a elaboração de projetos de cooperativismo nas seguintes áreas: agroindústria, confecção, artesanato, serviços, reciclagem, metalurgia, têxtil e agricultura familiar[14].

A opção pelo sindicalismo propositivo e pelo de prestação de serviços tem, todavia, um custo político: embora não tenham se tornado dóceis ao capital ou ao Estado, os sindicatos cutistas passaram a fazer concessões crescentes a ele[15]. Essas concessões não podem ser atribuídas exclusivamente à conjuntura econômica, marcada pelo neoliberalismo e pela reestruturação produtiva; ela certamente dificulta a ação sindical, mas não explica tudo. A mudança na prática sindical cutista tem também um componente ideológico, como procuramos indicar.

Assim, diferentemente da FS, que adere de saída ao neoliberalismo, a CUT resiste nos anos 1990, mas também é afetada pelo neoliberalismo. Ela trilha um caminho tortuoso, repleto de ambiguidades e contradições, que se deve às tensões decorrentes de sua composição interna. As disputas entre as correntes cutistas provocaram um descompasso entre o discurso – que, apesar de fazer apologia à participação da "sociedade civil" e à cidadania, não eliminou o referencial classista – e a prática. Esse discurso híbrido, com referenciais de cidadania e de luta de classes, era uma forma de acomodar as divergências internas e unificar as diferentes correntes que compunham a central naquele momento. Contudo, o equilíbrio era frágil e incapaz de conter a prevalência da participação institucional e o predomínio da postura propositiva e de prestação de serviços.

Essa fragilidade evidenciou-se após a vitória de Lula nas eleições de 2002, quando o acirramento das disputas internas levou a um processo de ruptura e cisão institucional.

---

[13] A CUT tem ainda um hotel, o Canto da Ilha, localizado em Florianópolis, onde funcionam um centro de formação profissional, um restaurante, uma agência de turismo, uma escola de turismo e hotelaria, "com o objetivo de produzir e vender mercadorias" (Tumolo, 2002, p. 214). É "curioso constatar que a CUT, central sindical que nasceu com o intuito de lutar contra e quiçá superar a exploração dos trabalhadores, *optou* em recorrer justamente à *exploração dos trabalhadores de suas empresas* – através da produção e venda de mercadorias – para supostamente financiar a formação dos trabalhadores" (Tumolo, 2002, p. 216). O investimento da CUT no ramo do turismo foi ampliado com a criação da Unisoli, uma agência de turismo.

[14] É interessante observar que os folhetos de apresentação desses organismos empregam expressões típicas do vocabulário gerencial, utilizadas com frequência por gestores de empresas, como visão, missão, princípios, estratégias e ações.

[15] Um exemplo significativo: em vez de lutar pela expansão do ensino superior público e gratuito, em dezembro de 2003 a CUT assinou um acordo para que trabalhadores filiados aos sindicatos cutistas e seus dependentes tivessem descontos de 25% nas mensalidades de uma grande universidade privada de São Paulo, a Uniban. Além disso, dois de seus principais dirigentes, Vicentinho e Luiz Marinho, tornaram-se garotos-propaganda dessa universidade.

Governo Lula: a acomodação e a divisão da CUT e a perda de identidade da FS

Se nos governos de Fernando Henrique Cardoso a CUT dividiu-se entre a crítica e a acomodação ao neoliberalismo, no governo Lula a perspectiva crítica esvaiu-se, na medida em que o partido que se opunha às "reformas orientadas para o mercado" acabou assumindo-as. Assim, a vitória do PT nas eleições de 2002 aprofundou as divisões no interior da CUT: enquanto as correntes minoritárias ainda buscavam resistir ao neoliberalismo, a corrente majoritária empreendia uma crítica superficial ao governo, denunciando os efeitos colaterais da política econômica (como o desemprego elevado e a queda na renda), fundamentada no controle da inflação por via das taxas de juros e do equilíbrio fiscal.

A estreita relação entre a Articulação Sindical e a principal tendência petista, à qual pertenciam Lula e os principais quadros do governo federal, além do fato de as correntes majoritárias da CUT e do PT terem passado por um processo de conversão ideológica semelhante – que as levou a se adaptar à ordem capitalista e, no interior desta, à assimilação de elementos do ideário neoliberal –, parecem explicar em grande medida o enfraquecimento da perspectiva crítica.

A diferença fundamental desse novo contexto em relação ao anterior é que, enquanto o PT estava na oposição, a conversão ideológica e os conflitos entre as correntes cutistas eram obscurecidos e encobertos pela crítica ao governo de Fernando Henrique Cardoso. Muitas das tentativas da Articulação Sindical de negociar e formalizar acordos com o governo e o patronato foram frustradas, favorecendo a resistência protagonizada pelas correntes minoritárias e revigorando uma prática mais confrontadora no interior da central. A situação é completamente diferente num governo que a CUT considera seu aliado: a proximidade com o PT a desvia das manifestações e das críticas ao governo, mesmo quando este ameaça os direitos dos trabalhadores. Não deixa de ser sintomático que, justamente no governo Lula, a CUT tenha alterado significativamente a comemoração do 1º de Maio. Com efeito, em vez de comícios, protestos e manifestações, ela passou a promover shows e festas, contribuindo para despolitizar uma data tão importante para a luta dos trabalhadores. (Desde 1998, a FS celebra a data com um megaevento, com artistas populares, sorteio de carros e apartamentos e serviços variados ao "cidadão" – desde corte de cabelo até emissão de documentos. A CUT vinha resistindo ao modelo, até que em 2004 contratou um "marqueteiro" para organizar uma festa em moldes semelhantes à de sua adversária. Nesse tipo de festa, programada para receber milhões de pessoas e patrocinada por entidades públicas e privadas, o espaço para atos políticos é pequeno.)

No primeiro governo Lula, a FS passou a ocupar uma posição institucional de menor destaque: aliada de primeira hora de todos os governos, desde sua criação, perdeu o posto para sua adversária histórica. Chegou a esboçar algumas críticas (sobretudo à manutenção das altas taxas de juros), tentando se firmar no inédito papel de oposição[16]. Contudo, mesmo que fosse somente no plano do discurso, não era fácil se posicionar contra um

---

[16] FS, CGT, SDS e CAT divulgaram, em 30 de abril de 2004, um manifesto contra a política econômica do governo que não foi assinado pela CUT (Fernandes e Rolli, 2004). Alguns sindicatos ligados à FS, desconfortáveis no papel de oposição, decidiram se filiar à CUT para se aproximar do governo (H. Batista, 2004). Essa troca constitui mais um indício da redução das diferenças entre as centrais.

governo respaldado por amplo apoio popular e dirigido por um partido historicamente aliado a uma parte significativa do movimento sindical.

Uma das iniciativas mais importantes das centrais no primeiro mandato de Lula foi o lançamento, em 2004, de uma campanha nacional pela redução da jornada de trabalho que contou com a participação da CUT, da FS e de outras quatro centrais: CGT, Social Democracia Sindical (SDS), Central Autônoma dos Trabalhadores (CAT) e Central Geral dos Trabalhadores do Brasil (CGTB). Essa campanha teve um diferencial em relação à posição da FS e da direção da CUT no tocante à flexibilização das relações de trabalho: ao contrário do que fizeram nos acordos celebrados nos anos 1990, as centrais reivindicaram a redução da jornada de trabalho para quarenta horas sem redução salarial.

A CUT, porém, não assumiu uma posição de confronto com o governo na aprovação da reforma da Previdência, em 2003. Opôs-se à greve que havia sido convocada por entidades de servidores, muitas ligadas a ela, e defendeu a negociação dos pontos polêmicos[17]. Essa posição agravou a tensão entre os dirigentes cutistas e as correntes minoritárias, que passaram a acusar a central de "governismo".

Outra fonte de conflitos foi a participação da CUT nos organismos tripartites constituídos pelo governo, sobretudo no Fórum Nacional do Trabalho (FNT), destinado a discutir a reforma sindical e trabalhista (Galvão, 2004 e 2005). O projeto de reforma sindical do FNT previa um sistema de negociação em diferentes níveis, pelo qual o contrato coletivo de maior abrangência poderia indicar as cláusulas não passíveis de negociação nos níveis inferiores (Fórum Nacional do Trabalho, 2005). Mesmo que as centrais não estivessem formalmente incluídas entre as entidades dotadas de poder para celebrar contratos coletivos de trabalho, esse artigo foi interpretado como uma forma de centralizar o poder nas cúpulas sindicais e, consequentemente, reduzir o papel das bases. A cúpula do movimento sindical brasileiro é menos refratária à flexibilização de direitos do que a base que ela representa, e isso poderia minar a resistência a uma futura reforma trabalhista. Com a aprovação dessa reforma, os sindicatos controlados pelas correntes de esquerda da CUT, que resistiram aos acordos flexibilizantes negociados pelos sindicatos ligados à corrente cutista majoritária (como os acordos feitos no setor metalúrgico do ABC), corriam o risco de perder a independência e ter de se sujeitar às diretrizes estabelecidas pela direção. Além disso, a proposta de reforma condicionava o reconhecimento da personalidade sindical à obtenção de um determinado nível de representatividade, o que poderia neutralizar as correntes críticas ao governo, caso suas organizações fossem minoritárias e não conseguissem preencher os critérios de representatividade previstos.

A insatisfação das correntes de esquerda com o que consideravam uma prática "governista" e "hegemonista" da CUT levou a um processo de desfiliação e cisão. O Movimento por uma Tendência Socialista (MTS) participou da criação da Coordenação Nacional de Lutas (Conlutas) em 2004; a Frente de Esquerda Socialista (FES) deu origem à Intersindical em 2006[18]; a Corrente Sindical Classista (CSC) criou, em 2007, a Central dos Trabalhadores e Trabalhadoras do Brasil (CTB).

---

[17] Para amenizar o descontentamento, o governo ofereceu aos sindicatos a possibilidade de criarem fundos de pensão, disponibilizando mais um serviço a seus filiados. Por essa modalidade de investimento, os sindicatos adquirem uma nova fonte de receita (a taxa de administração dos fundos) e colaboram para disseminar a imagem do trabalhador investidor e a ideia da gestão democrática, cujo pressuposto é que o trabalhador participará da gestão do fundo.

[18] Não se trata de uma central propriamente dita, já que agrega sindicatos que permanecem filiados à CUT.

Assim, o primeiro mandato de Lula foi marcado pela redução das diferenças entre CUT e FS, de um lado, e pelo aprofundamento da divisão do movimento sindical, de outro. Além da cisão da CUT, observou-se a emergência de outras organizações de cúpula: em 2005, entidades ligadas ao sistema confederativo, contrárias à reforma sindical, deram origem à Nova Central Sindical de Trabalhadores (NCST) e, em 2007, já com a perspectiva de aprovação da lei de reconhecimento das centrais[19], a CAT, a CGT e a SDS fundiram-se na União Geral dos Trabalhadores (UGT) (Galvão, 2009).

Apesar do aprofundamento dessa divisão organizativa[20], o governo Lula realizou a proeza de angariar o apoio de parte significativa do movimento sindical. A aproximação entre CUT e FS ampliou-se no segundo mandato de Lula, e a FS, tradicional opositora da CUT e do PT, aderiu à base de sustentação do governo. Essa adesão culminou com a nomeação de um de seus principais dirigentes, Luiz Antônio de Medeiros, para o cargo de secretário de Relações de Trabalho, do Ministério do Trabalho e Emprego, em março de 2007. Além disso, a FS, que era uma das maiores defensoras da flexibilização das relações de trabalho e da adoção de contratos atípicos como forma de combate ao desemprego nos anos 1990, passou a criticar a flexibilização.

No governo Lula, a questão da flexibilização continuou em discussão, mas tanto a forma de implementá-la quanto o conteúdo das mudanças foram alterados. No que se refere à forma, a flexibilização passou a ser pensada para um público-alvo (primeiro emprego para jovens, contratação de serviços via "pessoa jurídica", condições diferenciadas para micro e pequenas empresas) e não como uma medida geral (alterações no artigo 7º da Constituição ou substituição do legislado pelo negociado, ambas pretendidas pelo governo de Fernando Henrique Cardoso). Em vez de mudanças constitucionais, optou-se por introduzir pequenas alterações na legislação ordinária (Galvão, 2008).

Quanto ao conteúdo, o fato de as medidas de flexibilização (banco de horas, contratos de duração determinada, suspensão do contrato de trabalho ou *layoff*...) não gerarem novos postos de trabalho e ainda acarretaram consequências nefastas[21] acabou inibindo a defesa dos sindicatos por uma flexibilização mais profunda. Por outro lado, o crescimento econômico verificado a partir de 2004 deu novo fôlego ao mercado de trabalho, e o desemprego e a informalidade diminuíram[22]. Esses resultados parcialmente positivos foram obtidos sem que houvesse necessidade de lançar mão de algumas das medidas legais

---

[19] A lei aprovada em 2008 estabelece critérios de representatividade para uma central obter reconhecimento legal (como a representação de, no mínimo, 5% do total de trabalhadores filiados a sindicatos no país, além da comprovação da filiação mínima de cem sindicatos) e assegura o repasse de 10% da contribuição sindical para as centrais reconhecidas.

[20] Além das centrais sindicais aqui mencionadas, há a CGTB, que, juntamente com a CGT-Confederação, é herdeira da Central Geral dos Trabalhadores, criada em 1986.

[21] Um dos exemplos mais evidentes das consequências nefastas da flexibilização é a terceirização, que não passa de uma forma de precarização das condições de trabalho, já que os salários e os benefícios pagos aos terceirizados são em geral inferiores àqueles recebidos pelos trabalhadores diretamente contratados pela empresa tomadora do serviço. À medida que comparações entre convenções coletivas de terceirizados e contratados começaram a ser divulgadas, até mesmo a FS passou a combatê-la.

[22] A variação anual do PIB entre 2002, último ano do governo de Fernando Henrique Cardoso, e 2008 foi de 1,1%, 2,7%, 5,7%, 3,2%, 4%, 5,7%, 5,1%. Segundo a Pesquisa de Emprego e Desemprego (PED) do Departamento Intersindical de Estatística e Estudos Socioeconômicos (Dieese) e da Fundação Seade, realizada em seis regiões metropolitanas, o desemprego caiu de 21,8% em 2003, primeiro ano do governo Lula, para 14,1% em 2008 (índice mais baixo dos dois mandatos) e manteve-se relativamente estável em 2009 (14,2%), a despeito da crise internacional de 2008.

já existentes[23], o que permitiu combater a tese de que o crescimento do emprego seria decorrência da flexibilização.

Nesse contexto, os sindicatos tornaram-se mais refratários à flexibilização. A FS, que defendera enfaticamente a flexibilização das relações de trabalho e a adoção de contratos atípicos como forma de combater o desemprego ao longo dos dois governos de Fernando Henrique Cardoso, até inspirando diversas mudanças promovidas na legislação trabalhista, passou a criticar a flexibilização e em especial a terceirização nas atividades-fim (proposta pelo Projeto de Lei n. 4.302/98, em tramitação na Câmara). Nesse sentido, deve-se destacar o apoio das centrais ao veto governamental à Emenda n. 3 do projeto da "Super Receita", que impedia os fiscais do trabalho de autuar empresas que fraudassem os vínculos empregatícios.

A flexibilização, porém, foi a principal proposta de diferentes agentes sociais para enfrentar a crise internacional desencadeada em 2008. No campo sindical, embora não tenha sido defendida abertamente, a flexibilização não deixou de estar presente. A FS defendeu a negociação *ad hoc*, com a utilização dos instrumentos legais disponíveis (suspensão de contrato, redução da jornada com redução salarial[24], banco de horas, férias coletivas[25]). Não se tratava de modificar a legislação, mas de negociar conforme as condições dos setores e das empresas e encontrar soluções adequadas à intensidade com que cada um era afetado pela crise.

Essa também era a posição da Federação das Indústrias do Estado de São Paulo (Fiesp). O presidente da instituição, Paulo Skaf, fez várias declarações à imprensa sobre a necessidade de "respeitar a legislação". Isso constituiu uma mudança no discurso e na forma de atuar do patronato – que, durante o governo de Fernando Henrique Cardoso, defendeu mudanças na Constituição e na CLT –, embora o fim perseguido fosse o mesmo[26]. A diferença entre FS e Fiesp era a defesa das contrapartidas, especialmente da estabilidade no emprego no período estabelecido pelos acordos: enquanto a FS defendia a inclusão de garantias nos acordos, a Fiesp as rejeitava.

No início da crise, vários sindicatos realizaram acordos de redução de jornada de trabalho, em alguns casos com redução salarial[27]. A CUT orientou seus sindicatos a não firmar acordos desse tipo: segundo seu presidente, Artur Henrique da Silva, se aceitasse a redução da jornada de trabalho com redução salarial, a FS "estaria estabelecendo uma 'agenda negativa' ao tratar as demissões como algo inevitável, ao invés de defender o emprego e discutir alternativas para o crescimento econômico" ("CUT descarta...", 2009)[28]. A CUT manteve a defesa da redução da jornada para quarenta horas semanais, sem redução salarial, e dos acordos de banco de horas, uma questão polêmica no interior da central

---

[23] Para uma análise da baixa incidência das formas de contratação atípicas no mercado de trabalho, ver Cesit/MTE, 2006.
[24] A redução salarial está prevista no artigo 7º da Constituição e é permitida desde que aprovada em assembleia pelos trabalhadores.
[25] Segundo o presidente da FS, "a iniciativa não visa tirar direitos dos trabalhadores, porque os itens propostos fazem parte da legislação trabalhista" (P. Silva, 2009).
[26] O único a defender publicamente uma mudança legal, a flexibilização temporária das leis trabalhistas, foi Roger Agnelli, presidente da Vale. Diante dessa proposta, o presidente da FS, Paulo Pereira da Silva, alegou: "Essa medida pode se tornar definitiva depois da crise, por isso não podemos mexer nas garantias dos trabalhadores" (Lacerda e Justos, 2008).
[27] De acordo com matéria publicada no jornal *Valor Econômico*, 90.163 trabalhadores foram afetados por esse tipo de acordo desde dezembro de 2008 ("Aumentam acordos...", 2009).
[28] Todavia, essa diretriz não foi respeitada por muitos dos filiados da CUT. Como declarou o presidente do Sindicato dos Metalúrgicos de Itaquaquecetuba, Aparecido Ribeiro de Almeida, os acordos de flexibilização "são uma questão de sobrevivência [...]. Ou flexibiliza ou perde o emprego. O que a lei nos permitir vamos flexibilizar, sim" (Amato e Simionato, 2009, p. B3).

desde que foi criada, em 1995. Também assinou um protocolo de acordo com o Sindicato da Micro e Pequena Indústria do Estado de São Paulo (recentemente expulso da Fiesp) em prol de um regime especial de tributação para o setor (isenção de PIS, Cofins, ICMS, ISS) e condições favoráveis para financiamento e pagamento de empréstimos (alongamento de prazos), tendo como contrapartida a estabilidade no emprego.

Esses dados indicam que as formas que a flexibilização pode assumir e a intensidade com que são utilizadas variam conforme os períodos e os agentes considerados. A defesa aberta e "radical" da flexibilização parece ter sido superada. Isso pode ser creditado em parte à resistência dos trabalhadores, em especial daqueles organizados pelas correntes "de esquerda", e em parte à baixa incidência e eficácia das medidas legais adotadas. Mas a crise mostra que a flexibilização continua a fazer parte do discurso e da prática dos agentes sociais. Nesse sentido, a disposição de negociar da FS e da CUT desarma a resistência e pode levar à perda de direitos, sobretudo em contextos econômicos desfavoráveis.

Considerações finais

Desde o início dos anos 1990, é possível identificar uma aproximação entre a prática da direção majoritária da CUT e o sindicalismo de resultados que, em 1991, deu origem à FS. Mas, a despeito da ascensão do sindicalismo propositivo no interior da CUT e das dificuldades que a política neoliberal e a reestruturação produtiva das empresas trouxeram para a ação sindical, a identificação dos governos Collor e Fernando Henrique Cardoso como adversários dos interesses dos trabalhadores possibilitou, em alguns momentos, a retomada de uma prática sindical mais combativa. Ainda assim, os anos 1990 foram marcados por uma divisão significativa entre a direção da CUT, que adotava uma posição cada vez mais moderada e até assimilava certos aspectos da ideologia neoliberal, e algumas correntes minoritárias, que mantiveram seu apego à combatividade e continuaram a adotar uma posição de confronto em relação ao governo e ao patronato. Com efeito, a Articulação Sindical buscava ocupar espaços institucionais e oferecer aos membros dos sindicatos cutistas um número crescente de serviços, assumindo um modelo de sindicalismo de prestação de serviços. Mas, naquele contexto, era mais fácil para as correntes minoritárias exigir uma postura crítica, mesmo que a maioria resistisse em assumi-la.

A eleição de Lula modificou esse cenário, favorecendo a acomodação da CUT e aprofundando suas divisões internas. As diferenças entre CUT e FS diminuíram, na medida em que a primeira se tornou uma central governista e a segunda encontrou dificuldades para exercer o papel de oposição. Apesar da criação de novas organizações, a maioria do movimento sindical brasileiro passou a integrar a base de sustentação do governo, apoiando até mesmo a candidata do PT nas eleições de 2010[29].

---

[29] Além de CUT e FS, essa foi a posição de CTB, NCST e CGTB. As cinco centrais promoveram, em 1º de junho de 2010, a Conferência Nacional da Classe Trabalhadora (Conclat), cuja finalidade era aprovar a Agenda da Classe Trabalhadora, pelo Desenvolvimento com Soberania, Democracia e Valorização do Trabalho. Essa agenda faz uma avaliação positiva do governo Lula e defende a eleição de "candidatos comprometidos com as bandeiras da classe trabalhadora", com o intuito de consolidar e ampliar os avanços obtidos na gestão petista. A UGT não apoiou oficialmente nenhuma candidatura presidencial e, por esse motivo, decidiu não participar da Conclat. Ainda assim, não faz oposição ao governo. As únicas organizações que desempenham esse papel são a Conlutas e a Intersindical.

As centrais que apoiam o governo consideram que a gestão Lula lhes proporcionou mais participação no processo decisório, expressa nas negociações e nas consultas ao movimento sindical nos fóruns tripartites, nas mesas de negociação sobre o salário mínimo, o serviço público e a aposentadoria. Assim, essas centrais priorizam a negociação com o governo, optam por fazer pressão sobre o Parlamento e realizar acordos patronais, em vez de organizar e mobilizar suas bases para confrontar abertamente a política governamental. O apoio ao governo as impede de apresentar reivindicações mais ousadas: limitam-se a reivindicações viáveis e críticas pontuais. A tênue divisória que separa o sindicalismo propositivo e o de resultados dissolve-se num sindicalismo de prestação de serviços, que compromete a independência política e ideológica das centrais diante do capital.

Capítulo 22

A ADESÃO SINDICAL ÀS PRIVATIZAÇÕES DA CSN E DA USIMINAS
miséria do transformismo político e participacionismo[1]

Edilson José Graciolli

As privatizações de unidades produtivas pertencentes ao Estado são, ao lado da desregulamentação de direitos sociais (entre eles, os trabalhistas) e da política de abertura econômica e financeira, medidas que integram o núcleo do neoliberalismo (ver Saes, 2001; Antunes, 2009a). Os vários movimentos nessa direção receberam, no caso brasileiro, a denominação de Programa Nacional de Desestatização (PND) e tiveram início ainda no período do governo de José Sarney, na chamada Nova República, embora tenham adquirido efetividade a partir do governo seguinte, o de Fernando Collor de Mello. A apropriação pelos grupos privatistas de certo senso comum, segundo o qual o Estado seria "naturalmente" ineficiente e oneroso, esteve na base da disputa ideológica a favor das privatizações. Um padrão hierarquizado e restrito de acesso aos direitos sociais deu fundamento a uma "revolta popular difusa" contra o Estado (Boito Jr., 2002) que foi apropriada pelo discurso neoliberal e explica em parte o apoio que segmentos dos setores populares deram a algumas medidas do ideário neoliberal, como as privatizações.

Mas as vendas de ações de empresas estatais em leilões de privatização foram o desfecho de intensos processos de lutas sociais, associados até a ofensivas sobre instrumentos e práticas de resistência que trabalhadores dessas empresas e aliados políticos, num sentido amplo do termo, tentaram estabelecer a tais vendas. Não foi diferente no caso da Compa-

---

[1] Este artigo é parte do projeto desenvolvido na pesquisa de pós-doutorado *A adesão sindical às privatizações: sindicalismo participacionista e transformismo político*, realizado na Faculdade de Ciências e Letras da Unesp (Campus Araraquara), de outubro de 2007 a dezembro de 2008, sob a supervisão de Maria Orlanda Pinassi, com afastamento integral das atividades do Departamento de Ciências Sociais da Universidade Federal de Uberlândia.

nhia Siderúrgica Nacional (CSN) e das Usinas Siderúrgicas de Minas Gerais (Usiminas). Tentar quebrar uma rica trajetória de resistência operária – que se expressava ou no plano sindical, ou com diretorias combativas (como no caso da CSN, em Volta Redonda), ou com oposição sindical de mesmo perfil político (como na Usiminas, em Ipatinga) – foi tarefa estratégica para que se pavimentasse, com menos dificuldades, o caminho para a privatização dessas siderúrgicas. Em seguida, foi necessário estabelecer um sindicalismo participacionista, moldado, tanto quanto possível, em eixos de adesão a valores tipicamente de mercado. Entender o que ocorreu com as bases de trabalhadores siderúrgicos após as privatizações, bem como com seus sindicatos ou organizações de oposição, foi o objetivo da pesquisa cujos principais resultados aqui apresentamos.

Desdobramentos da privatização da CSN em Volta Redonda (Rio de Janeiro)

A análise abrangente dos desdobramentos da privatização da CSN em Volta Redonda e região, bem como dos rumos do sindicalismo nesse segmento do operariado brasileiro, ainda precisa ser aprofundada. Todavia, algumas dimensões do que se deu já podem ser indicadas a partir das pesquisas que realizamos para os graus de mestrado e doutorado (Graciolli, 2007 e 2009). A trajetória que começou em 1992 com a derrota da chapa cutista – a qual iniciara três anos antes um processo mais à esquerda no Sindicato dos Metalúrgicos de Volta Redonda (SMVR) para uma chapa (Formigueiro) nascida de uma articulação com a Força Sindical – e terminou com a privatização da CSN foi por nós analisada no doutorado (Graciolli, 2007).

Dias após o leilão da privatização da CSN, ocorrido em 2 de abril de 1993, teve início uma campanha salarial que, na verdade, constituiu um jogo de cena entre o sindicato (que continuava a defender a concepção de participacionismo sindical como centro de sua estratégia) e a diretoria da usina. Inicialmente, os metalúrgicos aprovaram a pauta que reivindicava um reajuste salarial de 80%. A contraproposta da empresa foi de 65%. A diferença estava no seguinte: enquanto a empresa propunha 8% de aumento real e 8% de antecipação salarial (a serem descontados em junho) – que, assegurados os 55% previstos pela política salarial governamental, totalizariam 65% após o desconto da antecipação –, o sindicato queria que a antecipação salarial não fosse descontada, ou seja, que houvesse um aumento real de 15% e não de 8%. Como parte do *script*, a diretoria do sindicato defendeu em assembleia a rejeição da proposta inicial da empresa. Dias depois, a CSN concordou com o índice reivindicado pelo sindicato, desde que o lucro aumentasse a cada quadrimestre. Além disso, se a CSN registrasse um lucro líquido equivalente a, no mínimo, 1% de seu patrimônio líquido por quadrimestre, a diferença (7%) não seria descontada como antecipação. Mas essa diferença seria dada a título de participação nos lucros e resultados, não incorporada ao salário. Era a introdução de um importante mecanismo para aumentar a integração dos trabalhadores à lógica da incessante valorização do capital: a participação nos lucros e resultados.

Pelas palavras do presidente do sindicato, porta-voz máximo dessa concepção sindical, vinha à tona a adesão ao participacionismo sindical: "Luizinho acredita que não será difícil para a empresa obter o lucro desejado. 'Será mais um desafio para os metalúrgicos; o importante foi chegar aos 80%, mas os metalúrgicos é que decidirão se a proposta é viável'"[2].

O desfecho também correspondeu ao previsto no roteiro cinematográfico: no dia 11 de maio, no pátio da Superintendência de Oficinas Mecânicas (SOM), outrora palco da resistência operária, os metalúrgicos aprovaram em assembleia o que, de fato, correspondia à proposta da CSN. Mentes, corações, espaços e instâncias deliberativas estavam, tanto quanto possível, integrados a uma concepção sindical que nem de longe se articulava à constituição de um projeto classista.

Um dos argumentos que os dirigentes da Força Sindical sempre apresentam a favor da privatização da CSN é que isso deu aos trabalhadores da empresa e à própria cidade de Volta Redonda a garantia de algumas "conquistas" sacramentadas no edital de privatização (PND 13/92-CSN), mesmo em sua versão final, datada de 12 de março de 1993. Em resumo, essas "conquistas" seriam:

- assegurar aos empregados da CSN um representante no Conselho de Administração;
- assegurar aos empregados da CSN, da Fábrica de Estruturas Metálicas (FEM), sua subsidiária da CBS Previdência (fundo de pensão dos trabalhadores da CSN), do Hospital da Fundação General Edmundo de Macedo Soares e Silva (Fugemss), em Volta Redonda, e da Apservi (agência que contratava trabalhadores para a CSN) os direitos e benefícios sociais prestados pelos controladores da CSN antes da privatização;
- satisfazer de pronto as obrigações de natureza previdenciária;
- patrocinar programas de treinamento dos trabalhadores, tendo em vista sua absorção pelo mercado de trabalho;
- implantar programas de proteção ambiental.

Ora, todas essas cláusulas (com exceção, obviamente, da que garantia a participação de um representante dos empregados no Conselho de Administração da CSN) caíram por terra por obra e graça do próprio SMVR, quando do acordo coletivo de 1995. Em resposta ao Requerimento de Informações n. 2195/97, do deputado federal Paulo Paim (PT-RS), o Banco Nacional de Desenvolvimento Econômico e Social (BNDES) afirmou:

> o sindicato, ao assinar em maio de 1995 o acordo coletivo, na forma descrita, abriu mão de direitos assegurados aos empregados no edital e no comunicado relevante de 13 de março de 1995 [sic]; uma vez que foi assinado em data posterior ao comunicado relevante, o acordo teve o poder de neutralizar, durante sua vigência, as condições especiais estabelecidas no processo de desestatização. (BNDES, 1997)[3]

Entre 1997 e 1998, ano de eleições sindicais no SMVR, o investimento político-organizativo que a CSN vinha fazendo para estimular a participação em lucros e resultados, como forma de obter uma maior adesão dos trabalhadores ao projeto de valorização do capital, avançou até mesmo sobre a parceria entre a empresa e a diretoria do SMVR. A CSN passou a questionar a própria representatividade ou legitimidade do

---

[2] Citado em *Diário do Vale*, 11 maio 1993.
[3] O comunicado relevante ao qual o BNDES se refere foi o ato oficial da Comissão Diretora do PND que apresentou as últimas modificações no edital de privatização da CSN, publicado no Diário Oficial da União em 13 de março de 1993.

sindicado, procurando substituí-lo como interlocutor pelas Comissões de Participação nos Lucros e Resultados, cujos integrantes, evidentemente, não contavam com a proteção da estabilidade no emprego e, por isso, eram vulneráveis a essa modalidade de relação entre o capital e o trabalho.

No plano da realidade social mais ampla, para além do espaço fabril, a relação com a privatização da CSN explicita-se de certa forma por alguns indicadores socioeconômicos de Volta Redonda e região. Eles são ilustrativos de certos impactos, como os que se seguem:

- a inadimplência no comércio, pois, se tomarmos 100 como base para 1992, ela atingiu 515 em 1997, um aumento superior a 5 vezes;
- os títulos protestados passaram de 5,2 mil em 1993 para 13 mil em 1996;
- os registros de roubos e furtos foram de 17 por mês em 1995 para 39 por mês em 1997;
- os atendimentos públicos na área da saúde tiveram um aumento de 80% após 1995, claramente em consequência do fim da assistência médica garantida pela CSN;
- aumento de 15 mil pessoas nos núcleos de posse de terra;
- as demissões em Volta Redonda chegaram a 24 mil trabalhadores, cerca de 20% da população economicamente ativa da cidade, em um período (1994-1998) em que os índices oscilavam entre 10% e 17% nas regiões metropolitanas do país.
- a perda salarial superou 250 milhões de reais, mais do que a arrecadação anual da prefeitura, que teve uma perda direta de 15% nos impostos (cerca de 20 milhões de reais).

Além disso, é preciso dizer que, com a privatização da CSN, não apenas sua área de uso industrial, mas todas as suas propriedades foram vendidas. Isso gerou, desde então, um absoluto estrangulamento na capacidade do poder executivo local de ampliar seus equipamentos, sobretudo os relativos à educação e à saúde. No dizer do bispo Waldyr Calheiros, "colocaram uma porteira na entrada de Volta Redonda".

Assistiu-se, assim, a um importante agravamento da crise social na cidade. O "cinturão" de fornecedores de Volta Redonda, o qual a CSN e o SMVR afirmaram que seria capaz de absorver grande parte da força de trabalho desempregada após a privatização, mostrou-se de fôlego curto e tímida dimensão. Tão logo lhe foi conveniente, a CSN, como não poderia deixar de ser, mostrou-se uma empresa do grande capital industrial, buscando lucro máximo em tempo tendendo a zero, sem fazer concessões quanto ao local e às condições de estabelecimento das outras etapas de sua cadeia produtiva.

Se foi necessário estabelecer uma parceria entre a direção da empresa e um segmento de dirigentes e militantes sindicais (articulados na Força Sindical) para derrotar o sindicalismo classista e combativo que uma parcela da CUT havia construído na base operária da CSN e de outras empresas metalúrgicas cujos trabalhadores eram do SMVR, o fato é que esse vínculo também foi sendo posto em questão pela já privatizada CSN. O sindicalismo de parceria, de envolvimento, passou a ser preterido em favor das comissões de participação nos lucros e resultados (PLR), um sofisticado e eficaz espaço de manipulação e controle do trabalho pelo capital. Os trabalhadores que as integravam não possuíam estabilidade, eram eleitos em processos de distorção que interessavam à empresa e, principalmente, passavam a compactuar, de certa forma, com um enfraquecimento da legitimidade e da capacidade de mobilização do próprio sindicato.

Os impactos dessa circunstância, em relação ao achatamento salarial, podem ser observados na tabela a seguir:

Tabela 1: Evolução da inflação (INPC) e reajustes por acordo
coletivo na CSN (1996-2004)

	1996	1997	1998	1999	2000	2001	2002	2003	2004	Total	Perdas
Inflação	18,22%	8,2%	4,12%	3,88%	5,98%	7,17%	9,55%	19,35%	6,7%	132,37%	35,18%
Reajuste	10%	7%	0%	0%	2%	6%	9,55%	18%	4,5%	71,9%	

Fonte: elaboração própria (a partir da análise dos acordos coletivos).

A perda do horizonte do sindicalismo classista traduziu-se, em termos salariais, em uma brutal perda acumulada (mais de 35%) ao longo de quase uma década.

A lógica da PLR é voltada para a intensificação da legitimidade do lucro e tenta trazer para o campo do incremento da produtividade o compromisso dos trabalhadores. Mesmo na política de envolvimento representada pela perspectiva inerente às comissões da PLR, a CSN alterou critérios para o cálculo de aferição dos lucros e resultados a serem distribuídos com os trabalhadores. Em 2000, em vez dos 10% sobre os dividendos, a CSN passou a pagar 2,5% sobre o Ebitda (*earnings before interest, taxes, depreciation and amortization*), que corresponde ao lucro antes da dedução de juros, impostos, depreciação e amortização; em termos de economia política, isso significa fatias do mais-valor apropriadas pelo capital financeiro e pelo Estado, além da referente ao capital fixo. A tabela abaixo revela a razão para essa alteração:

Tabela 2: Comparação entre os dividendos pagos aos
acionistas e o Ebitda (CSN, 2000 a 2001), em reais

Ano	Dividendos pagos aos acionistas	Ebitda
2000	1,918 bilhões	1,917 milhões
2001	976 milhões	1,272 milhões

Fonte: elaboração própria (a partir de entrevistas e análise dos balanços da CSN e de boletins e demais materiais do SMVR).

O perfil da base operária foi profundamente alterado. Não é fácil obter dados a esse respeito, porque a CSN dá plena continuidade à política vigente na época em que era estatal, ou seja, falta de transparência dos dados a respeito de seu efetivo. A figura 1, na página a seguir, mostra a evolução das demissões na CSN.

Em 2008, quando fizemos esta pesquisa, os diretores do SMVR estimaram que havia cerca de 8 mil trabalhadores em operações diretas na CSN (com carteira assinada), mas outros 9 mil operavam ali como terceirizados.

Dos operários que havia na CSN meses antes de sua privatização, cerca de 33% permanecem empregados. Os outros 67% correspondem a uma força de trabalho que se constituiu em decorrência da alta rotatividade e da política deliberada de contratação de jovens, que, pela própria idade, possuem menos experiência de resistência e mobilização operárias.

A CSN apresenta historicamente um expressivo passivo ambiental. Mas, após a privatização, e em especial nos últimos dez anos, a usina vem aumentando e sofisticando os meios de burlar a já insuficiente fiscalização do Estado. Evidência disso são os entraves

Figura 1: Evolução das demissões de operários na CSN (1989-1997)

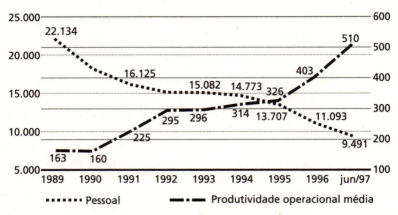

Total de empregados em 30/6/1997 → 12.144

Fonte: Relações Públicas da CSN (comunicação por e-mail).

criados pela CSN ao fornecimento do perfil profissiográfico previdenciário (PPP) aos trabalhadores com direito à aposentadoria. O PPP é um histórico laboral do trabalhador, apresentado em formulário do Instituto Nacional do Seguro Social (INSS), que instrui os pedidos de aposentadoria. Ocorre que, para a emissão de um PPP, a empresa deve atualizar o laudo técnico ambiental, o que a CSN não faz desde 1999.

Por meio de uma ação civil pública (número 2008.51.04.001866-8.6001), o INSS conseguiu que a Justiça determinasse que os trabalhadores da CSN não precisariam mais esperar nove meses e poderiam se aposentar com os PPPs baseados no laudo vigente (de uma década atrás, defasado, portanto, de forma inequívoca). Essa decisão foi publicada no Diário Oficial do Estado do Rio de Janeiro, em 5 de novembro de 2008, na página 138-40). O fato relevante, porém, é que a CSN, sob a égide da iniciativa privada, pratica uma flagrante afronta aos mecanismos de controle da poluição ambiental, como se ar, população, rios e trabalhadores nada contassem.

Do ponto de vista social, ou de certas garantias previstas até mesmo no edital da privatização da CSN, a ofensiva é explícita. Por exemplo, o subsídio de 50% sobre a mensalidade dos associados no Recreio dos Trabalhadores da Fundação CSN (clube recreativo) foi cortado.

À quebra da coluna vertebral do sindicalismo classista em Volta Redonda (1992) seguiram-se a privatização da CSN (1993), o auge do sindicalismo participacionista (1994 a 1997), a tentativa empresarial de deslegitimar até mesmo esse tipo de sindicalismo, tentando substituí-lo pelas comissões de PLR, a alteração do perfil do operariado siderúrgico, o brutal achatamento salarial, a política agressiva de terceirização e desrespeito às normas de preservação ambiental, a ofensiva sobre direitos dos trabalhadores e a manipulação da forma de se calcular a própria PLR. Contudo, um episódio parece especialmente revelador da lógica e dos efeitos da privatização da CSN, quando se põe em evidência o padrão de controle que o capital deseja ter sobre o trabalho em tempos de desregulamentação dos direitos sociais. Nas eleições sindicais de 2006, um resultado surpreendente determinou a derrota tanto da chapa da Força Sindical (expoente máximo do sindicalismo participacionista) quanto da chapa da CUT (que havia muito aderira claramente ao mesmo ideário de abandono da concepção sindical combativa). Retornou ao sindicato uma diretoria que – para além de suas importantes limitações e tensões, reconhecidas pelos próprios dirigentes e militantes que a integram ou apoiam – retomou o enfrentamento e a resistência operária.

Essa nova orientação sindical esteve à frente da greve que houve em junho de 2007. A respeito dela, e em particular da forma como a CSN se posicionou, a imprensa sindical do SMVR traz elementos eloquentes à intelecção do significado político-repressivo dos desdobramentos da privatização sobre a organização operária:

> A CSN tem agido de forma truculenta. Ontem, um assessor sindical foi agredido covardemente por quatro policiais que fazem parte do Bope [Batalhão de Operações Especiais do Rio de Janeiro], que saíram de dentro da Usina para agredir o companheiro. O fato violento aconteceu por volta das 8 horas, em frente a uma das entradas do Jardim Paraíba. O companheiro está internado e está sendo acompanhado devido aos golpes lesivos que recebeu dos policiais. O sindicato já denunciou esse ato criminoso na delegacia, no Congresso Nacional e à população de Volta Redonda, em assembleia realizada ontem, na Praça Juarez Antunes. A empresa será responsabilizada criminalmente. (Sindicato dos Metalúrgicos de Volta Redonda, 2007)

TROPA DE ELITE DO BOPE AGRIDE TRABALHADOR

> Já que está na moda o filme *Tropa de Elite*, o sindicato resolveu publicar os nomes dos policiais agressores do Bope, que durante a nossa greve, covardemente, agrediram o nosso companheiro Carlinhos [assessor do sindicato]. Segundo informações prestadas na Delegacia de Polícia de Volta Redonda, foi constatado que todos eles eram policiais da "tropa de elite". São eles: 1. sargento Edmilson, matrícula 37.369; 2. soldado Henrique, matrícula 69.918. 3; cabo Albuquerque, matrícula 62.875. Informações não confirmadas dão conta de que um dos coronéis contratados pela CSN, o coronel Ricardo Souza Soares, matrícula 35.778, também seria ex-funcionário da "tropa de elite". (Informativo 9 de novembro, 2007)

A lista de medidas da fase privada da CSN incluiu a contratação do ex-integrante do Bope, que recrutou policiais militares dessa tropa para que, talvez em horário além da jornada regular de trabalho, agissem como as milícias na cidade do Rio de Janeiro, forças paramilitares, no caso em tela contra a organização operária.

Como último apontamento para o caso da CSN, cabe indicar que uma velha bandeira dos siderúrgicos, a de que os turnos ininterruptos de trabalho passem a ter "apenas" seis horas, vem sofrendo refluxo em sua observação concreta pela empresa. A propósito, essa era a principal reivindicação da pauta na greve de novembro de 1988, dias após a promulgação da Constituição "cidadã", na qual se consignou tal limite para esse tipo de turno (Graciolli, 2009, p. 94-8). Naquela oportunidade, três operários foram mortos durante a invasão da usina pelo Exército. Decorridos vinte anos, a CSN, em sua lógica privada, volta a tentar implantar o turno ininterrupto de oito horas. Mais trabalho, trabalho intensificado, terceirizado, precarizado e sub-remunerado, exigências do imperativo da lucratividade, nada mais.

A propalada superioridade empresarial, apresentada à exaustão por meio de números que, de fato, traduzem os recordes de produção e de lucros, não passou ilesa nem mesmo pela grande imprensa. A *Folha de S.Paulo*, durante todo o mês de julho de 1999, veiculou matérias sobre a dívida de cerca 1 bilhão de dólares da CSN e o processo de negociação das ações do grupo Vicunha, que tinha a sua frente o empresário Benjamin Steinbruch, para a ThyssenKrupp, maior fabricante europeia de aço. O sonho de enriquecimento dos trabalhadores da CSN deu lugar à lógica férrea do capital, da concentração.

Desdobramentos sobre a base operária decorrentes da privatização da Usiminas em Ipatinga (Minas Gerais)

A Usiminas foi a primeira empresa estatal brasileira a ser privatizada, o que ocorreu por meio de leilão em 24 de outubro de 1991. Logo após sua privatização, passou a ser tratada como referência de modernidade e parâmetro das relações sindicais que pavimentariam outros processos de privatização. O Sindicato dos Metalúrgicos de Volta Redonda, que, uma vez eleito, em 1992, vinculou-se à Força Sindical, realizou várias caravanas para Ipatinga, levando trabalhadores da CSN para conhecer o que era apresentado como um modelo de privatização bem-sucedida no país.

Todavia, esse protagonismo da Usiminas precisa ser contextualizado, em especial quanto à linha política que, historicamente, o Sindicato dos Metalúrgicos de Ipatinga (Sindipa) adotou desde sua criação. Cabe, portanto, um resgate da trajetória do Sindipa, para o que nos apoiamos em Corrêa (2007).

A Usiminas foi fundada em 3 de junho de 1957, em meio à expansão da industrialização brasileira no governo Juscelino Kubitschek, numa associação entre os governos brasileiro e japonês, constituindo-se como empresa de capital misto.

Dentro do sindicalismo oficial vigente desde a instituição da Consolidação das Leis do Trabalho (CLT), em 1º de maio de 1943, os trabalhadores da Usiminas foram representados de início pelo Sindicato dos Metalúrgicos de Timóteo e Coronel Fabriciano (Metasita). Uma greve geral realizada em outubro de 1963 mudaria profundamente os rumos dos acontecimentos e mesmo o sindicalismo nessa unidade produtiva.

As condições de vida e trabalho na época, tanto na usina quanto nos canteiros de obras das empreiteiras, eram bastante precárias e insalubres. Como se isso já não bastasse para que houvesse uma revolta dos operários contra toda a estrutura montada para a construção, ampliação e funcionamento da empresa, havia uma sistemática vigilância (tanto da Usiminas quanto da Polícia Militar do Estado, para evitar qualquer posicionamento político dos trabalhadores organizados livremente) que sempre resultava em agressões arbitrárias (C. Pereira, 1984, p. 56-9).

Várias foram as questões que levaram à decretação da greve geral na Usiminas no dia 7 de outubro de 1963. A má alimentação servida no restaurante da empresa, os baixos salários, as condições ruins de vida e trabalho, moradia e transporte mais cedo ou mais tarde causariam uma forte reação da classe operária e levariam os explorados a reivindicar seus direitos. Mas as arbitrariedades do corpo de vigilância, conjugadas com a repressão policial, foram sem dúvida o "pivô" da revolta dos trabalhadores, na noite de 6 de outubro de 1963, que culminou com a chacina na manhã do dia seguinte (Pereira, 1984, p. 56).

Para explicar melhor o início da revolta que conduziu à greve e posteriormente à carnificina contra os trabalhadores, é preciso dizer que, por pressão dos operários, a Usiminas começou a fornecer alimentação aos que faziam turno da noite. Como os salários não garantiam boas condições de vida para que, pelo menos, esses trabalhadores reproduzissem minimamente sua força de trabalho para o serviço do outro dia (alguns chegavam a fazer dupla jornada, trabalhando de dia e de noite para completar o orçamento familiar), grande parte levava esse lanche para casa. Na noite do dia 6 de outubro, para evitar a saída do lanche da usina, a brutalidade da vigilância particular da Usiminas piorou e impôs a revista dos operários, cujas tensão e revolta acumulada explodiram de forma espontânea e difusa: os trabalhadores resistiram à revista e forçaram a saída.

A maioria conseguiu sair e voltar para os alojamentos, mas a cavalaria montada da Polícia Militar foi convocada para reprimir os revoltosos na porta da empresa, prendendo e torturando alguns no próprio local. Não satisfeitos, e em uma demonstração de força para intimidar a irradiação da revolta, os policiais da cavalaria partiram em direção aos alojamentos dos trabalhadores (especialmente àqueles onde se concentravam as lideranças sindicais) para fazer buscas e prender os "agitadores". De acordo com os relatos, o alojamento conhecido como Santa Mônica resistiu, fazendo barricadas e trocando tiros com a cavalaria; outro alojamento, conhecido como Chicago, por ser menos organizado, foi vítima de ataques, prisões e até mortes causadas pelo destacamento militar (Miranda, 2003, p. 45-48; C. Pereira, 1984, p. 62).

Na manhã do dia seguinte, os operários dos alojamentos atacados pelos policiais fizeram piquetes na portaria principal da Usiminas, chamando outros trabalhadores a aderir à paralisação. Segundo o que Carlindo Marques Pereira, advogado, jornalista e melhor biógrafo do massacre em Ipatinga, ouviu de testemunhas e atores do movimento, o número de trabalhadores que participaram da greve e reuniram-se na porta da empresa nesse dia chegou a 10 mil e incluiu os funcionários das empreiteiras. O aparelho repressivo de Estado, representado pela Polícia Militar, foi usado novamente para forçar os operários a iniciar o turno. Os diretores do Metasita, temendo o uso da força bruta dos militares contra os trabalhadores, chegaram ao local da manifestação e tentaram, em vão, negociar com a empresa.

Numa antecipação de como o regime militar que tomaria o poder em 1964 trataria quem questionasse a lógica capitalista de produzir e viver, a Polícia Militar abriu fogo covardemente contra os operários desarmados que se manifestavam na entrada da usina. As balas da polícia chegaram a atingir cidadãos que não participavam da manifestação. Horror e morte tomaram conta da situação.

O número oficial de mortos e feridos, publicado pela própria Usiminas, dava conta de oitenta feridos e sete mortos, mas testemunhas ouvidas por C. Pereira (1984) e padre Abdala Jorge, da paróquia de Timóteo, que liderava os operários na época e estava presente no local, disseram que houve mais de 3 mil feridos à bala e por volta de 100 pessoas mortas, entre elas as que morreram até o dia seguinte por causa dos ferimentos.

Mesmo que os operários não tenham exigido a criação de uma entidade sindical de metalúrgicos na cidade de Ipatinga, esse foi um desdobramento efetivo da greve. Agindo preventivamente, a direção da empresa e o governo criaram um sindicato, marcado pelo atrelamento à política oficial, portanto sem o mínimo de autonomia e liberdade sindicais.

A própria memória do Sindipa, tal como registrado em *Sindipa, 40 anos de história*, revela uma sequência de episódios como se eles fizessem parte de uma evolução harmoniosa: entrega da Carta Sindical em 1965, a abertura política e a redemocratização, a privatização da Usiminas e o sindicalismo cidadão. Evidentemente, não se trata de negar ou desconhecer formas de resistência entre os trabalhadores, mas estas foram tecidas apesar do Sindipa, e sempre contra o pano de fundo do massacre de 1963, que ainda merece estudos mais acurados.

As primeiras propostas de privatização da Usiminas surgiram ainda durante o governo de José Sarney, no fim dos anos 1980. Nessa década, o Sindipa exibia faixas com os dizeres "Sarney, tire as mãos das nossas estatais, patrimônio do povo brasileiro. Diga não à privatização"[4] e chegou a compor um comitê suprapartidário com outras entidades de Ipatinga e da região contra os leilões da Usiminas, da Usimec e da Acesita. O próprio presidente do Sindipa na época, Luiz Carlos Miranda, disse sobre a participação da entidade na luta pela estatal:

> Ameaças de privatização, na Usiminas, nas empresas estatais, surgiram na década de 80, E, mesmo na época do governo Sarney, já se teve ameaça. E o processo de privatização naquele momento, em 85, 86, 87... Nós tivemos várias manifestações contra o processo de privatização no Brasil. (Entrevista realizada em 23 nov. 2005, em Corrêa, 2007, p. 47)

É importante lembrar que, durante os anos 1980, o Sindipa era uma entidade filiada à CGT, que, como se sabe, tinha uma formação ideológica bastante heterogênea, comportando ao mesmo tempo a esquerda tradicional, setores vinculados ao peleguismo e uma direita embrionariamente neoliberal.

Depois da posse do presidente Fernando Collor de Mello e da desfiliação do Sindipa da CGT para filiar-se à Força Sindical, em 1991, a entidade começou a esboçar reações contraditórias em relação à desestatização da Usiminas, oscilando entre recusa da proposta privatista sob qualquer ponto de vista, críticas pontuais à maneira como a privatização era conduzida e apoio total a esta. Em um momento de forte pressão da base contra a privatização da Usiminas, o boletim *Olho Vivo*, em abril de 1990 (quando o Sindipa ainda era filiado à CGT), dizia que "a privatização das estatais nos moldes propostos pelo presidente Collor de Mello é um golpe contra o povo brasileiro" e condenava a venda "indiscriminada" de estatais. Já em agosto de 1991, quando o Sindipa já estava filiado à Força Sindical, o boletim afirmava que a entidade e os trabalhadores da usina não queriam "a privatização da Usiminas, nem do jeito que quer o governo, nem de jeito nenhum". Pouco tempo depois, o Sindipa se aliaria à direção da Usiminas e ao governo Collor e passaria a defender, pelo menos, uma participação acionária dos trabalhadores.

Ainda que a eficiência produtiva da Usiminas não se encaixasse no rol de justificativas do governo para realizar a privatização, ela foi escolhida pela gestão Collor para ser a primeira estatal a ir a leilão. Devemos lembrar que, nesse período, a Usiminas era a sétima maior empresa do país, empregava mais de 13,5 mil trabalhadores e era a mais lucrativa do setor. Em 1989, registrou um lucro líquido de 239 milhões de dólares e um faturamento

---

[4] Informação obtida nos arquivos do Sindipa (artigo e foto).

superior a 2 bilhões de dólares, com uma produtividade de 382 toneladas de aço bruto por homem ao ano, superando de longe a média nacional[5].

Alguns setores organizados da sociedade ipatinguense e mesmo do país esboçaram manifestações de crítica à privatização da Usiminas. Sindicatos, personalidades da vida política em geral, parlamentares, estudantes, entidades da sociedade civil e uma parcela importante da Igreja Católica manifestaram-se contra a venda e exigiram da direção do Sindipa um posicionamento firme, no sentido de combater a desnacionalização. Manifestações importantes e volumosas em Ipatinga, em Belo Horizonte e no Rio de Janeiro forçaram o governo a adiar várias vezes a data do leilão, mas não conseguiram impedir a venda, consumada em 24 de outubro de 1991 por 1,8 bilhão de dólares, um sexto do que realmente valia, ou seja, valor irrisório para uma siderúrgica do porte da Usiminas, que, segundo especialistas, lucraria essa quantia em poucos meses de funcionamento. Além do mais, a maior parte do dinheiro usado na compra da estatal veio das chamadas "moedas podres" (boa parte emprestada e financiada pelo BNDES), representando, só em títulos da dívida agrária (TDA), cerca de 300 milhões de dólares.

Sobre a posição do Sindipa em relação à privatização, sabe-se que, apesar da oscilação (primeiro radicalmente contrário e depois a favor, mediante condições) e das divergências, inclusive na diretoria, o sindicato acabou apoiando-a no momento decisivo, mantendo-se em consonância com a orientação da central a que era filiado e, no limite, mesmo que por *vias oblíquas*[6], com a ideologia neoliberal.

Mas como, na prática, o sindicato ajudou na privatização?

A respeito das práticas participacionistas de sindicatos filiados à Força Sindical durante a privatização de estatais, Boito Jr. diz que elas ocorreram em dois planos. No primeiro, os sindicatos combatiam a oposição cutista à desestatização das empresas, taxando-a de "estatista" e "retrógrada" em comparação com a "modernidade" trazida pelos arautos da Força Sindical, e valiam-se de sua condição oficial para negociar com o governo e minar a luta da CUT. No segundo plano, negociavam com a direção das empresas que seriam privatizadas o montante de ações reservado aos trabalhadores, "o preço dessas ações e o financiamento a juros subsidiados para a sua compra" (Boito Jr., 1999, p. 187-8).

No caso da Usiminas, parte das ações foi doada aos funcionários: a direção da empresa concedeu aumento salarial de até 5% aos funcionários que adquirissem ações ordinárias, de modo que pudessem cobrir a amortização do financiamento das ações, feito pelo BNDES e pelo Banco de Desenvolvimento de Minas Gerais (Boito Jr., 1999, p. 188).

A partir de então, o Sindipa passou a dizer aos trabalhadores que, com o resultado da *negociação* com a empresa e com o governo (10% de ações nominais e 10% de ações extraordinárias seriam destinadas aos funcionários da usina), os trabalhadores seriam um dos donos da Usiminas. É o que se vê no discurso de Luiz Carlos Miranda:

> Aqui, em Ipatinga, os empregados da Usiminas [...] de 1962 até 1992, nenhum trabalhador tinha participação direta nos resultados da empresa. Então [eles] eram os donos da

---

[5] Informações obtidas nos arquivos do Sindipa (boletins, matérias de jornal e artigos de especialistas), enviadas à direção do sindicato por ocasião de seu apoio à privatização.
[6] A expressão é de Paranhos (1999).

empresa, donos falsos, por que a empresa era utilizada [pelo governo] para captar recursos no mercado internacional, endividar a empresa, endividar o país, e hoje, na prática, *nós podemos levar* [vantagem] com a participação de trabalhadores na direção da empresa, com a participação dos trabalhadores nos resultados da empresa. Hoje eu acho que o trabalhador [...] é verdadeiro dono da empresa. Um dos donos. (Entrevista realizada em 23 nov. 2005, em Corrêa, 2007)

Nota-se, no discurso oficial do sindicato, a utilização de um recurso ideológico para cooptar "os corações e as mentes" dos trabalhadores em favor de um projeto político e societal que não seria interessante para eles, já que, com a transferência da estatal para as mãos da iniciativa privada, as transformações no processo produtivo provavelmente causariam desemprego, precarizações, terceirizações e outros efeitos perniciosos (aos trabalhadores).

Refém do imediatismo, o participacionismo sindical abdica de se articular a qualquer iniciativa de superação do regime de trabalho assalariado. O horizonte máximo possível às classes trabalhadoras é o de uma remuneração compatível com o real valor de troca da força de trabalho e, se possível, de algum nível de participação no valor de troca que essa mesma força de trabalho produz e cuja parcela excedente lhe é expropriada.

Assim podemos afirmar que, por mais que a doutrina neoliberal refute no plano da retórica qualquer forma de organização de trabalhadores que represente um monopólio de representação, práticas sindicais como a do Sindicato dos Metalúrgicos de Ipatinga, principalmente durante a privatização da Usiminas, tornam-se funcionais e eficientes para sua penetração e solidificação entre as classes populares, "desde que [...] a regressão de direitos e a supressão de qualquer barreira legal (Estado) ou política (sindicatos) que inviabilize a intensificação da exploração da força de trabalho seja garantida" (Trópia, 2004, p. 20).

Mesmo não tendo um compromisso teórico e doutrinário plenamente consequente com o neoliberalismo, o Sindipa e a central representada por ele tornaram-se parceiros do capital ao incentivar os trabalhadores a se envolverem individualmente nos projetos da Usiminas e, portanto, na lógica do capital. Isso, por fim, intensificou o processo de reprodução das relações sociais de dominação na sociedade do trabalho estranhado e fetichizado, fazendo as classes dominadas colaborarem com a institucionalização da hegemonia burguesa na sociedade e minando qualquer forma de organização sindical de perspectiva classista.

Em 2005, quatorze anos após a privatização da Usiminas, o presidente do Sindipa, Luiz Carlos Miranda, ainda apresentou uma avaliação segundo a qual, "sob a iniciativa privada, mais do que nunca, a empresa pertence ao trabalhador metalúrgico. Depois da privatização, em 1991, os empregados se tornaram verdadeiros parceiros da siderúrgica"(entrevista realizada em 23 nov. 2005, em Corrêa, 2007).

Mas o que indicam os dados sobre o período seguinte à privatização da Usiminas? Entre novembro de 1995 e junho de 2001, o Sindipa teve uma diretoria que rompeu com o padrão de alinhamento automático com a política da empresa Usiminas. Esse foi praticamente o único momento em que, após 1963, o sindicato conheceu uma orientação mais combativa e que, para o que é o foco deste trabalho, deixou registros sobre as críticas da base operária às condições de vida e trabalho após a privatização da usina.

Tabela 3: Evolução do patrimônio e do lucro líquidos da Usiminas após a privatização

Período	Patrimônio líquido (em reais)	Lucro líquido (em dólares)
Outubro de 1991 (data da privatização)	1,2 bilhão	64 milhões
1994	2,5 bilhões	345 milhões
1995	2,7 bilhões	336 milhões

Fonte: balanços da Usiminas. Todos os dados deste ponto em diante têm como fonte os informativos do Sindipa entre novembro de 1995 e junho de 2001.

O lucro líquido quintuplicou nos anos seguintes à privatização. Ao mesmo tempo, a Usiminas comprou significativa participação acionária de várias empresas, como Sibra, Fasal, Rio Negro, Ferro Ligas, Brasinca, Cosipa, Krupp e MRS Logística. Enquanto ocorria esse movimento de valorização do capital e de incorporações (modalidade central na estratégia de concentração de capital), os trabalhadores viviam sob uma política de acúmulo de funções, intensificada pela redução do número de operários, como revela a próxima tabela.

Tabela 4: Evolução do efetivo de trabalhadores na Usiminas

Mês/ano	Número de trabalhadores
Outubro/1991 (estatal)	13.500
Dezembro/1991 (privada)	12.480
Dezembro/1995 (privada)	9.890
Outubro/1996 (privada)	9.281

Fonte: Corrêa (2007).

As perdas acumuladas para todos os trabalhadores, após a privatização, foram estas:
- Redução do poder aquisitivo dos salários. No período de novembro de 1993 a outubro de 1994, a diferença entre a inflação (330,45%) e o reajuste concedido (214,25%) foi de 37%.
- O reembolso de despesas médicas para os salários menores foi reduzido de 75% para 50% a partir do primeiro semestre de 1996.
- Todos os benefícios dos novatos foram extintos. Esses benefícios se referem a dois períodos de admissão. Os admitidos a partir de janeiro de 1994 perderam o adicional noturno complementar, a gratificação por retorno de férias e a gratificação extraordinária (ou "girafão", em alusão ao prolongamento do número de salários pagos por ano). Os admitidos a partir de janeiro de 1995 perderam o anuênio, a assiduidade (prêmio equivalente a sessenta horas de trabalho) e a licença-prêmio aos dez, vinte e trinta anos de serviço.

Em 1995, a Usiminas apresentou a mais baixa relação entre remuneração do trabalho e faturamento: 15,15% (o faturamento foi de 2,1 bilhões de reais e a remuneração do trabalho chegou a 319 milhões de reais). A privatização se desdobrou na Usiminas em redução de postos de trabalho, intensificação da jornada de trabalho, achatamento salarial e rotatividade da força de trabalho, tudo isso como estratégia para o incremento das taxas de lucro e de extração do mais-valor. Como essa ofensiva ocorreu num quadro de dificuldade para a organização dos trabalhadores, em razão da trajetória do Sindipa, até mesmo o trabalho de pesquisa é dificultado. No entanto, é possível concluir, pela pesquisa de campo que fizemos, que houve uma precarização das condições de trabalho, bem como uma importante desarticulação da organização operária.

A partir desses dados e análises, podemos dizer que o sindicalismo participacionista corresponde a uma modalidade de *transformismo político*. Nos *Cadernos do cárcere*, Gramsci diz – em forma de apontamento, como fez em toda a sua produção nesse período – que o transformismo político inclui um processo de "absorção gradual, mas contínua, e obtida com métodos de variada eficácia, dos elementos ativos surgidos dos grupos aliados e mesmo dos adversários e que pareciam irreconciliavelmente inimigos" (Gramsci, 2002, v. 5, p. 63), como parte de uma disputa por hegemonia que antecede e prepara a própria tomada do poder, no sentido de aparelhos da sociedade política, de "ida ao poder". Gramsci chega a se referir à formação do Partido Nacionalista como exemplo da passagem de grupos radicais inteiros (ex-sindicalistas e anarquistas) para o campo moderado, quadro que, num primeiro momento, culminou com a guerra líbia e, posteriormente, com o intervencionismo.

Trata-se, a nosso ver, de uma fecunda luz para a intelecção do que aqui se apresentou, ou seja, uma incorporação molecular, por meio da qual um determinado grupo viveu um transformismo político, um conjunto de modificações moleculares "que, na realidade, modificaram progressivamente a composição anterior das forças e, portanto, transformaram-se em matriz para novas modificações" (Gramsci, 2002, v. 5, p. 317).

Parafraseando Karl Marx, podemos dizer que as privatizações não estiveram suspensas no ar. Ao contrário, além de interesses claramente vinculados à expansão da fronteira para a acumulação privada, agentes sociais importantes lhes deram sustentação, entre eles grupos de sindicalistas que legitimaram, ou tentaram legitimar, os leilões de privatização. Também podemos afirmar que segmentos da classe trabalhadora, independentemente de serem ou não lideranças ou militantes sindicais, endossaram esse processo pelas razões expostas. Nas lutas de classe presentes na sociedade civil é que podemos encontrar o fundamento dessas medidas constitutivas do neoliberalismo.

Capítulo 23

AÇÃO SINDICAL, RACISMO E CIDADANIA NO BRASIL[1]

Jair Batista da Silva

Racismo e movimento sindical

As ciências humanas, no Brasil, já possuem uma significativa tradição de estudos sobre o racismo, o preconceito e a discriminação e sua articulação com a problemática das classes sociais. Poderíamos presumir então que a forma como as entidades sindicais tratam o problema seja objeto de amplas e aprofundadas pesquisas no país. No entanto, uma leitura preliminar dos trabalhos publicados é suficiente para desfazer tal expectativa. Os textos oscilam em geral da denúncia à ausência de interesse dos sindicalistas pelo racismo, pelo preconceito e pela discriminação no mercado de trabalho e nas entidades sindicais (J. Nogueira, 1996); outros fazem queixas e reclamações contra as doenças ocupacionais que têm afetado os trabalhadores negros nas indústrias siderúrgicas (Bento, 1996); e outros ainda versam sobre a possibilidade de implantação da Convenção 111 da Organização Internacional do Trabalho (OIT) nos municípios (Silva Jr., 1996).

Cabe ressaltar, no entanto, que um conjunto diversificado de estudos tem mostrado as desigualdades no mercado e nos locais de trabalho entre brancos e negros. Por exemplo, Bento (2000) destaca que, a não ser por demonstração de intenções e manifestações contrárias à discriminação, não existem programas efetivos nos sindicatos que tenham como preocupação a discriminação e o preconceito, ou seja, o reconhecimento denegado[2]. Por isso, com raras exceções, reinam entre as lideranças sindicais o silêncio e o desconhecimento acerca dos problemas relacionados ao racismo, e estes, quando abordados, são quase sempre

---

[1] Este artigo é parte da tese de doutorado *Racismo e sindicalismo: reconhecimento, redistribuição e ação política das centrais sindicais acerca do racismo no Brasil (1983-2002)*, defendida em 2008 no Instituto de Filosofia e Ciências Humanas da Universidade Estadual de Campinas, sob orientação de Ricardo Antunes e financiada pelo CNPq.

[2] Para uma análise mais aprofundada do conceito de reconhecimento denegado, ver J. Silva (2008).

desvinculados das questões de classe. Na origem desse comportamento está a crença de que a unidade da classe trabalhadora deve ser preservada, o que implica pensar essa unidade como sinônimo de todo social, que, por sua vez, é concebido como uma totalidade homogênea. Por trás dessa concepção, porém, aparece o temor de que as particularidades e diferenças provoquem a divisão e, por conseguinte, o enfraquecimento do movimento operário.

Então o que faria os sindicatos e as centrais sindicais direcionarem o olhar para o racismo, o preconceito e as discriminações experimentadas pelos negros no mercado e nos locais de trabalho? Em primeiro lugar, a profusão de dados estatísticos que confirmam a existência de desigualdades e discriminações contra negros e mulatos; em segundo lugar, o fato de a redução do número de sindicalizados impor às lideranças sindicais a incorporação de novas demandas, como meio ambiente, saúde, gênero, cidadania, racismo, preconceito e discriminação raciais (Bento, 2000). Essas iniciativas buscam recuperar a influência e a legitimidade social do movimento sindical, duramente atingido pela reestruturação produtiva[3] capitalista que afetou os processos de trabalho e a política estatal ao adotar políticas de caráter neoliberal[4], especialmente durante a década de 1990. Assim:

> A crise de valores e de legitimidade do sindicalismo fertiliza o terreno para a discussão da diversidade e dos direitos sociais da totalidade dos trabalhadores, criando uma oportunidade para a construção e consolidação de políticas antidiscriminatórias, compreendidas como parte indissolúvel da luta pela afirmação dos direitos humanos e pela conquista da justiça social. (Bento, 2000, p. 334)

Como veremos adiante, a luta contra o reconhecimento denegado expresso pelo racismo, pelo preconceito e pela discriminação, em particular no interior da Central Única dos Trabalhadores (CUT) e, mais tarde, da Força Sindical, seguiu de modo geral o caminho da luta por direitos. Isso se deve ao fato de que os sindicatos procuraram privilegiar a associação dessa problemática com a cidadania, em detrimento da questão das classes sociais e da construção de um projeto político alternativo à ordem social existente. Nesse sentido, tanto a CUT quanto a Força Sindical circunscreveram – e circunscrevem ainda hoje – a luta contra o reconhecimento denegado à lógica da cidadania. Parece não ser outro o sentido desta concepção: "a melhor perspectiva para o movimento sindical é comprometer-se com as lutas mais amplas. As políticas sociais devem estabelecer a relação entre sindicato e cidadania" (J. Nogueira, 1996, p. 212).

Esse tipo de concepção sugere que o movimento sindical não compreendeu o caráter estratégico da relação entre discriminação e trabalho por dois motivos essenciais: primeiro,

---

[3] O processo de reestruturação capitalista afeta de modo desigual os contingentes de trabalhadores qualificados, semiqualificados e manuais, brancos e negros, homens e mulheres. De fato, sobre as mulheres em especial os efeitos têm sido mais perversos, com o predomínio do trabalho informal, em tempo parcial, em domicílio, mal pago e sem direitos trabalhistas: "Esse quadro afeta de forma direta os trabalhadores e trabalhadoras em nível mundial, considerando-se as transformações produtivas e a flexibilização das relações de trabalho. Mas também aqui é preciso considerar o enfoque de gênero, pois tais processos geram consequências diferentes para as mulheres, ampliando sua presença no mercado de trabalho informal, em domicílio e em tempo parcial. Há um grande contingente de trabalhadores no mercado informal, sem garantia dos direitos trabalhistas, cuja maioria é composta de mulheres. Em escala mundial, o que constatamos é um processo acentuado de feminização da pobreza" (CUT, 2002, p. 118).

[4] Acerca do impacto das políticas de teor neoliberal sobre a ação sindical, ver em especial as contribuições de Boito Jr. (1999 e 2002), Galvão (2002) e Trópia (2002).

por ter concebido – e ainda conceber – a constituição da classe trabalhadora a partir da vinda de imigrantes europeus[5], desconsiderando, com isso, a influência e a importância dos negros escravizados para a composição da classe trabalhadora brasileira[6]; segundo, pela distância da interpretação produzida por "certa" esquerda e a realidade da população, em especial da classe trabalhadora de origem negra (J. Nogueira, 1996). A relação entre discriminação e trabalho parece reduzir-se, pelo que se viu, à conquista da cidadania, pois é evidenciada apenas para mostrar a debilidade do "Estado de direito" no Brasil, a ignorância e a omissão do movimento sindical no combate ao racismo:

> A histórica ausência do movimento sindical no combate ao racismo atualmente vem sendo superada. No entanto, é forçoso admitir que o movimento sindical já contribuiu para a reprodução e a perpetuação das desigualdades de raça e gênero. O não reconhecimento de que a desigualdade racial constitui um problema estrutural da sociedade brasileira permitiu que o movimento viesse construindo uma cidadania fragmentada. (J. Nogueira, 1996, p. 220)[7]

Se os estudos sobre gênero mostraram que a classe trabalhadora tem dois sexos e, com isso, revelaram as várias formas de opressão que atingiam, e ainda atingem, a mulher trabalhadora[8], num processo particular de discriminação entre os trabalhadores, parece-me

---

[5] Essa concepção se difundiu não só entre os ativistas sindicais. Alguns estudos clássicos de sociologia do trabalho também concebiam desse modo a formação da classe trabalhadora brasileira. Por exemplo, para compreender mais profundamente a formação do operariado paulista, algumas pesquisas dividiram-na em duas fases (Rodrigues, 1966). A primeira, de 1900 a 1930, diz respeito ao fluxo migratório de trabalhadores estrangeiros para o trabalho nas lavouras de café. A fim de atrair esses trabalhadores, o Estado brasileiro e o capital agrário criaram casas e instituições. A motivação das elites agrárias era a crença de que a força de trabalho nacional apresentava níveis de produtividade e, portanto, de lucratividade inferiores aos dos imigrantes estrangeiros. A segunda fase, de 1930 a 1964, foi marcada pelo emprego de força de trabalho nacional, em detrimento da dos trabalhadores de origem estrangeira. A mudança se explica, primeiro, pela redução do fluxo migratório externo; segundo, pelo incremento da migração interna – por causa da estagnação das regiões econômicas baseadas na agricultura, o que provocou uma abundante oferta de trabalho, oriunda de áreas pouco desenvolvidas.

[6] Esse entendimento parece não fazer parte do universo político-ideológico das mais importantes lideranças sindicais brasileiras no período recente, ao menos é o que se depreende da passagem a seguir: "um dos principais desafios postos para a III Conferência Mundial Contra o Racismo e para a própria sociedade brasileira refere-se à imperiosa necessidade de reparar os danos materiais e morais causados pelo tráfico transatlântico e pela escravização de 4 milhões de seres humanos e de seus descendentes. O Estado brasileiro nasce sob a égide do escravismo e não há riqueza nem bens acumulados neste país que não tenham direta ou indiretamente se beneficiado do trabalho e do sangue dos africanos escravizados e seus descendentes. Não obstante, o paradoxo é que aquela parcela de nossa população que mais trabalhou para engrandecer este país seja exatamente a parcela sobre a qual recaem as piores mazelas de nossa sociedade" (CUT, Força Sindical, SDS, CGT, Inspir, 2001, p. 3).

[7] Recentemente, a CUT parece ter tomado maior consciência da nova agenda política que vem desafiando o movimento sindical no sentido de abarcar novos problemas, demandas e reivindicações: "Ao mesmo tempo, agregamos à agenda sindical o combate ao trabalho infantil, ao trabalho escravo, à discriminação racial e à luta por um Sistema Público de Emprego, com os sindicatos e a CUT atuando mais diretamente com os desempregados por meio da Central de Trabalho e Renda de Santo André, dos Laboratórios de Desenvolvimento Sustentados e Solidários da CNM/SNM/CUT, e atuando também nos setores mais marginalizados da sociedade brasileira por meio da Agência de Desenvolvimento Solidário. Nossa mobilização contra o trabalho infantil e o trabalho escravo, como a Marcha Mundial contra o Trabalho Infantil e a Marcha Zumbi dos Palmares, conseguiu pautar a agenda governamental e obrigá-lo a algumas ações concretas. Avançamos também na inserção da questão de gênero no cotidiano dos sindicatos e demais instâncias da Central" (CUT, 2000, p. 25).

[8] De fato, a organização política das mulheres no interior da CUT é um dos primeiros e mais evidentes sinais da desconfiança dos ativistas sindicais acerca do tradicional entendimento da classe trabalhadora como conjunto homogêneo, cujo desdobramento é uniformizar o tipo de opressão e não reconhecimento experimentado pelo indivíduo em seu cotidiano: "Divisão sexual do trabalho e relações sociais de gênero: A trajetória da organização das

igualmente importante destacar que a classe trabalhadora é composta de negros, brancos, descendentes de asiáticos, italianos, portugueses, poloneses etc. e conferir relevo às matrizes culturais diversas que se combinaram para formar a sociedade brasileira. Nesse sentido, o objetivo que temos em mira aqui é mostrar como as diversas clivagens presentes na classe trabalhadora podem contribuir para ampliar o universo de interlocução do movimento sindical – e não fragmentar e, portanto, enfraquecer a luta dos trabalhadores. Além disso, as clivagens de gênero, étnicas e de geração[9] podem contribuir para entendermos as várias formas de configuração da classe trabalhadora no mundo contemporâneo e como, a partir delas, é possível ou não criar práticas políticas alternativas para enfrentar de forma renovada a problemática das classes sociais, incorporando a essas demandas as lutas identitárias ou por reconhecimento.

Ademais, os estudos da sociologia do trabalho têm dado pouca atenção às lutas contra o racismo e o preconceito e a discriminação raciais no interior do sindicalismo brasileiro.

Racismo e cidadania: o debate no interior da CUT

Pretendemos mostrar, após recapitular brevemente o processo de formação da Central Única dos Trabalhadores, como a luta contra o reconhecimento denegado, manifesto pelo racismo, pelo preconceito, pela discriminação e pela desigualdade, assumiu, no interior da principal central sindical brasileira, um caráter eminentemente retórico[10], sobretudo durante a década de 1980. Em outros termos, mostraremos como a luta contra o reconhecimento denegado adquiriu feição marcadamente genérica.

Por caráter retórico compreendemos o comportamento político que preconiza a rejeição, muitas vezes veemente, de determinada situação de opressão social, mas não se transforma em prática política efetiva para combatê-la e superá-la. A fim de tornar isso evidente, utilizamos as resoluções de congressos e plenárias, documentos, textos etc. produzidos pela CUT.

Durante a década de 1990, houve uma significativa mudança, como veremos a seguir, no comportamento político da central em relação ao racismo[11]. Nesse período,

---

mulheres nos movimentos sociais aponta como elemento importante a noção de divisão sexual do trabalho, o que permite perceber a construção social dos papéis exercidos pela mulher no espaço dito 'natural' – a família – e cujos traços têm determinado a desigualdade da mulher na sociedade. Essa noção possibilita compreender melhor a forma como se dá a exclusão da mulher no mercado de trabalho, dado o reconhecimento do fardo de acumular o papel de trabalhadora responsável pela reprodução da força de trabalho – como tarefa principal – e a responsabilidade pesada, porém invisível e não reconhecida, do trabalho doméstico" (CUT, 2002, p. 112).

[9] Gramsci, ao analisar o aumento da média de vida na França, destaca estes elementos: "as velhas gerações vão estabelecendo uma relação cada vez mais anormal com as jovens gerações da mesma cultura nacional, e as massas trabalhadoras acusam uma presença cada vez maior de imigrantes estrangeiros que modificam a sua base. Verifica-se já, como na América, certa divisão do trabalho (ofícios qualificados para os nativos, além das funções de direção e organização; ofícios não qualificados para os imigrados)" (Gramsci, 1989, p. 391).

[10] Entendemos, a partir da leitura detalhada da documentação, que foi esse o comportamento político da CUT no período, um comportamento bem distinto daquele que ela adotará ao longo da década de 1990 em relação ao reconhecimento denegado expresso pelo racismo, pelo preconceito e pela discriminação. Entretanto, não desconsideramos o caráter político que uma atitude retórica engendra.

[11] Esse movimento não se limitou ao universo da CUT: "Com maior dimensionamento da questão racial dentro dos limites dos partidos, que abrigavam uma atividade cada vez maior dos militantes afro-brasileiros, surgiu um fenômeno marcante no início da década de 1990: a crescente articulação do movimento negro com setores do sindicalismo ligados aos partidos, estreitando os laços e superando o antigo discurso que decretava a luta contra o racismo como fator de divisão do proletariado" (Nascimento e Nascimento, 2000, p. 227).

ela abriu espaço relevante em suas estruturas e iniciativas políticas à problemática racial. Criou uma comissão nacional em sua estrutura para tratar do tema, publicou resoluções em congressos e formou, juntamente com outras centrais, o Instituto Sindical Interamericano pela Igualdade Racial (Inspir). Portanto, é possível afirmar que a CUT transformou de modo significativo sua cultura política em relação ao racismo no Brasil. Todavia, tal transformação realizou-se com a paulatina aproximação dessa problemática à luta pela conquista da cidadania plena. Nesse sentido, a luta contra o reconhecimento denegado trocou a feição e atuação genéricas pela configuração diferencialista e pela prática efetiva.

Esse caminho nos permitirá traçar um quadro abrangente sobre a ação da CUT em relação à problemática racial no período a partir do seguinte questionamento: qual era a posição da central sobre o racismo na década de 1980? Ao longo da década de 1990, há uma significativa transformação da ação da CUT referente ao problema racial. Aqui as perguntas que aparecem de imediato são as seguintes: qual é o sentido político dessa mudança? Que papel o racismo, o preconceito e a discriminação passam a assumir na central nesse período? Para tentar responder a esse conjunto de indagações, partimos da hipótese de que a central encaminhou o problema racial dentro da entidade sobretudo como afirmação da cidadania plena. Se esse processo de mudança permitiu que ela alcançasse legitimidade aos olhos do movimento negro em geral e dos sindicalistas negros em particular, ele limitou ao mesmo tempo a potencialidade explosiva da relação entre racismo e classe (Florestan Fernandes, 1989)[12].

No que se refere ao racismo, ao preconceito e à discriminação raciais, os documentos consultados apenas nos deixam inferir que tal problema fazia parte de genéricas preocupações das lideranças sindicais do período, como se pode perceber nesta passagem: "a prática efetiva dos direitos civis e políticos das liberdades democráticas sem nenhuma discriminação" (CUT, 1981, p. 3). Esse tipo de tomada de posição parece confirmar nossa hipótese inicial sobre o caráter retórico da abordagem do reconhecimento denegado, sobre o racismo no sindicalismo de orientação cutista no período estudado, já que não foi aprovada nenhuma ação efetiva da CUT a respeito dessa problemática. No entanto, no que tange à discriminação, é possível observar um avanço em relação à resolução anterior, como demonstra a seguinte afirmação: "Contra todo tipo de discriminação do negro, da mulher e das minorias" (CUT, 1983, p. 10)[13]. Pela clareza em relação aos grupos que eram alvo de práticas discriminatórias (os negros, as mulheres e as minorias), essa afirmação representa um avanço em relação a todas as outras resoluções da década, mas carece de uma plataforma política e de mecanismos de concretização para tornar efetivo semelhante tipo de luta.

No I Congresso da CUT, a questão da discriminação não sofre alterações significativas quanto à forma adotada até aquele momento pelos segmentos que se agruparam para fundá-la: "Contra todo e qualquer tipo de discriminação contra os negros, as mulheres e

---

[12] Em relação à problemática de que estamos tratando, cabe mencionar o trabalho de Cruz (2000) a respeito da contribuição das tradições negras para a formação de um sindicato no Rio de Janeiro na primeira década do século XX. É importante sublinhar também as investigações de Bento (2000).

[13] Mesmo apresentando certo avanço, esse documento não deixa de conter expressões que se referem aos negros de forma estereotipada e estigmatizante: "Denunciar através de fotos e textos os parlamentares que traíram a classe trabalhadora, colocando numa *lista negra* todos os parlamentares ausentes no decurso de prazo ou votação do Decreto 2045, para ser amplamente divulgada" (CUT, 1983, p. 11, grifos meus).

as minorias" (CUT, 1984b, p. 22), ou ainda: "Fim do preconceito racial contra os índios, reconhecendo-lhes o direito de autodeterminar-se como povo" (CUT, 1984b, p. 27)[14]. Exceto pela referência ao preconceito e à discriminação contra os índios, a resolução praticamente repete a declaração formulada no I Congresso Nacional da Classe Trabalhadora, em 1983. Todavia, no segundo congresso da central, quando seria de esperar um aprofundamento da discussão e um avanço das formulações cutistas – expectativa de aprofundamento necessário para superar o comportamento meramente retórico –, percebe-se uma tensão que pode ser lida também como uma constatação, precisamente porque parece conceber a cor de modo racializado (Guimarães, 2002 e 2005; Florestan Fernandes, 1978).

Em relação ao reconhecimento denegado manifesto pelo racismo, pela discriminação e pelo preconceito, a CUT não superou a ação retórica meramente denunciadora e genérica, ao exigir apenas do governo federal o rompimento com os governos chileno e sul-africano[15] ou o fim das relações com as centrais sindicais consideradas racistas. Não é mencionada a adoção de nenhuma medida, campanha, luta ou ação que tenha como centro o reconhecimento denegado no interior da própria CUT, por exemplo: não há estímulo à militância dos trabalhadores negros nem questionamento do lugar ocupado por esses sindicalistas no interior da central. No fim da década de 1980, mais precisamente em 1988, por ocasião do III Congresso Nacional da CUT[16], é possível perceber uma maior preocupação com o racismo, o preconceito e a discriminação devida à constatação de que se deve estimular a militância sindical do trabalhador negro. Todavia, não são estabelecidas metas, iniciativas e formas concretas de luta para que essa resolução se transforme em prática política no interior da central, o que parece ficar evidente nesta passagem:

> Lutar contra as discriminações
> Há ainda que afirmar que a concepção sindical da CUT deve também significar a valorização e o estímulo à militância sindical da mulher, *dos trabalhadores negros* e demais grupos sociais discriminados pelas relações sociais estabelecidas e pela ideologia dominante. A luta pela emancipação dos trabalhadores tem que se realizar de uma forma ampla, onde o combate implacável contra todas as formas de discriminação e opressão será sempre um princípio e uma prática concreta e fundamental na CUT. (CUT, 1988, p. 35; grifos meus)

Ainda assim, é possível verificar nesse congresso uma conduta ou um comportamento político recorrente em relação ao reconhecimento denegado expresso pelo racismo, conduta essa que se reproduz para além dos congressos e plenárias da entidade – quando analisamos como uma entidade ou um movimento enfrenta esse problema ao longo dos anos. Isso nos permite constatar que a veemência, a exigência ou a ação mais radicalizada em relação a entidades estrangeiras ou governos convivem sem grandes atritos com o relativo silêncio na implantação de mecanismos internos à CUT que promovessem, de fato, a luta contra o racismo:

> o repúdio ao regime racista da África do Sul e a todas as formas de discriminação racial. A CUT participará ativamente de toda luta que objetive o rompimento das relações diplomáticas

---

[14] A esse congresso compareceram 5.222 delegados sindicais, representando 937 entidades (CUT, 1984).
[15] "A CUT repudia o regime racista do governo da África do Sul e se compromete a divulgar e participar diretamente de todas as iniciativas de solidariedade à luta contra o 'apartheid'" (CUT, 1986, p. 35).
[16] Compareceram a esse congresso 6.244 delegados sindicais, representando 1.157 entidades (CUT, 1988).

em relação àquele país, renovando essa exigência ao governo brasileiro. A CUT procurará estreitar os laços de solidariedade com a Cosatu e a Nactu, centrais sindicais dos trabalhadores sul-africanos. (CUT, 1988, p. 40)

É possível ainda encontrar avanços em relação a problemas importantes, especialmente aqueles relacionados à mulher. A discriminação da mulher assume caráter mais concreto à medida que se percebem as diversas formas de opressão a que são submetidas. Isso é particularmente evidente quando se considera a discriminação que as mulheres negras sofrem em seu cotidiano de trabalho, ou seja, no conjunto de discriminações que afeta as mulheres deve-se acentuar a discriminação, o preconceito e a desigualdade a que a mulher negra está submetida:

> A discriminação tem significado salários mais baixos pelo mesmo tipo de tarefa, imposição de limitações às funções e atividades, submissão à dupla jornada de trabalho, além de formas de opressão social e cultural. As mulheres dificilmente chegam a cargos de direção, sofrem humilhações e chantagem sexuais pelas chefias e pelos patrões. A ausência de creches adequadas e em número suficiente não permite condições de trabalho para as mães. *A CUT desenvolverá uma luta contra todas as formas de discriminação da mulher no trabalho e na sociedade: salário desigual para mesma função, discriminações às trabalhadoras grávidas e casadas e à mulher negra*, dupla jornada de trabalho, limitações ao acesso a cargos e à profissionalização no trabalho, exigência de teste de gravidez para admissão ao emprego. (CUT, 1988, p. 52-3; grifos meus)

Uma questão apresenta-se de imediato aqui: por que a CUT adotou um comportamento meramente retórico e genérico, como afirmamos, em relação ao racismo, ao preconceito e à discriminação? Primeiro, pela necessidade de dar respostas a lutas imediatas, como a recuperação do poder de compra dos salários, corroído pela inflação, o aumento do custo de vida para a classe trabalhadora, a ampliação do desemprego, a luta contra a recessão, a necessidade de organização das estruturas internas à CUT, o combate à estrutura sindical, a campanha das Diretas Já, a Constituinte de 1988 etc. Todas, de fato, foram lutas imediatas importantes nas esferas políticas e econômicas, que necessitavam de amplos recursos e esforços das lideranças cutistas, porém conduziram à marginalização das outras formas de opressão vividas pelos trabalhadores. No entanto, nessa mesma conjuntura política, a CUT não só estimulou, como criou mecanismos políticos para incorporar a questão de gênero em suas lutas, por exemplo, promovendo a campanha Creche Para Todos, após realizar um diagnóstico da situação de discriminação da mulher trabalhadora (CUT, 1986).

Isso nos leva à segunda razão da conduta discursiva ou retórica da CUT em relação ao racismo, ao preconceito e à discriminação contra os negros. Referimo-nos à organização do movimento negro dentro da CUT, ou melhor, à debilidade organizativa dos sindicalistas negros para transformar a problemática racial no interior da CUT numa luta que deveria ser prioridade em todas as suas instâncias. Em comparação com a luta contra a discriminação de gênenro, parece que as mulheres estavam, de fato, mais organizadas dentro da CUT, daí a existência de resoluções de congressos e plenárias que dizem respeito à discriminação da mulher trabalhadora e, mais importante, a realização de lutas específicas contra esse tipo de discriminação. Assim, a falta de resoluções acerca do racismo, do preconceito e da discriminação raciais pode ser lida como um sinal de fraqueza organizativa dos negros sindicalistas no interior da CUT durante a década de 1980. Também é possível que as lideranças negras, percebendo a parca receptividade da central às demandas referentes ao racismo contra o(a)s trabalhador(a)s negro(a)s, possam ter se recolhido e procurado outros espaços de ação política, como o movimento negro ou os partidos.

A terceira razão, na verdade hipotética, refere-se à origem social da militância de esquerda em geral e da militância cutista em particular. A CUT parece ter recrutado suas lideranças em setores de classe média da população, que, como se sabe, apresentavam, e ainda hoje apresentam, presença diminuta de negros. Além do mais, na medida em que o racismo, o preconceito e a discriminação não são problemas para os portadores desse *status*, majoritariamente brancos, pouco ou insensíveis a tais problemas, é de se supor que a demanda não tenha encontrado ressonância no interior da central. É óbvio que esse argumento tende a abrandar ou reduzir a importância da explicação que realça a formação ideológica da esquerda tradicional, refratária às distinções internas (gênero, raça, geração) que, supostamente, poderiam conduzir à divisão da classe trabalhadora e, por conseguinte, enfraquecê-la. Sem desconsiderar esse dado, é possível que a origem social das lideranças cutistas seja o ponto de partida para desvendar a conduta meramente retórica e genérica da central em relação à questão do racismo, do preconceito e da discriminação durante os anos 1980.

Contudo, o cenário político da década de 1990, com a emergência e a consolidação de governos neoliberais (Fernando Collor de Mello, Itamar Franco e Fernando Henrique Cardoso), levou a mudanças significativas na abordagem da problemática do racismo pela CUT. Em um momento histórico marcado pelas altíssimas taxas de desemprego e pelo aumento da informalidade e da precariedade do trabalho (expresso pelo crescimento do emprego sem carteira assinada), o aprofundamento das transformações promovidas pela reestruturação produtiva e a queda dos regimes socialistas do Leste Europeu compõem o contexto no qual a CUT vai atuar e refazer sua prática política relativa ao racismo, ao preconceito e à discriminação contra o(a)s trabalhador(a)s negro(a)s nos anos 1990.

Assim, em 1991, no IV Congresso da CUT, as resoluções acerca do racismo ainda estavam marcadas pelo comportamento meramente retórico, como se pode verificar nesta passagem:

> Enfrentar os novos desafios colocados para o movimento sindical, priorizando as lutas pelo controle da introdução de novas tecnologias, contra a discriminação da mulher e do trabalhador negro, pela proteção do aposentado e do jovem trabalhador, e pela defesa do meio ambiente. (CUT, 1991, p. 37)

No entanto, já começa a aparecer uma nova conduta em relação ao reconhecimento denegado. Precisamente porque se propõe a criação de uma instância para apurar discriminações que venham a acontecer no interior da central: "criação pela CUT de uma instância que apure as denúncias de discriminações de todos os tipos no interior das instâncias da central (racial, religiosa, opção sexual e particularmente as que se referem às mulheres)" (CUT, 1991, p. 68).

Nesse sentido, o comportamento anterior começa a ser superado e uma nova atitude, marcada pela adoção de iniciativas políticas e institucionais, parece surgir e iniciar outra fase na oposição à discriminação e ao preconceito. Obviamente, essa iniciativa ainda carece de estruturação orgânica, ou seja, de diagnóstico, de plano de ação, de instrumentos de mobilização, de articulações políticas, de conteúdo programático etc.

O ano de 1992 foi particularmente marcante para a luta contra o racismo na CUT. Em primeiro lugar, porque em novembro desse ano a central criou a Comissão Nacional de Luta contra a Discriminação Racial (CNDR). Em segundo lugar, porque no mesmo mês ela levou ao conhecimento da Organização Internacional do Trabalho (OIT), em denúncia formal baseada em dados coligidos pelo Centro de Estudos das Relações do Trabalho e Desigualdades (Ceert) e pela Universidade de São Paulo (USP)[17], o descumprimento da Convenção 111[18], da qual o Brasil é signatário. Essa convenção trata da discriminação[19] no trabalho e do "dever de promover a igualdade, *através de uma política nacional* que elimine toda e qualquer forma de discriminação" (Silva Jr., 1996, p. 225; grifos meus). No ano seguinte, em 1993, foi realizado o seminário nacional "O papel da CUT no combate ao racismo".

Esse conjunto de iniciativas nos permite afirmar que a CUT supera o comportamento político anterior. Tal mudança de atitude vem acompanhada de um diagnóstico mais aprofundado sobre a condição social do(a) trabalhador(a) negro(a).

Nesse sentido, as lideranças cutistas tinham clareza a respeito do fato de que a luta contra a discriminação, o preconceito e o racismo seria travada não só na sociedade, mas também no interior da própria central e nos sindicatos filiados, tanto é que propõem um questionamento desconcertante, que aparece também no diagnóstico de Rodrigues (1990), referente ao III Congresso da CUT: "uma pergunta interessante a ser respondida pelos dirigentes refere-se, por exemplo, ao número de negros que integram a direção nacional da central ou à presença ou à ausência de funcionários negros e as funções ocupadas por eles nas estruturas sindicais" (CUT, 1994, p. 133).

Esse questionamento é tanto mais interessante quando consideramos que, até aquela ocasião, a CUT não tinha feito um diagnóstico interno para verificar o lugar ocupado pelo sindicalista negro em sua estrutura. E, sobretudo, o presidente da CUT, Vicente Paula da Silva, o Vicentinho, era um sindicalista negro. Isso permitiria verificar se a eleição de Vicentinho tinha sido resultado de uma ação orgânica de uma política de estímulo à militância dos negros sindicalistas ou apenas do embate entre tendências, já que ele era líder da corrente hegemônica dentro da central, a Articulação Sindical. Por isso, não é fora

---

[17] "Um dado interessante é que, a partir do seminário realizado no Estado de Santa Catarina, em maio de 1992, definiu-se que um relatório elaborado pelo Ceert sobre as desigualdades raciais no trabalho deveria ser enviado à OIT como forma de denúncia do racismo e da não observância da Convenção 111. O referido relatório foi assumido pela executiva da CUT e enviado à OIT em novembro de 1992. Em março de 1993, a comissão de peritos da OIT julgou procedente a denúncia, remetendo-a à Comissão de Aplicação de Normas, a qual, por sua vez, apreciou a denúncia durante a Conferência Mundial da OIT, realizada em maio do ano passado [1993]. Nessa mesma conferência, os representantes dos trabalhadores, dos empregadores e do governo reconheceram a existência do problema e manifestaram a necessidade de políticas públicas antidiscriminatórias. Além do mais, em resposta à denúncia, o representante do governo anunciou a criação de uma 'Câmara sobre as Discriminações', vinculada ao Conselho Nacional do Trabalho" (CUT, 1994, p. 136-7).

[18] Essa situação não se alterou substancialmente, pois "lá se vão sete anos desde que encaminhamos à OIT – Organização Internacional do Trabalho – uma reclamação formal denunciando o descumprimento da Convenção 111. Em resposta, grupos de trabalho foram criados e o governo fez promessas, seminários e mais promessas" (Inspir/Ceert/Dieese, 1998, p. 2).

[19] Ainda de acordo com Silva Jr., a Convenção 111 da OIT define o que se entende por discriminação: "é toda distinção, exclusão ou preferência, com base em raça, cor, sexo, religião, opinião política, nacionalidade ou origem social, que tenha efeito de anular a igualdade de oportunidade ou de tratamento em emprego ou profissão" (Silva Jr., 1996, p. 225).

de propósito a crítica da CNDR à CUT, na medida em que esta veiculava uma imagem da classe trabalhadora contrária à pluralidade e à diversidade apontadas anteriormente: a representação hegemônica dos trabalhadores, inclusive no interior da Central, informava que eles eram homens, brancos e adultos.

> Um olhar nos tipos humanos estampados nos cartazes e nas peças publicitárias da campanha mencionada denuncia: eram todos branquinhos, arianos mesmo, revelando que o sindicalismo contemporâneo faz eco ao discurso do "trabalhador sem traço de cor" dos anarquistas. Na prática, o biótipo de trabalhador presente no imaginário cutista tem, sim, um traço de cor: é branco, homem e adulto. (CUT, 1994, p. 126)[20]

Houve, no entanto, um avanço importante nesse IV Congresso da CUT em relação à abordagem do racismo no interior da central, pois aprovada uma resolução que previa punição para atos de racismo praticados pelas lideranças sindicais:

> A CUT deve criar mecanismos em seu estatuto prevendo sanções aos dirigentes sindicais que desenvolvam práticas racistas, iniciando essa discussão a partir da VII Plenária Nacional, culminando com uma resolução no próximo congresso nacional, sendo que durante esse período os casos que acontecerem nos sindicatos, desde que denunciados, sejam acompanhados por um membro da Comissão contra a Discriminação Racial, junto com a Executiva Nacional da CUT, para as providências cabíveis. (CUT, 1994, p. 117)

É óbvio que essa iniciativa fazia parte da luta interna contra a idealização da ação sindical, supostamente imune às práticas racistas, discriminatórias e preconceituosas, presentes na sociedade brasileira, mas não reproduzida nem praticada no interior da central:

> Nessa perspectiva, importa destacar que, no nosso entendimento, a questão da discriminação racial não é somente algo exterior à central, localizado no plano da sociedade – tomada de forma abstrata –, mas algo presente no interior dos sindicatos e da Central Única dos Trabalhadores, como de resto em toda a sociedade brasileira. *Uma pergunta interessante a ser respondida pelos dirigentes refere-se, por exemplo, ao número de negros que integram a direção nacional da Central ou à presença ou à ausência de funcionários negros e às funções ocupadas por eles nas estruturas sindicais. Desse modo, repudiamos a armadilha contida no discurso de alguns dirigentes que tenta remeter a atenção dos sindicalistas antirracistas para uma discriminação presente na sociedade, "exterior aos sindicatos e à prática sindical", como se a ação sindical estivesse imune à ideologia racial dominante, e o sindicato, enquanto instrumento de representação do conjunto dos trabalhadores, estivesse desobrigado de incorporar a luta contra a discriminação que atinge metade da força de trabalho.* Por esse ângulo, o sentido de uma política antirracista consiste em instrumentalizar

---

[20] Não deixa de ser significativo que uma comissão interna da CUT tenha associado a ideia de pluralidade da classe trabalhadora ao combate ao racismo no Brasil, cujo eixo político é a construção de identidade e interesses que digam respeito a todos, sem, contudo, desconsiderar a diferença, a particularidade: "importa destacar que para nós, da Comissão Nacional de Luta contra a Discriminação Racial, o equacionamento da problemática racial é condição básica para a construção de um projeto plural da classe trabalhadora, que respeite a identidade e os interesses comuns, ao mesmo tempo que assegure espaço para as particularidades dos diferentes segmentos que a compõem. Sem isso, as palavras democracia, justiça e cidadania continuarão a ter pouco significado para a maioria do povo brasileiro" (CUT, 1994, p. 139-40).

e qualificar os sindicatos para uma ação planejada, capaz de construir e consolidar políticas antidiscriminatórias efetivas, assumidas organicamente pelas organizações sindicais. Entretanto, é óbvio que, num país de altas taxas de desemprego, de inflação e de recessão econômica, a luta contra a discriminação racial não pode e não deve estar desvinculada do debate global sobre as alternativas de desenvolvimento para o país. (CUT, 1994, p. 133; grifos meus)

No plano da ação política de combate à discriminação, a orientação geral segue a hipótese já apresentada. Pela documentação consultada, podemos dizer que a CUT parece ter orientado sua ação para fazer valer as promessas do Estado de direito: "formular e propor através da central políticas concretas de superação do racismo na sociedade brasileira, especialmente nas relações de trabalho, no sentido da criação de igualdade de oportunidade e de tratamento e da promoção dos direitos da cidadania" (CUT, 1994, p. 139).

Aprofundando as resoluções do V Congresso da CUT, a VII Plenária Nacional (chamada Zumbi dos Palmares) aprovou em seu plano de lutas a realização de um dia nacional de combate ao racismo, ao preconceito e à discriminação dos trabalhadores negros como parte da comemoração de 20 de novembro, dia nacional da consciência negra. Na plenária deliberou-se ainda: "organizar e participar ativamente, junto com o movimento negro, igrejas, da Marcha a Brasília, em 20 de novembro, como comemoração aos 300 anos da imortalidade de Zumbi, por igualdade no mercado de trabalho e na sociedade, para o povo negro e todos os excluídos" (CUT, 1995, p. 4).

Percebe-se que, em virtude da superação do comportamento retórico e genérico, a CUT aprofunda pouco a pouco seu diagnóstico sobre o racismo, ao mesmo tempo que as iniciativas políticas adquirem maior concretude, enfrentando essa problemática não só na sociedade, mas também no interior da própria central, como se viu. Por isso, nas resoluções da VIII Plenária Nacional Canudos, a CUT procura associar as consequências da ofensiva neoliberal com o recrudescimento da xenofobia, do racismo etc. A politização do racismo serviu também para avaliar a implementação das políticas neoliberais em geral e do governo FHC em particular (CUT, 1996)[21] e, sobretudo, suas consequências discriminatórias. Pois, por a classe trabalhadora não ser homogênea, os impactos das políticas não atingem de modo igualitário todos os seus integrantes.

Na VIII Plenária Nacional, a CUT reafirmou sua estratégia anterior no campo da educação, do emprego e da renda, da reestruturação produtiva etc. Essas bandeiras tinham como pressuposto a conquista e a manutenção de direitos sociais, como prerrogativa essencial para o exercício da cidadania plena. As iniciativas deliberadas, como a conferência nacional em defesa da terra, do emprego e da cidadania, o dia nacional de luta por habitação e creches e o dia nacional da consciência negra, fundamentavam-se na garantia da cidadania como instrumento de luta para combater o avanço das políticas neoliberais (CUT, 1996)[22]. A unidade pontual da burguesia armava-se justamente em torno da redução ou eliminação de direitos, especialmente aqueles garantidos pela legislação trabalhista. Por esse motivo, o

---

[21] Homenagem à luta de Canudos, interior da Bahia: o povo, liderado pelo beato Antônio Conselheiro, construiu uma comunidade rural que foi destruída pelo Exército em 1896.

[22] Essas iniciativas culminariam com as seguintes atividades: "Dia 20 de novembro – Dia da Consciência Negra – Realizar entre os dias 18 e 22 de novembro a Semana da Consciência Negra, com seminários sobre a Convenção 111, da OIT, sobre saúde, e um grande evento por igualdade de oportunidade de negros e negras no mercado de trabalho e de combate ao racismo. Lançamento do vídeo da 'Jornada Zumbi pela Vida'" (CUT, 1996, p. 23).

embate político contra o reconhecimento denegado expresso pelo racismo também trilhou tal caminho, já que a luta se direcionava para o questionamento dos marcos do Estado de direito e para a inserção dessa reivindicação no âmbito da política de direitos humanos. Foi este o caminho construído politicamente para legitimar a luta pela ampliação da cidadania:

> Em novembro de 1995 foi criado o GTEDEO (Grupo de Trabalho para a Eliminação da Discriminação no Emprego e na Ocupação), do qual participam trabalhadores, empresários e governo. Esse organismo, dependendo da atuação da CUT, pode se transformar num importante instrumento de elaboração de políticas de igualdade de oportunidades para negros e negras, mulheres e outros setores discriminados. Em 13 de maio de 1996, o governo lançou o PNDH (Programa Nacional de Direitos Humanos), tentando agregar várias de nossas propostas: implementação da Convenção 111, funcionamento efetivo do GTEDEO, pressão para que haja a promoção de políticas de igualdade de oportunidades, aperfeiçoamento da legislação antidiscriminatória, inclusão do quesito cor no Sistema de Informação do Ministério do Trabalho, investimento na educação e capacitação de um modo geral e na população negra em particular; titulação das terras das comunidades remanescentes de quilombos e adoção de políticas que promovam social e economicamente a comunidade negra. Uma grande vitória marcou 1996: a readmissão de Vicente do Espírito Santo, eletricitário de Santa Catarina. A sua forte decisão de se rebelar contra a demissão, por racismo, apoiada por seu sindicato e pela CUT de Santa Catarina, fez com que a vitória, em todas as instâncias da Justiça, fosse inédita. (CUT, 1999, p. 109-10)

Uma indagação, ao menos, aparece de imediato sobre o que se afirmou até aqui: qual é a concepção de cidadania defendida pela CUT? Consultando a documentação, podemos apreender que para a CUT o cidadão é o sujeito portador de direitos. É pela concretização de tal entendimento de cidadania que o embate contra o racismo é tramado no interior da central.

A perda de capacidade de investimento do Estado em serviços essenciais como saúde e educação compromete cada vez mais a dimensão pública desses serviços, fortalecendo a ideologia privatista. Essa perspectiva muda radicalmente o conceito de cidadania. Ao invés de sujeito de direitos, o cidadão passa a ser aquele que se constitui como consumidor e pode adquirir direitos como se adquirem mercadorias (CUT, 1997).

A Força Sindical e a problemática racial

Como mostramos em outro lugar (J. Silva, 2008), não deixa de causar surpresa que, no ambicioso e volumoso livro *Um projeto para o Brasil: a proposta da Força Sindical*, o racismo, o preconceito e a discriminação contra a força de trabalho negra não sejam nem sequer mencionados; a situação do mercado de trabalho e a posição que o(a) negro(a) ocupa nele também não são consideradas[23] ou problematizadas (J. Silva, 2008). Para saber o que

---

[23] O documento publicado pela Força Sindical é, na verdade, um volumoso livro de 654 páginas, produto do esforço coletivo de mais de quarenta cientistas, pesquisadores e intelectuais. O estudo contratado teve a coordenação de Antônio Kandir, economista ligado ao PSDB.

"pensa" e o que pratica a Força Sindical sobre o reconhecimento denegado, recorremos aos documentos publicados por ela, em conjunto com outras entidades, nos anos de 1998 e 2001[24]. Se no caso da CUT é possível traçar o percurso que a luta contra o reconhecimento denegado trilhou durante toda a sua trajetória política, com seus embates, tensões e contradições, manifestações e reivindicações, o cenário muda completamente no caso da Força Sindical, pois a disponibilidade de material de pesquisa é infinitamente mais limitada.

Podemos então avançar a hipótese geral de que o reconhecimento denegado expresso pelo racismo, pelo preconceito e pela discriminação passou de um assunto que, ao que parece, era em parte silenciado para uma agenda política importante no interior da Força Sindical. Duas evidências permitem fundamentar essa hipótese. Em primeiro lugar, no principal documento da central não existe nenhuma proposta, diagnóstico ou comentário sobre como enfrentar esse grave problema estrutural da sociedade brasileira; embora o negro brasileiro não seja desconhecido, tudo leva a crer que, nesse período, ele era simplesmente ignorado. Em segundo lugar, até o presente momento[25], não existe uma comissão interna que debata e promova políticas, diagnósticos, lutas e reivindicações sobre a situação dos trabalhadores negros para o conjunto do sindicalismo praticado pela Força Sindical.

Em relação às comissões internas, a situação da luta contra o reconhecimento denegado no interior da Força Sindical, mais uma vez, reforça o argumento que empregamos no caso da CUT na década de 1980, ou seja, a debilidade política e organizativa da luta antidiscriminatória na nova central. A luta feminista serve novamente como exemplo para iluminar a questão: para essa luta, a Força Sindical conta com uma comissão formada por mulheres de visibilidade, estrutura, dirigentes vinculadas etc. Já no caso da luta contra o reconhecimento denegado, não existe essa organização e isso se reflete no número reduzido de documentos próprios, campanhas, reivindicações e diagnósticos que a Força Sindical produziu. Com efeito, a exiguidade do material de pesquisa relacionado a essa central é muito mais marcante do que aquele observado para a CUT. A diferença de atenção dada para esse tipo de demanda em cada central é alarmante. Por esse motivo, o universo da análise da Força Sindical será efetivamente menor, mas nem por isso ela será menos detalhada do que aquela utilizada para investigar a CUT.

Uma possível explicação para essa diferença reside na vigência de tradições distintas nas duas centrais. Na CUT é grande a presença de intelectuais, profissionais liberais, professores, funcionários públicos e setores da esquerda que estão habituados a amplas disputas políticas e ideológicas, das quais decorre uma profusão de teses e documentos; na Força Sindical encontram-se setores com pouca ou quase nenhuma tradição de disputa política e ideológica, como trabalhadores vinculados ao setor privado, daí talvez a pequena produção de documentos, teses, análises etc. (Rodrigues e Cardoso, 1993).

Em 1998, dez anos após as comemorações do centenário da abolição, o Inspir lançou uma cartilha intitulada *Mapa da população negra no mercado de trabalho no Brasil*, a partir da análise dos dados referentes a cinco regiões metropolitanas, e fez a seguinte constatação:

---

[24] Os documentos redigidos pela Força Sindical com a CUT, SDS e CGT foram mencionados quando discutimos o caso da CUT, portanto algumas passagens foram retomadas aqui. Ambas as centrais concordam com o teor do documento, caso contrário não o teriam assinado e divulgado.

[25] Até 2002, nenhuma comissão desse tipo havia sido criada na Força Sindical.

Ainda nos nossos dias, as pessoas continuam sendo tratadas não com base no seu mérito, no seu preparo, na sua competência, mas com base na sua cor, na sua raça. Esta é a principal conclusão de uma pesquisa realizada em 1998 nas regiões metropolitanas de São Paulo, Belo Horizonte, Salvador, Porto Alegre, Recife e no Distrito Federal: é comum que a cor dos trabalhadores negros e negras tenha maior peso do que seu preparo para o trabalho. O peso da cor, ou melhor dizendo, o preço da cor, recorta o mercado de trabalho de cima a baixo, cria divisões, segrega e traça as linhas da diferença com que negros e brancos são tratados, formando um verdadeiro mapa da discriminação racial no trabalho. (Inspir, Ceert e Dieese, 1998, p. 2)

Essa constatação reconhece a posição inferiorizada do(a)s negro(a)s no mercado de trabalho, no qual são destinados às posições mais degradantes não por causa de sua formação, competência ou habilidade, mas pelo reconhecimento denegado expresso pelo racismo. Nesse sentido, o reconhecimento denegado manifesta-se no baixo retorno em termos de salários e renda para o(a)s trabalhador(a)s negro(a)s; em outros termos, em virtude do racismo vigente na sociedade, o preço da força de trabalho negra degrada-se ainda mais. Ora, o desdobramento mais perverso disso é a reprodução da miséria e da pobreza e a dificuldade de ascensão e mobilidade social e profissional entre o(a)s negro(a)s, quando comparados com trabalhadores brancos.

Trata-se de um verdadeiro círculo vicioso. O salário dos chefes de família negros (homens ou mulheres) é menor do que o salário dos brancos chefes de família. Esse fato gera a necessidade de complementação salarial por parte dos filhos. O trabalho prematuro geralmente leva o jovem negro a abandonar os estudos, dificultando uma melhor qualificação profissional. Tendo baixa preparação, o jovem se vê obrigado a aceitar qualquer ocupação, percebendo baixos salários e, em pouco tempo, também os seus filhos terão de procurar emprego para ajudar no sustento da casa. (Inspir, Ceert e Dieese, 1998, p. 4)

A jornada de trabalho entre os negros também é maior do que a dos trabalhadores brancos: os brancos e brancas trabalham em média 42 horas semanais, contra 44 horas de trabalho de negros e negras (Inspir, Ceert e Dieese, 1998). Isso parece paradoxal: o(a)s negro(a)s trabalham mais e têm um retorno menor por sua jornada de trabalho. No entanto, é perfeitamente coerente com o preço da força de trabalho negra no mercado de trabalho. O reconhecimento denegado expresso pelo racismo tende a representar de modo desigual o preço da força de trabalho entre negros e brancos, e, se a lógica da lei do valor requer a desvalorização da força de trabalho para incrementar a riqueza acumulada, então é de se esperar que o reconhecimento denegado tenda a sublinhar uma desvalorização suplementar à força de trabalho negra. É legítimo, portanto, que o(a)s negro(a)s tenham de trabalhar mais, mesmo que isso não represente posse ou participação significativa da massa salarial; ao contrário, eles têm de despender um esforço extra justamente para tentar suprir, quase sempre sem sucesso, os efeitos do reconhecimento inferiorizado.

O reconhecimento denegado em termos de salários ficou claro para a Força Sindical quando comparou o salário médio do trabalhador branco com o do trabalhador negro:

Na maioria das capitais pesquisadas, o rendimento médio do trabalhador branco é mais do que o dobro do rendimento médio do negro. À exceção de Belo Horizonte, os rendimentos do homem negro em todas as regiões pesquisadas são inferiores aos das mulheres brancas. Vale lembrar que estudos realizados em São Paulo, na década de 80, já apontavam que, mesmo possuindo a mesma escolaridade de seus colegas brancos, os trabalhadores negros recebem salários menores. Os benefícios resultantes da experiência também são menores para os negros. Na região metropolitana de Porto Alegre, por exemplo, se compararmos a situação de trabalhadores negros e brancos com cinco anos de experiência no mesmo emprego, os negros recebem cerca de 30% do salário pago aos brancos. Esse fato derruba o velho mito de que os negros enfrentariam desvantagens por serem menos preparados do que os brancos. (Inspir, Ceert e Dieese, 1998, p. 8)

Ora, se o trabalhador branco recebe um salário maior e, pela lei da valorização, a produção da riqueza no regime capitalista busca sempre desvalorizar a força de trabalho, seria de se esperar que o desemprego fosse maior entre os brancos. Contudo, observando os salários e as taxas de desemprego entre brancos e negros, observa-se justamente o oposto. O desemprego é, precisamente, maior entre os negros do que entre os brancos. Além disso, o tempo de desemprego é maior entre os trabalhadores negros. Sendo assim, é possível concluir que a força de trabalho negra é a primeira a ser vista como supérflua e a última a ser reconhecida como necessária:

Desemprego é maior entre negros
Nas seis regiões pesquisadas, as taxas de desemprego são maiores entre os trabalhadores negros. Em Belo Horizonte, a taxa de desemprego entre negros era de 17,8%, contra 13,8% entre brancos. No Distrito Federal, 20,5% para negros e 17,5% para brancos. Em Porto Alegre, 20,6% para negros e 15,2% para brancos. Recife: 23% para negros e 19,1% para brancos. Salvador: 25,7% para negros e 17,7% para brancos. Finalmente, São Paulo, com taxas de 22,7% para negros e 16,1% para os brancos. E mais: os dados comprovam que na maioria das capitais a duração do desemprego, isto é, o tempo que o trabalhador negro gasta para conseguir nova colocação é bem maior do que o tempo gasto pelos brancos: em São Paulo, por exemplo, 57 semanas para negros e 50 para brancos. Por outro lado, comparados aos brancos, negros e negras enfrentam maior instabilidade no emprego: o tempo de permanência no emprego dos negros com mais de 40 anos em São Paulo, por exemplo, ficava na casa dos 89 meses, contra 116 meses para brancos. Noutras palavras, o trabalhador negro é o primeiro a ser demitido e o último a ser empregado. (Inspir, Ceert e Dieese, 1998, p. 9-10)

O que é dito não deixa de ser uma surpresa para uma central que, como afirmei antes, não publicou nenhum diagnóstico sobre a situação da força de trabalho negra durante quase toda a década de 1990. A reflexão e as iniciativas da Força Sindical contra o reconhecimento denegado adquirem substância apenas no fim da década e, mesmo assim, por intermédio de uma publicação conjunta com outras centrais. Situação completamente diferente daquela encontrada na CUT, que possuía, ao fim da década de 1990, um considerável acúmulo político sobre o racismo no Brasil, expresso pelas várias resoluções de congressos e plenárias, criação de comissão interna etc. No caso da Força Sindical, a luta antidiscriminatória não passou pelas mesmas inflexões por que passou na CUT. Todavia, isso não impediu a Força Sindical de constatar que os processos sociais têm consequências distintas para negros e brancos. De fato, "os efeitos da globalização e do perverso modelo econômico brasileiro atingem desigualmente negros e brancos, agravando ainda mais as condições de vida de negros e negras" (Inspir, Ceert e Dieese, 1998, p. 12).

Não deixa de ser reveladora a posição tomada no documento produzido posteriormente, no qual se encontram sistematizadas as reflexões da Força Sindical em relação ao racismo, ao preconceito e à discriminação contra a força de trabalho negra. A prática racista é definida como um atentado aos direitos da cidadania de um grande contingente da população do país – uma situação que tende a privar os trabalhadores negros da condição cidadã de produtores, consumidores e eleitores.

> Há mais de uma década os sindicalistas brasileiros vêm denunciando as variadas práticas racialmente discriminatórias que violam os mais elementares direitos de cidadania de metade da população brasileira – negros e negras – empurrando esse segmento para as piores condições de educação, de trabalho, de saúde, privação da terra, acesso à cultura, ao lazer, entre outras. (CUT, Força Sindical, SDS, CGT e Inspir, 2001, p. 1)

Por isso mesmo, não causa surpresa que o documento aponte a necessidade de adoção de políticas promotoras da igualdade de acesso e tratamento. Ora, políticas dessa natureza só fazem sentido quando se reconhece que, nas interações sociais, existem pessoas e coletividades às quais se dá um reconhecimento inferiorizado, um desprestígio social. No entanto, não deixa de ser importante observar que o documento trabalha com a ideia de grupo racial[26]:

> O debate acerca da necessidade de políticas que promovam igualdade de oportunidade e de tratamento entre os grupos raciais ganha especial realce no momento em que o concerto das nações se prepara para a III Conferência Mundial contra o Racismo, a Discriminação Racial, Xenofobia e Intolerância Correlata, programada para o próximo mês de setembro, na África do Sul. (CUT, Força Sindical, SDS, CGT e Inspir, 2001, p. 1)

O desdobramento da política anterior é a reivindicação de medidas reparatórias. De fato, o(a)s negro(a)s foram as principais vítimas do tráfico de escravos, e o legado do trabalho dessa parte da classe trabalhadora deve ser reconhecido. Além disso, os danos causados por tal situação devem ser reparados. Precisamente porque a riqueza do país resultou do emprego da força de trabalho negra, o prejuízo moral e material deve ser sanado com políticas reparatórias (CUT, Força Sindical, SDS, CGT e Inspir, 2001).

O passo seguinte foi a exigência de medidas efetivas do governo federal contra o reconhecimento denegado, pois não bastava para a Força Sindical que a União reconhecesse a existência do racismo, do preconceito e da discriminação na sociedade brasileira e constituísse um quadro jurídico; era imprescindível a realização de ações efetivas para combater as práticas de reconhecimento denegado que atingiam especialmente os negros. Essa tomada de atitude permitiria superar a tradicional ambiguidade do Estado no tratamento dado ao racismo. Ora, há aqui o reconhecimento de que o quadro normativo é

---

[26] Sugiro, para evitar repetições desnecessárias, a consulta das ideias expostas no item anterior, que trata da luta contra o reconhecimento denegado na CUT.

incapaz de combater efetivamente a situação de inferioridade social e desprestígio que o reconhecimento denegado impõe à população negra brasileira:

> O governo federal criou grupos de trabalho, publicou decretos com planos e programas, assumiu compromissos e reiterou declarações solenes de repúdio ao racismo. No entanto, decorridos mais de seis anos da criação de tais grupos e da publicação dos planos oficiais, é forçoso reconhecer que a retórica governamental terminou por revelar-se divorciada de medidas concretas, substantivas, exceção feita à recente decisão da Secretaria de Formação Profissional/MTb de destinar recursos do FAT para a capacitação de dirigentes sindicais para lidarem com a problemática racial. Eis aqui a ambiguidade que caracteriza a postura do Estado brasileiro diante do problema racial: o reconhecimento público de desigualdades raciais diretamente resultantes do racismo e da discriminação racial não produz, no plano interno, nenhuma consequência no que diz respeito às ações governamentais. Nesse sentido, não basta que o Estado brasileiro *reconheça* solenemente a existência do problema racial, como também não basta a existência de leis: é imprescindível que o poder executivo assuma sua responsabilidade, por meio da adoção de medidas concretas, imediatas e eficazes, nos exatos termos da Constituição brasileira e dos tratados internacionais dos quais o Brasil é signatário. (CUT, Força Sindical, SDS, CGT e Inspir, 2001, p. 4; grifo meu)

De fato, parece que a cultura política nacional já sedimentou a crença popular de que existem leis, normas e procedimentos jurídicos que "pegam" e outros que "não pegam". Por isso, o documento assinado pela Força Sindical sublinha enfaticamente a insuficiência do reconhecimento formal, pois, para superar essa situação, seria necessário adotar medidas reparatórias concretas que garantissem a imediata regulamentação da igualdade racial prevista pela Constituição de 1988; implantar as medidas previstas na Convenção Internacional sobre a Eliminação de todas as Formas de Discriminação Racial; respeitar e promover os direitos previstos na Declaração sobre a Eliminação de todas as Formas de Intolerância e Discriminação Fundadas em Religião ou Convicções etc.

> O reconhecimento formal, por parte do Estado brasileiro, de que a escravização de africanos e indígenas, o tráfico transatlântico de escravos de origem africana e a marginalização econômica, social, política e cultural de seus descendentes constituem crimes de lesa-humanidade. A imediata adoção de medidas reparatórias, por meio de restituição, indenização, reabilitação, satisfação e compensação, inclusive histórica, às vítimas do racismo, da discriminação racial e de formas conexas de intolerância. Será considerada vítima de atos de racismo toda pessoa que, individual ou coletivamente, como resultado de atos ou omissões que violam os tratados internacionais antirracismo ratificados pelo Brasil, o direito internacional humanitário e as normas de direito interno, haja sofrido danos, inclusive danos culturais e lesões físicas ou psíquicas, sofrimento emocional ou perda financeira. (CUT, Força Sindical, SDS, CGT e Inspir, 2001, p. 4-5)

Pelo que se observa, a luta direcionava-se para constituir um quadro normativo que funcionasse de fato, pois parece que, cientes dos hábitos políticos e jurídicos fartamente arraigados no país, os ativistas da Força Sindical encaminham a luta contra o reconhecimento denegado para a reivindicação de direitos estabelecidos na legislação brasileira e nos acordos internacionais:

a) a imediata regulamentação dos direitos de igualdade racial previstos na Constituição de 1988, com especial ênfase nas áreas de educação, trabalho, saúde, titulação das terras e o estabelecimento de uma política agrícola e de desenvolvimento das comunidades remanescentes dos quilombos; b) a imediata implementação das medidas prescritas na Convenção Internacional sobre a Eliminação de todas as Formas de Discriminação Racial, promulgada pelo Decreto n. 65.810, de 8 de dezembro de 1969; na Convenção 111, concernente à discriminação em matéria de emprego e profissão, promulgada pelo Decreto n. 62.150, de 19 de janeiro de 1968; e na Convenção relativa à Luta Contra a Discriminação no Campo do Ensino, promulgada pelo Decreto n. 63.223, de 6 de setembro de 1968; c) o respeito e a promoção dos direitos previstos na Declaração sobre a Eliminação de todas as Formas de Intolerância e Discriminação fundadas em Religião ou Convicções, proclamada pela Assembleia Geral das Nações Unidas em 25 de novembro de 1981 (Resolução n. 36/55); [...] e) a imediata revisão do Artigo 61 do Código Penal brasileiro, de modo que o racismo, a discriminação racial, a xenofobia e formas conexas de intolerância passem a figurar como circunstância agravante de todo e qualquer delito no qual se apure a incidência de quaisquer daquelas motivações. (CUT, Força Sindical, SDS, CGT e Inspir, 2001, p. 5-6)

A adoção e o funcionamento desse quadro normativo previam ainda a atribuição de novas competências ao Ministério Público da União, a constituição de um fundo monetário para reparar as vítimas de racismo, a promoção de políticas afirmativas nas licitações e concorrências públicas etc. Todas essas iniciativas visavam encaminhar a luta contra o reconhecimento denegado, quer na crítica ao quadro normativo que tornava legítima tal situação, quer na promoção efetiva da igualdade entre brancos e negros. Em outros termos, a luta antidiscriminatória tinha como efeito não pretendido questionar os parâmetros de igualdade que, na experiência cotidiana, promoviam a desigualdade e a discriminação, especialmente para a classe trabalhadora negra:

f) a imediata revisão do Estatuto do Ministério Público da União, visando atribuir-lhe competência expressa para a proteção dos direitos e interesses das vítimas de racismo, de discriminação racial e de formas conexas de intolerância; g) a criação de um fundo nacional de reparação às vítimas do racismo, da discriminação racial; os recursos deverão ser destinados às políticas públicas para os afrodescendentes e o acompanhamento deverá ser realizado pela sociedade civil (trabalhadores, movimento negro e o governo); [...] m) alteração da lei de licitação pública, de modo que, cumpridos todos os passos e uma vez configurado empate entre concorrentes, seja dada preferência para as empresas que possuírem o maior número de negros e negras entre seus funcionários, distribuídos em todos os setores da empresa. (CUT, Força Sindical, SDS, CGT e Inspir, 2001, p. 7-8)

No entanto, tal como sublinhamos no caso da CUT, a luta contra o reconhecimento denegado conduzida pela Força Sindical pretendia orientar-se pelas políticas de ações afirmativas. Essas políticas estão baseadas na ideia de discriminações positivas, precisamente por perceber que a dinâmica social não é capaz de promover a igualdade por si mesma. O Estado pode, então, adotar medidas que reconheçam a existência de desigualdades entre indivíduos e coletividades, nos marcos dos padrões igualitários universais, promovendo iniciativas que efetivamente garantam a igualdade na sociedade. Em outras palavras, o Estado pode reconhecer que, tratando desigualmente os desiguais, pode alcançar a igualdade. Essa, aliás, é a tese defendida pela CUT:

p) implementar políticas que contemplem a diversidade de raça e gênero nos anúncios dos meios de comunicação, *outdoors* etc.; quer na linguagem falada, quer na escrita ou televisiva, entre outros; q) assegurar a introdução do quesito cor nos formulários de morbidade e mortalidade no trabalho e nos formulários de acidente do trabalho e das doenças ocupacionais; [...] s) o Ministério da Educação deverá realizar uma reforma curricular nas disciplinas, fazendo um resgate histórico dos negros e negras, conforme a concepção dos afrodescendentes, visando inclusive o combate aos estereótipos negativos com que é tratado o povo negro; t) valorização do ensino público, tendo em vista um ensino de qualidade para todos, e em especial para a população negra. (CUT, Força Sindical, SDS, CGT e Inspir, 2001, p. 8)

Esse tipo de política não seria adotado apenas internamente, mas orientaria também a ação dos organismos internacionais, em particular os órgãos especiais das Nações Unidas. A polêmica proposta representaria uma política de ação afirmativa de alcance mundial:

> A criação de um fundo internacional para a indenização das vítimas de racismo, discriminação racial, xenofobia e formas correlatas de intolerância; a adoção de uma diretriz para as instituições financeiras e de desenvolvimento, para os programas operacionais e para os organismos especializados das Nações Unidas, orientando-os no sentido de atribuir maior prioridade e maiores recursos, nos seus âmbitos de competência, para o melhoramento da situação da população negra das Américas. (CUT, Força Sindical, SDS, CGT e Inspir, 2001, p. 8-9)

Podemos concluir que a luta contra o reconhecimento denegado no interior da Força Sindical não sofreu as mesmas inflexões políticas que na CUT. Nesse sentido, a luta contra o reconhecimento inferiorizado, destinado à classe trabalhadora negra, ocorre na Força Sindical em um contexto político no qual o sindicalismo brasileiro já se ressente da perda de prestígio e do reconhecimento social que alcançou, especialmente ao longo da década de 1980. Por isso, a luta contra o reconhecimento denegado, expresso pelo racismo, pelo preconceito e pela discriminação contra o(a)s trabalhador(a)s na Força Sindical, orientou-se para uma afirmação da cidadania, pela qual o trabalhador é, a um só tempo, produtor, consumidor e eleitor.

Por conseguinte, não existe, para a Força Sindical, o dilema entre reconhecimento denegado e classe social vivido pela CUT, pois para ela as novas formas de gestão e organização do trabalho provocaram alterações substantivas na relação entre capital e trabalho:

> A tradicional divisão técnica do trabalho das unidades fabris das economias mais avançadas vem sendo substituída, gradativamente, por novas formas de organização da produção e de gestão dos recursos humanos, nas quais o papel do trabalhador, longe de ser substituído, vem transmutando-se de uma dimensão meramente mecanicista para uma atuação substancialmente cerebral, induzindo enfoque e dimensões até então inimagináveis ao eterno conflito trabalho/capital. (Força Sindical, 1993, p. 271)

Nesse sentido, na concepção da Força Sindical, pouco importa a nacionalidade do capital para a classe trabalhadora brasileira, porque, para a central, o usufruto da cidadania significa ter acesso a oportunidades de desenvolvimento, emprego e salários decentes (Força Sindical, 1993, p. 313).

A concepção expressa na prática da Força Sindical traz, de forma subjacente, uma ideia de luta de classe que não se manifesta à primeira vista. Por isso, sua proposta de reformulação da relação entre capital e trabalho tem como objetivo criar uma estrutura normativa, política e econômica que permita administrar e abrandar os conflitos existentes e inerentes às relações de classes. Com efeito, "o conflito entre capital e trabalho é dado natural entre esses dois atores sociais em uma economia de mercado. Dessa forma, o importante é criar mecanismos que administrem esse conflito e não tentar reprimi-lo ou suprimi-lo" (Força Sindical, 1993, p. 517). Na verdade, coerente com sua concepção de luta de classe e de sociedade, a Força Sindical acredita que é possível que as principais classes do capitalismo possam cooperar em busca do objetivo comum de aumento da produtividade e dos salários dos trabalhadores: "pretende-se criar um ambiente de cooperação entre capital e trabalho que induza ao aumento da produtividade e das rendas reais dos trabalhadores" (Força Sindical, 1993, p. 517). No entanto, mais que cooperação, o objetivo manifesto da nova central é domesticar, suavizar e docilizar a resistência e a rebeldia dos trabalhadores:

> As organizações dos trabalhadores podem alternativamente utilizar o recurso da greve para atingir esse objetivo [antecipação da revisão do contrato coletivo]. Caso a Justiça do Trabalho seja provocada, sua sentença é mandatária, não cabendo recurso da greve contra essa decisão. (Força Sindical, 1993, p. 521)

Procuramos mostrar, por uma análise sistemática de resoluções de congressos, plenárias, declarações etc., o percurso trilhado pelo reconhecimento denegado experimentado pela classe trabalhadora negra brasileira nas duas principais centrais sindicais do país. Concluímos que a luta contra o reconhecimento inferiorizado, conferido à força de trabalho negra, foi orientada para evidenciar a fragilidade do quadro normativo da sociedade em garantir o exercício da cidadania plena e sublinhar o gradual afastamento dessa luta dos parâmetros da luta de classes, especialmente do entendimento que esse conceito assume na tradição marxista.

Capítulo 24

A FLASKÔ ENTRE A SOBREVIVÊNCIA ECONÔMICA E A LUTA POLÍTICA
apontamentos sobre a ocupação de uma fábrica[1]

Filipe Raslan

Introdução

No conjunto de mudanças que o processo de reestruturação produtiva contemporâneo promove, a precarização do trabalho e o desemprego parecem ser os elementos mais visíveis e marcantes. No Brasil, os anos 1990 caracterizaram-se por um forte aumento do desemprego aberto, acompanhado do crescimento do trabalho informal, o que levou grandes parcelas da classe trabalhadora para a margem do mercado de trabalho. Nesse quadro, a desregulamentação financeira e a abertura comercial, assim como a reestruturação produtiva, acentuaram-se.

Hoje, o tema do desemprego tem grande relevância, ultrapassando o debate acadêmico. As crises econômicas nos países periféricos resultam em grande número de falências de empresas nacionais, das quais parte é absorvida por grupos transnacionais, outras se fundem ou simplesmente fecham as portas e uma minoria é incorporada pelos próprios trabalhadores, em sua luta para manter seus empregos.

Esta última solução varia entre criar uma organização cooperativa de trabalhadores, assumir a cogestão das empresas, organizar desempregados e contratá-los como cooperativados e, como foi o caso da Flaskô, controlar a fábrica e lutar por sua estatização.

---

[1] Esta pesquisa é parte da dissertação de mestrado *Resistindo com classe: o caso da ocupação da Flaskô*, defendida em 2007 no Instituto de Filosofia e Ciências Humanas da Universidade Estadual de Campinas, sob orientação de Ricardo Antunes, com bolsa do CNPq.

Dentre essas diversas experiências, fazemos aqui o estudo de caso da Flaskô, que talvez venha a contribuir para um aprofundamento das análises sobre os processos, atualmente em curso, de empresas assumidas pelos trabalhadores. Esse caso contribui para entender como os trabalhadores conseguem manter fábricas recuperadas em funcionamento num contexto de intensa concorrência internacional, crescentes exigências tecnológicas e, sobretudo, grande pressão por enxugamento nos quadros e flexibilização nos regimes e condições de trabalho.

A Flaskô Industrial de Embalagens Ltda. é uma indústria de transformação de plásticos. Produz principalmente bombonas (grandes tambores de cor azul ou preta), com cerca de duzentos litros de capacidade, utilizadas para armazenamento de alimentos, cosméticos, defensivos agrícolas, produtos químicos, adubos etc. A fábrica era ligada à Companhia Holding Brasil (CHB), que fazia parte da Companhia Hansen Industrial S.A., proprietária da Tigre. Quando a CHB desvinculou-se da Tigre, passou a controlar cinco empresas: Cipla, Interfibra, Profiplast, Brakofix (todas em Joinville, em Santa Catarina) e a Flaskô (em Sumaré, na região metropolitana de Campinas, em São Paulo). As duas primeiras tiveram o mesmo destino da Flaskô: faliram e passaram a ser geridas pelos próprios trabalhadores.

Este texto procura, de forma descritiva, mostrar alguns elementos que expressam o cotidiano de luta no interior da Flaskô, a precariedade do trabalho na fábrica falida e a perspectiva de manutenção de empregos com garantia de direitos. Ao expor as disputas dos trabalhadores, pretendemos apresentar o objeto de forma imediata e dinâmica, o modo de ser dos operários e para onde apontam suas experiências cotidianas. Em dezembro de 2009, a principal luta dos trabalhadores era pela declaração pública de interesse social da área em que se localizava a fábrica e a vila popular em que eles residiam. O que era mais patente nessa ocupação era a tentativa de manter a vida econômica da fábrica, sem que isso suplantasse a luta política dos trabalhadores da Flaskô.

Experiências de lutas nas fábricas ocupadas

A ocupação de fábricas falidas configura-se, no contexto atual do capitalismo, como um fenômeno de caráter eminentemente defensivo, marcado pela derrota do processo da organização dos trabalhadores. Esse caráter defensivo, recorrente nesses casos, tem dois elementos desencadeadores: a situação deficitária das empresas e a atitude extrema dos trabalhadores, que as ocupam para resguardar seus postos de trabalho. Com esse intuito, os trabalhadores aceitam muitas vezes negociar perdas, como trocar os encargos sociais não pagos pelos patrões por ativos da empresa.

Aqui são apresentados os conflitos, as conquistas, as disputas, as dificuldades e os avanços no ambiente de uma empresa ocupada e assumida por seus trabalhadores, que, para garantir seu emprego e direitos, sofrem todo tipo de pressão da luta de classes. O que descrevemos neste artigo é uma expressão particular da luta geral do operariado latino-americano.

A Flaskô: empresa ocupada

Para compreender a ocupação da Flaskô, é importante contextualizar a situação de caos e incertezas que viveram os operários até a decisão coletiva pela ocupação.

Em outubro de 2002, cerca de mil trabalhadores da Cipla e da Interfibra entraram em greve, reivindicando o imediato pagamento de salários atrasados e a regularização dos direitos trabalhistas como férias, 13º salário, depósito do FGTS e outros direitos não cumpridos. Desde o começo do ano, os operários recebiam salários em parcelas de trinta reais por semana, apesar de a média salarial ser de quinhentos reais.

Um mês antes, com a demissão sem justificativa de mais um trabalhador, começou uma articulação para mobilizar os operários da fábrica. Em outubro, os trabalhadores da Cipla e da Interfibra realizaram uma assembleia que decidiu paralisar as fábricas. A greve começou no dia 24 de outubro, depois que uma comitiva de trabalhadores entregou uma carta a Lula, então candidato à Presidência, durante um comício em Florianópolis. Nessa carta, os trabalhadores relatavam suas "dificuldades e reivindicavam garantia de trabalho e preservação de direitos" (J. Nascimento, 2004, p. 41).

A reação patronal contra os trabalhadores foi imediata. Distribuíram notas à imprensa local, chamaram a polícia para "garantir o direito de ir e vir" dos operários e intimidaram por telefone os trabalhadores, entre outras tentativas de pôr fim à greve. Vale notar que os dispositivos jurídicos são uma ferramenta recorrente para barrar os mecanismos de luta de classes nas greves deflagradas pelos trabalhadores. Os limites da constitucionalidade são sempre explorados para manter a produção controlada pela classe patronal.

Apesar da mobilização dos trabalhadores para ocupar a Cipla, a luta em Joinville representou uma derrota para o movimento operário, na medida em que não foi capaz de impedir demissões e perda de direitos dos trabalhadores (N. Moreno, 2002). Assim, a ação não correspondeu a um recrudescimento do movimento operário, mas a um elemento de defesa, utilizado pelos trabalhadores na luta pela preservação de seus empregos:

> um ponto-chave para definir o alcance dessas experiências é ver seu caráter defensivo. Quer dizer, elas correspondem a uma atitude de salvaguarda por parte dos trabalhadores de seus postos de trabalho diante da possibilidade ou da concretização do fechamento da empresa [...] como definiu o companheiro de uma das empresas, "foram obrigados a tomar a empresa". (Martínez e Vocos, 2002, p. 80-1; tradução nossa)

E, nesse movimento defensivo, um argumento importante do qual os trabalhadores se valem para justificar a estatização das empresas é a responsabilidade do governo pelas dívidas, levadas a montantes descomunais pela ausência de fiscalização efetiva. Segundo Nascimento, Cipla, Interfibras e Flaskô tinham uma dívida de 500 milhões de reais, sendo cerca de 75% com o governo federal, 12% com o estadual e 1% com o municipal, além de 5% com os trabalhadores (J. Nascimento, 2004, p. 55). Quando as empresas se transformam em cooperativas, os operários perdem os vínculos empregatícios. Portanto, os funcionários deixam de ter qualquer direito trabalhista.

A mobilização dos trabalhadores ocorreu durante a campanha presidencial de 2002 e foi marcada por todo o otimismo do momento. Como bem salientou Dias (2003, p. 11), nesse período o "misto de euforia e segurança sobre o futuro que nos esperava, vivido por muitos militantes, despreparou-os para o real. Críticos de governos anteriores, eles supunham que com a vitória de Lula o horizonte mudaria com relativa rapidez".

Depois de várias tentativas, os trabalhadores da Cipla e da Interfibra conseguiram marcar uma audiência com o presidente da República:

> Desde o começo ele [Lula] colocou que era contra a estatização, o que é compreensível. Nós colocamos que nós éramos a favor, que nós continuaríamos lutando em cima dessa palavra de ordem. E ele ofereceu a cooperativa como solução. E nós dizíamos que a cooperativa não era solução. (J. Nascimento, 2004, p. 100)

Formou-se então um grupo de trabalho, constituído de representantes dos Ministérios do Trabalho, da Previdência Social, da Fazenda, do Desenvolvimento, Indústria e Comércio Exterior e do Desenvolvimento Social, além de membros das empresas, para estudar o caso da Cipla e da Interfibra, orientar e auxiliar as fábricas a levar adiante a produção, para que os empregos fossem garantidos de forma efetiva e duradoura. O resultado desse estudo foi divulgado em fevereiro de 2005 e encaminhado para a Presidência da República.

> Pode-se dizer a rigor que o patrimônio mais valioso às atividades são os funcionários que conseguem fazer produtos diferenciados como plásticos de engenharia, via produção de moldes sofisticados e ligas plásticas, com maior valor agregado [...].
> Nossa sugestão é de que, por decisão do governo federal e do governo estadual, seus créditos sejam transformados em ações, que seriam postas como capitalização do BNDES e de um dos agentes de Desenvolvimento Estadual, BRDE ou Badesc. (Buzzi, 2005)

Esse registro do superintendente do BRDE serviu para os trabalhadores como mais um argumento, agora respaldado por um banco oficial, para a exigência da estatização das fábricas ocupadas. A necessidade de o Estado dar segurança aos trabalhadores, garantindo seus empregos, deve ser vista como um elemento norteador do movimento.

Flaskô e seus cambaios

Na ida a Brasília, a comitiva dos trabalhadores de Joinville passou por Sumaré para acompanhar uma reunião dos trabalhadores da Flaskô com o sindicato. Os operários da empresa estavam desamparados. Ao contrário da Cipla e da Interfibra, que mantiveram a produção, apesar do pagamento precário dos salários, a Flaskô estava praticamente abandonada.

> Eu estava aqui na ocupação. Nós nos mantivemos aqui, mas antes ficamos dezessete dias sem luz nenhuma, o que complicava nosso trabalho de segurança. Ficamos aqui, somente a segurança. Então, era muito difícil [...] tem gente aqui que nos ajudou, o Carlinhos, pois ele comprava diesel, 50 litros de diesel, tirava do bolso dele e deixava aqui para gerar uma luz pouca, aqui na frente mesmo. Até para comer uma refeição nós tínhamos vela. Nós acendíamos vela para comer alguma coisa aqui. Para irmos no escuro, nem lanterna nós tínhamos.[2]

---

[2] Entrevista com funcionário do setor de segurança da Flaskô (Sumaré, 3 abr. 2007).

A assembleia da ocupação decidiu a ordem de prioridades para efetuar os pagamentos: em primeiro lugar, a matéria-prima (para manter a fábrica em funcionamento); em segundo lugar, os salários; em terceiro lugar, os direitos trabalhistas; por último, impostos e demais taxas. Contudo, essa determinação não pôde ser respeitada, porque os caminhoneiros exigiram pagamento adiantado pelo transporte, já que ainda havia dívidas antigas. Isso pôs em xeque o conselho de fábrica: os trabalhadores paralisaram a fábrica ocupada, porque não haviam recebido a parcela de salário decidida na assembleia. Pressionado pelos trabalhadores, o conselho mudou sua postura e passou a respeitar as diretrizes definidas pela assembleia.

Para compreender a ocupação, ou seja, a condução da empresa e a manutenção dos empregos e dos direitos, precisamos observar dinâmicas que não se restringem à esfera estritamente econômica. Foi a partir da pré-conferência que:

> começou a se expressar uma coisa que hoje a gente vê muito mais claramente na [nossa] consciência, e na cabeça dos trabalhadores [isso] está mais claro, que é: diante do controle, mesmo que precário, frágil da fábrica – porque os custos são difíceis efetivamente de se ter, porque as máquinas deveriam ter uma produtividade – deveria haver o controle de quanto cada máquina gasta de energia. Então é difícil ter o controle preciso de cada coisa, mas no geral se tem. Fruto disso daí, desde o começo, com essa primeira atividade que a gente fez, construiu-se a discussão que era a seguinte: *quem ficava com o dinheiro da fábrica era a CPFL e as donas da matéria-prima*.[3]

Eis o cerne da questão: a condução das fábricas não se limita à esfera econômica do mercado; para além da simples manutenção do emprego, ela se encontra sobretudo na esfera política da luta de classes. Posto de outra maneira, a manutenção dos empregos e dos direitos desses trabalhadores não se resolve imediatamente no âmbito da fábrica, mas no conjunto de lutas em que estão inseridos os outros trabalhadores brasileiros. O reflexo dessa luta geral dos trabalhadores no interior da Flaskô é o elemento particular do processo que envolve tantos outros trabalhadores em seu embate cotidiano. As dificuldades enfrentadas por esses operários são apenas um ponto localizado da situação geral em que a classe trabalhadora brasileira se encontra.

Para que haja continuidade da produção é preciso refletir sobre o que acontece no mercado, com toda a sua dinâmica de reestruturação produtiva, e no contexto da luta de classes, no qual se insere a fábrica ora conduzida pelos trabalhadores.

> Do ponto de vista da maioria do conselho da fábrica, tanto na Flaskô quanto nas outras fábricas, [isso] significava inclusive submeter a produção, a necessidade de produção, que é a necessidade de vender os produtos para faturar e pagar os salários e os direitos, à luta política. Isso se expressava em algumas divergências, por exemplo: se na hora da conferência, a gente ia parar a fábrica [para] todos os trabalhadores irem para a luta política ou se não, [se se] deveria manter a produção e não fazer a luta política.[4]

---

[3] Entrevista com coordenador do conselho de fábrica (Campinas, 21 maio 2006).
[4] Idem.

A restrição da produção à esfera econômica pode levar ao fechamento da fábrica. As dificuldades que os operários encontrariam seriam de menor proporção e levou-os a restringir suas ações às contradições do mercado. Mas, no momento atual da crise do capital, a situação das fábricas ocupadas pelos trabalhadores (tanto as que lutam pela estatização quanto as que se tornaram cooperativas) é ainda mais grave. O cerceamento da condução das fábricas ao campo econômico é um limitador sério à continuidade da produção, dada a severa instabilidade do mercado.

As discussões na Flaskô giravam em torno da participação dos trabalhadores nas lutas cotidianas, tanto na produção no chão de fábrica até as marchas pela estatização, passando pelas assembleias sindicais. O conselho de fábrica assumiu a luta política, para além dos limites econômicos de caráter defensivo proposto pelo movimento cooperativista:

> Se um trabalhador daquele turno quiser ir lá, mesmo que se tire um delegado, e tem que ser um só, ele tem que sair e a produção vai ter que ser prejudicada naquele momento. Porque é mais importante o desenvolvimento da luta política do que, em um dia, duas, três horas de trabalho.[5]

É nesse embate cotidiano entre aspectos econômicos e políticos que pode surgir uma consciência capaz de levar o trabalhador a compreender suas perspectivas. Somente por meio de ações, métodos ou procedimentos próprios dos trabalhadores na luta de classes é possível garantir a continuidade dos empregos e a manutenção da construção de sua consciência.

Assim como na Cipla e na Interfibra, os bens da Flaskô estavam penhorados, desde o terreno e o maquinário até as parcelas do faturamento. A penhora do maquinário e os leilões para execução judicial eram recorrentes.

> Eu saí da mesa de negociação [com a Brasken] dizendo que a gente ia explodir a máquina [que não tinha sido paga]. "Vamos continuar produzindo até uma hora antes. Se vocês tentarem tirar a máquina de lá, [isso] vai demorar dois, três dias, porque a máquina é gigante. Enquanto isso, a gente vai atear fogo na máquina, fiquem sabendo.[6]

A perspectiva da luta de classes parecia prevalecer mais uma vez: os trabalhadores conseguiram articular o processo de resistência para que a ordem judicial não fosse cumprida como fora definida, levando a negociação para o campo do combate pela ação direta. Nesse acordo com a Brasken, o que importa não foi o pagamento da máquina em cem anos ou pelo valor combinado, mas a maneira como ele foi conquistado: pela assinatura de um novo acordo nos termos dos operários. Em outras palavras, a ação direta dos operários da fábrica, como método próprio da classe, permitiu que eles dessem continuidade a suas jornadas.

Além das dívidas cobradas judicialmente, outro fantasma rondava a fábrica: a Companhia Paulista de Força e Luz (CPFL) cobrou várias vezes as contas atrasadas e, desde a ocupação da fábrica, em junho de 2003, a pressão sobre os trabalhadores era contínua.

---

[5] Idem.
[6] Idem.

Impossibilitados de obter crédito – pela inadimplência dos antigos proprietários – os trabalhadores lançaram mão de um expediente muito comum no comércio: o *factoring* (adiantamento de valor de fatura com deságio), o que, no longo prazo, poderia comprometer a saúde financeira da empresa.

Essa dependência financeira das empresas brasileiras demonstra sua vulnerabilidade no contexto de financeirização dos mercados, cada vez mais subordinadas ao desempenho de seus departamentos financeiros, que muitas vezes se sobrepõem à própria produção (Chesnais, 1996).

O descontentamento dos operários passava em geral pelas condições de trabalho e pelos baixos salários, já que a direção dos trabalhadores se limitava a mostrar o comportamento das contas da empresa. Contudo, observou-se que a Flaskô não tinha condições de fazer grandes investimentos em infraestrutura ou de atender a todas as reivindicações dos trabalhadores. "Há dois, três anos eles fizeram um enquadramento de salários e o meu salário não foi mexido. E mais, tem ferramenta que falta, que a gente pede, que não vem, que não chega. Então, ficamos descontentes por esse motivo, pois os próprios trabalhadores não enxergam o lado da gente"[7].

É interessante notar como se dá o processo de resistência no interior da fábrica. Ao perceber que é impossível melhorar as condições gerais de trabalho, os operários recorrem a mecanismos clássicos de boicote ao processo de trabalho, mesmo se tratando de uma fábrica ocupada e dirigida por eles mesmos.

O depoimento de um trabalhador do setor de manutenção expôs duas opiniões distintas e até contraditórias: ao mesmo tempo que reconhecia que não tinha um bom desempenho porque não recebia aumento de salário, ele admitia que a Flaskô pagava um salário razoável, em comparação com outras fábricas de Sumaré.

> E eu estou trabalhando, só que estou trabalhando em um ritmo mais devagar, não estou fazendo aquele desempenho que eu fazia, porque eu não tive valor aqui dentro pelos meus colegas de serviço. Eu acho que, se tivesse patrão, eu reconheceria o erro, mas era uma coisa que é [de] patrão, é [de] dono. [...] Essa fábrica aqui é uma das que pagam melhor na região [...] o salário de porteiro bate o recorde de salário do estado inteiro. Então, o segurança ganha melhor que em todo lugar aí... E aqui não tem nada de terceirizado.[8]

A subjetividade operária é bastante complexa para que se consiga uma explicação definitiva para a situação, mas a elaboração de respostas vem não raro de uma compreensão superficial do processo em que a fábrica se encontra. A insatisfação do trabalhador, decorrente da posição de classe que ele ocupa no processo de produção, coadunada com a reificação a que ele é submetido, leva-o a fazer dois diagnósticos opostos sobre sua condição dentro da empresa.

> Depois que a fábrica foi ocupada, eu fui para o outro lado e pensei: "Agora vai melhorar para mim também". Mas foi o caso contrário: para mim não melhorou nada a respeito da [...]

---

[7] Entrevista com trabalhador do setor de manutenção (Sumaré, 26 mar. 2007).
[8] Idem.

qualidade do meu serviço aqui dentro, do que eu faço, do que eu sei fazer, né? Eu não tive valor, eu não fui valorizado por isso. Isso aí eu já falei várias vezes em conselho.[9]

Não é somente o setor de base da Flaskô que a precariedade do cotidiano atingia. Em razão do parcelamento dos salários, imposto em janeiro de 2007, os funcionários com remuneração mais elevada, em geral os que tinham função de supervisão, recebiam atrasado (ou o pagamento era acumulado).

A condução da fábrica, em detrimento da esfera econômica, parecia ser uma tendência dos funcionários da administração. Apesar de reconhecer a importância das campanhas e das mobilizações organizadas pelo conselho de fábrica, eles acreditavam que os problemas podem ser resolvidos, mesmo que com maior esforço, apenas por ação do mercado. Essa convicção apareceu claramente no caso da CPFL: quando indagada se o problema poderia ser resolvido sem a interferência do conselho de fábrica, uma funcionária do setor financeiro respondeu afirmativamente.

> Acho que sim, porque a gente sempre *teve um bom relacionamento. A gente ia sofrer muito mais para conseguir, talvez, alguma coisa*. Porque brigar com o diretor, chamar pra conversar, envolver, com eles [o conselho de fábrica] fica muito mais fácil. Isso é verdade. Foram envolvidas partes influentes [a] que nós não temos acesso e [a] que eles têm. Senador, prefeito, deputado, fica muito mais fácil. A parte política é para as situações como essa, por exemplo. Sempre tivemos um *bom relacionamento* com a CPFL, sempre *conseguimos resolver tudo* [...]. A parte política tem um ótimo relacionamento, acredito, com CPFL também.[10]

É certo que a empresa não teria conseguido permanecer no mercado sem recorrer a práticas que escapavam às amarras estritamente mercadológicas. São exemplo disso o não cumprimento de execuções judiciais, o impedimento de leilões, a intervenção de movimentos sociais e de parlamentares em negociações de contas pendentes, a transação com o governo venezuelano e as diversas campanhas promovidas pelos trabalhadores.

São essas ações que definem a permanência dos operários em seu cotidiano de trabalho, garantindo sua continuidade num mercado em que os trabalhadores são cada vez mais dispensáveis e o exército de reserva só faz aumentar. No entanto, a falta de estabilidade é uma ameaça constante, gerando insegurança na vida e na reprodução física do trabalhador. Essa instabilidade surge como elemento explosivo no processo histórico do presente.

Essa tensão pode ser percebida na busca de soluções alheias ao mercado para tentar manter tanto a Flaskô quanto a Cipla e a Interfibra. Em 17 de janeiro de 2007, o jornal *Valor Econômico* trouxe uma matéria sobre o apoio do governo venezuelano às fábricas recuperadas brasileiras (M. Souza, 2007). Se, por um lado, o convênio firmado com o governo da Venezuela possibilitou vantagens financeiras para que os trabalhadores mantivessem a produção, por outro, provocou uma crise na principal corrente política da Flaskô, a Esquerda Marxista do PT, de tradição trotskista, oriunda da fissura de O Trabalho.

---

[9] Idem.
[10] Entrevista com funcionária do setor financeiro (Sumaré, 27 mar. 2007).

Para manter a produção, mesmo que de maneira precária, e a peleja pela estatização da fábrica para que os empregos e os direitos dos trabalhadores fossem garantidos, seria preciso ampliar a luta além dos limites da Flaskô. Nesse sentido, a campanha pela estatização por meio da mobilização dos operários tornou-se mais do que uma necessidade, foi condição fulcral na luta dos trabalhadores.

As políticas de mobilização

Desde 2003, as manifestações em Brasília foram os principais meios da campanha promovida pelos trabalhadores da Flaskô, da Cipla e da Interfibra para lograr algum êxito para suas reivindicações. Além disso, essas manifestações obedeciam a uma estratégia de agitação para tentar aglutinar mais colaboradores para a campanha dos operários das três fábricas.

A política central das caravanas, bem como de outras mobilizações, era fazer exigências ao governo de Lula, que, segundo a organização dos operários das fábricas ocupadas, foi eleito para servir aos trabalhadores e não ao capital. Essa tese sugere que as massas nas ruas podem forçar a administração federal a ir além do que se propôs a realizar. O movimento entendia que o governo do Partido dos Trabalhadores era ambíguo[11] e podia ser pressionado pela organização popular para modificar seu programa, atendendo assim às reivindicações dos trabalhadores e não aos interesses dos conglomerados financeiros, dos grandes industriais e dos latifundiários, como vinha fazendo.

> Elegemos o governo Lula contra a política de desmantelamento da nação. A força que mostramos, derrotando os que saqueiam nosso país e nosso povo, é a força que tem o trabalhador para assumir em suas mãos a defesa dos empregos, dos salários, dos direitos, do parque fabril brasileiro, e a força para exigir que o governo apresente solução para os 1.070 empregos da Cipla-Interfibra-Flaskô. (Fábrica, 2003)

Além de todas as ações e evidências do primeiro quadriênio do governo Lula contra os interesses dos trabalhadores, a resposta do governo às demandas dos trabalhadores foi dada desde o início da campanha: "'O governo não pode estatizar, mas vamos fazer o que for preciso para salvar esses empregos', garantiu Lula" (Lula, 2003).

Segundo os trabalhadores das fábricas ocupadas, mais do que a escusa de Lula para não fazer a política defendida pelos trabalhadores brasileiros, o governo promoveu ações específicas contra os operários das fábricas ocupadas. Desde o primeiro momento, o governo Lula recebeu as comitivas das fábricas, mas não admitiu nem assumiu a reivindicação da estatização. Contudo, no fim do primeiro mandato a situação já parecia bastante diferente:

> "Ou põe fim à palavra de ordem 'estatização' ou o governo não atenderá os trabalhadores." Essa foi a proposta do governo para atender a comissão das fábricas ocupadas que esteve em Brasília, dia 18 de julho, acompanhada de 1.500 operários e apoiadores. (Agostini, 2006, p. 1)

---

[11] Segundo Dias (2003, p. 11), muitos militantes petistas "sustentam a tese do 'governo cabo de guerra'. Lula teria sido sequestrado pela direita e pelo FMI e teríamos de resgatá-lo, puxá-lo para a esquerda".

Além de não aceitar a estatização, o governo insistiu com os trabalhadores para constituírem uma cooperativa, embora esse tipo de organização fosse inaceitável para os operários das três empresas, "já que ela não garante todos os empregos e direitos" (Agostini, 2006, p. 1).

Em tempos de neoliberalismo, que reitera a necessidade de um Estado mínimo, a reivindicação de estatizações destoa completamente do momento histórico. Nesse sentido, o processo de organização com outros movimentos populares para somar forças na campanha das fábricas foi relativamente positivo, se considerarmos o número de pessoas que participaram das primeiras caravanas a Brasília para exigir a estatização.

A principal concorrente da campanha pela estatização foram as cooperativas *solidárias*, já que estas eram adotadas como solução para reverter a situação problemática e penosa dos trabalhadores de fábricas em dificuldade ou em processo de falência.

> As cooperativas e as empresas de autogestão são levadas pela lógica da economia a buscar mercados, a competir, a aumentar sua "vantagem comparativa", a combater e destruir outras fábricas concorrentes. Ou seja, destruir postos de trabalho de seus próprios irmãos e demitir seus colegas para "tornar competitiva" a empresa. (Bandeira, 2004)

Essa concepção das empresas controladas diretamente pelos trabalhadores é minoritária dentro do movimento geral do cooperativismo ou da economia solidária no Brasil. A Agência de Desenvolvimento Solidário (ADS), da CUT, e a União e Solidariedade das Cooperativas do Estado de São Paulo (Unisol), do Sindicato dos Metalúrgicos do ABC, foram os elementos mais importantes para impulsionar o cooperativismo e a autogestão no Brasil (Zarpelon, 2003).

A promoção do cooperativismo como resposta ao desemprego tem sido uma das ações de requalificação profissional adotadas pela CUT. Segundo Welmowicki (2004), desde o início da década de 1990 a CUT vem perdendo o caráter classista que marcou sua fundação; hoje, ela procura a conciliação das classes e a defesa da "sociedade". Em outras palavras, o que a CUT defende é a cidadania[12], e não mais as conquistas da classe trabalhadora.

Embora os trabalhadores das três fábricas ocupadas rejeitem essa política, os coordenadores dos conselhos insistem em defender a CUT como a única entidade sindical realmente capaz de resguardar os interesses da classe.

> Exigimos que Lula estatize as fábricas ocupadas para salvar nossos empregos. Fizemos a grande marcha dos trabalhadores sem-terra em maio pela reforma agrária. Defendemos a independência dos nossos sindicatos. *Defendemos a CUT contra a reforma sindical e contra sua divisão.* (Declaração, 2005)

Para que as empresas ocupadas não ficassem isoladas, criou-se um movimento de solidariedade em torno delas. Isso foi possível graças à organização de um encontro nacional em defesa do emprego. Impulsionado pela direção das três fábricas, e coordenado pelos

---

[12] Existem várias definições de cidadania, porém a que adotamos é a de Welmowicki (2004, p. 28): "cidadania passa a ser uma categoria abstrata, desligada da práxis real e dos conflitos inerentes à sociedade capitalista. Ignora os processos reais que se dão na esfera da produção e da sociedade para falar de um homem abstrato. Portanto, joga um papel de cobertura ideológica, de capa para os conflitos de classe que atravessam essa sociedade".

conselhos de fábrica, o movimento tentou reunir militantes dispostos a defender o emprego de trabalhadores de fábricas que estavam fechando suas portas e a lutar pela estatização.

Merece destaque a ausência da CUT na organização do evento. Como afirmamos anteriormente, a central defendia a formação de cooperativas de produção, em vez da luta pela manutenção e ampliação dos direitos dos trabalhadores. Embora tenha *status* de defensora da classe, a CUT não correspondeu às expectativas dos trabalhadores. Nesse sentido, a interação com outros movimentos sociais, tanto no Brasil como em países em condições históricas semelhantes, é uma experiência imprescindível para o avanço da luta pela estatização.

A INTERAÇÃO COM OUTROS MOVIMENTOS NACIONAIS E SUL-AMERICANOS

As dificuldades por que passam os trabalhadores no Brasil são experimentadas por boa parte dos trabalhadores da América Latina. A resposta articulada internacionalmente pela Cipla, pela Interfibra e pela Flaskô nasceu do primeiro encontro latino-americano de fábricas recuperadas em Caracas, na Venezuela. Nessa ocasião, discutiu-se a similaridade do caso das três fábricas brasileiras, em especial o da Flaskô, com outros ocorridos na Argentina e na Venezuela.

Na Argentina, esse processo de desregulamentação do mercado de trabalho atravessou toda a década de 1980 e de 1990, mas os conflitos políticos e sociais começaram a tomar forma mais clara a partir de 1989, com a eleição de Carlos Menem. Contra o avanço das políticas neoliberais, diversas manifestações sociais ocorreram no país, ainda que de maneira esporádica e incipiente. A criação da Central de Trabalhadores Argentinos (CTA) como alternativa à Confederação Geral do Trabalho (CGT), os *piqueteros*, o Movimento dos Trabalhadores Desocupados (MTD), as marchas nacionais, entre outros, foram tentativas de resposta da classe trabalhadora argentina à implacável usurpação de seus direitos e à depreciação de sua qualidade de vida.

Ainda que pareça um truísmo, é importante ressaltar que tanto na Argentina quanto no Brasil essas ocupações não foram consequência do ascenso do movimento operário[13]. Ao contrário, elas aconteceram num período de debilidade do movimento operário argentino e brasileiro, expondo, portanto, um caráter deliberado de último recurso diante do desemprego iminente.

No Brasil, os operários da Flaskô, em conjunto com um grupo de trabalhadores sem teto, promoveram a ocupação do terreno adjacente à empresa e levantaram a questão da moradia como mais uma situação a ser resolvida pelo poder público. Nesse caso, trataram de reivindicar da Prefeitura de Sumaré uma solução para a habitação popular.

> Com os companheiros sem-teto da Área Cura, ocupamos o terreno ao redor da fábrica e estamos construindo a Vila Operária e Popular para conquistar moradia digna para nossas famílias. Mas a luta só começa, em conjunto com a comissão de moradores da Área Cura (mais de sete

---

[13] Como aconteceu na Itália e na Alemanha na década 1920, na França e na Espanha na década de 1930, na Iugoslávia na década de 1940, na Hungria na década de 1950, na França e na Argentina no fim da década de 1960, no Chile e em Portugal na década de 1970. Sobre isso, ver Dallemagne (1977) e N. Moreno (2002).

bairros) na luta pela rede e tratamento de água e esgoto, por asfalto e qualidade de vida [...]. Por toda a parte, a luta na cidade e no campo se amplia [...]. Por isso, continuaremos em Sumaré, em Campinas, no Rio de Janeiro, ocupando os prédios e terrenos para conquistar nossa moradia. (Encontro Regional de Sumaré, 2006)

O terreno ocupado por trabalhadores sem-teto e operários da Flaskô pertencia à Cipla. Uma das determinações da assembleia dos moradores proibiu a venda dos lotes por um período de cinco anos. Além disso, eles conseguiram que a prefeitura se comprometesse a enviar máquinas para realizar melhorias no terreno. Eles se uniram aos trabalhadores e impediram leilões de máquinas e o corte de energia. Com a adesão dos sem teto, tornou-se mais vigorosa a mobilização da população na defesa dos interesses dos operários, antes isolados em sua luta.

O Movimento dos Trabalhadores Rurais Sem Terra (MST) também se juntou à campanha de solidariedade para tentar acabar com o isolamento dos operários das fábricas ocupadas. Em 2005, realizou-se o Encontro dos Trabalhadores do Campo e da Cidade para unir forças e fazer exigências ao governo Lula.

A Venezuela assumiu um papel importante e efetivo na manutenção dos empregos no Brasil. Depois do encontro em Caracas, as três fábricas brasileiras enviaram operários para assessorar os venezuelanos na instalação da Petrocasa (fábrica de perfis de PVC para construção de casas populares) e, em contrapartida, receberam matéria-prima subsidiada para abastecer sua produção. Além de prestar assessoria técnica, os operários brasileiros acompanharam os embates travados pelos trabalhadores venezuelanos.

Um caso ocorrido na Venezuela, semelhante ao caso das três fábricas ocupadas no Brasil, é o da Sanitários Maracay, uma fábrica falida que os trabalhadores conseguiram recuperar e controlar. Essa fábrica era um dos principais polos de resistência à política proposta por Chávez. Em 24 de abril de 2007, em luta pela manutenção de seus empregos, os trabalhadores realizaram uma marcha em Caracas, exigindo do Estado a nacionalização da empresa sob controle direto dos operários. Entretanto, no Estado de Aragua, a guarda nacional e a polícia reprimiram as manifestações com violência, deixando alguns trabalhadores feridos.

Nesses casos, o elemento mais importante não é a condução da empresa, mas em que circunstâncias se dão os acontecimentos. No caso venezuelano, a despeito da "cogestão revolucionária", o fator defensivo é central e determinante nas ocupações. No entanto, é também verdade que, para garantir sua sobrevivência, na maioria dos casos, os trabalhadores negociam as perdas e os direitos.

Assim, a configuração da atual luta do operariado vem assumindo um caráter eminentemente defensivo, e a ocupação da Flaskô se enquadra no momento histórico que os estudiosos Alves (2000), Antunes (2002 e 2009a), Braga (1997) e Dias (1999) entendem como uma reestruturação produtiva. Nesse sentido, compreender a ofensiva do capital sobre o trabalho, em sua tentativa de superar as crises de reprodução no desenvolvimento do processo de acumulação, dá uma perspectiva histórica à ocupação da Flaskô e evidencia seu modo de ser no interior da luta de classes contemporânea, elemento fundamental para explicitar a dimensão econômica da defesa dos trabalhadores nesse contexto.

Depreendemos daí que os operários das fábricas ocupadas, não alcançando a massificação de suas lutas com um recrudescimento do movimento classista, tendem a cair em duas situações distintas: ou suas reivindicações não são atendidas, como aconteceu com os trabalhadores da Cipla e da Interfibra, em Joinville, nas quais o governo Lula interveio com o auxílio de aparato policial; ou esses operários normalizam a produção e abraçam as regras do mercado. Contudo, até o presente momento, apesar de toda a limitação na condução de suas contendas, os trabalhadores têm buscado se inserir ativamente na luta de classes. A luta imediata tem se concentrado nas campanhas pela estatização da empresa, ou mesmo na promoção do interesse social da área ocupada pela Flaskô, sempre segundo o eixo do controle operário sobre a produção.

Bibliografia geral

ABEF (Associação Brasileira dos Produtores e Exportadores de Frango). *Relatório anual 2008-2009*. Disponível em: <http://www.abef.com.br/ubabef/exibenoticiaubabef.php?notcodigo=1417>. Acesso em 26 nov. 2009.

ABDELMASSIH é transferido para presídio em Tremembé. *Folha de S.Paulo*, 26 ago. 2009. Caderno Cotidiano.

ABRAHÃO, Júlia Issy; SZNELWAR, Laerte Idal. Entre a tarefa e a atividade, a dor de trabalhar. In: MENDES, Ana Magnólia (org.). *Trabalho e saúde*: o sujeito entre a emancipação e servidão. Curitiba, Juruá, 2008.

ABRAMO, Laís; SANCHES, Solange; COSTANZI, Rogério. Análise preliminar dos déficits de trabalho decente no Brasil no período 1992-2006. In: XVI ENCONTRO NACIONAL DE ESTUDOS POPULACIONAIS, Caxambu, 2008.

ABREU, Alice Rangel de Paiva et al. Produção flexível e relações interfirmas: a indústria de autopeças em três regiões do Brasil. In: _____ (org.). *Produção flexível e novas institucionalidades na América Latina*. Rio de Janeiro, UFRJ, 2000. p. 27-73.

ABREU, Dióres Santos. *Formação histórica de uma cidade pioneira paulista*. Presidente Prudente, Faculdade de Filosofia, Ciências e Letras de Presidente Prudente, 1972.

ACKERS, Peter; SMITH, Chris; SMITH, Paul. Against all Odds? British Trade Unions in the New Workplace. In: _____ (orgs.). *The New Workplace and Trade Unionism*. Londres, Routledge, 1996. p. 1-40.

ADISSI, Paulo. *A medição do trabalho na lavoura canavieira*. Trabalho de conclusão do curso de Ergonomia. Rio de Janeiro, COPPE/UFRJ, 1990.

_____; SPAGNUL, Wagner. Convenções coletivas: quantificando o roubo dos patrões. *Proposta*, ano XIV, n. 42, out. 1989.

AFONSO, Roseli de Fátima. *As consequências da reestruturação produtiva na vida dos trabalhadores*: um estudo de caso no Polo Petroquímico de Camaçari (BA). Dissertação de Mestrado em Sociologia, Salvador, Faculdade de Filosofia e Ciências Humanas/UFBA, 1999.

AGOSTINI, Sílvia. Lula cumpra sua promessa. *Fábricas Ocupadas*, Joinville, ano 2, n. 7, ago. 2006.

AGUIAR, André Luiz Souza. *Assédio moral*: o direito à indenização pelos maus-tratos e humilhações sofridos no ambiente do trabalho. São Paulo, LTr, 2008.

ALBERTON, Vânia. *As transformações nas formas de gestão e relações de trabalho na indústria petroquímica do Rio Grande do Sul no período 1989-99 e seus impactos sobre a força de trabalho*. Trabalho de conclusão de curso, UFRGS, 2000.

ALMANAQUE ABRIL. Rio de Janeiro, Abril, 2002.

ALMEIDA, Cibeli Ramos de et al. *Anais da III Jornada de Estudos em Assentamentos Rurais*, Campinas, Feagri/Unicamp, 2007.

ALVES, Francisco José da Costa. *Modernização da agricultura e sindicalismo*: lutas dos trabalhadores assalariados rurais da região canavieira de Ribeirão Preto. Tese de Doutorado em Economia, Campinas, Instituto de Economia/Unicamp, 1991.

_____. Por que morrem os cortadores de cana? *Saúde e Sociedade*, v. 15, n. 3, set.-dez. 2006. p. 90-8.

_____. Trabalho e trabalhadores no corte de cana: ainda a polêmica sobre o pagamento por produção e as mortes por excesso de trabalho. In: BISON, Nelson; PEREIRA, José Carlos Alves (orgs.). *Agrocombustíveis, solução?* A vida por um fio no eito dos canaviais. São Paulo, CCJ, 2008. p. 22-48.

ALVES, Giovanni. *O novo (e precário) mundo do trabalho*: reestruturação produtiva e crise do sindicalismo. São Paulo, Boitempo, 2000.

_____. *Dimensões da reestruturação produtiva*: ensaios de sociologia do trabalho. Londrina, Praxis, 2007.

ALVES, Maria Aparecida. *Setor informal ou trabalho informal?* Uma abordagem crítica sobre o conceito de informalidade. Dissertação de Mestrado em Sociologia, Campinas, Instituto de Filosofia e Ciências Humanas/Unicamp, 2001.

_____; TAVARES, Maria Augusta. A dupla face da informalidade do trabalho. In: ANTUNES, Ricardo (org.). *Riqueza e miséria do trabalho no Brasil*. São Paulo, Boitempo, 2006.

AMATO, Fábio; SIMIONATO, Maurício. Flexibilização já atinge 40,6 mil metalúrgicos. *Folha de S.Paulo*, 10 fev. 2009. p. B3.

AMIN, Ash; MALMBERG, Anders. Competing Structural and Instituional Influences on the Geography of Production in Europe. In: AMIN, Ash (org.). *Post-fordism*: a Reader. Oxford, Blackwell, 1996.

_____; SMITH, Ian. The British Car Components Industry: Leaner and Fitter? In: STEWART, P. et al. (org.). *Restructuring for Economic Flexibility*. Aldershot, Avebury, 1990.

AMORIM, Henrique. *Teoria social e reducionismo analítico*: para uma crítica ao debate sobre a centralidade do trabalho. Caxias do Sul, Educs, 2006.

_____. Trabalho Imaterial: Marx e o debate contemporâneo. São Paulo, Annablume, 2009.

ANTÔNIO, Armando Pereira. *Movimento social e organização do espaço rural nos assentamentos populacionais dirigidos pelo Estado*: os exemplos da Alta Sorocabana no período 1960-1990. Tese de Doutorado em Geografia Humana, São Paulo, FFLCH/USP, 1990.

ANTUNES, Ricardo. Trabalho, reestruturação produtiva e algumas repercussões no sindicalismo brasileiro. In: _____ (org.). *Neoliberalismo, trabalho e sindicatos*. São Paulo, Boitempo, 1997.

_____. *Adeus ao trabalho?* Ensaio sobre as metamorfoses e a centralidade do mundo do trabalho. 8. ed., São Paulo/Campinas, Cortez/Unicamp, 2002.

_____. *A desertificação neoliberal no Brasil (Collor, FHC e Lula)*. Campinas, Autores Associados, 2004.

_____. *O caracol e sua concha*: ensaios sobre a nova morfologia do trabalho. São Paulo, Boitempo, 2005.

_____ (org.). *Riqueza e miséria do trabalho no Brasil*. São Paulo, Boitempo, 2006.

_____. *Os sentidos do trabalho*: ensaios sobre a afirmação e a negação do trabalho. 2. ed., 10. reimp. rev. e amp. São Paulo, Boitempo, 2009a.

_____. Introdução: a substância da crise. In: MÉSZÁROS, István. *A crise estrutural do capital*. São Paulo, Boitempo, 2009b. p. 9-16.

_____. As configurações do trabalho na sociedade capitalista, *Katálysis*. Florianópolis, v. 12, jul.--dez. 2009c.

_____; BRAGA, Ruy (orgs.). *Infoproletários*: degradação real do trabalho virtual. São Paulo, Boitempo, 2009.

APPAY, Béatrice. Précarisation sociale et restructurations productives. In: _____.; THÉBAUD-MONY, A. *Précarisation sociale, travail et santé*. Paris, Iresco, 1997. p. 509-53.

_____; THÉBAUD-MONY, Annie (orgs.). *Précarisation sociale, travail et santé*. Paris, Iresco, 1997.

_____; _____. Précarisation sociale. In: HIRATA, Héléna et al. (orgs.). *Dictionnaire critique du féminisme*. Paris, PUF, 2000.

ARAÚJO, Ângela M. Carneiro; CARTONI, Daniela M.; JUSTO, Carolina R. D. Mello. Reestruturação produtiva e negociação coletiva nos anos 90. *Revista Brasileira de Ciências Sociais*. São Paulo, v. 16, n. 45, fev. 2001. p. 85-112.

ARAÚJO, Anísio José da Silva. *Paradoxos da modernização*: terceirização e segurança dos trabalhadores em uma refinaria de petróleo. Tese de Doutorado em Saúde Coletiva, Rio de Janeiro, Fundação Oswaldo Cruz, 2001.

ARAÚJO, José Newton Garcia de. A LER/Dort e o seguro de acidentes do trabalho (SAT): questão de saúde ou questão política? In: CARVALHO NETO, Antônio; SALIM, Celso Amorim. *Novos desafios em saúde e segurança no trabalho*. Belo Horizonte, PUC, Instituto de Relações do Trabalho e Fundacentro, 2001. p. 125-47.

AUMENTAM acordos para cortar salário; cálculo estima 90 mil. *Valor Econômico*. São Paulo, 26 fev. 2009.

AZEVEDO, Fausto Antonio; ROSA, Henrique Vicente Della. *Apostila de toxicologia ocupacional*. 2 ed. São Paulo, Fundacentro, 1982.

BABSON, Steve. Lean Production and Labor: Empowerment and Explotation. In: _____ (org.). *Lean Work*: Empowerment and Explotation in the Global Industry. Detroit, Wayne State University Press, 1995.

BALTAR, Paulo; MORETTO, Amilton; KREIN, José Dari. O emprego formal no Brasil: início do século XXI. In: KREIN, José Dari et al. (orgs.). As transformações no mundo do trabalho e os direitos dos trabalhadores. Campinas, CESIT, LTr e Ematra XV, 2006.

BANDEIRA da estatização mantém a luta. *A Voz do Trabalhador*. Joinville, ano 3, n. 20, jun. 2004.

BARAN, Paul; SWEEZY, Paul. *Capitalismo monopolista*. Rio de Janeiro, Zahar, 1966.

BARRETO, Katerine Roman. *Embraer no contexto do desenvolvimento industrial de São José dos Campos (1950-2000)*. Tese de Doutorado em História, São Paulo, FFLCH/USP, 2002.

BARRETO, Margarida Maria Silveira. *Violência, saúde e trabalho*: uma jornada de humilhações. São Paulo, Educ, 2003.

BARRETO, Theo da Rocha. *Informalidade e desemprego*: os mortos-vivos da precarização do trabalho. Um estudo sobre as trajetórias dos trabalhadores informais e desempregados na RMS – no final do século XX. Dissertação de Mestrado em Ciências Sociais, Salvador, Faculdade de Filosofia e Ciências Humanas/UFBA, 2005.

BARTOLI, Marc. *L'intensité du travail*. Tese de Doutorado em Ciências Econômicas, Grenoble, Université Pierre-Mendès, 1980.

BASÍLIO, Juliana. *Contratos de trabalho de professores e a construção da condição docente na escola pública paulista (1974-2009)*. Dissertação de Mestrado em Educação, Campinas, Faculdade de Educação/Unicamp, 2010.

BASSO, Pietro. *Tempi moderni, orari antichi*: l'orario di lavoro a fine secolo. Milão, Angeli, 1998.

_____. *Razze schiave e razze signore (I)*: vecchi e nuovi razzismi. Milão, Angeli, 2000.

_____ (org.). *Razzismo di Stato*: Stati Uniti, Europa, Italia. Milão, Franco Angeli, 2010a.

_____. *L'immigrazione in Europa*: caratteristiche e prospettive. Mimeo, 2010b.

_____; PEROCCO, Fabio. *Immigrazione e trasformazione della società*. Milão, Franco Angeli, 2001.

_____; _____. *Gli immigrati in Europa*: disuguaglianze, razzismo, lotte. 3. ed., Milão, Franco Angeli, 2008.

BATISTA, Henrique Gomes. Governo do PT altera quadro das centrais. *Valor Econômico*, 20 jul. 2004.

BATISTA, Nilo. *Punidos e mal pagos*: violência, justiça, segurança pública e direitos humanos no Brasil de hoje. Rio de Janeiro, Revan, 1990.

_____. Mídia e sistema penal no capitalismo tardio. *Biblioteca On-line de Ciências da Comunicação*, 2003. Disponível em: <http://www.bocc.ubi.pt/pag/batista-nilo-midia-sistema-penal.pdf>. Acesso em fev. 2006.

BECCARIA, Cesare. *Dos delitos e das penas*. São Paulo, Martin Claret, 2000.

BECK, Ulrich. *Un nuevo mundo feliz*: la precaridad del trabajo en la era de la globalización. Barcelona, Paidós, 2000.

BEDÊ, Marco Aurélio. *A indústria automobilística no Brasil nos anos 90*: proteção efetiva, reestruturação e política industrial. Tese de Doutorado em Ciências Econômicas, São Paulo, FEA/USP, 1996.

BEIGUELMAN, Paula. Os companheiros de São Paulo: *flashes* contemporâneos. In: _____. *Os companheiros de São Paulo*: ontem e hoje. São Paulo, Cortez, 2002a.

_____. A nova investida da Volks. *Debate Sindical*. São Paulo, n. 41, dez.-jan.-fev. 2002b.

BELL, Daniel. *O advento da sociedade pós-industrial*: uma tentativa de previsão social. São Paulo, Cultrix, 1977.

BENTHAM, Jeremy. *O panóptico*. Belo Horizonte, Autêntica, 2000.

BENTO, Maria Aparecida Silva. Insalubridade no trabalho e raça: o caso dos trabalhadores das siderúrgicas. In: MUNANGA, Kabengele (org.). *Estratégias e políticas de combate à discriminação*. São Paulo, Edusp/Estação Liberdade, 1996. p. 231-41.

_____. Racismo no trabalho: o movimento sindical e o Estado. In: GUIMARÃES, Antônio Sérgio Alfredo; HUNTELY, Lynn (orgs.). *Tirando a máscara*: ensaios sobre o racismo no Brasil. São Paulo, Paz e Terra, 2000. p. 325-42.

BERNARDES, Roberto. *Embraer*: elos entre Estado e mercado. São Paulo, Hucitec, 2000.

BERNARDO, João. *Democracia totalitária*: teoria e prática da empresa soberana. São Paulo, Cortez, 2004.

BEYNON, Huw. *Trabalhando para Ford*. São Paulo, Paz e Terra, 1995.

_____. As práticas do trabalho em mutação. In: ANTUNES, Ricardo et al. (orgs.). *Neoliberalismo, trabalho e sindicatos*. São Paulo, Boitempo, 1999.

BIANCHETTI, Lucídio. *Da chave de fenda ao laptop*. Tecnologia digital e novas qualificações: desafios à educação. Petrópolis, Vozes, 2001.

BIELSCHOWSKY, Carlos Eduardo. MEC desativa polos de ensino a distância. Disponível em: <http://portal.mec.gov.br/seed/index.php?option=com_content&task=view&id=11664&interna=6>. Acesso em 5 jan. 2009.

_____. Entrevista. Assessoria de Comunicação do MEC, 21 nov. 2008.

BIHR, Alain. *Da grande noite* à *alternativa*: o movimento operário europeu em crise. São Paulo, Boitempo, 1998.

BISSERET, Noëlle. A ideologia das aptidões naturais. In: DURAND, J. C. G. (org.). *Educação e hegemonia de classe*: as funções ideológicas da escola. Rio de Janeiro, Zahar, 1978.

BNDES, Resposta ao Requerimento de Informações n. 2195/97 do deputado Paulo Paim, 10 de abril de 1997.

BOITO JR., Armando. *Política neoliberal e sindicalismo no Brasil*. São Paulo, Xamã, 1999.

_____. Neoliberalismo e relações de classe no Brasil. *Ideias*, Campinas, n. 9 (1), 2002. p. 12-48.

BORGES, Ângela Maria Carvalho; DRUCK, Maria da Graça. Terceirização: balanço de uma década. *Cadernos do CRH*. Salvador, v. 37, 2002. p. 111-39.

BOURDIEU, Pierre. *O desencantamento do mundo*: estruturas econômicas e estruturas temporais. São Paulo, Perspectiva, 1979.

_____. *Contrafogos*: táticas para enfrentar a invasão neoliberal. Rio de Janeiro, Zahar, 1998.

_____. *Meditações pascalianas*. Rio de Janeiro, Bertrand Brasil, 2001.

_____; PASSERON, Jean-Claude. *A reprodução*: elementos para uma teoria do sistema de ensino. Rio de Janeiro, Francisco Alves, 1975.

BRAGA, Ruy. *A restauração do capital*: um estudo sobre a crise contemporânea. São Paulo, Xamã, 1997.

BRAVERMAN, Harry. *Trabalho e capital monopolista*: a degradação do trabalho no século XX. Rio de Janeiro, Guanabara Koogan, 1987.

BREMNER, Brian; DAWSON, Chester. Can Anything Stop Toyota?. *Bloomberg Businessweek*, 16 nov. 2003. Disponível em: <http://www.businessweek.com/stories/2003-11-16/can-anything-stop-toyota>.

BRUNO, Lúcia. Educação, qualificação e desenvolvimento econômico. In: _____ (org.). *Educação e trabalho no capitalismo contemporâneo*: leituras selecionadas. São Paulo, Atlas, 1996. p. 91-123.

BUZZI, Dario. Recuperação da Cipla/Interfibra. Carta do superintendente do Banco Regional do Desenvolvimento do Extremo Sul em Santa Catarina (BRDE/SC), Superintendência do Banco Regional de Desenvolvimento do Extremo Sul. Florianópolis, 28 fev. 2005.

CABRAL, Manuel Villaverde et al. *Desigualdades sociais e percepções da justiça*. Lisboa, ICS, 2003.

CANADA'S NATIONAL FARMERS UNION. The Farm Crisis & Corporate Profits. 30 nov. 2005.

CÂNDIDO, Índio. *Governança em hotelaria*. Caxias do Sul, Educs, 2001.

CANO, Wilson. *Industrialização, crise, ajuste e reestruturação*: algumas questões sobre o emprego e suas repercussões sobre a distribuição da renda. In: MATTOSO, Jorge (org.). *O mundo do trabalho*: crise e mudança no final do século. São Paulo, Página Aberta/Scritta, 1994.

CARDOSO, Adalberto M. *A década neoliberal e a crise dos sindicatos no Brasil*. São Paulo, Boitempo, 2003.

CARITAS/MIGRANTES. *Dossier Statistico Immigrazione 2009*. XIX Rapporto sull'immigrazione. Roma, 2009.

CARNES: produtor paranaense reduz produção de frango por causa da crise. *Notícias Agrícolas*, Campinas, 25 fev. 2009. Disponível em: <http://www.noticiasagricolas.com.br/noticias.php?id=40544>. Acesso em 25 nov. 2009.

CAROS AMIGOS. Edição extra PCC, ano X, n. 28, maio de 2006.

CARTILHA DOS SINDICATOS SOBRE REESTRUTURAÇÃO PRODUTIVA. São Paulo, Sindicatos de Petróleo/SP, 1994.

CARTONI, Daniela Maria. *Organização do trabalho e gestão da inovação*: estudo de caso numa indústria petroquímica brasileira. Dissertação de Mestrado em Política Científica e Tecnológica, Campinas, Instituto de Geociência/Unicamp, 2002.

CARVALHO, Ruy de Quadros. Capacitação tecnológica limitada e uso do trabalho na indústria brasileira. *São Paulo em Perspectiva*, v. 8, n. 1, 1994. p. 133-43.

_____; SCHMITZ, Hubert. O fordismo está vivo no Brasil. *Novos Estudos Cebrap*, n. 27, jul. 1990. p. 148-56.

CASTEL, Robert. *As metamorfoses da questão social*. Petrópolis, Vozes, 1998.

CASTELLI, Geraldo. *Administração hoteleira*. Caxias do Sul, Educs, 1992. 402 p.

CASTELLS, Manuel. *A era da informação*: economia, sociedade e cultura. 10. ed., São Paulo, Paz e Terra, 2007.

CASTILLO, Juan J. *Sociología del trabajo*. Madri, CIS, 1996a.

_____. A la búsqueda del trabajo perdido. In: POVEDA, Alfonso Pérez-Agote; YNCERA, Ignacio Sánchez de la (coords.). *Complejidad y teoría social*. Madri, CIS, 1996b.

_____. *El trabajo fluido en la sociedad de la información*: organización y división de trabajo en las fabricas de *software* en España. Buenos Aires, Miño y Dávila, 2007.

CASTILLO, Noela Invernizzi. *Automação e qualificação do trabalho*: elementos para um enfoque dialético. Dissertação de Mestrado em Política Científica e Tecnológica, Campinas, Instituto de Geociências/Unicamp, 1996.

_____. *Novos rumos do trabalho*: mudanças nas formas de controle e qualificação da força de trabalho brasileira. Tese de Doutorado em Política Científica e Tecnológica, Campinas, Instituto de Geociências/Unicamp, 2000.

CASTRO, Juliana. *Relações e condições de trabalho de professores*. Relatório de pesquisa de iniciação científica, Campinas, Instituto de Filosofia e Ciências Humanas/Unicamp, 2010.

CASTRO, Nadya Araújo de. Modernização e trabalho no complexo automotivo brasileiro: reestruturação industrial ou japonização de ocasião?. In: _____ (org.). *A máquina e o equilibrista*: inovações na indústria automobilística brasileira. Rio de Janeiro, Paz e Terra, 1995.

CATTANI, Antonio David. *Trabalho e tecnologia*: dicionário crítico. 2. ed., Petrópolis, Vozes/ UFRGS, 1999.

_____; HOLZMANN, Lorena (orgs.). Dicionário de trabalho e tecnologia. Porto Alegre, Ed. da UFRGS, 2006. 358 p.

CAVALCANTE, Sávio. Uma polêmica na definição marxista de proletariado. *Crítica Marxista*, n. 28, 2009.

_____; WOLFF, Simone. Os gerentes na empresa neoliberal e a crise das "classes médias". In: XXXII ENCONTRO ANUAL DA ANPOCS, Caxambu, 2008.

CENTRO DE RECURSOS HUMANOS (CRH/FFCH/UFBA); SINDICATO DOS QUÍMICOS E PETROLEIROS DA BAHIA. *Relatório da Pesquisa Campanha Salarial 2000*, jul.-ago. 2000.

CEPAL, PNUD, OIT. *Emprego, desenvolvimento humano e trabalho decente*: a experiência brasileira recente, set. 2008.

CESIT/MTE. *Informações para a elaboração das estratégias das políticas públicas de emprego, renda e relações de trabalho*. Relatório de pesquisa, mar. 2006.

CACCIAMALI, Maria Cristina. Flexibilidade: maior número de micro e pequenas empresas ou manutenção da concentração de forma descentralizada? *Contemporaneidade e Educação*, ano II, n. 1, maio 1997. p. 47-57.

_____. Globalização e processo de informalidade. *Economia e Sociedade*, n. 14, jun. 2000. p. 152-74.

CHAUI, Marilena de Souza. *Cultura e democracia*. São Paulo, Cortez, 1989.

CHESNAIS, François. *A mundialização do capital*. São Paulo, Xamã, 1996.

CHIARETTI, Giuliana. Badanti: mal da lavoro, mal da rapporti sociali, fronteggiamenti. In: _____ (org.). *C'è posto per la salute nel nuovo mercato del lavoro?* Milão, Franco Angeli, 2005.

CHIMANOVITCH, Mário. Um negócio camarada. *Revista Senhor*, n. 77, 8 set. 1982.

CIPOLLA, Francisco Paulo. Trabalho em equipe como forma de subsunção real. *Estudos Econômicos*, v. 35, n. 1, 2005.

CLEPS JÚNIOR, João. *O Pontal do Paranapanema paulista*: a incorporação regional da periferia do café. Dissertação de Mestrado em Geografia, Rio Claro, Instituto de Geociências Exatas/Unesp, 1990.

COM A CRISE, fome atingirá 1 bilhão de pessoas, diz a ONU. *Folha de S.Paulo*, 20 jun. 2009. Caderno Dinheiro.

CONCEIÇÃO, Jefferson José da. *As fábricas do ABC no olho do furacão*: a indústria de autopeças e a reestruturação da cadeia de produção automotiva nos anos 90. Dissertação de Mestrado em Administração, São Caetano do Sul, Centro de Estudos de Aperfeiçoamento e Pós-Graduação, Centro Universitário Municipal de São Caetano do Sul, 2001.

CONVENÇÃO (111) Sobre Discriminação em Matéria de Emprego e Profissão da Organização Internacional do Trabalho. Disponível em: <http://www.ilo.org/public/portugue/region/ampro/brasilia/info/download/conv_111.pdf>. Acesso em jun. 2007.

CORIAT, Benjamin. O taylorismo e a expropriação do saber operário. In: PIMENTEL, Duarte et al. (orgs.). *Sociologia do trabalho*. Organização do trabalho industrial: antologia. Lisboa, A Regra do Jogo, 1976. p. 78-109.

_____. Ohno e a escola japonesa de gestão da produção: um ponto de vista de conjunto. In: HIRATA, Helena Sumiko (org.). *Sobre o "modelo" japonês*: automatização, novas formas de organização e de relações de trabalho. São Paulo, Edusp, 1993. p. 79-91.

_____. *Pensar pelo avesso*: o modelo japonês de trabalho e organização. Rio de Janeiro, Revan/UFRJ, 1994.

CORRÊA, João Guilherme de S. *Forjado a ferro frio*: do surgimento do Sindicato dos Metalúrgicos de Ipatinga à prática política diante da privatização da Usiminas. Trabalho de conclusão de curso, Uberlândia, UFU, 2007.

COSTA, Ionara; QUEIROZ, Sérgio. Autopeças no Brasil: mudanças e competitividade na década de noventa. In: XX SIMPÓSIO DE GESTÃO DA INOVAÇÃO TECNOLÓGICA, São Paulo, 1998.

CRUZ, Dulcineia; BIANCHETTI, Lucídio. *A formação do "total trabalhador sadia"*: estratégias de qualificação de trabalhadores em uma empresa agroindustrial. Disponível em: <http://www.anped.org.br/reunioes/24/T0900535170525.doc.>. Acesso em: 20 fev. 2006.

CRUZ, Maria Cecília Velasco e. Tradições negras na formação de um sindicato: sociedade de resistência dos trabalhadores em trapiche e café, Rio de Janeiro (1905-1930). *Afro-Ásia*, n. 24, 2000. p. 243-90.

CURRY, James. The Flexibility Fetish: A Review Essay on Flexible Specialisation. *Capital & Class*, n. 50, 1993.

CUT. Conclamação para participação na I Conferência Nacional da Classe Trabalhadora. Praia Grande, CUT, 1981a, 12p.

_____. Resoluções da Conferência Nacional da Classe Trabalhadora. Praia Grande, 1981.

_____. Resolução do I Congresso Nacional da Classe Trabalhadora (Conclat). São Bernardo do Campo, 1983. Disponível em: <http://www.cut.org.br/documentos-oficiais>. Acesso em 14 jan. 2004.

_____. Resoluções da Plenária Nacional da CUT. São Paulo, CUT, 1984a, 16p. Disponível em: <http://www.cut.org.br/documentos-oficiais>. Acesso em 14 jan. 2004.

_____. Resoluções do I Congresso Nacional da CUT. São Bernardo do Campo, São Paulo, 1984. Disponível em: <http://www.cut.org.br/documentos-oficiais>. Acesso em 14 jan. 2004.

_____. Resoluções do II Congresso Nacional da CUT. Rio de Janeiro, 1986. Disponível em: <http://www.cut.org.br/documentos-oficiais>. Acesso em 14 jan. 2004.

_____. Resoluções da Plenária Nacional da CUT. São Bernardo do Campo, SP, CUT, 1987, 20p. Disponível em: <http://www.cut.org.br/documentos-oficiais>. Acesso em 14 jan. 2004.

_____. Resoluções do III Congresso Nacional da CUT. Belo Horizonte, 1988. Disponível em: <http://www.cut.org.br/documentos-oficiais>. Acesso em 14 jan. 2004.

_____. Resoluções da Plenária Nacional da CUT. São Bernardo do Campo, SP, CUT, 1989, 15p. Disponível em: <http://www.cut.org.br/documentos-oficiais>. Acesso em 14 jan. 2004.

_____. Resoluções da Plenária Nacional da CUT. Belo Horizonte, CUT, 1990, 23p. Disponível em: <http://www.cut.org.br/documentos-oficiais>. Acesso em 14 jan. 2005.

_____. Resoluções do IV Congresso Nacional da CUT. São Paulo, 1991. Disponível em: <http://www.cut.org.br/documentos-oficiais>. Acesso em 14 jan. 2004.

_____. Resoluções da V Plenária Nacional da CUT. São Paulo, CUT, 1992, 82p. Disponível em: <http://www.cut.org.br/documentos-oficiais>. Acesso em 14 jan. 2005.

_____. Resoluções do V Congresso Nacional da CUT. São Paulo, 1994. Disponível em: <http://www.cut.org.br/documentos-oficiais>. Acesso em 14 jan. 2004.

_____. Resoluções da VII Plenária Nacional da CUT. São Paulo, 1995. Disponível em: <http://www.cut.org.br/documentos-oficiais>. Acesso em 14 jan. 2005.

_____. Resoluções da VIII Plenária Nacional da CUT. São Paulo, 1996. Disponível em: <http://www.cut.org.br/documentos-oficiais>. Acesso em 14 jan. 2005.

_____. Resoluções do VI Congresso Nacional da CUT. São Paulo, 1997. Disponível em: <http://www.cut.org.br/documentos-oficiais>. Acesso em 14 jan. 2005.

_____. Resoluções do VII Congresso Nacional da CUT. Serra Negra, São Paulo, 2000.

_____. Resoluções da X Plenária Nacional da CUT. São Paulo, 2002.

_____, FORÇA SINDICAL, SDS, CGT, INSPIR. Declaração dos sindicalistas brasileiros em defesa de políticas públicas de promoção da igualdade racial. São Paulo, 2001.

CUT descarta redução salarial e suspensão temporária de contrato. *Gazeta Mercantil*, 15 jan. 2009.

CUT reúne 1 milhão contra mudança na CLT. *Folha de S.Paulo,* 22 mar. 2002. Disponível em: <http://www1.folha.uol.com.br/fsp/dinheiro/fi2203200233.htm>.

DAL ROSSO, Sadi. *Mais trabalho!* A intensificação do labor na sociedade contemporânea. São Paulo, Boitempo, 2008.

_____ et al. Crise e trabalho no Distrito Federal. In: _____ (org.). *Trabalho na capital.* Brasília, Ministério do Trabalho e Emprego, 2010.

DALLEMAGNE, Jean-Luc. *Autogestão ou ditadura do proletariado.* Lisboa, Socicultur, 1977. (Coleção Fermento.)

DAVIES, Carlos Alberto. *Cargos em hotelaria.* 3. ed., Caxias do Sul, Educs, 2001.

DAVIS, Jim; HIRSCHL, Thomas; STACK, Michael. Cutting edge: technology, information, capitalism and social revolution. Londres/Nova York, Verso, 1997.

DAVIS, Mike. *Planeta favela.* São Paulo, Boitempo, 2006.

_____; CHACÓN, Justin A. *No One is Illegal*: Fighting Racism and State Violence on the U.S.-Mexico Border. Chicago, Haymarket, 2006.

DAWSEY, John Cowart. "Caindo na cana" com Marilyn Monroe: tempo, espaço e "boias-frias". *Revista de Antropologia,* v. 40, n. 1., 1997. p. 183-226.

DECLARAÇÃO. Encontro nacional de trabalhadores do campo e da cidade. São Paulo, 4 set. 2005.

DEDECCA, Cláudio Salvadori. Reestruturação produtiva e tendências de emprego. In: OLIVEIRA, Marco Antônio (org.). *Economia e trabalho*: textos básicos. Campinas, Cesit-IE/Unicamp, 1998. p. 163-86.

DEJOURS, Christophe. *A loucura do trabalho*: estudo de psicopatologia do trabalho. 5. ed., São Paulo, Cortez, 1992.

_____. A carga psíquica do trabalho. In: DEJOURS, Christophe et al. (orgs.). *Psicodinâmica do trabalho*: contribuições da Escola Dejouriana à análise da relação prazer, sofrimento e trabalho. São Paulo, Atlas, 1994.

_____. *A banalização da injustiça social.* Rio de Janeiro, Fundação Getúlio Vargas, 2005.

DIAS, Edmundo Fernandes. *A liberdade (im)possível na ordem do capital.* Campinas, Unicamp, 1999. (Coleção Textos Didáticos.)

_____. Democrático e popular? *Outubro,* n. 8, 2003. p. 7-26.

DIEESE – Departamento Intersindical de Estatística e Estudos Socioeconômicos. PED (Pesquisa de Emprego e Desemprego). Período de 1990 -2008.

_____. Anuário dos Trabalhadores. Ano 1996-1997. São Paulo, 1996.

_____. Anuário dos Trabalhadores. Ano 2000-2001. São Paulo, 2001.

_____. SAG-DIEESE – Sistema de Acompanhamento de Greves. Estudos e Pesquisas, Balanço das greves em 2005, 2006 e 2007.

_____. O processo de terceirização e seus efeitos sobre os trabalhadores no Brasil. In: _____. *Relações e condições de trabalho no Brasil.* São Paulo, 2007a.

_____. Estudos sobre as convenções coletivas da categoria canavieira – São Paulo, Pernambuco e Goiás: 1989-2005. Brasília/São Paulo, DIEESE, MDA e NEAD, 2007b. (NEAD Estudos, n. 17.)

_____. Taxa de desemprego por sexo. Anuário Estatístico do Trabalho. São Paulo, 2007c. Disponível em: <http://www.dieese.org.br/anu/2007/cap5/t80serie.xls>. Acesso em 2 mar. 2009.

DRUCK, Maria da Graça. *Terceirização*: (des)fordizando a fábrica. Um estudo do complexo petroquímico. Salvador/São Paulo, Edufba/Boitempo, 1999.

_____. *A precarização social do trabalho no Brasil*: uma proposta de construção de indicadores. Projeto de pesquisa (Bolsa Produtividade do CNPq), 2007-2010. Mimeo.

_____. Principais indicadores da precarização social do trabalho no Brasil. In: XIV CONGRESSO NACIONAL DE SOCIOLOGIA DA SOCIEDADE BRASILEIRA DE SOCIOLOGIA, Rio de Janeiro, 2009.

_____; FRANCO, Tânia. *A perda da razão social do trabalho*: terceirização e precarização. São Paulo, Boitempo, 2007.

DURAND, Jean-Pierre; GIRARD, Sylvain. Attribution, perception et négociation de la charge de travail. *Les Cahiers d'Evry*, maio 2002.

DZ S.A. ENGENHARIA, EQUIPAMENTOS E SISTEMAS. Protocolo de intenções, 1992.

DZ NOTÍCIAS. Sertãozinho, São Paulo, n. 1, ano 1, jan.-fev. 1993.

EDEMAR, Tony. Edemar passa por "horror light" em presídio do interior. *Folha de S.Paulo*, 11 jun. 2006, Caderno Mercado.

ELGER, Tony; SMITH, Chris. Global Japanization? Convergence and Competition in the Organization of the Labour Process. In: _____ (orgs.). *Global Japanization?* The Transnational Transformation of the Labour Process. Londres, Routlegde, 1994. p. 31-59.

ENCONTRO REGIONAL DE SUMARÉ e região em defesa do emprego, dos direitos, da moradia popular, reforma agrária e do parque fabril. Sumaré, 11 nov. 2006.

ENGELS, Friedrich. *A situação da classe trabalhadora na Inglaterra*. São Paulo, Boitempo, 2010.

ENGENHARIA EM REVISTA. Rio de Janeiro, Clube de Engenharia do Brasil, s.n., 1994.

ESCOSTEGUY, João Pedro Caminha. *Um modelo do processo de inovação tecnológica e sua aplicação na análise da trajetória tecnológica da Embraer*. Dissertação de Mestrado em Gerência de Ciência e Tecnologia, São José dos Campos, Instituto Tecnológico de Aeronáutica, 1995.

ESPÍNDOLA, Carlos José. *As agroindústrias de carne do Sul do Brasil*. Tese de Doutorado em Geografia, São Paulo. FFLCH/USP, São Paulo, 2002.

_____. Tecnologia e novas relações de trabalho nas agroindústrias de carne no sul do Brasil. *Scripta Nova*, v. VI, n. 119 (85), Barcelona, ago. 2002b. Disponível em: <http://www.ub.es/geocrit/sn/sn119-85.htm>. Acesso em: 23 jan. 2010.

ESTANQUE, Elísio. O efeito classe média: desigualdades e oportunidades no limiar do século XXI. In: CABRAL, Manuel Villaverde; VALA, Jorge; FREIRE, André (orgs.). *Percepções e avaliações das desigualdades e da justiça em Portugal numa perspectiva comparada*. Lisboa, ICS, 2003. p. 69-105.

_____. A reinvenção do sindicalismo e os novos desafios emancipatórios: do despotismo local à mobilização global. In: SANTOS, Boaventura de Sousa (org.). *Trabalhar o mundo*: os caminhos do novo internacionalismo operário. Porto, Afrontamento, 2004. p. 297-334.

_____. A questão social e a democracia no início do século XXI: participação cívica, desigualdades sociais e sindicalismo. *Finisterra*: Revista de Reflexão Crítica, v. 55-56-57, 2007. p. 77-99.

_____. Sindicalismo e movimentos sociais: dilemas e perplexidades e entre os velhos e os novos activismos: tensões e desafios do movimento sindical. *Janus*: Anuário de Relações Internacionais, v. 20, 2008. p. 184-87.

_____; BEBIANO, Rui. *Do activismo à indiferença*: movimentos estudantis em Coimbra. Lisboa, ICS, 2007.

ESTATUTO DA IGUALDADE RACIAL. In: PAIM, Paulo. Brasília, Senado Federal, 2003. 30p.

ESTEVE, José Manuel. *O mal-estar docente* – a sala de aula e a saúde dos professores. Bauru, Edusc, 1999.

FÁBRICA quebrada é fábrica ocupada. Fábrica ocupada é fábrica estatizada. *A Voz do Trabalhador*, ano 2, n. 15, 28 jul. 2003.

FAIRRIS, David. Towards a theory of work intensity. Noisy-le-Grand, France, Centre D'Études d'Emploi (CEE), 2000. Disponível em: <www.cee.recherche.fr/fr/colloque_intensification>. In: FAJN, Gabriel (org.). *Fábricas y empresas recuperadas Protesta social, autogestión y rupturas en la subjetividad*. Buenos Aires, Ediciones del Instituto Movilizador de Fondos Cooperativos, 2003.

FARIA, Andreia F. *Reestruturação produtiva no setor de fumo*: aparatos de intensificação e precarização do trabalho em uma fábrica de cigarros. Trabalho de conclusão de curso, Uberlândia, Instituto de Ciências Sociais/UFU, 2007.

FERNANDES, Fátima. Indústria disputa trabalho barato de presos. *Folha de S.Paulo*, 19 fev. 2006. Caderno Dinheiro.

_____; ROLLI, Cláudia. Centrais cobrarão mais emprego e renda. *Folha de S.Paulo*, 1º maio 2004, p. B4. Disponível em: <http://www1.folha.uol.com.br/fsp/dinheiro/fi0105200411.htm>.

FERNANDES, Florestan. *A integração do negro na sociedade de classes*. 3. ed., São Paulo, Ática, 1978.

_____. *Significado do protesto negro*. São Paulo, Cortez/Autores Associados, 1989.

FERREIRA, Cândido Guerra. O fordismo, sua crise e o caso brasileiro. *Cadernos do Cesit*, n. 13, mar. 1993.

FILGUEIRAS, Júlio César; HIPPERT, Maria Isabel. Estresse: possibilidades e limites. In: JACQUES, Maria da Graça Corrêa; CODO, Wanderley (orgs.). *Saúde mental & trabalho*. Petrópolis, Vozes, 2002. p. 112-29.

FIOCRUZ/SINITOX - Fundação Oswaldo Cruz/Sistema Nacional de Informações Tóxico-farmacológicas. Rio de Janeiro, 2010. Disponível em: <http://www.fiocruz.br/sinitox_novo/cgi/cgilua.exe/sys/start.htm?tpl=advsearch>. Acesso em 12 jan.2010.

FIOM, *Le lavoratrici e i lavoratori migranti*. Roma, 2008.

FLEURY, Afonso; VARGAS, Nilton. Aspectos conceituais. In: _____ (coords.). *Organização do trabalho*: uma abordagem interdisciplinar – sete estudos sobre a realidade brasileira. São Paulo, Atlas, 1983. p. 17-37.

FLEURY, Ronaldo Curado. *Terceirização no serviço público*: a falácia da modernização e a porta para o nepotismo. São Paulo, 2005. Disponível em: <www.mpt.gov.br>. Acesso em 1 jun. 2006.

FONTES, Paulo R. R. Migração nordestina e experiências operárias: São Miguel Paulista nos anos 1950. In: BATALHA, Cláudio M. et al. (orgs.). *Culturas de classe*: identidade e diversidade na formação do operariado. Campinas, Unicamp, 2004.

FORÇA SINDICAL. *Um projeto para o Brasil*: a proposta da Força Sindical. São Paulo, Geração Editorial, 1993.

FORD, Henry. *Os princípios da prosperidade*. São Paulo, Freitas Bastos, 1967.

FORTINO, Sabine. Processo de vulnerabilização e ataques ao ofício: a modernização do trabalho em questão. In: II SEMINÁRIO INTERNACIONAL ORGANIZAÇÃO E CONDIÇÕES DO TRABALHO MODERNO: EMPREGO, DESEMPREGO E PRECARIZAÇÃO DO TRABALHO, Campinas, Faculdade de Educação/Unicamp, 2011.

_____. Quando as lógicas gestionárias do setor privado penetram as práticas do setor público: reflexões sobre dois estudos de caso no setor de inserção profissional e na empresa pública. In: II SEMINÁRIO INTERNACIONAL ORGANIZAÇÃO E CONDIÇÕES DO TRABALHO MODERNO: EMPREGO, DESEMPREGO E PRECARIZAÇÃO DO TRABALHO, Campinas, Faculdade de Educação/Unicamp, 2011.

FÓRUM NACIONAL DO TRABALHO. *Reforma sindical*: Proposta de Emenda à Constituição e Anteprojeto de Lei. Brasília, Ministério do Trabalho e Emprego, 2005.

FOUCAULT, Michel. *Microfísica do poder*. 18. ed., São Paulo, Graal, 2003.

FRANCO GARCÍA, Maria. *A luta pela terra sob enfoque de gênero*: os lugares da diferença no Pontal do Paranapanema. Tese de Doutorado em Geografia, Presidente Prudente, Faculdade de Ciências e Tecnologia/Unesp, 2004.

FRANCO, Tânia. *Trabalho, riscos industriais e meio ambiente*: rumo ao desenvolvimento sustentável? Salvador, Edufba, 1997.

_____. *Trabalho alienado*: *habitus* e danos à saúde humana e ambiental. O trabalho entre o céu, a terra e a história. Tese de Doutorado em Ciências Sociais, Salvador, Faculdade de Filosofia e Ciências Humanas/UFBA, 2003.

_____; DRUCK, Maria da Graça. *O trabalho contemporâneo no Brasil*: terceirização e precarização. In: SEMINÁRIO FUNDACENTRO, 2009. Mimeo.

FREDERICO, Celso. Organização do trabalho e luta de classes. *Temas de Ciências Humanas*, v. 6, 1979. p. 177-94.

FREYSSENET, Michel. A divisão capitalista do trabalho. *Tempo Social*: Revista de Sociologia da USP, v. 1, n. 2, 1989. p. 74-82.

_____. Formas sociais de automatização e experiências japonesas. In: HIRATA, Helena Sumiko (org.). *Sobre o "modelo" japonês*: automatização, novas formas de organização e de relações de trabalho. São Paulo, Edusp, 1993. p. 153-62.

GALEAZZI, Irene. Precarização do trabalho In: CATTANI, A.D.; HOLZMANN, L. *Dicionário de trabalho e tecnologia*. Porto Alegre, Ed. da UFRGS, 2006.

GALVÃO, Andréia. Do coletivo ao setor, do setor à empresa: a trajetória do novo sindicalismo metalúrgico nos anos 90. In: JÁCOME RODRIGUES, Iram (org.). *O novo sindicalismo vinte anos depois*. Petrópolis/São Paulo, Vozes/Educ/Unitrabalho, 1999.

_____. A CUT na encruzilhada: dilemas do movimento sindical combativo. *Ideias*, n. 9 (1), 2002. p. 105-54.

_____. A reforma sindical no governo Lula: mudança ou continuidade? In: BORGES, Altamiro (org.). A reforma sindical e trabalhista no governo Lula. São Paulo, Anita Garibaldi, 2004.

_____. Reforma sindical: as polêmicas por detrás de um falso consenso. *Revista PUC Viva*, n. 23, 7 abr. 2005, p. 17-27.

_____. *Neoliberalismo e reforma trabalhista no Brasil*. Rio de Janeiro, Revan/Fapesp, 2007.

_____. Entre o real e o virtual: as reformas sindical e trabalhista no governo Lula. In: LUCENA, Carlos (org.). *Capitalismo, Estado e educação*. Campinas, Átomo-Alínea, 2008. p. 207-23.

_____. A reconfiguração do movimento sindical no governo Lula. *Outubro*, n. 18, 2009. p. 175-97.

GARCIA, Afrânio Raul. *O Sul*: *caminho do roçado*. Estratégias de reprodução camponesa e transformação social. São Paulo, Marco Zero, 1989.

GARRAHAN, Philip; STEWART, Paul. Progress to Decline?. In: _____ (orgs.). *Urban Change and Renewal*: The Paradox of Place. Aldershot, Avebury, 1994.

GENTILI, Pablo; SILVA, Tomaz Tadeu da (orgs.). *Neoliberalismo, qualidade total e educação*. Petrópolis, Vozes, 1995.

GEREFFI, Gary. Global Commodity Chains: News Forms of Coordination and Control among Nations and International Industries. *Competition & Change*, v. 4, 1996.

GIL, Telma Fernandes. B. *Impactos da reestruturação produtiva à saúde e a segurança*: percepções de petroleiros em São Paulo. Dissertação de Mestrado, Campinas, Departamento de Sociologia/Unicamp, 2000.

GIORGI, Alessandro De. *A miséria governada através do sistema penal*. Rio de Janeiro, Instituto Carioca de Criminologia/Revan, 2006.

GITAHY, Leda et al. *Relações interfirmas e gestão de recursos humanos na cadeia produtiva de autopeças*. Relatório de pesquisa (Projeto "Reestruturação produtiva, trabalho e educação), Campinas, Unicamp, 1998.

GITAHY, Leda; RABELO, Flávio. *Educação e desenvolvimento tecnológico*: o caso da indústria de autopeças. Campinas, DPCT/IG/Unicamp, 1991. (Texto para discussão, n. 11).

GODINHO, Luis Flávio. *Laços frágeis, identidades fragmentadas*: interações, discriminações e conflitos entre trabalhadores da Refinaria Landulfo Alves – Mataripe. Bahia – 1990-2006, Tese de Doutorado em Sociologia, João Pessoa, UFPB, 2008.

GOLLAC, Michel; VOLKOFF, Serge. Citius, altius, fortius: l'intensification du travail. *Actes de la Recherche en Sciences Sociales*. n. 114, set. 1996. p. 54-67.

GOMES E SILVA, Felipe Luiz. *A fábrica como agência educativa*. Araraquara/São Paulo, Laboratório Editorial/Cultura Acadêmica, 2004.

GORZ, André. *Estratégia operária e neocapitalismo*. Rio de Janeiro, Zahar, 1968.

_____. *Adeus ao proletariado*: para além do socialismo. Rio de Janeiro, Forense, 1987.

_____. *Métamorphoses du travail*: quête du sens, critique de la raison économique. Paris, Galilée, 1988.

_____. *Metamorfoses do trabalho*. São Paulo, Annablume, 2003.

_____. *O imaterial*, São Paulo, Annablume, 2005a.

_____. A crise e o êxodo da sociedade salarial. *Cadernos IHU Ideias*, ano 3, n. 31, 2005b. Disponível em: <http://projeto.unisinos.br/ihu/uploads/publicacoes/edicoes/1158331399.05pdf.pdf>.

GOUNET, Thomas. *Fordismo e toyotismo na civilização do automóvel*. São Paulo, Boitempo, 1999.

GRACIOLLI, Edilson J. *Privatização da CSN*: da luta de classes à parceria. São Paulo, Expressão Popular, 2007.

_____. *Um caldeirão chamado CSN*: resistência operária e violência militar na greve em 1988. 2. ed. atual., Uberlândia, Edufu, 2009.

GRAMSCI, Antonio. *A questão meridional*. Trad. Carlos Nelson Coutinho e Marco Aurélio Nogueira. Rio de Janeiro, Paz e Terra, 1987.

_____. *Maquiavel, a política e o Estado moderno*. 7. ed., Rio de Janeiro, Civilização Brasileira, 1989.

_____. Americanismo e fordismo. In: _____. *Maquiavel, a política e o Estado moderno*. 8. ed., Rio de Janeiro, Civilização Brasileira, 1990.

_____. *Cadernos do cárcere*. Rio de Janeiro, Civilização Brasileira, 2001. v. 4.

_____. *Cadernos do cárcere*. Rio de Janeiro, Civilização Brasileira, 2002. v. 6.

GRAZIANO DA SILVA, José. A industrialização e a urbanização da agricultura brasileira. O agrário paulista. *Revista da Fundação Seade*, v. 7, n. 3, São Paulo, jul.-set. 1993.

GREEN, Francis. *It's Been a Hard Day's Night*: The Concentration and Intensification of Work in Late 20th Century Britain. Working paper. Kent, Department of Economics, University of Kent at Canterbury, 1999.

_____. *Why Has Work Become More Intense?* Conjectures and Evidence about Effort-Biased Technological Change and Other Stories. Working paper. Kent, Department of Economics, University of Kent at Canterbury, 2000.

GUIMARÃES, Antônio Sérgio Alfredo. *Classes, raças e democracia*. São Paulo, Editora 34, 2002.

_____. *Racismo e anti-racismo no Brasil*. São Paulo, Editora 34, 2005.

HABERMAS, Jürgen. The New Obscurity. In: _____. *The New Conservantism*: Cultural Criticism and the Historians' Debate. Cambridge, Polity Press, 1989.

_____. *The Theory of Communicative Action*. Londres, Polity Press, 1991. 2 v.

HARVEY, David. *A condição pós-moderna*. São Paulo, Loyola, 1992.

_____. *Novo imperialismo*. São Paulo, Loyola, 2005.

HELOANI, Roberto. *Gestão e organização no capitalismo globalizado*: história da manipulação psicológica no mundo do trabalho. São Paulo, Atlas, 2003.

HENTGES, Gudrun et al. *The Abandoned Worker*: Socio-Economic Change and the Attraction of Right-Wing Populism. European Synthesis Report on Qualitative Findings. Deliverable for the project "Socio-Economic Change, Individual Reactions and the Appeal of the Extreme Right" (Siren). Cologne, Vienna, 2003.

HILLER, E. T. Labor Unionism and Convict Labor. *Journal of the American Institute of Criminal Law and Criminology*, v. 5, n. 6, 1915. p. 851-79.

HIRAOKA, Leslie S. Japanese Automobile Manufacturing in an American Setting. *Technological Forecasting and Social Change*, v. 35, n. 1, mar. 1989. p. 29-49.

HIRATA, Helena. *Nova divisão sexual do trabalho*: um olhar voltado para a empresa e a sociedade. São Paulo, Boitempo, 2002.

HOBSBAWM, Eric. *A era das revoluções*. 17. ed., Rio de Janeiro, Paz e Terra, 2003.

HOFFMAN, Kurt; KAPLINSK, Raphael. *Driving Force*: The Global Restructuring of Technology, Labor and Investment in the Automobile and Components Industries. Westview, Boulder, 1988.

HUBERMAN, Leo. *História da riqueza do homem*. 5 ed., Rio de Janeiro, Zahar, 1969.

HUMPHREY, John. Adaptando o "modelo japonês" ao Brasil. In: HIRATA, Helena Sumiko (org.). *Sobre o "modelo" japonês*: automatização, novas formas de organização e de relações de trabalho. São Paulo, Edusp, 1993. p. 237-57.

_____. "Japanise" Methods and the Changing Position of Direct Production Workers: Evidence from Brazil. In: SMITH, Chris; ELGER, Tony (orgs.). *Global Japanization?* The Transnational Transformation of the Labour Process. Londres, Routlegde, 1994. p. 327-47.

HUWS, Ursula. *The Making of a Cybertariat*: Virtual Work in a Real World. Nova York/Londres, Monthly Review Press/The Merlin Press, 2003.

_____. What Will We Do? The Destruction of Occupational Identities in the "Knowledge-Based Economy". *Monthly Review*, v. 57, n. 8, jan. 2006. Disponível em português em: <http://resistir.info/mreview/ursula_huws_jan06.html>. Acesso em 24 jun. 2008.

HYMAN, Richard. Europeização ou erosão das relações laborais?. *Revista Crítica de Ciências Sociais*, 62, 2002, p. 7-32.

IANNI, Octavio. A classe operária vai ao campo. In: _____. *Origens agrárias do estado brasileiro*. São Paulo, Brasiliense, 1984. p. 9-97.

IBASE. Balanço social anual (2008). Disponível em: <http://www.balancosocial.org.br/cgi/cgilua.exe/sys/start.htm>. Acesso em fev. 2010.

INFORMATIVO 9 DE NOVEMBRO, n. 159, 5 out. 2007.

INSPIR, CEERT, DIEESE. *Mapa da população negra no mercado de trabalho no Brasil*. São Paulo, 1998.

IPARDES et al. Análise de competitividade da cadeia agroindustrial de carne de frango do Estado do Paraná. Curitiba, 2002. Disponível em: <http://www.ipardes.gov.br/webisis.docs/cadeia_agroindustrial_aves_relatorio.pdf>. Acesso em 24 nov. 2009.

IRES-CGIL, *Discriminazioni sui luoghi di lavoro*: il caso dei lavoratori migranti. Roma, 2003.

JACOBI, Pedro. Transformações do Estado contemporâneo e educação. In: BRUNO, Lúcia (org.). Educação e trabalho no capitalismo contemporâneo. São Paulo, Atlas, 1996. p. 41-56.

JÁCOME RODRIGUES, Iram. Um laboratório das relações de trabalho no Brasil: o ABC paulista nos anos 90. In: XXV ENCONTRO ANUAL DA ANPOCS, Caxambu, 2001.

JAMES, Cyril L. R. *Les jacobins noirs*: Toussaint Louverture et la révolution de Saint-Domingue. Paris, Éditions Caribéennes, 1984.

JARD DA SILVA, Sidney. Companheiros servidores: o avanço do sindicalismo do setor público na CUT. *Revista Brasileira de Ciências Sociais*, v. 16, n. 46, jun. 2001.

JINKINGS, Nise. *Trabalho e resistência na "fonte misteriosa"*: os bancários no mundo da eletrônica e do dinheiro. Campinas, Unicamp, 2002.

JORNAL DA CARNE, abr. 2005. Disponível em: <http://www.dipemar.com.br/CARNE/337/materia_artigo_carne.htm>. Acesso em 11 out. 2005.

KELLER, Maryann. *Colisão*: GM, Toyota, Volkswagen. A corrida para dominar o século XXI. Rio de Janeiro, Campus, 1994.

KENNEY, Martin. Value creation in the late twentieth century: the rise of the knowledge worker. In: DAVIS, Jim; HIRSCHL, Thomas; STACK, Michael. *Cutting edge*: technology, information, capitalism and social revolution. Londres/Nova York, Verso, 1997.

KEYNES, John Maynard. *A teoria geral do emprego, do juro e da moeda*. São Paulo, Nova Cultural, 1996. (Coleção Os Economistas.)

KOBORI, Carolina Sanae. *Organização e condições de trabalho de professoras – "mal-estar docente"* e permanência no emprego: estratégia defensiva? Trabalho de conclusão de curso, Campinas, Faculdade de Educação/Unicamp, 2011.

KREIN, José Dari. *As tendências recentes na relação de emprego no Brasil*: 1990 a 2005. Tese de Doutorado, Campinas, Instituto de Economia/Unicamp, 2007a.

_____. O avanço da contratação flexível. *Carta Social do Trabalho*, n. 6, maio-ago. 2007b. p. 34-41.

KRUGMAN, Paul. *The Return of Depression Economics and the Crisis of 2008*. Nova York, W.W. Norton & Company, 2009.

KUNDNANI, Arun. *The End of Tolerance*: Racism in Twenty-First Century Britain. Londres, Pluto, 2007.

KURZ, Robert. *O colapso da modernização*: da derrocada do socialismo de caserna à crise da economia mundial. Rio de Janeiro, Paz e Terra, 1991.

LACERDA, Ana Paula; JUSTOS, Paulo. Centrais sindicais repudiam flexibilização. *O Estado de S. Paulo*, 16 dez. 2008.

LAPLANE, Mariano Francisco; SARTI, Fernando. A reestruturação do setor automobilístico brasileiro nos anos 90. *Economia & Empresa*. v. 2. n. 4, out.-dez. 1995.

LAW, Christopher M. Motor Vehicle Manufacturing: The Representative Industry. In: _____ (org.). *Restructuring the Global Automobile Industry*. Londres, Routledge, 1991.

LEAL, Gleison M. *Impactos socioterritoriais dos assentamentos rurais do município de Teodoro Sampaio (SP)*. Dissertação de Mestrado em Geografia, Presidente Prudente, Faculdade de Ciências e Tecnologia/Unesp, 2003.

LEAN INSTITUTE BRASIL. *Revista comemorativa de 10 anos de Fundação do Lean Institute Brasil*, nov. 2008.

LEITE, Elenice. Renovação tecnológica e qualificação do trabalho. In: CASTRO, Nadya Araújo de (org.). *A máquina e o equilibrista*: inovações na indústria automobilística brasileira. Rio de Janeiro, Paz e Terra, 1995.

LEITE, José Ferrari. *A ocupação do Pontal do Paranapanema*. São Paulo, Hucitec, 1998.

LEITE, Márcia de Paula; SOUZA, Aparecida Neri de. As condições de trabalho dos professores da educação básica e seus reflexos sobre a saúde. Relatório de pesquisa. Fundacentro, 2007.

LEITE, Sérgio S.; HEREDIA, Beatriz; MEDEIROS, Leonilde S. *Impactos dos assentamentos*: um estudo sobre o meio rural brasileiro. São Paulo, Editora da Unesp, 2004.

LESSA, Sérgio. *Trabalho e proletariado no capitalismo contemporâneo*. São Paulo, Cortez, 2007.

LIMA, Eurenice de Oliveira. *O encantamento da fábrica*: toyotismo e os caminhos do envolvimento no Brasil. São Paulo, Expressão Popular, 2004.

LIMA, Jacob Carlos. Novas formas, velhos conteúdos: diversidade produtiva e emprego precário na indústria do vestuário, *Revista Política e Trabalho*, n. 15, 1999. p. 121-39.

_____. *As artimanhas da flexibilização*: o trabalho terceirizado em cooperativas de produção, São Paulo, Terceira Margem, 2002.

LINHART, Danièle. Modernisation et précarisation de la vie au travail. *Papeles del CEIC*, n. 43, 2009. Disponível em: <http://www.identidadcolectiva.es/pdf/43.pdf>.

_____. Uma abordagem sociológica das novas "penosidades" no trabalho. In: I SEMINÁRIO INTERNACIONAL ORGANIZAÇÃO E CONDIÇÕES DO TRABALHO MODERNO: EMPREGO, DESEMPREGO E PRECARIZAÇÃO DO TRABALHO, 2010a.

_____. Modernização e precarização da vida no trabalho. In: SEMINÁRIO INTERNACIONAL ORGANIZAÇÃO E CONDIÇÕES DO TRABALHO MODERNO: EMPREGO, DESEMPREGO E PRECARIZAÇÃO DO TRABALHO, 2010b.

LINHART, Robert. *Greve na fábrica*. Rio de Janeiro, Paz e Terra, 1986.

LOJKINE, Jean. De la Révolution Industrielle à la Révolution Informationnelle. In: BIDET, Jacques; TEXIER, Jacques. *La crise du travail*. Paris, PUF, 1995.

_____. *A revolução informacional*. São Paulo, Cortez, 1999.

LUCENA, C. Alberto. *Aprendendo na luta a história do sindicato dos petroleiros de Campinas e Paulínea*. São Paulo, Publisher Brasil, 1997.

LUKÁCS, György. As bases ontológicas do pensamento e da atividade do homem. *Temas de Ciências Humanas*, v. 4, 1978. p. 1-18.

_____. *Ontologia dell'essere sociale II*. Roma, Ed. Riuniti, 1981. v. 1 e 2.

_____. *Ontología del ser social*: el trabajo. Buenos Aires, Herramienta, 2004.

LULA garante apoio para salvar empregos. *A Voz do Trabalhador*, ano 2, n. 14B, 17 jun. 2003.

MAGEE, David J. *Avaliação musculoesquelética*. Barueri, Manole, 2002.

MALAGUTI, Manoel Luiz. *Crítica à razão informal*: a imaterialidade do salariado. São Paulo, Boitempo, 2001.

MALLET, Serge. *La nouvelle classe ouvrière*. Paris, Seuil, 1969.

MANDEL, Ernest. *O capitalismo tardio*. São Paulo, Abril Cultural, 1982.

MANFREDI, Sílvia Maria. *Educação profissional no Brasil*. São Paulo, Cortez, 2002.

MARINI, Ruy Mauro. *Dialéctica de la dependencia*. México, ERA, 1973.

_____. *El concepto de trabajo productivo*: nota metodológica. Archivo de Ruy Mauro Marini, s.d. Disponível em: <http://www.marini-escritos.unam.mx/023_trabajo_productivo_es.htm>.

MARTÍNEZ, Oscar; VOCOS, Federico. Las empresas recuperadas por los trabajadores y el movimiento obrero. In: CARPINTERO, Enrique; PETRAS, James F.; HERNÁNDEZ, Mario. *Produciendo realidad*: las empresas comunitarias Grissinopoli, Rio Turbio, Zanón, Brukman y Gral. Mosconi. Buenos Aires, Topia, 2002. p. 77-85.

MARTINS, Gilberto et al. *A competitividade no complexo agroindustrial do frango*. Pôster. Disponível em: <http://www.sober.org.br/palestra/2/331.pdf>. Acesso em 25 nov. 2009.

MARTINS, Heloísa de Souza; JÁCOME RODRIGUES, Iram. O sindicalismo brasileiro na segunda metade dos anos 90. *Tempo Social*, v. 11, n. 2, fev. 2000. p. 155-82,

MARTINS, José de Souza. Do "paraíso Volks" ao trabalho no limiar do inferno. *O Estado de S. Paulo*, 27 ago. 2006. p. J5.

MARX, Karl. *Manuscritos econômico-filosóficos e outros textos escolhidos*. 2. ed., São Paulo, Abril Cultural, 1978a. (Coleção Os Pensadores.)

_____. *Capítulo VI (inédito)*. São Paulo, Ciências Humanas, 1978b.

_____. *El capital, libro I, capítulo VI (inédito)*: resultados del proceso inmediato de producción. 9. ed., México, Siglo XXI, 1981.

_____. *Para a crítica da economia política*. Moscou, Progresso, 1982.

_____. *O capital*: crítica da economia política. São Paulo, Abril Cultural, 1983. (Coleção Os Economistas.)

_____. *Manuscritos econômico-filosóficos*. São Paulo, Boitempo, 2004.

_____. *Trabalho assalariado e capital & salário, preço e lucro*. São Paulo, Expressão Popular, 2006.

_____. *Grundrisse*: manuscritos econômicos de 1857-1858. São Paulo, Boitempo, 2011.

_____; ENGELS, Friedrich. *Manifesto Comunista*. São Paulo, Boitempo, 2010.

MATTOSO, Jorge. O novo e inseguro mundo do trabalho nos países avançados. In: OLIVEIRA, Carlos Alonso de et al. (orgs.). *O mundo do trabalho*: crise e mudança no final do século. São Paulo, Página Aberta/Scritta, 1994. p. 521-62.

_____. *A desordem do trabalho*. São Paulo, Scritta, 1995.

MAUER, Marc. Lessons of the "Get Tough" Movement in the United States. In: INTERNATIONAL CORRECTIONS AND PRISON ASSOCIATION 6TH ANNUAL CONFERENCE. Pequim, China, 2004. Disponível em: <http://www.sentencingproject.org/doc/publications/inc_lessonsofgettough.pdf>. Acesso em ago. 2005.

_____; KING, Ryan S. Uneven Justice: State Rates of Incarceration By Race and Ethnicity. *The Sentencing Project*, Washington, 2007. Disponível em: <http://www.sentencingproject.org/doc/publications/rd_stateratesofincbyraceandethnicity.pdf>. Acesso em ago. 2005.

MAZZINI, Eliane de Jesus Teixeira. *Assentamentos rurais no Pontal do Paranapanema (SP)*: uma política de desenvolvimento regional ou de compensação social?. Dissertação de Mestrado em Geografia, Presidente Prudente, Faculdade de Ciências e Tecnologia/Unesp, 2007.

MCNALLY, David. Língua, história e luta de classe. In: WOOD, Ellen W.; FOSTER, John B. (orgs.). *Em defesa da história*: marxismo e pós-modernismo. Rio de Janeiro, Zahar, 1999.

MEDA, Dominique. *Società senza lavoro*: per una nuova filosofia dell'occupazione. Milão, Feltrinelli, 1997.

MELO, Marlene Catarina O. L. Participação como meio não institucionalizado de regulação de conflitos. In: FLEURY, Maria T. L; FISCHER, Rosa M. (orgs.) *Processo e relações do trabalho no Brasil*: movimento sindical, comissões de fábrica, gestão e participação, o modelo japonês de organização da produção no Brasil (CCQ e Kanban). São Paulo, Atlas, 1985.

MELOSSI, Dario. A questão penal em *O capital*. *Margem Esquerda*: ensaios marxistas, São Paulo, n. 4, 2004. p. 124-40.

_____; PAVARINI, Massimo. *Cárcere e fábrica*: as origens do sistema penitenciário (séculos XVI-XIX). Rio de Janeiro, Instituto Carioca de Criminologia/Revan, 2006.

MENDES, Ana Magnólia. Novas formas de organização do trabalho, ação dos trabalhadores e patologias sociais. In: _____ (org.). *Psicodinâmica do trabalho*: teoria, método e pesquisa. São Paulo, Casa do Psicólogo, 2007. p. 49-61.

MERLO, Álvaro Roberto Crespo. Para ampliar o debate sobre a saúde dos trabalhadores. *Ciência & Saúde Coletiva*, Rio de Janeiro, v. 10, n. 4, p. 810-1, 2005.

_____. Doenças do trabalho. In: HOLZMANN, Lorena; CATTANI, Antônio David (orgs.). *Dicionário de trabalho e tecnologia*. Porto Alegre, UFRGS, 2006. p. 106-8.

_____; JACQUES, M. G. C.; HOEFEL, M. G. L. Trabalho de grupo com portadores de LER/DORT: relato de experiência. *Psicologia*: Reflexão e Crítica, Porto Alegre, v. 14, n. 1, p. 253-8, 2001.

_____; et al. O trabalho entre prazer, sofrimento e adoecimento: a realidade dos portadores de lesões por esforços repetitivos. *Psicologia & Sociedade*, Belo Horizonte, v. 15, n. 1, p. 117-136, 2003.

MÉSZÁROS, István. *Para além do capital*. São Paulo, Boitempo, 2002.

_____. *A crise estrutural do capital*. São Paulo, Boitempo, 2009.

MICELI, Paulo C. *Era uma vez em Sertãozinho... Certas histórias de uma história que é do trabalho*: pessoas, fatos e feitos. São Paulo, Nobel, 1984.

MIGREUROP. *Le livre noir de Ceuta et Melilla*. Paris, Syllepse, 2007.

_____. *Les frontières assassines de l'Europe*. Paris, 2009.

MINHOTO, Laurindo Dias. *Privatização de presídios e criminalidade*: a gestão da violência no capitalismo global. São Paulo, Max Limonad, 2000.

MINISTÉRIO DA SAÚDE. *Doenças relacionadas ao trabalho*: manual de procedimentos para os serviços de saúde. Brasília, Ministério da Saúde do Brasil/Organização Pan-Americana da Saúde no Brasil, 2001.

MINISTÉRIO DO DESENVOLVIMENTO, INDÚSTRIA E COMÉRCIO EXTERIOR. *Desenvolvimento de ações de apoio à cadeia produtiva da indústria aeroespacial*. Brasília, mar. 2002.

MINISTÉRIO DO TRABALHO E EMPREGO. Norma Regulamentadora 32. Segurança e Saúde no Trabalho em Serviços de Saúde. Portaria GM n. 1.748, de 30 de agosto de 2011. Disponível em: <http://portal.mte.gov.br/data/files/8A7C816A350AC8820135161931EE29A3/NR-32%20 (atualizada%202011).pdf>. Acesso em 4 maio 2009.

MIRANDA, Luís Carlos. *Outubro vermelho*. Ipatinga, Dallas Art's Gráficas, 2003.

MONDEN, Yasuhiro. *Sistema Toyota de produção*. São Paulo, Instituto de Movimentação e Armazenagem de Materiais (Imam), 1984.

MORENO, Cláudia Roberta de Castro; FISCHER, Frida Marina; ROTENBERG, Lúcia. A saúde do trabalhador na sociedade 24 horas. *Revista São Paulo em Perspectiva*, v. 17, n. 1, jan.--mar. 2003. Disponível em: <http://www.scielo.br/scielo.php?script=sci_arttext&pid=S0102--88392003000100005&tlng=en&lng=en&nrm=iso>. Acesso em 25 nov. 2009.

MORENO, Nahuel. Fortalecer os organismos de poder das massas. *Marxismo Vivo*, n. 5, abr. 2002. p. 83-90.

MORRIS, Paul. Community Beyond Tradition. In: HEELAS, Paul; LASH, Scott; MORRIS, Paul (orgs.). *Detraditionalization*. Oxford, Blackwell, 1996. p. 223-49.

MOVIMENTO NEGRO UNIFICADO. *1978-1988*: 10 anos de luta contra o racismo. São Paulo, Confraria do livro, 1988. 80p.

MUNIZ JÚNIOR, Jorge. *A utilização da engenharia simultânea no aprimoramento contínuo e competitivo das organizações*: estudo de caso do modelo usado no avião EMB 145 da Embraer. Dissertação de Mestrado em Engenharia, São Paulo, Poli/USP, 1995.

NASCIMENTO, Abdias do; NASCIMENTO, Elisa Larkin. Reflexões sobre o movimento negro no Brasil, 1937-1997. In: GUIMARÃES, Antônio Sérgio Alfredo; HUNTELY, Lynn (orgs.). *Tirando a máscara*: ensaios sobre o racismo no Brasil. São Paulo: Paz e Terra, 2000. p. 203-35.

NASCIMENTO, Janaína Quitério do. *Livro reportagem*: fábrica quebrada é fábrica ocupada, fábrica ocupada é fábrica estatizada: a luta dos trabalhadores da Cipla e Interfibra para salvar 1000 empregos. Bauru, Unesp, 2004.

NAVARRO, Vera Lúcia A reestruturação produtiva na indústria de calçados de couro em Franca (SP). *Ideias*, n. 9 (2), 10 (1), 2002-2003.

NAVES, Márcio Bilharinho. As figuras do direito em Marx. *Margem Esquerda*: ensaios marxistas, São Paulo, n. 6, 2005. p. 97-104.

NEGRI, Barjas. *Concentração e desconcentração industrial em São Paulo (1880-1890)*. Campinas, Unicamp, 1996.

NEGRO, Antonio Luigi. *Linhas de montagem*: o industrialismo nacional-desenvolvimentista e a sindicalização dos trabalhadores. São Paulo, Boitempo, 2004.

NOGUEIRA, Cláudia. *O trabalho duplicado*. São Paulo, Expressão Popular, 2006.

NOGUEIRA, João Carlos. A discriminação racial no trabalho sob a perspectiva sindical. In: MUNANGA, Kabengele (org.). *Estratégias e políticas de combate à discriminação*. São Paulo, Edusp/Estação Liberdade, 1996. p. 211-21.

NORONHA, Eduardo. *Entre a lei e a arbitrariedade*: mercados e relações de trabalho no Brasil. São Paulo, LTr, 2000.

NOVAES, José Roberto Pereira. Dores e febres nos canaviais paulistas. *Revista Estudos Avançados*, São Paulo, n. 21 (59), 2007a. p. 167-77.

_____. Heróis anônimos. *Democracia Viva*, Rio de Janeiro, n. 36, 2007b. p. 58-67.

_____; ALVES, Francisco José da Costa (orgs.). *Migrantes*: trabalho e trabalhadores no complexo agroindustrial canavieiro (os heróis do agronegócio brasileiro). São Carlos, EdUFSCar, 2007.

OFFE, Claus. Trabalho como categoria sociológica fundamental? In: _____. *Trabalho e sociedade*: problemas estruturais e perspectivas para o futuro da sociedade do trabalho. Rio de Janeiro, Tempo Brasileiro, 1989. v. 1.

OHNO, Taiichi. *O sistema toyota de produção*: além da produção em larga escala. Porto Alegre, Bookman, 1997.

OIT. Trabalho decente nas Américas: uma agenda hemisférica (2006-2015). In: XVI REUNIÃO REGIONAL AMERICANA, Brasília, 2006.

_____. Trabajo decente y juventud. In: OFICINA REGIONAL PARA AMÉRICA LATINA Y EL CARIBE, Lima, 2007.

_____. *World of Work Report 2008*: Income inequalities in the age of financial globalization. Genebra, 2008.

_____. *World of Work Report 2009*: The Global Jobs Crisis and Beyond. Genebra, 2009a.

_____. *Perfil do trabalho decente no Brasil*. Brasília, 2009b.

_____. *Juventude e trabalho decente*. Brasília, 2009c.

OLIVEIRA, Dalila Andrade. *A qualidade total na educação*: os critérios da economia privada na gestão da escola pública. In: BRUNO, Lúcia (org.). *Educação e trabalho no capitalismo contemporâneo*. São Paulo, Atlas, 1996. p. 57-90.

OLIVEIRA, Kelly. *O desenvolvimento da comunicação interna na Embraer, entre os períodos estatal e privado*: "Quem sabe faz a hora não espera acontecer". Trabalho de conclusão do curso de pós--graduação em Gestão Estratégica em Comunicação Organizacional e Relações Públicas, São Paulo, ECA/USP, 2002.

OLIVEIRA, Luiz Paulo Jesus de. *A condição "provisória-permanente" dos trabalhadores informais*: o caso dos trabalhadores de rua na cidade de Salvador. Dissertação de Mestrado em Ciências Sociais, Salvador, Faculdade de Filosofia e Ciências Humanas/UFBA, 2005.

OLIVEIRA, Marco Antônio de E.; SIQUEIRA NETO, José Francisco. *As negociações coletivas no contexto do Plano Real*. Brasília, OIT, 1999.

PACHUKANIS, Eugeny Bronislanovich. *A teoria geral do direito e o marxismo*. Rio de Janeiro, Renovar, 1989.

PAGNAN, Rogério; CARAMANTE, André. Abarrotadas, prisões de SP têm 42 mil a mais. *Folha de S.Paulo*, 27 set. 2007. Caderno Cotidiano.

PAIXÃO, Marcelo Jorge de Paula. *No coração do canavial*: estudo crítico da evolução do complexo agroindustrial sucroalcooleiro e das relações de trabalho na lavoura canavieira (estudo comparativo em doze estados do Brasil). Dissertação de Mestrado em Engenharia de Produção, Rio de Janeiro, Instituto Alberto Luiz Coimbra de Pós-Graduação e Pesquisa de Engenharia/UFRJ, 1994.

PALÁCIOS, Marisa et al. Violência no trabalho no setor saúde: um estudo epidemiológico. In: SOBOLL, Lis Andrea P. (org.). *Violência psicológica e assédio moral no trabalho*: pesquisas brasileiras. São Paulo, Casa do Psicólogo, 2008.

PARANHOS, Adalberto de P. *O roubo da fala*: origens da ideologia do trabalhismo no Brasil. São Paulo, Boitempo, 1999.

PARENTI, Christian. *Lockdown America*: Police and Prisons in the Age of Crisis. Nova York, Verso, 2000.

PAUGAM, Serge. *Le salarié de la précarité*: les nouvelles formes de l'integration professionnelle. Paris, PUF, 2000.

PEDROSO, Regina Célia. *Os signos da opressão*: história e violência nas prisões brasileiras. São Paulo, Imprensa Oficial, 2002.

PEREIRA, Cláudia Maria Miranda de Araújo; MELO, Mário Raimundo; SANTOS, Mário Henrique. O agronegócio do frango de corte: um estudo de caso sob a ótica da economia dos custos de transação. *Informações Econômicas*, São Paulo, v. 37, n. 1, 2007. p. 7-17.

PEREIRA, Carlindo Marques. *O massacre de Ipatinga*. Belo Horizonte, Segrac, 1984.

PETROBRAS MAGAZINE, v. 8, n. 31, out. 2001.

PETROBRAS S/A. CARTILHA DA PETROBRAS SOBRE GDP. Rio de Janeiro, SEREC/Petrobrás, 1994.

_____. *Almanaque*: memória dos trabalhadores Petrobras. Rio de Janeiro, Petrobras, 2005.

_____. *Relatório anual 2000*. Rio de Janeiro, 2000.

_____. *Relatório anual 2001*. Rio de Janeiro, 2001.

_____. *Revista da Petrobras*. Rio de Janeiro, Petrobras, [199-?]. (diversos anos).

PICCININI, Valmíria Carolina. Cooperativas de trabalho de Porto Alegre e flexibilização do trabalho. *Sociologias*, Porto Alegre, n. 12, jul.-dez. 2004. p. 68-105.

PINTO, Geraldo Augusto. *A organização do trabalho no século XX*: taylorismo, fordismo e toyotismo. São Paulo, Expressão Popular, 2007a.

_____. *A máquina automotiva em suas partes*: um estudo das estratégias do capital nas autopeças em Campinas. Tese de Doutorado em Sociologia, Campinas, Instituto de Filosofia e Ciências Humanas/Unicamp, 2007b.

POCHMANN, Marcio; SANTOS, Anselmo Luís dos. O custo do trabalho e a competitividade internacional. In: SANTOS, Anselmo Luís dos; OLIVEIRA, Carlos Alonso B.; MATTOSO, Jorge (orgs.). *Crise e trabalho no Brasil*: modernidade ou volta ao passado? 2. ed., São Paulo, Scritta, 1996. p. 189-220.

POLLERT, Anna. Team Work on the Assembly Line: Contradiction and the Dynamics of Union Resilience. In: ACKERS, Peter; SMITH, Chris; SMITH, Paul (orgs.). *The New Workplace and Trade Unionism*. Londres, Routledge, 1996. p. 178-209.

POSTHUMA, Anne Caroline. Japanese Production Techniques in Brazilian Automobile Components Firms: A Best Practice Model or Basis for Adaptation? In: SMITH, Chris; ELGER, Tony (orgs.). *Global Japanization?* The Transnational Transformation of the Labour Process. Londres, Routlegde, 1994. p. 348-77.

_____. Técnicas japonesas de organização nas empresas de autopeças no Brasil. In: CASTRO, Nadya Araújo de (org.). *A máquina e o equilibrista*: inovações na indústria automobilística brasileira. Rio de Janeiro, Paz e Terra, 1995. p. 301-32.

_____. Autopeças na encruzilhada: modernização desarticulada e desnacionalização. In: ARBIX, Glauco; ZILBOVICIUS, Mauro (orgs.). *De JK a FHC*: a reinvenção dos carros. São Paulo, Scritta, 1997. p. 389-411.

PREVITALLI, Fabiane S. *As relações de subcontratação no setor de autopeças*: um estudo de caso. Dissertação de Mestrado em Ciências Sociais, Campinas, Instituto de Filosofia e Ciências Humanas/Unicamp, 1996.

_____. Controle e resistência do trabalho na reestruturação produtiva do capital no setor automotivo. *Mediações*, Londrina, v. 1, n. 1, 2006a.

_____. O caso Mercedes-Benz: ABC e Campinas. In: ANTUNES, Ricardo (org.). *Riqueza e miséria do trabalho no Brasil*. São Paulo, Boitempo, 2006b.

_____; FARIA, Andréia de Farina. Reestruturação produtiva, trabalho e qualificação: um estudo sobre o setor de tabaco em Uberlândia (MG). In: LUCENA, Carlos (org.). *Capitalismo, Estado e educação*. Campinas, Alínea, 2008.

PRIEB, Rita Inês P.; RAMOS, Pedro. Aspectos institucionais e referenciais teóricos para a análise da agricultura familiar articulada ao complexo do fumo. *Revista Extensão Rural*, Santa Maria, DEAER/CPGExR – CCR – UFSM, Ano XI, jan.-dez 2004. p. 59-89.

_____. *Pluriatividade na indústria fumageira*. Santa Cruz do Sul, Edunisc, 2005.

QUADROS, Waldir José de. Crise do padrão de desenvolvimento no capitalismo brasileiro: breve histórico e principais características. *Cadernos do Cesit*, Campinas, n. 6, 1991.

RABELO, Flávio Marcílio. *Qualidade e recursos humanos na indústria brasileira de autopeças*. Tese de Doutorado em Economia, Campinas, Instituto de Economia/Unicamp, 1994.

RACHID, Alessandra. *O Brasil imita o Japão?* A qualidade em empresas de autopeças. Dissertação de Mestrado em Política Científica e Tecnológica, Campinas, Instituto de Geociências/Unicamp, 1994.

_____. *Relações entre grandes e pequenas empresas de autopeças*: um estudo sobre a difusão de práticas de organização da produção. Tese de Doutorado em Engenharia Mecânica, Campinas, Faculdade de Engenharia Mecânica/Unicamp, 2000.

RAMALHO, Cristiane Barbosa. Impactos Socioterritoriais dos Assentamentos Rurais no Município de Mirante do Paranapanema – Região do Pontal do Paranapanema (SP). Dissertação de Mestrado, Presidente Prudente, Faculdade de Ciências e Tecnologia/Unesp, 2002.

RANIERI, Jesus. Apresentação. In: MARX, Karl. *Manuscritos econômico-filosóficos*. São Paulo, Boitempo, 2004.

REQUENA, Anselmo de Melo; ARCÂNGELO, Miguel Salve; TORRES, Valter. *Radiografia de uma greve (1994-1995)*: petroleiros x neoliberalismo. Trabalho de conclusão de curso, São José dos Campos, Faculdade de História/Universidade do Vale do Paraíba, 1999.

REVISTA DA FORÇA. n. 8, set. 2005.

REVISTA ÉPOCA. Rio de Janeiro, Globo, n. 185, 2001.

RIBAS, Alexandre D. *MST: Cooperativação e (re)organização político-territorial dos Assentamentos*. O caso da COCAMP, no Pontal do Paranapanema. Dissertação de Mestrado em Geografia, Presidente Prudente, Faculdade de Ciências e Tecnologia/Unesp, 2002.

RIBEIRO, Gustavo Lins. Política cibercultural: ativismo político à distância na comunidade transnacional imaginada-virtual. In: ALVAREZ, Sônia E.; DAGNINO, Evelina; ESCOBAR, Arturo. *Cultura e política nos movimentos sociais latino-americanos*. Belo Horizonte, UFMG, 2000. p. 465-502.

RIQUELME, Graciela C. La gestión de calificaciones en un contexto de reestructuración productiva internacional. In: GITAHY, Leda (org.). *Reestructuración productiva, trabajo y educación en America Latina*. Campinas/Buenos Aires, Unicamp/Red Ciid-Cenep, 1994. p. 153-70.

RIZZI, Aldair T. *Mudanças tecnológicas e reestruturação da indústria agroalimentar*: o caso da indústria de frangos no Brasil. Tese de Doutorado em Economia, Campinas, Instituto de Economia/Unicamp, 1993.

_____. Mudanças tecnológicas e reestruturação da indústria de frangos no Brasil. Texto n. 08/98, 1998.

RODRIGUES, Leôncio Martins. *CUT*: os militantes e a ideologia. Rio de Janeiro, Paz e Terra, 1990.

_____; CARDOSO, Adalberto Moreira. *Força sindical*: uma análise sociopolítica. São Paulo, Paz e Terra, 1993.

ROSA, Maria Inês. *Mudanças no uso de si e testemunhos de trabalhadores* (com estudo crítico da sociologia industrial e da reestruturação produtiva). São Paulo, Letras & Letras, 2004.

ROSANDISKI, Eliane Navarro. *Reestruturação organizacional*: uma avaliação a partir da estrutura do emprego do setor automotivo paulista (1989-1994). Dissertação de Mestrado em Política Científica e Tecnológica, Campinas, Instituto de Geociências/Unicamp, 1996.

ROSDOLSKY, Román. *Génesis y estructura de* El capital *de Marx*: estudios sobre los *Grundrisse*. México, Siglo XXI, 1978.

ROSENBERG, David I. *Comentarios a los tres tomos de* El capital. México, Facultad de Economía, Universidad Autónoma de México, s.d.

ROSSANDA, Rossana. *De Marx a Marx, Sartre, Il Manifesto*: masas, espontaneidad, partido. Barcelona, Anagrama, 1975.

RUSCHE, Georg; KIRCHHEIMER, Otto. *Punição e estrutura social*. 2. ed., Rio de Janeiro, Instituto Carioca de Criminologia/Revan, 2004.

SADER, Eder. *Quando novos personagens entram em cena*: experiência, falas e lutas dos trabalhadores da grande São Paulo (1970-80). Rio de Janeiro, Paz e Terra, 1988.

SADIA. Relatório Anual 2008. 2008. Disponível em: <http://ri.sadia.com.br/ptb/1632/sadia_ra2008.pdf>. Acesso em 25 nov. 2009.

SAES, Décio. A política neoliberal e o campo conservador no Brasil atual. In:_____. *República do capital*: capitalismo e processo político no Brasil. São Paulo, Boitempo, 2001.

SALERNO, Mário Sérgio. Produção, trabalho e participação: CCQ e kanban numa nova imigração japonesa. In: FLEURY, Maria Tereza Leme; FISCHER, Rosa Maria (coords.). *Processo de trabalho e relações de trabalho no Brasil*. 2. ed., São Paulo, Atlas, 1985. p. 179-202.

_____. Modelo japonês, trabalho brasileiro. In: HIRATA, Helena Sumiko (org.). *Sobre o "modelo" japonês*: automatização, novas formas de organização e de relações de trabalho. São Paulo, Edusp, 1993a. p. 139-52.

_____. Organização do trabalho e da produção: flexibilidade e terceirização. In: *Anais do III Encontro Nacional de Estudos do Trabalho*, Rio de Janeiro, Abet, 1993. v. 1.

_____ et al. A nova configuração da cadeia automotiva brasileira. São Paulo, Relatório de pesquisa, Departamento de Engenharia de Produção, Poli/USP, 2002.

SALINAS, Martín. Sobre el concepto de decadencia en Lukács. *Herramienta*, Buenos Aires, s.d. Disponível em: <http://www.herramienta.com.ar/teoria-critica-y-marxismo-occidental/sobre--el-concepto-de-decadencia-en-lukacs>.

SALLA, Fernando. *As prisões em São Paulo* (1822-1940). 2. ed., São Paulo, Annablume/Fapesp, 2006.

SALLES, Ygor. Fusão da Perdigão e Sadia cria grande multinacional brasileira. *Folha de S.Paulo*, 19 maio 2009. Disponível em: <http://www1.folha.uol.com.br/folha/dinheiro/ult91u568169. shtml>. Acesso em 23 nov. 2009.

SALM, Cláudio. Novos requisitos educacionais do mercado de trabalho. In: OLIVEIRA, Marco Antônio (org.). *Economia e trabalho*: textos básicos. Campinas, Unicamp, 1998. p. 235-52.

SANTOS, Aloísio André dos; URBINA, Lígia Maria Soto. *Inovação na linha de produção da Embraer*: a montagem em Doca. São José dos Campos, 2002. Disponível em: <http://www.bibl.ita.br/viiiencita/Inovacao%20na%20linha%20de%20producao%20da%20Embraer%20-%20a%20montagem%20em%20Doca.pdf>. Acesso em 18 set. 2005.

SANTOS, Glícia Vieira dos. *Novas tecnologias e formas de gestão da produção e do trabalho na indústria capixaba de celulose de mercado*. Dissertação de Mestrado em Política Científica e Tecnológica, Campinas, Instituto de Geociências/Unicamp, 1999.

SANTOS, Isabel Cristina dos. *Um modelo estruturado de gestão do conhecimento em indústrias de base tecnológica*: estudo de caso de uma empresa do setor aeronáutico. Tese de Doutorado em Engenharia de Produção, Poli/USP, 2004.

SANTOS, Ricardo. Exportando soluções. *O Bandeirante*, São Paulo, fev. 2008.

SASSEN, Saskia. *A Sociology of Globalization*. Nova York, W. W. Norton & Company, 2007.

SATO, Leny. Subjetividade, saúde mental e LER. In: RUIZ, Roberto C. (org.). *Um mundo sem LER é possível*. Montevidéu, União Internacional dos Trabalhadores da Alimentação (Uita), 2003. p. 62-77.

SAUVIAT, Catherine. *Os fundos de pensão e os fundos mútuos*: principais atores da finança mundializada e do novo poder acionário. In: CHESNAIS, François (org.). *A finança mundializada*. São Paulo, Boitempo, 2005.

SAYER, Andrew. New Developments in Manufacturing: The Just-in-Time System. *Capital & Class*, n. 30, 1986.

SBRAGIA, Roberto; TERRA, José Cláudio Cyrineu. Embraer: trajetória de uma empresa de alta tecnologia brasileira. *Cadernos de Gestão Tecnológica Cyted/PGT/USP*, n. 8, 1993.

SCHVARTSMAN, Samuel. *Intoxicações agudas*. São Paulo, Sarvier, 1991.

SCOLESE, Eduardo. Por hora, 7 jovens entram nas prisões do país. *Folha de S.Paulo*, 9 jul. 2007. Caderno Cotidiano.

SCOPINHO, Rosemeire Aparecida. Qualidade total, saúde e trabalho: uma análise em empresas sucroalcooleiras paulistas. *RAC*, Curitiba, v. 4, n. 1, jan.-abr. 2000. p. 93-112.

_____. *Vigiando a vigilância*: saúde e segurança no trabalho em tempos de qualidade total. São Paulo, Annablume/Fapesp, 2003.

_____. Controle social do trabalho no setor sucroalcooleiro: reflexões sobre o comportamento das empresas, do Estado e dos movimentos sociais organizados. *Cadernos de Psicologia Social do Trabalho*, São Paulo, v. 7, 2004, p. 11-29.

SELIGMANN-SILVA, E. *Desgaste mental no trabalho dominado*. São Paulo, Cortez, 1994.

_____. Psicopatologia e psicodinâmica do trabalho. In: MENDES, René (org.). *Patologia do trabalho*. Rio de Janeiro, Atheneu, 1995. p. 173-212.

_____. Desemprego e psicopatologia da recessão. In: BORGES, Luiz H.; MOULIN, Maria das Graças B.; ARAÚJO, Maristela D. de (orgs.) *Organização do trabalho e saúde*: múltiplas relações. Vitória, Edufes, 2001. p. 219-54.

SENNETT, Richard. *A corrosão do caráter*: consequências pessoais do trabalho no novo capitalismo. São Paulo, Record, 2001.

SEVERO, Leonardo. *LER na indústria avícola*: a Contac será recebida pelo ministro do trabalho, 2005. Disponível em: <http://www6.rel-uita.org/sindicatos/contac_sera_recibida.htm>. Acesso em 1º mar. 2006.

SHIKIDA, Pery F. A. Evolução e fases do Proálcool (1975-2000). In: CALZAVARA, Oswaldo; OLIVEIRA LIMA, Rodne (orgs.). *Brasil rural contemporâneo*: estratégia para um desenvolvimento rural de inclusão. Londrina, Eduel, 2004.

SHIROMA, Eneida Oto. *Mudança tecnológica, qualificação e políticas de gestão*: a educação da força de trabalho no modelo japonês. Tese de Doutorado em Educação, Campinas, Faculdade de Educação/Unicamp, 1993.

SIGAUD, Lygia. *A nação dos homens*: uma análise regional de ideologia. Dissertação de Mestrado, Rio de Janeiro, Departamento de Economia Rural, Museu Nacional/UFRJ, 1971.

_____. *Os clandestinos e os direitos*: estudo sobre os trabalhadores da cana-de-açúcar de Pernambuco. São Paulo, Duas Cidades, 1979.

SILVA JR., Hédio. Uma possibilidade de implementação da Convenção 111: o caso de Belo Horizonte. In: MUNANGA, Kabengele (org.). *Estratégias e políticas de combate à discriminação*. São Paulo, Edusp/Estação Liberdade, 1996.

SILVA, Carlos Freire da. *Trabalho informal e redes de subcontratação*: dinâmicas urbanas da indústria de confecção em São Paulo. Dissertação de Mestrado em Sociologia, São Paulo, FFLCH/USP, 2008.

SILVA, Elizabeth Bortolaia. *Refazendo a fábrica fordista*: contrastes da indústria automobilística no Brasil e na Grã-Bretanha. São Paulo, Hucitec/Fapesp, 1991.

SILVA, Jair Batista da. *Racismo e sindicalismo*: reconhecimento, redistribuição e ação política das centrais sindicais acerca do racismo no Brasil (1983-2002). Tese de Doutorado em Ciências Sociais, Campinas, Instituto de Filosofia e Ciências Humanas/Unicamp, 2008.

SILVA, Maria Aparecida de Moraes. Trabalhadores e trabalhadoras rurais: a condição humana negada. *Revista São Paulo em Perspectiva*, n. 3, vol. 7, jul.-set. 1993, p. 116-24.

_____. *Errantes do fim do século*. São Paulo, Unesp, 1999.

_____. Trabalho e trabalhadores na região do "mar de cana e do rio de álcool". *Revista Latinoamericana de Estudios del Trabajo*, n. 17, 2005.

_____. A morte ronda os canaviais paulistas. *Revista da Associação Brasileira de Reforma Agrária*, v. 33, n. 2, ago.-dez. 2006a. p. 111-4.

_____. Trabalho e morte dos "Severinos" nos canaviais paulistas. In: SYDOW, Evanize; MENDONÇA, Maria Luísa (orgs.). *Direitos humanos no Brasil 2006*: relatório da Rede Social de Justiça e Direitos Humanos. São Paulo, Rede Social de Justiça e Direitos Humanos, 2006b. p. 53-60.

_____ et al. Do karoshi no Japão à birôla no Brasil: as faces do trabalho no capitalismo mundializado. *Revista NERA*, Presidente Prudente, ano 9, n. 8, p. 74-108, jan.-jun. 2006c.

_____. Trabalho e trabalhadores na região do "mar de cana e do rio de álcool". In: NOVAES, José Roberto Pereira; ALVES, Francisco José da Costa (orgs.). *Migrantes*: trabalho e trabalhadores no complexo agroindustrial canavieiro (os heróis do agronegócio brasileiro). São Carlos, EdUFSCar, 2007. p. 55-86.

SILVA, Paulo Pereira da. Temos propostas para enfrentar a crise. *Força Mail*, ano IV, n. 229, 28 jan. 2009. Disponível em: <http://www.fsindical.org.br/faxmail/arquivo/fm_diniz_280109.htm>. Acesso em 28 jan. 2009.

_____. Uma solução para o desemprego. *Folha de S.Paulo*, 25 maio 1997. p. A3.

SILVEIRA, Paulo; DORAY, Bernard. (orgs.). *Elementos para uma teoria marxista da subjetividade*. São Paulo, Vértice, 1989.

SILVER, Beverly J. *Forças do trabalho*: movimentos de trabalhadores e globalização desde 1870. São Paulo, Boitempo, 2005.

SINDICATO DOS METALÚRGICOS DE VOLTA REDONDA. *Boletim da Campanha Salarial Unificada 2007*, n. 31, 5 jun. 2007.

SOBOLL, Lis Andrea P. (org.). *Violência psicológica e assédio moral no trabalho*: pesquisas brasileiras. São Paulo, Casa do Psicólogo, 2008.

SOUZA, A. N.; LINHART, D. (coords.) *Organização e condições do trabalho moderno* – emprego, desemprego e precarização do trabalho. São Paulo/Paris, Projeto de pesquisa, Cooperação Internacional Capes/Cofecub, 2009.

SOUZA, Heder Cláudio Augusto de. *A greve dos petroleiros de 1995*: desafios e impasses do sindicalismo brasileiro na década de 90. Dissertação de Mestrado em Ciências Sociais, São Paulo, Faculdade de Ciências Sociais/PUC-SP, 2001.

SOUZA, Liliane Bordignon. *Professores do ensino técnico no Estado de São Paulo, 1990-2009*: reformas educacionais e mudanças nas condições e organização do trabalho. Trabalho de conclusão de curso, Campinas, Faculdade de Educação/Unicamp, 2010.

SOUZA, Marcos de Moura. Chávez apoia operários no Brasil. *Valor Econômico*, São Paulo, 17 jan. 2007.

SOUZA, S. M. R. *O MST entre o fato e a notícia*. Dissertação de Mestrado em Geografia, Presidente Prudente, Faculdade de Ciências e Tecnologia/Unesp, 2005.

SOUZA, S. P. *Assentamentos rurais e novas dinâmicas socioeconômicas*: o caso dos municípios de Rosana, Euclides da Cunha Paulista e Teodoro Sampaio (SP). Dissertação de Mestrado em Geografia, Presidente Prudente, Faculdade de Ciências e Tecnologia/Unesp, 2007.

STUCKLER, David; KING, Lawrence; MCKEE, Martin. Mass Privatisation and the Post-Communist Mortality Crisis: A Cross-National Analysis. *The Lancet*, v. 373, n. 9661, 31 jan. 2009. p. 399-407.

TAVARES, Maria da Conceição. Ajuste e reestruturação nos países centrais: a modernização conservadora. *Economia e Sociedade*, Campinas, n. 1, ago. 1992. p. 21-57.

TAVOLARO, Paula et al. *Empowerment* como forma de prevenção de problemas de saúde em trabalhadores de abatedouros. *Revista de Saúde Pública*, São Paulo, v. 41, n. 2, abr. 2007.

TAYLOR, Frederick Winslow. *Princípios de administração científica*. 8. ed., São Paulo, Atlas, 2006.

TECHNO NEWS. Rio de Janeiro, 2001, Estilo e Projetos.

TEIXEIRA, Francisco J. S. O mundo preto e branco do pós-fordismo. *Rede de Estudos do Trabalho*. Disponível em: <http://www.estudosdotrabalho.org/artigo-francisco-teixeira-mundo-preto-branco-pos-fordismo.pdf>. Acesso em 21 ago. 2005.

TERTULIAN, Nicolas. Le concept d'aliénation chez Heidegger et Lukács. *Archives de Philosophie* – Reserches et Documentation 56, Paris, jul.-set. 1993.

THOMAZ JUNIOR, Antonio. *Por trás dos canaviais os nós da cana*. São Paulo, Annablume/Fapesp, 2002.

_____. A geografia do mundo do trabalho na viragem do século XXI. *Geosul*, Florianópolis, v. 19, n. 37, p. 7-26, 2004.

_____. Se camponês, se operário! Limites e desafios para a compreensão da classe trabalhadora no Brasil. In: THOMAZ JÚNIOR, A.; CARVALHAL, M. D. (orgs.) *Geografia e trabalho no século XXI*. Presidente Prudente, Editorial Centelha, 2006, v. 2. p. 130-167.

_____. Trabalho e territórios em disputa (algumas considerações). In: PAULINO, E. T. (org.). *Campesinato em movimento*. III Simpósio Internacional de Geografia Agrária – IV Simpósio Nacional de Geografia Agrária. Londrina, 2007. p. 223-247.

_____. Novos arranjos territoriais e velhos dilemas para o trabalho no campo, no Brasil, no século XXI. In: OLIVEIRA, Márcio Piñon; COELHO, Maria Célia Nunes; CORRÊA, Aureanice de Mello (orgs.). *O Brasil, a América Latina e o mundo*: espacialidades contemporâneas. Rio de Janeiro, Lamparina, 2008. p. 256-74.

_____. *Dinâmica geográfica do trabalho no século XXI*: limites explicativos, autocrítica e desafios teóricos. Tese de Livre-Docência, Presidente Prudente, Faculdade de Ciências e Tecnologia/Unesp, 2009.

_____. O agro-hidronegócio no centro das disputas territoriais e de classe no Brasil do século XXI. *Campo Território*, Uberlândia, v. 5, n. 10, 2010.

THOMPSON, Edward Palmer. *Costumes em comum*: estudos sobre a cultura popular tradicional. São Paulo, Cia das Letras, 2005.

THOMPSON, Paul; ACKROYD, Stephen. All Quiet on the Workplace front? A Critique of Recent Trends in British Industrial Sociology. *Sociology*, v. 29, n. 4, nov. 1995.

TILLY, Charles. From Mobilization to Revolution. Boston, Addison-Wesley, 1978.

TOSEL, André. Centralité et non-centralité du travail ou la passion des hommes superflus. In: BIDET, Jacques; TEXIER, Jacques. *La crise du travail*. Paris, PUF, 1995.

TRÓPIA, Patrícia Vieira. A adesão da Força Sindical ao neoliberalismo. *Ideias*, n. 9 (1), 2002. p. 155-202.

_____. *O impacto da ideologia neoliberal no meio operário*: um estudo sobre os metalúrgicos da cidade de São Paulo e a Força Sindical. Tese de Doutorado em Ciências Sociais, Campinas, Instituto de Filosofia e Ciências Humanas/Unicamp, Campinas, 2004.

_____. *Força Sindical*: política e ideologia no sindicalismo brasileiro. São Paulo, Expressão Popular, 2009.

TUMOLO, Paulo Sérgio. *Da contestação à conformação*: a formação sindical da CUT e a reestruturação capitalista. Campinas, Unicamp, 2002.

UBA – União Brasileira de Avicultura. *Relatório anual 2006/2007*. 2007. Disponível em: <http://www.uba.org.br/site3/arquivos/relatorio_uba_06_07_baixa1.pdf>. Acesso em 23 jan. 2010.

_____. *Relatório anual 2007-2008*. Disponível em: <http://www.abef.com.br/uba/arquivos/relatorio_07_08.pdf>. Acesso em 23 jan. 2010.

VALENCIANO, R. C. *A participação da mulher na luta pela terra*: discutindo relações de classe e gênero. Dissertação de Mestrado em Geografia, Presidente Prudente, Faculdade de Ciências e Tecnologia/Unesp, 2006.

VASAPOLLO, L. *O trabalho atípico e a precariedade*. São Paulo, Expressão Popular, 2005.

VINCENT, Jean-Marie. Les automatismes sociaux et le "General Intellect". In: ALLIEZ, Eric et al. *Paradigmes du travail*. Paris, L'Harmattan, 1993. (Coleção Futur Antérieur, n. 16.)

_____. Flexibilité du travail et plasticité humaine. In: BIDET, Jacques; TEXIER, Jacques. *La crise du travail*. Paris, PUF, 1995.

VOGT, Olgário P. *A produção de fumo em Santa Cruz do Sul, RS (1849-1993)*. Santa Cruz do Sul, Edunisc, 1997.

WACQUANT, Loïc. *As prisões da miséria*. Rio de Janeiro, Zahar, 2001.

_____. As estratégias para cortar os custos do encarceramento em massa nos Estados Unidos. *Novos Estudos Cebrap*, São Paulo, n. 64, 2002. p. 53-60.

WALLACH, Lori; SFORZA, Michelle. *Whose Trade Organization?*. Washington, Public Citizen Foundation, 1999.

WATERMAN, Peter. O internacionalismo sindical na era de Seattle. *Revista Crítica de Ciências Sociais*, Coimbra, n. 62, 2002. p. 33-68.

WEBER, M. *A ética protestante e o espírito do capitalismo*. São Paulo, Martin Claret, 2006.

WELMOWICKI, José. *Cidadania ou classe?* O movimento operário da década de 80. São Paulo, Instituto José Luiz e Rosa Sundermann, 2004.

WOLFF, Simone. Informatização da produção e qualidade total. *Revista Estudos de Sociologia*, n. 9, 2000. Disponível em: <http://seer.fclar.unesp.br/estudos/article/view/193>. Acesso em 16 set. 2007.

_____. *O espectro da reificação em uma empresa de telecomunicações*: o processo de trabalho sob os novos parâmetros gerenciais e tecnológicos. Tese de Doutorado em Sociologia, Campinas, Instituto de Filosofia e Ciências Humanas/Unicamp, 2004.

_____. *Informatização do trabalho e reificação*: uma análise à luz dos programas de qualidade total. Campinas/Londrina, Unicamp/Eduel, 2005.

WOMACK, James P.; JONES, Daniel T.; ROOS, Daniel. *A máquina que mudou o mundo*. 14. ed., Rio de Janeiro, Campus, 1992.

YOKOTA, Satoshi. A fábrica do futuro e o caso da Embraer. São Paulo, 2004. Disponível em: <http://www.numa.org.br/download/Livro_F%E1brica%20do%20Futuro/apres_pdf/embraer_Fabr%20Futuro-V07%20-1.pdf>. Acesso em 15 jun. 2006.

ZANINI diminui quadro de pessoal. *Momento Atual*, n. 300, jul. 1990.

ZARPELON, Sandra Regina. ONGs, movimento sindical e o novo socialismo utópico. *Ideias*, Curitiba, n. 9 (1), 2002.

_____. *A esquerda não socialista e o novo socialismo utópico*: aproximações entre a atuação das ONGs e o cooperativismo da CUT. Dissertação de Mestrado em Ciência Política, Campinas, Instituto de Filosofia e Ciências Humanas/Unicamp, 2003.

ŽIŽEK, Slavoj. *La violenza invisibile*. Milão, Rizzoli, 2007.

ZUBOFF, Shoshana. Automatizar/informatizar: as duas faces da tecnologia inteligente. *Revista de Administração de Empresas*, São Paulo, v. 34, n. 6, nov.-dez. 1994. p. 80-91.

Sobre os autores

RICARDO ANTUNES é professor titular de sociologia do trabalho no Instituto de Filosofia e Ciências Humanas da Universidade Estadual de Campinas (IFCH/Unicamp). É autor, entre outros, de *Adeus ao trabalho?* (Cortez, 2010) e *Os sentidos do trabalho* (Boitempo, 2009). Coordena as coleções Mundo do Trabalho (Boitempo) e Trabalho e Emancipação (Expressão Popular).

ADRIÁN SOTELO VALENCIA é sociólogo e pesquisador do Centro de Estudos Latino-Americanos, da Faculdade de Ciências Políticas e Sociais da Universidade Nacional Autônoma do México (Cela/Unam).

ADRIANO SANTOS é professor assistente do Instituto de Ciências Humanas e Letras da Universidade Federal de Alfenas (ICHL/Unifal) e autor de *A usinagem do capital e o desmonte do trabalho: reestruturação produtiva nos anos 1990, o caso da Zanini S.A., de Sertãozinho-SP* (Expressão Popular, 2010).

ANDRÉIA FARINA DE FARIA é mestre em sociologia pela Unesp de Araraquara e pesquisadora do Grupo de Pesquisa Trabalho, Educação e Sociedade (GPTES).

ANDRÉIA GALVÃO é professora do Departamento de Ciência Política da Unicamp e pesquisadora do Centro de Estudos Marxistas (Cemarx-IFCH/Unicamp).

ANTONIO THOMAZ JUNIOR é professor dos cursos de graduação e de pós-graduação de geografia da Faculdade de Ciências e Tecnologia da Universidade Estadual Paulista (FCT/Unesp), em Presidente Prudente. É pesquisador do programa de produtividade em pesquisa (PQ/CNPq) e coordenador do Centro de Estudos de Geografia do Trabalho (CEGeT/Unesp).

APARECIDA NERI DE SOUZA é socióloga, professora de sociologia da educação no Departamento de Ciências Sociais da Faculdade de Educação da Unicamp e coordenadora do Grupo de Estudos e Pesquisas sobre Educação e Diferenciação Sociocultural (Gepedisc/Unicamp) e do Acordo de Cooperação Científica Internacional Capes/Cofecub "Organização e condições do trabalho moderno: emprego, desemprego e precarização do trabalho".

EDILSON JOSÉ GRACIOLLI é professor do Instituto de Ciências Sociais da UFU e autor de *Privatização da CSN: da luta de classes à parceria* (Expressão Popular, 2007) e *Um caldeirão chamado CSN: resistência operária e violência militar na greve em 1988* (Edufu, 2009).

Elísio Estanque é pesquisador do Centro de Estudos Sociais da Faculdade de Economia da Universidade de Coimbra.

Euda Kaliani G. T. Rocha é professora-adjunta do Departamento de Psicologia da Universidade Federal de Pernambuco (UFPE) e coordenadora do Núcleo de Ensino, Pesquisa e Extensão em Temas do Trabalho.

Fabiane Santana Previtali é docente do Departamento de Ciências Sociais da Universidade Federal de Uberlândia (UFU) e pesquisadora da Fundação de Amparo à Pesquisa do Estado de Minas Gerais (Fapemig).

Filipe Raslan é doutorando em sociologia no IFCH/Unicamp.

Frederico Lisbôa Romão é professor voluntário do Departamento de Serviço Social da Universidade Federal de Sergipe (UFS) e autor de *Na trama da história: o movimento operário de Sergipe* (Sindimina, 2000) e *Óleo da terra, homens e mulheres da luta: petroleiros de Getúlio a FHC* (Expressão Popular, 2009).

Geraldo Augusto Pinto é doutor em sociologia pela Unicamp e atualmente leciona na Universidade Estadual do Oeste do Paraná (Unioeste). É autor de *A organização do trabalho no século 20: taylorismo, fordismo e toyotismo* (Expressão Popular, 2007) e *A máquina automotiva em suas partes: um estudo das estratégias do capital na indústria de autopeças* (Boitempo, 2011).

Graça Druck é professora do Departamento de Sociologia da Faculdade de Filosofia e Ciências Humanas da Universidade Federal da Bahia (FFCH/UFBA) e pesquisadora do Centro de Recursos Humanos (CRH/UFBA) e do CNPq. É autora de *Terceirização: (des)fordizando a fábrica – um estudo do complexo petroquímico da Bahia* (Boitempo/Edufba, 1999) e coautora de *A perda da razão social do trabalho: terceirização e precarização* (Boitempo, 2007).

Henrique Amorim é professor de sociologia do Departamento de Ciências Sociais da Escola de Filosofia, Letras e Ciências Humanas da Universidade Federal de São Paulo (EFLCH/Unifesp) e pesquisador do CNPq. É autor de *Trabalho imaterial: Marx e o debate contemporâneo* (Annablume/Fapesp, 2009).

Isabella Jinkings é doutora em ciências sociais e faz pós-doutorado no Departamento de Sociologia da Unicamp.

Jair Batista da Silva é professor do Departamento de Sociologia, do programa de pós-graduação em ciências sociais e pesquisador do Centro de Recursos Humanos (CRH) da UFBA.

Juliana Biondi Guanais é doutoranda do programa de pós-graduação em sociologia do IFCH/Unicamp, bolsista da Fundação de Amparo à Pesquisa do Estado de São Paulo (Fapesp) e pesquisadora do Centro de Estudos Rurais (Ceres/Unicamp).

Lívia de Cássia Godoi Moraes é doutoranda do programa de pós-graduação em sociologia do IFCH/Unicamp e membro do grupo de pesquisas "Para onde vai o mundo do trabalho?" e do grupo de estudos de *O capital*, de Karl Marx.

Marcos Acácio Neli é graduado em ciências sociais pela UEL, mestre em ciências médicas pela Faculdade de Medicina de Ribeirão Preto (FMRP/USP) e doutorando do programa de pós-graduação em sociologia da Unesp de Araraquara.

Pietro Basso ensina teoria sociológica e é diretor do Master Sull'Immigrazione, na Universidade Ca' Foscari de Veneza. Suas últimas publicações são: *Razze schiave e razze signore: vecchi e nuovi razzismi* (2000); *Razzismo di Stato: Stati Uniti, Europa, Italia* (2010); e, com Fabio Perocco, *Gli immigrati in Europa: disegualianze, razzismo, lotte* (2003) – todas pela editora Franco Angeli.

Sadi Dal Rosso é professor do Departamento de Sociologia da Universidade de Brasília (UnB) e pesquisador do Conselho Nacional de Desenvolvimento Científico e Tecnológico (CNPq). É autor de *A jornada de trabalho na sociedade: o castigo de Prometeu* (LTr, 1996) e *Mais trabalho! A intensificação do labor na sociedade contemporânea* (Boitempo, 2008).

Sérgio Antunes de Almeida é mestre em ciências sociais pela Universidade Estadual de Londrina (UEL) e pesquisador do Grupo de Estudos sobre Novas Tecnologias e Trabalho (GENTT-UEL).

Simone Wolff é docente do Departamento de Ciências Sociais e do programa de pós-graduação em ciências sociais da UEL, doutora em ciências sociais pela Unicamp e coordenadora do GENTT-UEL.

Stela Cristina de Godoi é doutoranda do programa de pós-graduação em sociologia do IFCH/Unicamp e professora substituta do Departamento de Sociologia e Antropologia da Universidade Estadual Paulista (Unesp), em Marília.

Vera Lucia Navarro é professora livre-docente de sociologia no Departamento de Psicologia da Faculdade de Filosofia, Ciências e Letras de Ribeirão Preto (FFCLRP/USP) e autora de *Trabalho e trabalhadores do calçado* (Expressão Popular, 2006).

Dedicado à memória do fotógrafo João Zinclar, que faleceu em um acidente em janeiro de 2013, e publicado no décimo aniversário de lançamento em português de *O século XXI: socialismo ou barbárie?*, de István Mészáros, este livro foi composto em Adobe Garamond Pro, corpo 10/12, reimpresso em papel Luxcream 70 g/m² na gráfica Intergraf para a Boitempo Editorial, em abril de 2015, com tiragem de 1 mil exemplares.